L'Irlande

M. Guillot /MICHELIN

D1282507

Les Éditions des Voyages Michelin ne sauraient être tenues responsables des conséquences d'éventuelles erreurs qui pourraient s'être glissées dans la rédaction de cet ouvrage malgré leur vigilance.

Cet ouvrage tient compte des conditions de tourisme connues au moment de sa rédaction. Certains renseignements peuvent perdre de leur actualité en raison de l'évolution incessante des aménagements et des variations du coût de la vie.

NB : Les prix en euros entre crochets signalent une conversion réalisée par la Rédaction Michelin lorsque ses correspondants lui ont fourni l'information uniquement en monnaie locale.

Éditions des Voyages

46, avenue de Breteuil – 75324 Paris Cedex 07
☎ 01 45 66 12 34
www.ViaMichelin.fr
LeGuideVert@fr.michelin.com

Manufacture française des pneumatiques Michelin
Société en commandite par actions au capital de 2 000 000 000 de francs
Place des Carmes-Déchaux – 63 Clermont-Ferrand (France)
R.C.S. Clermont-Fd B 855 200 507

Établi d'après les plans de l'Ordnance Survey of Great Britain
avec l'agrément du Controller of Her Majesty's Stationery Office
© Crown Copyright 39923X.
Établi d'après les plans de l'Ordnance Survey Ireland
avec l'agrément du Gouvernement Permit No 7169 © Government of Ireland
Établi d'après les plans de l'Ordnance Survey of Northern Ireland
avec l'agrément du Controller of Her Majesty's Stationery Office, Permit No 1590

Compogravure : NORD COMPO, Villeneuve d'Ascq
Impression et brochage : AUBIN, Ligugé

Maquette de couverture extérieure : Agence Carré Noir à Paris 17ᵉ

LE GUIDE VERT,
l'esprit de découverte

*Avec cette nouvelle collection
LE GUIDE VERT, nous avons
l'ambition de faire de vos vacances
des moments passionnants
et mémorables, d'accompagner votre
découverte de nouveaux horizons,
bref... de vous faire partager
notre passion du voyage.
Voyager avec LE GUIDE VERT,
c'est être acteur de ses vacances,
profiter pleinement de ce temps
privilégié pour découvrir, s'enrichir,
apprendre au contact direct du
patrimoine culturel et de la nature.
Alors, plongez vite dans LE GUIDE
VERT à la découverte de votre
prochaine destination de voyage.
Partagez avec nous cette ouverture
sur le monde qui donne au temps
des vacances, son sens, sa substance
et en définitive son véritable esprit.
L'esprit de découverte.*

Jean-Michel DULIN
Rédacteur en Chef

Sommaire

D. Faure/DIAF

Se réunir pour prier

G. Lawrence/DIAF

Se réunir pour trinquer

SLIDE FILE, Dublin

Se réunir pour chanter

Pratt-Pries/DIAF

Même si l'on vit isolément

5

Cartographie EN COMPLÉMENT AU GUIDE VERT

Carte n° 923

– à 1/400 000, tout le réseau routier de l'Irlande, avec indication de la quasi totalité des localités, hameaux et lieux dits.

– avec index des localités.

– avec agrandissements (1/120 000) de Dublin et Belfast et de leurs banlieues.

... et pour se rendre en Irlande

Atlas routier Europe

– avec répertoire alphabétique, 74 plans de villes et cartes d'environs.

Le serveur Minitel 3615 Michelin permet le calcul d'itinéraires détaillés avec leurs temps de parcours, et bien d'autres services.

Les 3617 et 3623 Michelin vous permettent d'obtenir ces informations reproduites sur fax ou imprimante.

Les internautes pourront bénéficier des mêmes renseignements en surfant sur le site

www.ViaMichelin.fr

Votre guide

● Au début de ce guide, les cartes des p. 10 à 17 vous permettent de préparer votre séjour. La carte des **Principales curiosités** indique les plus beaux sites touristiques. La carte des **Itinéraires de visite** propose un choix d'itinéraires touristiques régionaux. La carte **Détente et loisirs** informe sur les loisirs, les activités sportives et les possibilités d'hébergement. On ne saurait négliger l'**Introduction** de ce guide, qui évoque l'histoire de l'Irlande, ses arts et sa culture.

● Les sections **République d'Irlande** et **Irlande du Nord** présentent les principales curiosités naturelles et artistiques de chacune des deux parties de l'île. Sous chaque chapitre consacré à une ville ou une région sont groupées des descriptions de sites. Les noms des lieux géographiques sont indiqués en anglais et en irlandais, mais la version officielle anglaise a été adoptée pour leur classement alphabétique.

● Toutes les informations de nature pratique – les adresses, les transports, les fêtes – sont regroupées dans la partie **Renseignements pratiques**. Le symbole ⊙ placé après les curiosités décrites dans les sections précédentes signale que les horaires de visite et les prix d'entrée sont indiqués dans le chapitre **Conditions de visite**.

● Pour utiliser au mieux votre guide, consultez la **carte Michelin n° 923** ou l'**atlas routier et touristique Michelin Grande-Bretagne & Irlande**. Les coordonnées permettant de situer les villes et sites sur les produits cartographiques sont indiquées en bleu, juste sous les noms de lieux dans les parties descriptives du guide. Pour une sélection d'hôtels et de restaurants, vous pouvez consulter le **Guide Rouge Ireland**, où vous trouverez également des plans de villes.

Si vous avez des remarques ou des suggestions à faire, nous sommes à votre disposition sur notre site Web ou par courrier électronique :
www.ViaMichelin.fr
LeGuideVert@fr.michelin.com

Bon voyage !

Crown Liquor Saloon, Belfast

W. Webster/National Trust Photographic

Légende

★★★ Vaut le voyage

★★ Mérite un détour

★ Intéressant

Curiosités

⊙	Conditions de visite en fin de volume	►►	Si vous le pouvez : voyez encore…
	Itinéraire décrit Départ de la visite	AZ B	Localisation d'une curiosité sur le plan
	Église – Temple	🛈	Information touristique
	Synagogue – Mosquée		Château – Ruines
	Bâtiment		Barrage – Usine
■	Statue, petit bâtiment		Fort – Grotte
†	Calvaire		Monument mégalithique
◎	Fontaine		Table d'orientation – Vue
	Rempart – Tour – Porte	▲	Curiosités diverses

Sports et loisirs

	Hippodrome		Sentier balisé
	Patinoire	◆	Base de loisirs
	Piscine : de plein air, couverte		Parc d'attractions
	Port de plaisance		Parc animalier, zoo
	Refuge		Parc floral, arboretum
	Téléphérique, télécabine		Parc ornithologique, réserve d'oiseaux
	Chemin de fer touristique		

Autres symboles

	Autoroute ou assimilée	⊠ ☏	Poste restante – Téléphone
❶ ❶	Échangeur : complet, partiel	⊠	Marché couvert
	Rue piétonne		Caserne
	Rue impraticable, réglementée	△	Pont mobile
	Escalier – Sentier	∪ ✕	Carrière – Mine
	Gare – Gare routière	Ⓑ Ⓕ	Bacs
	Funiculaire – Voie à crémaillère		Transport des voitures et des passagers
	Tramway – Métro		Transport des passagers
ert (R.)…	Rue commerçante sur les plans de ville	③	Sortie de ville identique sur les plans et les cartes MICHELIN

Abréviations et signes particuliers

C	Administration du Comté (County council offices)	**U**	Université (University)
H	Hôtel de ville (Town Hall)	M3	Autoroute (Motorway)
J	Palais de justice (Law courts)		
M	Musée (Museum)	A 2	Itinéraire principal (Primary route)
POL.	Police		
T	Théâtre (Theatre)		Forêt, parc naturel, parc National

Principales curiosités

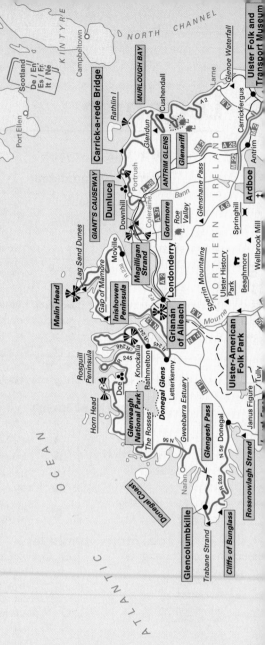

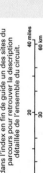

Vaut le voyage ★★★

Mérite un détour ★★

Intéressant ★

Les noms en noir désignent les villes et curiosités décrites dans ce guide. Consultez l'index.

Itinéraire décrit dans ce guide: rechercher dans l'index en fin de guide un des sites du parcours pour retrouver la description détaillée de l'ensemble du circuit.

De in Deutsch
En in English
Es en Español
Fr en Français
It in Italiano
Ne in het Nederlands
Po em Português

Itinéraires de visite

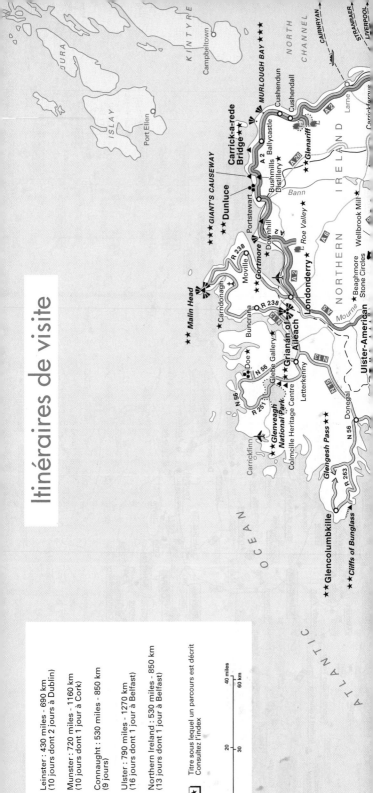

Leinster : 430 miles - 690 km
(10 jours dont 2 jours à Dublin)

Munster : : 720 miles - 1160 km
(10 jours dont 1 jour à Cork)

Connaught : 530 miles - 850 km
(9 jours)

Ulster : 790 miles - 1270 km
(16 jours dont 1 jour à Belfast)

Northern Ireland : 530 miles - 850 km
(13 jours dont 1 jour à Belfast)

Ring of Beara ★ Titre sous lequel un parcours est décrit
Consultez l'index

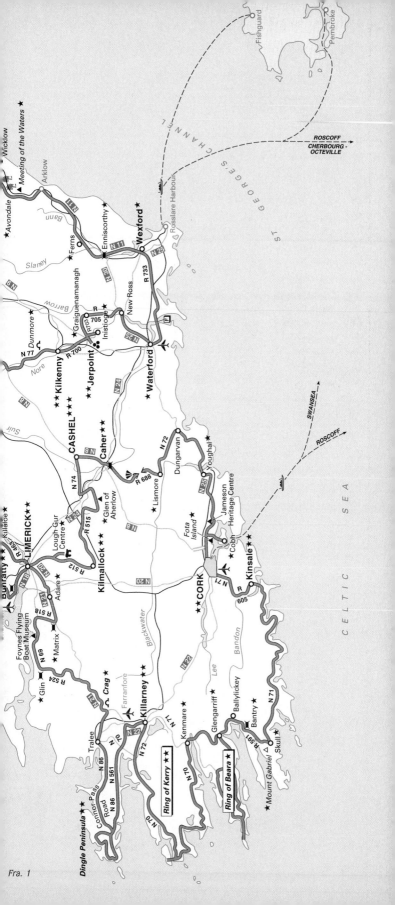

Fra. 1

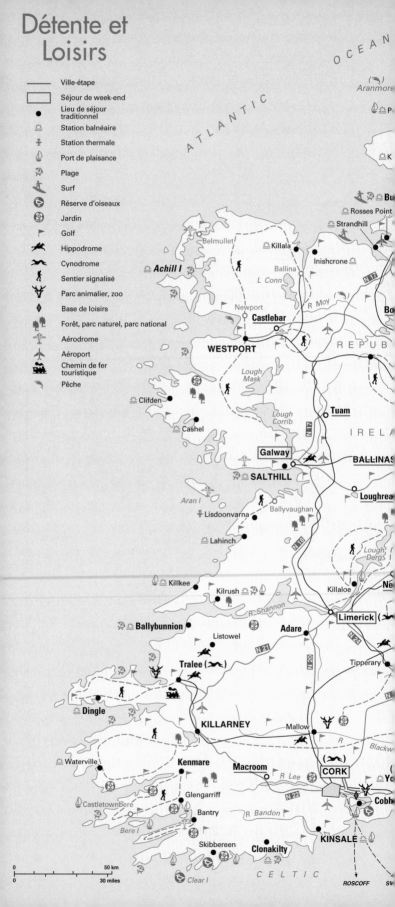

Carrioles irlandaises à Muckross House

Renseignements pratiques

Avant le départ

Climat – La meilleure saison pour découvrir l'Irlande est l'été. Les mois les plus ensleillés sont mai et juin, les plus chauds, juillet et août. C'est le Sud-Est qui bénéficdu plus grand ensoleillement, et la côte Est est moins humide que la côte Ouest.

Office du tourisme irlandais (Bord Fáilte) – Pour obtenir des informations, des brchures, des cartes et des conseils pour l'organisation d'un voyage en Irlande, s'adressà l'Office du tourisme irlandais (Bord Fáilte), ou, pour l'Irlande du Nord, à son homlogue – le NITB *(adresses ci-dessous)*.

Centres d'information touristique – L'adresse et le numéro de téléphone des centrd'information touristique présents dans la plupart des grandes villes et dans de norbreuses stations touristiques sont indiqués dans le chapitre « Conditions de visite »certains sont ouverts uniquement pendant les mois d'été. Ces centres mettent à votdisposition des plans de ville, des horaires et des informations concernant les loisirles activités sportives et les curiosités qu'offre la région. Nombre d'entre eux possdent des bureaux de change.

Les personnes handicapées en voyage – L'accès de certains des sites décrits dale guide est aménagé pour les personnes handicapées ; se reporter au chapit« Conditions de visite ». Le **Guide Rouge Ireland** indique les hôtels qui comportent daménagements destinés aux personnes handicapées.
La brochure *Accommodation Guide for Disabled Persons*, disponible auprès de l'Offidu tourisme irlandais, dresse la liste des aménagements destinés aux personnhandicapées et fournit d'autres informations pratiques. Des renseignements supplèmetaires peuvent être obtenus auprès des organismes de secours aux personnhandicapées suivants : Irish Wheelchair Association, Blackheath Drive, Clontarf, Dublin☎ (01) 818 6400, fax (01) 833 3873 ; info@iwa.ie, www.iwa.ie ; Comhairle, 44 NorGreat George's Street, Dublin 1, ☎ (01) 874 7503, fax (01) 764 7490 ; DisabiliAction, Portside Business Park, 189 Airport Road West, Belfast BT39AD, ☎ (028949 1 011, fax (028) 9029 7881 ; hq@disabilityaction.org ; www.disabilityaction.o

Office du tourisme irlandais

Belgique   Avenue Louise 327, 1050 Bruxelles. ☎ (02) 275 01 71 ; fax (02) 698 51 (renseignements par courrier uniquement) ; info@irishtourisboard.be ; www.ireland-tourism.be

Canada   Irish Tourist Board 345 Park Avenue, New York, NY 10154. ☎ 1-800 226470 ; fax 1-800 748 3739 ; info@irishtouristboard.com ; www.irelantravel.ie

France   33, rue de Miromesnil, 75008 Paris. ☎ 01 53 43 12 12 ; fax 01 47 01 64 ; 3615 Irlande ; info@irlande-tourisme.fr ; www.irlande-tourisme.

Irlande   Baggot Street Bridge, Dublin 2. ☎ (01) 6765871 ; fax (01) 676476

Suisse   Mettlenstrasse, 22. CH - 8142 Uitikon. ☎ (00411) 401 52 60 fax (00411) 492 14 75 ; irishtouristboard@uitikon.ch ; www.irelantravel.ie. Ambassade d'Irlande. Kirchenfeldstrasse, 68. CH - 3005 Ber☎ (031) 44 14 42 ; fax (031) 352 14 55.

Office du tourisme d'Irlande du Nord

Belgique   BTA, avenue Louise 140, 1050 Bruxelles. ☎ (02) 646 35 10 ; fax (0626 25 94.

Canada   Northern Ireland Tourist Board III, avenue Road, Suite 450, Toronto M3J8. ☎ (416) 925 6368 ; fax (416) 961 2175.

France   S'adresser à la Maison de la Grande-Bretagne, 19, rue des Mathurin75009 Paris. ☎ 01 44 51 56 20 ; fax 01 44 51 56 21 ; www.discovenorthernireland.com

Irlande   16 Nassau Street, Dublin 2. ☎ (01) 679 1977.

Organismes régionaux du tourisme

Région Est-Dublin   Dublin Tourism Centre, Suffolk Street, Dublin 2. ☎ (01) 6(77 97/ 605 77 87 ; www.visitdublin.com

Région Sud-Est   41, The Quay, Waterford. ☎ (051) 875823 ; fax (058777388 ; www.southeastireland.travel.ie

Région Sud-Ouest   Tourist House, Grand Parade, Cork. ☎ (021) 427 32 51fax (021) 427 35 04 ; user@cktourism.ie

Town Hall, Killarney, Co Kerry. ☎ (064) 31 633 ; fax (0634 506 ; www.southwestireland.travel.ie

...gion du Shannon	Arthur's Quay, Limerick. ☎ (061) 317 522 ; fax (061) 317 939 ; www.shannonireland.travel.ie
...gion Ouest et Connemara	Aras Fáilte, Eyre Square, Galway. ☎ (091) 563 081 ; fax (091) 565 201 ; selfcatering@irelandwest.ie ; www.westireland.travel.ie
...gion des Lacs et du Centre	Market House, Mullingar, Co Westmeath. ☎ (044) 48 650 ; fax (044) 40 413 ; midlandseasttourism@tinet.ie ; www.midlandseastireland.travel.ie
...gion Nord-Ouest	Aras Reddan, Temple Street, Sligo. ☎ (044) 48650 ; fax (044) 40413 ; www.midlandseastireland.travel.ie

...Irlande à Paris – Outre l'Office de tourisme cité ci-dessus, le **Centre culturel irlandais** ...urnit des renseignements au ☎ 01 45 35 32 07 (le Collège des Irlandais, 5, rue ...s Irlandais, 75005 Paris, est en travaux pour rénovation, sa réouverture est prévue ...ur 2002). Sur Internet **www.irishfrance.com** vous donne tout ce que vous voulez savoir ... la vie irlandaise dans l'Hexagone.

... 17 mars, jour de la Saint-Patrick, est célébrée la fête nationale irlandaise. Diverses ...stivités sont organisées en Irlande bien sûr, mais aussi dans d'autres pays et grandes ...es comme New York, Londres et Paris. Quelques adresses de pubs : **Finnegan's Wake**, ... rue des Boulangers, 75005 Paris ; **Le Carr's**, 1, rue du Mont-Thabor, 75001 Paris ; ...e **Flann O'Brien**, 6, rue Bailleul, 75001 Paris ; **Corcoran's** St. Michel, 28, rue St-André-...s-Arts, 75006 Paris ; **O'Sullivan's**, 1, boulevard Montmartre, 75002 Paris.

...elques magasins : **Au Coin d'Irlande**, 33, rue de Miromesnil, 75008 Paris ; **Le Trèfle** ...rlande, 20, boulevard Saint-Germain, 75005 Paris ; les **Saveurs d'Irlande**, 5, cité ...auxhall, 75010 Paris ; **Le Comptoir Irlandais**, 157, boulevard Voltaire, 75011 Paris. Le ...agasin **Breizh**, 10, rue du Maine, 75014 Paris, est spécialisé dans la vente de livres ... disques celtiques.

... province, le **Festival Interceltique** a lieu tous les ans au mois d'août à Lorient.

Comment se rendre et se déplacer en Irlande

...rmalités – Les voyageurs arrivant en Irlande des pays de l'Union européenne doivent ...re en possession d'une carte d'identité ou d'un passeport en cours de validité. Les ...yageurs dont on exige un visa d'entrée doivent le demander à l'ambassade d'Irlande ..., pour l'Irlande du Nord, à l'ambassade du Royaume-Uni de leur pays, au moins ...is semaines à l'avance. Les tolérances douanières sont celles en vigueur dans les ...ys de l'Union européenne. Les mineurs voyageant seuls doivent se munir d'une auto-...ation parentale.

...ar avion – La plupart des compagnies aériennes offrent une formule avion + voiture.

... France – La compagnie irlandaise **Aer Lingus** propose des liaisons régulières entre Paris ...harles-de-Gaulle 1), Dublin, Cork et Shannon, avec correspondances pour Galway, ...go et Killarney. Réservations ☎ 01 55 38 38 55 ; fax 01 55 38 38 40 ; 3615 Aer ...ngus ; www.aerlingus.ie

... France by Cityjet dessert Dublin tous les jours au départ de Charles-de-Gaulle 2. ...servations ☎ 0 820 820 820 ; 3615/3616 AF ; www.airfrance.fr

...anair assure des liaisons au départ de Paris/Beauvais (navette payante depuis la Porte ...aillot à Paris jusqu'à Beauvais) vers Dublin. Également liaisons vers Dublin, Cork, ...annon et Knock-Connaght via Londres-Stansted au départ de Biarritz, Carcassonne, ...nard (navette vers Rennes), St-Étienne (navette vers Lyon), Perpignan et Nîmes. ...servations ☎ 0 825 071 626 ; 3615 Ryanair ; www.ryanair.com

...usieurs **agences de voyages** proposent des vols charters au départ de Paris et de cer-...ines villes de province (Bordeaux, Lyon, Marseille, Nantes, Toulouse) : Gaéland ...hling (☎ 01 42 71 44 44 ou 05 62 30 56 30) ; Go Voyages (☎ 0 803 803 747) ; ...ok Voyages (www.look-voyages.fr) ; Midi Libre Voyages (☎ 04 67 58 58 41) ; ...dépendant Voyages (☎ 04 68 35 66 28) ; Nouvelles Frontières (☎ 0 803 333 333, ...ww.nouvelles-frontieres.com) ; Plein Vent Voyages (☎ 04 78 37 94 38) ; USIT ...nnect (☎ 0 825 082 525) ; Westair (☎ 02 98 84 89 66).

... Belgique – **Aer Lingus**, avenue du Trône 98, 1050 Bruxelles, ☎ (02) 548 98 48, ...ww.aerlingus.ie. Vols quotidiens Bruxelles-Dublin, extensions vers Cork, Shannon, ...alway, Sligo et Killarney.

...bena, Marché aux Herbes 110, 1000 Bruxelles, ☎ (02) 7231 89 40 ; Sabena House, ...ox 24, 1930 Zaventem, ☎ (02) 723 23 23 ; www.sabena.com. Vols réguliers ...uxelles-Dublin. **Virgin Express** assue deux vols quotidiens via Londres Gatwick vers ...annon. Vol quotidien direct en été. ☎ (02) 752 05 05, www.virgin-express.com

...anair, ☎ (071) 251 251. www.ryanair.com. Vols quotidiens Charleroi-Dublin.

Du Canada – De mai à octobre vols directs charters vers Dublin ou Shannon.

Air Transat Holidays, 5915, Airport Road, Suite 1000, Mississauga, Ontario 14VI7, ☎ (905) 405 8585.

Regent Holidays, 6205 Airport Road, Mississauga, Ontario, L4V 1E1, ☎ (905) 673 334.

Sunquest Vacations Ltd, 130 Merton Street, Toronto, M4S 1A4, ☎ (416) 482 3333.

De Suisse – Vols directs au départ de Zurich, Bâle ou Genève jusqu'à Dublin.

Aer Lingus, Schanzeneggstrasse 1, CH-8002 Zurich, ☎ (01) 2112850/51. **Crossa** Postfach, CH-4002 Basel, ☎ (08) 48 85 20 00.

De fin avril à mi-septembre des vols charters Zurich-Knock, Zurich-Cork, Zurich Galway, Zurich-Enniskillen sont organisés par plusieurs voyagistes. Se renseigner dar les agences de voyages.

Par bateau – De **France**, on peut gagner l'Irlande directement en empruntant les lign maritimes. La compagnie **Irish Ferries** dessert Rosslare au départ de Roscoff (en 16 ou Cherbourg (en 18 h). Irish Ferries c/o Transports et Voyages : 32, rue (4-Septembre, 75002 Paris, ☎ 01 42 66 90 90, 3615 Irish Ferries, www. transports-et-voyages.com. **Brittany Ferries** propose des traversées directes au départ (Roscoff vers Cork (en 14 h), au départ de Saint-Malo vers Cork (en 18 h). Brittan Ferries, Port du Bloscon, BP 72, 29688 Roscoff Cedex, ☎ 0 825 828 828, fax (98 29 28 91, 3615 Ferryplus, www.brittany-ferries.fr. **Hoverspeed** propose des trave sées au départ de Calais ou Dieppe via la Grande-Bretagne, ☎ 0 820 00 35 5. www.hoverspeed.fr

Certaines compagnies de ferries proposent aussi des forfaits entre le continent et Grande-Bretagne d'une part et la Grande-Bretagne et l'Irlande d'autre pa (Fishguard/Rosslare, Pembroke/Rosslare) : Brittany Ferries, Irish Ferries et Stena Lir Une autre formule **Seabridge** permet de combiner la traversée directe France/Irlanc avec Irish Ferries et traversée Irlande/France via la Grande-Bretagne avec Irish Ferrie P&O Portsmouth, Eurotunnel, Brittany Ferries, P&O Stena Lines et Seafranc Renseignements dans les agences de voyages.

De **Belgique**, gagner les ports français, ou faire la traversée au départ de Zeebrugg via la Grande-Bretagne avec la compagnie **P&O North Sea Ferries**, ☎ (050) 54 34 3 www.ponsf.com. Toujours via la Grande-Bretagne, la compagnie Hoverspeed propo des traversées au départ d'Ostende, ☎ (059) 55 99 11, www.hoverspeed.com

De **Suisse**, gagner aussi les ports français. **Irish Ferries**, Reisebüro Cosulich A(Beckenhofstrasse 26, CH-8035 Zurich, ☎ (01) 363 52 55.

En République d'Irlande – Trois **bacs** permettent de raccourcir le trajet en franchissant l'e tuaire d'un fleuve.

Le premier franchit l'estuaire du Shannon entre Tarbet au Sud et Killimer au No (durée : 20 mn, 13 IR£ [16,51 €]) ; le second franchit l'estuaire de Waterford ent Ballyhack à l'Est et Passage East à l'Ouest (durée : 10 mn, 6,50 IR£ [8,26 €]) ; troisième relie Glenbrook près de Douglas à Carrigaloe près de Cobh (durée 5 mr

Par train – Si l'on choisit de transiter par la Grande-Bretagne, il faut savoir que navette *(Shuttle)* fonctionne toute l'année entre Calais et Folkestone en Angleterr Durée du voyage : 35 mn ; il n'est pas nécessaire de réserver. La ligne ferroviai Paris-Bruxelles-Londres permet à bord d'*Eurostar* de relier Paris-Gare du Nord Londres-Waterloo en trois heures. ☎ 03 21 00 60 00, 3615 ou 3616 Le Shuttl Eurostar : ☎ 0 836 353 539. Irish Ferries propose une formule combinant un passag via le tunnel sous la Manche avec des traversées de la mer d'Irlande.

En République d'Irlande – Le réseau ferré relie Dublin à Cork (2 h 30), Galway (2 h 15 Sligo (3 h 20). Proposé par **Irish Rail** et **Bus Eireann**, le « Irish Explorer Ticket » perm de voyager à peu de frais ; on peut l'obtenir auprès de Usit Voyages à Paris, Bordeau Lyon, Nice et Toulouse ; 8 jours de voyage sur 15 jours consécutifs : 100 IF [126,97 €], enfants : 50 IR£ [63,49 €]. Sur la côte Est, le train express **Dart** perm de relier Dublin, Howth et Bray. Irish Rail Travel Centre, 35 Lower Abbey Stree Dublin 1, ☎ (01) 836 6222, fax (01) 703 4690, www.irishrail.ie

Dans toute l'Irlande, la carte **Emerald Card**, délivrée dans les principales gares ferr viaires et routières, permet de voyager librement sur le réseau de chemin de fer d'autobus.

Par car – Utilisant les traversées de la compagnie Irish Ferries, **Eurolines**, organise d voyages en car au départ de Paris à destination de Dublin, Cork, Galway, Tralee Limerick. Eurolines, 28, avenue du Général-de-Gaulle, BP 313, 93541 Bagnolet Cede ☎ 0 836 695 252, fax 01 49 72 57 61, 3615 Eurolines, www.eurolines.fr

En République d'Irlande – Au départ des principaux centres touristiques, sont organisé de nombreuses excursions. Renseignements sur place. En saison, un autocar expre emmène les passagers quittant le ferry de Rosslare à Galway. Pour les déplacemen combinés en train et en bus, voir ci-dessus, la rubrique « Partrain ». **Bus Eireann** renseignements, Store Street, Dublin 1, ☎ (01) 830 6111, fax (01) 873 4534, www buseireann.ie

En Irlande du Nord – On peut se procurer dans les gares d'Ulsterbus le forfait « Freedo of Northern Ireland », valable 1 ou 7 jours, permettant de circuler librement sur réseau régulier d'Ulsterbus. Renseignements ☎ (01232) 320 011, www.translin co.uk

jours – Plusieurs agences sont spécialisées dans l'organisation de séjours ou d'ac-
ités sportives en Irlande. Parmi elles :

nnett Voyages/Destination Nord, 11, rue de la Ferronnerie, 75001 Paris, ☎ 01 44 88
, 54, fax 01 44 88 54 59, info@destination-nord.fr, www.bennett-voyages.fr

tictours, 36, rue de Saint-Pétersbourg, 75008 Paris, ☎ 01 42 85 60 80, fax 01 42
62 70, www.kuoni.fr

éland Ashling, 4, quai des Célestins, 75004 Paris, ☎ 01 42 71 44 44, fax 01 42 71
, 45 ou 5, rue des Lois, 31000 Toulouse, ☎ 05 61 11 52 40, fax 05 62 30 56
, resa@gaeland-ashling.com, www.gaeland-ashling.com

nde Passion, 61, rue des Petits-Champs, 75001 Paris, ☎ 01 42 60 65 65, fax 0142
44 27, irlandepassion@netclic.fr, www.irlandepassion.com

uvelles Frontières, 87, boulevard de Grenelle, 75015 Paris, ☎ 0 803 333 333,
15/3616 NF, www.nouvelles-frontieres.fr

public Tours, 1 bis, avenue de la République, 75011 Paris, ☎ 01 53 36 55 50, fax 01
55 30 30, www.republic-tours.com

vel Solutions, 155, rue de Vaugirard, 75015 Paris, ☎ 01 44 49 79 69, fax 01 44
79 65, info@travel-solutions.fr, www.travel-solutions.fr

Au volant en Irlande

cuments – Les ressortissants des pays de l'Union européenne doivent détenir un
rmis de conduire national en cours de validité. Les ressortissants des autres pays
ivent avoir un permis de conduire international.
aut pouvoir présenter la **carte grise** de son véhicule et celui-ci doit porter un **autocollant
nationalité** de taille réglementaire ou une plaque d'immatriculation européenne.

surance – L'assurance automobile est obligatoire. Même si elle n'est plus une obli-
tion légale, la carte verte (certificat d'assurance international) est la meilleure preuve
votre qualité d'assuré. Elle est reconnue au niveau international par la police et les
tres autorités.
rope-Assistance propose des polices particulières pour les automobilistes.

de de la route – La conduite est à gauche. Les véhicules circulant sur une route
ncipale ou engagés sur un rond-point ont la priorité.
cas de **panne**, il est obligatoire de signaler son véhicule par un triangle de sécurité
par les feux de détresse.
r visibilité réduite ou de nuit, il faut rouler en pleins phares ou en code ; on n'uti-
e les feux de position que pour signaler un véhicule stationné dans une rue non
airée. La **ceinture de sécurité** est obligatoire pour le conducteur et pour le passager
ant. On doit boucler la ceinture de sécurité également à l'arrière si le véhicule en
équipé. Les enfants de moins de 12 ans doivent voyager sur le siège arrière. À
oto, port du casque obligatoire pour le pilote et le passager.
s conducteurs en **état d'ivresse (taux d'alcoolémie maximum : 0,8)** ou opérant des **excès de
esse** sont passibles de poursuites. Stationner en dehors des endroits autorisés
traîne une amende à acquitter sur-le-champ.

itations de vitesse
>   48 km/h en ville (30 miles/h)
>   96 km/h sur route (60 miles/h)
>   113 km/h sur voies rapides et autoroutes (70 miles/h)

ationnement réglementé – On trouve en ville des parkings sur plusieurs niveaux,
, parcmètres, des zones à disque et des parkings payants.
Irlande du Nord, il est interdit de laisser sans surveillance un véhicule dans les
nes sensibles des centres-villes.
s conducteurs en stationnement interdit risquent une amende. Le véhicule peut être
mobilisé par un sabot, ou être emmené en fourrière. Les indications suivantes sont
especter :
>   ligne rouge double : arrêt interdit (voie de grande circulation)
>   ligne jaune double : interdiction de stationner
>   ligne jaune simple : interdiction de stationner aux périodes indiquées sur le
>   panneau
>   ligne en pointillé jaune : stationnement autorisé à certaines heures

rburant – Super, sans plomb sont moins chers qu'en France, le gazole plus cher.
ur connaître les distributeurs de GPL, s'adresser à Calor Gas Kosangas, Long Mile
ad, Dublin 12. ☎ (01) 450 50 00 ; fax (01) 450 60 70.

seau routier – La carte Michelin 923 et l'Atlas Michelin de Grande-Bretagne et
rlande montrent les principales routes (N ou A) et de nombreuses routes secon-
res (R/L ou B). La signalisation routière ne pose pas de problème. Les localités sont

indiquées en anglais et en gaélique. Les distances sont parfois indiquées en mi|
parfois en kilomètres. Les anciens panneaux (noir sur fond blanc) sont en miles lorsc
figurent les lettres km. Les nouveaux panneaux (blanc sur fond vert) dont en k|
mètres.

Péages – Les seules voies à péage sont la Dublin-East-Link (65 pence) qui franc
l'estuaire de la Liffey, et la West-Link (Western Parkway Motorway) (80 pence), l'
Nord-Sud situé à l'Ouest de la ville. ☎ (01) 668 2888 (East-Link) ou (01) 820 2C
(West-Link).

Location de voiture – Des agences de location de voitures sont présentes dans
aéroports, les gares, et toutes les grandes villes d'Irlande. Les voitures européen|
sont ordinairement munies d'une boîte de vitesses manuelle, mais des voitures à bc
automatique sont disponibles sur demande. Un **permis de conduire international** est ex
des ressortissants des pays n'appartenant pas à l'Union européenne. De nombreu
agences demandent que le conducteur ait au minimum 21 ans, parfois 25.
Avant de franchir la frontière entre la République d'Irlande et l'Irlande du Nord, il
important de vérifier si votre assurance vous couvre dans l'autre pays. Rendre un vé
cule à l'agence où il a été loué revient moins cher que de le remettre dans une au
agence.

Se loger

Où se loger – En début de guide, les cartes Principales curiosités et Détente et lois
indiquent les endroits où il est possible de passer la nuit.
Le **Guide Rouge Ireland** ou le **Guide Rouge Great Britain and Ireland** fournissent une sélect
d'hôtels, de pensions et de restaurants.
Il convient d'indiquer que l'hébergement en Irlande n'est pas bon marché et que
hôtels sont chers voire très chers.
L'Office du tourisme irlandais (Bord Fáilte) publie entre autres ouvrages utiles un *Gu
d'hébergement* recensant des adresses d'hôtels, de pensions, de chambres d'hôtes
ville, à la campagne et à la ferme. Son homologue d'Irlande du Nord (NITB) prop
Where to stay (3,99 £). Il peut être utile aussi de se procurer d'autres brochures tel
que *Ireland's Blue Book*, *The Hidden Ireland* ou *Friendly Homes of Ireland* pour trou
d'autres formules d'hébergement.

Service de réservation – Les organismes régionaux du tourisme irlandais et les cent
d'information touristique dirigent le service de réservations Gulliver Call Centre ☎
800 668 668 66 pour les auberges de jeunesse, les B&B, hôtels, fermes, gentilhc
mières, maisons à louer.

Pensions de famille – L'éventail des hébergements va de l'établissement constr
dans ce but à la propriété de style georgien ou victorien. Renseignements auprès
l'**Irish Guesthouse Owners'Association**, Kathleen's Country House, Killarney, Co. Ker
☎ (064) 32810 ; fax (064) 32340.

Chambres d'hôtes – Cette option offre l'avantage de donner un aperçu de la vie q
tidienne d'une famille irlandaise. **Town and Country Homes Association**, Belleek Ro
Ballyshannon, Co. Donegal. ☎ (072) 22222 ; fax (072) 22207 ; tchal@iol.i
www.commerce.ie/towns and country.

Gentilhommières – Belles demeures historiques ou petits manoirs, leur charme et l
confort sont indéniables. Les prix bien sûr sont à la hauteur. Se procurer la brochure 7
Hidden Ireland, Accommodation in Historic Private Houses. www.hidden-ireland.com

Tourisme à la ferme – Vous trouverez des informations sur le tourisme rural aup
de **Irish Farm Holidays**, 2 Michael Street, Limerick, Co. Limerick. ☎ (061) 400 700
400 707 ; fax (061) 400 771 ; farmhols@iol.ie ; www.irishfarmholidays.com

Meublés de vacances – Dublin Tourism et le NITB fournissent des renseigneme
sur les locations de vacances, ainsi que l'Irish cottages and Holiday Homes Associati
4 Whitefriars, Aungier Street, Dublin 2. ☎ (01) 475 1932 ; fax (01) 475 532
margaret@irishwelcometours.ie ; www.ichh.ie

Petits budgets – Les auberges de jeunesse proposent un hébergement bon marc
(en chambre simple, double ou à 4/6 lits) aux adresses suivantes :
Kinlay House, 2-12 Lord Edward Street, Dublin 2. ☎ (01) 679 6644 ; fax (01) 6
7437 ; kinlay-dublin@usitworld.com (à Cork et Galway également).
Avalon House, 55 Aungier Street, Dublin. ☎ (01) 475 0001 ; fax (01) 475 030
info@avalon-house.ie ; www.avalon-house.ie
Harding Hotel, Fishamble Street, Temple Bar, Dublin 2. ☎ (01) 679 6500 ; fax (C
679 6504 (autres auberges à Dublin, Cork et Galway).
Independent Holiday Hostels Ireland, 57 Lower Gardiner Street, Dublin 1. ☎ (01) 8
4700 ; fax (01) 836 4710.

ndant les vacances universitaires, on peut loger dans les universités (chambres
nples et appartements meublés). Se renseigner auprès de :

'T Accommodation Centres, c/o UCD Village, Belfield, Dublin 4. ☎ (01) 706 1071 ;
x (01) 269 1129 ; accommodation@usitworld.com ; www.iol.ie/usitaccm
SA – Marketing University Summer Accommodation, Plassey Campus Centre,
iversity of Limerick. ☎ (061) 202 360 ; fax (061) 330 316.
commodation Office, Trinity College, Dublin 2. ☎ (01) 608 1177 ; fax (01) 671 1267 ;
servations@tcd.ie ; www.tcd.ie/accommodation

berges de jeunesse – Elles sont au nombre de 50 en République d'Irlande et de
en Irlande du Nord. Il existe des billets de vacances qui groupent une carte de train
de bus et des réservations en auberges de jeunesse, ou bien un aller-retour en train,
e location de vélo et des réservations en auberges de jeunesse. Pour plus d'infor-
ations s'adresser à :

Oige, 61 Mountjoy Street, Dublin 7. ☎ (01) 830 4555 ; fax (01) 830 5808 ;
ailbox@anoige.ie ; www.irelandyha.org
stelling International Northern Ireland, 22 Donegal Road, Belfast BT12 5JN. ☎ (028)
32 4733 ; fax (028) 9043 9699 ; info@hini.org.uk ; www.hini.org.uk

nformations générales

ure – En hiver l'heure d'Irlande est celle du méridien de Greenwich (heure GMT).
été (de mi-mars à octobre) les montres sont avancées d'une heure pour coïncider
ec l'heure d'été britannique (heure BST), la même que celle de l'Europe continen-
e.

ins médicaux – Les ressortissants des pays de l'Union européenne doivent
mander à leur Caisse nationale de sécurité sociale le formulaire E 111 leur donnant
oit à des soins médicaux selon un accord conclu avec les instances de Bruxelles.
s ressortissants des pays n'appartenant pas à l'Union européenne doivent souscrire
e assurance complète. American Express offre un service d'« Assistance globale »
i regroupe toute urgence d'ordre médical, juridique ou personnel, qu'on peut joindre
partout en PCV en composant le 312 935 3600.

ange – La monnaie est la livre irlandaise, ou punt (1 IR£ = 100 pence), en
publique d'Irlande et la livre sterling (1 £ = 100 pence) en Irlande du Nord.
printemps 2001, le punt pouvait s'échanger contre 8,33 FF et la livre sterling contre
,31 FF. La monnaie irlandaise restera en circulation jusqu'au 1er janvier 2002. Jusqu'à
te date l'euro est accepté en République d'Irlande pour les transactions bancaires.
cun plafond n'est fixé aux sommes que les voyageurs peuvent introduire en
publique d'Irlande ; toutefois, comme il existe une limite au montant que l'on peut
tir du pays, en devises irlandaises et en billets de banque étrangers, il est conseillé
x voyageurs de remplir un formulaire de déclaration de devises à leur arrivée.
parité entre l'euro et la livre irlandaise est : 1 euro = 0,79 IR£.

nques – Les banques sont ouvertes du lundi au vendredi (sauf les jours fériés offi-
ls), de 10 h à 12 h 30 et de 13 h 30 à 15 h (à 15 h 30 en Irlande du Nord).
est possible de changer de l'argent en dehors de ces heures dans les aéroports de
lfast, Dublin, Shannon, Connaught et Cork, ainsi que dans certains centres d'infor-
tion touristique, agences de voyages et hôtels.
aut présenter ses papiers d'identité pour changer des traveller's chèques ou des
rochèques dans les banques. Les commissions prises par les services de change sont
iables. En général, les hôtels prennent une commission plus importante que les
nques.

rtes de crédit – Les principales cartes de crédit – American Express, Visa/Barclay
rd (Carte bleue), Eurocard Mastercard et Diner's Club sont couramment acceptées
ns les magasins, les hôtels, les restaurants et les stations-service.

ste – Il faut affranchir son courrier en République d'Irlande avec des timbres irlan-
s, en Irlande du Nord avec des timbres anglais. On se les procure dans les bureaux
poste et certaines boutiques (marchands de journaux, débits de tabac, etc.).
République d'Irlande, les bureaux de poste sont ouverts du lundi au samedi de 8 h
7 h ou 17 h 30 ; ils sont fermés le dimanche et les jours fériés officiels, ainsi que
15 à l'heure du repas ; les bureaux annexes ferment en général à 13 h un jour
semaine. En Irlande du Nord, les bureaux de poste sont ouverts du lundi au ven-
edi de 9 h à 17 h 30 et le samedi de 9 h à 12 h 30 ; les bureaux annexes ferment
3 h le mercredi.

léphone – En cas d'urgence, composer le 999, pour contacter les pompiers, la police,
ambulances, les secours marins, de montagne ou spéléologiques.
peut emporter les téléphones mobiles en Irlande.

Eircom, www.eircom.ie, dirige le service téléphonique irlandais. L'indicatif de la Répu
blique d'Irlande est **353** ; celui de l'Irlande du Nord est le **44**. Pour appeler la Répu
blique d'Irlande depuis la France, la Belgique ou la Suisse, composer le 00, le 353, su
de l'indicatif de la localité (sans le 0) puis le numéro du correspondant ; pour appe
l'Irlande du Nord, faire la même chose en changeant l'indicatif du pays, soit le 44. Po
appeler depuis la République d'Irlande et l'Irlande du Nord vers la France, compos
le 00 33, vers la Belgique, le 00 32, vers la Suisse le 00 41, vers le Canada, le 00
suivi à chaque fois du numéro du correspondant. Les codes des pays sont indiqués
début des annuaires. Pour appeler l'Irlande du Nord de la République d'Irlande, co
poser le 080 suivi du numéro du correspondant.

Des cartes de téléphone, pour appeler à partir des cabines publiques un correspo
dant dans le pays ou à l'étranger, sont disponibles dans les bureaux de poste et da
certaines boutiques (marchands de journaux, débits de tabac, etc.). Téléphoner av
une carte revient moins cher qu'avec des pièces. Éviter d'appeler d'un hôtel ou d'
B&B.

Électricité – Le pays est équipé en courant alternatif de 220 Volts (50 hz). Les pris
standards ont deux fiches arrondies ou trois fiches plates. Prévoir un adaptateur.

Jours fériés officiels – Les jours suivants sont ceux où musées et autres monumer
peuvent être fermés ou avoir des horaires de visite modifiés.

le 1er janvier
le 17 mars (la Saint-Patrick) (en République d'Irlande uniquement)
le lundi le plus proche du 17 mars (en Irlande du Nord uniquement)
le Vendredi saint (en République d'Irlande uniquement)
le lundi de Pâques
le lundi le plus proche du 1er mai (en Irlande du Nord uniquement)
le dernier lundi de mai (en Irlande du Nord uniquement)
le premier lundi de juin (en République d'Irlande uniquement)
le 12 juillet (en Irlande du Nord uniquement)
le premier lundi d'août (en République d'Irlande uniquement)
le dernier lundi d'août (en Irlande du Nord uniquement)
le dernier lundi d'octobre (en République d'Irlande uniquement)
le 25 décembre
le 26 décembre (la Saint-Étienne/jour des étrennes)

En République d'Irlande, les musées et les galeries d'art sont ordinairement fermés
lundi. En plus des vacances scolaires habituelles de Noël, de printemps et d'été,
a de brèves coupures pour Halloween et autour de la Saint-Patrick (le 17 mars).

Ambassades en République d'Irlande

France 36, Ailesbury Road, Dublin 4. ☎ (01) 260 1666. Consulat : même adres
www.ambafrance.ie

Belgique Shrewsbury House, Shrewsbury Road, Dublin 4. ☎ (01) 269 2082.

Canada 65-68 St Stephen's Green, Dublin 2. ☎ (01) 478 1988 ; cndembsy@io

Suisse 6, Ailesbury Road, Dublin 4. ☎ (01) 269 2515.

Bureau consulaire belge en Irlande du Nord

47, Gilnahirk Park, Belfast County Down BT5 7DY. ☎ (28) 2564 5833
9050 8992 ; fax (28) 9050 8993.

Roulottes à cheval – E
offrent en plus de l'héb
gement une manière p
sible d'explorer les rou
de la campagne irlanda
Il faut cependant sav
qu'en raison de l'affluer
des voitures, les roulot
sont confinées à des p
cours bien précis et
peuvent emprunter
routes escarpées.

**Slattery's Horse-drawn Ca
vans**, 1 Russel Street, T
lee, Co. Kerry. ☎ (06
26277 ; fax (066) 259
**Mayo Horsedrawn Caravan H
days Ltd.**, Belcarra, Cas
bar. ☎ (094) 32054.

Croisière fluviale – *Cr
sing Ireland* (l'Irlande
bateau), publié par l'Off
du tourisme irlandais, p
cure toutes les inforn

Roulottes dans le comté de Kerry

Écluse de Skelan, liaison fluviale Shannon-Erne

ns sur les bateaux à louer pour parcourir les rivières, les lacs ou les canaux, les croi-
res de vacances ou les courtes croisières d'agrément sur le Shannon, les promenades
péniche ou en bateaux collectifs et les restaurants sur l'eau. Il est recommandé de
adresser à des loueurs de bateaux, membres de l'Irish Boat Rental Association (IBRA).
Association des voies navigables publie le *Guide to the Grand Canal*. Les centres d'in-
rmation touristique dispensent des renseignements sur les concours et les fêtes nau-
ques qui se tiennent chaque année.
s principales voies navigables pour les croisières sont le Shannon, la Shannon-Erne
aterway et le lac Erne ; les péniches sont plus appropriées pour la Barrow, le Grand
nal et le Shannon. Les petites croisières à la journée sur les canaux et rivières sont
entionnées dans les chapitres concernés.
ur plus ample information, vous pouvez contacter :
sh **Boat Rental Association,** 2 Granville Road, Blackrock, Co. Dublin. Fax (01) 289 7430.
ur louer un voilier, s'adresser à Sailing Holidays in Ireland, c/o Trident Hotel Marina,
nsale, Co. Cork. ☎ (021) 772 067 ; fax (021) 774 170.

Shopping et artisanat

agasins – Dans les villes importantes, les magasins sont ouverts du lundi au samedi
9 h à 17 h 30 (à 20 h le jeudi). Ailleurs, ils ferment plus tôt, ou complètement,
it le lundi, soit le mercredi, soit le jeudi. Certains magasins restent ouverts plus tard
ais ferment pendant l'heure du déjeuner.

rtisanat – On trouve des boutiques vendant des souvenirs et des objets d'artisanat
ns certains offices de tourisme, centres d'accueil et centres du patrimoine, ainsi que
r de nombreux sites touristiques.
s fabricants de tissus, d'objets en verre et de porcelaines, proposent la visite de
urs ateliers et de leurs espaces de vente. On trouve souvent leurs productions dans
s grands magasins et les boutiques spécialisées des grandes villes. L'Office de tou-
me de Banbridge propose un périple sur le thème du lin *(Linen Homelands Tour)*
isant découvrir différentes unités de production, ainsi que le musée de Lisburn.
e nombreux ateliers et de villages d'artisans (sur le thème de la poterie, du tissage,
la reliure, de la dentelle, de l'orfèvrerie, de la fabrication d'instruments de musique)
nt ouverts l'été aux visiteurs.
s démonstrations de techniques révolues ont lieu dans certains musées d'arts et de
aditions populaires et certains villages-musées.

rrerie – La plus ancienne et la plus célèbre des cristalleries est établie à **Waterford** ;
puis son renouveau, en 1951, plusieurs entreprises plus petites ont suivi et ont com-
encé à produire du cristal de plomb soufflé, taillé, gravé ou non décoré : Cavan

27

Tissage du lin

Crystal, Galway Crystal, Grange Crystal, Sligo Crystal, Tipperary Crystal et Tyro
Crystal. La plupart des fabriques ont ouvert leurs propres points de vente et offre
la possibilité d'une visite guidée des ateliers.

Vêtements tricotés des îles d'Aran – Ces tricots de couleur écrue (non teinte) so
désormais vendus partout en Irlande. Les mailles et les motifs symbolisent les élémer
naturels et les caractéristiques du mode de vie des îles. À l'origine, les femmes filaie
la laine et les hommes la tricotaient en utilisant des pennes d'oie comme aiguilles.

Dentelle – L'Irlande comptait de nombreux centres de fabrication de dentelle au 19e s
peu ont survécu. Dans la plupart de ces lieux, l'enseignement était dispensé par d
sœurs ; les dentelliers de Clones et de Carrickmacross se sont maintenant organisés e

Produit de la poterie de Belleek

Derek Robinson, Belfast

coopératives. La dentelle
l'aiguille de Kenmare est
plus difficile à réaliser ;
dentelle de Clones est ré
lisée au crochet. Les autr
centres produisent d
« dentelles interm
diaires », réalisées sur
base d'un filet de coto
tissé mécaniquement.

Lin – La demande en se
viettes à thé, en nappes
en draps maintient quelq
20 maisons linières en a
tivité. Tissu d'habillemer
le lin a connu un importa
renouveau depuis que
mélange avec des fibr
synthétiques ou av
d'autres fibres naturelles
réduit sa tendance à
froisser. Il est aujourd'h
utilisé par les créateurs
monde entier qui appr
cient sa texture et son a
pect lustré, sa solidité et
faculté d'adaptation – le
est frais en été et un be
isolant en hiver ; il se te
aisément de couleu
claires et vives.

weed – Le terme de tweed s'appliqua pour la première fois à la fin du 19e s., au drap
e laine tissé à la main dans le comté de Donegal. Le tweed est aujourd'hui fabriqué,
r des métiers à tisser mécaniques, par quatre firmes dans les villages de Donegal,
car, Ardara et Downies.

rois de ces entreprises emploient des travailleurs saisonniers qui utilisent des métiers
tisser manuels, et elles ont presque toutes diversifié leurs productions, des tricots
prêt-à-porter, ou par le tissage d'autres fibres naturelles : lin, coton, soie.

l'origine, les tweeds étaient obtenus à partir de la laine naturelle non teinte – grise,
une ou crème. Comme la laine colorée n'était produite qu'en petite quantité, elle
t introduite sous la forme de mouchetures lorsque la laine était cardée. Les tein-
res étaient extraites de plantes, de lichens, de suie, de tourbe et de minéraux.

bénisterie – Un certain nombre d'artisans produisent des articles faits main tels que
upes, objets décoratifs ou pieds de lampe. Les gracieuses sculptures réalisées à partir
e squelettiques morceaux de **bois de tourbe** (bogwood, voir Physionomie du pays) sont
es pièces uniques. Certains tourneurs sur bois élaborent des instruments de musique
omme les cornemuses et les bodhráns (tambourins en peau de chèvre).

Sports et activités de loisirs

e plus amples renseignements sur toutes les activités décrites ci-dessous sont dis-
onibles auprès de l'**Office du tourisme irlandais (Bord Fáilte)** et de son homologue pour
rlande du Nord (le **NITB**) (voir Avant le départ).

oisirs

écouverte du patrimoine – En République d'Irlande, **Dúchas**, le service du patrimoine
andais est responsable de la protection du patrimoine national, qu'il s'agisse de bâti-
ents ou de zones naturelles : 6, Ely Place Upper, Dublin 2 ; ☎ (01) 647 2453 ;
fo@heritageireland.ie ; www.heritageireland.ie

Dúchas Card valable un an, vendue au prix de 15 IR£ [19,05 €], permet de décou-
ir les sites historiques faisant partie de ce patrimoine. Une brochure distribuée
acieusement, Heritage Sites of Ireland, donne une brève description de ces sites et
s localise sur une carte.

uelque 25 villes ont été classées **Heritage Towns** pour leur architecture, leur patrimoine
storique ou leur caractère. Leurs qualités sont présentées dans leurs centres du patri-
oine, les Heritage Centres.

n Irlande du Nord, de nombreux monuments historiques dépendent du ministère de
Environnement : **Built Heritage**, Department of the Environment, 5-33 Hill Street,
elfast BT1 2LA, ☎ (028) 9054 3034. Le **National Trust** britannique protège de nom-
eux bâtiments, jardins et sites industriels : Head Office in Northern Ireland,
owallane House, Saintfield, Ballynahinch, Co. Down BT24 7LH, ☎ (01238) 510 721,
ww.nationaltrust.org.uk

éserves naturelles – La République d'Irlande compte quatre **parcs nationaux**, de
ombreuses **réserves naturelles** (réserves de gibier d'eau, tourbières et dunes de sable)
de nombreux **parcs forestiers** aménagés pour le public et les loisirs. Pour plus de
nseignements, contactez les organismes suivants :
atural Heritage, Commonwealth House, 35 Castle Street, Belfast BT1 1GH, ☎ (028)
025 1477, fax (028) 9045 6660, www.ehsni.gov.uk
sh Peatland Conservation Council (Association de sauvegarde des **tourbières**), Capel
hambers, 119 Capel Street, Dublin 1, ☎ (01) 872 2397, pcc@indigo.ie, www.ipcc.ie
our l'observation des **oiseaux**, s'adresser à Birdwatch Ireland, Ruttledge House,
Longford Place, Monkstown, Co. Dublin, ☎ (01) 280 4322, fax (01) 284 4407,
rd@indigo.ie, www.birdwatchireland.ie ; ou à la Royal Society for Protection of Birds
Protection des oiseaux), Belvoir Park Forest, Belfast BT8 4QT, ☎ (028) 9049 1547,
x (028) 9049 1669.
our l'observation de la **faune**, voir le Wildlife Service de Dúchas (voir plus haut).

outes pittoresques – De nombreuses routes pittoresques (slí) ont été balisées par
s offices de tourisme locaux.

rains à vapeur – L'Irlande conserve quelques lignes de chemin de fer touristiques
la possibilité d'excursions en train tiré par une locomotive à vapeur. S'adresser par
emple à la Railway Preservation Society, Ashgrove House, Kill Avenue, Dún
oghaire, Co. Dublin, ☎ (01) 280 9147, David461@iol.ie

oirées musicales – Voir au chapitre Musique.

ourses de chevaux – On peut voir des courses de chevaux presque partout en
ande. Celles de Fairyhouse (à Pâques), Killarney (en juillet), Curragh (en juin), de
alway, Tramore et Tralee (en août), Listowel (en septembre) et Leopardstown et
merick (en décembre) sont particulièrement populaires.
enseignements sur les courses auprès de l'Irish Horseracing Authority, Leopardstown
acecourse, Foxrock, Dublin 18, ☎ (01) 289 2888, fax (01) 289 8412, info@irish-
cing.iha.ie, www.iha.ie/iharace

National Hunt Racing

Courses de lévriers – Très populaires, les courses de lévriers se déroulent en soir
sur de nombreux cynodromes *(Greyhound Tracks)* : se renseigner auprès de l'Iri
Greyhound Board, 104 Henry Street, Limerick, ☎ (061) 316 788, fax (061) 316 73

Sports

Vacances actives – Le Irish Tourist Board fournit des renseignements sur tout
éventail de séjours à thème : croisières, courses de chevaux, randonnées pédestres
à bicyclette, golf, visite de jardins, cuisine, et sur toutes sortes de stages d'été, p
exemple pour apprendre à parler irlandais. Les organismes suivants, qui chapeaute
les activités sportives en Irlande, peuvent fournir toutes sortes de renseignements

Irish Sports Council, Frederick Buildings, South Frederick Street, Dublin 2, ☎ (01) 6(
1444, fax (01) 679 9291.

Sports Council for Northern Ireland, House of Sport, 2A Upper Malone Road, Belfast B⁻
5LA, ☎ (028) 9038 1222, fax (028) 9068 2757, info@sportscouncil-ni.org.uk, ww
sportni.org

AFAS (Association for Adventure Sports), House of Sport, Longmile Road, Dublin 1
☎ (01) 450 9845, fax (01) 450 2805.

Vélo – La brochure *Cycling in Ireland* de l'Office national de tourisme propose différer
itinéraires. Les compagnies aériennes, maritimes et ferroviaires acceptent les vél
comme bagages accompagnés. On peut louer des bicyclettes dans toute l'Irlande, p
exemple avec Raleigh Rent-a-Bike-Division, Raleigh Ireland Limited, PO Box 352
Raleigh House, Kylemore Road, Dublin 10, ☎ (01) 626 1333, fax (01) 626 1770.
NITB met à disposition une liste des magasins d'Irlande du Nord qui louent des vél

Golf dans le comté de Kerry

enseignements généraux auprès de l'Irish Cycling Federation, Kelly Roche House, 619
orth Circular Road, Dublin 1, ☎ (01) 855 1522/3, fax (01) 855 1771.

andonnée – La brochure *Walking Ireland, The Waymarket Way* décrit les itinéraires
e randonnée de la République d'Irlande. Des petits guides sur des randonnées pré-
ses sont aussi disponibles. Se renseigner auprès du Irish Sports Council et du Sports
ouncil for Northern Ireland *(voir plus haut)*.

s sentiers réservés à la randonnée ne sont pas destinés aux chevaux ni aux VTT. Les
etits groupes sont préférables. Les chiens ne sont pas autorisés sur les trajets qui
aversent des fermes ; un chien qui poursuit les animaux domestiques court le risque
être abattu.

n Irlande du Nord, l'Ulster Way, sentier de grande randonnée parfaitement fléché et
tretenu, fait le tour complet de la province (930 km). Pour plus d'informations, se
ocurer *The Ulster Way, a Guide to the Route and its Facilities* ou *The Ulster Way,
ccommodation for Walkers*.

ontagne – Pour l'alpinisme, l'escalade ou les courses d'orientation, se renseigner
près du Mounteneering Council of Ireland, ☎ (01) 450 7376, fax (01) 450 2805 ;
u National Mountain and Whitewater Centre, Tiglin, Devil's Glen, Ashford, Co.
icklow, ☎ (040) 40169, www.tiglin.com ; du Tollymore Mountain Centre,
yansford, Newcastle, ☎ (028) 4372 2158 ; ou du Sports Council for Northern
eland *(voir plus haut)*.

olf – L'Office du tourisme irlandais publie la brochure *Golfing*, donnant une sélec-
on de parcours. Le NITB propose de son côté une liste de 80 parcours de golf en
ande du Nord. Se renseigner auprès du Golfing Union of Ireland, 81 Eglinton Road,
ublin 4, ☎ (01) 269 4111, fax (01) 269 5368, gui@iol.ie, www.gui.ie

Pêche dans le comté de Limerick

che – L'Office du tourisme irlandais diffuse les brochures *Game Angling* (pêche à
 truite et au saumon), *Sea Angling* (pêche en mer) et *Coarse Fishing* (pêche en eau
uce), donnant les informations sur les dates de la saison et des compétitions, les
ciétés de pêche, les tarifs des licences et des permis et les possibilités d'héberge-
ent. Pour plus d'informations, contactez le Central Fisheries Board, Mobhi Boreen,
asnevin, Dublin 9, ☎ (01) 837 9206, fax (01) 836 0060, info@cfb.ie. En Irlande
 Nord, permis et licences s'obtiennent dans les boutiques d'articles de pêche ou
près du Fisheries Conservancy Board for Northern Ireland, 1 Mahon Road,
rtadown BT62 3EE, ☎ (028) 3833 4666, fax (028) 3833 8912, www.fcbni.org

ile et ski nautique – Il y a des ports de plaisance tout le long des côtes d'Irlande
 sur les lacs intérieurs. *Sailing Ireland* (Pratiquer la voile en Irlande), un dépliant de
ffice du tourisme irlandais, donne des informations sur la **location de yachts** et sur les
urses au large qui attirent des équipes internationales.
us les yacht-clubs appartiennent à l'Irish Sailing Association, 3 Park Road, Dún
oghaire, Co. Dublin, ☎ (01) 280 0239, fax (01) 280 7558, www.sailing.ie ou
ww.sailing.orgisa/ ; renseignements sur les anneaux, ☎ (020) 7493 3201.
ur le ski nautique, s'adresser à l'Irish Water Ski Federation, Knocknacree Road,
ount Salus, Dalkey.

anche à voile – C'est dans le Nord-Ouest de l'Irlande, sur la côte du comté de Mayo,
 Easky, là où se déroula le Tiki Cold Water Classic en 1997, et sur la côte du comté
 Donegal, à **Bundoran**, où les championnats européens attirent de nombreuses natio-
ités, que se trouvent les centres de véliplanchisme les plus populaires. Pour en savoir
us, s'adresser à l'Irish Sailing Association *(ci-dessus)* ou au Oysterhaven Boardsailing
ntre, Kinsale, Co. Cork, ☎ (0214) 770 738, fax (0214) 477 0776, info@oyste-
aven.com, www.oysterhaven.com

31

Surf – Le milieu et le Nord de la côte Ouest offrent les meilleures conditions, mais o pratique aussi le surf sur les côtes Nord, Sud-Ouest et Sud de l'Irlande. Le vent e rarement suffisant sur la côte Est. On loue des planches de surf sur place. S'adress à l'Irish Wind Surfing Association, c/o Moss Veterinary, Naas, Co. Kildare, ☎ (08 584 589, fax (045) 879 791 ; Irish Surf Association, Easkey House, Easkey, Co. Slig ☎ (096) 49428, fax (096) 49020.

Canoë – On trouvera des renseignements auprès de l'Irish Canoe Union, ☎ (01) 45 9838, fax (01) 460 4795, icu@iol.ie ; et du National Mountain and Whitewat Centre, Tiglin, Devil's Glen, Ashford, Co. Wicklow, ☎ (040) 40169, www.tiglin.co *(Voir aussi AFAS plus haut)*.

Plongée – L'Irlande possède de beaux fonds sous-marins notamment le long de côte Ouest, où le Gulf Stream attire une faune marine abondante dans les eaux clair de l'Atlantique. Pour tout renseignement, s'adresser au Irish Underwater Council, 78 Patrick Street, Dún Laoghaire, Co. Dublin, ☎ (01) 284 4601, fax (01) 284 46C scubairl@indigo.ie, www.indigo.ie/scuba-irl ; ou bien à Sceilig Aquatics, Caherdani Co. Kerry, ☎/fax (066) 947 5277, info@activity-ireland, activity-ireland.com

Parachute, deltaplane et parapente – On trouvera les informations nécessair auprès de l'Irish Hang-Gliding and Paragliding Association, ☎ (087) 243 6554 (de taplane) et ☎ (086) 258 5978 (parapente), et de la Parachute Association of Irelan ☎ (1850) 260 600. *Voir aussi AFAS plus haut.*

Chevaux et poneys – L'Office du tourisme irlandais publie une brochure intitul *Equestrian Holidays* répertoriant les promenades à cheval et randonnées organisée les centres hippiques avec pension, les vacances à cheval avec relais d'étapes. Po plus d'information, contactez Equestrian Holidays Ireland, c/o Clonshire Equestri Centre, Adare, Co. Limerick, ☎ (061) 396 770, fax (061) 396 726.

Chasse à courre – *Equestrian Holidays*, de l'Office du tourisme irlandais, recense tout les chasses (au renard, au cerf, au lièvre) en République d'Irlande. Contactez le Irish Maste of Foxhounds Association, Thornton, Dunlavin, Co. Kildare, ☎/fax (045) 401 294.

Tir et chasse – Les permis de chasse et licences occasionnelles s'obtiennent aupr des autorités suivantes :
Pour l'Irlande du Nord : District Forest Office, The Grange, Castlewellan Forest Par Castlewellan BT31 9DU, ☎ (02) 4377 2257.
Pour la République d'Irlande : District Forest Office, Iniskeen House, Killyhevl Enniskillen BT74 4EJ, ☎ (028) 6634 3123.

Manifestations touristiques

Mars

Ballycastle.................... Fair Head – Une des trois grandes foires irlandaises, av
présentation de chevaux de trait et concours de labo

Belfast....................... Festival de musique

17 mars

**Principales villes
de la République**.............. Défilés de la Saint-Patrick

Mi-mars

Antrim........................ Foire aux antiquités et beaux-arts de Templeton

Mai

Portrush...................... Week-end de courses de raft

Début juin

Listowel...................... Semaine des écrivains – Festival littéraire

Maisons de campagne........ Musique dans les grandes résidences irlandaises

Leixlip (carte 923-M 7)..... Festival du saumon, commémorant l'établissement
Irlande des Vikings attirés par l'abondance du saumo
Village viking et reconstitution de la bataille de Con
(917). Incendie d'un bateau, feu d'artifice, concours
pêche, attractions, manifestations patrimoniales et cul
relles, expositions d'art et d'artisanat, animations du s

Début-fin juin

Belfast....................... Proms (concerts auxquels on assiste debout)

Mi-juin

Ballycastle.................... Fleadh Amhrán agus Rince – Festival traditionnel
chant, de musique et de danse

33

Fin août

Tralee .... Fête de la rose de Tralee *(voir ce nom)* ; orchest.
défilés, danses et courses de chevaux

Deuxième semaine de septembre

Dublin .... Finale pan-irlandaise de hurling à Croke Park

Clarinbridge (carte 923-F 8) Fête des huîtres. Concours féminin international d'
verture d'huîtres, dégustation, danses et musique

Septembre

Dublin .... Finale pan-irlandaise de football gaélique à Croke P

Dromore (carte 923-N 4).... Foire aux chevaux

Mi-septembre

Galway .... Fête internationale des huîtres – Championnat mon
d'ouverture d'huîtres dans les pubs, dégustati
musique, chants et danses

Mi-fin septembre

Listowel .... Courses de chevaux

Septembre-octobre

Waterford .... Festival international d'opérette

Début octobre

Kinsale .... Festival gourmand

Ballinasloe (carte 923-H 8) . Grande foire d'octobre – Un des trois grands rasse
blements d'Irlande, pour l'achat et la vente de chev.

Larne .... Mounthill Fair – Foire aux chevaux datant du 17e s

Octobre

Nobber (carte 923-L 6) ..... Festival O'Carolan – Ateliers de luthiers et facte
concours de harpe. Concerts de musique traditionne
danses, messe traditionnelle en gaélique

Mi-fin octobre

Wexford .... Festival d'opéra

Fin octobre-novembre

Belfast .... Festival du Queen's de Belfast – Musique, du classique
folk en passant par le jazz, théâtre, ballets et cinéma

Novembre

Londonderry et Belfast ...... Festival du cinéma du Foyle

Fanfare à Inishowen dans le comté de Donegal

Quelques livres

TOURISME, HISTOIRE, ART

...nde, par Hervé Jaouen (*Éditions Ouest-France*)

...nde (*Larousse, coll. Monde et voyages*)

...nde, **Terre des Celtes**, par Pierre Joannon et Seamas Daly (*Éditions Ouest-France*)

...nde, **île de toutes les passions**, par Alain Wodey et Claude Vautrin (*Anako Éditions*)

...noirs et châteaux d'Irlande, par Jacqueline O'Brien et Desmond Guiness (*Mengès*)

...rnal d'Aran et d'autres lieux, par Nicolas Bouvier (*Petite Bibliothèque Payot, série ...yageurs*)

...utes et chemins d'Irlande, par Jean-Yves Montagu (*Flammarion*)

...toire de l'Irlande, par René Fréchet (*PUF, coll. Que sais-je ?*)

...toire de l'Irlande, par Pierre Joannon (*Plon*)

...**Celtes** (*Gallimard, coll. Découvertes*)

...popée celtique d'Irlande, par Jean Markale (*Petite Bibliothèque Payot*)

...sirs d'Irlande (*Actes Sud*)

...thes et légendes d'Irlande, par Ronan Coghlan (*Coop Breizh*)

...rt de vivre en Irlande, par Marianne Héron (*Flammarion*)

...blin 1904-1924 (*Autrement, série Mémoires*)

...ndes parallèles (*Autrement, coll. Monde*)

...rt irlandais, de Françoise Henri (*Zodiaque, 3 volumes*)

...**Grande Histoire du whisky** (*Flammarion*)

...**Journal irlandais**, par Henrich Böll (*Seuil*)

...**Irlandais**, par Michael MacCarthy Morrogh (*Albin Michel*)

...rlande au temps de la Grande Famine, par Peter Gray (*Gallimard, coll. Découvertes*)

...**Résistance irlandaise 1916-2000**, par Roger Faligot (*Terre de Brume*)

LITTÉRATURE

...s **Voyages de Gulliver**, par Jonathan Swift (*Gallimard*)

...ns de Dublin, **Ulysse**, par James Joyce (*Gallimard, Folio*)

...éâtre, **Pygmalion**, par George Bernard Shaw (*L'Arche*)

...**Baladin du monde occidental** (*Amicale*), **Les Îles d'Aran** (*Anatolia*), **Dans le Wicklow, l'ouest du ...ry et le Connemara** (*Climats*), par John Synge

...**profundis**, **Le Portrait de Dorian Gray** (*Gallimard, Folio*), **Ballade de la geôle de Reading** ...rocéliande*), par Oscar Wilde

...tobiographie (*Mercure de France*), **Poèmes** (*Aubier-Montaigne*), par William Butler ...ats

...attendant Godot, **Oh les beaux jours**, **Fin de partie**, par Samuel Beckett (*Éditions de Minuit*)

...cœur fanatique, **Les Filles de la campagne**, **Les Païens d'Irlande**, par Edna O'Brien (*Fayard*)

...**Garçon boucher**, par Patrick McCabe (*Plon*)

...sormais notre exil, **La Bruyère incendiée**, **Bad Blood**, par Colm Tóibín

...pler, **La Lettre de Newton**, **Le Livre des aveux**, **Le Monde d'or**, **L'Intouchable**, par John Banville ...lammarion*)

...**Lanterne de l'aubépine** (*Le Temps des cerises*), **Poèmes (1966-1984)** (*Gallimard*), par ...amus Heaney

...ddy Clarke Ha Ha Ha, **La Femme qui se cognait dans les portes**, par Roddy Doyle (*Robert ...ffont, coll. Pavillons*)

...s **Cendres d'Angela**, par Frank McCourt (*Le Livre de Poche*)

...s **morts reviennent toujours**, par Charles Palliser (*Phébus*)

...**Foudre et le Sable**, par Jane Urquhart (*Le Livre de Poche*)

...yage en Irlande avec un parapluie, par Louis Gauthier (*Bibliothèque québécoise*)

Côte du Connemara : la baie de Mannin

Introduction
au voyage

Physionomie du pays

L'Irlande n'aurait pas reçu ses appellations « île d'Émeraude » et « verte Érin » s[...]
son climat doux et humide, lié à la présence du Gulf Stream et à l'abondance des plu[...]
surtout sur la façade Ouest exposée à l'océan Atlantique. Un taux d'humidité élevé[...]
créé son riche paysage verdoyant et favorisé la formation de vastes tourbières (bog[...]
qui couvrent 15 % de sa superficie.

L'île est presque entourée de chaînes montagneuses et massifs élevés, interrompus [...]

les brèches des estuaires et sur la côte Est entre Dublin et Dundalk, par la vaste plaine centrale qui s'étend jusqu'à la mer d'Irlande. Les paysages d'altitude les plus spectaculaires se trouvent sur la côte Ouest, notamment dans le Kerry.

LE RELIEF

Caractéristiques de l'ère glaciaire –
Pendant les périodes glaciaires (il y a environ 1,5 million d'années à 10 000 ans), les couches supérieures des sédiments sont largement érodées, et l'action des glaciers crée de nombreuses dépressions, des cirques et des lacs, parfois fermés par des moraines. Les nappes de glace laissent aussi des dépôts meubles d'argile, de sable et de gravier.

Les longues stries sinueuses de gravier sablonneux, déposées par la fonte des glaciers, sont appelées **os** ou **eskers**. En général, leurs versants escarpés ne sont pas cultivés. Les *os* apparaissent souvent dans les chaînes orientées Est-Ouest et constituent le sol ferme des rives du Shannon, sur lesquels s'appuient les ponts principaux : Athlone, Shannon et Banagher.

Les nappes de glace moulèrent également de nombreux **drumlins**, buttes peu élevées en forme d'œuf, avec ou sans noyau de roche solide. Ils sont clairement visibles lorsqu'ils ne sont que partiellement submergés par les eaux : dans la baie de Clew *(voir Excursions de Westport)*, le lac Erne et le Strangford Lough *(voir la partie consacrée à l'Irlande du Nord)*.

Dans le pays des *drumlins*, qui s'étend depuis la péninsule d'Ards jusqu'à la baie de Donegal, les hauteurs sont souvent couronnées d'une église ou d'une ferme. Villages et champs occupent les pentes jusqu'aux pâturages marécageux parsemés de roseaux, nichés dans les dépressions inaptes à l'agriculture.

Grottes – Les rebords des régions calcaires favorisent la formation de grottes. La pluie, légèrement acide, et les ruissellements tourbeux dissolvent lentement le calcaire poreux, formant des cavernes et des passages qu'agrandissent progressivement les réseaux complexes de rivières souterraines. Les cinq grottes ouvertes au public – Ailwee, Crag, Dunmore, Marble Arch et Michelstown – présentent des exemples à la fois impressionnants et magnifiques de stalactites, stalagmites et autres concrétions.

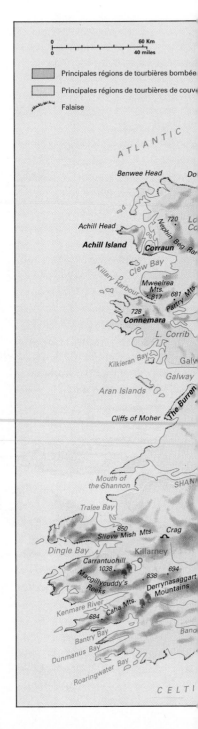

Principales régions de tourbières bombée[...]

Principales régions de tourbières de couv[...]

Falaise

ATLANTIC

Benwee Head

Achill Head

Achill Island

Corraun

720

Nephin Beg Rar

Clew Bay

Killary Harbour

Mweelrea Mts. 817

681 Mts.

728

Connemara

Partry Mts.

L. Corrib

Kilkieran Bay

Galw

Galway

Aran Islands

Cliffs of Moher

The Burren

Mouth of the Shannon

SHAN

Tralee Bay

850 Slieve Mish Mts. Crag

Dingle Bay

Killarney

Carrantuohill 1038

838 694

Macgillycuddy's Reeks

Derrynasaggart Mountains

Kenmare River

684 Caha Mts.

Bantry Bay

Bano

Dunmanus Bay

Roaringwater Bay

CELTI

Rivières et lacs – Les cours d'eau, qui totalisent 26 000 km, sont de deux sortes : ceux, courts et impétueux qui, coulant sur le versant maritime des montagnes, rejoignent rapidement la mer ; ceux qui, serpentant à l'intérieur du pays s'écoulent lentement parmi les prairies inondables (en irlandais *callows*) et sont ponctués de lacs (*loughs*), lorsque leur cours rencontre une dépression : la pente douce du terrain fait que les rivières ne créent pas de vallées bien définies, mais s'élargissent souvent pour former des lacs : lac Neagh sur le **Bann**, lac Erne sur l'Erne, lacs Allen, Ree et Derg sur le **Shannon**, le plus connu et plus long fleuve d'Irlande.

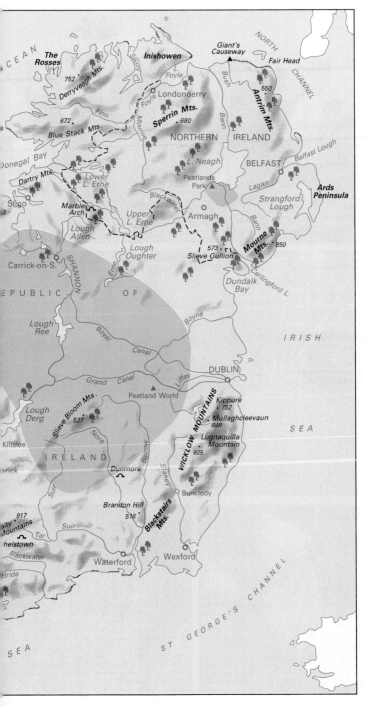

Curieusement, plusieurs rivières d'Irlande ont creusé leur cours à travers des haute rocheuses au lieu de les contourner. Ainsi, à Scarrif, au lieu de couler vers l'Oues la sortie du lac Derg, le Shannon fait route au Sud, à travers le défilé de Killaloe. **Barrow** et la **Nore**, dans leur cours supérieur, décrivent toutes deux des méandres pai seux à travers les fertiles terres arables et les prairies inondables, puis forcent passage à travers le massif granitique de la chaîne du Leinster, à Craiguenamana et Inistioge, où elles empruntent des vallées boisées aux versants escarpés. De mê à Bunclody, au lieu de tourner vers le Sud-Ouest pour rejoindre la Barrow, la **Sla** s'écoule au Sud-Est, à travers une brèche entre les montagnes. Les rivières au Sud Cork, la **Blackwater**, la **Lee**, et la **Bandon**, coulent parallèlement dans une direct Ouest/Est, à travers plusieurs arêtes rocheuses, avant de virer brusquement au S vers la mer.

Sarracenia

Arbousier

Linaigrette

d'autres endroits, les dépôts glaciaires ont imposé un changement de direction aux ~~ères~~. La Liffey bifurqua donc vers le Nord, lorsque le sable et le gravier des Curragh, ~~é~~osés à la fin de l'ère glaciaire, obstruèrent sa direction originelle vers la Barrow, ~~à l'~~Ouest. Dans le comté d'Antrim, à Armoy, le Bush diverge vers l'Ouest pour les ~~mê~~mes raisons.

~~De~~ nombreuses rivières irlandaises, surtout dans le Sud, débouchent dans des abers, ~~des~~ses vallées que la mer envahit pour pénétrer profondément à l'intérieur des terres, ~~La~~ rade de Waterford, un estuaire submergé, est partagé par la **Suir**, la Barrow et la ~~Nor~~e, baptisées les Trois Sœurs (The Three Sisters). Trois autres estuaires sont de ~~vér~~itables **fjords** érodés par les glaces : le Killary Harbour, le Lough Swilly et le ~~Car~~lingford Lough.

~~Le~~ cours d'eau le plus long et le plus célèbre d'Irlande, le **Shannon**, navigable entre Carrick-on-Shannon et Killaloe, est des plus surprenants : le manque de pente le fait s'écouler paresseusement vers le Sud tandis que le caractère doux du terrain alentour lui permet de s'étaler souvent en formant des lacs, exactement comme s'il s'agissait d'un fleuve en crue.

Les nombreux lacs d'Irlande (144 585 ha) varient par leur taille, de

Ajonc

Fuchsia

Nénuphar

Découper en mottes régulières, étaler, laisser sécher...

l'étang envahi de roseaux jusqu'à la mer intérieure. Ils sont surtout concentrés à l'Ou
et au Nord de l'île, notamment dans la ceinture du pays des *drumlins*. Un type de
est propre à l'Irlande : le **turlough** *(turlach)*, lac intermittent apparaissant selon les fl
tuations du niveau phréatique.
Des réservoirs ont été réalisés dans les monts Wicklow et les monts Mourne p
approvisionner en eau Dublin et Belfast.

Tourbières – L'écologie, la conservation et l'exploitation des tourbières sont ex
quées au Centre de la tourbe (Peatland World), à Lullymore, et au Parc des tourbiè
(Peatlands Park), dans le comté d'Armagh.
La tourbe agit comme un conservateur : elle a livré quelques matériaux archéologiq
intéressants, notamment des parties de chemins de marais *(voir L'architectu
formés par l'amoncellement, à la surface des marais, de branches coupées. Le beu
à l'intérieur de barattes de bois, se conserve pendant plusieurs centaines d'anr
dans la tourbe et devient du **beurre de tourbe** *(bog butter)* ; il finit par se transforr
en une sorte de fromage crémeux. Les restes de troncs ou de souches des pins
couvrirent le pays entre 2500 et 2000 avant J.-C. et dépérirent lors de la recrud
cence des pluies constituent le **bois de tourbe** *(bogwood)*, utilisé par des ébénistes (
L'artisanat). Quelques tourbières topographiques, comme la tourbière de Clara,
Nord-Est de Tullamore, sont préservées pour les études des botanistes.
L'entassement de plantes mortes, partiellement décomposées, dans un terrain go
d'eau est à l'origine de la tourbe. La croissance des micro-organismes qui détruis
la substance des végétaux y est inhibée par l'acidité de l'eau, due aux mousses
marais, les sphaignes. La **tourbière climatique**, ou blanket bog, se crée lorsque la moye
des précipitations dépasse 1 200 mm par an (au moins 235 jours). Elle se rencor
généralement dans les zones montagneuses, surtout sur le bord de mer occiden
Cette tourbière est composée d'herbes et de laîches mortes mais de très peu
mousse, et l'épaisseur de la couche de tourbe varie de 2 à 6 m. La **tourb
topographique**, ou raised bog, plus adaptée à l'exploitation industrielle (l'épaisseur atte
jusqu'à 12 m), se constitue quand la moyenne des précipitations est de 800 à 900 m
par an. Elle se développe au-dessus de la nappe phréatique locale et couvre la maje
partie de la plaine centrale. Cette tourbière est surtout composée de mousse des ma
qui forme un dôme, la surface étant recouverte de plantes marécageuses. Faute
forêts, la **tourbe extraite à la main** est la principale source de combustible depuis de no
breux siècles. De nombreux propriétaires possèdent encore des droits tourbiers su
marécage local où ils découpent manuellement les mottes. Pour cela, ils procèc
tout d'abord au drainage d'une zone de la tourbière, la couche supérieure qui conti
des plantes vivantes est déposée sur une surface préparée pour favoriser la régé
ration. Les mottes de tourbe sont coupées à l'aide d'une bêche spéciale, la *sle
étroite pelle munie d'une lame latérale à angle droit. Répandues sur un vaste terr
pour sécher, retournées au fur et à mesure que leurs faces sèchent, les mottes s
empilées, sans être serrées, dans des empattements. Lorsqu'elles sont tout à
sèches, on les entrepose dans des sortes de silos auprès des maisons. Si l'été est b
une famille peut prélever du combustible pour plusieurs années.
Depuis 1946, le Conseil des Tourbières (Bord na Móna) a mis au point des machin
outils et des techniques de **ramassage mécanique de la tourbe**. On estime à 300 millions
tonnes les réserves des tourbières topographiques d'Irlande. Une fois évalués le type
la capacité de la tourbe, la tourbière est drainée pendant cinq à sept ans, et nivelée

hageant une faible pente jusqu'au drain le plus proche. On installe alors une voie ferrée surface, pour transporter la tourbe récoltée. La **tourbe en mousse** *(moss peat)*, bonne r l'**horticulture** puisqu'elle est moins dense et retient à la fois l'air et l'eau, apparaît juste dessous de la surface de la tourbière. Elle est récoltée entre juin et décembre. La **tourbe** **notte** *(sod peat)*, utilisée comme **combustible**, est recueillie par une machine qui mélange tourbes de différents niveaux de profondeur pour obtenir une texture consistante. La rbe en poudre *(milled peat)* est raclée à la surface du marécage par beau temps et usformée en **briquettes** pour l'utilisation domestique, ou brûlée dans des centrales élec- ues (7 d'entre elles sont situées dans le centre du pays). Un quart de l'**électricité** de ande est généré par des centrales thermiques alimentées par de la tourbe.

s tourbières peuvent être dangereuses. Il est imprudent de s'y aventurer seul.

êt – À l'origine, l'Irlande était plantée de forêts denses et touffues composées entiellement de chênes rouvres. Le déboisement nécessaire à l'agriculture débuta âge de la pierre. Aux 17e et 18e s., la déforestation fut particulièrement intense ur répondre à la fois aux besoins de la construction et des fonderies, et... au souci l'armée anglaise de priver les rebelles de leur refuge traditionnel ! On peut encore r des vestiges des forêts originelles de chênes d'Irlande près de l'Upper Lake à arney, à Abbeyleix et à Coolatin, à l'extrémité Sud des monts Wicklow.

taines espèces originaires d'Irlande se répandirent en Europe au cours de l'ère gla- re, telles l'aubépine, considérée comme sacrée, et le frêne, qui entre dans la fabrication crosses de hurling (variété du hockey). L'**if irlandais**, avec ses branches qui pointent s le haut, est un dérivé de l'if broussailleux commun. Le premier spécimen connu fut ouvert en 1767 à Florence Court, et tous les ifs d'Irlande en sont issus par boutu- es successifs ! Généralement présents dans tous les cimetières, ces conifères sont lement utilisés à des fins esthétiques pour orner des jardins à la française.

18e s., bon nombre de propriétaires terriens plantèrent à la fois des espèces indi- es et des espèces exotiques dans leurs domaines. La Société de Dublin commença 1735 à offrir des primes pour les plantations artificielles. Parmi les espèces intro- tes à cette époque figurent l'eucalyptus, le magnolia, le rhododendron et cryphia ; les marronniers et les châtaigniers ; le hêtre et le hêtre pourpre ; le pin vestre, l'araucaria du Chili et le cèdre du Liban, dont on plantait un unique exem- re pour mieux en admirer la silhouette.

Les jardins

Les effets conjugués du Gulf Stream et des nombreuses précipitations assurent aux plantes, en Irlande, une croissance rapide, pourvu qu'elles soient à l'abri du vent. La plupart des jardins ont été conçus de façon à respecter le milieu natu- rel, mais quelques jardins réguliers aménagés au 17e s. subsistent encore, tels ceux de Kilruddery *(voir Wicklow Mountains)*. Les résidences palladiennes du 18e s. étaient dotées de jardins clos, où fleurs et légumes étaient cultivés à quelques pas de la maison. L'ère victorienne, qui introduisit les terrains de ten- nis et pour jeux de boules, vit la plantation d'arbustes et de parterres fleuris autour de la maison. Mais les lois agraires (Land Acts) furent à l'origine de nom- breuses suppressions de jardins au 19e s.

Parc de Mount Stewart

National Trust Photographic Library

Beaucoup d'anciens domaines privés sont aujourd'hui des **parcs forestiers** publics. À fin du 19e s. et au début du 20e s., comme les revenus des propriétés diminuaient, nombreuses forêts furent abattues pour leur bois. Vers 1920, seul 0,5 % de la te était encore boisé. La politique actuelle de reboisement, promue par le Centre de viculture d'Avondale, vise à rentabiliser les terres pauvres, à rendre l'Irla autosuffisante en bois et prévoit de faire passer la part de surface boisée de 8 environ actuellement à 24 %. Les conifères sont les arbres les mieux adaptés conditions de climat et de terrain, les plus robustes et les plus rentables, mais la p tation d'arbres à feuilles caduques est en progression surtout dans les terres déboi des marais.

Flore – Le climat doux de l'Irlande et les nombreuses chutes de pluies favorisen croissance de plantes luxuriantes. Palmiers et bambous constituent un spectacle as inattendu. Sur les berges de l'Upper Lake à Killarney, le fraisier grimpant peut atteir 9 m de hauteur. La bruyère méditerranéenne, qui peut atteindre plus de 2 m, se r contre, au milieu d'une abondante végétation, dans la vallée abritée à l'Est du Corr (comté de Mayo). Au printemps, les fleurs jaunes des ajoncs égayent le paysage. I tard dans l'année, les fuchsias et les rhododendrons poussent à l'état sauvage au c des haies. Dans les Burren, une profusion de plantes saxifrages, qui se développ dans les fissures des pierres, attirent les botanistes : plantes arctiques, alpines et m terranéennes poussent toutes dans le Connemara.

Faune – Naturellement pauvre en espèces animales spécifiques, l'Irlande a vu son pa moine encore réduit par saint Patrick *(voir Index)*, qui jugea bon d'exterminer t les serpents !

Des squelettes de mégacéros (grands cerfs) sont exposés aux musées de Belfast et Dublin, l'animal ayant aujourd'hui disparu. Le daim fut introduit par les Norman certaines hardes sont confinées dans des parcs, mais la plupart demeurent à l' sauvage. Quelques cerfs communs d'Europe subsistent à Killarney ; ailleurs, ce s des réintroductions. Dans le comté de Wicklow, ils sont souvent croisés avec le du Japon (ou sika), introduit au 19e s.

Les blaireaux sont communs et les hermines (parfois appelées belettes en Irlande) s largement répandues. Le mammifère le plus rare est la martre, que l'on trouve surt dans le comté de Sligo ou le comté de Clare. L'écureuil roux se rencontre dans forêts de conifères et l'écureuil gris s'est répandu à partir du comté de Longford, il fut introduit en 1911.

Les voies navigables fournissent un habitat naturel à la loutre et au vison, qui s' multiplié depuis les années soixante. Les phoques communs et les phoques gris, p nombreux, sont tous deux présents le long des côtes.

Économie

AGRICULTURE ET ÉLEVAGE

L'Irlande possède peu de gisements minéraux, c'est un pays d'agriculture. Depuis les temps préhistoriques, on y élève bovins et ovins. Les exportations de produits laitiers (y compris divers fromages), de bacon, de bières brunes et de *whiskeys* constituent une part importante de l'économie. Le pays possède 95 % des meilleures prairies de l'Union européenne. Dès 1894, Horace Plunkett fondait la Société d'agriculture irlandaise (Irish Agricultural Organisation Society) afin de promouvoir la production de produits laitiers en mesure de concurrencer ceux de la Nouvelle-Zélande et du Danemark. À partir de 1972, la Commission agricole de l'Union européenne a attribué à l'Irlande d'importants subsides, qui se sont vus réduits après la redistribution effectuée en faveur des pays de l'Europe de l'Est.

La **Golden Vale** (Val d'Or), dans le comté de Tipperary, renferme d'excellentes terres pour l'élevage du bétail, bœufs et vaches laitières, et pour la culture de l'orge, du blé et de la betterave à sucre, dont une grande partie sert à leur alimentation. Les meilleurs **pâturages** d'Irlande pour l'engraissement du bétail sont situés sur les plaines le long de la côte Est. Les moutons profitent des bons **prés** des terres calcaires dépouillées des plaines du Galway et du Donegal, où la laine est transformée en tweed et en tapis. Grâce à sa longue saison ensoleillée et à son sol à forte composante calcaire bien drainé, la région centrale de Wexford dispose de bonnes **terres arables**, particulièrement adaptées à la culture de l'orge pour le malt. Les meilleures **terres pour les céréales** sont situées sur la péninsule d'Ards, où l'on trouve des fermes relativement importantes.

Deux tiers des **arbres fruitiers** d'Irlande poussent dans le jardin de l'Ulster dans le comté d'Armagh (65 km²). Les fraises sont la spécialité d'Enniscorthy dans le comté de Wexford.

Slide File, Dublin

Moissons à l'ancienne près du Slea Head (Dingle)

L'**agriculture de subsistance** est toujours pratiquée dans le Gaeltacht, dans des endroits tels que le Connemara et les Rosses dans le comté de Donegal, où le foin est encore retourné à la main et les cottages construits en groupes *(clachans)*, selon la tradition irlandaise. La transhumance, ou **booleying** (dérivé de *buaile*, qui signifie faire paître les vaches laitières), consistant à mener le bétail aux pâturages d'été dans les montagnes, persista dans certaines régions jusqu'au 19e s.

Les pommes de terre

Ce tubercule, qui a constitué pendant longtemps la nourriture de base des familles irlandaises, a été introduit au 16e s. par Walter Raleigh, en même temps que le tabac. Il présenta quelques tubercules de Virginie à Lord Southwell, à qui l'on doit la première culture en plein air de pommes de terre en Irlande, vers 1580.

Un obélisque commémorant cet événement a été érigé sur les terres de Killua Castle, près de la route reliant Kells et Mullinger (N 52).

La forme traditionnelle de culture est connue sous le nom de Lazy Bed (lit paresseux). Des rangées de remblais trahissent la présence d'anciens champs de pommes de terre. Dans le passé, la pression démographique a conduit à développer cette culture sur les terres plus élevées et moins productives.

La pomme de terre est très présente dans la cuisine irlandaise ; les gâteaux de colcannon et de pomme de terre, qui accompagnent souvent un petit-déjeuner irlandais chaud, figurent à bien des menus.

C'est dans l'extrême Ouest que le système de parcellisation de la terre, connu sous [les] noms de **rundale** ou **runrig**, survécut le plus longtemps (jusqu'à la Grande Famine [de] 1845-1849). Il consitait à partager la terre, tenue en commun, entre les différe[nts] tenanciers de façon que chacun reçoive dans la part qu'il cultivait autant de bon[nes] terres que de mauvaises. Comme il n'y avait pas de clôtures, ce système était à l'orig[ine] de fréquentes disputes entre tenanciers et, de partage en partage, on aboutit à [la] création de parcelles qui s'avérèrent insuffisantes pour subvenir aux besoins du ten[an-] cier et de sa famille.

L'élevage des chevaux – Jusqu'au début du siècle, l'Irlande fournissait la meille[ure] cavalerie et les meilleurs chevaux d'attelage des îles Britanniques ; l'élevage [de] chevaux, surtout des pur-sang, représente toujours une importante activité, qui fou[rnit] 12 000 emplois (soit 5 % de la main-d'œuvre agricole). Le centre spécialisé dans ce[tte] activité est le Curragh près de Kildare.

Courses hippiques

L'élevage des chevaux et les courses hippiques ont de profondes racines dans la culture irlandaise. Les premières courses remontent aux fêtes préchrétiennes. Les courses en mer, elles aussi d'origine celte, qui faisaient partie du rituel de l'immersion, n'ont été abandonnées que récemment.

Il y a 28 champs de courses en Irlande, dont celui de Laytown Strand, au Sud de Drogheda, où les horaires des courses sont en fonction des marées. L'entraî-nement des chevaux a lieu souvent sur la plage.

Le premier trophée fut une coupe délivrée en 1640 par les Trustees (adminis-trateurs) du duc de Leinster. En 1684, Jacques II inaugura le King's Plate à Down Royal « pour encourager le sport hippique ».

D'après les archives, le premier steeple-chase, course d'obstacles inventée par Lord Doneraile, eut lieu en 1752 sur 7 km entre les églises de Buttevant et de St Leger, près de Doneraile dans le comté de Cork.

Dans le passé, les hommes s'affrontaient dans des compétitions d'endurance, où les paris allaient bon train ; les cavaliers, accompagnés de leurs palefreniers, devaient suivre le meneur sur tout obstacle de son choix, ou capituler.

Jusqu'en 1880, on a beaucoup pratiqué les courses d'endurance sur 6,5 km.

PÊCHE

La pêche a toujours constitué un des moyens d'existence de l'Irlande. Au Moyen Â[ge,] un intense commerce de poisson salé reliait l'île au continent. En vingt ans, de 19[63] à 1983, la commercialisation du poisson de mer a septuplé. On compte 5 princip[aux] ports de pêche en République d'Irlande, notamment Rossaveel dans le Connemara [et] 3 en Irlande du Nord.

La conchyliculture et la pisciculture, notamment celle du saumon, sont des indust[ries] en plein essor dans les baies et les estuaires.

Les lacs et les rivières, pour la plupart non pollués, favorisent sur de nombreux k[ilo-] mètres la **pêche à la ligne en eau douce**. L'environnement naturel du saumon et de la tr[uite] est préservé dans les estuaires côtiers et les cours d'eau de montagne. Le litto[ral] étendu offre de nombreuses possibilités de **pêche en mer** à partir du rivage ou sur [un] bateau.

ÉNERGIE ET TRANSPORTS

L'Irlande ne possède que très peu de gisements miniers et l'activité minière dimi[nue] d'une année à l'autre avec l'épuisement des filons ou la fermeture de mines, con[sé-] cutive à leur insuffisante rentabilité. La mine de Tara dans le comté de Meath es[t la] plus grande mine de plomb et de zinc d'Europe. Le charbon et les barytes sont extr[aits] à Tipperary, l'ardoise à Portroe, près de Nenagh, et à Valencia Island dans une c[ar-] rière souterraine.

L'énergie – Autrefois, les **moulins hydrauliques** et autres mécanismes assuraient [les] besoins en énergie de la plupart des régions d'Irlande, sauf dans le pays des *dr[um-]lins* et dans le comté de Wexford, où des moulins à vent furent érigés. Au 20e s., [des] centrales hydroélectriques assurèrent les besoins en énergie. En 1929, la centr[ale] d'Ardnacrushna fut installée sur une chute abrupte du **Shannon**, entre Limerick [et] Killaloe. Elle alimenta toute l'Irlande en électricité jusqu'en 1949. De 1948 à 19[..,] ce rôle fut imparti aux centrales établies sur l'**Erne**, en amont de l'abbaye d'Assar[oe] à l'Est de Ballyshannon, et sur la **Liffey** (Poulaphouca Reservoir), ainsi que dans [la] vallée de la **Lee**, à l'Ouest de Cork. La centrale électrique de Turlough Hill, dans [le] Wicklow Gap, est une centrale à pompage, la seule de son genre en Irlande. La n[uit,] on remonte l'eau du lac inférieur vers le lac supérieur, d'où elle actionne en red[es-] cendant les turbines qui entrent en production pendant les heures de fo[rte] consommation.

puis 1993, des centrales thermiques alimentées en tourbe produisent 14 % de
l'électricité irlandaise : cinq d'entre elles utilisent de la tourbe pulvérisée, et trois autres
des briquettes de tourbe.

Un groupe d'éoliennes *(wind farm)* a été installé à Bellacorick (comté de Mayo). Un
second devrait l'être dans le comté de Kerry, mais vingt autres seraient nécessaires.

Les transports – Avant l'avènement du chemin de fer et des routes modernes, les
voies navigables étaient le moyen de transport le plus simple. Les bateaux les plus
anciens sont les **cots**, façonnés à partir de troncs d'arbres évidés, utilisés sur les rivières
de l'intérieur des terres. Les *curraghs* étaient des bateaux de haute mer manœuvrés à
la voile ou à l'aviron, capables de surmonter une forte houle, dont la coque était faite
de cuir tanné à l'écorce de chêne et graissé au suint de mouton. Saint Patrick et les
moines celtes voyageaient sur de grandes distances dans des embarcations de ce
genre. Dans les campagnes, les biens étaient transportés de différentes façons : dans
des paniers placés sur les épaules ou à dos d'âne, mais aussi dans des traîneaux munis
de lames de bois ou bien encore dans des charrettes tirées par des chevaux ou des
ânes, ces derniers servant toujours de bêtes de trait dans l'Ouest de l'Irlande. Dans
les chariots ouverts, les passagers sont assis dos à dos faisant face aux bords de la
route ; dans les chariots fermés, ils sont face à face. Dans certaines stations touristiques on peut louer des **carrioles irlandaises** *(jaunting cars)*.

L'amélioration des voies navigables s'est limitée à la régulation du flux des rivières et la
percée de canaux pour contourner les hauts-fonds. Les **canaux** commencèrent à couvrir
l'Irlande vers 1750. Ils furent creusés grâce aux aides du gouvernement qui en espérait
un développement du commerce. Ils transportaient aussi bien des produits lourds ou agricoles que des passagers qui naviguaient sur des *flyboats*, remorqués par des équipages
de chevaux au galop à une moyenne de 13 km/h. Ces voyageurs passaient la nuit dans
les hôtels des canaux. Avec l'arrivée du chemin de fer, ce mode de circulation fut de moins
en moins utilisé puis délaissé. Il est actuellement restauré pour des activités de loisirs.

La première **voie ferrée**, construite en 1838, allait de Dublin à Dún Laoghaire (alors
Kingstown). Puis le réseau s'étendit rapidement vers le Sud, l'Ouest et le Nord, avec
des rails de faible écartement (environ 0,9 m) dans les zones rurales (Cork, Clare,
Antrim, Cavan, Donegal et Antrim). En 1922, 5 558 km de voies ferrées avaient été
installés, dont 4 660 km étaient construits selon l'écartement standard irlandais
(1,6 m). En 1961, toutes les lignes de faible écartement étaient fermées. Le réseau
à écartement standard est aujourd'hui constitué de lignes qui rayonnent à partir de
Dublin jusqu'aux grandes villes de province.

Le **réseau routier** s'est largement modernisé dans la dernière partie du 20e s. : création
de rocades, d'autoroutes, apparition d'un meilleur revêtement dans les zones touristiques. Il n'y avait que peu de voies de communication en Irlande jusqu'à ce que
d'Alexander Nimmo fît construire, au 18e s., les routes de Killarney, via Kenmare, à
Glengarriff, et de Galway à Clifden. En 1832, William Bald conçut la Grand Military
Road sur la côte d'Antrim. Plusieurs projets d'amélioration routière furent mis au point
pendant la Grande Famine *(voir Chronologie historique, 1845-1849)* et par le Conseil
des districts surpeuplés (Congested Districts Board) afin de donner du travail aux habitants des comtés de l'Ouest. Les aménagements modernes dans ce domaine sont en
partie financés par des fonds de l'Union européenne.

Il y a 4 **aéroports** internationaux en Irlande – Dublin, Shannon, Connaught/Knock et
Belfast – et plusieurs aéroports nationaux : Carrickfin, Cork, Bantry, Belfast City,
Granfore, Galway, Londonderry et Sligo.

Coracle traditionnel

INDUSTRIE

Des secteurs traditionnels à la haute technologie – L'Irlande a tiré profit de la ré
lution industrielle du 19ᵉ s. du fait de son appartenance au Royaume-Uni, mais a év
les désastres connus depuis les années quatre-vingt par l'industrie lourde. Les cha
tiers navals de Belfast et la construction automobile se sont développés aux côtés ([d
industries textiles et agro-alimentaires (boissons, brasseries et laiteries). Dans
années suivant l'Indépendance, la République d'Irlande a tenté d'avoir une éconor
autosuffisante. Durant la Seconde Guerre mondiale (connue en République d'Irlar
sous le nom de *Emergency*, ou « Urgence »), l'Irlande a servi la cause des Alliés en
ravitaillant et de nombreuses entreprises se sont reconverties dans l'armement. Ap
1945, le gouvernement de la République d'Irlande a adopté une politique pour atti
les investissements étrangers.
Après de nombreuses restructurations et modernisations de l'appareil industriel,
moteur de l'économie irlandaise devint la technologie de pointe. Ainsi, progressi
ment, l'Irlande s'est spécialisée dans l'électronique et la biotechnologie, mais s
économie repose essentiellement sur l'industrie chimique (engrais, produits pharn
ceutiques) et sur l'industrie informatique (logiciels, ordinateurs, semi-conducteu
avec des entreprises comme IBM. Ces secteurs dits « modernes » connaissent une 1
forte progression (+ 40 % entre 1994 et 1995) et recouvrent les 3/4 de la prod
tion industrielle totale. Cette croissance est stimulée par la présence de l'Indust
Development Authority et de l'une des mains-d'œuvre les plus qualifiées d'Euro
L'État intervient par le Centre international de services financiers et par l'Agence p
le développement industriel.

L'Irlande, « Singapour de l'Europe » – La situation économique de l'Irlande a dés
mais bien changé. Ce n'est pas la situation prévue par Chateaubriand dans ses *Mémo
d'outre-tombe* : « L'Irlande n'est qu'une chaloupe de l'Angleterre, coupez la corde et
chaloupe séparée du grand navire ira se perdre au milieu des flots » ; ce n'est plus
situation dépeinte par John Ford dans le film *L'Homme tranquille* (1952). Le renouv
économique débute lorsque l'Irlande devient membre fondateur en 1948 de l'OECE
bénéficie de l'aide du plan Marshall) et en 1949 du Conseil de l'Europe. L'économie irl
daise s'ouvre ainsi sur le monde extérieur et accueille les capitaux étrangers. Dès 19
un relatif protectionnisme et une planification participent à la gestion de la politique é
nomique définie par l'Economic Development Act.
Le décollage est alors impressionnant et rapide : la production est multipliée par de
en dix ans. L'apogée de cette croissance se marque par l'entrée dans le Mar
commun en 1972. L'Irlande a le taux de croissance le plus élevé. La majeure par
de l'économie irlandaise repose sur les exportations soit de produits de haute te
nologie, soit de produits agricoles. Il est parfois proclamé que c'est « l'Europe [c
rejoint l'Irlande » ! Les seuls points noirs sont l'existence d'une forte dépendance v
à-vis de la Grande-Bretagne et un taux de chômage élevé et persistant.
L'origine de ce boom économique se trouve dans les nombreux avantages concé
aux entreprises qui viennent s'installer : avantages fiscaux, droit de rapatrier les bé
fices, aide à l'implantation, création de zones franches. De plus, des subventi
européennes ont été octroyées à l'Irlande et l'État est intervenu sous diverses form
notamment par le jeu des investissements dans les domaines de la recherche, du dé
loppement et de l'éducation. L'Irlande possède ainsi une main-d'œuvre qualifiée,
ne connaît que très peu le syndicalisme. Ces différents facteurs sont mis en avant p
attirer les entreprises étrangères.
Depuis 1993, l'Irlande, appelée le « Tigre celtique », connaît une forte expansion
lui a permis de faire partie du premier groupe de pays participant à la monnaie uni
européenne ; c'est aussi l'un des rares pays à respecter les critères de converger
décidés lors du traité de Maastricht en février 1992. La construction de logeme
connaît un boom, et la République offre des emplois aux immigrants. Près de 35
de la population vit dans le Grand Dublin.

TOURISME

La construction du chemin de fer, au 19ᵉ s., a favorisé le développement du touris
qui exploite tout en les protégeant les paisibles paysages irlandais, si séduisants p
les habitants des grandes agglomérations européennes. La pêche et le golf ne cess
d'attirer un nombre croissant de visiteurs. La rénovation des canaux a été entrepr
et parmi les touristes, les croisières en canaux sont aussi appréciées que les croisiè
fluviales. À la fin des années quatre-vingt-dix, on comptait environ 1 000 croiseurs
le Shannon. Le tourisme « par tous les temps », considération à ne pas négliger s
les cieux irlandais, s'est aussi développé : pour les protéger des intempéries, certa
vestiges ou sites d'intérêt archéologique, historique et géologique, originaux
reconstitués, ont été abrités dans un bâtiment construit en harmonie avec le paysa
Des centres interprétatifs culturels et thématiques, ouverts au public (Interpretai
Center), ont été installés à proximité ou dans le bâtiment. On y explique de fa
vivante tout ce qui a trait au site ou au vestige dont il est question. Les loisirs t
temps, piscine, etc. constituent un excellent investissement, tant pour la popula
locale que pour le tourisme. Leur essor a appuyé le développement d'une indus
des services, qui soutient en retour le tourisme. Depuis 1898, les devises apport
par le tourisme couvrent la moitié du déficit de la balance des paiements.

e patrimoine celtique

...thes et légendes celtes sont les meilleures sources pour comprendre la « celtitude ». ...plupart des récits les plus anciens trouvent leur origine en Irlande, et bien que ...aucoup aient été transcrits par des moines chrétiens, on y trouve autant de dieux ...déesses que de simples mortels.

...nombreux facteurs, l'émigration, le déclin de la langue irlandaise, la prospérité éco... ...mique et les changements qu'elle a engendrés dans la société, ont bouleversé ...éritage celtique et modifié l'image que le peuple irlandais a de lui-même. La société ...transforme rapidement ; l'accent est mis sur l'urbanisation et la technologie plutôt ...e sur la vie rurale. On assiste au rejet d'une bonne partie du patrimoine le plus ...cien et le plus « traditionnel », mais la question de l'individualité irlandaise se pose ...ujours. Et on retrouve toujours des traces de l'influence celtique dans la langue et ...culture irlandaises.

...miers et éleveurs – Les Celtes sont mentionnés pour la première fois au 8e s. avant ...C., quand quelques-uns d'entre eux franchissent les Alpes à partir de Hallstatt, dans ...tuelle Autriche, pour commercer avec les Grecs. Les Celtes n'ont pas laissé de trace ...ite de cette période. Les récits des Romains et des Grecs les décrivent comme un ...ple sauvage. Mais les vestiges archéologiques donnent à penser qu'ils étaient des ...dats courageux, et des artisans remarquables, acharnés à l'ouvrage et protecteurs ...leurs vieillards et leurs malades. D'après les témoignages archéologiques, les pre... ...rs Celtes (les Gaëls), originaires du continent européen, seraient arrivés en Irlande ...début de l'âge du fer (3e s. avant J.-C.). Il est possible que leur immigration ait ...buté dès 1500 avant J.-C. Leur influence a perduré, et s'est poursuivie aux temps ...toriques.

...ur société est essentiellement rurale. Les Celtes établissent des fermes à enclos cir... ...aires *(voir Architecture)*, où ils abritent leurs animaux la nuit. Ils cultivent le blé et ...ge dans les champs défrichés tout autour, élèvent chèvres et moutons. Mais leur ...ncipale richesse sont leurs troupeaux de bœufs, qu'ils mènent l'été aux hauts pâtu... ...les *(booleys)*, où ils construisent des habitations légères.

...Celtes apportent avec eux différents savoir-faire : le brassage de la bière, le barat... ...e du beurre, la confection du pain au levain, l'usage du sel, du vinaigre et du miel ...ur la conservation des aliments et celui des chaudrons de fer pour la cuisine.

...ligion et société – Les Celtes semblent avoir voué un culte à de nombreuses divi... ...és, dieux de la Chasse et de la Guerre, déesses de la Fertilité, des Récoltes et de la ...érison. Chaque tribu avait aussi son dieu propre. Les Celtes considéraient certains ...ts, sources et rivières (la Boyne par exemple) comme sacrés, ainsi que certains ...bres, comme le chêne. Leurs prêtres, les druides, issus de familles nobles, étaient in... ...ents dans la société. Leur formation religieuse durait des années (douze à vingt ans),

...ant lesquelles ils appre... ...ent tout par cœur. Ils li... ...ent leurs présages dans ...entrailles des animaux ...le vol des oiseaux, et ...cédaient aussi à des sa... ...ices d'animaux et par... ...s d'êtres humains après ...e victoire.

...tre leur charge sacerdo... ...e, les druides avaient ...utres fonctions : juges ...ithem), ils interpré... ...ent la très ancienne loi ...hon qui prévoyait une ...elle de compensations ...ur les délits : même le ...ne était « rachetable » ...la famille du meurtrier.

...druides régissaient le ...endrier celtique, qui ...nctuait l'année par ...tre grandes fêtes mar... ...nt le début des saisons. ...tains aspects de ce ca... ...drier demeurent au... ...rd'hui, comme les feux ...la Saint-Jean (23 juin), ...tout dans les comtés de ...est.

Pierre de Turoe

49

Généalogistes, historiens et poètes *(filid)*, les druides enregistraient l'histoire de la tribu. Les Celtes étaient groupés en clans *(túath)*, subdivisés en familles *(derbfine)*. coutume voulait que les fils soient élevés hors du clan familial par d'autres famille Cette pratique créait un lien supplémentaire dans le réseau déjà complexe des alliance entre clans.

Exploits héroïques, fées et coutumes – Grands guerriers, les Celtes disposaie d'armes, lances ou épées, en fer ou en bronze. Aux 4e et 5e s., les Celtes irlanda appelés « Scots », s'allièrent aux Pictes, implantés au Nord du mur d'Antonin, po lancer des raids sur la Bretagne romaine. Des colonies irlandaises furent ainsi établ sur l'île de Man, en Cornouailles et au pays de Galles. À la fin du 5e s., les fils d'E du royaume de Dál Riada en Antrim, établirent en Argyll un second Dál Riada, qui, milieu du 9e s., couvrait toute l'Écosse. Les exploits celtes au cours des batailles – q relles de familles pour la succession, opérations intertribales pour s'emparer de bé ou invasions étrangères – étaient célébrés par les bardes en poèmes et en chanso Quatre cycles d'antiques sagas irlandaises sont conservés. Le **cycle mythologique** pa des héros ou des dieux qui habitaient l'Irlande avant l'arrivée des Celtes et conte histoires de la bataille de Moytura, des Enfants de Lir et de L'Amour pour Étain. cycle d'Ulster raconte les exploits des **chevaliers de la Branche rouge** du fort de Navan inclut le **Raid pour le bétail de Cooley** (Táin Bó Cuailgne), poème épique décrivant comm la reine Maeve du Connaught entreprit la capture du célèbre taureau brun de Coo et comment Ferdia, le champion du Connaught, fut vaincu par **Cúchulain**, le champ de l'Ulster. Le **cycle ossianique** (également connu sous le nom de cycle Fenian) se déro sous le règne de Cormac Mac Airt, qui aurait régné à Tara au 3e s., et parle de Fio Mac Cumaill et du Fianna, dont la capitale était située sur la colline d'Allen. Le c **historique** enfin, ou cycle des rois, est vraisemblablement un mélange d'histoire et fiction.

La croyance dans un autre monde, peuplé de créatures surnaturelles, reste aussi élément important de la tradition irlandaise. Ces créatures vivent dans les montagn au fond des lacs ou de la mer. On raconte des centaines de légendes sur le « p peuple » des fées. On dit souvent que près des tumuli en terre appelés *rath* ou *l* on peut entendre la musique des fées. À ne pas confondre avec les fées, la *bans* est un esprit féminin solitaire dont la plainte est annonciatrice de mort. La traditi de ce personnage de mauvais augure, associé à la mort, aux lamentations et au de est encore présente en ville comme à la campagne.

Une coutume encore vivace consiste pour les habitants à se regrouper, se costum et aller de maison en maison ou de pub en pub en jouant de la musique, en chant et en dansant et réclamant de l'argent. La tradition des **Wrenboys** *(Dreoilíní)* se po suit dans le Sud-Ouest (notamment à Dingle, comté de Kerry) autour de Noël. L'arg récolté est dépensé en festivités. Les **Strawboys** se manifestent surtout dans le co de Clare, où ils animent les mariages en costumes faits avec de la paille. Dans l'Est le Nord-Est, les **Mummers** *(Cleamairí)* poursuivent la tradition en jouant après Noël u pièce dont le héros meurt pour ressusciter ensuite. La musique *(voir ce chapi* accompagne souvent ces spectacles aux origines médiévales.

Les pierres oghamiques – La forme d'écriture la plus ancienne de la langue irlanda est l'**ogham**, transcription du goïdelique, la langue introduite par des Celtes du co nent (ogham pourrait dériver d'Ogmios, dieu celtique de l'Éloquence). Elle s'app sur l'alphabet latin et a probablement été adaptée par des poètes et des sages av que l'alphabet latin ne se répande dans l lande chrétienne. La plupart des inscripti oghamiques trouvées sur les pierres en lande sont des épitaphes gravées entre 4e et 7e s., mais cette écriture a servi moins jusqu'au 8e s. L'écriture se comp de 20 signes associés en groupes de 5 lig maximum de part et d'autre, ou en trave d'une ligne centrale souvent gravée l'arête verticale d'une pierre levée. trouve des pierres oghamiques non se ment en Irlande (environ 300), mais au en Écosse, au pays de Galles et dans l'île Man.

L'artisanat celtique – Le cercle est un é ment décoratif distinctif de l'art celte ; artisans se servaient d'un compas pour m quer les contours du motif sur la pièce à corer. Ils affectionnaient aussi les cour en S ou en C, les spirales, volutes et zigza agrémentés d'entrelacs et de motifs t vaillés. On voit aussi des motifs dont le s s'apparente à celui de la civilisation de Tène, ancien site celte près de Neufchâ en Suisse, qui fut florissant dans les 5 d niers siècles avant J.-C. On le retrouve

National Museum of Ireland, Dublin

National Museum – Broche de Tara (8e s.)

50

ux monuments de gra-
: – à Turoe *(voir p. 103)*
Castlestrange *(voir*
274) du 3ᵉ s. avant J.-
, les seuls de ce genre qui
bsistent en Irlande, sans
ute édifiés à des fins re-
ieuses : ils ressemblent à
mphalos de Delphes, site
ec que les Celtes ont pillé
290 avant J.-C.
rmi les plus beaux bijoux
tes, en or, figurent les
ques, lourds colliers ras-
-cou, ornements de
erriers. Les Celtes déco-
ent aussi les fibules pour
acher les vêtements, les
rnais des chevaux et les
urreaux de leurs épées.
s pièces étaient souvent
ées d'émaux. Le rouge
ait leur faveur, mais ils
ployaient aussi le bleu,
jaune et le vert. On re-
ouve beaucoup de ces
otifs celtiques dans la bi-
uterie et la décoration

odernes, par exemple le triskèle, une figure dotée de trois bras ou jambes symboli-
it la Terre, le Feu et l'Eau.

usique et danse traditionnelles – Musique, chansons et danses sont la preuve
rante de la pérennité des traditions irlandaises. Les pubs organisent des soirées
sicales, gratuites ou plus commerciales, où résonnent violon, flûte, accordéon,
ncertina, mélodéon, banjo, guitare, clavier, petites cuillères, *tin whistle* (flûte irlan-
se en métal), *uilleann pipe* (cornemuse) et *bodhrán* (tambourin en peau de chèvre).
ges musicaux et festivals attirent toute l'année des amateurs de nombreux pays.
vénement le plus connu est sans doute la **Willie Clancy Summer School**, qui anime les
ux premiers week-ends de juillet à Milltown Malbay (comté de Clare). Instruments
ditionnels et musiques régionales attirent un public d'enthousiastes. Au 18ᵉ s., des
ître à danser itinérants ont développé la danse irlandaise en adaptant les pas « à
française » aux rythmes de la musique locale. Toujours très populaires, ces danses
ditionnelles, pratiquées partout, s'enseignent dans des centaines de salles.
ésent dans de nombreux festivals, le chant est au cœur de celui d'Ennistymon (juin),
ns le comté de Clare. Les airs traditionnels, dits « dans le style ancien » *(sean-nós)*
it intimement liés au gaélique, mais on les chante aussi en anglais. Les chansons
nt vieilles de deux ou trois siècles, parfois plus ; les mélodies sont encore plus
ciennes. Les airs qu'on chante en anglais peuvent être récents ou provenir
nciennes ballades médiévales. Sans accompagnement, les mélodies sont libres et
ementées, avec de nombreuses variations régionales. La région de Rath Cairn, dans
comté de Meath, où l'on parle le gaélique, accueille en octobre le festival de chant
ndais *Éigse Dharach Uí Chatháin*.
se souviendra que partout en irlande, chant, musique et danse peuvent surgir à
nporte quel moment : c'est cette spontanéité et cette vivacité mêmes qui en font
it le charme. Chaque jour naissent des paroles et mélodies nouvelles.

Gaeltacht – C'est le nom donné aux régions d'Irlande où l'on parle toujours l'irlan-
s traditionnel ou gaélique : surtout les superbes comtés peu peuplés de la côte
est – Donegal, Mayo, Galway et Kerry – et quelques poches au Sud, près de Cork
dans les comtés de Waterford et de Meath.

clin et renouveau gaélique – Jusqu'au 16ᵉ s., le peuple d'Irlande s'exprimait en
élique, dérivé du goïdelique. Mais le joug de plus en plus pesant de la loi et de
dministration anglaises au 16ᵉ s., et les articles répressifs des lois pénales du 17ᵉ s.
voquèrent le déclin de la langue. De nombreux Irlandais se tournèrent vers l'anglais
s un souci d'ascension sociale. La tendance se renforça à partir de 1831 avec
seignement public en anglais. Pendant et après la Grande Famine (1845-1847),
grand nombre de personnes parlant le gaélique moururent ou émigrèrent. On
ime qu'en 1835 un Irlandais sur deux parlait le gaélique ; en 1851, ce nombre est
nbé à un quart, et en 1911 à un huitième.
19ᵉ s., on assiste à un regain d'intérêt pour le patrimoine gaélique, étroitement
ocié à la montée du nationalisme irlandais. On fonde plusieurs sociétés pour pro-
uvoir la langue et la culture irlandaises. En 1893, Douglas Hyde fonde la Gaelic
gue, organisation apolitique et non sectaire dont le premier but est de développer
age du gaélique. C'est à elle que l'on doit l'institution de la Saint-Patrick (17 mars)
me fête nationale.

51

En 1922, la Constitution décrète le gaélique langue officielle, et son enseigne[ment]
devient obligatoire à l'école primaire. En 1923, il devient obligatoire pour entrer da[ns]
la fonction publique de l'État irlandais indépendant. Pour encourager l'usage de l'irla[n]
dais, le nouveau gouvernement institue en 1925 une commission d'enquête sur [la]
situation des régions d'expression gaélique. Son rapport entraîne la création [de]
Gaeltarra Éireann (1935) et du Udarás na Gaeltachta (1980), qui visent à développer l[es]
ressources du Gaeltacht.
Le gouvernement soutient la fondation, par Douglas Hyde et d'autres spécialistes [et]
enthousiastes, de la Société du folklore irlandais, qui existe toujours. Il favorise [en]
1928 la création, par Michael Mac Liammóir et Hilton Edwards, du Théâtre irlanda[is]
(Taibhdhearc na Gaillimhe). L'année suivante, l'université Queen's College de Galw[ay]
devint une institution bilingue ; la faculté de gaélique est créée. La Constitution [de]
1937 fait du gaélique la première langue officielle de l'Irlande avant l'anglais. En 19[7?]
est créée la Radio gaélique (Radió na Gaeltachta) ; au cours de cette même année Siam[sa]
Tire (voir Tralee) devient le Théâtre populaire national (National Folk Theatre). La cha[îne]
de télévision en langue irlandaise Telefis na Gaeilge naît en octobre 1996.

La Gaelic Athletic Association (Cumann Lúthcleas Gael) — Une des premières sociét[és]
créées au 19e s. pour promouvoir la culture traditionnelle, l'Association athlétique ga[é]
lique, mouvement essentiellement rural, est fondée en 1884 à Thurles. Les spo[rts]
encouragés sont surtout le hurling (iománaídheacht), le football irlandais (peil) et [le]
handball gaélique (liathróid láimhe). Croke Park, le stade national de la GAA à Dubl[in]
porte le nom du premier dirigeant de l'association, l'archevêque Croke (1824-190[2]).
Les musées de la GAA à Thurles et au Croke Park retracent de manière remarqual[e]
l'histoire de l'association et les exploits de ses champions de hurling et de footb[all].

Le hurling

Pratiqué en Irlande depuis plus de deux mille ans, ce jeu apparaît dans la
légende irlandaise comme un sport de nobles, voire de rois. Mentionné avec
bienveillance dans les premiers textes de loi, il est interdit en 1367 par l'ordon-
nance de Kilkenny, puis en 1537 par celle de Galway, mais demeure populaire
en dépit des condamnations. Vers 1600, à nouveau autorisé, il est ouvertement
soutenu par les propriétaires terriens jusqu'à la rébellion de 1798. Il doit sa
sauvegarde à la création de la GAA.
Ce sport de plein air se joue avec une crosse (hurl ou camán) en bois de frêne
et une balle (sliothar) en cuir bourrée de crin. Sur un terrain de 137 m x 82 m
s'affrontent deux équipes de 15 joueurs : 6 à l'avant, 2 au centre, 6 à l'arrière
et un gardien de but. Le jeu dure une heure avec deux mi-temps de 30 minutes,
sous le regard d'un arbitre principal, de deux arbitres de touche et de quatre
autres arbitres.
À chaque extrémité du terrain se dresse un but semblable à un but de rugby,
deux poteaux reliés en leur milieu par une barre transversale. Les joueurs se
servent de leur crosse pour propulser la balle au ras du sol ou en hauteur, mais
aussi pour « jongler » avec et la transporter. Les arrêts se font du pied comme
de la main. On marque un point quand la balle passe au-dessus de la barre
transversale du but adverse, et trois points si elle passe au-dessous.

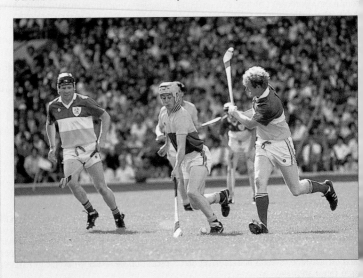

oms de lieux

rtains éléments gaéliques reviennent fréquemment dans les noms de lieux irlandais. plupart ont un sens précis.

nadh (agha) – champ
t – falaise
d – haut, hauteur
d (baud) – bateau
ile (bally) – ville, terrain communal, opriété
n (bawn) – blond, prairie
ag (beg) – petit
alltaine (Beltany) – 1er mai
ann (ban, ben) – sommet, colline intue, corne, pignon
annchar – sommets, collines pointues, rnes, pignons
arn (barn) – trou, fossé
ith – bouleau
l – gué
e (bilia) – arbre vénéré
– vache
ireann (burren) – grand rocher, ne rocheuse
th (boh) – hutte, tente
char (boher) – route
dhe (bwee, boy) – jaune
n – extrémité, fond
phan (cavan) – creux
seal (cashel) – château, fort de pierre culaire
sleán – château
s, callow – pré marécageux, u de débarquement
all – cheval
raig – rocher
h – bataille
hair – fort de pierre circulaire, ville
altrach (caltragh) – re de sépulture ancienne
áir – plaine
(kill) – église
in – chapelle, sépultures d'enfants
th (clee) – claie
ch – pierre
ain (cloon) – pré
p (knap) – tertre, petite colline ronde
oc (knock) – colline
nicer (knickere) – garenne
n (coom) – creux, vallon en montagne
r (dar) – chêne
ohre (darrery) – forêt de chênes
re, doire (darry) – chênaie
rg – rouge
ert – désert, ermitage
re – bois, bosquet de chêne
ichead (crohed) – pont
m – tertre
im (drum) – dos, arête
h – noir
(doon) – fort

Eaglais (aglish) – église
Eas (ass) – cascade
Eisoir (esker) – arête de haute terre
Eochall (oghill) – bois d'if
Fear (far) – homme
Fearbad – banc de sable
Fiadh – bois
Fionn (fin) – blanc, clair, transparent
Fir, fear – homme
Gall (gaul) – étranger
Ghlas – vert
Gleann – vallée
Gorm – bleu
Gort – champ
Inbhear (inver) – estuaire
Inis (Inish) – île
Iubhar (vure) – if
Lár – centre
Léim – saut
Leithinnsi (lehinshi) – péninsule
Lios (lis) – fort de terre circulaire
Maigh – plaine
Mainistir – monastère, abbaye
Milluc (meeluck) – terre basse (meelick, mellick) marécageuse
Moin (mone) – tourbière
Mór – grand
Móta – douve, haut tertre artificiel
Muc – cochon
Muirish (murrisk) – marécage de bord de mer
Murbhach (murvah) – marais d'eau salée en bord de mer
Nua – nouveau
Og (oge) – jeune, petit
Olleáan (oilaun) – île
Omna – chêne
Pasáiste – passage
Poll – grotte
Ráth (raw) – forteresse circulaire
Rinn – pointe de terre
Ros – bois, sommet boisé
Sagart – prêtre
Sean (shan) – vieux
Sceir (sker) – rocher pointu
Sidh (shee) – colline des fées
Sliabh (sleeve) – montagne
Slighe ou **Slí** (slee) – route
Sruth (sruh) – cours d'eau
Teach (tragh) – maison
Teampall (tampul) – église
Tobar – puits
Tóchar (togher) – chaussée
Tor, thoor – tour
Traigh (tra) – plage, rivage
Turlách, turlough – lac à sec en été
Uacht – sommet, partie supérieure

chapitre Manifestations touristiques en début de guide répertorie les principales es traditionnelles irlandaises.

Le christianisme en Irlande

Même si 75 % des Irlandais sont catholiques, la plupart des églises sont récentes
construites dans les nouvelles agglomérations, ou près d'un monastère en ruine, là
les fidèles entendaient la messe malgré le joug des lois pénales, et où ils continue
souvent d'être enterrés. Après la Réforme *(voir ci-dessous)*, la plupart des sites re
gieux traditionnels furent occupés par l'Église anglicane d'Irlande ; l'Égli
presbytérienne prédomine au Nord du pays et le méthodisme a une influence limité
Les huguenots, protestants venus de France après la révocation de l'édit de Nant
en 1685, s'installèrent dans le Sud et dans l'Est de l'île. Les quakers, qui s'établire
tout d'abord à Rosenallis dans le comté de Laois, au 17e s., jouaient autrefois un rô
social important.

Le christianisme a probablement été introduit en Irlande au 4e s., depuis la Bretag
romaine ou la Gaule. Le premier évêque, Palladius, fut nommé en 431 par le pa
Célestin Ier, mais sa mission rencontra peu de succès. Les emplacements de trois
ses églises ont été identifiés dans le comté de Wicklow.

Saint Patrick – Le saint patron de l'Irlande est né sur la côte occidentale de
Bretagne romaine où il fut capturé, alors qu'il était encore un jeune homme, par d
pirates irlandais. Après six années d'esclavage près de Sliabh Mis (Slemish, comté
Down), il s'échappa en France puis retourna sur son lieu de naissance. Inspiré par u
vision lui disant que le peuple d'Irlande l'appelait, il partit pour étudier, sans dou
dans les monastères de Lérins, de Tours et d'Auxerre. En 432, c'est un homme d'â
mûr qui débarque en Irlande pour convertir le peuple au christianisme. Saint Patr
aurait fondé sa première église à Saul, puis il aurait voyagé jusqu'à Slane pour déf
le haut roi et les druides de Tara. La coutume voulait que le roi allume un brasier s
la colline de Tara à Pâques, et nul autre n'était autorisé à le faire avant cette da
Patrick alluma un feu à Slane avant la date de Pâques. Il fut mis en présence du
Laoghaire. Ce dernier prétendit qu'il vénérerait le saint homme, mais Patrick se méfi
de cette promesse, et ses soupçons se confirmèrent lorsqu'on tenta, plus tard,
l'empoisonner.

Il se dévoua partout à son apostolat, surtout dans le Leinster, le Meath et
Connaught. En 444, après s'être rendu à Rome, il fonda la cathédrale de la capit
ecclésiastique de l'Irlande, Armagh, et créa maintes autres églises. À sa mort, s
venue probablement à Saul en 461, le pays était organisé en diocèses, qui coïncidaie
avec les petits royaumes irlandais, chacun dirigé par un évêque.

La biographie de saint Patrick n'est pas toujours attestée ; il fait l'objet de nombreu
histoires et légendes, selon lesquelles il aurait banni des monstres et fait fuir tous
serpents d'Irlande. Le thème des serpents semble remonter au 12e s. Tous les a
pendant les mois d'été, des pèlerinages ont lieu au lac Derg, dans le comté de Doneg
Des documents anciens remontant au 7e s. affirment que Patrick a fait fuir un mons
de ce lac. Sur une île, une grotte serait l'entrée du purgatoire.

Le 17 mars, jour de la Saint-Patrick, les habitants arborent un petit bouquet de trè
(shamrock-seamróg), une coutume assez récente, mentionnée pour la première f
au 17e s. La tradition populaire veut que Patrick ait utilisé cette plante à feuille t
lobée pour illustrer, devant ses ouailles irlandaises, la doctrine de la Sainte-Trin
Autrefois, on portait des croix en papier ou ruban de couleur pour fêter le saint, m
ces dernières années ont été commercialisés des insignes vert et or montrant soit
trèfle, soit une harpe celtique. La **noyade du trèfle** est une coutume allant de pair a
le *pota Pádraig* (le pot de Patrick), rasade de whiskey dont Patrick aurait lancé l'usa
un jour qu'il avait chassé un esprit malin.

Sainte Brigitte – Brigit ou Brigid, au nom signifiant « personne exaltée », fut d'abo
une déesse celtique. Il est intéressant que ce même nom ait été donné à la sai
populaire la plus célèbre de la tradition irlandaise, seconde après saint Patrick pa
tous les saints. Morte aux environs de 524, cette sainte du Leinster, dite « Brío
avait fondé un couvent à Kildare (en irlandais, Cill Dara signifie « l'église du chêne
lieu qui pourrait avoir été sacré aux temps préchrétiens. Compilée vers 650, la b
graphie en latin de Brigitte contient peu de renseignements historiques. On
considérait comme la protectrice des animaux et des récoltes. La tradition orale la ti
dans la même estime que la Vierge et la nomme « Marie des Gaëls ». Une légèr
populaire raconte qu'au cours de la Fuite en Égypte, un groupe de soldats fondit
la Vierge et l'Enfant Jésus. Mais Brigitte détourna leur attention en arborant une c
fure de couleur vive surmontée de chandelles; et Marie passa en toute sécurité.
remerciement, la Vierge annonça à Brigitte que le jour de sa fête précéderait le s
(2 février) appelé aussi Chandeleur...

La plus célèbre légende de Brigitte concerne son église de Kildare. La sainte souhai
bâtir un couvent, mais n'avait pas de terres. Elle alla voir le roi du lieu, et lui dema
un domaine. Il lui promit autant de terres que son manteau pourrait recouvrir. Qu
Brigitte posa sa cape sur le sol, elle se déploya et recouvrit des hectares de terr
Le 1er février, jour de la Sainte-Brigitte, on honore la sainte en confectionnant
croix de paille ou de jonc *(Cros Bhríde)*, de forme et de style différents suivant les
gions. Pour faire place à la nouvelle croix, beaucoup d'Irlandais placent celle de l'

e précédente sous les poutres de
ur maison en gage de chance et
e bonne santé. On place parfois
s croix sur les dépendances pour
otéger les animaux. Autrefois, on
ssait un morceau de tissu *(Brat
hríde)* devant sa porte, pour que
sainte, en le touchant, lui donne
uvoir de guérison. La veille de la
te, des groupes de jeunes, sou-
nt menés par une jeune fille, al-
ient de maison en maison, chan-
nt, dansant et récoltant de
rgent. Ils portaient une poupée
nfectionnée pour l'occasion, ap-
elée *Brideog* (petite Brigitte). On
s nomme *Brideoga* ou *Biddy*
oys.

National Museum – Calice d'Ardagh (8ᵉ s.)

église celte – Alors que l'Europe continentale était envahie par les barbares, l'Église
Irlande développa une organisation originale, fondée sur le monachisme. Un très
and nombre de monastères apparurent au 6ᵉ et au 7ᵉ s. ; dès le 8ᵉ s., l'administra-
on de l'Église avait été reprise par les abbés. Les évêques assumaient toujours leurs
voirs sacramentaux et de nouveaux prélats étaient consacrés, mais ils n'étaient pas
fectés à des évêchés particuliers.

ertains **monastères** fleurissaient autour de la retraite d'un ermite, mais bon nombre
entre eux avaient pour fondateur le chef d'un clan dont les membres de la famille
traient dans la vie religieuse et remplissaient les différentes charges en tant
u'abbés, évêques, prêtres, enseignants ou ascètes. Les tâches manuelles étaient exé-
tées soit par les moines soit par les tenanciers originels de la terre, hommes mariés
pères de famille, dont les fils aînés recevaient généralement une éducation cléricale
l'école du monastère. La plupart des établissements monastiques étaient des com-
unautés autosuffisantes, produisant elles-mêmes leur nourriture, leurs vêtements,
res, outils et possédant leurs chevaux. Certains monastères semblent avoir été fondés
ir d'anciens sites païens ; d'autres s'installaient près des grandes voies de commu-
cation, souvent aux frontières d'un royaume.

es couvents de moniales étaient rares, sans doute parce que les **femmes** avaient moins
ccès à des terres ou à des fonds indépendants. Kildare fut le plus célèbre monastère
e ce genre. À Clonmacnoise, une église séparée pour les femmes a été construite en
ehors de l'enceinte conventuelle.

ans leurs **écoles**, les moines enseignaient le latin ecclésiastique et l'étude des textes
ligieux. Leurs **bibliothèques** contenaient des exemplaires des Écritures saintes, des
uvrages des Pères de l'Église, de certains auteurs classiques et quelques livres d'his-
ire. Les tout premiers enseignements de la chrétienté furent préservés en Irlande
rès la chute de l'Empire romain, si bien que l'Église irlandaise évolua peu à peu en
ehors du dogme de l'Église romaine. Dans le scriptorium, les moines réalisaient des
pies de textes existants ou rédigeaient leurs propres travaux d'érudition. Ils prépa-
ient eux-mêmes leur matériel : vélin, crayons, encre et pigments colorés. Leurs
chniques sont bien décrites et illustrées au Centre du patrimoine St-Columba
Colmcille Heritage Centre), à Church Hill. D'importants manuscrits, comme les Évan-
les, étaient merveilleusement enluminés ; certains sont exposés à la bibliothèque du
rinity College de Dublin. Des cartables en cuir suspendus à des crochets protégeaient
s livres des souris et de l'humidité.

ès le début, les moines irlandais ont développé une forte tradition d'**ascétisme**,
appuyant sur une triple classification du martyre. Le martyre blanc impliquait de se
parer de tous ceux qu'ils aimaient, de se retirer de la société ou de partir en exil
ur servir Dieu ; le martyre vert impliquait de s'imposer le travail dans un esprit de
énitence et de repentir ; le rouge signifiait la soumission à la croix et aux adversités.
es ascètes désireux de contempler la présence de Dieu se groupaient en petites com-
unautés monastiques dans des endroits reculés, tout particulièrement sur des îles.
a communauté monastique de Great Skellig convenait parfaitement à leurs aspira-
ons : l'île n'était accessible que par beau temps et les moines pouvaient se consacrer
ntièrement au recueillement, les seuls loisirs étant le jardinage et la pêche.

a romanisation – Le caractère spécifique de l'Église irlandaise, notamment en ce qui
oncerne les rites, ne pouvant convenir aux instances catholiques de Rome, elle fut
rogressivement réorganisée à la suite de quatre synodes, qui eurent lieu dans la pre-
ière moitié du 12ᵉ s. Quatre provinces et 33 nouveaux diocèses furent créés, avec
acun un évêque. Certaines églises monastiques devinrent des cathédrales, d'autres
rent utilisées comme églises paroissiales.

es ordres monastiques du continent furent introduits : les augustins prirent la relève
anciens centres monastiques pour être près du peuple ; les cisterciens choisirent de
ouveaux sites isolés, en accord avec leur règle ascétique, qui attirèrent de nombreux
oines irlandais depuis leurs vieux monastères. En 1272, on dénombrait 38 maisons

Les moines missionnaires irlandais

Durant la période connue sous le nom d'âge des ténèbres ou de l'ignorance et correspondant au Haut Moyen Âge (410-800), les moines de l'Église celtique irlandaise, parfois chassés par les invasions vikings, quittèrent l'Irlande pour évangéliser des contrées lointaines. **Saint Brendan** fut celui qui alla le plus loin, car il atteignit probablement le continent américain. **Saint Patrick**, patron de l'Irlande, étudia le christianisme dans le Sud de la France. L'abbaye de Bangor envoya un grand nombre de moines évangéliser de nombreuses contrées. Ainsi **saint Colomban** (Columbanus) quitta Bangor en 590 et fonda, en France, les monastères de Luxeuil, d'Annegray et de Fontaines avant de tomber en disgrâce. Après avoir séjourné quelque temps à St-Gall (Suisse), il se rendit à Bobbio, en Italie, où il fonda un autre monastère avant sa mort, qui survint en 615. **Saint Gall**, disciple et compagnon de saint Colomban, fonda une église à Bregenz, sur le lac de Constance (Autriche), et donna son nom à la ville de St-Gall, dont le monastère renferme une très belle collection d'anciens manuscrits irlandais. **Mael Rubha** arriva en Angleterre en 671 et fonda le monastère d'Applecross en Écosse. Des liens puissants unissaient l'île d'Iona (au large de la côte occidentale de l'Écosse) et l'Irlande. Ainsi, **saint Columba** (Colmcille en irlandais) naquit dans le Donegal, mais quitta sa région natale pour fonder le célèbre monastère de l'île d'Iona. Vers 635, **saint Aidan**, Irlandais comme saint Columba, se fit moine à Iona et fonda le monastère de Lindisfarne, au Nord de l'Angleterre. Né en Irlande vers 628, **saint Adamnán** (Adamnáin) devint le 9e abbé d'Iona en 679 et y mourut en 704. Il fut également le biographe de saint Columba auquel il était apparenté. Il convainquit l'Église du Nord de l'Irlande, sauf Iona, de rejeter le calendrier et les rites celtiques. En 697, sa règle fut promulguée à Birr pour assurer la protection des femmes, des enfants et du clergé, surtout en période de guerre. **Dicuil** vint d'abord à Iona, qu'il quitta en 800 pour se rendre à la cour de Charlemagne. Il écrivit sur la grammaire, l'astronomie et la géographie. **Saint Furcy** (Fursa) quitta l'Irlande pour se rendre en Angleterre, mais il s'installa finalement dans le Nord de la France, où il fonda le monastère de Lagny, non loin de Paris. Après sa mort en 648, on fonda près de sa tombe le monastère de Péronne. **Jean Scott Érigène** (Johannes Scotus Erigena) s'installa aussi en France et vécut à Laon dans la deuxième moitié du 9e s. Il est considéré comme le philosophe occidental le plus important entre saint Augustin (350-430) et saint Thomas d'Aquin (1225-1274). **Sedulius Scotus** s'installa à Liège au milieu du 9e s., mais son influence s'étendit jusqu'à Cologne. De nombreux autres missionnaires allèrent en Allemagne et au-delà. Ainsi, **saint Kilian** *(voir p. 211)* s'installa à Würzburg en Allemagne et **Marianus Scotus**, à Cologne, Fulda et Mayence au 11e s. Un autre **Marianus Scotus** (Muiredach MacRobertaig), membre d'une grande famille du Donegal, fonda le monastère irlandais St. Peter à Ratisbonne (Bavière), où il mourut en 1088. **Virgil** (Fergal) quitta l'Irlande en 742 et voyagea via la France et la Bavière jusqu'en Autriche : il devint le saint patron de Salzbourg. Au 9e s., **Donatus**, fuyant devant les Vikings, parvint jusqu'à Fiesole, en Toscane.

cisterciennes en Irlande. Au 13e s., les franciscains s'installèrent dans les villes, et ↑ 15e s., ils se répandirent vers l'Ouest et le Nord du pays. Le rôle de l'Église irlandai fut encore amoindri par les Normands, avec la bénédiction du roi Henri II et des pap Adrien IV et Alexandre III, dans le but « d'étendre les limites de l'Église romaine Les statuts de Kilkenny (1366) interdirent aux Irlandais d'entrer dans des monastèr dirigés par les Anglais, et les prêtres s'exprimant en anglais devaient être nomm dans des paroisses anglophones.

La Réforme – Au 16e s., les Églises d'Angleterre et d'Irlande furent déclarées inc pendantes de Rome et les monastères supprimés. Le Trinity College (Collège de Trinité) de Dublin fut fondé en 1591 pour former des prêtres irlandais anglican Même si les catholiques étaient admis à certains diplômes en 1793, le titre d'ense gnant fut réservé aux anglicans jusqu'en 1873. Les réformes du 16e s. ne furent mis en application en Irlande que par intermittence. La majorité des gens restèrent fidèl à l'Église romaine et de nombreux monastères subsistèrent jusqu'à ce qu'ils soie supprimés par Cromwell. Au début du 17e s., la colonisation de l'Ulster par les Éco sais des Lowlands introduisit un presbytérianisme fervent.

Les Lois pénales – Parmi les nombreuses mesures répressives introduites après bataille de la Boyne (1690), évêques et clergé régulier catholiques furent bann d'Irlande, la foi catholique interdite. Les prêtres circulaient sous des déguisements disaient la messe en plein air dans des lieux retirés ou des églises de monastères ruine ; pour éviter d'être pris, ils utilisaient des objets de culte démontables. L'in truction fut refusée aux enfants catholiques. L'enseignement fut alors organisé da les **« écoles des bocages »** où, abrités derrière des haies, des maîtres enseignaient au enfants le latin, le grec, l'arithmétique, l'irlandais, l'anglais, l'histoire et la géographi Ces maîtres, récompensés de leur tâche en monnaie ou en nature, étaient des membr respectés de la communauté irlandaise et plusieurs d'entre eux étaient poètes.

liberté confessionnelle – Les libertés de culte et d'éducation furent garanties par
s lois d'exemption des catholiques (Catholic Relief Acts) de 1791 et 1793. En 1795,
séminaire de Maynooth fut créé pour former le clergé catholique. Ancien élève d'une
école des bocages », **Edmund Rice** (1762-1844) *(voir Kilkenny)* obtint en 1820 la
connaissance par le pape des **Frères chrétiens** (Christian Brothers), ordre qui fonda de
mbreuses écoles de garçons en Irlande. En 1831, les « écoles des bocages » du
8ᵉ s. furent remplacées par les Écoles nationales. La séparation de l'Église anglicane
Irlande et de l'État survint en 1869.

l'exception de Trinity College et de deux autres collèges, à Maynooth et Galway au
5ᵉ s., l'Irlande ne possédait aucune université. En 1845, des chartes prévoyaient la
éation de trois collèges à Belfast, Cork et Galway, mais l'opposition catholique fit
e seul le Queen's College de Belfast se développa. L'Université catholique de Dublin
854), dont le recteur était le cardinal Newman, fut annexée à l'Université nationale
Irlande lors de sa fondation en 1908. Deux ans plus tard, le séminaire de Maynooth
cédait au statut de collège de l'Université nationale.

lerinages et pardons – Depuis le 8ᵉ s., époque où l'Irlande est presque entière-
ent devenue chrétienne, la vie des saints a joué un rôle majeur dans la foi populaire,
nnant naissance à une foule de légendes. Puissants intervenants dans de nombreux
maines ici-bas ou dans l'au-delà, les saints étaient souvent considérés comme des
ros ou des héroïnes.

ertains auraient bénéficié d'une naissance miraculeuse ; d'autres auraient eu des pou-
irs surnaturels, leur permettant d'écraser l'ennemi. Ils possédaient des pouvoirs
ratifs, et leurs reliques pouvaient guérir.

tradition orale a été profondément influencée par la biographie des saints. L'Irlande
urmille d'histoires de saints : il existe des milliers de **puits sacrés** associés à des saints
gionaux. On leur confère des vertus curatives, pour des maux spécifiques ou non,
on s'y rend beaucoup, surtout pour la fête des saints.

s Irlandais observent toujours la fête de leurs saints régionaux, ainsi que le **pattern**
pardon (*pátrún* en Irlandais moderne, dérivé de patron) : la communauté se rend
un puits sacré ou un autre site religieux, placé sous la protection du saint patron
la région. On y récite des prières et on procède à des rites ; des pièces, des fleurs
des morceaux de vêtements sont laissés en gage de gratitude ou d'espoir. Dans de
mbreux endroits, les puits sacrés sont associés aux *arbres aux haillons*, bien que
ux-ci existent aussi indépendamment. Tirant leur nom des centaines de morceaux
étoffes colorées attachés à leurs branches, ces **rag trees** servent à invoquer l'assis-
nce divine, souvent pour une guérison. Jadis, de nombreux **patterns** étaient l'occasion
beuveries et finissaient parfois par des bagarres.

ujourd'hui, surtout sur la côte
uest, beaucoup de *patterns*
nt associés à des courses de
iteaux : le jour de la Saint-
acDara (16 juillet), un
attern a lieu sur la côte du
nnemara. D'autres sites reli-
eux traditionnels accueillent
ujours des pèlerinages :
lencolumbkille le jour de la
aint-Columba (le 9 juin) ;
onmacnoise le jour de la
aint-Kieran (le 9 septembre) ;
oagh Patrick en juillet, où les
elerins font pieds nus l'ascen-
on du sommet. Les pèleri-
ages les plus éprouvants ont
eu au purgatoire de Saint-Pa-
ick (St Patrick's Purgatory),
ans l'île du lac Derg (au Sud-
st de Donegal), où saint Pa-
ick passa quarante jours de
ière et de jeûne. Pendant la
ison (1ᵉʳ juin au 15 août), les
elerins vont pieds nus pen-
ant trois jours, prennent part
une nuit de veille et n'absor-
ent qu'un seul repas par jour,
mposé de pain, de thé ou de
afé noir.

Pèlerins faisant l'ascension de Croagh Patrick

Slide File. Dublin

La diaspora irlandaise

Quarante millions de personnes d'origine irlandaise vivent aux États-Unis, 5 millio
au Canada, 5 millions en Australie, des millions en Grande-Bretagne. On estime qu
plus de 60 millions de personnes dans le monde ont des origines irlandaises. On pen
parfois que la Grande Famine a été à l'origine de ce grand mouvement d'émigratio
mais en réalité, c'est une donnée permanente de l'histoire irlandaise. Sous le règ
d'Élisabeth Iʳᵉ, l'imposition de la Réforme anglicane contraint une partie de la pop
lation à quitter le Munster pour l'Espagne et le Portugal. La conquête de 160
occasionne de nouveaux départs pour l'Espagne et la Bretagne. Cromwell déporte d
régiments entiers, peut-être jusqu'à 34 000 hommes, en Espagne et au Portug
tandis que de nombreux civils sont déportés aux Antilles, où ils peuvent être vend
comme esclaves. En 1691, le traité de Limerick donne lieu à la fuite des « oies sa
vages », soldats qui partent pour la France avec femmes et enfants, et vont serv
dans l'armée française jusqu'en 1697 ; certains poursuivent jusqu'en Espagne, où tr
régiments irlandais sont constitués. Le plus célèbre des marchands irlandais parti s'ir
taller sur la côte occidentale d'Europe est Richard Hennessy, de Cork, fondateur
la distillerie de cognac.

Les premiers émigrants transatlantiques étaient surtout des presbytériens, les Éco
sais d'Ulster (appelés aux États-Unis les « Scots-Irish », ou « Scotch-Irish »
Descendants des Écossais venus en Ulster au 17ᵉ s., ils émigrèrent par familles entièr
au début du 18ᵉ s. à cause de leur religion et de la hausse des loyers. Les catholiqu
irlandais, hommes ou femmes, émigraient plutôt jeunes et en célibataires.

Les « Scotch-Irish » eurent une grande influence aux États-Unis, hors de proporti
avec leur nombre, particulièrement durant la guerre d'Indépendance et dans
domaine de l'éducation. Le cœur de l'implantation en provenance de l'Ulster se sit
dans l'arrière-pays des Appalaches : le nom de « *hillbilly* » dérive de Guillaume
Beaucoup de ces pionniers ont joué un rôle dans la conquête de l'Ouest et la constru
tion du chemin de fer américain. Plus d'un quart des présidents des États-Unis fure
des descendants de colons Irlandais-Écossais. Les liens entre l'Irlande et l'Amériqu
sont retracés en détail à l'Ulster-American Folk Park *(voir Sperrin Mountains)*,
Centre Andrew-Jackson *(voir Carrickfergus, Environs)* et dans plusieurs fermes fam
liales. Parmi les chefs militaires alliés de la Seconde Guerre mondiale de souch
« ulstérienne », on note Alanbrooke, Alexander, Auchinleck, Dill et Montgomery.

Dans les vingt-cinq années qui suivent les guerres napoléoniennes, l'émigratio
reprend et plus d'un million d'hommes et de femmes irlandaises émigrent en Grand
Bretagne et aux États-Unis.

Des Irlandais établis en France

En 1688, Theobald, 7ᵉ vicomte **Dillon**, avait levé sur ses terres du Roscommon
deux régiments d'infanterie qui, après le traité de Limerick, firent partie des
11 000 « oies sauvages » *(voir p. 88)* passées en France, où ils constituèrent
le régiment Dillon, qui servit le trône de France jusqu'en 1791, avant de former
le 87ᵉ régiment d'infanterie. Arthur Dillon (1670-1733), fils de Theobald, fut
lieutenant général des armées du roi et père de cinq fils qui jouèrent un rôle
éminent à la cour de Louis XV, en particulier le dernier, Arthur (1721-1806),
qui fut archevêque de Toulouse, puis de Narbonne.

Autre « oie sauvage », Gérard Lally, seigneur de Tollondalla, cousin des Dillon,
fut brigadier dans le régiment Dillon, épousa une Française et fut le père du
célèbre Thomas Arthur, baron de Tollendal, dit **Lally-Tollendal** (1702-1766), qui
fut condamné à mort pour n'avoir pas su préserver les territoires conquis par
la France en Inde et dont Voltaire entreprit la réhabilitation.

Né à Limerick en 1715, **Jean-Baptiste MacMahon** aurait été un descendant de Brian
Bórú, roi d'Irlande, et appartiendrait à la famille McMahon *(voir p. 235)*. La
défaite définitive de Charles-Édouard Stuart à Culloden l'amena à quitter
l'Irlande en 1746 et à s'établir à Reims, où il passa son doctorat en médecine,
puis en Bourgogne, où un mariage avec une richissime veuve le mit en possession du château de Sully. Son petit-fils, **Patrice** (1808-1893), embrassa la
carrière militaire et fut, après s'être illustré en Algérie et en Crimée, général de
brigade en 1848, sénateur de l'Empire en 1856, maréchal de France (1859),
duc de Magenta, gouverneur général de l'Algérie de 1864 à la chute de
l'Empire, et enfin président de la République de 1873 à 1879.

Richard Hennessy (1724-1800) était le fils cadet de Charles Hennessy, seigneur
de Ballymacmoy dans le comté de Cork. Au 18ᵉ s., les Lois pénales exercées à
l'encontre des catholiques le contraignirent à quitter son pays. Passé au service
de Louis XV, il s'enrôla dans le régiment Dillon. Après douze ans de service, il
quitta l'armée, et, séduit par la clémence du climat charentais, s'installa à
Cognac. En 1765 il fonda une maison de négoce d'eaux-de-vie, qui connut une
grande prospérité. Huit générations de la famille Hennessy se sont succédé pour
donner au cognac du même nom la réputation que l'on sait.

Réplique de la *Jeanie Johnston* construite à Tralee

migration connaît un point culminant durant la Grande Famine, quand l'Irlande perd
es de 4 millions d'habitants par décès ou émigration ; pendant les pires années,
es d'un million prennent la fuite ; 2,5 millions suivent au cours de la décennie. La
nde vague d'émigrants du 19e s. était majoritairement composée de catholiques du
negal, du Connaught, du Munster et du Leinster, comtés qui n'avaient pas connu
aucoup d'émigration jusque-là. Beaucoup débarquèrent en premier lieu au Canada
s passèrent la frontière des États-Unis pour échapper à la tutelle britannique. Parmi
rs descendants célèbres figurent les présidents John Fitzgerald Kennedy *(voir*
way), Ronald Reagan *(voir Environs de Caher)* et Willian Jefferson Clinton.
rmi ceux qui émigrèrent en moins grand nombre vers l'Australie et la Nouvelle-
ande, on trouve des individus déportés dans les bagnes de ces colonies.
ouis l'époque où les Irlandais établirent leurs premières colonies au pays de Galles
en Écosse au 5e s., les flux d'émigration vers la Grande-Bretagne ont cru et décru.
aucoup, dépourvus de moyens ou trop faibles pour poursuivre leur voyage, se sont
callés à Liverpool et à Glasgow, après avoir espéré atteindre l'Amérique pour fuir
famine qui sévissait en Irlande. Londres compte une communauté irlandaise pros-
e, particulièrement au Nord de la Tamise. Margaret Thatcher, Premier ministre du
yaume-Uni de 1978 à 1991, descend elle-même de Catherine Sullivan, émigrée de
amare en 1811 qui s'installa comme laveuse de linge en Angleterre.
cours des 18e et 19e s., beaucoup d'Irlandais qui venaient travailler en Grande-
etagne sur les chantiers des canaux, dans l'agriculture ou le bâtiment, avaient
abitude de retourner chez eux passer l'hiver. Ceux qui sont partis en Amérique et
Australie sont rarement revenus. Malgré leurs origines paysannes, la plupart des
migrants irlandais se sont implantés dans les grandes villes plutôt que dans les zones
ales de leur pays d'adoption.
immigrants irlandais de la fin du 20e s. sont des jeunes gens hautement qualifiés
a recherche d'emplois non seulement dans les pays anglophones (Grande-Bretagne
États-Unis) mais aussi dans tous les pays de l'Union européenne.

La table

L'Irlande est un pays hospitalier, d'une grande sociabilité, où les gens se réunisse volontiers dans un bar ou autour d'une table. Il y a deux traditions culinaires : repas élaborés, servis dans les résidences urbaines ou rurales, et les simples plats pauvre, généralement cuisinés dans un seul faitout.

Même si l'histoire a identifié la pomme de terre (introduite à la fin du 16ᵉ s.) comm aliment de base de l'Irlande, le pays a toujours produit un large éventail de légum et de fruits, de la viande et des produits laitiers et une grande variété de poisso d'eau douce et de mer. La langoustine (scampi ou *Dublin bay prawn*) et les huît de Galway ont une réputation qui s'étend bien au-delà des limites de la région. Chaq année, en octobre, un **festival gourmand** est organisé par les nombreux et excellents re taurants de Kinsale. On retrouve le niveau de qualité de leurs *cuisines* dans tout pays, aussi répandu que le *fried breakfast* (petit-déjeuner frit) et le *high tea* (gra thé), tous deux servis avec une ribambelle de pains et de gâteaux.

Le petit-déjeuner – Le traditionnel **Irish fry**, appelé dans le Nord *Ulster fry*, est compo d'œufs frits, de saucisses, de bacon, de boudin noir, de gâteaux de pommes de ter de champignons et de tomates. En général il est pris au petit-déjeuner, mais il pe être servi comme repas du soir. Les autres plats pour le petit-déjeuner sont les *kipp* (harengs fumés et salés) et le *kedgeree* (pilaf de poisson).

La soupe – Deux spécialités irlandaises sont la **nettle soup** (soupe d'ortie) et le chowder (épaisse soupe de poissons).

Le poisson – Le roi des poissons d'eau douce est le **saumon**, qu'il soit sauvage ou éle en fermes. Il est souvent poché ou grillé lorsqu'il est dégusté comme plat princip Le saumon fumé d'Irlande l'est traditionnellement avec du bois de chêne. Les arché logues ont retrouvé des vestiges d'un barrage à saumon et des traces de fumaiso près de la rivière Bann, qui datent de 2000 avant J.-C. L'autre poisson de rivière plus fréquemment servi est la **truite**.

Les **fruits de mer**, tels le crabe, le homard, les coquilles Saint-Jacques, les moules et langoustines, s'achètent surtout dans le Sud-Ouest. Les huîtres de la baie de Galv sont charnues et succulentes.

Les eaux irlandaises sont riches en poissons : sole (baptisée dans la région *black so* limande, plie, lotte, turbot, barbue, saint-pierre, morue, colin, églefin, maquereau hareng.

La viande – Le bœuf de première qualité est élevé sur les riches pâturages de l'Est Sud de l'Irlande. L'**agneau** vient des hautes terres. Le **porc** est présent sous de nombreu formes : rôtis et côtelettes ; jambon ou bacon ; pieds de porcs *(cruibín)* ; boudins blan boudins noirs *(drisheen)*, aromatisés de tanaisie et dégustés au petit-déjeuner.

Les plats traditionnels – Ce sont souvent des plats modestes préparés par les pauv gens. Il n'y a pas de recette officielle pour l'**Irish stew** (le ragoût de mouton), consiste en un collier de mouton mijoté dans un pot avec des pommes de terre, oignons et des herbes. Le **colcannon**, plat de fête dégusté à la fin des moissons ou jour de Halloween (31 octobre), est composé de purée de pommes de terre, d'oigno

Gâteaux campagnards

Whiskey ou whisky

À l'initiative des Irlandais, l'eau-de-vie produite en Irlande s'écrit le plus souvent avec un « e » pour la différencier du whisky d'Écosse.

On ignore où et quand (que ce soit en Irlande ou en Écosse) il fut distillé pour la première fois, mais on sait que dès le 16e s. toute l'Irlande s'y adonnait et le consommait. Sa consommation crut sous le règne d'Élisabeth Ire, qui semble l'avoir beaucoup apprécié. En 1661, le whiskey de contrebande *(poteen)* fit son apparition, lorsque les Anglais instaurèrent une taxe sur la distillation et une régie pour en contrôler la qualité et la quantité produites. À la fin du 17e s., 2 000 distilleries étaient encore en activité. Les grandes distilleries de Dublin produisaient les marques les plus célèbres : John Power, John Jameson, George Roe et William Jameson. Ces marques et d'autres s'exportaient dans tout l'Empire britannique. En 1872, les ventes firent un bond lorsque la production des cognacs français décrut, à cause de la maladie qui toucha les vignes de la région de Cognac. Mais d'autres événements les firent aussi décroître. Dans les années 1840 et 1850, frère Matthew, un capucin, se rendit en Irlande afin de prêcher l'abstinence. Des

Distillerie de Bushmills

sociétés de tempérance furent instituées et la consommation de l'alcool baissa de 35 %. Les *blends* produits en Écosse pénétrèrent le marché et connurent un grand succès, mais les distillateurs irlandais continuèrent de produire un whiskey irlandais doux aux saveurs riches. La guerre civile de 1916 lui ferma les portes de l'Empire britannique. La prohibition aux États-Unis (1920-1933) interrompit les exportations vers le principal marché. En 1966, l'industrie du whiskey tenta de répondre à l'hégémonie du whisky écossais en concentrant sa force de production avec la création du groupe Irish Distillers. Une nouvelle distillerie fut fondée à Midleton. Au début des années soixante-dix, le groupe racheta la distillerie de Bushmills, mais fut lui-même racheté en 1989 par le groupe Pernod-Ricard.

---

panais et de chou blanc, mélangés avec du beurre et de la crème. Le **champ** est un [pla]t plus simple de pommes de terre en purée avec du beurre, auquel on ajoute de [la] ciboulette hachée ou tout autre légume vert tel que persil, échalote, oignon vert, [ort]ie, petits pois, chou, voire carotte cuite dans du lait. Pour faire le **coddle**, on fait [mij]oter ensemble un jambon, des saucisses de porc, des pommes de terre et des [oig]nons, chacun disposé par couches. Le **collar and cabbage** est composé d'un collier de [po]rc, préalablement bouilli, recouvert de chapelure et de sucre brun puis mis au four [et] servi avec du chou, cuit dans le bouillon du porc.

[Le]s **algues** – Diverses sortes d'algues, source de vitamines et de minéraux à haute [val]eur nutritive, étaient traditionnellement employées pour épaissir les soupes et les [rag]oûts. La **Carragheen** (ou *carrageen*) est toujours utilisée pour faire un dessert de [sav]eur délicate. La *Rhodymenia* est transformée en sucrerie sous le nom de **dulse**.

[Le]s **produits laitiers** – Le beurre et la crème fraîche sont abondamment utilisés dans [la c]uisine irlandaise. Ces dernières années, de nombreux **fromages** fabriqués à la main [son]t apparus sur le marché : le **Cashel Blue** (bleu de Cashel), fromage doux et crémeux, [vei]né de bleu, fait à partir du lait de vache dans le Tipperary, plus doux que le Stilton ; [le C]ooleeny, un fromage doux, du même type que le camembert, fabriqué à Thurles [dan]s le comté de Tipperary ; le **Milleens**, fromage particulier et relevé, avec une croûte [bie]n faite, fabriqué à Skull dans le comté de Cork.

[Le] **pain** – Une grande variété de pains et de gâteaux est cuite pour le petit-déjeuner [et l]e thé. Le plus célèbre est le **soda bread**, fait de farine blanche ou brune et de [b]eurre. Le **barm brack** est une sorte de brioche aux fruits secs faite avec de la levure [(*b*]*áirín breac* = gâteau tacheté).

[Le]s **boissons** – L'épaisse bière brune (stout) produite par **Guinness** ou Murphy's est la [bo]isson irlandaise traditionnelle, mais boire de la bière blonde n'est pas inhabituel. Le [Bla]ck Velvet (Velours noir) est un cocktail de bière brune et de champagne.

61

Bien qu'il n'y ait plus que trois distilleries de **whiskey** (le « whisky » irlandais) – Bushm
dans le comté d'Antrim qui produit le seul pur malt et Midleton dans le comté
Cork, toutes deux propriété de la même société, ainsi que Cooley à Dundalk – il y
au moins 13 whiskeys différents. Leurs saveurs dépendent de subtiles variations da
le procédé de fabrication.

Pour une touche de patriotisme, on peut demander **The Flag**, cocktail de crème
menthe, tequila et Southern Comfort, reprenant avec le vert, le blanc et l'orange
couleurs du drapeau irlandais.

Délicieuse invention moderne, l'**Irish coffee** est constitué d'une mesure de whiskey,
sucre brun et de café noir très chaud mélangés dans un verre chauffé au préalab
le tout coiffé par une couche de crème fraîche. Il aurait été servi pour la première f
à des passagers qui débarquaient à l'aéroport de Shannon, aux premiers jours des v
transatlantiques.

Une triple distillation

La caractéristique essentielle du whiskey irlandais est d'être distillé trois fois.
Depuis le début du 20e s., on n'utilise pour son élaboration que de l'orge ou
du blé. Le grain, qui a gardé son enveloppe, ou balle, est, une fois moulu, addi-
tionné d'eau chaude (à 60 °C à Midleton, à 63 °C à Bushmills). Le mélange est
brassé dans un grand récipient, jusqu'à en dégager les sucres, puis le liquide
est soutiré. On répète l'opération deux fois. Le liquide obtenu après le troisième
brassage est ajouté à celui issu du premier brassage d'un autre mélange de
grain moulu et d'eau chaude. Les résidus solides constituent le *draff*, récupéré
pour être ajouté à l'alimentation animale. Le liquide issu des premiers et
deuxièmes brassages, dit *wort*, est pompé dans des récipients appelés *wash-
backs* ; l'adjonction de levure permet, par réaction avec les sucres, d'obtenir
un liquide légèrement coloré. Quand la fermentation est achevée, le liquide est
transféré dans les alambics, où il est distillé trois fois (alors qu'à Cooley comme
dans la plupart des distilleries écossaises il ne l'est que deux fois). L'alcool
achève sa maturation dans d'anciens tonneaux à xérès ou à bourbon, puis en
cuve pendant deux ou trois jours.

Musique

L'Irlande possède un instrument de musique – la harpe – comme emblème natior
ce qui n'est pas banal. Musique, chant et danse sont ancrés au plus profond de
culture irlandaise. La forme musicale la plus anciennement connue, le chant « anc
style » (sean-nós), très modulé et sans accompagnement instrumental, ne conce
que les chants individuels en irlandais et peut être lent et arythmique ou rapide.
chants traditionnels en anglais se rangent parmi les ballades internationales.
La harpe celtique, qui dominait la scène musicale depuis le Moyen Âge, fut prosc
par les Anglais qui y voyaient un symbole nationaliste. La harpe accompagnait
général le chant ou la récitation de poésie. Les joueurs de harpe irlandais étai

Interprètes de musique populaire dans un pub

mirés pour leur technique rapide et allègre ; leur statut social était enviable. **Turlough arolan** (1670-1738, *voir p. 113)*, même s'il débuta trop tard dans la vie de harpiste ur atteindre le plus haut niveau de savoir-faire, fut un compositeur exceptionnel et s recherché. Il laissa plus de 200 airs remarquablement créatifs, qui sont toujours és aujourd'hui.

cornemuse est mentionnée pour la première fois dans les textes au 11e s. et décrite ur la première fois au 15e s. Il semble qu'elle n'était encore utilisée que lors de spec-les. C'est au 18e s. qu'apparaît la cornemuse irlandaise, la *uilleann* (cornemuse à ude), dont les bourdons sont manipulés avec les doigts. Ces instruments sont utés pour la qualité des sons qu'ils produisent et la dextérité qu'ils demandent.

e et 19e s. – Le 18e s. musical de Dublin, s'il fut marqué par la première audition *Messie* de Haendel, dirigée par le compositeur lui-même, vit aussi la naissance de n Field (1782-1837), pianiste hors pair qui créa un genre nouveau, le nocturne. 1792, un grand festival de harpe fut organisé à Belfast. Bon nombre des airs tra-ionnels furent transcrits par Edward Bunting, l'un des premiers à recueillir les lodies populaires. Accompagnés de paroles écrites par Thomas Moore (*The Last se of Summer*, La Dernière Rose de l'été), ces airs, appelés les *Mélodies irlandaises*, nnurent une grande popularité dans les salons élégants.

19e s., la plupart des musiciens irlandais se firent un nom en Angleterre ou à tranger. Sir Charles Villiers Stanford (1852-1924) fut le professeur de Vaughan lliams et de Holst, et un compositeur renommé. La réputation de **Sir Hamilton Harty** 879-1941) reposait sur sa qualité de chef d'orchestre du Hallé Orchestra. John Cormack (1884-1945) fit une grande carrière de ténor aux États-Unis. Margaret eridan (1889-1957) était, selon l'avis de Puccini lui-même, l'une des meilleures erprètes de son œuvre. Trois opéras irlandais du 19e s. – *The Bohemian Girl* (La hémienne) de William Balfe, *Maritana* de Vincent Wallace et *The Lily of Killarney* de nedict – furent extrêmement populaires.

nos jours – De nombreux musiciens irlandais ont une réputation internationale : flûtiste **James Galway** est sans doute le plus célèbre.

rmi les compositeurs modernes, **Seán O'Riada** (1931-1971) est l'auteur de deux arran-ments pour la messe en irlandais et **Seoirse Bodley** (né en 1933) d'un système de tation pour les airs irlandais lents, ainsi que d'un arrangement pour la messe en glais et de compositions pour harpe irlandaise. L'orchestre symphonique « Radio lefis Eireann Symphony Orchestra » détermine une norme pour les musiciens pro-ssionnels.

stivals et concerts – Le Festival d'opéra de Wexford attire fin octobre un large public smopolite. Il a permis à de nombreux jeunes chanteurs de débuter leur carrière. événement du Castle Ward Opera (juin) est mis en valeur par la beauté du cadre, le maine d'un manoir georgien.

été, des concerts de musique de chambre sont donnés dans les châteaux et manoirs rlande. S'adresser pour le programme au National Concert Hall, Earlsfort Terrace, blin. Cette même salle organise toute l'année des concerts de musique classique et oderne. Les petites salles du quartier de Temple Bar à Dublin accueillent des groupes jazz et de blues.

Belfast, le Waterfront Hall propose tout un programme de concerts.

festival de **harpe** irlandaise a lieu à Keadew (juillet-août) et à Nobber (octobre) ; nseignements : The Secretary, O'Carolan Harp Festival Keadew, Co. Roscommon. (078) 47204 ; fax (078) 47511 ; ☎ (046) 52115 ou 52272.

rées musicales traditionnelles – La musique traditionnelle irlandaise est toujours vivante ns les pubs : pour obtenir une liste de ceux où l'on chante, s'adresser au centre information touristique local.

s soirées de festivités médiévales (2 h repas et musique) sont proposées aux châ-aux de Knappogue, Bunratty et Dunguaire (avec des lectures d'extraits d'œuvres de nge, Yeats et Gogarty).

fluence de la tradition sur la musique populaire actuelle – Au 20e s., la musique andaise traditionnelle, qui servait autrefois simplement à accompagner les danses, t reconnue pour sa valeur propre. Les enregistrements faits par les Irlandais Amérique et la formation de *Ceoltóiri Chualann* par Seán O'Riada au début des nées soixante contribuèrent à la faire connaître. Ce groupe de musiciens tradition-ls de très haute qualité créa un style plus formel et engendra un goût pour cette usique. Les Chieftains, issus de ce groupe, apportèrent la musique traditionnelle andaise à un public international. À la même époque aux États-Unis, les frères Clancy Tommy Makem rendirent célèbre la ballade traditionnelle irlandaise. Dans les années i suivirent naquirent de nombreux groupes de musique traditionnelle, dont les bliners, Bothy Band, De Dannan, Planxty et Altan.

puis l'indépendance, la tradition insulaire du chant, de la cornemuse, du violon et la danse a retrouvé toute sa vigueur, ranimée par la popularité des airs écrits par s émigrants nostalgiques. On joue souvent cette musique aux veillées dansantes andaises – les *ceilidhs* –, et dans les pubs musicaux. Elle a également conquis une dience plus large grâce à des groupes comme les **Chieftains** ou aux chansons d'**Enya** de **Clannad**, enregistrées en irlandais et en anglais.

Des musiciens rock comme **The Lizzy**, **Van Morrison** et **U2** ont permis à la musique irlan daise d'atteindre le succès international. Aujourd'hui, elle offre un grand éven d'interprètes, depuis les musiciens inspirés par la tradition celtique comme **Cranberries**, **Sinead O'Connor**, **Shane MacGowan** et **Les Pogues**, ou encore **Les Popes** et **Les Co** jusqu'aux artistes pop à l'incontestable réussite commerciale, comme **Boyzone B*Witched**. Quant au phénomène **Riverdance**, il a fait autant sur les cinq continents pc la danse irlandaise que les Chieftains et les Dubliners pour la musique.

Cinéma

C'est le 20 avril 1896 que le cinéma apparaît pour la première fois en Irlande avec projection à Dublin d'un film des frères Lumière. Dès 1909, la première salle cinéma, le « Volta », est inaugurée dans la capitale par **James Joyce** lui-même, et le se tième art commence à devenir un loisir apprécié des Irlandais. En 1904, James fonde la première association du cinéma irlandais, la IAC (Irish Animated Compan qui permettra, en concomitance avec le cinéma américain soucieux de plaire aux no breux émigrants d'origine irlandaise, d'installer le cinéma dans les mentalités d'amorcer ses premiers pas. Deux autres compagnies nationales de cinéma rejoindr la IAC respectivement en 1916 et 1917 : la Société cinématographique d'Irlande (FC(et la General Film Supply (GFS).
Mais ce n'est qu'à partir de 1922, date de la constitution de l'État libre irlandais, q le cinéma commence véritablement à s'organiser en Irlande. C'est le contexte politic qui, naturellement, fournit les premiers thèmes cinématographiques, comme les **Pâq sanglantes** en 1916 dans le film *Irish Destiny*, réalisé en 1926 par Isaac Eppel, d'autres événements de la guerre d'Indépendance traités dans *Guest of the Nat* (1935) de Denis Johnston, suivi de *The Dawn* (L'Aube – 1936) de Tom Cooper.
Dans la production d'après-guerre, il est possible d'évoquer le magnifique docume taire de Peter Lennon *The Rocky Road to Dublin* (1968), *Mise Eire* (Je s l'Irlande – 1959) de George Morrisson, *Maeve* de Pat Murphy (1981), ou *L'Ann des Français* retraçant l'expédition du général Humbert et la défaite de l'armée fra çaise à Ballinamuck en 1798. La création en 1982, puis la réactivation en 1993 de **Commission irlandaise du cinéma** (Irish Film Board) a permis un nouvel essor du ciné irlandais en lui fournissant des moyens financiers plus conséquents, ainsi que l'éc qui lui manquait dans l'espace cinématographique international. C'est ainsi que c tains jeunes réalisateurs, tel Paddy Breathnach (*Irish Crime* – 1998), ont pu fa apprécier hors du territoire irlandais un talent prometteur.
D'autre part, on a pu assister depuis une quinzaine d'années à l'émergence de réa sateurs talentueux, tels que **Neil Jordan** ou **Jim Sheridan**, qui ont su populariser un ciné axé aussi bien sur des thèmes graves (les « événements » en Irlande du Nord) que s l'autodérision, élément de référence pour la nouvelle génération de cinéastes. Po mémoire, citons quelques-uns des nombreux films d'auteur tournés ces dernièr années : *Angel* de Neil Jordan (1982), *Reefer et le Modèle* de Joe Comerford (198 *My Left Foot* (1989), *The Field* (1990), *Au nom du Père* (1993) ou *The Boxer* (199 de Jim Sheridan (souvent en collaboration avec son acteur fétiche Daniel Day-Lewi *The Crying Game* (1992) de Neil Jordan, *The Butcher Boy* (1998), ou encore *Général* (1998) de John Boorman. On doit aussi mentionner **Ken Loach** (*Hida Agenda* – 1990 –, mais surtout *Land and Freedom* – 1995 – et *Carla's Song* – 199 Parmi les œuvres de cinéastes britanniques ou d'ascendance irlandaise ne vivant p en Irlande, on peut retenir *The Informer* (Le Mouchard – 1935) et *The Quiet M* (L'Homme tranquille – 1952) de **John Ford**, le deuxième film du célèbre réalisate américain évoquant le retour au pays d'un ancien boxeur interprété par **John Way** dans une romance encore considérée comme la plus populaire jamais réalisée. P récemment, de grosses productions ont eu l'Irlande pour sujet, souvent avec brillants résultats, telles que *Les Gens de Dublin* (1987), d'après la nouvelle de Jam Joyce *The Dead* ; *The Commitments* (1991) sur l'épopée de musiciens *soul* à Dub réalisée par **Alan Parker** ; *The Snapper* (1993) et *The Van* (1996) de **Stephen Frears** *Michael Collins* (1996), de Neil Jordan, retraçant la vie du célèbre indépendantis irlandais des années vingt ; et *Braveheart* (1996), filmé à Trim.

Si vous souhaitez découvrir les lieux de tournages de films célèbres, procurez-vo auprès de l'Office de tourisme, la brochure Ireland Film Locations.

littérature

hommes et les femmes de lettres irlandais ont largement contribué, par leur poésie, s'illustrèrent les bardes celtes et les moines du Moyen Âge, puis par leurs romans eur théâtre, au rayonnement littéraire des îles Britanniques. Ils ont communiqué à angue anglaise leur aptitude pour la fantaisie, l'esprit, la satire, et y ont introduit nimitables tournures gaéliques. Quatre écrivains irlandais furent récompensés par le x Nobel de littérature : William Butler Yeats en 1923, George Bernard Shaw en 25, Samuel Beckett en 1969 et Seamus Heaney en 1995.

s Celtes n'ont pas laissé une littérature écrite, mais leur tradition orale a légué un ne patrimoine de mythes et d'histoires qui a inspiré les générations suivantes.

ns le scriptorium des églises, le travail des moines consistait à recopier la Bible et utres textes religieux, et d'écrire leurs propres commentaires. Ils ornaient leur vail, tout particulièrement la première majuscule des chapitres, de motifs celtiques rticulièrement sophistiqués. On peut admirer plusieurs de ces **manuscrits enluminés**, nt le plus célèbre est le *Livre de Kells*, conservé dans la vieille bibliothèque de l'uni-sité Trinity College, à Dublin.

récit en vieux latin de cette époque reculée, Navigatio, raconte le voyage d'Irlande Amérique effectué par saint Brendan au 6ᵉ s.

rivains des 17ᵉ et 18ᵉ s.

littérature anglo-irlandaise connut une première période d'épanouissement à la fin du ᵉ s. et au 18ᵉ s. Des auteurs dramatiques comme George Farquhar (1678-1707) et hard Brinsley Sheridan (1751-1816), connu pour sa comédie satirique *L'École de la médi-nce* (1777), apportèrent leur contribution au théâtre, tandis que **Oliver Goldsmith** 728-1774), plus éclectique, produisait romans (*Le Vicaire de Wakefield* – 1766), èmes (*Le Voyageur* – 1764) et pièces de théâtre (*Elle s'abaisse pour vaincre* – 1773). uteur phare de la période fut **Jonathan Swift** (1667-1745), né en Irlande, qui étudia Trinity College de Dublin et passa de nombreuses années en Angleterre avant d'être mmé doyen de la cathédrale Saint-Patrick à Dublin, où il resta jusqu'à la fin de ses rs. *Les Voyages de Gulliver* (1726) est la plus connue de ses œuvres satiriques sur société irlandaises du 18ᵉ s.

n ami et compagnon d'études **William Congreve** (1670-1729) écrivit des pièces en stume pleine d'esprit, comme *Le Train du monde*, qui ont inspiré O. Wilde et G. B. Shaw. rès avoir passé son enfance dans sa famille maternelle en Irlande, **Laurence Sterne** (1713-68) se fait un nom en Angleterre comme novateur parmi les romanciers, avec *Tristram andy* et *Le Voyage sentimental*. Il est aussi perçu comme un précurseur de la fiction u fil de la conscience » que pratiquera plus tard James Joyce.

19ᵉ siècle

aucoup des écrivains irlandais accédant au succès et à la célébrité partaient pour ndres : ils ont contribué au renom de la littérature et de la scène britanniques. Le e du roman *Dracula* est plus connu que son auteur, Bram Stoker (1847-1912), i travailla des années comme fonctionnaire tout en écrivant des critiques de théâtre, ant de s'installer à Londres comme manager du grand acteur Henry Irving. Seul n premier roman, *A Snake's Pass*, se situe en Irlande. **George Moore** (1852-1933) ttacha à décrire la bonne société de Dublin dans *Drame en mousseline* et intro-isit le réalisme d'un Zola dans le roman *(Esther Waters)*, ne connut cependant pas gloire d'**Oscar Wilde** (1854-1900), qui connut un immense succès sur la scène lon-nienne avec ses pièces *De l'importance d'être constant* et *L'Éventail de Lady* indermere, et dans la société anglaise avec ses tenues et son style si originaux, ant la disgrâce et la prison à Reading. **George Bernard Shaw** (1856-1950) étudia le emme anglo-irlandais dans ses articles de journaux et dans sa pièce *L'Autre Île de hn Bull* et se fit l'explorateur des contradictions de la société anglaise dans *Sainte* anne et *Pygmalion*.

e **Renaissance littéraire irlandaise** – À cette époque, dans le cadre du **Renouveau élique** se produisait en Irlande une renaissance littéraire, s'appuyant surtout sur la adition populaire. Une de ses grandes premières figures, George Russell (1867-35), connu sous le pseudonyme AE, était un mystique, à la fois poète et peintre, onomiste et journaliste. Mais le chef de file du mouvement littéraire et le grand écri-in de cette époque fut **William Butler Yeats** (1856-1939). Influencé par les vieux thes et les légendes d'Irlande, il établit sa renommée en tant que poète et drama-rge et fut l'un des membres fondateurs du **Théâtre de l'Abbaye** (Abbey Theatre, *voir* blin). Il vécut plusieurs années dans le comté de Sligo ; frappé par la puissance de naginaire populaire dans la tradition orale irlandaise, notamment les récits héroïques légendes mythologiques, il s'en inspira pour son écriture. Son approche de l'oc-lte sous-tendit son intérêt pour ces récits irlandais, qu'il rapporte dans des contes fées et contes populaires de la paysannerie irlandaise (1888-1892). Établissant e distinction entre conte populaire, légende et mythe, il fut l'un des premiers à

National Gallery of Dublin

Portrait de William Butler Yeats par
John Butler Yeats, son frère

interpréter le folkore irlandais. Il ad
rait Douglas Hyde pour son attac
ment à la langue irlandaise et aux ré
anciens. Yeats appartenait à un gro
pour lequel l'écriture anglo-irlanda
était un des éléments du renouve
d'une culture menacée de dispariti
Une autre personnalité phare de
mouvement fut **Augusta, Lady Greg**
(1852-1932), qui vécut dans le con
de Galway et se lia d'amitié avec Yea
Ils s'influencèrent beaucoup mutue
ment et rassemblèrent de nombre
éléments du folklore local. Parmi s
œuvres les plus connues figure *Visi*
et croyances dans l'Ouest de l'Irlan
(1920), l'aboutissement de vingt a
nées de recherches avec Yeats sur la
gion. Son *Livre d'histoire de Kiltar*
(1909) reprend pour la première f
de nombreux aspects de récits anci
traditionnels tels que racontés par
habitants du cru. Comme Yeats, elle
connaissait la grande richesse du fo
lore des « paysans, des bêcheurs

pommes de terre et des vieillards », chaîne ininterrompue de la tradition, profusi
de ballades, contes et récits qui animaient le quotidien des villageois du comté
Galway.

Quelques-uns des plus grands succès de l'Abbey Theatre furent écrits par **John Milling**
Synge (1871-1909), auteur de *À cheval vers la mer*, *Le Baladin du monde occiden*
que lui inspirèrent les îles d'Aran, et *L'Ombre de la ravine*, suggérée par les mo
Wicklow mais où la langue prime sur l'impression de solitude laissée par des paysa
abandonnés. Il en est de même des pièces pacifistes de **Sean O'Casey** (1880-196
L'Ombre d'un franc-tireur, *Junon et le Paon* et *La Charrue et les Étoiles*, qui dénc
cent les séquelles de la Première Guerre mondiale et expriment aussi l'attachement
leur auteur à la cause de l'indépendance irlandaise.

Thèmes irlandais – Plusieurs auteurs renommés s'inspirèrent de la vie irlandai.
Maria Edgeworth (1767-1849 – *voir p. 249*) acquit la renommée internationale
l'admiration de Walter Scott avec ses romans *Le Loyer exorbitant du château*
L'Absent. William Carleton (1794-1869) situa les siens dans le milieu rural du com
de Tyrone. Le thème développé par Gerald Griffin (1803-1840) dans le roman *l*
Collégiennes fut adapté par Dion Boucicault (auteur par ailleurs d'une satire the
trale de la société anglaise, *Le Bel Air de Londres*) pour la scène sous le titre *La Jeu*
et Belle Irlandaise et par Benedict en opéra intitulé *Le Lis de Killarney*. **Anthony Trollo**
(1815-1882) débuta sa carrière littéraire alors qu'il était employé des postes
Irlande et utilisa des sujets irlandais pour deux de ses romans. Canon Sheehan (185
1913), qu'admirait Tolstoï, rencontra un grand succès aux États-Unis avec s
romans sur la vie dans les campagnes. Somerville et Ross, partenariat littéraire ass
ciant **Edith Somerville** (1858-1949) et sa cousine Violet Florence Martin (1962-191:
dont le pseudonyme était **Martin Ross**, prirent pour cible la société anglo-irlanda

dans leurs romans *La Véritable Charlotte* et
très humoristiques *Expériences d'un réside*
magistrat irlandais.

Les exilés littéraires

L'étroitesse d'esprit de la société irlandaise, de
relevée par George Moore et qu'il critiqua da
son œuvre, poussa **James Joyce** (1882-1941)
s'exiler à Zurich, puis à Trieste. De retour à D
blin, il quitta à nouveau l'Irlande à la déclarati
de guerre pour retourner à Zurich avant
s'installer en 1920 à Paris, où parut « sa cath
drale de prose », le célèbre *Ulysse* dont il av
entrepris l'écriture en 1913. Parodie de l'*Od*
sée condamnée par la censure anglo-saxon
pour obscénité, le roman est une combinais
de symboles où les activités et les édifices
Dublin apparaissent sous les traits de perso
nages de la mythologie grecque ; les procéd
techniques et la diversité des modes d'expre
sion accentués par une écriture destinée à dc
ner l'illusion de la spontanéité de la pensée

National Gallery of Ireland, Dublin

Portrait de James Joyce
par Jacques Blanche (1934)

nt une œuvre difficile à décrypter. Joyce entreprit ensuite (1922) la rédaction de *La
illée de Finnegan*, qui ne parut qu'en 1939 en raison du travail nécessité par la mé-
norphose permanente de l'écriture dans l'œuvre de l'écrivain.

tre exilé, **Samuel Beckett** (1906-1989) se fixa à Paris en 1938 et écrivit aussi bien en
glais qu'en français avant de n'utiliser que cette seule langue à partir de 1945. In-
luencé par Joyce mais aussi par l'écrivain tchèque Franz Kafka, il présente une
manité quasiment réduite à l'état larvaire, s'accrochant à des activités dérisoires ou
des plaisirs pitoyables. *En attendant Godot* (1953) l'a consacré comme la figure
ajeure du théâtre de l'absurde.

20ᵉ siècle

début du siècle vit la naissance de la poésie réaliste. Patrick Kavanagh (1904-1967),
nt le premier volume, *Ploughman and Other Poems*, parut en 1936, fut son chef
file et son meilleur représentant. On retrouve son influence dans l'œuvre de John
ontague (1929), auteur de *Rough Field* (1972), chez le Nord-Irlandais Seamus
aney (1939), avec *The Death of a Naturalist*, (1966). Autre poète, Louis MacNeice
907-1963), proche du cercle des poètes anglais Auden, Spender et Day-Lewis,
luença quant à lui l'œuvre de Derek Mahon (1941), auteur de *The Hudson Letter*
995). L'un des grands noms de cette période dans le milieu du roman est celui de
nn O'Brien (1911-1966), de son vrai nom Brian O'Nolan, qui écrivit aussi dans les
lonnes de l'*Irish Times*, sous le pseudonyme de Myles Na Gopaleen, des chroniques
tiriques en irlandais, puis en anglais.

thème de la « grande maison » traverse tant l'univers romanesque d'Elizabeth
wen (1899-1973 – *voir Mallow*) avec, par exemple, *Le Dernier Automne*, que
euvre de **Molly Keane** (1905-1997), connue sous le pseudonyme de M. J. Farrell, et
teur de *The Last Puppetstown*, celle d'Aidan Higgins (1927) avec *Langrishe, Go
own* (1966), de Jennifer Johnston (1930), avec *L'Illusionniste*, et de David Thomson,
ec *Woodbrook* (1974).

rmi les écrivains d'envergure figure John B. Keane (1928), dont l'œuvre décrit par-
ulièrement le comté de Kerry. Sa première pièce, *Sive*, a remporté le festival
n-irlandais de théâtre ; on a tiré un film de *The Field* en 1990 ; son meilleur roman
t *The Bodhran Makers*. **Edna O'Brien** (1932) et John MacGahern (1934) comptent
rmi les romanciers contemporains les plus éminents. Dans *Les Filles de la campagne*,
ina O'Brien (1932) évoque la sexualité féminine dans les années cinquante en
ande. Son ouvrage fut interdit dans son propre pays et subit un autodafé dans son
age natal du comté de Clare. John MacGahern (1934), auteur de *Entre toutes les
mmes* et qui vit maintenant dans le comté de Leitrim, fait l'unanimité auprès de la
tique et du public. *Troubles*, de J. G. Farrell (1935-1979) teinte d'un humour ori-
ial la réalité cruelle de la guerre d'Indépendance. Maeve Binchy (1940) trace une
ronique plus légère de la vie quotidienne irlandaise. *The Lonely Passion of Judith
earne* (1955) de l'Irlandais du Nord Brian Moore (1921), *Le Garçon boucher* de
trick McCabe (1955) et *Resurrection Man* d'Eoin MacNamee (1960), aussi du Nord,
rent adaptés au cinéma. Des œuvres de nombreux écrivains d'Irlande du Sud le
rent aussi : *The Commitments* et *Paddy Clarke Ha Ha Ha* – qui reçut le prix Booker –,
 Roddy Doyle (1958) et *La Bicyclette de la violence* de Colin Bateman (1962). En
97, Frank McCourt (1934) a reçu le prix Pulitzer pour *Les Cendres d'Angela*, récit
 son enfance à Limerick.

s piliers de la scène irlandaise sont **Brian Friel** (1929), auteur de *Danser à Lughnasa*
dapté au cinéma en 1998), Thomas Kilroy (1934) avec *The Secret Fall of Constance
ilde*, Thomas Murphy (1935) auteur de *Bailegangaire, ou la ville d'où le rire a
sparu*, et Frank McGuinness (1936), dont on peut citer *Regarde les fils de l'Ulster*.
 côté d'eux apparaît une nouvelle génération de jeunes auteurs dramatiques de
hommée internationale. Encouragés par les scènes de Dublin et de Londres ou par
s compagnies comme le Rough Magic de Dublin, la Druid Theatre Company de
lway et le Red Kettle de Waterford, cette nouvelle vague comprend Sebastian Barry
955), auteur notamment du *Régisseur de la chrétienté*, Martin McDonagh *(The
enane Trilogy)*, Conor McPherson (1971) avec *The Weir*, Marina Carr (1964) avec
Mai (The Mai) et enfin Enda Walsh *(Disco Pigs)*.

Peinture

Saint Jean vu par les auteurs du
Livre de Kells

Alors que la culture gaélique était sur s
déclin, au 17ᵉ s., les principales influenc
artistiques en Irlande étaient anglaises
européennes. Une corporation
peintres fut fondée à Dublin en 167
mais l'art pictural ne se développa gue
avant la fondation, en 1746, des éco
de la Société de Dublin (Dublin Societ
Schools). Celles-ci devaient promouvoir
création dans l'art et la producti
d'objets manufacturés. Le prem
maître, Robert West (mort en 1770),
son assistant, James Mannin (mort
1779), furent formés en France. L'élè
le plus étonnant de l'école fut sans dou
Hugh Douglas Hamilton (1739-1808), o
excellait dans l'art des portraits au p
tel ; en 1778, il visita l'Italie et évolua ve
la pratique de la peinture à l'huile lors
son séjour à Rome.
Membre de l'École irlandaise de pe
ture de paysage, qui apparut au 18ᵉ
Susanna Drury connut le succès de 17.
à 1770 ; ses peintures de la Chauss
des Géants sont exposées à l'Ulster M
seum de Belfast. **George Barret** (envir
1732-1784), qui s'installa en Ang
terre en 1763, introduisit l'élément romantique dans ses paysages. Thomas Robe
(1748-1778) était un familier de la peinture française et des Pays-Bas ; il exposa p
sieurs œuvres dans le style de Claude Vernet. La figure dominante du 18ᵉ s. est **Jam
Barry** (1741-1806), qui réalisa de grandes toiles néoclassiques. Joseph Peacock (env
ron 1783-1837), originaire de Dublin, connut la gloire en représentant des scènes
foire.
Parmi les artistes qui séjournèrent à Dublin au 18ᵉ s., il y eut Vincent Valdré (174
1814), qui effectua trois panneaux pour le plafond de St Patrick's Hall, au château
Dublin, et Angelika Kauffmann (1741-1807), qui passa sept mois en Irlande en 17
comme invitée du vice-roi, Lord Townshend.
La constitution en 1823 de la **Royal Hibernian Society** encouragea l'art irlandais en pr
posant aux peintres une exposition annuelle de leurs compositions.
De nombreux artistes irlandais partirent pour Londres après l'Acte d'union en 1800
Martin Archer Shee (1769-1850) devint président de la Royal Academy en 1830
Daniel Maclise (1806-1870) un peintre historique apprécié. Nathaniel Hone (183
1917) passa dix-sept années en France, travaillant en extérieur comme les peintres
l'école de Barbizon. Roderic O'Conor (1860-1940), originaire du comté
Roscommon, fit des études à Anvers et en France où il rencontra Gauguin. L'influen
de ce dernier, et celle de Van Gogh, est évidente dans son œuvre. **John Lavery** (185
1948), de Belfast, étudia à Paris. Il est célèbre pour ses portraits, mais il peignit au
de nombreuses scènes de la campagne française. Une autre artiste, **Sarah Purser** (184
1943), fit également des études à l'étranger. Portraitiste prolifique, elle fut l'un d
fondateurs de An Túr Gloine *(voir Architecture)*.
Le 20ᵉ s. a été marqué par plusieurs artistes dignes d'intérêt. La représentation de
vie irlandaise est l'occasion pour **Jack B. Yeats** (1871-1957), frère du poète W. B. Yea
d'affirmer un audacieux coup de pinceau aux couleurs éclatantes. **Paul Henry** (187
1958) est renommé pour son habileté à reproduire la lumineuse clarté de l'Irlande
l'Ouest. **William Orpen** (1878-1931), qui se forma à la Metropolitan School of Art
Dublin et à la « Slade » de Londres, devint un portraitiste en vogue et un peintre
guerre officiel ; parmi ses élèves irlandais, on compte **Seán Keating** (1889-1977)
Patrick Tuohy (1894-1930). Le cubisme fut introduit en Irlande par **Mainie Jellett** (189
1977) et **Evie Hone** (1894-1955), davantage connue pour son œuvre dans l'art
vitrail *(voir Architecture)*.
Depuis 1991, la National Gallery et la Hugh Lane Gallery se sont associées au mus
d'Art moderne de Kilmainham, à Dublin, afin de commander des œuvres destinées
constituer leurs fonds permanents tout en stimulant la créativité des artistes.

sculpture

SCULPTURE RELIGIEUSE

s stèles – Les premiers monuments de pierre sont des stèles posées à plat sur une
nbe, mais dont on ne saurait affirmer qu'il s'agit de pierres tombales. Au fil des
cles, les ornements évoluèrent : des premières pierres de forme irrégulière, gravées
petites croix (8e s.) en passant par les croix rondes gravées dans des carrés (8e et
s.), les croix entourées d'un anneau comportant un cercle à leur intersection (9e s.),
qu'aux croix qui héritèrent des caractéristiques de celles du 9e s. et auxquelles s'ajou-
t des demi-cercles aux extrémités des bras (10e, 11e et 12e s.). La plupart portent
scription OR ou OROIT DO (« Une prière pour... ») suivie du nom du défunt. Cer-
nes ont pu être identifiées grâce aux *Annales des Quatre Maîtres (voir Donegal)*. Le
onastère de Clonmacnoise possède la plus importante collection de stèles de toute
lande. Certaines stèles plus petites sont des pierres levées commémoratives. Elles
compagnaient probablement les piliers dressés, avec lesquels elles ont en commun
e ornementation de croix simples. Les stèles en forme de cercueil furent introduites
r les Normands. Les plus anciennes inscriptions étaient rédigées en latin ; l'anglais
fut utilisé qu'après le 16e s.

s croix – C'est surtout dans l'Est de l'Irlande que l'on trouve le plus de ces croix
hement ornementées, que l'on peut voir aussi en Écosse et en Angleterre de l'Ouest
du Nord. On pense qu'elles ont succédé au petites croix en bois peintes ou
uvertes de bronze et qu'elles furent probablement sculptées dans la pierre pour
e les pillards ne puissent les voler. Elles auraient servi de lieu de prière aux fidèles.
hauteur variable (2 à 6 m), elles se dressent sur un socle pyramidal. Le haut de
croix est généralement entouré d'un anneau et surmonté d'un épi ayant souvent
forme d'une petite châsse. L'anneau décoratif devait avoir une signification
nbolique.

s premières sculptures apparurent à la fin du 8e s. Certaines de ces croix décorées
trouvent au monastère de Clonmacnoise. Les motifs sont surtout géométriques (spi-
es et entrelacs). Aux 9e et 10e s., fait rare pour l'art paléochrétien, on décora le
oix de scènes tirées du Nouveau, puis de l'Ancien Testament. Des scènes d'animaux
ient souvent exécutées à la base de la croix. Une iconographie animale et biblique
ustre la croix de Moone *(voir Athy, Excursions)*.

s croix du 12e s. innovent et sont souvent dépourvues d'anneaux *(voir Cashel et*
endalough). Vers cette date, la représentation d'un évêque ou d'un abbé, inspirée
l'art du continent, commença à dominer. Les monastères de Monasterboice, de
onmacnoise, de Kells et d'Ahenny renferment les plus belles croix d'Irlande.

sculpture funéraire – Les monuments funéraires sont d'excellents témoignages
ur déterminer les différentes écoles ou époques de la sculpture médiévale irlandaise,
peu d'objets sculptés ont subsisté. On compte toutefois quelques exceptions, telle
Madonne de Kilcorban, sculptée dans le bois et exposée au musée du Diocèse de
ughrea, ainsi que la très belle statue en albâtre de la Trinité de l'abbaye de Kilkenny
ack Abbey). Les miséricordes sculptées de bestiaires (vers 1489) de la cathédrale
e-Marie de Limerick et les sculptures figuratives de pierre (15e s., reconstruites au
e s.) des cloîtres de l'abbaye de Jerpoint sont les seules œuvres de ce genre ayant
osisté.

plaque tombale médiévale dans le chœur d'un grand nombre d'églises est une
actéristique de cette époque. Elle est ornée de l'effigie du défunt, et, parfois, de
le de sa femme. Des représentations de saints ou d'apôtres ornent ses côtés *(voir*
kenny, Jerpoint Abbey). Aux 15e et 16e s., des hauts-reliefs de personnages et des
enes de la Crucifixion y apparaissent : on peut en voir un exemple sur la plaque
mbale de l'évêque Wellesley (vers 1539) de la cathédrale de Kildare et avec les effi-
es de Piers Butler, dans la cathédrale de St-Canice de Kilkenny.

peut admirer les tombeaux du 17e s. inspirés de la Renaissance, comme le monu-
ent O'Brien (1600) dans la cathédrale Ste-Marie de Limerick, le monument
ichester (vers 1614) de l'église St-Nicolas de Carrickfergus et le monument du
nte de Cork (1620) à Youghal.

s le début du 18e s., deux types de sculpture, réaliste et allégorique, furent très en
gue : le monument dédié à Sir Donat O'Brian (mort en 1717), réalisé par William
dwell, dans Christ Church Cathedral de Dublin en est l'un des premiers exemples.
s monuments d'églises, le plus souvent réalisés John Van Nost le Jeune (vers 1712-
80), peuvent être admirés à la cathédrale de Tullmore et dans la cathédrale de
aterford. La tombe monumentale (haute de 7 m) de David La Touche à Delgany
omté de Wicklow), réalisée par John Hickey, comporte de beaux éléments de déco-
tion néoclassique.

19e s., le néoclassicisme grec domina dans la décoration : une très belle collection
monuments, en particulier celui dédié à Lady Rossmore (vers 1807) et réalisé par
omas Kirk (1781-1845), se trouve dans l'église St-Patrick de Monaghan.

SCULPTURE PROFANE

Quoique surtout religieuse, la sculpture du 17ᵉ s., comme les tableaux en stuc jac
béens de Segrave et Cosgrave, de l'église St-Audoen de Dublin élargit le champ de ?
applications pour s'exprimer sur les manteaux de cheminée de bois ou de pie
sculptés. Il existe deux beaux exemples de manteaux de cheminée de pierre sculpt
dans les châteaux de Donegal et de Carrick-on-Suir. On peut encore admirer des b
series et des sculptures de pierre de la Restauration, en particulier à l'hôpital royal
Kilmainham.

Au 18ᵉ s., l'effervescence qui règne dans la construction fournit beaucoup d'ouvra
aux sculpteurs dans le domaine de la sculpture profane. Les allégories de la Justice
de Mars, au-dessus des portes du château de Dublin, sont l'œuvre de **Van Nost le Je**

Mascaron symbolisant la Barrow
(Custom House, Dublin)

Irish Picture Library

ainsi que la statue
George III, maintenant à M
sion House. **Edward Smy**
(1749-1812) fut élève d
« Dublin Society's Schools »
sculpta les armes de l'Irlar
sur les pavillons du bureau
la douane de Dublin et les qu
torze mascarons symbolisa
les principales rivières d'Irlar
sur les clés de voûte des arcs
des entrées. Il exécuta aussi
sculptures du Palais de Just
de Dublin sous la direction
James Gandon, ainsi que cel
du Parlement (actuelle Banc
d'Irlande). Il fut l'élève de
mon Vierpyl (vers 1725-181
auteur des sculptures de N
rino Casino et qui réalisa
urnes de chaque côté des es
liers extérieurs. Les quatre lic
montant la garde dehors so
l'œuvre du sculpteur angl
Joseph Wilton. Le fils d'Edwa
Smyth, John Smyth, fut au
un éminent sculpteur. Il réal
les monuments funéraires
Ferns (comté de Wexford)
de Goresbridge (comté de H
kenny).

John Hogan (1800-1858) passe pour être l'un des plus grands sculpteurs du 19ᵉ
Ses plâtres, dont *Le Faune ivre (The Drunken Faun)*, sont exposés à la galerie Crawfc
de Cork. Deux de ses contemporains travaillèrent pour l'Albert Memorial de Londre
Patrick MacDowell (1799-1870), qui réalisa la sculpture du groupe de l'Europe à
base du monument, et John Henry Foley (1818-1874) qui y sculpta l'effigie de bror
du prince Albert. À Dublin, le monument O'Connell et les statues de Burke, Goldsm
et Grattan sur College Green, à l'extérieur de l'université de Dublin (Trinity Colleg
sont les plus belles œuvres de John Foley. À Dublin, le mémorial Cullen, dans la P
Cathedral, est l'œuvre la plus réussie de Thomas Farrell (1827-1900). Le spectacula
monument consacré à Wellington (Wellington Testimonial, vers 1817), réalisé p
l'architecte anglais Robert Smirke, se dresse dans Phoenix Park à Dublin. On pe
admirer des reliefs en bronze à sa base qui ont été exécutés par les sculpteurs Jose
Robinson Kirk, Farrell et Hogan. L'œuvre de Oliver Sheppard (1864-1941) est tr
influencée par l'Art nouveau.

Le sculpteur-portraitiste dublinois **Albert Power** (1883-1945) fut élu membre de la Ro
Hibernian Academy en 1911. Quelques-unes de ses œuvres peuvent être admiré
dans les cathédrales de Cavan et de Mullingar et sur Eyre Square à Galway.

Pour les œuvres plus récentes, on peut citer *Children of Lir* d'Oisin Kelly (1916-198
qui se dresse dans le Jardin du souvenir, à Dublin. L'œuvre de F. E. William (190
1992), sculpteur originaire de Belfast, est bien représentée par une série de sculptur
figuratives en bronze exposées au musée de l'Ulster.

Architecture

le roman

CATHÉDRALE DE CLONFERT (12ᵉ s.) – Portail principal

: intérieur entourant immédiatement la porte est plus ancien de 3 siècles que le reste du portail.
i-ci se compose de cinq colonnes et de cinq arcs en plein cintre, surmontés de rampants moulurés
drant un fronton triangulaire, le tout coiffé d'un épi de faîtage.

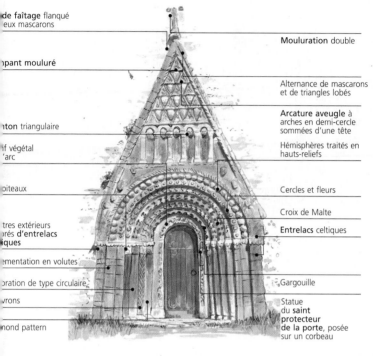

de faîtage flanqué
eux mascarons

Mouluration double

pant mouluré

Alternance de mascarons
et de triangles lobés

ton triangulaire

Arcature aveugle à
arches en demi-cercle
sommées d'une tête

f végétal
'arc

Hémisphères traités en
hauts-reliefs

piteaux

Cercles et fleurs

Croix de Malte

tres extérieurs
rés d'entrelacs
ques

Entrelacs celtiques

ementation en volutes

ration de type circulaire

Gargouille

vrons

Statue
du saint
protecteur
de la porte, posée
sur un corbeau

nond pattern

yen Âge

ABBAYE DE JERPOINT (12ᵉ s. avec tour du 15ᵉ s.)

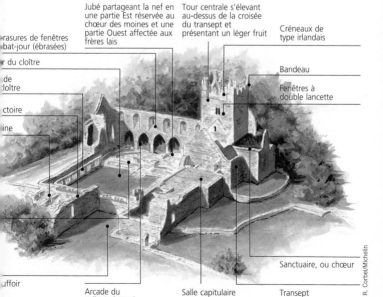

Jubé partageant la nef en
une partie Est réservée au
chœur des moines et une
partie Ouest affectée aux
frères lais

Tour centrale s'élevant
au-dessus de la croisée
du transept et
présentant un léger fruit

Créneaux de
type irlandais

rasures de fenêtres
bat-jour (ébrasées)

r du cloître

Bandeau

de
loître

Fenêtres à
double lancette

ctoire

ine

Sanctuaire, ou chœur

uffoir

Arcade du
collatéral Nord

Salle capitulaire

Transept

R. Corbel/Michelin

Style gothique

CATHÉDRALE ST-PATRICK (13ᵉ s.) – Dublin
Réalisée dans le style Early English, elle fut intensément restaurée au 19ᵉ s.

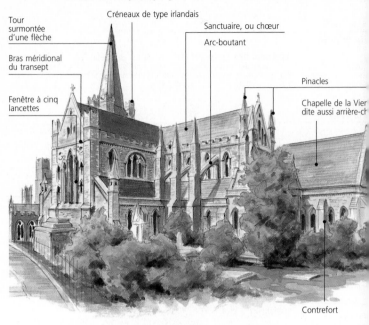

Tour surmontée d'une flèche

Créneaux de type irlandais

Sanctuaire, ou chœur

Arc-boutant

Bras méridional du transept

Pinacles

Fenêtre à cinq lancettes

Chapelle de la Vier dite aussi arrière-ch

Contrefort

Style néoclassique

ÉGLISE-CATHÉDRALE DU CHRIST (18ᵉ s.) – Waterford

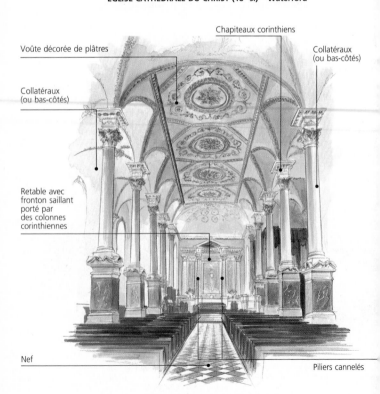

Chapiteaux corinthiens

Voûte décorée de plâtres

Collatéraux (ou bas-côtés)

Collatéraux (ou bas-côtés)

Retable avec fronton saillant porté par des colonnes corinthiennes

Nef

Piliers cannelés

ÉGLISE DE LA TRÈS-SAINTE-TRINITÉ (ancienne chapelle royale – 19ᵉ s.)
Château de Dublin

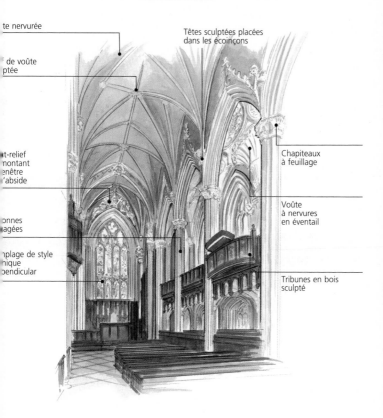

te nervurée

de voûte
ptée

t-relief
montant
enêtre
'abside

onnes
agées

mplage de style
nique
pendicular

Têtes sculptées placées
dans les écoinçons

Chapiteaux
à feuillage

Voûte
à nervures
en éventail

Tribunes en bois
sculpté

RCHITECTURE MILITAIRE

oque normande

Motte et basse cour

ns les années qui suivirent la conquête, les Normands érigèrent des châteaux de bois au sommet d'une
tte de terre, naturelle ou artificielle, dite motte. Une palissade entourait un enclos constituant la basse
cour (bailey), où étaient groupés les écuries, magasins, etc. Par la suite, la pierre se substitua au bois.

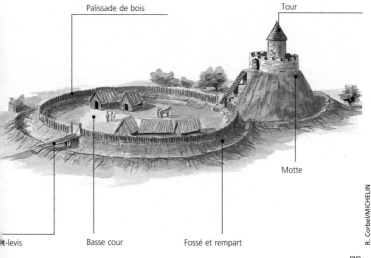

Palissade de bois

Tour

Motte

-levis

Basse cour

Fossé et rempart

CHÂTEAU DE DUNGUAIRE (1520, restauré au 19ᵉ s.)
Manoir fortifié se composant d'une **maison forte** précédée d'une cour dite **bawn**, fermée par une muraille défensive. Les pièces d'habitation, pourvues de fenêtres, occupent les étages.

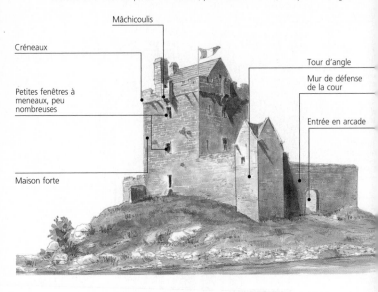

Mâchicoulis

Créneaux

Tour d'angle

Mur de défense de la cour

Petites fenêtres à meneaux, peu nombreuses

Entrée en arcade

Maison forte

17ᵉ s.

FORT CHARLES (vers 1670) – Kinsale

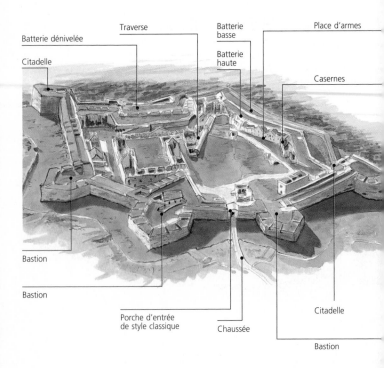

Traverse

Batterie basse

Place d'armes

Batterie dénivelée

Citadelle

Batterie haute

Casernes

Bastion

Bastion

Porche d'entrée de style classique

Chaussée

Citadelle

Bastion

74

CHÂTEAU DE PORTUMNA (1518)
Cette demeure à demi fortifiée, à baies symétriques, est précédée d'un jardin clos régulier.

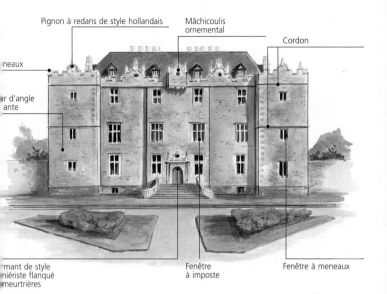

Pignon à redans de style hollandais

Mâchicoulis ornemental

Cordon

neaux

r d'angle ante

rmant de style niériste flanqué meurtrières

Fenêtre à imposte

Fenêtre à meneaux

SPRINGHILL (vers 1680, avec adjonctions du 18ᵉ s.)
Demeure non fortifiée présentant une façade symétrique percée de grandes fenêtres régulières.

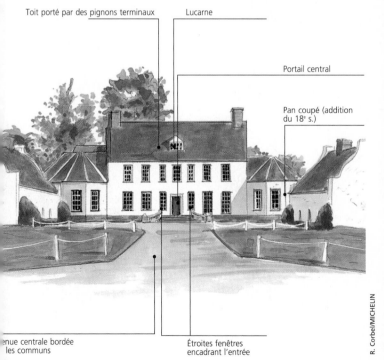

Toit porté par des pignons terminaux

Lucarne

Portail central

Pan coupé (addition du 18ᵉ s.)

nue centrale bordée les communs

Étroites fenêtres encadrant l'entrée

URBANISME GEORGIEN

Les rangées de maisons de style uniforme, dites terraces, construites en brique rouge, s'élèvent su
quatre niveaux et sont régulièrement percées de fenêtres à formes à guillotine, au nombre de trois p
étage de maison. L'importance accordée aux pièces de réception, situées au premier étage, est soulign
par la dimension des fenêtres, plus hautes.

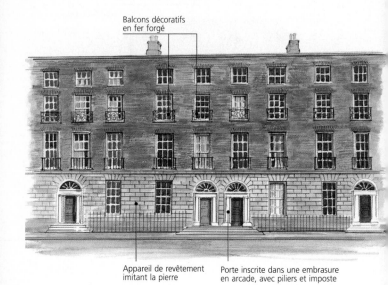

Balcons décoratifs
en fer forgé

Appareil de revêtement
imitant la pierre

Porte inscrite dans une embrasure
en arcade, avec piliers et imposte

Portes et impostes (vers 1740)

Porte surmontée d'une lanterne d'imposte
et encadrée de piliers à chapiteaux ioniques

Porte surmontée d'une imposte décorée
et encadrée de piliers à chapiteaux ioniques

Porte surmontée d'une imposte décorative
et encadrée de piliers à chapiteaux ioniques,
de fenêtres et de gratte-pieds

Porte surmontée d'une imposte
décorée et encadrée de piliers
à chapiteaux ioniques

RUSSBOROUGH (1743-1756)

Cette demeure de **style palladien** se compose d'un **pavillon central** relié aux ailes de service (cuisines et écuries) par des **colonnades incurvées**.

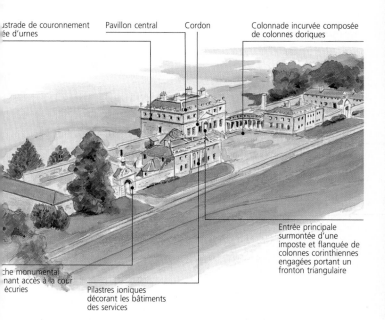

...ustrade de couronnement ...ée d'urnes

Pavillon central

Cordon

Colonnade incurvée composée de colonnes doriques

Entrée principale surmontée d'une imposte et flanquée de colonnes corinthiennes engagées portant un fronton triangulaire

...che monumental ...nant accès à la cour ...écuries

Pilastres ioniques décorant les bâtiments des services

...ÂTRES DU 18e s.

FLORENCE COURT (vers 1740)

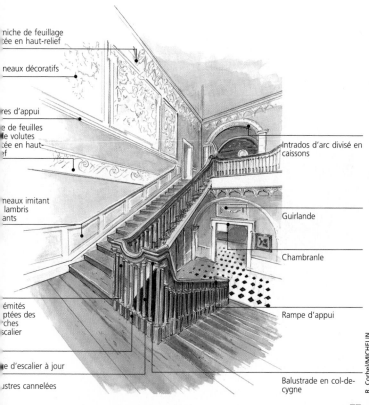

...niche de feuillage ...tée en haut-relief

...neaux décoratifs

...res d'appui

...e de feuilles ...e volutes ...tée en haut-...ef

...neaux imitant ...lambris ...ants

...émités ...ptées des ...ches ...scalier

...e d'escalier à jour

...ustres cannelées

Intrados d'arc divisé en caissons

Guirlande

Chambranle

Rampe d'appui

Balustrade en col-de-cygne

R. Corbel/MICHELIN

77

ARCHITECTURE CIVILE

Style néoclassique

MARCHÉ COUVERT DE MONAGHAN (1791)

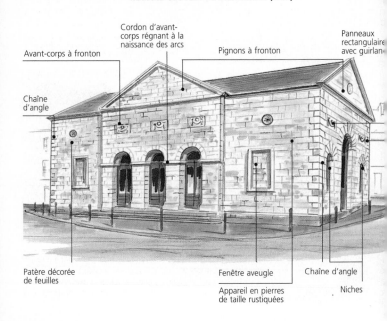

Avant-corps à fronton

Cordon d'avant-corps régnant à la naissance des arcs

Pignons à fronton

Panneaux rectangulaire avec guirlan●

Chaîne d'angle

Patère décorée de feuilles

Fenêtre aveugle

Appareil en pierres de taille rustiquées

Chaîne d'angle

Niches

Styles remis à l'honneur

Un regain d'intérêt pour les styles du Moyen Âge ranima le goût pour les façades et baies asymétrique● les lignes de toit brisées.

CHÂTEAU DE LISMORE (néogothique du 19ᵉ s.)

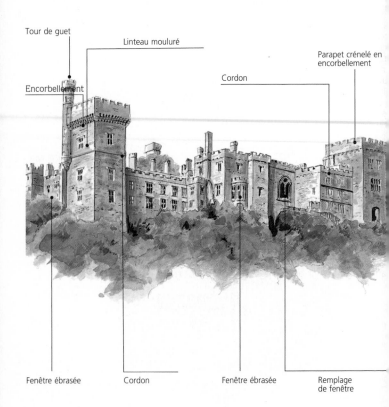

Tour de guet

Linteau mouluré

Parapet crénelé en encorbellement

Encorbellement

Cordon

Fenêtre ébrasée

Cordon

Fenêtre ébrasée

Remplage de fenêtre

ARCHITECTURE CIVILE

Habitat préhistorique – Quoique de premières traces d'habitation humaine en Irlande montent à environ 7000 avant J.-C., les premiers hommes qui ont laissé des vestiges architecturaux de leur présence sont les agriculteurs du néolithique qui ont vécu Irlande de leur arrivée vers 4000 à 2000 avant J.-C. Agriculteurs et éleveurs, ils priquaient des outils de silex. On a retrouvé des restes de leurs cabanes au lac Gur.

Tombe à couloir de Newgrange

Tumulus – Les monuments les plus visibles et les mieux conservés des hommes du néolithique sont leurs **tombes mégalithiques**.

Les plus impressionnantes sont les **tombes à couloir** de Newgrange, Knowth et Dowth dans la vallée de la Boyne, du mont Bricklieve, de Loughcrew, Fourknocks et Knockmany. Chaque tombe comprend un passage menant à une grande chambre, surmontée d'une pierre plate ou d'une structure en encorbellement. Parfois, trois pièces plus petites, contenant des cuvettes de pierre, sont rattachées à la chambre principale, l'ensemble formant une croix. Elles étaient recouvertes d'un tertre circulaire en terre ou en pierre, retenu par un anneau de pierres verticales. Les tombes à couloir datent de 3000-2500 avant J.-C. Les plus anciennes structures mégalithiques, les **tombes à cour**, sont constituées d'une longue chambre, visée en compartiments et coiffée d'un tertre de pierre retenu par une bordure de erres verticales. À l'entrée, des menhirs flanquent une cour semi-circulaire à ciel vert, comme à Creevykeel et à la sépulture d'Ossian.

troisième type de tombe mégalithique – la **tombe portail**, ou dolmen – se rencontre ès de la côte orientale, à Proleek notamment. La tombe est constituée de deux erres dressées face à face. D'autres blocs, alignés derrière elles, soutiennent une assive dalle de pierre hissée sur une rampe de terre, disparue depuis longtemps. Ces vrages datent d'environ 3000 avant J.-C.

s **tombes à chambre en coin** sont des ambres funéraires plus larges à une trémité qu'à l'autre. Elles aussi aient couvertes d'un tertre de erre ou de terre, retenu par des enhirs près de l'entrée. Ces dernes sépultures datent d'environ 00 avant J.-C.

Fortin de pierre

R. Corbel/MICHELIN

erres levées – Les **cromlechs** ou **rcles de pierres** remontant à l'âge du onze (1750-500 avant J.-C.) se trouvent surtout dans le Sud-Ouest du pays et ont généralement composés un nombre impair de pierres.

lui de Drombeg *(voir p. 239)* semble avoir servi à déterminer le jour le plus court l'année. Les **menhirs** isolés datent également de l'âge du bronze. Ils auraient été érigés pour marquer des limites, ou l'emplacement des tombes. Les générations suivantes transformèrent parfois en monuments chrétiens en y gravant une croix ou une inscription oghamique.

abitations – À l'âge du fer, les hommes habitaient des exploitations agricoles accessibles par une chaussée. Un fort circulaire était entouré par un remblai de terre *(ráth* ou *dún)* ou par un mur de pierre *(caiseal)* bordé par un fossé. Des îles artificielles circulaires *(crannógs)* étaient aménagées en élevant une plate-forme de pierres sur un ou dans un marais. De nombreux *crannógs* furent habités de l'âge de la pierre squ'au début du 17e s. On peut en admirer une reconstitution à Craggaunowen. Des rts de pierres sèches *(cashels)* aux murs épais percés de chambres furent aussi nstruits sur des collines. Malgré les restaurations dont ils furent l'objet à différentes oques, les forts de Dún Aonghasa et de Grianán of Aileach illustrent particulièrement bien ce type de construction.

s maisons faites d'un clayonnage enduit de torchis ou en pierre, couvertes de aume, s'élevaient à l'intérieur de ces exploitations agricoles. Dans l'Ouest, des

Cabane en forme de ruche

cabanes en forme de ruche *(clocháins)* étaient entièrement bâties avec des pierres, selon la technique de l'**encorbellement** déjà utilisée pour la construction des tombes à couloir. On peut admirer des habitations de style similaire au monastère de Great Skelling et à Clochan na Carraige, sur les îles d'Aran, qui prouvent que la pierre se substituait aisément au bois dans les régions non boisées. Un passage souterrain servant de magasin ou de refuge se trouvait au centre de l'exploitation.

Châteaux normands – Les premiers châteaux construits par les Normands compr█ naient une **motte féodale** reliée à une **basse cour** *(voir dessins Architecture militaire).* █ peut en admirer un exemple à Clough (comté de Down). À partir du 13e s., █ Normands construisirent des donjons de pierre carrés renforcés par de puissan█ contreforts (Trim, Carrickfergus, Greencastle), polygonaux (Dundrum et Athlone), █ encore circulaires (Nenagh). Le donjon était tantôt isolé et entouré d'une encein█ tantôt intégré à celle-ci. Au cours du 13e s., les tours-porches devinrent plus impe█ tantes et des défenses supplémentaires furent ajoutées, les barbacanes. À la fin █ 13e s., un nouveau type de château, de plan symétrique, apparut. Aux quatre co█ de la cour intérieure s'élevait une tour d'angle ronde et au centre de l'un des mu█ un corps de garde combinant le rôle de donjon, comme à Roscommon, par exemp█ qui est qualifié de « château sans donjon ».

Maisons fortes – Après la peste noire (1348-1350), l'activité des bâtisseurs ét█ devenue si modeste qu'en 1429 Henri VI offrit une subvention de 10 £ pour █ construction d'un château ou d'une maison forte (manoir ou demeure fortifiée) dc█ les dimensions minimales (6 m x 5 m sur 12 m de haut) imposées à l'origine fure█ par la suite ramenées à 4,5 m x 3,5 m sur 12 m. Plus de 70 % des maisons fort█ construites par les Irlandais ou par des étrangers se dressent au Sud d'un axe Dubl█ Galway. Elles se distinguent par leur verticalité, une pièce s'élevant au-dessus d'u█ autre, sur quatre ou cinq étages.

Le couvrement du rez-de-chaussée, qui faisait office de magasin, est constitué par u█ voûte en berceau façonnée sur un cintre en clayonnage. La salle de séjour, égaleme█ voûtée, se situe au quatrième étage ; les risques étant alors moindres en cas d'attaqu█ les fenêtres pouvaient être plus grandes. Une pièce secrète est parfois aménagée ent█ le plafond voûté d'un étage et le sol de l'étage du dessus. Aux 16e et 17e s., on ouv█ souvent de larges fenêtres aux étages supérieurs. Les escaliers en pierre, droits ou █ vis, sont installés dans l'épaisseur des murs ou dans une tourelle.

La défense de la maison forte reposait sur le fruit donné à ses murs, la présence █ meurtrières aux angles, de merlons à double gradin, dits **créneaux irlandais**, et de mâc█ coulis aux angles et au-dessus de la porte. En outre, une **meurtrière** surmontait la por█ Construites entre 1450 et 1650, la plupart des maisons fortes s'élevaient au mili█ d'un enclos fortifié, ou **bawn**, comme on peut le voir à Aughnanure et à Dunguai█ Les châteaux de Bunratty et de Blarney comptent parmi les plus grands de ce gen█ Les éléments décoratifs n'apparaissent que dans les châteaux plus vastes d'époc█ plus tardive, et les maisons fortes du Nord de l'Irlande s'apparentent aux constru█ tions écossaises, avec des pignons à redans et des tourelles en encorbellement, comm█ on peut le voir au château de Monea.

Châteaux de la « Plantation » – À la fin du 16e s., dans un pays pacifié, des demeu█ rectangulaires et plus luxueuses, flanquées de tours d'angle carrées, furent édifié█ Kanturk (vers 1603), Portumna (vers 1618), Glinsk (vers 1620) et Ballygally (162█ Le château de Portumna présente les murs intacts du *bawn* (devenu un jardin d'ag█ ment), des tours d'angle et un corps de garde d'époque plus tardive. Souvent, d█ maisons fortes se virent ajouter une demeure plus moderne, comme à Leaman█ Donegal ou Carrick-on-Suir. Ces bâtiments témoignent alors de l'influence de █ Renaissance par leur fenestrage régulier de grandes croisées à meneaux.

Villages et villes – Les premiers villages irlandais *(clachans)* étaient constitués █ chaumières en clayonnage enduit de torchis. Parmi les villes que fondèrent les Vikin█ sur les estuaires, on compte Drogheda, Dublin, Waterford et Wexford. Ils apprire█ aux Irlandais l'art de fabriquer des navires résistants. Ils introduisirent les échang█ commerciaux maritimes et la frappe de la monnaie. La plupart des villes d'orig█ viking possédaient un **tholsel** (en anglais, *toll stand*), octroi où l'on s'acquittait d'█ droit de passage ; c'était souvent un bâtiment en forme d'arche ou de porte à p█ sieurs étages. Les Normands, quant à eux, concentrèrent dans le Sud et l'Est █ l'Irlande des villes souvent entourées de murs, dont certaines parties subsistent █ Athenry, Kilmallock, Youghal, Fethard et Londonderry.

Les premières fondations urbaines de grande ampleur apparurent à la fin du 16e s. █ au 17e s., lors de la colonisation (1607-1641) de l'Ulster, du Munster et de quelqu█ parties du Leinster. Des maisons à colombages, aujourd'hui disparues, furent al█ construites le long d'une rue ou autour d'une place herbeuse *(green)*, souvent ba█ tisée « The Diamond » – le losange –, bien qu'elle en eût rarement la forme. Ce n█ a subsisté en Ulster. Des hospices et autres fondations charitables établis dans les ci█ qui prospérèrent ne subsistent que l'hospice Shee (1582) à Kilkenny et la fondati█ des comtes de Cork (1613) à Youghal. Le palais de justice de Kinsale qui existe to█ jours est un très ancien bâtiment de l'architecture civile. Le corps principal date █ 17e s., avec en façade des arcades de briques, ajoutées en 1706. Le marché couv█ de Monaghan est un beau petit édifice néoclassique qui n'est plus affecté à ses fo█ tions d'origine. Dans beaucoup de villes irlandaises, les bâtiments les plus raffinés s█ le marché et le tribunal, parfois réunis en un seul édifice.

Urbanisme – Aux 18e et 19e s., de nombreux propriétaires terriens entrepri█ d'édifier des villes selon un plan bien défini, avec de grandes avenues (Strokesto█ et Moy), des allées bordées d'arbres (Westport, Birr et Castlebar), des formes inh█

uelles (plan en croix de Kenmare), des rangées de cottages *(rows)* construits avec pierre locale (Glassan, au Nord-Est de Athlone, Shillelagh, dans le comté de Wicklow) encore de pittoresques chaumières (Adare).

ns les grandes villes, d'élégantes *terraces* (rangées de maisons uniformes) dont rchitecture s'inspire du style classique furent construites avec la pierre locale ou en que rouge. Au 19ᵉ s. à Dublin, on utilisa la brique grise fabriquée à partir d'argiles ales, le calcaire de la région et le granit gris de Wicklow.

en que la plupart des *terraces* n'aient pas été bâties en même temps et manquent ce fait d'unité esthétique, les plans établis par la commission aux avenues (Wide eets Commission, mise en place à Dublin à partir de 1758) furent à l'origine des gantes entrées georgiennes irlandaises (en général flanquées de colonnes) et des nestrages symétriques. Les fenêtres les plus hautes ornent l'étage noble ; leur taille croît avec l'élévation des étages. Des *terraces* d'époque plus tardive sont d'une plus ande cohérence esthétique (Fitzwilliam Street et Fitzwilliam Square (côté Sud) à blin, et Pery Square à Limerick). Au début du 19ᵉ s. se répandit à Dublin un nouveau e de maison s'élevant sur un, deux ou trois niveaux au-dessus d'un sous-sol, pré-dés d'un perron. La décoration intérieure, de belle qualité, est inspirée du ssicisme.

-20ᵉ s. – La seconde moitié du 19ᵉ s. fut marquée par le retour au style gothique, nt le musée du Trinity College (par Deane and Woodward, achevé en 1857), inspiré gothique vénitien, est un bel exemple.

mouvement Arts and Crafts ne fit guère école en Irlande : l'hôtel de ville de Cavan 908) par William Scott est une exception notable avec son architecture riche en lumes, pauvre en détails ornementaux, mais très expressive. À Dublin, l'University llege (R. M. Butler – 1912) et le College of Sciences (Sir Aston Webb – 1904-1913) istrent le néoclassicisme de l'époque. Si les débuts du jeune État libre virent la res-uration des édifices civils bombardés durant l'insurrection de 1916 – la poste ntrale, le Palais de Justice (Four Courts) et le bureau de la Douane (Custom use) –, les nouvelles formes d'expression architecturale sont rares, à l'exception du nistère de l'Industrie et du Commerce (Basil Boyd Barrett – 1935-1939), résolu-ent de style monumental.

nombre des monuments commémoratifs, l'arc de triomphe à l'angle Nord-Est de Stephen's Green à Dublin, a été conçu par John Howard en 1906-1907 pour les dats morts durant la guerre des Boers ; aussi à Dublin, le mémorial militaire national 930-1940) est un grandiose aménagement paysager dû à Sir Edwin Lutyens, dont retrouve le style aux jardins de Heywood.

rtifications côtières – Durant la Restauration, plusieurs villes importantes furent otégées par des forts en forme d'étoile : le fort Charles à Kinsale (William binson – à partir de 1671) est la fortification la mieux conservée. À l'intérieur, les timents datent surtout du 18ᵉ s. Après les tentatives françaises de débarquement aie de Bantry en 1796 et Killala en 1798), des tours de vigie furent élevées sur les tes irlandaises. La construction des **tours Martello** (du nom de l'ingénieur qui déve-ppa ce système de surveillance en Corse au 15ᵉ s.) débuta en 1804, un an plus tôt 'en Angleterre, lorsque la menace d'une invasion française devint très réelle. Environ e cinquantaine de ces tours massives, aux murs très épais, ponctuent le littoral entre ogheda et Cork et le long de l'estuaire du Shannon. Nombre de ces tours sont dotées une batterie. La tour James-Joyce, à Sandycove (Dublin), bâtie en pierre de taille granit, est caractéristique.

maison irlandaise traditionnelle – La campagne irlandaise est émaillée de nstructions traditionnelles, maisons d'habitation et dépendances de fermes, mais ssi forges et *sweathouses*. Ces dernières sont de petites cabanes de pierre, qui aient utilisées comme un sauna, ou pour soigner les pleurésies et autres affections. y allumait un grand feu. Une fois l'intérieur bien chaud, on retirait les cendres, e l'on remplaçait au sol par des brassées de roseaux pour éviter de se brûler les eds. Après la séance dans la cabane, on se rendait au puits voisin pour se laver.

recensement de 1841 identifia quatre types d'habitation. Le plus modeste d'entre eux rrespondait à la maison à pièce unique sans fenêtre et couverte de chaume *(bothán)*, i domina l'Ouest sur une ligne allant de Londonderry à Cork. La moitié de la popu-ion rurale vivait dans ces maisons, presque toujours non meublées, et cette proportion gmentait dans les régions les plus pauvres de l'Ouest, car les loyers étaient fixés en nction du nombre de pièces et de fenêtres. Les portes à demi-vantaux, que l'on trouve ns toute l'Irlande, donnaient un peu de nière tout en empêchant les ani-aux d'entrer. Les habitations de type furent souvent détruites rs d'expulsions ou laissées à bandon. Elles ont été reconsti-ées dans les musées de plein : Bunratty Folk Park, Glen-mcille Folk Village, Ulster Folk rk et Ulster-America Folk Park ès de Bangor).

Les types intermédiaires, des fermes à un ou deux niveaux, ont subsisté en plus gra
nombre. Elles sont équipées de fenêtres, de cheminées et de nombreuses pièc
s'ordonnant en hiérarchie selon leur rôle.

La « grande maison » irlandaise, dont les pièces sont desservies par un escalier s'éleva
à un bout, est un type d'habitation qui perdura du Moyen Âge au 18e s. La mais
de Cratloe *(voir Limerick, Environs)* est l'une des rares à avoir subsisté.

La maison georgienne de plan rectangulaire, souvent demeure de pasteur ou de co
merçant, à façade symétrique dotée d'ornements de style classique (fenêtres serlienn
ou fenêtres de Wyatt), d'impostes en éventail et d'une porte d'entrée encadrée
colonnes, était très appréciée par les classes moyennes.

Les châteaux de campagne – Entre la bataille de la Boyne (1690) et la Rébelli
(1798), le royaume anglo-irlandais traversa une période de paix et de prospérité re
tive pendant laquelle d'élégantes demeures furent construites à la campagne. L
pignons hollandais et les briques rouges sont attribués à l'influence de Guillaur
d'Orange. Si les influences française et anglaise dominèrent à la fin du 17e s., le 18e
vit celle, venue d'Angleterre, d'architectes italiens eux-mêmes inspirés par la Grè
antique. Au 19e s., comme dans les domaines religieux et civil, les architectes prôr
rent le retour aux styles Tudor et gothique. La plupart des châteaux de campag
étaient construits avec la pierre locale. Le 18e s. vit la vogue du style néopalladie
Les résidences se composaient d'un pavillon central relié par des colonnades droit
ou courbes à des pavillons plus petits abritant les cuisines, les écuries ou les bâtimer
de la ferme. L'ensemble affirme énergiquement le statut social de son propriétai
Le plus éminent architecte de la première moitié du 18e s. fut **Richard Castle** (né Richa
Cassels – 1690-1751), un huguenot originaire du duché de Hesse-Cassel, arrivé
Irlande en 1728. Il fit la connaissance de Richard Boyle, 3e comte de Burlington
4e comte de Cork, qui hérita de grandes propriétés en Irlande et dans le Yorkshi
prit William Kent sous sa protection et introduisit le style d'Andrea Palladio
Angleterre. Le premier édifice de style néopalladien élevé dans les îles Britanniques f
le parlement de Dublin (1729), aujourd'hui siège de la Banque d'Irlande. Il fut con
par **Sir Edward Lovett Pearce**, qui mourut à l'âge de 34 ans en 1733 après avoir joué
rôle important dans le dessin de Castletown. Richard Castle reprit le cabinet d'Edwa
Lovett Pearce et réalisa plusieurs maisons de robuste apparence : Powerscourt Hous
Westport House, Russborough House, Newbridge House.

Les grands architectes **Robert Adam** (1728-1792) et William Chambers y œuvrèrent pe
Le premier a laissé le mausolée des Templetown, à Templepatrick (1770), et le seco
le Casino Marino (1769-1780), à Dublin, une gentilhommière coûteuse de style né
classique dotée de folies.

C'est en 1781 que Lord Portarlington fit venir **James Gandon** (1742-1823) en Irlan
afin qu'il dessine Emo Court, près de Kildare. Le bureau de la douane et le Palais
Justice de Dublin illustrent particulièrement bien le style néoclassique de Gandon.

James Wyatt (1746-1813) a réalisé son chef-d'œuvre au château de Coole, mais a au
contribué à l'édification du château de Slane.

L'un des plus célèbres architectes irlandais, **Francis Johnston** (1761-1829), est un repr
sentant à la fois des styles classique et gothique. De 1786 à 1793, il débuta sa carriè
à Armagh, puis il fut employé par Richard Robinson pour travailler sous la directi
de Thomas Cooley à Dublin. Il fut employé par le bureau des Travaux Publics, où
fut responsable des édifices publics.

Intérieurs – De nombreux intérieurs doivent leur décoration aux plafonds en stu
richement ornementés des frères tessinois **Lafranchini**, dont l'un exécuta les stucs rocc
des cages d'escaliers extérieures à Castletown House. À la même époque, Robert We
un stucateur dublinois, exécuta des stucs de la même qualité. La décoration des pièc
au premier étage de Powerscourt House (Dublin) a été réalisée par **Michael Staplet**
l'un des plus habiles artisans dublinois du 18e s. dans le domaine des plâtres d'orr
ment et principal ambassadeur du décor de style Adam.

Néogothique – Dès 1748, le style inspiré du gothique fit son apparition à Strawber
Hill (Angleterre). Il se propagea en Irlande dans les années 1760, et s'illustra aux ch
teaux Ward et de Malahide, auquel on ajouta deux grandes tours gothiques lors d'u
restauration. Dans un premier temps, des éléments gothiques et des plafonds voût
sophistiqués furent ajoutés à des édifices de style classique, comme on peut le rem
quer au château Ward. Outre les créneaux, les mâchicoulis et les arcs brisés, l'une d
spécificités du style gothique était l'asymétrie, reprise pour la première fois pour
pavillons d'entrée du château de Glin (1815). Vers la même époque, le château
Tullynally fut transformé en un vaste édifice néogothique asymétrique, par Johnst
et Morrison entre autres. Des châteaux médiévaux, des maisons fortes ou d
demeures de style classique, tels les châteaux de Kilkenny (William Robertson – ve
1826) et de Dromoland (George et James Pain – 1826), furent agrandis et reman
dans les styles Tudor ou gothique. Le château de Johnstown est un exemple plus tar
de remaniements néogothiques de type romantique, mais correspondant tout à f
au goût victorien. À Birr, l'ancien corps de garde fut également agrandi. Joseph Paxt
fut l'auteur des ajouts du 19e s. réalisés à Lismore pour le duc de Devonshire. Plusieu
autres demeures se réclamant de styles architecturaux anciens furent érigées. C'est
cas des châteaux de Gosford, de style néoroman, d'Adare (1832), l'un des premie

xemples d'édifice néogothique conçu par le plus éminent représentant de ce style, ugustus Pugin, de Glenveagh, dessiné dans le style baronial irlandais, de Belfast, anyon et Lynn, de style baronial écossais, style repris ensuite pour Blarney Castle ouse. Quelques années plus tard, de véritables éléments de fortification furent ajoutés our parer à la menace du mouvement Fenian.

ES VITRAUX

n'y a plus en Irlande de vitraux datant du Moyen Âge. La renaissance de cet art eut u vers 1770 avec les travaux sur émaux, pour la plupart œuvres profanes, de homas Jervais et de Richard Hand, qui travaillèrent beaucoup en Angleterre. Au e s., la demande de vitraux engendrée par la vogue du style néogothique provoqua e vive compétition entre entreprises irlandaises et étrangères mais aussi une baisse onstante de la qualité artistique. Les œuvres les plus remarquables de cette période nt néanmoins les vitraux de l'église catholique St-Patrick de Dundalk, conçus par rly (Dublin), Hardman (Birmingham) et Meyer (Munich), le vitrail du chœur de glise anglicane St Patrick de Monaghan par l'Allemand F. S. Barff, et le vitrail de utel réalisé par Michael O'Connor (1801-1867) pour la cathédrale de l'Assomption Tuam.

u début du 20e s., l'art du vitrail irlandais connut un renouveau avec la fondation r **Edward Martyn** et Sarah Purser de **An Túr Gloine** (La Tour de Verre, 1903-1963). Son recteur, A. E. Childe, formé dans l'atelier de William Morris, dirigeait également la ction du vitrail à l'École des beaux-arts de Dublin. Peintre portraitiste, Sarah Purser alisa des dessins pour plusieurs fenêtres, dont *Cormac of Cashel* pour la cathédrale -Patrick de Dublin. On peut admirer l'œuvre d'un autre membre fondateur, Michael ealy (mort en 1941), dans la cathédrale de Loughrea.

ilhelmina Margaret Geddes, artiste originaire de Belfast, travailla pour An Túr Gloine e 1912 à 1925. Elle dessina notamment *Episodes from the Life of St Colman (Épi-des de la vie de saint Colman)*, où un fort trait noir délimite les contours, vitrail jourd'hui exposé à la galerie municipale d'Art moderne de Dublin, et *The Fate of e Children of Lir (Le Destin des enfants de Lir*, 1930), maintenant au musée de Jlster.

rmée à la peinture abstraite, **Evie Hone** (1894-1955) découvrit le charme du vitrail cours d'un voyage en France et rejoignit An Túr Gloine en 1934. Son œuvre, uvent inspirée par la sculpture médiévale irlandaise, comprend *L'Ascension* 948 – église catholique de Kingscourt), et *Les Béatitudes* (1946 – chapelle de la aison de retraite jésuite de Tullabeg, près de Tullamore).

rmé sous la direction de A. E. Childe à l'École des beaux-arts de Dublin, **Harry Clarke** 889-1931) développa un style tout à fait personnel dès 1915, s'inspirant de l'ico-graphie et des légendes irlandaises pour ses œuvres de style symboliste. Les douze raux destinés à la chapelle Honan (université de Cork), sa première commande blique, comptent parmi ses plus belle œuvres. Son *Vitrail de Genève* (1928) est posé à la galerie municipale d'Art moderne de Dublin. Peu avant sa mort, il exécuta commande d'église la plus importante : *Le Jugement dernier avec la Sainte Vierge arie et saint Paul (The Last Judgement with the Blessed Virgin Mary and St Paul)*, ur l'église St-Patrick de Newport.

tuellement, James Scanion et Maud Cotter, tous deux habitant Cork, illustrent la ntinuité dans l'art du vitrail.

ARCHITECTURE RELIGIEUSE

reste peu de traces des premiers bâtiments paléochré-ns en Irlande car, souvent construits avec des maté-ux fragiles (bois ou clayonnages enduits de torchis), n'ont pas résisté au temps. Les chroniques, décrivant belles églises en planches, suggèrent une grande aîtrise du travail du bois, matériau privilégié des andais jusqu'au 9e s., au cours duquel les monastères rent pillés et incendiés par les Vikings.

s premiers bâtiments monastiques s'élevaient sur un e bordé par un petit talus ou un mur circulaires. À ntérieur, des enceintes concentriques ou des sec-urs étaient affectés à des usages différents. Le netière, considéré comme la porte du el, était le plus important. La tombe un saint apportait une certaine ire au monastère : reposer auprès une telle sépulture constituait un nneur. Les limites des clôtures onastiques étaient souvent mar-ées par des colonnes de pierre ou r des croix. Les heures des offices aient calculées grâce à un cadran aire.

R. Corbel/MICHELIN

Clocher rond de Kilmacduagh

Clochers ronds – Les clochers ronds étroits, coiffés d'un toit conique et érigés sa[ns]
fondations sur le site des tout premiers monastères, sont spécifiques à l'Irlande. [Ils]
furent construits entre 950 et le 12e s. Les étages étaient reliés entre eux par de[s]
échelles de bois, comme en témoignent les clochers de Devenish et de Kilkenny. Si l[es]
cloches au sommet annonçaient les offices religieux, le clocher servait aussi de refug[e]
à l'occasion et... de coffre-fort, où les trésors étaient à l'abri. Dans la plupart des ca[s,]
la porte d'entrée s'élevait à 3 m environ au-dessus du sol et faisait approximativeme[nt]
face à la plus importante église du site.

La hauteur des clochers ronds subsistants varie entre 17 et 30 m. Leurs toi[ts]
coniques, construits selon la technique de l'encorbellement, furent à une époque pl[us]
tardive remplacés parfois par des créneaux. Environ 65 clochers ronds sont parven[us]
plus ou moins bien préservés jusqu'à nous. Des 12 demeurés intacts, celui [de]
Kilmacduagh, haut d'environ 30 m et datant des 11e ou 12e s., est particulièreme[nt]
bien conservé.

Tombes de saints – Certaines sépultures de saints sont signalées par un **monume**[nt]
funéraire en pierres sèches ressemblant à une châsse ou à une église miniature. C[es]
constructions, tel Temple Kieran à Clonmacnoise, comptent parmi les plus anciens é[di]fices en pierre d'Irlande. Le plus souvent, un orifice pratiqué à l'une des extrémit[és]
permettait aux croyants de toucher les reliques du saint en y passant le bras.

Églises – Les premières **églises de pierre** comprenaient une seule pièce avec une por[te]
orientée à l'Ouest et une fenêtre à l'Est. Les églises avec nef et chœur ne datent q[ue]
du 12e s. Dans certains cas, les murs latéraux présentent, par rapport à la façade o[cci]dentale, des saillies constituant des antes ; il s'agit probablement là d'une particularit[é]
copiée des églises en bois précédentes, où de grosses poutres extérieures constituaie[nt]
le bâti de l'édifice. Aucune des églises subsistantes n'est très grande – mais elles étaie[nt]
plusieurs à s'élever sur un même site – et l'emploi de grosses pierres pour la
construction accentue l'effet de petitesse. Leurs toits étaient vraisemblablement co[u]verts de chaume ou de bardeaux.

Spécificité irlandaise, de rares églises présentent un **toit de pierre** construit selon la tec[h]nique de l'encorbellement. La plus simple est l'oratoire de Gallarus ; mais au 13e [s.]
on utilisa des dalles de pierre pour couvrir l'église St-Doulagh, près de Malahide. L[es]
oratoires de saint Columba, de saint Mochta et de saint Flannan, ainsi que la chape[lle]
de Cormac possèdent une petite pièce entre la voûte du plafond et le toit. Les pr[e]mières églises sont dépouillées d'ornements. Mais les vestiges de White Island (com[té]
de Fermanagh) font exception à cette règle : sept stèles sculptées fixées aux murs o[nt]
probablement été ajoutées à une époque plus tardive. Les portails, tel celui de Reefe[rt]
Church, à Glendalough, étaient parfois à piédroits, c'est-à-dire qu'ils comportaient d[es]
jambages ébrasés et un linteau massif et plat.

Style roman – Le style roman, venu du continent, fut introduit au 12e s. et la pr[e]mière église de ce style construite en Irlande fut la chapelle de Cormac, à Cash[el,]
achevée en 1139. Les églises romanes irlandaises, toujours de dimension modeste, [se]
caractérisent par la rareté des éléments décoratifs, essentiellement constitués de bo[s]sages, chevrons et dents de scie ornant portails, fenêtres et arcs en plein cint[re.]
L'absence de piliers n'offrait pas la possibilité de sculpter des chapiteaux. La chape[lle]
de Cormac présente de très belles sculptures, plusieurs arcatures aveugles, des voût[es]
nervurées peintes (les toutes premières en Irlande) et les plus anciennes fresques su[b]sistant en Irlande. La richesse d'ornementation des portails principaux, dont [les]
meilleurs exemples se trouvent à Clonfert, Ardfert et Roscrea (église St-Crona[n,])
semble être spécifique à l'Irlande. À Clonfert, les motifs de feuilles stylisées sont d'in[s]piration classique, l'arcature intérieure étant de réalisation plus tardive (15e s.) q[ue]
celle du portail.

Style gothique – L'architecture gothique, introduite en Irlande à la fin du 12e s., [a]
connu moins de succès qu'ailleurs. La plupart des cathédrales témoignent d[es]
influences anglaise et galloise, alors que les monastères, édifiés par des moines ven[us]
du continent, adoptent le plan défini par saint Benoît : cloître carré bordé de galeri[es]
autour duquel s'ordonnent l'église au Nord, la sacristie et la salle capitulaire à l'E[st,]
le réfectoire et les cuisines au Sud et le cellier à l'Ouest. Les dortoirs occupent l'éta[ge]
des ailes Est et Sud. À Jerpoint, l'église, de plan cruciforme, comprend un gra[nd]
chœur voûté, ainsi qu'une nef séparée des bas-côtés par une arcade. À l'extérieur, [une]
belle tour de croisée crénelée date du 15e s. Sous sa forme actuelle, l'abbaye de H[oly]
Cross (près de Cashel) date en grande partie du 15e s., mais les bâtiments conve[n]tuels ont été reconstruits sur le plan d'origine.

Les étroites fenêtres à lancettes, caractéristiques du style gothique, furent multipli[ées]
dès la fin du 13e s. afin d'ouvrir le chœur à la lumière (Ennis, Sligo et Ardfert). L[es]
voûtes ne sont pas répandues, mais l'abbaye de Holy Cross a une extrémité Est dot[ée]
d'une très belle voûte.

Au début du 13e s., de nombreuses cathédrales furent remaniées. Malgré les no[m]breux remaniements dont elles firent l'objet, les deux cathédrales anglicanes de Dub[lin]
présentent encore des parties de cette époque. La cathédrale St-Patrick de Dub[lin,]
achevée en 1254 et à laquelle une tour fut ajoutée en 1372, est très influencée p[ar]
le style Early English dans sa forme et sa décoration. Les arcs-boutants de la chape[lle]
de la Vierge (reconstruite au milieu du 19e s.) sont assez inhabituels.

u 15e s., une seconde période de construction coïncida avec l'édification de nombreux bâtiments franciscains dans l'Ouest de l'Irlande. La plupart des églises existantes rent alors remaniées pour se conformer à la nouvelle mode. L'insertion de vastes nêtres à remplage, tout en augmentant la luminosité intérieure, fournit aux tailleurs pierre de nouvelles possibilités de décoration. C'est à cette époque que furent réaés à Jerpoint les chapiteaux du cloître et les hauts-reliefs décorant les nervures entre s piliers, d'inspiration irlandaise.

eu d'églises médiévales subsistent en Irlande. Les cathédrales de Dublin, les abbayes e Ballintuber, Holy Cross, Kilkenny (Black Abbey) et Graiguenamanagh (Duiske), uvertes au culte sans interruption, ont été restaurées au cours du 20e s.

anter's Gothic – Le style gothique dit de la Plantation fut introduit au début du 7e s. par les colons anglais et écossais à l'occasion de la construction d'églises paroisiales. Au nombre de celles qui subsistent, il faut signaler la belle St Columb's Cathedral e Londonderry et l'église de Waringstown (comté de Down).

assicisme des 18e-19e s. – Le style classique pénètre en Irlande au 17e s. L'église -Michan de Dublin (vers 1685) et la cathédrale St-Carthage de Lismore, de William obinson, gardent quelques éléments de l'architecture du 17e s. L'église anglicane Steine de Shandon, à Cork, de style georgien, est dotée d'une impressionnante tour uest d'inspiration orientale. Le modèle néoclassique rectangulaire, précédé d'un porque inspiré du temple grec, se répandit pour donner de prestigieuses réalisations : s églises St Werburgh (1754-1759), St George (1812), St Stephen (1825) et la Proathedral (achevée après 1840) à Dublin, St John the Evangelist (1781-1785) onstruite par James Gandon à Coolbanagher, et St George (1816) à Belfast. Quoique s galeries n'existent plus, l'intérieur de Christ Church Cathedral à Waterford (vers 790), par John Roberts, illustre le classicisme à la perfection.

othic Revival – Bon nombre d'églises néogothiques du début du 19e s., comme la ès-Sainte-Trinité (autrefois chapelle royale) du château de Dublin, ont été dotées de aleries décorées, de voûtes stuquées et de magnifiques boiseries en chêne. Plus tard, nfluence d'Augustus Welby Pugin, qui s'exerça très largement en Irlande, et de J. McCarthy (le Pugin irlandais) assurèrent la vogue d'édifices construits selon les incipes du Moyen Âge. St Fin Barre's Cathedral (Cork, 1862), par William Burges, ustre cette tendance. La fièvre de construction qui suivit l'Acte d'émancipation fut einée par la Grande Famine et les restrictions budgétaires. Néanmoins, plusieurs thédrales et églises paroissiales catholiques furent bâties alors, dans un gothique sez éclectique, alors que celles des congrégations dissidentes montraient un style ustère.

glises du 20e s. – Bien que l'époque se soit inspirée de tous les styles préexistants a cathédrale de Cavan achevée en 1942 par Ralph Byrne est néoclassique), des tennces modernes sont apparues. Le premier exemple, l'église du Christ-Roi (1927) à ork (Turner's Cross) conçue par Barry Byrne, de Chicago, est de conception tout à t moderne pour son époque. Les modifications introduites par le concile Vatican II ns la célébration des rites (messe célébrée au milieu des fidèles) ont inspiré des ojets originaux, reflétant parfois les caractéristiques physiques des régions : églises -Conal à Genties, St-Michel à Creelough, des Dominicains à Athy, du Prince-de-laix à Fossa, non loin de Killarney) et de la Sainte-Trinité, à Bunclody.

Quelques faits historiques

6000-1750 avant J.-C.	Âge de la pierre. Vers 3000 avant J.-C., les hommes abandonnent chasse et la cueillette pour l'agriculture. Construction de tombes couloir.
1750-500	Âge du bronze.
500 avant J.-C.	Âge du fer. Les tribus celtiques arrivent d'Europe.
450 après J.-C.	Luttes intertribales pour la suprématie et le titre de roi suprême ou ha roi *(ard-rí)*.
55 avant J.-C.	Invasion romaine de la Bretagne (Angleterre). Des pièces de monna romaines et des bijoux ont été retrouvés à Drumanagh, près de Dubli
4e-5e s.	Les Celtes irlandais (connus sous le nom de Scots ou Écossais) color sent l'Ouest de l'Angleterre et de l'Écosse.
432-461	**Mission de saint Patrick** qui convertit l'Irlande au christianisme.
6e-11e s.	Période monastique. Les missionnaires irlandais voyagent jusqu'a continent européen.
795	**Invasions vikings** – Venus de Norvège et du Danemark, les Vikings effe tuent des raids sur les monastères situés près des côtes et des voi navigables. Ils s'implantent à partir de 841.
1014	**Bataille de Clontarf** – **Brian Bórú**, roi du Munster, remporte une victoire la Pyrrhus contre les forces associées des Vikings danois et du roi Leinster, mais est tué dans la bataille.
12e s.	Henri II reçoit du pape Adrien IV le titre de seigneur d'Irlande.
1169	Le roi détrôné de Leinster fait appel à Henri II, qui lui refuse son aid Mais il intéresse à sa cause **Richard de Clare, comte de Pembroke,** « Strongbow », qui débarque avec 200 chevaliers anglo-normands da le comté de Wexford.
1177	**Invasion anglo-normande** de l'Ulster sous **Jean de Courcy**.
1185	Le **prince Jean** se rend en Irlande en compagnie de **Giraldus Cambrensis**.
1297	Réunion du premier **parlement irlandais**.
1315-1318	**Invasion de Bruce** – **Édouard Bruce**, frère du roi Robert d'Écosse, débarq à Carrickfergus avec 6 000 mercenaires écossais, les **gallowglasses**. Il e couronné roi en 1316, mais meurt à la bataille de Faughart, près Dundalk, en 1318.
1348-1350	La **peste noire** anéantit un tiers de la population.
1366	Les **statuts de Kilkenny** *(voir p. 217)* ne parviennent pas à maintenir la d tinction entre Irlandais indigènes et Anglo-Normands.
1394 et 1399	Richard II débarque en Irlande pour y rétablir l'ordre.
1446	Première mention du mot **Pale** pour désigner la zone sous influen anglaise *(voir p. 279)*.
1471	Le comte de Kildare, **Gerald Fitzgerald**, est le premier **lord-député** (gouve neur) d'Irlande.

Les chartes

Dans l'Europe médiévale, les chartes octroyées par les souverains aux villes et bourgs permettaient à ceux-ci de bénéficier d'une certaine autonomie en matière pénale et administrative. Cette autonomie était concrétisée par la mise en place d'une association de bourgeois (qui devaient être membres d'une corporation), municipalité avant la lettre dite commune en France, *borough* en Angleterre, qui jouissait des droits et privilèges suivants :
– posséder des biens et en disposer par vente ou héritage ;
– déterminer les droits d'octroi ;
– établir une cour de justice locale ;
– nommer les titulaires des offices (charges) locaux ;
– disposer d'un sceau particulier ;
– tenir un marché et en collecter les droits.
Un *borough* était une entité légale : il pouvait entamer une action en justice ou être poursuivi en justice, posséder des biens et employer des officiers (titulaires des offices) pour administrer ces biens. Plusieurs villes se virent octroyer le statut de *county borough*, qui leur accordait un système administratif semblable à celui d'un comté.

1491	**Perkin Waerbeck**, prétendant au trône d'Angleterre, débarque à Cork, sans opposition du comte de Kildare.
1494	**Sir Edward Poynings** est nommé lord-député. Il fait voter une loi, dite **Poynings' Act**, faisant obligation au parlement irlandais de demander le consentement royal pour se réunir.
534-1540	**Révolte de Kildare** (ou révolte géraldine) qui met un terme à la suprématie de la maison Fitzgerald, comtes de Kildare.
1539	**Réforme** et **dissolution des monastères**.
1541	Henri VIII est proclamé **roi d'Irlande** par le parlement irlandais.
1556	Colonisation des comtés de Laois (comté de la Reine) et d'Offaly (comté du Roi).
1579	La **rébellion des Desmond (Munster)** est sévèrement réprimée par Élisabeth Ire. Confiscation et colonisation de la terre des rebelles.
1585	L'Irlande est organisée et divisée en 27 comtés qui envoient des membres au Parlement.
1588	**L'Invincible Armada** – Après sa défaite dans les eaux de la Manche, l'Armada espagnole, poussée par les vents, remonta la côte Est de la Grande-Bretagne et contourna la côte Nord de l'Écosse. Au large des côtes irlandaises, la tempête décima encore ses rangs.

L'Invincible Armada

Plus de 30 navires de l'Armada espagnole firent naufrage au large de l'Irlande, entre Antrim et Kerry. On estime qu'ils transportaient environ 8 000 marins et canonniers, 2 100 rameurs, 19 000 soldats et 2 431 pièces d'artillerie. Les survivants furent pourchassés par les Anglais. Port na Spaniagh sur la Chaussée des Géants marque l'emplacement où le vaisseau *Gerona* coula sans laisser de survivants. Certains de ses trésors, récupérés dans l'épave par des plongeurs en 1968, sont exposés à l'Ulster Museum.

On a pu retrouver quantité de vestiges intéressants de deux navires de guerre espagnols, *La Duquesa Santa Anna* et *La Trinidad Valencia*, coulés à Kinnagoe Bay sur la péninsule d'Inishowen. Une carte au sommet de la colline (au carrefour) indique l'emplacement des multiples vaisseaux de l'Armada espagnole engloutis le long de la côte.

Trois vaisseaux, *La Juliana*, *La Levia* et *La Santa Maria de Vision*, coulèrent à Streedagh Point, au Nord de Sligo ; plus de 1 300 hommes y trouvèrent la mort. Le capitaine Francisco de Cuellar, un des rescapés, qui réussit à rejoindre le rivage à Streedagh, raconta le naufrage et son périple jusqu'à Antrim, via Leitrim, Donegal et Derry, d'où il embarqua pour l'Écosse avant de gagner Anvers, puis l'Espagne.

1598	**Bataille du Yellow Ford** – Victoire des Irlandais *(voir p. 338)*.
1601	**Siège de Kinsale** – 4 000 Espagnols débarquent à Kinsale pour aider Hugh O'Neill, mais se retirent lors du siège de la ville.
1603	À Mellifont, Hugh O'Neill, comte de Tyrone, et Rory O'Connell, comte de Tyrconnell, se soumettent à **Charles Blount, Lord Mountjoy**, gouverneur au nom d'Élisabeth.
1607	**Fuite des comtes** – Les comtes de Tyrconnell et de Tyrone font voile de Rathmullan vers leur exil sur le continent.
607-1641	**Colonisation** *(Plantation)* **de l'Ulster** sous Jacques Ier. Les terres sont confisquées au profit des protestants des Lowlands d'Écosse, qui s'installent dans les comtés du Nord de l'Irlande.
1641	**Rébellion des Confédérés** provoquée par la politique du lord-député et le désir des Irlandais dépossédés de récupérer leurs terres.
1642	**Confédération de Kilkenny** – Les Irlandais et les « Vieux Anglais » catholiques forment une alliance pour défendre leur religion, leurs propriétés et leurs droits politiques.
1646	**Bataille de Benburb** – Victoire des Irlandais *(voir p. 338)*.
1649	**Olivier Cromwell** débarque à Dublin pour venger les protestants d'Ulster. Il dévaste Drogheda et Wexford et déporte des milliers d'Irlandais aux Antilles.
1653	Durant la **colonisation cromwellienne**, la plupart des propriétaires terriens catholiques sont dépossédés et reçoivent l'ordre de se retirer à l'Ouest du Shannon.
1657	Première **implantation quaker** à Mountmellick dans le comté d'Offaly par William Edmunson, fondateur du mouvement quaker irlandais. Les quakers étaient réputés pour leur zèle et leur intégrité et furent plus impliqués que quiconque dans les secours aux indigents pendant la Grande Famine *(voir plus bas)*.

1658	Achèvement des relevés cadastraux.
1660	**Restauration** de Charles II qui rend quelques terres aux propriétaires catholiques.
1678	**Conjuration Oates** – Titus Oates prétendit avoir découvert un complot tramé par les jésuites visant à assassiner Charles II et à le remplacer par son frère. Avant d'être confondu et jeté en prison, il provoqua néanmoins l'arrestation, l'emprisonnement et la mort de nombreux catholiques, dont Oliver Plunkett, archevêque d'Armagh.
1685	La révocation de l'édit de Nantes en France incite les **huguenots** (protestants) à fuir en Angleterre et en Irlande.

Les huguenots

Les premiers huguenots arrivèrent en Irlande à l'invitation du duc d'Ormond pour y travailler le textile à Chapelizod mais ne s'implantèrent en nombre à Dublin, dans le Sud-Est de l'Irlande et à Cork qu'après 1685 – environ 5 000 âmes. Les huguenots étaient des calvinistes qui ne reconnaissaient que deux sacrements : le baptême et l'eucharistie. À Dublin, ils célébrèrent leur culte dans la chapelle de la Vierge de la cathédrale St-Patrick de 1666 à 1816, et disposaient de cimetières, dans Cathedral Lane (1668-1858) et Merrion Row (à partir de 1693).

Environ 3 000 huguenots s'enrôlèrent dans l'armée de Guillaume d'Orange et jouèrent un rôle déterminant tant à la bataille de la Boyne, où périt leur chef, le duc de Schomberg, qu'à Aughrim sous la bannière du marquis de Ruvigny. Quand ils furent démobilisés, beaucoup se fixèrent sur les terres concédées à Ruvigny à Portalington.

À Dublin, les huguenots introduisirent le tissage de la soie et de la popeline, mélange de laine et de soie. Louis Crommelin, venu de Picardie via la Hollande, fut chargé de développer l'industrie du lin en Irlande. Il s'installa en 1698 à Lisburn, qui comptait déjà de nombreux huguenots, perfectionna les méthodes de culture et introduisit l'usage de l'énergie hydraulique pour actionner les métiers à tisser. Sir Francis Beaufort, à l'origine de l'échelle anémométrique de Beaufort (utilisée pour mesurer la vitesse du vent), et William Dargan, qui construisit la plus grande partie du réseau ferroviaire irlandais, étaient tous deux d'origine huguenote. De même pour James Gandon et Richard Castle, qui ont conçu quelques-uns des plus beaux édifices de l'Irlande.

Beaucoup d'entre eux étaient des artistes de talent, tels James Tabary, concepteur et dessinateur sur bois, qui travailla avec ses frères à l'hôpital Kilmainham ; George Du Noyer, miniaturiste, œuvra pour le Service cartographique de l'État et fit le relevé de sites archéologiques ; Gabriel Béranger fit pour l'Académie royale des antiquités les croquis de vestiges historiques.

Beaucoup se firent un nom dans le monde du théâtre et de la musique de concert en tant que compositeurs, organistes, violonistes et luthiers, chanteurs et danseurs. Des métiers de l'orfèvrerie, où ils excellaient, ils évoluèrent vers ceux de la banque. La chaîne ouvragée du Premier magistrat de Dublin fut réalisée par Jeremiah D'Olier en 1796 ; ses fils et petit-fils furent gouverneurs de la Banque d'Irlande. David La Touche III, dont le grand-père était arrivé avec Guillaume d'Orange en 1690, fut marchand, banquier et membre fondateur de la Banque d'Irlande.

1688	**La Glorieuse Révolution** – Jacques II renversé, Guillaume d'Orange accepte la couronne d'Angleterre.
1690	**Bataille de la Boyne** – À l'issue de cette bataille, le roi d'Angleterre Guillaume III et ses alliés, champions de la cause protestante, mettent en déroute le roi Jacques II d'Angleterre, soutenu par le roi de France Louis XIV. L'armée irlandaise bat en retraite vers Athlone à l'Ouest.
1691	**Siège de Limerick** – À la suite des batailles d'Athlone et d'Aughrim, l'armée irlandaise se retire encore à Limerick, où elle est assiégée et se rend. Selon les termes militaires du **traité de Limerick**, les défenseurs irlandais sont autorisés à se rendre avec les honneurs. 11 000 hommes – connus sous le nom de **Wild Geese** (oies sauvages) – rejoignent par la suite l'armée française. Le parlement anglais n'a pas su faire respecter les termes civils du traité, garantissant les droits religieux et de propriété, que détenaient les catholiques sous Charles II.
1695	Promulgation des premières **Lois pénales** *(voir Le christianisme en Irlande)* visant à réduire le pouvoir des catholiques.
1778	Les **Volontaires** engagés pour défendre l'Irlande contre les Français pendant que les troupes anglaises combattent en Amérique soutiennent la demande d'un parlement irlandais indépendant.

Volontaires irlandais sur College Green par Francis Wheatley

National Gallery of Ireland, Dublin

1782	**Abrogation de la loi Poynings** et établissement d'un parlement irlandais indépendant, dit « parlement Grattan », du nom d'Henry Grattan qui avait dirigé la campagne pour l'indépendance.
791-1793	**Lois d'exemption des catholiques** (Catholic Relief Acts, *voir Le christianisme en Irlande*).
1795	Fondation de l'**ordre d'Orange** en septembre 1795, dans une ferme du comté d'Armagh, après une lutte entre deux bandes armées de métayers, où les Peep O'Day Boys (les gars du point du jour ; protestants) battent les Defenders (défenseurs ; catholiques). La croissance de la population et la compétition pour obtenir les métairies conduisent les protestants, qui craignent d'être en situation d'infériorité, à effrayer les catholiques pour qu'ils quittent le district.
1796	Invasion française avortée dans la baie de Bantry.
1798	**Rébellion des Irlandais unis** (United Irishmen) fomentée par Wolfe Tone. Les principaux engagements ont lieu en Antrim, Wexford et Mayo. Le soulèvement est sévèrement réprimé et 30 000 rebelles meurent. Le mouvement, fondé en 1791 à Belfast, était devenu une société secrète, dont l'objectif était d'établir une république ; il fut interdit par le gouvernement en 1794.
1800	**Acte d'union** – Suppression du parlement irlandais. La représentation de l'Irlande à Westminster est assurée par 100 députés à la Chambre des communes, ainsi que par 28 lords temporels et 4 lords spirituels à la Chambre des lords.
1803	**Rébellion d'Emmett** – Soulèvement avorté conduit par **Robert Emmett** (1778-1803) après son exil politique en France ; il avait misé sur l'invasion de l'Angleterre par Napoléon et sur le soutien de Thomas Russel en Ulster et de Michael Dwyer en Wicklow. Emmett fut pendu, mais le discours qu'il tint du banc des accusés allait devenir une source d'inspiration pour les générations de nationalistes à venir.
1823	**Daniel O'Connell** (1775-1847), avocat catholique, connu comme le Conseiller et le Libérateur du peuple irlandais, fait campagne pour la reconnaissance des droits des catholiques. Élu membre du Parlement pour le Clare en 1828, il dénonça la violence et organisa des rencontres de masse, afin de recueillir des voix en faveur de l'abrogation de l'Acte d'union.

Daniel O'Connell (1775-1847), par George Mulvany

National Gallery of Ireland, Dublin

1829	L'**Acte d'émancipation des catholiques** leur accorde le libre accès à toutes les fonctions militaires ou civiles, dont le droit de siéger au Parlement.
1848	**Insurrection** avortée de la **Jeune Irlande** (Young Ireland) conduite par William O'Brien (1803-1864).
1858	Fondation de la **Fraternité des Irlandais républicains** (Irish Republican Brotherhood ; IRB) pour renverser l'autorité britannique en Irlande. Elle se dissout elle-même en 1924.

La Grande Famine (1845-1849)

Le mildiou détruisit la récolte de pommes de terre, base alimentaire de la majeure partie de la population. 800 000 personnes moururent de faim, du typhus et du choléra. Des centaines de corps sans cercueil furent ensevelis dans les fosses communes ; des milliers de gens affamés envahirent les hospices et les villes où avait lieu la distribution du maïs, importé par le gouvernement. La capacité des hospices était de 100 000 personnes mais cinq fois plus de gens demandaient des soins. Les quakers firent de leur mieux pour secourir les affamés. Des soupes populaires furent organisées par des propriétaires compatissants et par des groupes protestants en quête de nouveaux fidèles. En 1847, on fit venir 50 grands chaudrons des usines Darby basées à Coalbrookdale en Angleterre. Des travaux publics furent lancés afin d'occuper la main-d'œuvre et soulager la population.

Certains propriétaires expulsèrent leurs locataires désargentés (en 1847, 16 propriétaires furent assassinés), d'autres organisèrent leur émigration ; tant de gens mouraient au cours de ces voyages ou pendant la quarantaine que ces bateaux furent surnommés navires-cercueils. Un million d'Irlandais, hommes et femmes, émigrèrent vers l'Angleterre, l'Écosse, le Canada et les États-Unis.

1867	**Les martyrs de Manchester** – On désigne ainsi trois Fenians qui furent exéc tés pour le meurtre d'un policier, tué au cours de l'attaque d'un fourg de police à Manchester, organisée pour libérer deux Fenians prisonnie La nature plus que douteuse de certaines des preuves de leur culpabil ébranla la confiance que les Irlandais pouvaient avoir en la justice brita nique.
1869	Séparation de l'**Église d'Irlande** et de l'État.
	Lois agraires (Land Acts) – 17 lois votées au cours de cette période abc tiront progressivement au transfert de propriété des grands domaines d seigneurs terriens à leurs métayers.
1874	59 défenseurs du Home Rule sont élus au Parlement.
1875-1891	**Charles Stewart Parnell** (1846-1891) est élu membre du Parlement pour Meath en 1875. Il devient président de la **Ligue agraire** (Land League) leader du parti qui fait campagne pour l'autonomie, le Home Rule.
1886	Première loi du **Home Rule** garantissant à l'Irlande différents degrés d'ind pendance pour des questions intérieures. Loi présentée par Gladsto mais rejetée par le Parlement.
1879-1882	La **Ligue agraire**, fondée par Michael Davitt, fait campagne en faveur de réforme des lois sur les locations en manifestant une résistance passiv Elle propose d'étendre le droit coutumier de l'Ulster (loyer honnête, ver libre, fixité des baux) au pays entier. Parnell propose de mettre au b de la société les opposants à la Ligue agraire. La victime la plus célèt de ce traitement, le capitaine Boycott, fut involontairement à l'origi d'un nouveau mot de la langue anglaise.
1891-1923	**Conseil des Districts surpeuplés** (Congested Districts' Board) – Les fonds l'Église d'Irlande sont utilisés dans les districts les plus pauvres du pa pour construire des ports, promouvoir la pêche, les traitements de conse vation du poisson et les méthodes modernes d'agriculture. Après 190 le Conseil reçut le pouvoir de redistribuer les grands domaines aux pet exploitants.
1893	Deuxième loi du **Home Rule** rejetée par le Parlement.
1905-1908	Le **Sinn Féin** (« Nous seuls ») est fondé afin de promouvoir l'idée d'u monarchie dualiste.
1912	Troisième loi du **Home Rule** présentée par Asquith, différée en raison veto de la Chambre des lords mais finalement signée par George V septembre 1914. Elle fut suspendue pendant la durée de la Premiè Guerre mondiale. Naufrage du *Titanic*.
1913	**Grève des tramways** à Dublin organisée par James Larkin et James Conno
1914-1918	**Première Guerre mondiale** – De nombreux Irlandais combattent comme vol taires, la conscription n'existant pas en Irlande.
1916	**Pâques sanglantes** (Easter Rising) – Au début de la Première Guerre m diale, les nationalistes irlandais et les unionistes d'Ulster s'accordère pour différer l'application du Home Rule. Mais le conseil militaire l'IRB – les nationalistes les plus radicaux – organisa en secret une insu rection. Bien que Roger Casement et les armes qu'il convoyait dep l'Allemagne à bord d'un cargo aient été capturés et malgré la confusi des ordres et contrordres, l'insurrection ne fut pas différée. Le lundi Pâques 1916, les « Volontaires » marchèrent sur Dublin et s'emparère

	d'endroits stratégiques, dont la poste centrale de Dublin, où ils établirent leur quartier général. Du haut des escaliers, Patrick Pearse proclama la création du gouvernement provisoire de la République irlandaise. La résistance dura une semaine : le samedi suivant, les insurgés se rendirent. Cette insurrection se voulait d'ampleur nationale, mais elle resta confinée à Dublin et se solda par un échec. L'opinion publique, qui n'y avait pas adhéré, fut totalement retournée par le passage en cour martiale et l'exécution des chefs.
1917	Le **Sinn Féin** est réorganisé sous Eamon De Valera en un mouvement représentant toute la nation pour l'indépendance de l'Irlande et le retrait de Westminster.

Visites royales

Au Moyen Âge, les visites royales étaient peu fréquentes. Le roi Jean, dont le nom a été attribué à de nombreux châteaux aujourd'hui en ruine, visita l'Irlande en 1185, puis en 1210. Richard II débarqua à deux reprises avec son armée, en 1394 et 1399, pour restaurer son autorité.
La reine Élisabeth Ire ne visita jamais l'Irlande bien que le dixième comte d'Ormond, surnommé Black Tom (Tom le Noiraud), ait fait construire spécialement son château, vers 1568, pour l'y recevoir.
En 1821, George IV débarqua à Dún Laoghaire, rebaptisée Kingstown en son honneur. La chambre d'apparat du château de Coole fut réaménagée à son intention, mais il séjourna essentiellement à Slane, comme invité du premier marquis de Conyngham dont l'épouse, Elizabeth Dennison, était sa maîtresse. Le troisième comte de Kingston, quand il reconstruisit le château de Michelstown, y ajouta une tour royale avec une chambre à coucher pour le roi, mais Sa Majesté ne revint jamais en Irlande.
Le visiteur royal suivant fut sa nièce, la reine Victoria, qui fit sa première visite à Dublin et à Cork en 1849. Elle revint en 1853 inaugurer l'exposition de Dublin et visita Killarney en août 1861.
La visite officielle en 1907 du roi Édouard VII et de la reine Alexandra fut ternie par le vol des joyaux de la Couronne au château de Dublin, quatre jours avant leur arrivée.

1918	Lors des **élections générales**, les candidats du Sinn Féin remportent 73 sièges.
1919	**Déclaration d'Indépendance** ébauchée le 8 janvier et lue en irlandais, anglais et français, le 21 janvier, à la réunion du premier Dáil Éireann (Assemblée d'Irlande) à Dublin.
1919-1920	**Guerre d'Indépendance** – L'**Armée républicaine irlandaise** (Irish Republican Army ; IRA) tente de rendre impossible l'administration de l'Irlande par la Grande-Bretagne. La loi martiale est proclamée. La police royale irlandaise est renforcée par d'anciens militaires britanniques, les Black and Tans (Noir et Kaki).
1920	La loi dite **Government of Ireland Act** organise la partition de l'île. Les six comtés d'Irlande du Nord, correspondant aux comtés de colonisation, demeurent au sein du Royaume-Uni, conformément aux vœux des loyalistes dirigés par Edward Carson, mais disposent de leur propre parlement. Le statut de dominion est garanti aux 26 autres comtés.
1921	Signature, le 6 décembre, du traité anglo-irlandais entérinant le Government of Ireland Act.
1922-1923	**Guerre civile** entre l'armée de l'État libre (Free State Army) et les républicains nationalistes opposés à la partition, qui furent vaincus. Michael Collins, leader politique potentiel et partisan du traité, est assassiné.
décembre 1922	Constitution de l'**État libre d'Irlande** (Irish Free State) qui comprend les 26 comtés. Le corps législatif à deux niveaux est composé du Sénat et du Dáil Éireann (Assemblée irlandaise).
1937	Nouvelle Constitution qui transforme le nom officiel du pays en **Eire**.
1938	L'île de Spike, le fort de Crosshaven dans le port de Cork, l'île de Bere et le lac Swilly sont rendus par le gouvernement britannique.
1939-1945	**Seconde Guerre mondiale** (connue sous le nom de l'Urgence, *Emergency*, en Eire).
avril 1949	L'Eire quitte le Commonwealth et prend le nom de **République d'Irlande**.
1955	La République d'Irlande rejoint les Nations unies. Les troupes irlandaises s'engagent à participer à des missions de paix.
1965	Signature du traité de libre-échange anglo-irlandais.

1 FINGAL   2 SOUTH DUBLIN   3 DÚN LAOGHAIRE-RATHDOWN

1967	L'Association des droits civils d'Irlande du Nord (Northern Ireland C Rights Association) est constituée dans le but d'obtenir des réformes gouvernement local.
1969	**Marche pour la démocratie** de Belfast à Derry. Des troupes britanniques so déployées en Irlande du Nord pour maintenir la paix.
1971	L'**IRA provisoire** se livre à une série d'attentats à la bombe et de fusilla pour obliger les Britanniques à se retirer d'Irlande du Nord. L'intern ment sans jugement est instauré.
1972	Le parlement d'Irlande du Nord, à Stormont, est prorogé en mars. L'ad nistration directe de Westminster est introduite.
1973	L'entrée de la République d'Irlande et de l'Irlande du Nord au sein de CEE (devenue depuis l'Union européenne) engendre une période de pr périté agricole et leur permet d'accéder aux fonds de la Communa pour les projets de développement.
1974	Une grève des unionistes fait avorter l'**accord de Sunningdale**, signé fin 19 entre la Grande-Bretagne, Dublin et Belfast et qui prévoyait notamm le partage du pouvoir exécutif en Ulster entre les deux communautés
1975	La Convention de l'Irlande du Nord décide la suspension de l'internem sans jugement.
1976	Échec de la Convention ; l'ambassadeur du Royaume-Uni en Irlande assassiné à Dublin.
1979	Visite du pape. Assassinat de Lord Mountbatten dans le comté de Sl et de huit soldats à Warrenpoint.
1981	Décès de prisonniers au terme d'une grève de la faim.
1983	Faillite du Forum pour l'Irlande nouvelle ; un référendum en Républic d'Irlande se prononce contre l'avortement.

1985	L'**accord de Hillsborough** accorde au gouvernement de Dublin un rôle consultatif limité dans l'administration de l'Irlande du Nord.
1986	Un référendum en République d'Irlande se prononce contre la légalisation du divorce.
1987	Par référendum, la République d'Irlande ratifie l'Acte unique européen.
1990	Mary Robinson est élue présidente de la République d'Irlande.
1991	Séries de discussions tripartites organisées par Peter Brooke, ministre de l'Irlande du Nord, entre les partis d'Irlande du Nord, le gouvernement britannique et le gouvernement de Dublin.
1993	Par la **déclaration de Downing Street** faite conjointement par les Premiers ministres du Royaume-Uni et d'Irlande, le gouvernement britannique constate qu'il ne dispose d'aucun intérêt particulier en Irlande du Nord tandis que le gouvernement irlandais reconnaît le droit de la population de l'Irlande du Nord à l'autodétermination.
1994	L'IRA décide de **mettre un terme à la violence**. Sa déclaration est suivie de l'annonce par le commandement militaire loyaliste d'un cessez-le-feu général à partir du 13 octobre à minuit.
1995	Une faible majorité de votants se prononce par référendum en République d'Irlande en faveur de la légalisation du divorce.
1997	**Nouveau cessez-le-feu** décrété par l'IRA, après l'annulation d'un premier en février 1996 ; début des entretiens au Stormont par les représentants de tous les partis politiques d'Irlande du Nord en vue de négocier un accord.
	Élection de **Mary McAleese** à la présidence de la République d'Irlande après la démission de Mary Robinson.
1998	Les **accords du Vendredi saint** signés au Stormont sont approuvés par référendum ; des élections amènent la création d'une nouvelle assemblée en Irlande du Nord.
	La République d'Irlande adopte l'euro comme monnaie officielle.
1999	Constitution de l'Assemblée d'Irlande du Nord en décembre.
2000	L'Assemblée d'Irlande du Nord est réunie à nouveau le 30 mai, après avoir suspendu ses travaux le 11 février, suite à des désaccords sur la reddition des armes.

Custom House, Dublin

La République d'Irlande

ABBEYLEIX

MAINISTIR LAOISE – Laois – 1 299 habitants
Carte Michelin n° 923 J 9 ou Atlas Great Britain & Ireland p. 86

À l'origine emplacement d'une abbaye du 12e s., le site d'Abbeyleix semble inchan
depuis l'époque où il appartenait à la famille de Vescis qui fit construire la ville
milieu du 18e s., aux portes de sa demeure. C'est un très bel exemple d'urbanisr
maintenant classé Ville du patrimoine (Heritage Town).

Abbeyleix Heritage House ⊘ – La Maison du patrimoine occupe la vieille école et rel
l'histoire d'Abbeyleix et son rôle dans l'évolution de la région où l'influence de la fam
de Vescis fut considérable. On y admire aussi une très belle maquette de la ville dans s
cadre géographique et une autre représentant le site du rocher de Dunamase.

Abbey Sense Garden ⊘ – Le vieux jardin clos d'un ancien couvent consacré à sai
Brigitte de Kildare a été redessiné. Aujourd'hui, avec ses plantations sophistiquées
d'autres éléments, le jardin a l'ambition de solliciter les cinq sens durant sa visite.

EXCURSIONS

★★**Emo Court** – *24 km au Nord-Nord-Est d'Abbeyleix par N 8, M 7 et R 422*. La deme
fut conçue dans le style néoclassique par James Gandon en 1792 pour John Daws
1er comte de Portalington, banquier et architecte de son état. Louis Vulliamy en réa
ensuite la décoration intérieure (1835-1840). La visite de la demeure *(environ 30 n
comprend les pièces de réception, restaurées dans leur splendeur passée. On y v
un très beau mobilier ainsi que des porcelaines de Wedgwood.
De la demeure, une allée plantée de séquoias, la première de ce genre en Irlanc
rejoint la route de Dublin. De vastes **jardins** s'étendent jusqu'au lac. Le jardin Cluck
est planté d'azalées, de rhododendrons et d'érables du Japon. De nombreus
statues dont quatre allégories des saisons ainsi qu'un jardin en anneau agrème
tent les pelouses. La « Grapery », plantée d'arbres et d'arbustes, descend vers
promenade au bord du lac.

St John the Evangelist ⊘, **à Coolbanagher** – D*es portes d'Emo Court, prendre
route à l'opposé en traversant le village. Tourner à gauche dans la R 419 (dire
tion de Portalington/Portlaoise)*. C'est la seule église conçue par James Gandon,
1785, pour Lord Carlow. Les intérieurs sont décorés de couronnes de fleurs
d'ornements en stuc.

★**Rock of Dunamase** – *24 km au Nord-Est d'Abbeyleix par la R 245, la R 247 et
N 80 vers le Nord-Ouest.* Le rocher, qui se dresse sur la plaine, est couronné par
vastes et impressionnantes ruines de la forteresse du clan O'More, détruite par l'arm
de Cromwell au milieu du 17e s. On a de très belles **vues**★ du sommet (60 m).

★**Stradbally** – *21 km au Nord-Est d'Abbeyleix par R 245, R 247 et N 80 vers
Sud-Est* (1 046 habitants). Main Street, en pente raide et bordée de fleurs, grim
vers une chaîne de petites collines. Sur Market Place, un édifice insolite à l'aspe
de pagode, couvert d'un toit rouge, rend hommage au Dr William Percev
médecin mort en 1899, qui exerça cinquante-quatre ans dans la contrée. Le Ste
Museum ⊘ présente une collection de vieux rouleaux compresseurs et de batteuse
Un train à voie étroite parcourt les bois (1,6 km). Chaque année en août
rassemblement de machines à vapeur a lieu dans le village.

À toute vapeur...

Timahoe – *15 km au Nord-Est d'Abbeyleix par la R 430 vers l'Est et une petite route vers le Nord.* La tour ronde *(voir Architecture)* haute de 29 m fut probablement construite au 12ᵉ s. Le sommet s'écarte de 60 cm de l'axe vertical. La double porte romane s'ouvre sur l'escalier intérieur.

Les ruines de l'église du 15ᵉ s. *(à l'Est)* furent converties en château au 17ᵉ s. Un **mémorial**, sur la place du village, rappelle la visite d'Erskine Childers, ancien président d'Irlande, le 31 mai 1974. Richard Nixon, président des États-Unis de 1969 à 1974, dont les ancêtres venaient de ce village, visita Timahoe en 1970.

Heywood Gardens ⊘, près de **Ballinakill** – *6 km au Sud-Est d'Abbeyleix par la R 432.* Certes, la demeure dont les jardins rehaussaient la beauté a depuis longtemps été remplacée par un collège moderne, mais ils n'en illustrent pas moins la parfaite collaboration entre le célèbre architecte Edwin Lutyens (1869-1944) et la paysagiste Gertrude Jekyll (1843-1932). Les conceptions architecturales dominent dans les jardins en terrasses, d'imposants murs bien conservés, des portails, des volées d'escaliers, des promenades plantées de tilleuls et des haies d'ifs taillés. Le jardin en contrebas de style italianisant montre un bassin et un pavillon. Des chemins et des pelouses, on a une vue au loin sur des clochers d'église et des montagnes. Une pergola se dresse au-dessus d'un étang et d'une gorge boisée.

ADARE★

ÁTHA DARA – Limerick – 1 042 habitants
Carte Michelin n° 923 F 10 ou Atlas Great Britain & Ireland p. 84

Adare se situe sur la rive occidentale de la Maigue, au cœur des terres fertiles et boisées qui s'étendent à l'Ouest de Limerick. La rue principale, Main Street, est bordée de cottages aux toits de chaume, pour la plupart vieux d'au moins deux cents ans. Le village a peu changé depuis la construction à la fin du 19ᵉ s. de la plupart des autres bâtiments. Rien ne subsiste du village d'origine, installé près du château il y a un millénaire. Les Anglo-Normands s'y établirent au cours du 12ᵉ s. ; un siècle plus tard, les Fitzgerald, comtes de Kildare, acquirent la terre. Il n'y a plus aucune trace de la muraille construite après l'octroi d'une charte communale au 14ᵉ s.

SE RESTAURER À ADARE

The Wild Geese – *Main Street* – ☎/fax (061) 396 451.
Jolie petite chaumière ; réputé pour sa cuisine irlandaise traditionnelle.

SE LOGER À ADARE

Sandfield House – Castleroberts *(5,6 km au Sud-Est par N 21 ; route de Croom)* – ☎/fax (061) 396 119 – 4 chambres.
Service bed & breakfast dans un environnement rural paisible.

Berkeley Lodge – Station Road. – ☎/fax (061) 396 857 – 6 chambres.
Petite pension. Chambres au décor plaisant, et bon rapport qualité-prix.

Carrabawn Guesthouse – *Killarney Road (800 m au Sud-Ouest par N 21)* – ☎ (061) 396 067 – fax (061) 396 925 – 8 chambres.
Grande maison sur la route principale, avec jardin et parc de stationnement. Chambres spacieuses.

CURIOSITÉS

Adare Heritage Centre ⊘ – Exposition historique sur l'invasion des Normands, les abbayes médiévales et l'influente famille Dunraven. Une maquette exceptionnelle montre la ville en 1500. Une présentation audiovisuelle *(15 mn)* complète la visite.

★Monastère – *Accès par le terrain de golf ; s'adresser au club-house.* Les ruines du monastère *(friary)* des franciscains, fondé par le comte de Kildare en 1464 et agrandi aux 15ᵉ et 16ᵉ s., s'élèvent sur les bords de la Maigue. La nef, le chœur, le bras droit du transept et le **cloître** ont été assez bien préservés. La **porte de Kilmallock** (Kilmallock Gate) en était autrefois l'entrée principale.

Desmond Castle – *En cours de restauration ; accès par le terrain de golf ; s'adresser au club-house.* Ce château du début du 14ᵉ s. entouré de douves avait déjà perdu de son importance stratégique lorsqu'il fut en grande partie détruit par les forces de Cromwell. Une grande tour carrée se dresse dans la cour intérieure. La **grande salle** occupait l'étage supérieur du bâtiment situé à l'angle Sud-Ouest des lices. À proximité subsistent les vestiges de l'**église Saint-Nicolas** (11ᵉ s.) et de la **chapelle des Desmond** (14ᵉ s.).

Adare Manor – Transformée en hôtel, cette gentilhommière néogothique fu construite à partir de 1832 pour le comte de Dunraven qui engagea, entre autr architectes, James Pain et Augustus Welby Pugin. À l'intérieur, on remarque l boiseries de l'escalier et la longue galerie (40 m). Un labyrinthe et un lac agr mentent le parc bordant la Maigue.

Church of the Most Holy Trinity (catholique romaine) – *Dans Main Street, en fa du parc municipal.* La tour carrée et le mur Sud de l'église actuelle faisaient autr fois partie d'un monastère, seul de l'ordre de la Trinité en Irlande, construit en 1230 par Maurice Fitzgerald, 2e baron d'Offaly. En 1539, lors de la dissolution d monastères, les 50 moines furent exécutés. Le bâtiment en ruine, relevé par 1er comte de Dunraven, fut agrandi en 1852. À l'arrière, un **colombier** du 14e s. été totalement restauré.

★**Église paroissiale (anglicane)** – Elle est constituée de la nef et d'une partie du chœ du prieuré des augustins, fondé en 1315. Le cloître *(sur le côté Nord)* fut conver en mausolée pour la famille des Quin, comtes de Dunraven.

ENVIRONS

Moulins de Croom ⊙ – *8 km au Sud par la N 20.* L'exposition et le film vide retracent l'histoire du moulin construit par Denis Lyons en 1788 sur la Maigu Les présentations interactives montrent son fonctionnement. Des fenêtres du re taurant, on voit bien le moulin, qu'actionnait la roue à eau, toute proche.

Rathkeale – *13 km à l'Ouest, par la N 21.*

★**Castle Matrix** ⊙ – La tour normande fut construite en 1440 par le 7e comte d Desmond, qui, avec son père, fut l'un des premiers poètes de langue irlandaise. grande salle abrite une **bibliothèque** raffinée et des objets d'art. Le château accueil aussi un **centre artistique international** et la **Société héraldique d'Irlande**. C'est à Cast Matrix qu'en 1580 le poète Edmund Spenser *(voir encadré p. 251)* et Walt Raleigh, alors capitaine, se rencontrèrent pour la première fois et nouèrent un amitié qui devait durer toute leur vie.

★**Irish Palatine Heritage Centre** ⊙ – Le Centre du patrimoine des Palatins irlandais, insta dans une ancienne maison de chef de gare déplacée et reconstruite, expose des photo des documents, des armes, des ustensiles domestiques et des objets plus important évoquant l'installation dans la région de Rathkeale, au début du 18e s., de protestan venus du Palatinat rhénan, leurs méthodes agricoles novatrices, leur contribution a méthodisme, et leur dispersion dans le monde anglophone. Un service généalogiqu apporte son concours dans la recherche d'ancêtres palatins.

Les Palatins irlandais

En 1709, après deux invasions françaises et un hiver extrêmement rigou-reux, des Allemands du Sud originaires du Palatinat rhénan (d'où leur nom) passèrent en Angleterre, dont le gouvernement s'était engagé à financer leur voyage vers la Caroline, aux États-Unis. Les fonds gouvernementaux épuisés, beaucoup furent bloqués à Londres jusqu'à ce que le gouverne-ment de Dublin propose d'accueillir 500 familles. 821 familles devaient en fin de compte s'installer en Irlande. Les propriétaires terriens reçurent des subventions pour accueillir ces immigrants : certains s'installèrent dans les comtés de Kerry, de Tipperary et de Wexford, mais la plupart se fixèrent sur les terres de Lord Southwell à Rathkeale, où leurs noms – Bovenizer, Corneille, Delmege, Miller, Rynard, Piper, Sparling, Stark, Switzer ou Teskey – dénotaient leur origine étrangère.

Très travailleurs, ils introduisirent de nouvelles techniques agricoles ; pour la plupart luthériens et calvinistes convaincus, ils répondirent avec enthou-siasme aux prêches de John Wesley qui, après une première « croisade » en 1756, revint les voir à plusieurs reprises.

L'un des prédicateurs de Wesley, Philip Embury, émigra en Amérique en 1760, en compagnie de sa cousine Barbara Heck. Un sermon qu'il prononça dans sa maison de New York en 1766 fut à l'origine de la création de l'Église épiscopale méthodiste d'Amérique.

EXCURSIONS

★**Château de Glin** ⊙ – *47 km à l'Ouest, par la N 21 jusqu'à Rathkeale, puis R 518 jusqu'à Askeaton et la N 69.* Dans le village s'élève au bord de l'eau le **donj** en ruine du château des chevaliers de Glin, détruit en 1600 par les forces d'Élis beth Ire. Le château moderne, à l'Ouest du bourg, fut construit vers 1780-178 Les remparts et la tour furent ajoutés vers 1820, lorsque l'on construisit les tro pavillons gothiques à tourelles aux entrées de la propriété. Le domaine appartier depuis 1300 environ aux chevaliers héréditaires de Glin.

L'intérieur est remarquable pour ses très beaux plâtres néoclassiques, notamment dans le vestibule d'entrée qui commande un très inhabituel **escalier** à double volée doté d'une baie serlienne ouvrant sur les jardins à la française, où la clémence du climat permet de faire pousser des palmiers. Les grandes pièces de réception possèdent un magnifique mobilier irlandais en acajou du milieu du 18ᵉ s. Dans la bibliothèque, un rayonnage à fronton en acajou dissimule une porte secrète donnant sur l'escalier. Le château compte d'autres singularités, tels des tableaux sur peau de poulet et un appareil de chauffage constitué d'un caisson de bois et d'un creuset en bronze où brûlait le charbon. Une intéressante collection de portraits de famille et des peintures irlandaises ornent les murs des différentes pièces.

Château de Glin – Le vestibule d'entrée

Glin Heritage Centre ⊘ – L'église néogothique aux portes du château de Glin abrite une exposition sur l'histoire de Glin et de la famille Fitzgerald.

Askeaton – *20 km au Nord-Ouest, par les N 21 et R 518*. Sur une petite île de la Deel se dressent les ruines du **château des Desmond** (Desmond Castle, 15ᵉ s.) ⊘. Sa tour et ses murailles sont en grande partie intactes et la salle de banquets des Desmond était l'une des plus grandes d'Irlande.
Au Nord de la ville, sur la rive orientale du fleuve, s'élèvent les ruines du **monastère franciscain** (Askeaton Franciscan Friary), fondé au 15ᵉ s. Une représentation de saint François est visible à l'angle Nord-Est du cloître.

★**Newcastle West** – *26 km à l'Ouest par la N 21*. Ce charmant bourg est réputé pour son eau de source. Il tire son nom d'un château du 12ᵉ s., s'élevant sur la place de la ville. À l'origine, le château appartenait aux chevaliers du Temple, mais plus tard il revint aux comtes de Desmond. La salle des banquets, aujourd'hui connue sous le nom de **Desmond Hall** ⊘, avec une tribune des musiciens en chêne *(restaurée)* et une cheminée couverte *(en reconstruction)*, s'élève au-dessus d'une pièce aux voûtes de pierre, éclairée de fenêtres en ogive. Parmi les vestiges du château figure à côté la grande salle (Halla Mór).

Flying Boat Museum ⊘, à **Foynes** – *34 km à l'Ouest, par les N 21, R 518 et N 69*. Avant et pendant la Seconde Guerre mondiale, le petit port de Foynes, dans l'estuaire du Shannon, était une base d'hydravions qui fut à l'origine de l'aéroport de Shannon. Le vieux bâtiment du terminal abrite désormais un **musée aéronaval** avec de nombreux modèles, des photographies et des carnets de vol. Le film *Atlantic Conquest* (*La Conquête de l'Atlantique* – 17 mn) est un montage effectué à partir d'actualités d'époque. La salle de radio et de météorologie, qui a conservé son équipement d'origine, toujours opérationnel, livra les premières informations utilisées par le Service météorologique irlandais.

ARAN Islands★

Oileáin ÁRAINN – Galway – 2 000 habitants

Carte Michelin n° 923 C/D 8 ou Atlas Great Britain & Ireland p. 88

Les trois îles d'Aran ferment en biais l'entrée de la baie de Galway. La plus peti[te]
Inisheer, n'est qu'à 8 km de l'Irlande ; l'île centrale, Inishmaan, est légèrement pl[us]
grande (15 km²) ; la plus vaste, Inishmore, est à 11 km de la côte du Connema[ra]

Accès

Par **air** ⊘, depuis Inverin (aérodrome situé à 32 km à l'Ouest de Galway).
Par **mer** ⊘, depuis Galway, Rossaveel *(37 km à l'Ouest de Galway)* et Doolin, dans les Burren *(pour Inisheer seulement)*.

Bien que dépendant administra[-]
tivement du comté de Galwa[y]
les îles se rattachent du point [de]
vue historique et géographiq[ue]
aux Burren *(voir ce nom)*. El[les]
s'élèvent en terrasses naturel[les]
depuis les plats rivages de sab[le]
qui font face à la baie de Galw[ay]
jusqu'aux falaises (90 m) où [se]
brisent les lames de l'Atlantiq[ue]

L'érosion constante de la mer forme des corniches qu'utilisent les pêcheurs.

La flore des îles comprend plus de 400 espèces différentes, dont des fuchsias. L[es]
précipitations y sont moins élevées que sur l'Irlande même et le gel y est un phén[o]
mène inconnu. Les arbres sont rares ; les minuscules champs, laborieusement cré[és]
au fil des ans en alternant couches de sable et algues marines, sont séparés par d[es]
murs de pierres sèches à claire-voie pour permettre le passage du vent. Autrefois, [les]
cottages blancs étaient couverts de chaume, que l'on attachait pour qu'il résiste [au]
vent.

Les principales activités sont la pêche et l'agriculture. Les vaches passaient l'été da[ns]
les pâturages du Connemara, puis hivernaient au sec sur les îles d'Aran ; les pone[ys]
au contraire, passaient l'hiver dans le Connemara et travaillaient sur les îles penda[nt]
l'été. En échange de pommes de terre et de calcaire, du whiskey de contrebande [et]
de la tourbe étaient importés par bateau depuis le Connemara.

En dépit ou à cause de leur situation isolée, les îles d'Aran sont habitées depuis d[es]
siècles. Les plus anciennes ruines sont les forts remontant à l'ère préhistorique. L[es]
ruines plus nombreuses du dé-
but de l'ère chrétienne et du
Moyen Âge (5ᵉ-16ᵉ s.) datent
de l'époque où les monastères
d'Aran étaient d'importants
foyers culturels.

L'artisanat traditionnel est toujours vivace sur les îles, où l'on
tricote notamment des vêtements d'une couleur crème
typique, dont les points symbolisent les éléments naturels
et le mode de vie sur les îles. À
l'origine, les femmes filaient la
laine et les hommes la tricotaient en utilisant des pennes
d'oie comme aiguilles.

Tradition littéraire

On parle toujours le gaélique sur les îles, et les autochtones sont de grands conteurs doublés de musiciens. Les histoires locales ont inspiré à **J. M. Synge** sa pièce *Riders to the Sea* (*À cheval vers la mer*), dont l'action se déroule sur Inishmaan, et *The Playboy of the Western World* (*Le Baladin du monde occidental*). Son livre, *The Aran Islands* (*Les Îles d'Aran*, 1907), et le film de l'américain Robert Flaherty, *Man of Aran* (*Homme d'Aran*, 1934), illustrent le style de vie traditionnel de ces îles.

INISHMORE/ÁRAINN

L'île d'Inishmore (14,5 km x 4 km, 1 000 habitants) est desservie par une uniq[ue]
route qui, de la piste d'atterrissage en passant par Kilronan *(Cill Rónáin)*, cou[rt]
le long de la baie de Killeany *(Cuan cuill Éinne)* et de la côte jusqu'au lointa[in]
hameau de Bun Gabhla, tourné vers l'île de Brannock *(Oilean Dá Bhranóg)* et [son]
phare. Les vieilles pistes et les murs (11 000 km) vont du Nord-Est au Sud-Oues[t]
en suivant les failles naturelles et les sentiers traditionnels du varech, transpor[té]
depuis la côte pour fertiliser les champs. Au bord de la route, des piliers carr[és]
surmontés de croix ont été érigés en mémoire des insulaires morts en mer ou lo[in]
des îles.

Aran Heritage Centre ⊘ – *À Kilronan*. Le Centre du patrimoine (Ionad Aran[n])
permet une approche du paysage, des traditions et de la culture de l'archipel.

★★★**Dún Aonghasa** ⊘ – *7 km à l'Ouest de Kilronan ; 20 mn à pied AR depuis Kilmur[vey]*
(Cill Mhuirbhigh). Un sentier gravit la colline jusqu'au bord des falaises (61 m), [où]
se dresse un grand fort de pierres sèches. C'est l'un des plus beaux monumen[ts]
préhistoriques d'Europe. Il est constitué de trois lignes de défense. Entre le m[ur]
extérieur et le mur médian sont plantés des pieux en pierre, inclinés pour emp[ê]
cher les attaques. Dans l'épaisseur de la muraille, un tunnel carré conduit au ce[ntre]

Inishmore

intérieur. Le mur intérieur, sur lequel on peut accéder par des marches, décrit un demi-cercle qui part et aboutit au bord de la falaise. On ignore si, à l'origine, le fort avait cette forme ou si une partie s'est effondrée dans la mer.

St Brecan's Church (Teampall Bhreacáin) – *9 km à l'Ouest de Kilronan.* Dans une cuvette face à une petite baie de la côte Nord se trouve un ancien monastère dont l'église primitive, très endommagée à la fin du Moyen Âge, est consacrée à saint Brecan, enterré en face du portail occidental. Dans l'angle Sud-Est du cimetière, une pierre est dédiée à sept saints romains.

St Kieran's Church (Teampall Chiaráin) – *1,7 km au Nord-Ouest de Kilronan ; prendre sur la droite à Mainistir.* À mi-pente du rivage, une petite église en ruine est vouée à saint Kieran *(voir Clonmacnoise)*. Quatre pierres gravées de croix et la fontaine de Saint-Kieran (St Kieran's Well) l'entourent.

Arkin's Castle (Caisleán Aircín) – *1,5 km au Sud de Kilronan, à Killeany.* Sur la rive méridionale de la baie de Killeany se dressent les ruines d'une maison forte probablement construite par John Rawson, auquel Élisabeth Iʳᵉ avait concédé les îles en 1588. Elle fut fortifiée par Lord Clanrickard contre les partisans de Cromwell, qui s'en emparèrent en 1652, la perdirent, et la reconquirent en 1653.

St Benen's Church (Teampall Bheanáin) – *1,5 km au Sud de Kilronan ; prendre à droite à Killeany ; 10 mn à pied AR.* Après l'oratoire Saint-Eany (6ᵉ ou 7ᵉ s.), percé d'une fenêtre et d'une porte étroites, un chemin monte au sommet de la colline. Belle **vue** sur la baie de Killeany et sur le paysage environnant.

St Eany's Church (Teaghlach Éinne) – *2,5 km au Sud de Kilronan.* Sur la côte, au Sud de la piste d'atterrissage, les ruines d'une église primitive, dotée d'antes et d'une fenêtre romane, sont presque noyées par les tombes qui les entourent. Saint Enda serait enterré sur le site du monastère qu'il fonda vers 490. Sa réputation de professeur attira tant de célèbres disciples, saint Kieran de Clonmacnoise *(voir ce nom)*, saint Finnian de Moville *(voir Inishowen Peninsula)*, saint Jarlath de Tuam *(voir ce nom)*, saint Colman de Kilmacduagh *(voir Loughrea : Excursions)*, que l'île, où sont enterrés 227 saints, fut surnommée « Aran des Saints ».

INISHMAAN/INIS MEÁIN

L'île (5 km x 2 km) descend depuis un plateau rocheux dénudé, au Nord-Est, jusqu'à un rivage sablonneux. Les maisons se blottissent à l'abri du vent au pied des hauteurs. Un site abrité appelé la Chaise de Synge (Cathaoir Synge), sur les falaises occidentales face au passage de Gregory (Gregory Sound), passe pour avoir été l'endroit où Synge aimait à se retirer.

Dún Conor (Dún Chonchúir) – L'immense fort préhistorique se dresse sur les hautes terres du centre de l'île, au bord d'une étroite vallée. Il est composé d'un épais mur de pierre (5,60 m), en gradins sur sa face intérieure, entourant un enclos ovale (69 m x 35 m) flanqué, à l'Est, d'une cour extérieure. L'entrée est protégée par un bastion de pierre.

Dún Moher ou Dún Fearbhaigh – Ce fort de pierre plus petit (31 m x 27 m) s'élève sur le rebord des hautes terres et donne sur le débarcadère de Cora Point.

INISHEER/INIS OIRR

Sur cette île, la plus petite, les maisons se regroupent le long de la côte Nord. À côté de la piste d'atterrissage, les ruines de l'**église St Cavan** (Teampall Chaomháin) sont menacées par le sable. Le chœur, avec sa fenêtre en plein cintre, date du début du 10ᵉ s. L'arche du chœur et la porte Sud sont médié-vales, probablement du 14ᵉ s. La tombe de saint Cavan, frère de saint Kevin Glendalough *(voir ce nom)*, se trouve à côté *(Nord-Est)*.

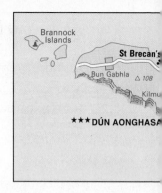

Au centre de la zone habitée, le fort de **Dún Formna** (52 m x 37 m) renferme les ruines d'une maison forte *(voir en Introduction : Architecture)*, probableme construite par les O'Brien au 14ᵉ s. et détruite en 1652 par les partisans Cromwell.

Les ruines de l'**église St Gobnet** (Kilgobnet) se trouvent au Nord-Ouest. Cet orato médiéval comporte un autel, une fenêtre en plein cintre et une porte à plate-ban qui se rétrécit vers le haut.

ATHENRY★

BAILE ÁTHA AN RÍ – Galway – 1 612 habitants
Carte Michelin nº 923 – F 8 ou Atlas Great-Britain & Ireland p. 89

La valeur de cette Ville du patrimoine réside dans ses monuments d'époque norman et médiévale. Paisible bourg agricole traversé par la Clarinbridge, Athenry (le gué roi), fut autrefois une grande place forte normande : l'essentiel des bâtiments se tro vent toujours à l'intérieur des **fortifications médiévales** (1211), dont la porte Nord **(No Gate)** est la mieux conservée. Sur l'ancienne place de marché, au centre-ville, s'élè un calvaire du 15ᵉ s.

ATHENRY PRATIQUE

Distractions – Pour revivre l'ambiance d'un **banquet médiéval**, on peut participer à un repas au château de Dunguaire *(voir ci-dessous)*, accompagné de chan-sons, de poèmes et de lectures d'extraits d'œuvres de Synge, Yeats and Gogarty.

Manifestations – Le **Athenry Annual Medieval Festival** *(week-end le plus proche du 15 août)* propose, avec une pièce et un concert joués en plein air, des démons-trations de tir à l'arc, des joutes, une foire artisanale et des feux d'artifice.

Athenry Heritage Centre ⊘ – Le Centre du patrimoine, dans l'ancienne égl anglicane, retrace l'histoire de la ville et présente les monuments médiévaux.

Château d'Athenry ⊘ – Construit par Meiler de Bermingham vers 1239, en rui depuis 1597, le château se compose d'un donjon central au-dessus d'une cry voûtée soutenue par des piliers, avec une entrée principale au niveau du prem étage. Il est solidement enclos par un mur renforcé de deux tours.

Monastère dominicain ⊘ – En bord de rivière au côté Est de la ville s'élèvent ruines d'un monastère, fondé en 1241 par le même Meiler de Bermingham. Av ses fenêtres gothiques, le chœur de l'église Saint-Pierre-et-Saint-Paul remonte 13ᵉ s., mais piliers et arcs des bas-côtés proviennent d'un remaniement du 14ᵉ quand on a prolongé le chœur et ouvert une nouvelle fenêtre à l'Est. Les nich funéraires vont du 13ᵉ au 15ᵉ s. Le transept Nord a sans doute été ajouté à l'o casion de réparations à la suite d'un feu en 1423. En 1574, le monastère confisqué et incendié par le clan Burke. En 1627, il est rendu aux dominicains, restaurent les bâtiments ; en 1644, il devient une université. Mais les partisans Cromwell expulseront les moines huit ans plus tard.

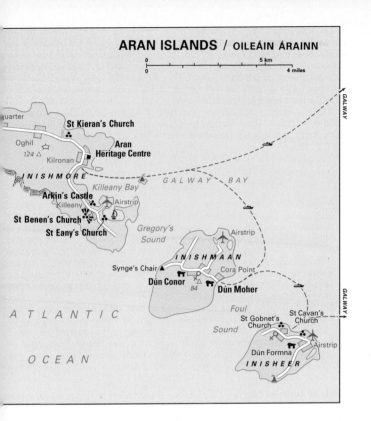

ARAN ISLANDS / OILEÁIN ÁRAINN

St Kieran's Church
Oghil
Kilronan
Aran Heritage Centre
INISHMORE
Killeany Bay
GALWAY BAY
GALWAY
Arkin's Castle
Killeany
Airstrip
St Benen's Church
St Eany's Church
Gregory's Sound
Airstrip
INISHMAAN
Synge's Chair
Cora Point
Dún Conor
Dún Moher
Foul
Sound
St Gobnet's Church
St Cavan's Church
GALWAY
Dún Formna
INISHEER
Airstrip
ATLANTIC
OCEAN

EXCURSIONS

À l'Est d'Athenry

Loughrea – *18 km au Sud par la R 348 et la R 349*. La petite ville sur la rive Nord du lac Rea fait face aux monts Slieve Aughty. Elle est née d'une forteresse normande et d'un **prieuré de carmélites**, bâtis vers 1300 par Richard de Burgo et aujourd'hui en ruine. Le général Saint-Ruth, mort à la bataille d'Aughim, serait enterré sous la tour du prieuré. Une partie de l'une des portes d'entrée de la cité médiévale a subsisté en bordure de l'enclos de la cathédrale.

Cathédrale St Brendan ⊘ – Cathédrale du diocèse catholique de Clonfert (*voir Portumna*), l'édifice fut conçu dans le style néogothique par l'architecte William Byrne en 1897. L'**intérieur**, richement décoré, illustre le retour d'intérêt pour l'art celte au 19e s. Les travaux avaient été financés par Edward Martyn et la famille Smyth, de Masonbrook, qui lui était apparenté. Les vitraux sont l'œuvre de Sarah Purser, Hubert McGoldrick et Evie Hone, travaillant pour An Tùr Gloine, et de Patrick Pye et Michael Healy. Les tentures proviennent de la Dun Emer Guild, fondée par Evelyn Gleeson ; les sculptures sont de John Hughes et de Michael Shorthall ; le mobilier, la ferronnerie et les bois sculptés de William Scott.

Le **Musée diocésain** ⊘ possède une grande collection de chasubles (15e s.-20e s.), calices (16e s.-19e s.), statues, croix de pénitents, rosaires, crucifix et missels.

Turoe Stone, au Nord de **Bullaun** – *16 km au Sud d'Athenry par la R 348 et une route secondaire vers le Sud à partir de Kitullagh, direction Bullaun. Parc de stationnement à l'entrée*. Au milieu d'un champ *(sur la droite)*, le sommet arrondi d'un gros bloc de granit (1 m de haut – *illustration p. 49*) est gravé de motifs curvilignes de l'époque de la Tène (deuxième âge du fer – 450-50 avant J.-C.) et d'un dessin « en escalier » disposé sur quatre panneaux. Parmi ces motifs, on distingue une tête d'oiseau stylisée et un triskèle. Il s'agit sans doute d'une pierre rituelle celtique. Elle a été découverte aux environs, dans un fort datant de l'époque préchrétienne appelé Rath of Fearmore.

Saint Joseph par
Michael Healy –
Cathédrale de Loughrea

Monastère franciscain de Kilconnell – *18 km au Nord-Est d'Athenry par R 348. Plan du site dans la nef.* Les ruines du monastère, fondé pour les fr. ciscains par William O'Kelly en 1353, occupent le site d'un ancien édifice religi. commencé au 6ᵉ s. par saint Conall. On peut admirer deux enfeus délicatem. ouvragés : l'un montre les silhouettes de six saints, dont le nom dénote u influence française ; l'autre niche, dans le chœur, appartient à la famille O'D. La tour fut ajoutée des années plus tard. À l'angle Nord-Ouest subsistent vestiges du cloître, dont un réfectoire. Bien que le monastère ait été dissous 1541, certains frères s'y trouvaient encore peu avant la bataille d'Aughrim, 1691.

La bataille d'Aughrim

Aughrim fut la dernière grande bataille de la « guerre des Deux-Rois » (Codagh an Dá Rí) que se livrèrent Jacques II d'Angleterre, soutenu par Louis XIV, et Guillaume III d'Angleterre. Se retirant vers l'Ouest après la **bataille d'Athlone**, les forces jacobites, sous les ordres du général français Saint-Ruth, adoptent une position défensive à Aughrim contre l'armée du Hollandais Ginkel. Le 12 juillet 1691, 20 000 jacobites (Irlandais, Français, Allemands et Wallons) et 25 000 partisans de Guillaume (Irlandais, Anglais, Hollandais, Allemands et Danois) s'affrontent : 9 000 d'entre eux mourront dans la bataille.

Semant le désarroi au sein des jacobites, la mort de Saint-Ruth, au plus fort des combats, assure la victoire des partisans de Guillaume. La légende dit que les vainqueurs morts au champ d'honneur furent enterrés au prieuré de Clontuskert, tandis qu'on laissa pourrir sur place les jacobites avant de briser leurs ossements contre les murs du monastère de Kilconnell.

Battle of Aughrim Centre ⊙, à **Aughrim** – *8 km au Sud de Kilconnell par une ro secondaire.* Pour reconstituer la sanglante bataille d'Aughrim, le centre utilise p sentations audiovisuelles en trois dimensions et nombreux objets anciens, s'appuyant principalement sur le témoignage d'un des combattants, le capita Walter Dalton.

Prieuré augustin de Clontuskert, à **Kellysgrove** – *16 km au Sud-Est d'Aughrim la N 6 jusqu'à Garbally, et au Sud par la R 355. 5 mn à pied depuis le park (sur la gauche).* Le premier monastère de ce site fut fondé par saint Baedán, mort vers 8 Installés au 12ᵉ s., les augustins mirent à peine un siècle pour faire du doma l'un des monastères les plus florissants du diocèse. La majeure partie des vesti. date du 15ᵉ s. : baie Est, jubé, porte principale décorée de sculptures représ. tant saint Michel, saint Jean, sainte Catherine, ainsi qu'un religieux anonyme. B que l'édifice soit passé aux mains de la famille de Burgh lors de la Dissolution 16ᵉ s., les moines s'y réinstallèrent en 1637 et entamèrent des travaux de rem. en état.

Pays de Kiltartan *Au Sud d'Athenry*

★**Thoor Ballylee** ⊙ – *37 km au Sud-Ouest d'Athenry par la R 348, la R 349. N 6 et la N 66 (signalisation).*
Cette maison forte du 16ᵉ s., qui servit onze ans de résidence d'été à **William Bu Yeats**, est un symbole très présent dans son œuvre poétique, comme en témoi. l'inscription sur le mur qui fait face à la route. En 1917, l'année de son maria avec Georgie Hyde-Lees, il acquit cette propriété proche de Coole Park *(voir p loin)*, maison de son amie écrivain Lady Gregory. Il passa le plus clair de l'été. réaménager les 4 étages de la tour. Il dut l'abandonner en 1928. En 1964, Kiltartan Society entreprit la restauration du bâtiment, avec le cottage de meun. et la roue de moulin attenants.

Kiltartan National Museum ⊙ – *5 km à l'Ouest de Thoor Ballylee par une ro secondaire puis au Sud par la N 18.* L'ancienne école bâtie par la famille Greg. abrite des souvenirs de Lady Augusta Gregory, cofondatrice du Théâtre de l'Abb. avec W. B. Yeats. À l'extérieur, des stèles honorent les écrivains de la renaissa. littéraire irlandaise.

Coole Park ⊙ – *3 km au Sud de Kiltartan par la N 18.*
Dans le jardin clos de Coole, l'ancien domaine de Lady Gregory (1852-1932), dresse un grand hêtre pourpre appelé **arbre aux autographes**★. Sur son tronc, grandes figures de la renaissance littéraire irlandaise, invitées ici par La Gregory – William Butler Yeats, George Bernard Shaw, George Russell, Jo

Millington Synge et Sean O'Casey — ont gravé leurs initiales. La maison a été démolie. Dans les anciennes écuries, le **centre d'information** renseigne sur le parc national : enclos aux daims, sentier de nature ; une promenade en forêt mène en 800 m à un lac d'où émergent des troncs pétrifiés.

Églises et clocher rond de Kilmacduagh – *5 km au Sud-Ouest de Gort par la R 460 ; parking.*
Les ruines du monastère fondé au 7ᵉ s. par saint Colman, fils de Duagh, bordent les deux côtés de la route. Le monastère a souffert de nombreux raids vikings aux 9ᵉ et 10ᵉ s. ; après la Réforme, il est devenu propriété du 2ᵉ comte de Clanrickard. Glebe House, édifice du 13ᵉ s. à deux étages, servait certainement de logis à l'abbé. Au Sud, la petite **église St-Jean-Baptiste** du 12ᵉ s. montre des fenêtres arrondies et en ogive et son chœur, ajouté plus tard.
À proximité du **clocher rond** penché, bien conservé, se dresse la **cathédrale**, qui frappe par sa disparité architecturale. Alors que la façade principale date du 11ᵉ ou 12ᵉ s., la nef est de 1200 ; le portail Sud, surmonté d'une tête d'évêque, le transept, la fenêtre Ouest et le chœur ont certainement été conçus au 15ᵉ s. Les Crucifixions, dues à des artistes locaux, ont été déplacées après 1765 du bras droit au bras gauche du transept. L'**église Ste-Marie**, de l'autre côté de la route, remonte à environ 1200.
L'arc du chœur et les fenêtres Est de l'**église O'Heyne** (au Nord-Ouest) présentent des sculptures du début du 13ᵉ s.

Dunguaire Castle ⊘, à **Kinvarra** – *32 km au Nord-Ouest de Kilmacduagh par une route secondaire via Tirneevin et Killinny jusqu'à Kinvarra ; parking.*
En face du charmant petit port de Kinvarra, dans la baie du même nom, on voit une maison forte de quatre étages et une cour bâties en 1520 par les descendants de Gaire, roi du Connaught au 7ᵉ s. La famille Martyn, originaire de Galway, en fut propriétaire entre les 17ᵉ et 20ᵉ s., avant qu'elle ne soit restaurée par Oliver St John Gogarty en 1924, puis par Lady Ampthill en 1954. On voit encore des traces du maillage en vannerie utilisé pour la construction sous la voûte du rez-de-chaussée. Les premier et deuxième étages sont aménagés pour des banquets médiévaux, mais le dernier *(76 marches)* abrite un salon contemporain.

ATHLONE

BAILE ÁTHA LUAIN – Westmeath – 7 691 habitants
Carte Michelin nº 923 I 7 ou Atlas Great Britain & Ireland p. 90

...lone, dont le nom irlandais signifie « gué de Luan », occupe une position straté-...ue contrôlant un passage sur le Shannon, au Sud du lac Ree. Chef-lieu du comté ... Westmeath, la ville fut proposée au début du siècle, en raison de sa situation au ...tre de l'Irlande, pour être la capitale de la nouvelle république.
...haut de la colline de Ballykeeran *(6,5 km au Nord-Est par la N 55)*, on dispose ...ne jolie **vue★** sur le lac Ree.

siège d'Athlone – Après la bataille de la Boyne *(voir p. 114)*, les forces jacobites se ...irèrent à Athlone. En juin 1691, l'armée orangiste sous le commandement de Ginkel ...ça un violent assaut sur le pont. Le nom de sergent Custume, qui trouva la mort en ...défendant, a été donné à la caserne locale. Après dix jours de bombardement, la ville ...le château tombèrent aux mains de Ginkel, qui reçut le titre de comte d'Athlone, et les ...tisans de Jacques II se retirèrent à Aughrim *(voir Loughrea : Excursions)*.

CURIOSITÉS

Château ⊘ – *Market Square.* Au début du 13ᵉ s., John de Grey, haut magistrat d'Irlande, construisit un château sur la rive occidentale du Shannon. La courtine et ses trois tours fortifiées datent de la fin du 13ᵉ s. La partie la plus ancienne est le **donjon** central polygonal. Au début du 19ᵉ s., sa partie supérieure fut profondément transformée pour recevoir de l'artillerie lourde et renforcée par de nouvelles batteries situées à l'Ouest de la ville. Depuis les parapets à créneaux, une belle **vue** s'étend sur le fleuve et la ville.
Le **centre d'exposition** (Exhibition Centre) évoque sous forme audiovisuelle le siège d'Athlone et la vie du ténor John McCormack.

> ### John McCormack
>
> Le plus grand ténor de son époque, John McCormack (1884-1945) naquit dans une maison de « The Bawn », ruelle du centre d'Athlone. Il se produisit avec la chorale (Palestrina Choir) de la Pro-Cathedral de Dublin, et à 23 ans, commença à interpréter les grands rôles à Covent Garden. Après une carrière triomphale dans l'opéra en Europe et aux États-Unis, il se consacra au concert. Son action caritative lui valut d'être créé comte romain par le pape.

Le **musée**, aménagé dans le donjon, retrace le passé et les traditions de la rég et expose des souvenirs (gramophone et coupes d'argent) du même Je McCormack.

Church of SS Peter and Paul – *Market Square*. Cette église, avec ses tours jume et ses proportions dignes d'une cathédrale, fut conçue par Ralph Byrne et con crée en 1937. La plupart des vitraux furent dessinés par les ateliers d'Harry Clar mais le vitrail de la sacristie est de Sarah Purser.

Centre-ville – À partir du pont, la rue principale s'incurve à l'Est en direction la porte de Dublin (Dublin Gate). Dans un virage, sur la gauche de la rue se dr sent les ruines de Court Devenish *(privé)*, maison de style Jacques Ier (162 dévastée en 1622. La **maison natale de John McCormack** se trouve dans une ruelle, 1 Bawn, à gauche. L'**église franciscaine** (1931), au Sud de la rue principale, fut bâ dans un style néoroman irlandais. Le **Strand**, qui longe la rivière jusqu'au Burg Park, offre une belle vue sur le barrage, les pêcheries d'anguilles et le vieux p de la rive Ouest.

ATHY

BAILE ÀTHA – Kildare – 5 306 habitants
Carte Michelin n° 923 L 9 ou Atlas Great Britain & Ireland p. 86

Athy, agréable petite ville sur la Barrow, fut pendant longtemps propriété Fitzgerald, ducs de Leinster. Au début du Moyen Âge, c'était la plus grande ville comté de Kildare, groupée autour d'un passage fortifié sur la Barrow, dont elle marc la confluence avec la Barrow Line, bras Sud du Grand Canal. Promenades agréab sur les berges et coins propices à la pêche à la truite.
Organisation culturelle et sociale pour les jeunes agriculteurs, **Macra na Feirme** fut fonc dans l'hôtel de ville en 1944.

Centre-ville – Le pont actuel, connu sous le nom de Crom-a-Boo Bridge, d'ap le cri de guerre de la famille Fitzgerald, date de 1796. À proximité se dresse Whit Castle *(privé)*, construit au 16e s.
La place principale près de la rivière est ornée par le **tribunal**, érigé en 1856 p servir de Bourse aux grains. En face se trouve l'**hôtel de ville**, qui fut égaleme construit au milieu du 18e s. pour abriter un marché et, à l'étage, les tribuna Au rez-de-chaussée voûté de brique est aujourd'hui installé le **Centre du patrimo** (Heritage Centre) ☉, qui présente l'histoire de la ville, des événements et pers nalités qui y sont associés, tels l'explorateur polaire Ernest Shackleton et la célèb course automobile Gordon Bennett.

Église dominicaine – Cette église moderne en forme d'éventail possède des vitra et un chemin de croix de George Campbell, artiste originaire d'Irlande du N apprécié au début du 20e s.

EXCURSIONS

À l'Est de la Barrow

Ballitore – *11 km à l'Est par une petite route*. Le **temple quaker** du 18e s. a transformé en une petite bibliothèque et en un musée (Quaker Meeting Hou Library) ☉ consacré aux établissements quakers de la région. Un cimetière quak est situé de l'autre côté du bourg. Un moulin de 1840, le moulin de Crooksto accueille un **Centre du patrimoine** (Heritage Centre) ☉, où matériel de meunerie, boulangerie et articles d'intérêt historique local voisinent avec une galerie dessins et de photographies, et des ateliers de meubles.

Irish Pewter Mill, Museum and Craft Centre ☉, à **Timolin** – *16 km à l'Est* une petite route en direction de Ballitore et au Sud par la N 9*. Le musée prése des moules, des outils et des matrices utilisés dans la fabrication des étains Moyen Âge à nos jours. Démonstrations et vidéo illustrent les opérations de to nage, de forgeage et de polissage. Le bâtiment, vieux d'environ 1 000 ans, étai l'origine un moulin ou une partie de couvent. Vente de produits artisanaux.

★**Croix de Moone** – *19 km par une petite route à l'Est en direction de Ballitore au Sud par la N 9*. Les maigres ruines d'un monastère du 6e s., fondé par sa Columba *(voir Index)*, entourent une **croix celtique** (5,3 m de haut) minutieuseme restaurée au 19e s. Les 51 panneaux sculptés représentent des scènes tirées de Bible. Les 12 apôtres apparaissent sur trois rangées superposées sur la face Oue

Baltinglass Abbey – *24 km à l'Est par une route secondaire en direction Ballitore et au Sud par la N 9 et une autre petite route à l'Est par Graney*. P de l'église anglicane du 19e s. se dressent les vestiges de l'abbaye de Baltingla fondée en 1148 par Dermot MacMurrough, roi de Leinster, et supprimée en 153

Six arcs gothiques flanquent la nef. La tour du 19ᵉ s. et certaines parties des cloîtres d'origine *(restaurés)* sont toujours debout. Les premiers moines de Baltinglass, venus de Mellifont *(voir Boyne Valley)*, envoyèrent à leur tour plusieurs de leurs compagnons fonder l'abbaye de Jerpoint *(voir Kilkenny)*.

Le bourg s'étend au pied d'une colline escarpée. Sur la place principale est érigé un monument élevé en 1798 à la mémoire de Michael Dwyer, qui parvint, avec l'aide de son fidèle compagnon Sam MacAllister, à échapper aux balles des soldats anglais.

Croix de Castledermot – *16 km au Sud-Est par la R 418*. Deux **croix celtiques** en granit, sculptées de scènes bibliques, et un **clocher rond** du 10ᵉ s., couronné de créneaux au Moyen Âge, signalent l'emplacement d'un monastère fondé par saint Dermot. D'un monastère franciscain fondé en 1302 par Lord Ossory ne subsistent que les murs du chœur de l'église.

BANTRY★

Cork

Carte Michelin nº 923 D 12 ou Atlas Great Britain & Ireland p. 77

ntry *(Beanntraí)*, petit marché et port de pêche, a à peine changé depuis le 19ᵉ s. ccupe la partie Sud de l'étroite petite baie en eau profonde protégée par la pénin- e de Beara, de tout temps connue des marins comme un mouillage sûr.

BANTRY PRATIQUE

Promenades en bateau – Un ferry relie Bantry Pier et **Whiddy Island** ⊙ : des croisières panoramiques de la baie sont organisées.

Équipements de loisirs – La rade, avec ses deux rampes de mise à l'eau et son mouillage sûr, est un endroit idéal pour pratiquer voile, ski nautique, planche à voile, canoë, plongée et baignade. La piscine couverte avec petit bassin et pataugeoire et le centre de loisirs de l'hôtel Westlodge à Bantry sont ouverts au public toute l'année.

Manifestations – Chaque année ont lieu la **Foire aux moules de Bantry** (second week-end de mai) et une **Semaine internationale de musique de chambre** (deuxième semaine de juillet).

Bantry House ⊙ – Dix ans après sa construction en 1740, la demeure fut achetée par la famille White, qui s'était établie sur Whiddy Island à la fin du 17ᵉ s. En reconnaissance de ses services lors de la tentative d'intervention française de 1796, Richard White (1767-1851) fut élevé à la pairie. Son fils, le vicomte Berehaven (1800-1868), agrandit la résidence et la dota de **jardins italiens en terrasses** (109 marches) qui s'élèvent derrière la maison sur le côté Sud. La façade Nord sur la baie fut ajoutée en 1820 et la résidence fut à nouveau agrandie en 1840.

Des portraits de famille ornent toutes les pièces. L'essentiel du mobilier fut acheté par le vicomte Berehaven, qui voyagea dans toute l'Europe. Quatre panneaux colorés provenant de Pompéi sont insérés dans le dallage du hall. À côté de la vaste cheminée, un impressionnant reliquaire russe de voyage contient des icônes des 15ᵉ et 16ᵉ s. achetées au 19ᵉ s.

Les **salons de la Rose et des Gobelins** sont ornés de tapis de la Savonnerie de la fin du 18ᵉ s., de tapisseries des Gobelins ou d'Aubusson. Des portraits du roi George III

Bantry House – Les jardins

Slide File, Dublin

et de la reine Charlotte, offerts par le roi lui-même lors de l'anoblissement de
famille, dominent la spectaculaire **salle à manger** aux murs bleu roi.

La longue **bibliothèque**, avec ses cheminées à chaque extrémité, contient de no
breux et rares **livres** anciens et un piano à queue Blüthner de 1897. Les lambris
l'**escalier** principal sont décorés de maroquin espagnol du 17ᵉ s. Près de la boutic
d'artisanat, l'**ancienne cuisine** avec son fourneau, est utilisée comme salon de th

1796 Bantry French Armada ⏱ – *Écuries Est*. Transformés, les bâtiments ab
tent maintenant une exposition décrivant le contexte historique de l'expédition e
de l'Armada française, la composition de la flotte et le déroulement de l'opérati
au moyen d'une maquette en coupe de *La Surveillante*, qui se saborda dans la ba
d'objets arrachés à la mer et d'extraits du journal de Wolfe Tone, représenté da
sa cabine à bord de l'une des frégates.

L'Armada française de 1796

Au cours de l'hiver de cette année-là, à la demande d'un nationaliste irlandais, **Wolfe Tone**, une flotte française commandée par le **général Hoche** quitta
le port de Brest pour envahir l'Irlande et en chasser les Anglais. L'escadre,
composée de 13 frégates et 6 corvettes ou lougres transportant
15 000 hommes, et de 9 navires de fret, fut en partie dispersée par le
brouillard et un vent contraire à l'entrée de la baie de Bantry. Son apparition et la menace d'invasion, même par une troupe réduite à 9 000 hommes,
provoqua une immense panique. Mais la tempête qui se leva ensuite contraignit les bateaux à se retirer. Certains coupèrent leurs amarres, et l'une des
ancres de 863 kg, retrouvée en 1964 par un chalutier local, orne maintenant la route au Sud de Bantry. Dix navires français furent détruits, dont la
frégate *La Surveillante*, qui coula le 2 janvier 1797. Alors que Hoche arrivait avec le second groupe de bateaux, le premier se repliait vers la France.
L'une des chaloupes capturée est aujourd'hui exposée au National Maritime
Museum de Dún Laghoaire.

EXCURSIONS

★**Gougane Barra Forest Park** – *38 km ; une demi-journée. Quitter Bantry vers*
Nord par la N 71. À Ballylickey, prendre la R 584 (T 64) vers l'Est. La route d'ac
s'enfonce vers l'intérieur entre les parois verticales du **col de Keimaneigh** *(3,2 ki*
À l'Ouest du lac où la Lee prend sa source, la **route forestière** (4,8 km) forme u
boucle dans le vaste **parc forestier** (sentiers) qui s'élève sur les escarpements borda
le torrent. Saint Finbar, fondateur de Cork au 6ᵉ s., avait établi un ermitage s
l'île du lac. Une petite digue accède à la chapelle moderne, populaire pèlerina
édifié dans le style roman irlandais.

Kilnaruane Inscribed Stone – *3 km au Sud par la N 71. Prendre à gauche à l'hô*
Westlodge et se garer 400 m plus loin près du panneau signalant la pierre ; s'
gager à droite à travers les champs. Au sommet de la colline, là où s'élevait
édifice religieux disparu, se trouve une **pierre gravée** du 9ᵉ s. qui aurait peut-ê
servi de support à une croix. Sur ses faces, des gravures entrelacées représent
notamment *(côté Nord-Est)* un bateau (peut-être un *curragh*) naviguant sur
océan de croix et, côté Sud-Est, une croix, un personnage en prière, et saint P
et saint Antoine dans le désert.

BIRR ★

BIORRA – Offaly – 3 355 habitants
Carte Michelin nº 923 I 8 ou Atlas Great Britain & Ireland p. 90

Birr s'est développé au confluent de la Little Brosna et de la Camcor, dans le Sud c
comtés centraux. C'est une attrayante ville georgienne dominée par son château.
raison de sa situation, la ville est notée sous le nom Umbilicus Hiberniae (nombril
l'Hibernia) sur le plan cadastral établi en 1658 par Sir William Petty.

Parsonstown – Jusqu'à l'instauration de l'État libre irlandais, Birr porta le n
de Parsonstown in King's County. En 1620, le petit village fut octroyé
Sir Lawrence Parsons, qui y implanta un marché hebdomadaire, une manufact
de verre et y construisit la plus grande partie du château. En 1642, au cours d'u
guerre entre clans locaux, le feu le détruisit presque entièrement ; en 1690,
orangistes y tinrent garnison et le duc de Berwick en fit le siège. Au cours des
et 19ᵉ s., la paix permit l'extension de la ville et du château.

Les **Parsons**, qui furent plus tard titrés **comtes de Rosse**, aménagèrent constamment l
propriété et furent à l'origine de nombreuses premières. **Sir William Parsons**, protect
de Haendel, encouragea le musicien à donner la première représentation du *Mess*.

BIRR PRATIQUE

Manifestations – **Birr Vintage Week** (Semaine des récoltes) est une manifestation annuelle se déroulant au cours de la deuxième quinzaine d'août. En cette occasion, des hommes jouent un match de cricket en costume d'époque georgienne et observent les règles édictées en 1744. Le Championnat irlandais d'attelage (Irish Independant Carriage Championships) se déroule dans le domaine du château. Un week-end sur le thème de l'astronomie est organisé en septembre. Des concerts sont donnés dans le château et dans le parc ; des expositions ont lieu dans la **galerie** du château.

Promenades au bord du fleuve – Rive Sud de la Camcorr et dans Birr Castle Demesne.

Croisières sur le Shannon ⊘ – Descente du fleuve Shannon, de Banagher à l'écluse Victoria à Meelick (90 mn).

Se restaurer à Birr

The Thatch – *Crinkle (2 km au Sud-Est par la N 62)* – ☎ *(0509) 20682 – fax (0509) 37284.*
Pub accueillant et animé ouvert le soir, ambiance sympathique.

Se loger à Birr

The Maltings – *Castle Street* – ☎ *(0509) 21345 – fax (0509) 22073 – 13 chambres.*
Moulins reconvertis. Service accueillant et informel. Restaurant bistrot, parc de stationnement.

Doly's – *Emmet Square* – ☎ *(0509) 20032 – fax (0509) 21331 – 18 chambres.*
Établissement ouvert de longue date au centre-ville. Restaurant.

Kinnitty Castle – *Kinnitty* – ☎ *(0509) 37318 – fax (0509) 37284 – 37 chambres.*
Château médiéval du 12e s., dans un paisible environnement rural, sur un vaste domaine orné de jardins.

Dublin en 1742. Son petit-fils, le 4e baronnet, appelé aussi William, se dévoua long-temps à la fin du 18e s. à la cause des Volontaires. Le 5e baronnet, **Sir Lawrence**, encore plus engagé dans la cause nationaliste et ami de **Wolfe Tone**, se retira de la scène politique après l'Acte d'union de 1800. Le fils cadet du 3e comte, Charles Algernon (1854-1931), « génie de la famille », il fit plusieurs découvertes scientifiques.

BIRR CASTLE DEMESNE ⊘ 2-3 h

Les jardins – Le parc d'agrément (40 ha) présente plus de 1 000 espèces d'arbres et d'arbustes. En créant un lac à partir d'un marécage et en plantant de nombreux arbres, le 4e baronnet entreprit l'aménagement du parc. Mais c'est le 6e comte qui, en collectant des semences originaires d'Amérique et d'Extrême-Orient, fit du domaine l'un des plus beaux ensembles arborés du monde, particulièrement riche en espèces venant de Chine et de l'Himalaya. Des variétés extrêmement rares ont même été fournies aux Jardins botaniques royaux de Kew, à Londres.

Les essences à floraison printanière, magnolias, pommiers et cerisiers sauvages, se mêlent aux marronniers, érables et hêtres pleureurs qui flamboient à l'automne. Le **jardin à la française** est compartimenté par des haies de charme et de buis figurant au livre Guinness des records comme les plus hautes du monde. D'immenses massifs d'herbacées se déploient au pied du château crénelé *(privé)* du 17e s.

Plusieurs **allées** charmantes sillonnent le domaine : Grande et Petite Promenades près du château, allée des Lilas, celle du lac et celle de la rivière, avec ses ponts sur le Camcor et la Petite Brosna, qui cascadent à travers le parc.

Grand télescope – En 1840, le 3e comte de Rosse fit installer le **« Léviathan de Parsonstown »**, le télescope le plus puissant de l'époque. Son miroir (183 cm) fut fondu dans un fourneau spécialement installé en haut de la motte féodale et chauffé avec de la tourbe provenant des marais voisins. Des astronomes vinrent d'Australie, de Russie et des États-Unis admirer l'instrument, qui servit jusqu'en 1908. Lord Rosse observait et, la photographie ne permettant pas encore de prendre des clichés de ce qu'il explorait, il dessinait les nébuleuses.

Galleries of Discovery – L'exposition, installée dans la cour des écuries, célèbre les brillantes activités de la famille Parsons : la construction par le 2e comte de Rosse du premier pont suspendu d'Irlande en acier forgé, celle du grand télescope, l'invention vers 1890 de la première turbine à vapeur fonctionnant par réaction par Charles Parsons, les travaux vers le milieu du 19e s. de la comtesse Mary dans le domaine de la photographie et le financement par les 5e et 6e comtes d'expéditions visant à rassembler des plantes du monde entier.

Le « Léviathan de Parsonstown »

★LA VILLE

Des portes du château à l'**église** anglicane St-Brendan (19ᵉ s.) s'étend **Oxmanton M**
entre deux rangs d'élégantes maisons georgiennes précédées d'arbres vigoure
Élevé en 1899, **Oxmanton Hall**, décoré de pignons de bois sculpté et d'animaux hé
diques, sert de salle de théâtre. Au centre de la ville, **Emmet Square**, qui port
autrefois le nom de Cumberland Square parce qu'une statue du duc de Cumberla
couronnait la colonne centrale, est encadrée de maisons également georgienn
dont la plus remarquable est l'hôtel Dooley. Dans **John's Mall** est érigée une sta
du 3ᵉ comte de Rosse, l'astronome. John's Hall est une ancienne école constru
en 1833 sur le modèle d'un temple grec, selon des dessins de Bernard Mull
Il est flanqué par la **pierre de Birr**, énorme roc de calcaire qui faisait probablem
partie d'un ensemble mégalithique situé près de Seffin et lieu supposé de réun
des mythiques guerriers du Fianna. Elle fut transférée dans une résidence du con
de Clare en 1828 pour servir de pierre d'autel et ramenée à Birr en 1974.
Le canon russe date de la guerre de Crimée (1854-1856).

EXCURSIONS

★**Slieve Bloom Mountains** – *Circuit de 73 km. Une demi-journée à une journ*
Quitter Birr à l'Est par la R 440. **Kinnitty**, petit village intact à la large rue prin
pale, est la porte d'accès occidentale des Slieve Bloom Mountains, aménagées
parc naturel. C'est au **Slieve Bloom Display Centre** ⊘ que l'on trouve des cartes et
nombreuses informations pour explorer les hautes terres. Dans le cimetière
l'église anglicane locale *(route secondaire au Sud vers Roscrea)*, se dresse u
pyramide (1830) inspirée de celle de Khéops (Égypte), sépulture de la fam
Bernard, du château de Kinnity.
Le **Slieve Bloom Way**, sentier de randonnée long de 70 km, fournit aux énergiq
une belle vision des sommets (527 m) couverts de marécages et de pimpan
plantations de pins ; il y a des itinéraires panoramiques, des promenades amé
gées le long des rivières et, en forêt, des aires de pique-nique et des **belvédères**
les points hauts.
On peut parcourir un itinéraire moins hasardeux en empruntant la route Est
Kinnitty à Drimmo, qui dépasse le **Forelacka Glen** *(à droite)* dans un repli des colli
et court parallèlement à la Camcor avant de virer au Sud vers la Delour. La ro
du Nord vers Clonaslee, moins intéressante, traverse **The Cut** avant de descendre
vallée de la Gorragh.

Banagher (Beannchar
13 km au Nord par la R 4.
Située sur la rive Sud
Shannon, la localité est
important carrefour : u
plaque sur le pont, jeté
1843, signale le nom
King's County (comté
Roi), ancienne dénominat
du comté d'Offaly. Sur la
Ouest du Shannon s'élève

L'un des signataires de la déclaration d'Indépendance américaine en 1776 fut Charles
Carroll de Carrollton, petit-fils de Charles
Carroll, qui avait quitté en 1688 Letterluna,
dans les Slieve Bloom Mountains, pour le
Maryland, où une terre lui avait été
octroyée.

château de Cromwell, ainsi nommé après l'adjonction de bastions à la tour d'origine vers 1650. À l'époque napoléonienne, un canon fut hissé au sommet. Charlotte Brontë et son époux, le révérend Arthur Nicholls, qui revint vivre à Banagher après son veuvage, passèrent leur lune de miel non loin de là. La famille de ce dernier possédait Hill House et son frère administrait la partie du Grand Canal comprise entre Dublin et Banagher. Une autre célébrité littéraire, Anthony Trollope, y habita également.

Shannon Harbour – *18 km au Nord par la R 439 et des routes secondaires à partir de Banagher.* À la jonction du Grand Canal et du Shannon, ce populaire mouillage pour la plaisance fluviale disposait aux beaux jours de son histoire commerciale d'une cale sèche, d'un entrepôt, d'un poste de douane et d'un hôtel *(maintenant en ruine)* érigés non loin de l'écluse et du bassin du canal. La population locale s'élevait à 1 000 habitants et jusqu'à 300 000 tonnes de marchandises étaient transportées tous les ans. Plus de 250 000 personnes, dont la plupart étaient des émigrants en route, via Limerick et Cobh, vers l'Australie, le Canada et l'Amérique, empruntaient les barges de transport. Les conditions pour la pêche à la ligne y sont excellentes et c'est un paradis pour les amateurs d'oiseaux qui pourront voir des espèces rares, dont le râle des genêts, hôte de ces prairies verdoyantes connues sous le nom de Shannon Callows.

Clonmacnoise and West Offaly Railway ⊘, près de **Shannonbridge** – *25 km au Nord de Birr par les N 52, N 62 et R 357.* Le chemin de fer à voie étroite (8 km) entraîne ses passagers dans une visite guidée (45 mn) du **marais de Blackwater**, partie du marais d'Allen (8 090 ha), l'un des plus vastes d'Irlande, encore exploité de façon traditionnelle. La visite permet de voir les différentes étapes d'extraction de la tourbe, utilisée pour alimenter la centrale de Shannonbridge, et, au cours d'une halte à mi-parcours, de se promener dans le marais pour en étudier les plantes, de recueillir un morceau de bois pétrifié vieux de 4 000 à 7 000 ans, et de s'essayer à la coupe de la tourbe avec les outils traditionnels. Le train traverse deux plantations expérimentales de conifères, établies sur des secteurs entièrement exploités, et un îlot de cultures totalement environné par les tourbières.

Château de Cloghan ⊘ – *20 km au Nord par la R 439 (L 115) ; à Banagher, prendre à gauche et continuer tout droit à l'église de Lusmagh.* Maison forte construite en 1336 par Eoghan O'Madden et agrandie par les partisans de Cromwell, le **château de Cloghan** s'élève à l'emplacement d'un monastère du 7e s. fondé par saint Cronan sur la rive Nord de la Petite Brosna. La visite emprunte l'escalier en colimaçon qui, de la grande salle, monte dans l'épaisseur des murs jusqu'au sommet, où une belle vue domine le site. Sont exposés des armures et des armes, du mobilier ancien et chinois, des peintures sur soie, des lits à colonnes et à baldaquin, et l'arbre généalogique de la famille, établi depuis le 3e s. jusqu'au propriétaire actuel.

Stèles gravées de Gallen, au Sud de **Ferbane** – *22 km au Nord par les N 52 et 62. Prendre à droite l'avenue (800 m) vers le prieuré de Gallen.* Sur le site d'un monastère fondé au 5e s. près de la Brosna, les ruines d'une église du 13e s. contiennent un ensemble de stèles gravées du 8e au 11e s., scellées pour la plupart sur le pignon Ouest reconstruit.

BOYLE

MAINISTIR NA BÚILLE – Roscommon – 1 695 habitants
Carte Michelin n° 923 H 6 ou Atlas Great britain & Ireland p. 96

...yle s'élève sur la rivière du même nom, dominé au Nord par les monts Curlew ...54 m). Site idéal pour les amateurs de pêche à la truite ou de simple pêche à la ...ne, c'est la ville principale de la moitié Nord du comté, région que l'on appelait ...trefois le Moylurg.

...1617, les terres des MacDermot, seigneurs de Moylurg, furent accordées à Sir John ...ng. Son quatrième fils, Edward, qui disparut en mer en 1636 au cours d'une tra-
...sée entre l'Angleterre et l'Irlande, inspira à Milton son *Lycidas*.

BOYLE PRATIQUE

Manifestations – Concerts de musique de chambre et de piano à Kings House *(voir ci-après)*.

Promenades sur la rivière – Basé à Ballinamore, le Slieabh an Iarann Riverbus propose un choix de croisières sur la voie navigable Shannon-Erne.

La bataille des Curlew

La dernière victoire irlandaise de la campagne engagée par Élisabeth Ire pour le contrôle du pays eut pour cadre en 1599 les monts Curlew. Sir Conyers Clifford, président du Connaught, qui y perdit la vie, conduisait les troupes anglaises que défirent les forces de Hugh Roe O'Donnell.

CURIOSITÉS

★Abbaye ⊘ – *3 km à l'*
par la N 4. Les ruines s
celles d'un établisseme
cistercien fondé en 11
par des moines venus
Mellifont *(voir Boyne V
ley)*. L'église est un rem
quable exemple de l'arc
tecture voulue par sa
Benoît, transitoire d
styles roman et gothique. Les bâtiments furent endommagés par les troupes
Cromwell et servirent de caserne du 16ᵉ au 18ᵉ s.

C'est sur le cloître, dont des vestiges y sont exposés avec une maquette de l'
baye, qu'ouvre le **corps de garde**, qui évoque aussi *(à l'étage)* la vie des moines.
Le chœur et le transept (12ᵉ s.) sont les parties les plus anciennes de l'**égl**
L'influence de la Bourgogne, où l'ordre naquit, est manifeste dans la voûte
berceau et les arcs brisés. La fenêtre Est date du 13ᵉ s. Contrairement à la coutu
cistercienne, la tour semble avoir été conçue dès l'origine, bien que les fenêt
aient été percées au 14ᵉ s. Les cinq arcs du côté gauche de la nef principale dat
de 1180, ceux de droite de la décennie suivante. Les godrons décorant les cha
teaux des piliers Ouest marquent nettement l'influence de l'Angleterre occidenta
alors que les représentations d'animaux sont typiques de l'Irlande occidentale.
baie de la façade principale est gothique et rappelle celle de la cathédrale du Chri
Roi à Dublin.

★King House ⊘ – À l'extrémité Est de la rue principale s'élève la résidence Ki
William Halfpenny, un assistant d'Edward Lovett Pearce, la conçut probableme
vers 1730, pour Sir Henry King ; il est vraisemblable qu'une quatrième aile é
prévue pour fermer la cour. Le long et étroit couloir central est éclairé à ses ex
mités par des fenêtres serliennes. Le rez-de-chaussée sur le jardin, face à la rivi
est percé de 11 baies. Les pièces de chaque étage sont voûtées.

Aujourd'hui, une exposition y rappelle les O'Connor, rois du Connaught,
MacDermot de Moylurg, l'histoire de la demeure et sa restauration après plusie
années d'abandon, et naturellement les King (qui furent titrés comtes de Kingst
et leur autre résidence de Rockingham. Une place est également accordée à
période où elle servit de caserne au régiment des Connaught Rangers puis à l'arm
irlandaise. Le visiteur peut aussi tenter d'écrire avec une plume d'oie et écou
des enregistrements (poème en gaélique, lettres, etc.).

Frybrook House ⊘ – *Parking en face de la maison.* Cette modeste maison ge
gienne fut construite vers 1750 pour Henry Fry. Invité à Boyle par le comte
Kingston, il y devint juge en chef de la région. On visite les pièces de réceptior

Le lac Key et Castle Island

la chambre principale. On remarquera quelques meubles d'origine, ainsi qu'une curieuse boîte aux lettres dessinée par John Nash d'après le corps de garde du château Leslie. Le jardin est en cours de restauration.

Lough Key Forest Park ○ – *3 km à l'Est par la N 4.* Jusqu'en 1959, le parc (350 ha) fit partie du domaine de Rockingham, confisqué sous Cromwell aux MacDermot et accordé aux King (devenus ensuite les Stafford-King-Harman, comtes de Kingston).

La **tour de Moylurg**, une réalisation moderne *(132 marches)*, procure une belle vue d'ensemble de l'ancien pays de Moylurg : le lac Key et ses îles au Nord, les monts Curlew au Nord-Ouest et les plaines de Boyle au Sud. Elle s'élève à l'emplacement d'un château édifié par les MacDermot au 16ᵉ s., auquel succédèrent deux résidences construites par les King. La seconde, qui brûla en 1957, avait été élevée en 1810 par John Nash, qui l'avait dotée de quatre façades identiques. Elle était desservie par des souterrains : l'un d'eux subsiste encore et relie la tour au restaurant.

Dans le **parc**, dessiné par Humphry Repton, de nombreux arbres d'ornement furent plantés au 18ᵉ s. Un **sentier de nature** conduit, par la « chaise des vœux » (Wishing Chair) et le « pont des fées » (Fairy Bridge), construit en 1836 avec de la pierre locale, jusqu'au **jardin de tourbière** (Bog Garden), où abondent les rhododendrons, les azalées et les plantes propres aux sols tourbeux. Les sentiers sont pavés de rondins de chêne. Un autre pont donne accès à l'île de Drumman.

Des **promenades en bateau** sur le lac permettent de naviguer entre les nombreuses îles : Castle Island, où une folie du 19ᵉ s. incorpore des restes du château des MacDermot ; Church Island, qu'un monastère occupa du 6ᵉ au 16ᵉ s. ; Trinity Island, où un monastère de prémontrés reçut la sépulture de Sir Conyers Clifford.

EXCURSIONS

La montagne au Nord de Boyle

Circuit de 80 km ; une demi-journée. Quitter Boyle par l'ancienne route nationale.

Dans les pentes des monts Curlew, de splendides **vues**★ se dégagent sur les lacs à l'Est.

À Ballinafad, tourner à gauche.

Château de Ballinafad – Maintenant en ruine, il fut édifié en 1590 sur le modèle d'un château du 13ᵉ s., avec tours d'angle rondes et donjon carré. On l'appelait le château des Curlew, car il protégeait le col qui les franchissait.

Poursuivre vers le Nord et rejoindre la N 4 après le contournement de Ballinafad. À Castlebaldwin, tourner à gauche vers le cimetière de Carrowkeel (signalisation) ; à la première fourche, s'engager à gauche à nouveau. Se garer à la porte si elle est fermée ; gagner le cimetière à pied (1 h AR).

Cimetière mégalithique de Carrowkeel – Le sommet désolé des **monts Bricklieve** (321 m) procure une très belle **vue**★★ sur la campagne environnante. Là, des tumulus de pierre, ronds pour la plupart, abritent des tombes à couloir de la fin de l'âge de la pierre (2500 à 2000 avant J.-C.). En contrebas à l'Est restent 50 cabanes rondes qu'habitaient sans doute les bâtisseurs du cimetière.

Revenir à Castlebaldwin et emprunter vers l'Est, puis le Sud-Est via Derry, la route longeant le lac Arrow. Au bout du lac, tourner à gauche.

Abbaye de Kilronan – Les pierres tombales *(à gauche)* marquent le site d'une abbaye fondée au 6ᵉ s. L'encadrement de la porte de l'église, en ruine, date du 12ᵉ ou 13ᵉ s. Dans le transept se trouve la **tombe** de **Turlough O'Carolan** (ou Turlough Carolan – 1670-1738), un harpiste aveugle qui composa également des poèmes et des mélodies, dont l'une, initialement intitulée *Anacréon au ciel*, fut adoptée en 1814 par les États-Unis pour leur hymne national, *The Star-Spangled Banner* (La Bannière étoilée). Né à Nobber (comté de Meath), il suivit sa famille en 1684 à Carrick-on-Shannon, où il devint le protégé de Mrs MacDermot qui assura son éducation. Après son mariage en 1720, il vécut à Mohill, où une statue le commémore, avant de finir ses jours à Keadew, où se déroule chaque année en son honneur un festival de harpe.

Au bord du lac se trouve un **puits sacré** (Holy Well) dit puits St-Lasair, du nom de la fille de saint Ronan, fondatrice du couvent.

Revenir à Ballyfarnan et prendre à droite (étroit passage entre deux maisons) la route secondaire vers Altagowlan, où l'on tourne à droite vers Arigna.

Route panoramique d'Arigna (Sli) – Un **point de vue** à droite offre une superbe vue sur les lacs Skean et Meelagh. Plus loin, sur la ligne de partage des eaux, une autre jolie vue s'ouvre sur l'étroite vallée d'Arigna et l'extrémité Sud du **lac Allen**. L'exploitation des mines de fer a non seulement laissé des terrils, mais aussi provoqué le déboisement afin de fournir le charbon de bois nécessaire à la fonte du minerai.

À un carrefour en T, prendre à droite et parcourir 4 km avant de tourner à gau *vers Arigna.*

Arigna – La localité se blottit au fond d'une vallée encaissée entre des versa escarpés recelant quelques-uns des rares filons de houille d'Irlande. L'extracti d'abord effectuée pour les besoins des fonderies, puis pour ceux des centrales th miques, est abandonnée depuis 1990.

Après avoir traversé la rivière, prendre à gauche une route en montée et parcou *2 km avant de tourner à droite (route très étroite et raide) et à nouveau à dr* *au carrefour suivant.*

En descendant des hauteurs désolées et déchiquetées (la chaîne des Iron Mounta culmine au Slieve Anierin, à 586 m d'altitude), une vaste **vue**★ s'ouvre sur le Allen, le plus septentrional des grands lacs du Shannon, qui prend sa source da une tourbière à 14,5 km au Nord.

Au bas de la descente, prendre à droite la R 280 vers Drumshanbo.

Drumshanbo/Droim Seanbho – À l'extrémité Sud du lac Allen, la petite ville un important pôle d'attraction pour les pêcheurs à la ligne, attirés par les eaux r seulement du fleuve mais aussi du chapelet de lacs parsemant la région jusq Ballinamore, reliés par le canal de Ballinamore à Ballyconnell.

Une exposition et une présentation audiovisuelle, au centre d'accueil **Sliabh larainn** ⏱, évoquent l'histoire du pays à travers celle des mines, de la ligne à v étroite Cavan-Leitrim et des établissements de sudation *(sweathouses)*, une for ancienne de saunas.

La route qui longe la rivière Boyle et suit les rives Nord et Est du lac Key offre belles vues sur le lac et les montagnes.

BOYNE Valley★★

Vallée de la BOYNE – Meath

Carte Michelin n° 923 M 6 ou Atlas Great Britain & Ireland p. 93

La fertile et forestière vallée de la Boyne occupe une place éminente dans l'histo irlandaise et européenne. Pendant la préhistoire, ses occupants édifièrent des tun funéraires au bord de la rivière ou, comme à Loughcrew *(voir Kells)*, au sommet collines. À l'époque préchrétienne, les rois suprêmes d'Irlande tenaient leur cou Tara et les druides célébraient la fête celtique de Samhain (novembre) sur la col de Ward, près d'Athboy, à l'Ouest de Navan. La région fut évangélisée par saint Patr lui-même, et les premiers sites monastiques de Kells et de Monasterboice, représ tatifs de l'église irlandaise antérieure à la romanisation du 12e s., contrastent par l

La bataille de la Boyne

Cet engagement décisif de la guerre des Deux-Rois (Cogadh an Dá Rí) opposa, le 12 juillet 1690, les forces du roi Jacques II, qui, soutenu par Louis XIV, tentait de recouvrer le trône d'Angleterre, à celles de Guillaume III, dont les alliés luttaient contre la domination française en Europe. Les troupes engagées (36 000 hommes dans l'armée orangiste, 25 000 dans celle de Jacques) provenaient de tous les horizons : Britanniques, Danois, Allemands, Hollandais, Finlandais, Irlandais, Polonais, Prussiens et Suisses. Alors que les troupes françaises avaient pour consigne de retarder Guillaume, ce dernier escomptait sur une victoire par surprise.

Au matin de la bataille, au cours d'une tournée d'inspection, Guillaume III échappa par miracle à la mort, un boulet lui ayant frôlé l'épaule et arraché l'armure. Il fit attaquer le flanc gauche de l'armée française pendant que le gros de ses troupes traversait la Boyne au gué d'Oldbridge, et affronta l'armée jacobite, campée sur la rive Sud de la rivière. Le duc de Schomberg, maréchal de France qui s'était exilé à la révocation de l'édit de Nantes, fut tué dans les rangs de Guillaume, ainsi que 500 hommes de troupe, contre 1 500 du côté jacobite. Lorsqu'il sut que son rival avait franchi la rivière, Jacques partit pour Dublin. Le lendemain, il se rendit à Duncannon, prit un bateau pour Kinsale et, de là, fit voile vers la France. Les Irlandais poursuivirent la lutte pendant un an dans l'espoir de recouvrer les terres confisquées sous Cromwell.

La victoire orangiste annonçait le début de l'affaiblissement de la cause des Stuarts au Royaume-Uni (leur défaite fut effective en 1745) et décidait de l'équilibre des forces en Europe. Aujourd'hui encore, elle n'est pas sans influencer la politique irlandaise.

En montant 78 marches sur la rive Nord, on gagne une plateforme panoramique avec un plan de la bataille.

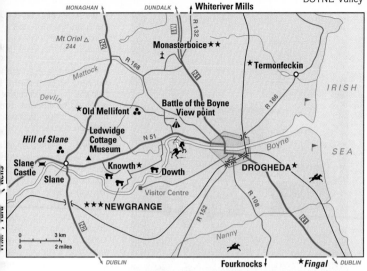

le avec les monastères de Mellifont, de Slane et de Bective, soumis à l'influence
ntinentale. Les immigrants normands, venus du pays de Galles ou d'Angleterre,
nstruisirent, pour protéger les territoires qu'ils contrôlaient des agressions des
tochtones, des châteaux, tels Navan et Trim, dont quelques exemplaires furent plus
d transformés en majestueuses demeures. La région faisait partie du Pale *(voir Trim,
cadré)*, qui vit ses dimensions varier tout au long du Moyen Âge.

LES SITES PRÉHISTORIQUES ⊘

Les sites funéraires de Knowth, Dowth et Newgrange, les plus anciens des îles
Britanniques, sont contemporains des pyramides d'Égypte. Les tumuli abritent des
sépultures à couloir, édifiées par une communauté d'agriculteurs-éleveurs à l'âge
de la pierre (3000-2000 avant J.-C.) sur une pente orientée vers le Sud, face à la
Boyne, qui était alors la principale artère de communication.

Il ressort des études effectuées aujourd'hui que Dowth, axé sur le soleil couchant,
fut le premier site choisi. À Newgrange, second site d'inhumation, le soleil levant
pénètre dans les chambres intérieures au solstice d'hiver. À Knowth enfin, l'orientation Est-Ouest assure un alignement avec le soleil levant en mars et le soleil couchant en septembre.

Le mode de vie et les techniques utilisées à l'époque préhistorique sont commentées au centre d'accueil dit **Brú na Bóinne**, sur la rive Sud du fleuve.

Newgrange – C'est l'un des meilleurs exemples de sépulture à couloir en Europe
occidentale. Le **tumulus** (500 ares ; 79 m x 85 m de diamètre ; 11 m de haut) est
constitué d'un cairn de pierres de taille moyenne encerclé par 97 pierres, dont certaines décorées, couchées et placées bout à bout, et surmonté d'un parement de
blocs de granit ronds.

Des fouilles effectuées en 1963 ont permis de reconstituer le **parement** d'origine du
front Sud, fait de pierres de quartz blanc, sauf là où l'entrée a été élargie pour
faciliter la visite.

Au-dessus de l'entrée, à l'origine fermée par une dalle verticale, une sorte de **caisson**
unique en son genre, orné d'un linteau artistement décoré, permet aux rayons du
soleil de pénétrer à l'intérieur de la chambre funéraire au solstice d'hiver. Le couloir,
bordé de grandes pierres levées parfois sculptées, conduit à une **chambre** en encorbellement située au tiers du tumulus. Trois alcôves décorées renferment des **bassins** de
pierre qui contenaient les ossements des morts et les offrandes funéraires : colliers et
pendentifs de pierre et d'os, épingles en os, petites billes de pierre. Le couvrement en
encorbellement est complété par une pierre centrale de 4 tonnes, abritant l'ensemble
de la pluie, et la face extérieure des pierres est rainurée pour faciliter l'écoulement de
l'eau.

L'accès aux sites funéraires n'est possible qu'après être passé au centre d'accueil. Une passerelle au-dessus de la rivière y donne accès depuis le parking
réservé aux autocars. De demi-heure en demi-heure, des navettes emmènent
les visiteurs jusqu'aux sites, distants de 5 km. En haute saison, il est préférable d'arriver tôt au centre car on participe aux visites, obligatoirement guidées, selon l'ordre des arrivées. Il y a donc risque de faire la queue assez
longtemps, et les billets d'entrée ne sont délivrés par avance qu'aux groupes !

Christopher Hill, Belfast.

Newgrange

À une quinzaine de mèt[...]
du tumulus, des menhi[...]
pour la plupart brisés au [...]
du sol, forment un **gra[...]
cercle**. Quatre des pl[...]
grands font face à l'entr[...]
Au Sud apparaissent [...]
traces d'un **fossé circulaire**
la fin du néolithique ou [...]
début de l'âge du bron[...]
que l'on découvrit en 198[...]

★ **Knowth** – *Fouilles en cou[...]*
L'intérieur ne se visite p[...]
Le tumulus (12 m de ha[...]
67 m de diamètre) da[...]
probablement de 2500[...]
2000 avant J.-C. De[...]
tombes décorées y fure[...]
découvertes en 1967 [...]
1968. Si l'une n'est qu'[...]
simple élargissement [...]
couloir, l'autre, circulaire[...]
encorbellement et pourv[...]
de chambres latérales, ax[...]
Est-Ouest, est entourée [...]
tombes plus petites. À l'[...]
gine, le tumulus cent[...]

était défendu par un fossé circulaire ; mais au 8ᵉ s. avant J.-C., le site fut agran[...]
plusieurs souterrains creusés et des habitations rectangulaires construites. Occu[...]
par les Normands du 12ᵉ au 14ᵉ s., le tumulus fut alors couronné d'une constr[...]
tion de pierre.

Les fouilles menées depuis 1962 ont permis de reconstituer les tombeaux les p[...]
petits, qui s'étaient effondrés avec le temps et dont les matériaux avaient été [...]
lisés à d'autre fins.

Dowth – *Fermé en raison des fouilles.* Le tumulus (15 m de haut, 85 m de d[...]
mètre) couvrant 40 ares renferme deux tombes et un souterrain d'accès à la tom[...]
Nord. Il est entouré à sa base d'une centaine de pierres, décorées pour beaucou[...]
mais enfouies sous les éboulis.

Fourknocks – *18 km au Sud de Drogheda par la R 108 ; au 16ᵉ kilomètre, tour[...]
à droite. Se garer au bord de la route. Demander la clé dans la dernière maiso[...]
droite précédant la clôture.* La sépulture à couloir, qui date d'environ 1500 av[...]
J.-C., est inhabituellement vaste comparée aux dimensions du tumulus. Ou[...]
60 tombeaux, elle abrite des pierres ornées de motifs en zigzag ou préhistoriqu[...]
et d'un visage.

★**Tara** ⊙ – *8 km au Sud de Navan par la N 3.* Le nom de Tara évoque la grand[...]
de l'Irlande celtique. Cette colline, appelée aussi « Tara des rois », joue un gra[...]
rôle dans les légendes irlandaises. Les origines religieuses du site se perdent da[...]
la nuit des temps. L'apogée de son prestige se situe sous les hauts rois paï[...]
d'Irlande. Siège nominal du haut roi jusqu'à l'abandon de 1022, la réputation [...]
Tara perdura après la christianisation.

Durant la rébellion de 1798, une violente escarmouche ensanglanta la colline. [...]
19ᵉ s., O'Connell y tint devant 250 000 personnes l'un de ses énormes meetin[...]
en faveur de l'émancipation des Irlandais catholiques.

La colline nue parsemée d'ouvrages en terre évoque difficilement un palais roy[...]
Il faut faire un effort d'imagination pour se représenter les nombreux petits bâ[...]
ments de bois ou de torchis qui constituaient la cour royale.

L'histoire de Tara est évoquée à travers une présentation audiovisuelle dans l'ég[...]
St-Patrick, du début du 19ᵉ s. sauf pour sa fenêtre médiévale. La **croix de St-Adamn[...]**
colonne de grès rouge dressée dans le cimetière, porte une tête gravée qui po[...]
rait être celle de l'ancien dieu celte Cernunnos. À l'Ouest du cimetière, la **forter[...]
des Synodes** est un fort circulaire à trois talus.

L'**enclos royal**, situé plus au Sud, est une fortification datant de l'âge de la pier[...]
entourée d'un talus et d'un fossé. À l'intérieur se trouvent le **tumulus des Ota[...]**
petite tombe à couloir remontant à environ 1800 avant J.-C., et deux forts cir[...]
laires : **Royal Seat** et **Cormac's House**. Au centre de ce dernier, une pierre levée –
Fail (« pierre de destin ») – se dresse à côté d'une statue de saint Patrick. Ell[...]
déplacée de son lieu d'origine, proche du tumulus des Otages, pour devenir [...]
mémorial en hommage à ceux qui tombèrent en 1798.

Au Sud de l'enclos royal s'élèvent les restes d'une ancienne construction de terre, dite **forteresse du roi Laoghaire**. Au Nord du cimetière, un passage flanqué de deux longs talus parallèles servait sans doute d'entrée principale, mais on l'appelle salle des banquets. Un peu plus loin, vers l'Ouest, s'élèvent trois constructions de terre circulaires qui ont pour nom : fort de Grainne (la première), et les deux autres les « tranchées pentues » (Sloping Trenches). Au Sud de la colline (à 800 m – visible depuis la route), on découvre une partie d'un autre fort circulaire, **Rath Maeve**, qu'entourent un talus et un fossé.

LES SITES MONASTIQUES

Monasterboice – *13 km au Nord de Drogheda par la N 1*. Trois **croix celtiques** marquent le site d'un monastère fondé par saint Boëce (Buithe en gaélique), mort en 521. Fondation mixte, c'était un grand centre d'enseignement étroitement associé à Armagh *(voir ce nom, dans la section Irlande du Nord)*.

La **croix Sud**, érigée par Muiredach au 10e s., représente sur sa face Ouest la Crucifixion, le Christ avec Pierre et Paul et les soldats raillant Jésus, de l'autre le Jugement dernier, l'Adoration des Mages, Moïse frappant le rocher, David et Goliath, la Chute de l'homme et Caïn tuant Abel.

Les thèmes sculptés sur la **croix Ouest** *(entre les deux églises en ruine)*, particulièrement haute (7 m), sont rarement choisis dans l'iconographie chrétienne. Si la face Ouest représente la Crucifixion et, sur le fût, l'arrestation du Christ, le Christ entouré des apôtres, la Résurrection et les soldats au Tombeau, la face Est montre le Christ à la tête d'une troupe de soldats, le Christ marchant sur l'eau *(au-dessus)*, Simon le Zélote *(à droite)*, la Fournaise ardente *(en dessous)*, et, sur le fût, Goliath, Samuel sacrant David, le Veau d'or, le Sacrifice d'Isaac, David tuant un lion.

La **croix Nord** *(angle Nord-Est du cimetière)* représente aussi la Crucifixion sur sa face Ouest. Le fût d'origine se trouve dans le même enclos qu'un cadran solaire indiquant les heures de l'office divin.

Monasterboice – Croix Sud

Derrière l'église Nord, une **pierre tombale** des premiers âges porte le nom de Ruarcan. Le **clocher rond** et son trésor furent incendiés en 1097.

Old Mellifont ⟳, à *Tullyallen* – *10 km à l'Ouest de Drogheda par les N 51 et R 168, puis une route secondaire à l'Ouest de Tullyallen*. Mellifont, la « fontaine de miel », premier établissement cistercien en Irlande, fut fondée sur les bords de la Mattock en 1142 par saint Malachie, avec 4 moines irlandais et 9 français. L'abbaye moderne (1938) se trouve à Collon, à 5 km au Nord.

De l'abbaye primitive subsistent le **corps de garde**, à droite, près de la route d'accès, la **salle capitulaire** voûtée (14e s.) et 4 côtés du **lavabo octogonal** à deux niveaux (12e s.), où les moines se lavaient les mains avant de se rendre au réfectoire, en face. Des fouilles ont mis au jour les fondations des bâtiments monastiques.

L'église, consacrée en 1157, avait été conçue par l'un des moines français. Une crypte se trouvait à son extrémité Ouest, et les bras du transept étaient pourvus d'une chapelle centrale rectangulaire flanquée de deux chapelles absidiales. Le chœur et le transept avaient été agrandis en 1225. Convertie en résidence privée en 1556, l'abbaye fut abandonnée en 1727.

Hill of Slane – La **colline de Slane** a été associée au christianisme dès le 5e s. En 433, saint Patrick vint de Saul *(voir Downpatrick – Environs)* s'établir à Slane, où, la veille de Pâques, afin de défier les druides qui célébraient une fête à Tara, il alluma un feu au sommet de la colline. Or, quiconque allumait un feu visible de Tara encourait la peine de mort. Patrick comparut donc devant le haut roi Laoghaire, auquel il prêcha la bonne parole. Bien que demeuré païen, le roi toléra la liberté de conscience chez ses sujets. Converti, un d'entre eux, Erc fonda un monastère à Slane et fut enterré, dit-on, dans le tombeau ruiné du cimetière *(voir Introduction : Architecture)*.

L'église, désaffectée en 1723, faisait partie du **prieuré de Slane**, établissement franciscain fondé en 1512 par Sir Christopher Flemyng (on voit encore les armes des Flemyng sur le mur Ouest de la cour). Destiné à 4 prêtres, 4 frères convers et

4 chantres, il fut supprimé en 1540, repris par les capucins en 1631 et abandon
sous Cromwell. Une motte féodale, sur le côté Ouest de la colline, fut érigée p
Richard le Flemyng, un Flamand qui s'établit en Irlande en 1175.

★**Termonfeckin** – *10 km au Nord-Est de Drogheda par les R 167 puis 166. Pi
du rivage s'élève une **maison forte** ⊘ à trois étages, du 15ᵉ ou 16ᵉ s. Du haut
l'inhabituel toit en encorbellement *(45 marches)*, la **vue** embrasse la côte
Drogheda, au Sud, au cap Clogher, au Nord.
Dans le cimetière de l'église St-Fechin, une **croix** repérant le site d'un monastè
fondé par saint Fechin de Fore *(voir Mullingar, Excursions)* représente sur sa fa
Ouest la Crucifixion, sur sa face Est le Christ en majesté.

SLANE

Sur chacun des côtés de la place centrale, appelée communément « the square
et éclairée de lampes à huile, le vicomte Conyngham fit édifier à la fin du 18ᵉ
une maison épaulée de deux maisons plus petites. Vers 1795, Francis Johnst
(voir Index) dessina la porte gothique (Gothic Gate, au Sud du carrefour), destin
à servir d'entrée au château. Du pont sur la Boyne, la **vue** englobe le château,
moulin (1766), le barrage et le canal, bordé par un chemin de halage rejoigna
Navan en amont et Drogheda en aval.

Château ⊘ – *500 m à l'Ouest par la N 51.* Un **site** solennel dominant la Boy
porte un élégant pastiche de tourelles carrées, créneaux et mâchicoulis, édifié en
1785 et 1821 à l'emplacement de la forteresse confisquée aux Fleming en 16
au profit des Conyngham. Œuvre commune de James Gandon, James Wya
Francis Johnston et Thomas Hopper, c'est Capability Brown – qui n'y vint po
tant jamais –, qui en dessina les écuries et le parc.

Ledwidge Cottage Museum ⊘ – *800 m à l'Est par la N 51.* Construit en 18
après le vote de la loi sur les maisons d'ouvriers (Labourers' Dwellings Act) et r
tauré dans son aspect d'origine, ce cottage jumelé de 4 pièces vit grandir le po
Francis Ledwidge (1887-1917). Ses œuvres, publiées d'abord avec le soutien
Lord Dunsany, reflètent son amour pour la région du Meath. Quelques-uns de s
manuscrits sont exposés.

BUNCRANA

Bun Cranncha – Donegal – 3 118 habitants
Carte Michelin nº 923 – J, K 2 ou Atlas Great-Britain & Ireland p. 101

Au Sud de cette station balnéaire s'étire une plage de sable orientée vers l'Ouest
de l'autre côté du lac Swilly, les monts du Donegal. À son extrémité Nord, un vie
pont enjambe la Crana pour accéder au **donjon O'Docherty**, tour normande remise en é
en 1602 par Hugh O'D
cherty pour y recevoir
troupes espagnoles, venu
soutenir les Irlandais
révolte. Incendié par
Anglais, il fut donné par C
chester aux Vaughan, qui
restaurèrent pour y résid
En 1718, Sir John Vaugh
fit édifier à proximité, sur
hauteur dominant la mer,
château avec sept travées
deux ailes.

Se loger à Buncrana

Lake of Shadows – *Grianan Park – (077)*
61005 – fax (077) 62131 – 23 chambres.
Petit hôtel dans un quartier résidentiel apprécié.

Inishowen Gateway – *Railway Road –*
☎ *(077) 61144 – fax (077) 62278 – 63*
chambres.
Hôtel tout confort proposant un grand
éventail d'équipements de loisirs.

★★**Route panoramique d'Inis Eoghain** *160 km – une journée*

La route suit la côte de la péninsule d'Inishowen (Inis Eoghain en irlandais)
s'achève au cap Malin, le point le plus septentrional d'Irlande. Le paysage
compose de rudes montagnes couvertes de tourbières, frangées d'abruptes falai
ou de vastes étendues de sable. Des troupeaux de moutons broutent dans
rocaille. Les cabanes de pêcheurs des petits ports sont couvertes de chaume,
par des cordages pour résister au vent.
La péninsule doit son nom à Eoghain, fils du roi de Tara Niall « des neuf otage
et contemporain de saint Patrick (5ᵉ s.). Les Vikings tentèrent en vain de s'y i
taller et les O'Docherty en furent maîtres à partir du 15ᵉ s. La mort en 1608 à
macrenan du jeune chef du clan, Sir Cahir O'Docherty, permit sa prise de poss
sion par Sir Arthur Chichester.
Emprunter la route côtière vers le Nord jusqu'à la pointe de Dunree (Dunree Hea

Dunree Fort ⊘ – *Parking dans le complexe militaire.* Un pont-levis franchit l'étroit défilé séparant le cap du fort, qui accueille un **musée militaire**. Un film explique le rôle tenu par les canons – toujours en place ici – dans la défense côtière, tandis que 180 années d'archives retracent l'évolution du fort. Simple fortin élevé sur un talus en 1798 lors de la menace d'invasion française, il devint l'un des plus importants éléments du chapelet de forts édifié le long du Lough Swilly pour protéger la base navale britannique de Buncrana. En 1914, l'ensemble de la flotte britannique se réfugia dans l'estuaire, fermé par une chaîne. Sur la rive opposée de l'étroit chenal s'élève le fort de Knockalla.

Retourner à l'embranchement et prendre à gauche ; tourner à gauche au croisement.

Gap of Mamore – La route monte parmi les saillies rocheuses et les troupeaux de moutons jusqu'au point de vue *(parking sur la droite)* qui ouvre un panorama vers le Nord sur la pointe de Dunaff.

Prendre à gauche après la plage Lenan Strand vers le cap de Lenan.

Lenan Head – Une batterie y fut installée en 1895 pour contrôler l'entrée du lac Swilly. Le paysage est aujourd'hui défiguré par les ruines du camp militaire.

Prendre la route qui traverse Dunaff en direction de Clonmany et poursuivre vers le Nord sur la R 238.

Ballyliffin /Baile Lifin – Cette agréable station balnéaire se situe légèrement en retrait de la baie de Pollan et de sa longue plage de sable adossée au golf de Doagh Isle.

Poursuivre vers l'Est sur la R 238.

Croix de Carndonagh – Au sommet d'une colline, près de l'église anglicane *(à gauche)*, une croix du 8ᵉ s., ornée d'un entrelacs en forme de croix, représente la Crucifixion. Sur l'un des **piliers** qui l'encadrent figurent David et sa harpe. Dans le cimetière, une **colonne** connue sous le nom de « pierre au souci » (Marigold Stone) présente sur une face une étoile à sept branches ressemblant à un souci, sur l'autre une Crucifixion.

Continuer vers le Nord sur la R 238 et la R 242.

Malin – Ce village de l'époque de la Plantation (peuplement de l'Ulster au 17ᵉ s.) entoure un terrain communal *(green)* triangulaire.

Lag Sand Dunes – D'imposantes dunes s'élèvent sur la rive Nord de la baie de Trawbreaga, estuaire de la Donagh.

Malin Head – Un minuscule village de pêcheurs s'abrite des vents dominants derrière l'immense promontoire. Sur les falaises du point le plus septentrional de l'Irlande s'élève une tour. Construite en 1805 par l'Amirauté britannique pour contrôler la navigation, elle fut par la suite utilisée comme balise par la Lloyds. À 2,5 km au large émerge l'île d'Inishtrahull, qui fut jadis le site d'un ermitage. La route qui fait le tour du cap procure des **vues**★★ spectaculaires *(au Sud-Ouest)* sur la plage de Pollan et le cap de Dunaff.

Suivre la route côtière vers le Sud par Portaleen jusqu'à Culdaff. Prendre la R 238 vers le Sud ; tourner à droite en direction de Clonca.

Église et croix de Clonca – *Sentier à travers champ.* Le monastère de Clonca fut fondé au 6ᵉ s. par saint Buodán. L'église en ruine date du 17ᵉ ou 18ᵉ s. mais le linteau sculpté est antérieur. À l'intérieur, une pierre tombale est gravée d'une épée, d'une crosse de hurley et, fait rarissime, d'une inscription en irlandais. Dans le champ en face, la **croix de Saint-Buodán** représente le miracle de la Multiplication des pains et des poissons.

Poursuivre jusqu'à l'embranchement, prendre à gauche, puis à droite.

Croix de Carrowmore – Deux croix, une stèle décorée et une croix gravée sur un rocher situent l'emplacement d'un monastère fondé par Chionais, beau-frère de saint Patrick.

Retourner au dernier embranchement, prendre à droite puis à gauche, et encore à gauche pour prendre la R 238 ; tourner à droite.

Cromlech de Bocan – Dans un champ à gauche s'élèvent les restes d'un cercle de menhirs qui devait en compter 30 à l'origine.

Retourner sur la R 238 ; rouler vers le Sud en traversant Gleneely ; prendre à gauche en direction de Leckemy et emprunter la route secondaire vers le Nord-Est qui mène à la baie de Kinnagoe.

Baie de Kinnagoe – Des promontoires escarpés encadrent une jolie plage. La baie a vu sombrer des vaisseaux qui faisaient partie de l'Invincible Armada, notamment *La Duquesa Santa Anna* et *La Trinidad Valencia*, qui fournirent d'intéressants vestiges militaires. Au carrefour, un plan indique les lieux des naufrages. *Un sentier en sommet de falaise rejoint la pointe d'Inishowen.*

Prendre la route secondaire vers le Sud qui mène à Greencastle.

Point de vue – *Parc de stationnement.* Le regard embrasse un vaste paysage landes où l'on exploite la tourbe et où paissent les moutons, s'étirant à l'Est j qu'au lac Foyle.

Aux abords de Greencastle, prendre à gauche vers la pointe d'Inishowen.

★**Inishowen Head** – Le promontoire surplombe de 90 m le minuscule port qui jou le phare de la pointe de Dunagree. De là, une belle vue s'étend sur la côte d'Ant jusqu'à la Chaussée des Géants. Un sentier sur la falaise va jusqu'à la baie Kinnagoe.

Suivre vers le Sud la route côtière en longeant le terrain de golf.

Greencastle – Une belle plage fait de ce village une station balnéaire agréable fréquentée. Au Nord, sur les falaises qui commandent avec la pointe de Magilli l'étroite entrée du Lough Foyle, se dressent les ruines envahies par la végétat d'un château construit en 1305 par Richard de Burgo, surnommé le « cor rouge » en raison de son teint rubicond. Pris par Édouard Bruce en 1316, il pa ensuite aux mains des O'Donnell, puis fut accordé à Arthur Chichester en 16 Le fort adjacent fut édifié en 1812 et utilisé jusqu'à la fin du 19ᵉ s. pour défen l'estuaire.

De Greencastle, prendre la R 241 vers le Sud.

Moville/Bun an Phobail – Jadis port animé d'où les bateaux d'émigrants faisa voile vers les États-Unis, Moville est aujourd'hui une station balnéaire sur le Lo Foyle. L'**église catholique St-Pie** (St Pius' Church – 1953) est un impressionnant édi de granit avec un bel intérieur en acajou. Un parcours aménagé en bord de i et parsemé de pelouses, d'arbustes et d'équipements sportifs, **Moville Green**, lo les plages et les falaises.

De Moville, emprunter la R 241 vers le Sud ; après 3 km, prendre à droite.

À l'entrée du cimetière de **Cooley** *(3 km au Sud-Ouest)* s'élève une **croix** (3 m) per au sommet d'un trou à travers lequel on se serrait la main pour sceller un en gement. Dans le cimetière, un **édifice funéraire** dit Skull House (maison du crâne) associé à saint Finian, abbé d'un monastère fondé par saint Patrick et détruit 12ᵉ s.

Poursuivre vers le Sud sur la R 241. À Muff, prendre à droite en direction Burnfoot. Prendre la route secondaire qui mène à Speenoge.

★★**Grianán of Aileach** – *Parc de stationnement.* Le fort circulaire qui couronne colline battue par les vents est une reconstruction exécutée en 1870, dont on sait si elle respecte bien la construction d'origine, effectuée au début de l'ère ch tienne. Résidence du clan O'Neill, rois d'Ulster, du 5ᵉ au 12ᵉ s., il fut détruit en 1 par Murtogh O'Brien, roi du Munster, en représailles de la destruction de son pro château, près de Killaloe.

Un tunnel traverse le mur, épais 4 m et formant un cercle de 23 de diamètre, dans lequel sont lo de petites chambres et des esca accédant aux remparts. De leur s met, le **panorama**★★ s'étend à l jusqu'à Londonderry et aux m Sperrin, au Nord-Est au lac Foyle Nord à la péninsule d'Inishowe l'Ouest à l'île d'Inch, au Lough S et au mont Knockalla.

Au pied de la colline, l'**église St-Ae** construite par Liam McCorm adopte la même forme circulaire

Redescendre vers la N 13, que prend à gauche en direction de terkenny.

Grianàn Ailigh Centre ⊘ – Le de la N 13, à Burt. À l'étage d' église anglicane convertie en res rant, des panneaux explicatifs et maquettes relatent les légendes sociées au fort d'Aileach. D'au expositions montrent des forts pierre irlandais similaires e restauration de l'église.

Vue intérieure sur le fort d'Aileach

Reprendre la N 13 vers le Nord et suivre une route secondaire vers Burnfoot. Emprunter la R 238 vers le Nord en direction de Fahan.

Stèle de Fahan – À la limite Sud du village, dans le vieux cimetière voisin de l'église anglicane, une **stèle** du 7ᵉ s.

Coirrgend, le guerrier

Pour avoir assassiné le fils du roi, il fut condamné à porter la dépouille et une pierre tombale jusqu'à Grianán Mountain. Le fardeau le tua et il mourut en s'écriant : « Á leac ! » (« Hélas, la pierre ! »), d'où le nom du site.

---

marque le site d'un monastère fondé par saint Mura à cette époque et disparu vers 1098. Chaque face est décorée d'une croix formée de bandes entrelacées. L'une d'elles est flanquée de deux personnages.

Reprendre la R 238 vers le Nord jusqu'à Buncrana.

Les BURREN★★

BOIREANN – Clare

Carte Michelin n° 923 D 9/E 8 ou Atlas Great Britain & Ireland p. 88-89

gressivement classé parc national, le vaste plateau calcaire qui occupe une grande tie du comté de Clare est profondément fissuré. Aussi les rivières, en s'infiltrant, nt-elles créé un important système souterrain et des gouffres. Quand la nappe éatique est très haute, les dépressions à fond poreux se remplissent et forment des *achs (voir Introduction : Physionomie du pays).*

Burren sont célèbres par la diversité de leur flore, qui voit croître aussi bien des èces méditerranéennes qu'alpines, selon qu'elles se développent sur les plateaux izontaux et arides, appelés *clints*, ou dans des crevasses, les *grykes*.

00 années d'exploitation agricole ont largement privé la région de ses forêts et on tique encore le *booleying*, vieille tradition celte consistant à faire transhumer le ail : l'hiver, les troupeaux sont emmenés sur les hautes terres, moins arrosées, et é, quand la sécheresse est plus intense, ils sont ramenés vers les fermes, où l'on t les garder et les abreuver.

CURIOSITÉS

Décrites dans le sens contraire des aiguilles d'une montre à partir du Nord.

Corcomroe Abbey – Les ruines de cette abbaye cistercienne se confondent avec les pierres des Burren. Sainte-Marie-de-la-Roche-Fertile fut fondée vers 1180 par Dónal Mór O'Brien ou plus vraisemblablement par son fils Donat. Le chœur et les chapelles du transept présentent des chapiteaux sculptés et de belles voûtes. C'est

---

LES BURREN PRATIQUE

sique irlandaise traditionnelle – La renommée du festival de **Doolin** repose fois sur son audience et la qualité de ses interprètes. D'autres manifesta-s ont lieu en été à Ballyvaughan, Kilfenora, Lisdoonvarna et Ennistymon. illtown Bay se déroule en juillet la **Willie Clancy Summer School**, un festival accor-t une large place à la cornemuse irlandaise.

re de Lisdoonvarna – C'est, en septembre, le rendez-vous des célibataires lande et d'ailleurs en quête d'une épouse : bals, concerts improvisés, soirées s les pubs et balades...

tions balnéaires – Orientées vers le Sud, à **Liscannor**, **Lahinch** (grande plage sable, avec maîtres nageurs sauveteurs) et **Milltown Malbay**.

rren Way – Sentier de randonnée *(42 km)* de Ballyvaughan à Liscannor pliant à l'Office de tourisme).

d'Aran – Liaison par bac à partir de Doolin *(voir p. 100).*

Se loger dans les Burren

dy's – *Suphir Hill, Lisdooonvarna –* ☎ *(065) 707 4026 – fax (065) 707 4555 1 chambres.*

les hauteurs de la ville, cet hôtel familial propose ses chambres confortables ne cuisine irlandaise contemporaine.

een Lodge – *Ballyvaughan (1,2 km au Sud-Ouest de la localité par la 7) –* ☎ *(065) 707 7092 – fax (065) 707 7152 – 8 chambres.*

sion familiale, avec des chambres spacieuses décorées avec goût.

ici que Yeats situa sa pièce *The Dreaming of the Bones (Le Songe des os)*. Le versant Nord de la colline de Turlough (282 m) porte les ruines de trois églises du 12ᵉ s.

Burren Exposure ⊙, à **Ballyvaughan** – *À l'Est par la N 67*. Ce centre d'interprétation culturelle occupe un emplacement superbe qui domine le port. Des présentations audiovisuelles y décrivent la géologie, la flore et l'histoire humaine qui ont composé le paysage tout à fait exceptionnel des Burren.

Newtown Castle and Trail ⊙, à **Ballyvaughan** – *3 km au Sud-Ouest de la localité par la N 67*. L'escalier de pierre en colimaçon de cette très belle tour défensive du 16ᵉ s. mène à de nombreuses expositions qui relatent la restauration récente du bâtiment et illustrent l'importance de la région au Moyen Âge, lorsqu'elle était un centre important pour l'étude du droit. La galerie de la grande salle, à proximité du nouveau toit en forme de dôme, conduit à un balcon duquel on peut admirer les paysages infinis des Burren. Derrière la tour, à flanc de coteau, une piste conduit à de nombreuses installations naturelles et historiques forgées par la main de l'homme, dont un ancien four à chaux *(limekiln)* et un belvédère d'époque victorienne.

Corkscrew Hill – Depuis la colline, entre Lisdoonvarna et Ballyvaughan, la N 67 dispense une belle **vue** sur les terrasses calcaires.

Aillwee Cave ⊙, au Sud de **Ballyvaughan** – *Se garer sur le parc supérieur*. La **grotte d'Aillwee**, constituée d'une galerie unique s'étirant sur 1 km, présente parmi les stalactites et les stalagmites une **cascade**★ éclairée d'en bas d'une façon saisissante. Les ossements d'un ours brun y furent découverts dans l'une des cavités d'hibernation proche de l'entrée. Au fond de la chambre la plus vaste, dite « The Highway », un puits laisse entendre, même par temps de sécheresse, le bruit d'une rivière souterraine.

Le **centre d'accueil**, réalisé à la manière d'un fort mégalithique pour s'harmoniser à l'environnement, explique la formation de la grotte et sa découverte en 1940 par un bouvier. Tout à côté se trouve le minuscule accès au réseau de grottes, découvert en 1987.

★**Poulnabrone** – Quelques-unes des nombreuses tombes mégalithiques des Burren, dont la célèbre Poulnabrone, se situent à l'Est de la R 480, entre Aillwee et le château de Leamaneh.

Burren Perfumery ⊙, à l'Est de **Carran** – Signalé à partir de Carran. Au premier coup d'œil, ce paysage calcaire semble inhospitalier, mais une grande variété de fleurs des Alpes et de la Méditerranée s'y épanouissent côte à côte. Elles sont source d'inspiration et prélude à la création de toute une série de parfums fabriqués selon des méthodes traditionnelles de distillation et d'assemblage. Une présentation audiovisuelle (9 mn) et des photographies permettent de se familiariser avec un grand nombre d'espèces florales croissant alentour.

Leamaneh Castle ⊙ – Il ne reste que la carcasse de cette maison forte aux fenêtres à meneaux que construisit au 17ᵉ s. dans le style élisabéthain Conor O'Brien, qui trouva la mort en 1651 dans les luttes contre Cromwell. Du haut de la maison forte attenante (15ᵉ s.) s'ouvre une belle vue.

★**Croix de Kilfenora** – À l'emplacement d'un monastère fondé au 6ᵉ s. par saint Fachtna subsistent les vestiges de trois **croix celtiques** du 12ᵉ s. ; une quatrième, une centaine de mètres à l'Ouest, représente la Crucifixion. Le chœur de la cathédrale, construite vers 1190 et modifiée au 15ᵉ s., est célèbre pour ses triplets (à l'Est) finement ciselés et ses deux effigies d'évêques, vraisemblablement du 14ᵉ. Kilfenora fut jadis le siège d'un important évêché.

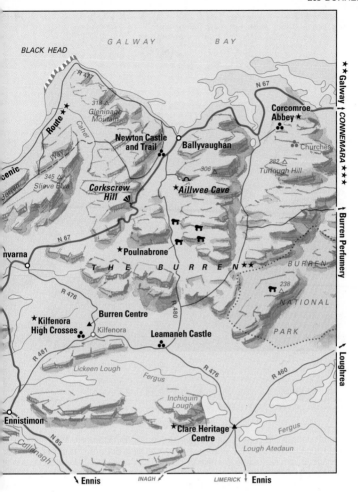

Burren Centre ⏱, à **Kilfenora** – Une projection commentée (20 mn) et des panneaux présentent le district.

Ennistimon /Inis Díomáin – La localité est connue pour l'aspect typiquement irlandais des façades de ses boutiques, que l'on s'attache à préserver. Les cascades de la Cullenagh sont visibles du pont à 7 arches enjambant la rivière, des bords de la rivière même (depuis l'entrée en arc dans Main Street) et des pelouses de l'hôtel (Falls Hotel).

Birchfield House – Les ruines de la vaste demeure que fit édifier Cornelius O'Brien, qui représenta le district au Parlement pendant plus de vingt ans, sont dominées par une colonne élevée en son honneur en 1853.

Cliffs of Moher – *Le bord des falaises étant extrêmement dangereux, le sentier est protégé par un garde-fou.* Les grandes falaises de grès sombre (182 m ; 8 km de long) plongent à pic sur l'Atlantique. Les oiseaux de mer se pressent sur les saillies ou tournoient au-dessus des vagues. Construite en 1853 par Cornelius O'Brien, la tour O'Brien ⏱ offre la meilleure vue. Le centre d'accueil (Visitor Centre) fournit des informations sur la flore et la faune, avec des précisions sur le mode de vie des oiseaux.

Lisdoonvarna/Lios Dúin Bhearna – L'unique station thermale d'Irlande s'est développée au 19ᵉ s. autour de trois sources d'eau minérale. Aux Spa Wells, on sert l'eau de la source sulfureuse au verre ou à la bouteille. Le centre de cure propose bains, massages et autres traitements. Un crucifix du 17ᵉ s. est l'ornement le plus précieux de l'église catholique (1878) dédiée à Notre-Dame-de-Lourdes.

Route côtière – La R 477 au Sud de la pointe Noire (Black Head) procure une jolie vue sur les énormes blocs de pierre déposés à la fin de l'ère glaciaire sur le plateau calcaire dénudé. Par beau temps, on aperçoit au large les îles d'Aran, de formation géologique identique.

Falaises de Moher

CAHER

AN CHATHAIR – Tipperary – 2 236 habitants
Carte Michelin n° 923 I 11 ou Atlas Great Britain & Ireland p. 85

Cette intéressante ville historique du Sud du comté de Tipperary, également app▯
Cahir (prononcer *Kéheu'*), est située sur les bords de la Suir, qui propose d'attraya▯
promenades. Dominée par son château du 13ᵉ s., Caher doit l'essentiel de ses a▯
nagements à la famille Butler, qui, au 18ᵉ s., fit édifier les moulins, le marché cou▯
(aujourd'hui bibliothèque municipale) et Caher House (convertie en hôtel), réside▯
de Lord Caher quand le château tomba en ruine.
Malgré deux faillites au 19ᵉ s., qui mirent la localité au bord de la ruine économic▯
la minoterie s'y est développée sous l'impulsion de 6 familles quakers. Érigé▯
mémoire des enfants de Caher morts à la Première Guerre mondiale, le Grand mé▯
rial de guerre est l'un des rares monuments aux morts d'Irlande.

CURIOSITÉS

★★ **Château** ⊘ – Restauré, il s'élève près de la rivière sur un site stratégique où B▯
Bórú (926-1014), haut roi d'Irlande, avait établi sa résidence. Sa construction ▯
entreprise au 13ᵉ s., soit par la famille Worcester, soit par les Bermingham ; il ▯
agrandi au début du 15ᵉ s. par les Butler, lignée anglo-normande qui en fut p▯
priétaire jusqu'à son achat par l'État en 1961. Une **présentation audiovisuelle** fait ◀
des sites historiques environnants.
Les grands murs d'enceinte enserrent trois cours. La porte d'entrée de la cour in▯
médiaire est dotée d'une **herse** restaurée dans son état d'origine. L'enceinte de la c▯
intérieure a été crénelée au 19ᵉ s. Dans le **donjon**, ancienne tour d'entrée du 13ᵉ s.,▯
escalier à vis donne accès aux étages supérieurs. Seconde par son importance, la ▯
Nord-Ouest, également du 13ᵉ s., a été pourvue au 15ᵉ s. de fenêtres à meneaux d▯
les grandes pièces des 1ᵉʳ et 2ᵉ étages. Le plafond et deux murs de la grande s▯
datent de 1840. Les deux tours sont meublées de mobilier d'époque.

Centre-ville – Autour des deux niveaux de la place, les magasins et les mais▯
ont à peine changé depuis les années cinquante. Dans l'église en ruine, désaffec▯
vers 1820, une draperie séparait catholiques et protestants pratiquant leurs cu▯
simultanément. Au 19ᵉ s., lorsque la ville était une importante garnison, une pa▯
du cimetière était réservée aux tombes de militaires.

St Paul's Church – *Church Street. Au Nord, sur la N 8 vers Cashel.* L'église an▯
cane fut dessinée par John Nash, le célèbre architecte de la Régence, qui œu▯
également à Antrim et Cookstown.

EXCURSIONS

*Swiss Cottage ⊘ – *2 km au Sud par la R 670.* Cette chaumière couverte de chaume *(restaurée)* fut construite entre 1812 et 1814 par le même John Nash pour servir de rendez-vous de chasse et de pêche à Lord Caher. Dans l'une des deux pièces du rez-de-chaussée, le papier peint français panoramique, décoré à la main, représente les rives du Bosphore.
À proximité, un élégant pont en fonte enjambe la Suir.

Grottes de Mitchelstown – *Circuit de 35 km. Quitter Caher par la N 8 à l'Ouest et tourner à gauche à Boolakennedy.*

Burncourt – En traversant une cour de ferme et un champ, on gagne les ruines de **Burncourt House**, remarquable par ses 26 pignons et ses nombreuses cheminées. Édifiée en 1640, la demeure fut incendiée volontairement dix ans plus tard par la veuve de son propriétaire, Sir Richard Everard, pour ne pas la laisser à l'armée de Cromwell.
Reprendre la route vers l'Ouest sur 1,5 km jusqu'à une fourche et bifurquer à gauche.

Mitchelstown Caves ⊘, à l'Ouest de Burncourt – Une volée de marches donne accès aux trois immenses grottes où stalactites et stalagmites apparaissent dans tout leur éclat. La concrétion la plus impressionnante est « la tour de Babel », colossale colonne qui s'est formée dans la très étroite galerie Kingston. Le réseau de grottes a été découvert en 1833 par un ouvrier carrier. Toutes proches, les Old Caves ne sont accessibles qu'aux spéléologues avertis.
Revenir à la fourche précédente et prendre à droite vers Ballyporeen.

Ballyporeen – Les feux de l'actualité se sont braqués sur ce petit village en 1984 quand le président américain Ronald Reagan vint y rechercher les traces de son arrière-grand-père, né à proximité en 1829. Le **Ronald Reagan Centre** ⊘ est consacré à cette visite.
Revenir à Caher par la R 665, puis la R 668 à partir de Clogheen.

Une chaumière qui n'a de suisse que le nom

CARLOW

CEATHARLACH – Carlow – 11 271 habitants
Carte Michelin n° 923 L 9 ou Atlas Great Britain & Ireland p. 86

...ef-lieu du second des plus petits comtés irlandais, Carlow se situe sur la rive Est de ...Barlow et de son affluent, la Burren. En aval du pont (1815) s'alignent de vieux ...trepôts, alors qu'à l'amont se déroule une promenade. À côté de sa plus ancienne ...tivité industrielle, le raffinage du sucre, Carlow a vu s'implanter récemment plusieurs ...treprises internationales.

...le frontière – Du fait de sa situation à la limite Sud du Pale, Carlow a été l'enjeu ...plusieurs batailles entre les maîtres anglo-normands et les Irlandais d'origine. À ...ception de la muraille Ouest et de deux tours qui s'élèvent sur les terrains de l'usine ...au minérale Corcoran, le château normand, édifié entre 1207 et 1213, fut détruit ...1814 par un médecin local, le Dr Middleton, qui, voulant en faire un asile, fit sauter ...murs à la dynamite pour en réduire l'épaisseur ! Les remparts de la ville, bâtis en ...61, disparurent sous le bombardement que leur fit subir en 1650 le général Ireton, ...dre de Cromwell.

La dernière bataille entre Irlandais et Anglais se déroula le 25 mai 1798, avec l'frontement dans Tullow Street d'une armée d'insurgés et des troupes de la Couronr 640 « Irlandais unis » périrent. 400 d'entre eux furent ensevelis dans une carrière Craiguecullen, faubourg de la rive Ouest. Un monument d'inspiration celtique s'élè à leur mémoire dans Governey Park.

CURIOSITÉS

Musée ○ – La vie à la ferme au 19e s. y est évoquée à travers une laiterie recor tituée, une forge et une cuisine. Est également exposée une presse de 1856 servait à imprimer l'hebdomadaire local, le *Nationalist and Leinster Times*. On ve encore une tête de mégacéros, dépourvue de dentition, datant d'une centaine siècles avant J.-C.

Cathédrale – C'est en 1829, année de l'Acte d'émancipation, que fut entrepr la construction de la cathédrale catholique romaine. Terminée quatre ans plus ta elle est de style gothique anglais tardif. Une remarquable tour fuselée, s'achevi par une lanterne, la surmonte.
Un **monument** en marbre de John Hogan commémore l'évêque Doyle (1786-183 prolifique auteur d'articles politiques ou d'actualités, plus connu sous son nom plume JKL (James of Kildare and Leighlin). Une statue allégorique représer l'Irlande sous la forme d'une femme en train de se relever.

Palais de justice – On raconte que ce bâtiment néoclassique (1830) de for polygonale avait été dessiné par William Morrison pour être érigé à Cork, mais c les plans furent envoyés à Carlow par erreur. Entouré d'impressionnantes gril il montre un grand porche et un portique ionique précédés de deux larges vole de marches séparées par une vaste terrasse.

Cigar Divan – *50 Dublin Street*. La mode des cigarettes turques à la fin du 19 est à l'origine du nom de ce magasin, dont l'authentique vitrine victorienne po encore ses publicités gravées.

ENVIRONS

Browneshill Portal Tomb – *3 km à l'Est. 500 m à pied depuis la petite aire stationnement située sur le contournement Est (panneaux).* Juste au pied des c lines se dresse un imposant dolmen érigé entre 3000 et 4000 avant J.-C. La pie de couverture, dont on estime le poids à plus de 150 tonnes, est probablement plus lourde d'Europe.

Église de Killeshin – *4 km à l'Ouest par la R 430*. Cette petite église en ru occupe une situation idéale. Sa nef, utilisée depuis longtemps comme lieu de sép ture, présente une porte principale d'époque romane, dotée de superbes sculptu représentant des têtes d'animaux. On peut y lire cette inscription « A Prayer Diarmit, King of Leinster » (« Une prière pour Diarmit, roi de Leinster »).

Leighlinbridge – *13 km au Sud, soit par la N 9 sur la rive Est de la Barrow, s par une route secondaire sur la rive Ouest*. Cet attrayant petit village est édifié bord de la Barrow qu'enjambe un pont construit en 1320. Au Sud du village, le mont de Dinn Righ, s'élevait jadis le palais des rois de Leinster.
À **Old Leighlin** *(3 km à l'Ouest)* se trouve la cathédrale anglicane bâtie au 12e s., grande partie reconstruite au 16e s.

EXCURSION

Altamont Gardens ○, à **Tullow** – *19 km à l'Est par la R 275 jusqu'à Tullow, l'on prend à droite la N 81 avant de tourner à gauche (panneau)*. Les jarc d'Altamont juxtaposent jardin à la française et jardin anglais. De nombreux spé mens d'arbres et un arboretum voisinent avec un petit jardin réservé aux espè florales croissant habituellement dans les tourbières. Pendant la Grande Famine lac fut creusé à la force des bras, afin de fournir des emplois.
À l'horizon se profilent le mont Leinster au Sud, dans les Blackstairs Mountai et les monts Wicklow au Nord-Est, de l'autre côté de la Slaney.

ef-lieu du comté de Leitrim, Carrick-on-Shannon s'élève à un important carrefour
r le Shannon. Jusqu'au 16ᵉ s., le district, alors appelé West Breifne, était tenu par
s O'Rourke, qui gouvernaient
puis leur forteresse de Lei-
m. La ville reçut ses fortifica-
ns à l'époque de la Planta-
on (voir Introduction :
ronologie historique), après
oir obtenu une charte de
cques Iᵉʳ. Elle se développa
ec l'aménagement en 1846
 Shannon, puis avec l'arrivée
 chemin de fer en 1862. Sa
uation au point extrême de
vigation sur le Shannon en
t un lieu propice à la croisière
à la pêche.

omenades sur la rivière –
sé à Ballinamore, le **Slieabh an**
ann Riverbus propose un choix
 croisières sur la voie navi-
ble Shannon-Erne.

> ## La voie navigable Shannon-Erne
>
> Entre 1847 et 1858, l'ingénieur John Mc-
> Mahon réalisa le canal de Ballinamore à Bal-
> lyconnel, unissant le Shannon au lac Erne et
> constituant le dernier maillon du réseau navi-
> gable reliant Dublin, Belfast, Limerick et Wa-
> terford. Mais l'avènement du rail et le
> manque d'industries contrecarrèrent le déve-
> loppement du canal : abandonné dès 1869,
> il ne fut plus entretenu à partir de 1880. En
> 1994, il fut remis en état et rouvert à la na-
> vigation de plaisance : sur ses 65 km, que l'on
> parcourt en 13 h, on franchit 16 écluses, on
> passe sous 34 ponts de pierre et on traverse
> une série de lacs avant de longer la Woodford
> et d'atteindre le lac Erne.

CURIOSITÉS

Costello Chapel Ⓥ – *Bridge Street*. Au bout de la rue, à droite, Edward Costello
fit édifier une toute petite (5 m x 4 m) chapelle mortuaire à la mémoire de son
épouse, morte en 1877. Elle y fut inhumée en avril 1879 sous une lourde dalle de
verre *(à gauche)* et lui-même y fut enterré en 1891, douze ans plus tard. Pendant
cette période, une messe fut célébrée dans la chapelle le premier vendredi de
chaque mois.

St George's Terrace – À l'extrémité Est de la rue se dresse depuis 1905 l'**horloge
de la ville**. Le seigneur local, C. M. St George, fit construire vers 1830 une élégante
demeure *(côté Nord)*, à laquelle il donna le nom de la propriété familiale dans le
comté de Cambridge, **Hatley Manor**, puis, en 1839, le **marché couvert** *(côté Sud)*. À
proximité, le palais de justice, dessiné en 1821 par William Farrell, a perdu le portique que supportaient 4 colonnes doriques. Un souterrain le reliait à la proche
prison du comté, fermée en 1968, dont le site dans une courbe du Shannon est
maintenant occupé par une moderne **marina**.

VALLÉE DU SHANNON *52 km*

Quitter Carrick-on-Shannon par la N 4 au Sud-Est.

Jamestown – L'arche de pierre que l'on franchit en venant du Nord faisait partie
de la muraille élevée en 1622 pour garder le passage sur la rivière.

Drumsna – Les ruines de la résidence familiale des Jones et l'histoire de leur chute
inspirèrent à Anthony Trollope (1815-1882) son premier roman.

Au Sud de Drumsna, prendre à gauche la R 201 vers Mohill.

Mohill – Au centre de la localité, une statue commémore Turlough O'Carolan (ou
Carolan – *voir p. 217*), qui habita le village de nombreuses années.

*Sortir de Mohill par la R 201, qui prend à droite au bout de la rue principale. À
la fourche suivante, prendre à droite la L 112, et à nouveau à droite à la 1ʳᵉ bifurcation. 1 km plus loin, emprunter à gauche une route étroite (panneau).*

Lough Rynn Demesne Ⓥ, au Sud de **Mohill** – Acquis par la famille Clements en
1750, le domaine est situé entre les lacs Errew et Rinn. Les bâtiments furent
construits après 1854 par le 3ᵉ comte de Leitrim, dont le caractère emporté,
aggravé par les souffrances que lui causait une blessure de guerre, et la sévérité
à l'égard des fermiers furent les causes de son assassinat en 1878.
Trois **jardins clos** (1,2 ha), tracés en 1859 pour fournir légumes, fruits et fleurs et
maintenant aménagés sur le modèle des jardins d'agrément victoriens, occupent
trois terrasses descendant d'un belvédère vers les rives du lac.
La **porte Bleue** (Blue Gate) donne accès à l'arboretum, où croissent quelques espèces
rares (identifiées) : séquoias de Californie, palmiers, un tulipier, un cèdre du Japon
âgé de 140 ans et un araucaria *(Chilean pine)* qui passe pour le plus vieux d'Irlande.
La **cour de la laiterie** (1830) a conservé ses tuiles d'origine et ses dalles de marbre ;
la **cour des voitures** (1850) est équipée de portes coulissantes ; la cour de ferme

(1840) fut agrandie en 1858. L'ancien bureau de l'intendant, aujourd'hui conve
en restaurant, présente encore une petite **fenêtre**, où les locataires venaient pay
leurs fermages, et d'inhabituelles persiennes se relevant avec des lanières de cu

*En quittant le domaine, prendre à droite, puis à nouveau à droite au carrefour
T. Après deux virages latéraux et deux croisements, s'engager à droite v
Dromod.*

Dromod et **Roosky** sont deux attrayants villages riverains du Shannon, où les pla
sanciers peuvent mouiller et se ravitailler.

*De Roosky, poursuivre au Sud par la N 4 sur environ 5 km et virer à gauche (sig
lisation) vers l'abbaye de Cloonmorris.*

Pierre oghamique de Cloonmorris – Près de l'entrée du cimetière de l'égl
(12e s.) en ruine, une pierre oghamique *(voir Introduction : La tradition celtiqu
est gravée du nom de Qenuven.

*Revenir vers la N 4 et poursuivre au Sud vers Longford. À Newton Forbes, pren
à droite une route secondaire vers Killashee, puis tourner à droite sur la N 4 e
gauche vers Cloondara.*

À la jonction du canal Royal, de la rivière Camlin et du Shannon, **Cloondara** se résu
à deux écluses, un pittoresque regroupement de maisons près du bassin du cara
un pont en dos d'âne, un vieux moulin à eau et une église en ruine.

Rejoindre la N 5 à l'Ouest du village, puis continuer jusqu'à Termonbarry.

Le **pont de Termonbarry**, dont une partie se lève pour livrer passage aux bateaux, off
une belle vue sur l'écluse et sur le barrage du Shannon.

CASHEL★★★

CAISEAL – Tipperary – 2 346 habitants

Carte Michelin n° 923 I 10 ou Atlas Great Britain & Ireland p. 85

Le rocher de Cashel, promontoire calcaire de 60 m émergeant de la plaine du Tippera
et dédié à saint Patrick, est le point de repère de la ville et du district environnant
est couronné par l'un des plus beaux ensembles de ruines religieuses d'Irlande, témo
gnage éminent de l'architecture chrétienne primitive.

Siège royal – De 370 environ à 1101, les rois de Munster résidèrent sur le roch
faisant de Cashel leur capitale, comparable en importance à Tara *(voir ce nom)*, ca
tale des hauts rois d'Irlande. En 450, saint Patrick vint à Cashel baptiser le roi Aeng
On raconte que, par mégarde, au cours de la cérémonie, il planta sa crosse dans
pied du roi, qui ne broncha pas, pensant que cela faisait partie du rituel. Cashel conn
un grand rayonnement au 10e s. quand saint Cormac MacCullinan, qui était égalem
évêque, mais d'un autre diocèse, régnait sur le Munster.

Siège épiscopal – En 1101, le site fut accordé aux autorités ecclésiastiques, dont
première construction, la chapelle de Cormac, fut consacrée en 1134. La premi
cathédrale fut fondée en 1169. Trois ans plus tard, l'arrivée de Henri II d'Anglete
en Irlande marqua le début d'une période de troubles pour Cashel. En 1494, la cath
drale fut incendiée par le comte de Kildare, Gerald Fitzgerald le Grand (Garret Mó
Mais la profanation la plus grave eut lieu en 1647 sous le régime de Cromwell. Vis
la présidence du Munster, Lord Inchiquin attaqua la ville, dont des centaines d'ha
tants se réfugièrent sur le rocher, et fit empiler autour de la cathédrale de la tou
à laquelle il fit mettre le feu, brûlant ainsi de nombreuses personnes. À la fin de
terrible jour, la ville avait perdu la majeure partie de ses 3 000 habitants.

En 1749, l'archevêque anglican décida de transférer la cathédrale à l'intérieur de
ville. La grande tempête de 1847 provoqua de graves dommages à l'édifice ab
donné, qui fut restauré après le classement du rocher en Monument national en 18

★★★ROCK OF CASHEL ⊙

*Parc de stationnement près du rocher, auquel on accède par le manoir des vica
(Hall of the Vicars Choral).*

★★**Chapelle de Cormac** – Bâtiment de style roman richement décoré (quelques-un
des premières fresques d
lande) et flanqué de de
tours, la chapelle compre
une nef et un chœur. Pra
quement chaque pierre
térieure est décorée
sculptures. La tour S
donne accès à la cham
située entre la voûte et
toit de pierre. Commen
en 1127 par Cormac M

Cashel pratique

Accès – Un sentier pédestre monte au rocher à partir des jardins de l'hôtel Cashel Palace.

Distractions – Les amateurs de soirées traditionnelles irlandaises doivent participer à un banquet au théâtre Brú Ború *(voir ci-après).*

Rocher de Cashel

Ch. Boisvieux

Carthy, roi et évêque de Cashel, et consacrée en 1134, elle fut, dit-on, édifiée au moyen de pierres de grès passant de main en main le long d'une chaîne humaine depuis la carrière située à 19 km.

Clocher rond – Parfaitement conservé, haut de 28 m et fait de blocs de grès irrégulièrement taillés, il présente une porte (à 3,5 m au-dessus du sol) en plein cintre avec une architrave et 4 fenêtres triangulaires au dernier étage.

Cathédrale – La plus grande partie des ruines, y compris les fenêtres en ogive haut placées, date du 13e s. L'édifice fut construit selon un plan cruciforme sans bas-côtés. Chaque bras du transept présente deux chapelles sur son côté Est. La

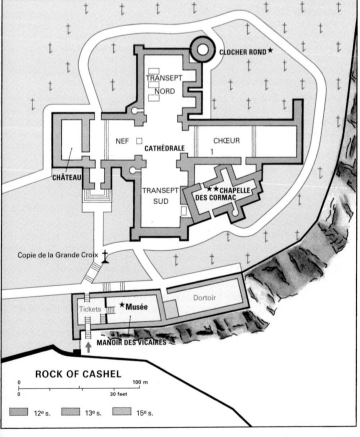

ROCK OF CASHEL

0   100 m
0   30 feet

12e s.   13e s.   15e s.

tour centrale fut probablement élevée au 14e s. Dans le mur Sud du chœur
enterré (1) l'archevêque Miler MacGrath, mort centenaire en 1621, qui chang
plusieurs fois de conviction religieuse. La tour Ouest (28 m) est appelée le châte
car elle fut à l'origine édifiée (1450) comme maison forte par l'archevêc
O'Hedigan. Ses trois premiers étages sont couverts d'une voûte brisée souten
la pièce supérieure.

★**Musée** – Installé dans la crypte du manoir des vicaires, il présente des objets
rapportant au rocher : la croix en pierre de saint Patrick (12e s.), qui a perdu l'
de ses bras, une pierre de sortilège, les répliques de la cloche et de la broche
Cashel (originaux du 9e s. au musée Hunt de Limerick), celles d'une coupe à
du 17e s. et d'une cruche (originaux à la bibliothèque Bolton).

Manoir des vicaires – L'édifice, fortement rénové dans les années soixante-
était la résidence du clergé. La salle principale (à l'étage) accueille autour de
vaste cheminée de pierre du 17e s. du mobilier récent de style médiéval. La cuisi
restaurée dans son état d'origine, est équipée de barattes à beurre et de trépie
Une présentation audiovisuelle dans le dortoir situe Cashel dans le contexte his
rique irlandais.

Brú Ború ⊘ – *Au pied du rocher.* Une place engazonnée est le site adapté po
ce **centre culturel** spécialisé dans les spectacles de musique, de chant, de danse,
récits et de théâtre traditionnels irlandais, et complété par un Centre d'étu
celtiques et un Centre de généalogie.

LA VILLE

★**Palace Gardens** ⊘ – On pourra voir notamment dans les **jardins du palais**, qui v
jusqu'au rocher, un mûrier de 1702 et des pieds de houblon, lointains descenda
de ceux utilisés en 1759 pour produire la première bière brune mise au point p
Richard Guinis, régisseur de l'archevêque de Cashel, dont le fils **Arthur** fonda à Dub
la brasserie devenue mondialement célèbre sous le nom anglicisé de Guinness.
hôtel de luxe occupe la résidence palladienne que l'archevêque Theophilus Bol
fit bâtir en 1730 par Edward Lovett Pearce pour palais archiépiscopal. Les lamb
et les stucs originaux, dans le vestibule, constituent avec l'escalier de pin sylves
un ensemble aussi remarquable qu'à Damer House *(voir Roscrea)*.

Cathédrale ⊘ – Cet austère édifice anglican, construit avec un minimum de dé
ration entre 1749 et 1784, s'élève à l'emplacement de l'ancienne église paroissi
St-Jean-Baptiste, auquel il est dédié conjointement à saint Patrick du Rocher.
Sur les pelouses voisines subsistent, autour du cimetière, quelques vestiges de l'
ceinte (1319-1324), dont les 5 portes et les 2 tours furent abattues au 18
Quelques couvercles de sarcophages du 13e s., décorés d'effigies humaines et p
venant du monastère dominicain, sont appuyés contre les murs.

★**GPA Bolton Library** ⊘ – La **bibliothèque Bolton** occupe un petit bâtiment de 18
sur les pelouses environnant la cathédrale. Le plus ancien des 12 000 volum
qu'elle contient est une encyclopédie de moine de 1168. Elle possède aussi de
feuillets de *The Book of Fame (Le Livre de la renommée),* de Chaucer, imprim
à Londres en 1483, une note autographe de Jonathan Swift et une collection
vaisselle religieuse en argent.

Hore Abbey – *Environ 800 m à l'Ouest du rocher.* Ce sont des moines de Mellif
(voir p. 156) qui fondèrent en 1272 l'abbaye de Hore, dernier établissement c
tercien établi en Irlande. Les ruines datent pour l'essentiel du 13e s. L'église,
plan cruciforme, comportait, outre le chœur, une nef avec des bas-côtés et de
chapelles à l'Est de chaque bras du transept.

Dominican Friary – Fondé en 1243 par l'archevêque David MacKelly (Dái
MacCeallaigh), un dominicain originaire de Cork, le monastère fut supprimé
1540. Son église, reconstruite après un incendie en 1480, présente une nef long
et étroite, comme le chœur, dont les murs sont bien préservés, à l'image
clocher.

Église paroissiale – Dédiée à saint Jean Baptiste et cachée par un rang de caban
cette église, la plus ancienne des églises catholiques romaines d'Irlande, fut in
gurée en 1795. Les mosaïques de la façade furent ajoutées pour commémore
déroulement en Irlande du Congrès eucharistique de 1932. Une autre mosaï
représentant le Christ-Roi décore le baptistère. Les deux galeries courant sur to
la longueur de l'édifice singularisent l'intérieur, dont le plafond adopte la for
d'une carène renversée.

Heritage Centre ⊘ – Au **Centre du patrimoine** est rappelée l'histoire de la ville
travers notamment une maquette et l'exposition de bijoux royaux et de vesti
de la résidence de McCarthy Mor.

Folk Village ⊘ – Petite reconstitution de la vie rurale en Irlande au 18e s.

EXCURSIONS

★Athassel Priory – *8 km à l'Ouest. Prendre la N 74 jusque Golden puis une route secondaire vers le Sud. Traverser deux prés.* Les importantes ruines d'un monastère augustin du 12e s. s'étendent dans une zone désertique. L'abbaye fut détruite en 1447, mais la tour centrale de l'église principale, la nef et les murs du chœur sont bien préservés. On suppose que la tombe qui y est encore visible est celle du fondateur, le Normand William de Burgh. La ville qui entourait l'abbaye fut détruite par deux fois, en 1319 puis en 1329.

★★Abbaye de Holy Cross – *16 km au Nord par la R 660.* L'abbaye bénédictine de la Sainte-Croix (Holy Cross, qui donna son nom au village) fut fondée en 1168 par le roi du Munster, Donal O'Brien. Transférée aux cisterciens quatorze ans plus tard, elle devint un important lieu de pèlerinage où l'on vénérait un morceau de la vraie Croix. Après sa suppression en 1536, elle fut octroyée en 1563 aux Butler, comtes d'Ormond, dont l'intercession permit le maintien des moines jusqu'au 17e s. Mais devenue irréparable avec la perte de son toit, elle fut abandonnée durant deux siècles avant d'être utilisée comme église paroissiale.

L'**église abbatiale** ⊙ montre trois fenêtres – Est, Ouest et bras Sud du transept – pourvues d'exquis **vitraux**. On remarque de belles sculptures du 15e s. et une **fresque** du début du 15e s., l'une des rares de cette époque encore visibles en Irlande, œuvre profane montrant deux chasseurs et un cerf se reposant sous un chêne. Une partie du **cloître** a été restaurée. Dans l'aile Ouest, qui accueille un office de tourisme, se déroulent une exposition et une présentation audiovisuelle. Dans un bâtiment extérieur adjacent se trouve une roue de moulin.

Les jardins du Vatican, avec leur chemin de croix et l'autel commémorant le saint porteur de stigmates padre Pio, ont été reconstitués dans le **parc**.

Le **pont** à 8 arches qui enjambe la Suir est une copie de celui qu'avaient fait bâtir en 1626 James Butler, baron de Dunboyne, et son épouse, Margaret O'Brien. Leurs armes y sont associées à une courte prière : « May the two who built it escape the pit of hell » (Puissent les deux qui l'ont construit échapper au puits de l'enfer).

Thurles – *23 km au Nord par les N 8 et N 62.* Dans un élégant bâtiment (19e s.) de Slievenamon Road, **Lár na Páirce** ⊙ est consacré à l'histoire des Jeux gaéliques. La Gaelic Athletic Association (GAA) fut fondée le 1er novembre 1884 lors d'une réunion qui se déroula au Commercial Hotel, tenu par Miss Hayes sur Liberty Square, afin non seulement de rétablir les Jeux gaéliques mais aussi de soutenir la langue irlandaise et les danses, musiques et chants traditionnels. Chacun pourra ici faire la différence entre le hurling *(voir p. 52)*, auxquels s'adonnent les hommes, et le *camogie*, sa version féminine, ou se pencher sur les règles du football et du handball gaéliques, contempler des souvenirs laissés par d'anciens champions ou rechercher sur ordinateur des informations sur les équipes et les joueurs d'aujourd'hui.

P. O'Dea/BORD FÁILTE, Dublin

Abbaye de Holy Cross

CAVAN

AN CABHÁN – Cavan – 3 509 habitants
Carte Michelin n° 923 J 6 ou Atlas Great Britain & Ireland p. 97

Chef-lieu du comté du même nom, Cavan s'élève dans une calme campagne ondulée et boisée, parsemée d'une infinité de petits lacs invitant à la pêche et à la plaisance. Le plus grand lac du comté, le lac Oughter, alimenté par l'Erne, se trouve à proximité.

Des liens avec la littérature – Plusieurs hommes de plume célèbres sont associés au comté de Cavan. Le dramaturge **Richard Brinsley Sheridan** (1751-1816), troisième fils de Thomas Sheridan – lui-même directeur de la Cavan Royal School –, était un bon ami de Jonathan Swift qui faisait de fréquents séjours chez lui. Un ancêtre d'**Edgar Allan Poe** (1809-1849) quitta Killeshandra pour émigrer aux États-Unis au milieu du 18e s. William James, grand-père de l'écrivain **Henry James** (1843-1916) et originaire de Baillieborough, émigra également aux États-Unis car il était presbytérien.

> ### Cavan Pratique
>
> **Artisanat** – **Cavan Crystal** ⊘ *(au Sud-Est par N 3)* – Deuxième cristallerie d'Irlande à sa fondation ; on y crée des objets en cristal de plomb. Les visiteurs peuvent assiter à la fabrication : soufflage, gravure, taille à la main, polissage.

CURIOSITÉS

La ville – La **cathédrale** catholique, composite ensemble de styles différents orné de sculptures d'Albert Power, fut édifiée en 1942 par Ralph Byrne à la sortie Nord de la ville. Au Sud, l'**église anglicane**, dépourvue de bas-côtés mais dotée d'une galerie, de créneaux, d'une tour et d'une flèche, fut élevée par John Bowden qui conçut aussi le **palais de justice** de style classique situé en face. À l'Office de tourisme, un centre de généalogie propose ses services.

Life Force Mill ⊘ – Un moulin à farine dont l'activité de production a cessé au début des années cinquante se dresse au centre-ville, sur la Cavan. Restauré, il est de nouveau en état de fonctionner. Une présentation audiovisuelle *(25 mn)* évoque son histoire et sa restauration. Au cours de la visite, on « met la main à la pâte » : on commence par pétrir une miche, puis on va voir fonctionner les rouages avant de revenir à la cuisine quand le pain est cuit.

ENVIRONS

Kilmore Cathedral ⊘ – *3 km à l'Ouest par la R 198*. Isolée dans un vallon boisé et dédiée à saint Felim (Fethlimidh) qui christianisa la région au 6e s., la cathédrale anglicane est également connue sous le nom de Bedell Memorial Church. Achevée en 1860 dans le style néogothique, elle inclut *(côté Nord)* un portail roman du 12e s. provenant soit d'une église antérieure, soit de l'abbaye de la Trinité, qui s'élevait sur une île du lac Oughter. Dans le chœur est exposé un exemplaire imprimé en 1635 de l'Ancien Testament, traduit en irlandais par William Bedell (1571-1642), évêque de Kilmore en 1629 (mémorial au-dessus de la porte principale). Emprisonné en 1641 par les Confédérés au château de Clogh Oughter *(voir ci-dessous)*, il fut enterré dans le cimetière de la cathédrale.

★**Killykeen Forest Park** – *8 km à l'Ouest par la R 198*. Enchevêtrement de terre et d'eau, le parc forestier de 240 ha est divisé en deux parties reliées par une passerelle. Le secteur boisé, essentiellement planté de sapins en vue d'une exploitation commerciale, comprend environ 10 % d'arbres à feuilles caduques. Le long de trois sentiers balisés *(maximum 3 km)* sont identifiés arbres et types d'habitat animal. Le lac Sally constitue un site protégé pour le gibier d'eau.
Sur l'île de la Trinité, à l'extrémité Sud du lac Oughter, subsistent les ruines d'un prieuré de prémontrés construit en 1250 par des moines venant du lac Key *(voir Boyle)*. Sur une autre île située dans le bras Nord-Est du lac s'élève le château de Clogh Oughter, maison forte du 13e ou 14e s.

EXCURSIONS

Ballyjamesduff – *16 km au Sud par la N 3, la N 55 et une route secondaire passant par Cross Keys*. C'est un officier anglais ayant participé à la rébellion de 1798 qui donna son nom à la ville. Celle-ci se regroupe autour du marché couvert (1813) au carrefour de cinq grandes routes. Au 18e s., bien placée sur le grand route entre Cavan et Kells qu'empruntaient les diligences, la ville était également animée par un marché hebdomadaire et neuf foires annuelles, dont la plus fréquentée était la foire aux bestiaux.

Cavan County Museum ⊘ – Le musée retrace l'histoire du comté de Cavan. Le produit de fouilles archéologiques couvrant la période de l'âge de la pierre jusqu'au Moyen Âge (tête à trois visages de la période romano-celtique dite tête de Corleck, pirogue vieille de 1 000 ans) y est exposé, ainsi que la **collection Pighouse** (costumes des 18e, 19e et 20e s.). Des galeries présentent les traditions populaires, le rôle de la Gaelic Athletic Association *(voir p. 52)* ou encore des bannières et des écharpes de divers ordres irlandais illustrant des scènes religieuses, ainsi que le roi Guillaume III d'Orange, la mort de Schomberg, la fin du blocus de Londonderry (1689).

Le musée occupe un ancien couvent du 19e s. serti dans un jardin conventuel tout à fait caractéristique.

Carraig Craft Centre and Basketry Museum ⏱, à **Mount Nuggent** – *24 km au Sud par la N 3, la N 55 et la R 154*. Ce petit musée plutôt insolite expose les types de paniers les plus variés : paniers de bât, paniers à couvercle pour transporter les pigeons voyageurs (pour les colombophiles), les poules et les canards (pour le marché), paniers et plateaux à œufs, paniers à tourbe, à pommes de terre, à poissons, nasses à anguilles et à saumons, ruche d'abeille (osier et bouse de vache), paniers à fleurs et à légumes, tamis à pommes de terre (osier, et noisetier ou châtaignier), plateau à fromage, à tarte, corbeilles à pain et à fruits. Tous les paniers de ce musée ne sont pas fabriqués en osier. Certains sont tressés en paille et en roseau, matériaux qui exigent l'utilisation d'un cadre, car ils sont moins rigides que l'osier. Le propriétaire, spécialisé dans la vannerie en jonc, utilise le jonc des marais cueilli chaque été sur les bords du lac Sheelin. La visite commence avec une brève présentation audiovisuelle sur les paniers et l'art de la vannerie.

CLONMACNOISE★★★
CLUAIN MHIC NÓIS – Offaly
21 km au Sud d'Athlone par la N 6 et la N 62
Carte Michelin n° 923 I 8 ou Atlas Great Britain & Ireland p. 90

e monastère de Clonmacnoise, fondé en 545 par saint Kieran (Ciarán), fut la nécro-
ole des rois du Connaught et de Tara et le plus célèbre établissement religieux
'Irlande après Armagh.

a situation loin des routes et au bord du Shannon semble aujourd'hui le rendre dif-
cile d'accès ; en fait, le fleuve constituait jadis la voie de communication la plus
ommode, et l'ancienne route des pèlerins empruntait l'*esker (voir Index)* au Nord. Le
septembre, à la St-Kieran, se déroule toujours un pèlerinage.

Saint Kieran

Natif de Roscommon, saint Kieran reçut d'abord l'enseignement de saint Finnian à Clonard, dans le comté de Meath, avant d'étudier avec saint Enda à Inishmore, dans les îles d'Aran. Là, il eut un jour la vision d'un grand arbre poussant au centre de l'Irlande. Saint Enda en déduit que Kieran devait fonder une église sur les rives du Shannon. Après avoir passé quelque temps sur l'île d'Hare, sur le lac Ree, saint Kieran s'établit avec sept compagnons à Clonmacnoise, où il mourut de la peste sept mois plus tard à l'âge de 33 ans.

établissement monastique – Le monastère se développa au fur et à mesure que
randissait sa renommée et l'oratoire en bois du début devint un cloître de pierre avec
s églises, ses logis, son clocher rond, le tout défendu par une ceinture de terre ou
pierre. Il ne reste rien des bâtiments antérieurs au 9e s. Pillé à diverses reprises par
s Irlandais, les Vikings et les Anglo-Normands, il fut enfin réduit en ruines par la gar-
son anglaise d'Athlone en 1552. Un château normand édifié vers 1212 au bord du
euve fut démantelé sous Cromwell.

VISITE ⏱ *1 h*

Centre d'accueil des visiteurs – Le centre présente les **croix** originales, que l'on a remplacées sur le site par des répliques, ainsi qu'une collection de **pierres tombales**★ découvertes à Clonmacnoise, qui aurait été un important centre de sculpture sur pierre du 8e au 12e s.

Croix Sud – L'une des faces de cette croix du 9e s., haute de 3,6 m, représente la Crucifixion. Le motif décoratif de spirales entrelacées est identique à celui que l'on peut voir à Kells *(voir ce nom)* ou, en Écosse, sur l'île d'Iona et à Kidalton.

Temple Doolin – L'église doit son nom à Edward Dowling, qui la restaura en 1689 afin d'en faire un mausolée. Ses antes et sa baie Est en plein cintre sont antérieures au 12e s. Elle fut prolongée vers l'Est au 17e s. par le **temple Hurpan**.

Temple Meaghlin, ou **temple Rí** – L'église fut édifiée vers 1200. Ses baies Est ne sont pas sans rappeler celles de Clonfert *(voir Portumna)* et de l'église O'Heyne à Kilmacduagh *(voir Loughrea)*. Il y avait jadis une galerie de bois à l'extrémité Ouest.

Temple Kieran – Certaines parties de cette minuscule église où serait enterré sai
Kieran sont antérieures au 12ᵉ s.

Du Sud part un sentier empierré qui aboutit à l'église des nonnes (Nun's Church
en dehors de l'enceinte. Au Nord apparaissent les fondations du **temple Kelly** (12ᵉ s.

Croix Nord – Sa **flèche**, datant de l'an 800 environ, est ornée de lions se morda
la queue et d'un personnage aux bras croisés qui serait le dieu celte Cernunno

Cathédrale – Ce simple édifice rectangulaire fut modifié à diverses reprises. L
parties les plus anciennes datent probablement du 10ᵉ s., quand on substitua
l'église en bois une construction de pierre. Le portail principal, roman, est du 12ᵉ s
la sacristie à deux étages serait du 13ᵉ s. Au 15ᵉ s., le doyen Odo fit réaliser
portail Nord très travaillé, surmonté de trois plaques représentant saint Dominiqu
saint Patrick et saint François, et le chœur fut divisé en trois chapelles voûtée

★**Cross of the Scriptures** – Faite de grès, la croix des Écritures s'apparente aux cro
de Monasterboice *(voir Boyne Valley)* et fut peut-être érigée par le roi Flann, mo
vers 916. L'une de ses faces représente le Jugement dernier, l'autre la Crucifixio
Le panneau le plus bas de la face Est montre soit saint Kieran et le roi Diarma
fondant la première église, soit l'abbé Colman et le roi Flann érigeant la croix
entreprenant la construction de la cathédrale.

Clocher rond – Bien qu'il ait perdu son chapeau conique, c'est un bel exemple
ce type de construction. Il aurait été bâti au 10ᵉ s. par Fergal O'Rourke et rem
en état en 1120 par l'abbé O'Malone, mais l'encadrement cintré de la porte e
vraisemblablement du 12ᵉ s.

Temple Connor ⊘ – Une dotation en 1010 de Cathal O'Connor, roi du Connaugh
aurait servi à la construction de l'église dont il ne subsiste qu'une petite fenêtre da
le mur Sud. L'édifice, relevé en 1911, est utilisé par l'Église anglicane d'Irlande.

Temple Finghin – L'originalité de cette église du 12ᵉ s. ne comprenant qu'une n
et un chœur est de posséder une porte sur le Sud et un petit clocher rond inco
poré. L'arc roman du chœur fut modifié et renforcé au 17ᵉ s.

Nuns' Church – *10 mn AR. Depuis le centre de l'enclos, suivre le vieux sent
vers l'Est à travers le vaste cimetière puis la route.* L'**église des Nonnes**, en ruine,
comprend qu'une nef et un chœur. Selon les *Annales des Quatre Maîtres (vo
Donegal)*, elle aurait été achevée en 1167 par Dervorgilla. La porte principale
le chœur sont admirablement décorés dans le style roman irlandais.

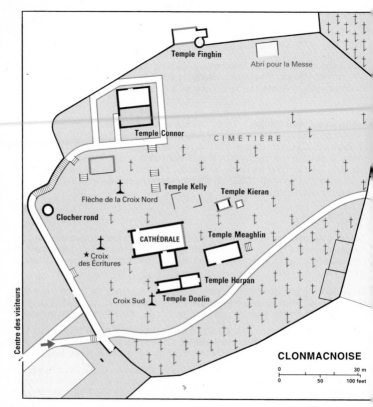

CLONMACNOISE

Clonmacnoise

EXCURSION

Clonfinlough Stone – *Prendre une première route secondaire vers l'Est sur 3 km, puis une autre vers le Sud sur 800 m. Stationner près de l'église. Monter par le sentier et franchir la clôture (10 mn AR).* À la lisière du champ se dresse une grande pierre portant des symboles, semblables à ceux que l'on voit en Espagne sur certains rochers de Galice, sculptés à l'âge du bronze. Les découpures naturelles ont été modifiées pour suggérer des formes humaines.

Vers le Sud s'ouvre une **vue** sur les tourbières intensément exploitées des vallées de la Brosna et du Shannon.

CLONMEL★

CLUAIN MEALA – Tipperary – 15 215 habitants
Carte Michelin n° 923 I 10 ou Atlas Great Britain & Ireland p. 80

Principale ville du comté de Tipperary, Clonmel est assise sur la rive Nord de la Suir, qui délimite ici les comtés de Tipperary et de Waterford. Immédiatement au Sud de la rivière, les monts Comeragh composent une spectaculaire toile de fond pour les nombreux édifices anciens de la ville.

Clonmel Pratique

Manifestations – Courses de lévriers lundi et jeudi soir. Grande fête annuelle des **courses de lévriers** en février.
En septembre : **Week-end des écrivains** faisant bonne place aux nouvellistes et poètes.

Artisanat – À **Tipperary Crystal** ◷ (16 km), on assiste à la fabrication d'objets en cristal décorés à la main. Vente à la boutique.

UN PEU D'HISTOIRE

La ville fut probablement fondée avant les invasions vikings. Son nom est dérivé d'un mot irlandais signifiant « prairie de miel », en référence à la fertilité de la vallée de la Suir. Les Vikings remontèrent la Suir depuis Waterford au début du 10e s., et une bataille aurait opposé à Clonmel, en 916 ou 917, le clan O'Neill aux envahisseurs.

Les voitures Bianconi

Fils d'un immigré venu de Lombardie, Charles Bianconi (1786-1875), élu deux fois maire de Clonmel, créa en 1815 un service de diligence vers Limerick et Thurles en profitant de la vente massive de chevaux après la bataille de Waterloo. Vers 1844, il en possédait plus de cent dans ses écuries. En 1851, ses grandes voitures ouvertes pourpre et jaune, surnommées *Bians*, circulaient dans 22 comtés, avec Clonmel, Galway et Sligo pour dépôts centraux. À son apogée, la société eut jusqu'à 1 400 chevaux et 100 voitures. La révolution apportée par Bianconi dans le transport du courrier, des marchandises et des voyageurs ne fut dépassée que par le chemin de fer, progressivement mis en place à la fin du 19ᵉ s.

Bianconi se retira en 1865, mais l'une de ses malles-poste était encore en service entre Clonmel et Dungarvan dans les années vingt. Une trompette de malle-poste et une horloge qui servait à régler les départs, aujourd'hui sans aiguilles, ornent le foyer de l'hôtel Hearn (**A**).

Édouard Iᵉʳ lui accorda une charte et des murailles furent construites au début du 14ᵉ. La ville devint ensuite un important fief des Butler, comtes d'Ormond *(voir Kilkenny)* et sa garnison résista à Cromwell plus qu'aucune autre en Irlande.

Souvenirs littéraires – Quatre personnalités majeures de la littérature anglaise son liées à Clonmel. **Anthony Trollope** écrivit ses deux premiers romans alors qu'il habita cette ville de 1844 à 1848. **George Borrow**, qui y fut écolier, la mentionne dans deu des chapitres de *Lavengro*. **Marguerite Power**, comtesse de Blessington, l'une des figure du monde littéraire du début du 19ᵉ s., y naquit (à Suir Island plus précisément) e 1789. **Laurence Sterne** (1713-1768), auteur de *La Vie et les Opinions de Tristra Shandy*, naquit également à Clonmel, dans Mary Street ; sa famille vécut à Suir Islan

CURIOSITÉS

★**County Museum** ⊘ (**M**) – Il est consacré à l'histoire de l'arrondissement Sud du com de Tipperary, de l'âge de la pierre à nos jours. Y sont exposés des pièces de monna romaines trouvées à Clonmel, l'album consacré au procès des Jeunes Irlandais, qui s déroula à Clonmel en 1848, et la veste de l'uniforme du régiment royal d'Irlande (Roy Irish Regiment), qui fut caserné à Clonmel jusqu'à sa dissolution congé en 1922. O verra aussi quelques tableaux peints par des artistes irlandais.

★**St Mary's Church** ⊘ – L'actuelle église anglicane et son inhabituelle tour octo gonale furent édifiées au 19ᵉ s. sur les vestiges d'une église du 14ᵉ s. De documents mentionnent l'existence d'un bâtiment dès le 13ᵉ s. Sur les pelouse environnantes subsistent d'importantes sections de l'enceinte de la ville.

Berges de la rivière – Le vieux pont (Old Bridge – **18**) du 17ᵉ s. enjambe tro fois la Suir pour passer sur Little Island et Suir Island puis sur Stretches Islan dont le nom est dérivé de celui d'immigrés italiens du 16ᵉ s. nommés Stroccio. La berge Nord entre le vieux pont et **Gashouse Bridge** (**12**), pont du 18ᵉ s. qui do son nom à la proximité de l'usine à gaz, constitue le **quai** où les bateaux se délé taient de leur cargaison. Un mémorial aux Martyrs de Manchester de 1867 y côto des **maisons georgiennes** et des entrepôts.

CLONMEL

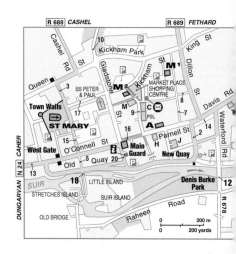

Main Guard – Ce bâtiment aux **armes de Clonmel**, à trois niveaux de cinq baies et couronné d'un dôme, fut élevé par le duc d'Ormond pour remplacer le palais de justice détruit en 1650 au cours du siège conduit par les troupes de Cromwell.

West Gate – La porte du 14e s. fut reconstruite en 1831 à l'imitation du style Tudor, avec des créneaux.

Museum of Transport ⊘ (**M²**) – Une trentaine de voitures d'époque (les *veteran cars*, construites avant 1919, et les *vintage cars*, construites entre 1919 et 1930) et de voitures classiques, ainsi que de nombreux souvenirs liés à l'automobile, sont présentés sur deux des six étages d'une élégante fabrique.

EXCURSIONS

★★ **Route panoramique de la vallée de la Nier** – *Circuit de 64 km. Quitter Clonmel par la R 678 au Sud. Au 8e kilomètre, tourner à droite vers Ballymacarbry, parcourir 6 km et prendre à gauche vers un point de vue. Là, faire demi-tour pour reprendre la direction de Ballymacarbry, où l'on emprunte à droite la R 671 pour revenir à Clonmel.* La route escalade les monts Comeragh et offre en plusieurs endroits des **vues** sur les montagnes et les forêts avant de redescendre les vallées de la Nier et de la Suir.

Carrick-on-Suir – *21 km à l'Est par la N 24.* Situé entre Slievenamon *(Nord-Ouest)* et les contreforts des Comeragh *(Sud)*, ce bourg dynamique jouit d'une situation fort agréable sur la Suir, soumise ici aux marées. Comme en témoigne le vieux pont du 15e s., Carrick était jadis le point de traversée le plus en aval de la rivière. Le Centre du patrimoine **(Heritage Centre)** ⊘ retrace l'histoire locale.

★ **Ormond Castle** ⊘ – Le trésor de Carrick est un château du 15e s. partiellement en ruine et un beau manoir élisabéthain, entourés d'un parc boisé. Le manoir *(restauré)* fut édifié par Thomas Butler, 10e comte d'Ormond, connu sous le nom de Tom le Noiraud, pour recevoir sa cousine, la reine Élisabeth, qui jamais ne se rendit en Irlande. L'extérieur présente de belles fenêtres à meneaux et des toits à pignons ; l'intérieur est célèbre pour ses **plâtres moulés** et sa grande galerie.

La grande galerie du château d'Ormond

Croix de Kilkeeran – *27 km à l'Est par les N 24 et R 697.* Les trois croix, probablement du 9e s., repèrent l'emplacement d'un monastère primitif. Sur le fût de la **croix Ouest**, décorée d'entrelacs et de bossages, figurent trois cavaliers. La partie haute est des plus inhabituelles, comme celle de la croix Est, inachevée et non décorée.

★ **Croix d'Ahenny** – *31 km à l'Est par les N 24 et R 697.* Semblables à ceux que l'on retrouve dans le *Livre de Kells (voir Kells)*, les entrelacs et les spirales décorant ces deux croix donnent à penser qu'elles datent du 8e s. Sur le fût, un porte-croix ouvre la marche à sept ecclésiastiques portant des crosses d'évêques.

★ **Fethard** – *13 km au Nord par la R 689.* Le village montre quelques vestiges de la colonisation anglo-normande et l'essentiel de son enceinte de la fin du 14e s. Au centre de la localité, le **château** est l'un des trois donjons édifiés au 15e s. L'**église**, avec sa tour crénelée de la fin du 15e s., inclut des parties plus anciennes, fortement restaurées entre 1400 et 1600. Le colossal comble à double pente de la nef est un sommet d'architecture. La fenêtre Est s'inspire de l'abbaye de Kilcooley. Les ruines d'un prieuré augustin du 12e s. sont parsemées de tombes des 16e et 17e s. Dans l'ancienne gare est installé un **musée** ⊘ riche en ustensiles et objets des siècles passés.

137

COBH★

AN CÓBH – Cork – 6 468 habitants

Carte Michelin n° 923 H 12 ou Atlas Great Britain & Ireland p. 78

L'expansion de Cobh *(prononcer Cove)* commença à la fin du 18ᵉ s. quand le port de Cork devint le port d'attache des navires anglais engagés dans la guerre de l'Indépendance américaine puis dans les luttes contre la France. Les villas néogothiques et les édifices italianisants se multiplièrent au début du 19ᵉ s. quand la ville était une station climatique réputée. L'élégant pavillon en front de mer (1854), qui abrita autrefois le Yacht-Club royal de Cork (RCYC), fut dessiné par l'architecte Anthony Salvin ; le RCYC, désormais basé à Crosshaven *(voir Cork)*, avait succédé au Water Club, le premier club de voile au monde (1720). En 1849, Cobh reçut le nom de Queenstown en l'honneur de la reine Victoria, qui y effectua une visite. Jusque dans les années soixante, la ville fut une escale pour les grands transatlantiques qui, tels le *Queen Mary* et le *Queen Elizabeth*, desservaient les lignes de l'Atlantique Nord (photographies et tableaux illustrant cette période décorent le bar de l'hôtel Commodore). Aussi le port vit-il embarquer de nombreux émigrants à la fin du 19ᵉ s. et au début du 20ᵉ s.

COBH PRATIQUE

Car Ferry du port ⊘ **de Cork** – Un car ferry traverse la Lee entre Carrigaloe *(rive Est)* et Glenbrook *(rive Ouest)*.

Croisières du port de Cork – De Kennedy Pier partent des croisières à la découverte des forts de la rade, de l'île de Spike, de la base navale et des grandes industries portuaires.

Service de train – Le train dessert l'île de Fota au départ de Cork et de Cobh.

Se loger à Cobh

Robin Hill House – *Rushbrook* – ☎ *(021) 4811 395 – 6 chambres.*
Ancien presbytère du 19ᵉ s. Chambres au décor personnalisé. Restaurant accueillant servant une cuisine contemporaine, avec une vue sur la rade de Cork.
Bella Vista Manor House – *Bishop's Road* – ☎ *(021) 48 12 450 – fax (021) 481 215 – 16 chambres.*
Les chambres sont spacieuses et confortables, et le petit restaurant sans prétention offre une belle vue sur le port.

★**St Colman's Cathedral** ⊘ – Dominant la ville, la cathédrale catholique fut édifiée entre 1868 et 1915 dans le style néogothique sur des plans de Pugin et d'Ashlin. Sa haute **flèche** qui abrite un carillon de 47 cloches est visible à des kilomètres à la ronde. Elle est ornée de colonnes de marbre poli, d'un dallage de mosaïque et d'un retable de marbre très fouillé.

★**Lusitania Memorial** – *Casement Square*. Un groupe minutieusement travaillé d'un sculpteur de Cork, Jerome Connor (1876-1943), composé d'un ange et de deux marins, commémore les 1 500 victimes du *Lusitania*, torpillé en 1915 *(voir Kinsale)*. À la mort de Connor, l'œuvre fut achevée par Seamus Murphy.
À proximité, sur Pierce Square, un monument plus modeste rappelle les victimes du naufrage du *Titanic* ; le paquebot prétendument insubmersible effectua à Cobh le 11 avril 1912 l'unique escale de sa première et fatale traversée.

Cobh Heritage Centre : the Queenstown Story ⊘ – Une partie de la gare de Cobh accueille maintenant une exposition évoquant l'époque où Cobh était un grand port : évocation de la vie des bagnards et des émigrants à bord des navires, de l'hébergement de ces derniers dans la ville, développement de la rade dans sa fonction de base navale, embarquement des troupes en partance pour la guerre des Boers et pour la Première Guerre mondiale, apparition des navires à vapeur en 1838, fastes des navires de ligne entre les deux guerres, naufrages du *Titanic* et du *Lusitania*.

Musée ⊘ – Une ancienne église presbytérienne abrite une collection d'objets se rapportant pour l'essentiel à la mer.

ENVIRONS

★**Fota Island** – *6 km au Nord par la R 624*. En 1975, l'université de Cork acheta le domaine à la famille Smith-Barry. **Fota House** ⊘, pavillon de chasse du 18ᵉ remodelé vers 1820 sur des plans de Richard Morrison, renferme l'un des plus beaux intérieurs Regency d'Irlande.
La Société de zoologie d'Irlande aménagea en 1983 sur 28 ha un **parc animalier★** ⊘ (Wildlife Park), dont l'objectif est de protéger les espèces en voie de disparition, tout

le guépard, qui en est l'une des attractions principales. Fota, l'un des parcs les plus populaires d'Irlande, présente un large éventail d'animaux, dont beaucoup d'espèces s'y déplacent librement. Au centre de l'île, un plateau herbeux s'apparente suffisamment à la savane pour offrir aux girafes, antilopes et zèbres un habitat convaincant. Diverses variétés de singes s'ébattent sur une série d'îles situées dans

la partie inférieure du parc, tandis que flamants, pélicans, pingouins et autres oiseaux d'eau sont rassemblés sur ou autour des plans d'eau environnants. Un petit train permet aux visiteurs fatigués de faire le tour complet de ce vaste parc qui possède également une aire de jeux.

L'**arboretum** ⊘ rassemble nombre d'arbres et d'arbustes subtropicaux provenant du monde entier, notamment d'Australie, du Chili, de Chine, du Japon et de Nouvelle-Zélande. Le jardin possède de rares variétés de conifères.

B. Lynch /Bord Fáilte, Dublin

Dans le parc animalier

CONNEMARA★★★

Galway

Carte Michelin n° 923 C 7 ou Atlas Great Britain & Ireland p. 88

...auvages et superbes montagnes, lacs, ruisseaux bondissants, marais ondulants, pro-
...ontoires ceinturés par la mer, plages inviolées et panoramas sont le lot du
...onnemara, région où la langue gaélique est restée vivace et qui a attiré de nombreux
...rtisans que l'on peut voir au travail : tissage à la main, tricot, impression sur toile,
...oterie, joaillerie, incrustation de marbre et sculpture.
...e centre du Connemara est composé de pics montagneux, les **Twelve Bens**, ou **Twelve**
...ins (Douze Sommets, ou Douze Aiguilles), qui culminent au Benbaun (728 m). Ces
...rêtes de quartzite résistantes à l'érosion sont trop escarpées pour être couvertes de
...égétation. Drainées par des torrents, elles sont ceinturées par une chaîne de lacs où
...onde la truite. La région est maintenant désertée bien que par le passé les terres
...asses les plus fertiles aient été cultivées et les terres hautes consacrées au pâturage.
...ntre les Douze Aiguilles et la côte méridionale, profondément découpée, s'étend une
...one plate criblée de lacs, le **marais du Connemara**. Par beau temps, chacun d'eux miroite
...u soleil alors que sous la pluie tout le paysage semble se liquéfier.

John D'Arcy (1785-1839)

En 1804, John D'Arcy, représentant la 7e génération d'une famille anglo-normande établie à Galway sous le règne d'Élisabeth Ire, converti à la religion anglicane sous les Lois pénales pour éviter l'exclusion, hérita du domaine D'Arcy dans le Connemara, alors peu accessible et peu habité. Après la mort de sa femme en 1815, il partit pour le Connemara et consacra le reste de sa vie au développement de la ville de Newtown Clifden, réclamant en permanence des fonds à l'administration pour relier par la route sa nouvelle ville à Westport et Galway.

CLIFDEN

Clifden s'étend au fond de la rade d'Ardbear, port naturel profondément inséré dans la côte Ouest. L'emplacement fut choisi avec soin, car au début du 19e s. l'essentiel des transports s'effectuait par la mer. Commencé en 1822, le **quai** ne fut achevé qu'en 1831, faute de fonds. La route de Galway fut tracée vers 1820 d'Est en Ouest par **Alexander Nimmo** (1783-1832), ingénieur écossais venu en Irlande en 1809 faire des relevés dans le marais, et nommé en 1822 ingénieur en chef du district de l'Ouest. Comme elle traversait la campagne inhabitée, les ouvriers transportaient tentes et matériel de cuisine. La voie ferrée de Galway, construite en 1895, a été fermée en 1935.

LE NORD DU CONNEMARA *Circuit de 96 km – une journée*

Quitter Clifden à l'Ouest par la route de corniche.

Clifden Bay – Sur la rive Nord, à l'Ouest du port, s'étire une plage de sable.

CONNEMARA PRATIQUE

Randonnée – Les randonneurs qui partent à l'assaut des collines doivent s'équiper correctement (carte et boussole, chaussures imperméables et solides, vêtements chauds, provisions) et aviser quelqu'un de leur itinéraire et de l'heure de rentrée prévue, de préférence le **National Park Visitor Centre** *(voir plus loin)*. Ne jamais partir seul.

Au départ de Recess, une randonnée guidée *(premier dimanche d'août)* monte vers le Nord-Est, arrive en 2 h au **Pass of the Birds** (col des Oiseaux) et le traverse en 2 à 4 h.

Croisières côtières – Des bacs relient Cleggan à Inishbofin *(voir plus loin)*. Des croisières de découverte de la faune et de pêche à la ligne partent de Letterfrack.

Sport – Plongée : s'adresser à **Scubadive West** à Renvyle. Pêche : **Sea Angling Centre** de Rounsdstone.

Artisanat – Village d'artisans IDA à Roundstone *(voir plus loin)*, boutique de l'abbaye de Kilmore *(voir plus loin)* et centre culturel de Leenane pour les lainages.

Se restaurer dans le Connemara

John J. Burke – *Clonbur* – ☎ *(092) 46 175.*
Pub irlandais traditionnel. Cuisine préparée avec soin. Orchestre le week-end.

High Moors – *Dooneen, Clifden (1,2 km au Sud-Est, sur Ballyconneely Road)* ☎ *(095) 21 342.*
Restaurant familial très animé, cuisine du jardin. Vues sur la campagne.

Se loger dans le Connemara

Buttermill Lodge – *Westport Road, Clifden* – ☎ *(095) 21951* – *fax (095) 21953* – *11 chambres.*
Établissement accueillant aux chambres modernes spacieuses ; cuisine familiale. À 400 m du centre-ville.

River Run Lodge – *Glann Road, Oughterard (800 m au Nord-Ouest)* ☎ *(091) 552 097* – *fax (091) 552 669* – *6 chambres.*
Grande pension de famille donnant sur la rivière Owenriff. Cuisine irlandaise moderne.

Eldon's – *Roundstone* – ☎ *(095) 35933* – *fax (095) 35722* – *18 chambres, dont 6 très spacieuses en annexe.*
Hôtel familial au centre du village. Spécialités de homard au restaurant Beola. Vues sur la rade.

Erriseask House – *Ballyconneely* – ☎ *(095) 23553* – *fax (095) 23639* – *12 chambres.*
Ferme d'époque donnant sur la baie de Mannin et les Douze Aiguilles. Restaurant primé. Excellentes randonnées alentour.

Currarevagh House – *Oughterard* – ☎ *(091) 552 312* – *fax (091) 552 731* – *15 chambres.*
Maison de campagne du début de l'époque victorienne, située dans un grand parc très paisible bordant le lac Corrib.

Ballywarren House – *Cong* – ☎/fax *(092) 46989* – *pension 3 chambres.*
Élégante demeure de campagne familiale en bord de route principale.

Quay House – *Beach Road, Clifden* – ☎ *(095) 21369* – *fax (095) 21608* – *14 chambres.*
Propriété ancienne agrandie offrant une ambiance détendue et de belles vues sur la rade. À 5 mn à pied du centre.

Lough Inagh Lodge – *Recess (7,5 km au Nord-Ouest par la R 344)* – ☎ *(095) 34706* – *fax (095) 34708* – *12 chambres.*
Pavillon de pêche victorien reconverti et spécialisé dans les activités de plein air. Superbes vues dans ce lieu retiré.

Cashel House – *Cashel* – ☎ *(095) 31001* – *fax (095) 31077* – *32 chambres.*
Résidence de campagne traditionnelle ornée d'antiquités et de tableaux, au milieu de jardins idylliques.

Renvyle House – *Renvyle* – ☎ *(095) 43511* – *fax (095) 43515* – *63 chambres.*
Hôtel familial sur la côte offrant équipements sportifs et week-ends à thème.

★★Sky Road – Après le château de Clifden, ancienne résidence de John D'Arcy, une route étroite et en forte pente escalade les falaises de la rive Nord de la baie, dont l'autre rive est dominée par la bosse arrondie de l'Errisbeg *(voir plus loin)*.
Une inflexion de la route vers le Nord-Ouest au-dessus du banc de rochers fournit une magnifique **vue★★** sur les indentations de la côte et les îles au large *(parking)*. La route descend dans une courbe au fond de la baie de Kingstown puis continue à l'intérieur des terres le long de la rive Sud de la baie de Streamstown, étroite échancrure de 6,5 km.

Au carrefour en T, prendre à gauche la N 59. Pour visiter Inishbofin, faire un détour (6,5 km) à l'Ouest par Cleggan, ou bien poursuivre vers le Nord.

Inishbofin – *Bac* ⊘ *au départ de Cleggan.* L'île de White Cow, où saint Colman fonda un monastère au 7ᵉ s., est peuplée de fermiers et de pêcheurs. Le fort servit à Grace O'Malley *(voir encadré p. 287)*, dont les ancêtres avaient enlevé l'île aux O'Flaherty au 14ᵉ s.

Se diriger vers Letterfrack par la N 59.

★Connemara National Park (Páirc Náisiúnta Chonamara) ⊘, à **Letterfrack** – *2,4 km jusqu'au parking.* Le parc (2 000 ha) couvre une partie de la chaîne des Twelve Bens et comprend des landes de bruyère, des marécages et des prairies avec quelques boqueteaux de chênes et de bouleaux. On y trouve des espèces végétales aussi bien méditerranéennes qu'alpines et arctiques sur les versants les plus élevés. Le **cerf commun d'Europe**, originaire du Connemara, et le **poney du Connemara** ont été réintroduits.
Le **centre d'accueil**, logé dans les anciens bâtiments d'une ferme, fournit des informations sur les promenades guidées et les sentiers de nature, et présente un film et une exposition explicative à propos des paysages du Connemara. Derrière le centre s'élève le point culminant, Diamond Hill (la colline du Diamant), qui procure une belle vue. Au pied du versant Est, la Polladirk s'écoule depuis une large vallée, Glanmore, à travers une gorge spectaculaire.

À Letterfrack, tourner à gauche en direction de Renvyle (ou Rinvyle).

Péninsule de Rinvyle – À l'extrémité de la péninsule, dominée par la Tully Mountain, s'élèvent les ruines du **château de Rinvyle** (Currath), maison forte qui appartint au clan O'Flaherty. L'angle Nord-Est effondré révèle un escalier en colimaçon, un troisième étage voûté et une cheminée colossale. Une belle **vue** se développe sur les Mweelrea (Muilrea) Mountains *(Nord-Est)* et, au large, sur les îles : Inishbofin *(à l'Ouest)*, Inishturk et Clare *(au Nord)*. Un hôtel occupe Rinvyle House, jadis demeure de l'écrivain Oliver St John Gogarty.

Revenir vers la N 59 et poursuivre vers l'Est.

★Kylemore Abbey ⊘, à l'Est de **Letterfrack** – Le nom irlandais Coill Mhór, qui signifie grand bois, fait référence aux chênes, bouleaux, houx et conifères qui peuplent la rive Nord du lac Pollacappul au pied du mont Doughrough. Un château néogothique avec tours et créneaux, construit de 1860 à 1867 en granit de Dalkey, abrite aujourd'hui une communauté de religieuses bénédictines et une école. Le centre d'artisanat vend tout un éventail de poteries de Kylemore réalisées et décorées à la main.
La somptueuse résidence fut financée par Mitchell Henry (1826-1901) et son épouse, Margaret Vaughan, qui y reçut fastueusement jusqu'à sa mort en 1874. L'histoire du château et du couvent est rappelée au moyen de photographies, de textes et d'une présentation audiovisuelle dans trois pièces, dont le vestibule d'entrée aux splendides escalier et plafond. On restaure les immenses jardins enclos de murs pour leur rendre leur faste d'antan.
Une promenade *(10 mn AR)* le long de la rive boisée conduit au-delà de ruisseaux impétueux à l'**église néogothique** (1868), réplique de la cathédrale de Norwich, où se déroulent des services œcuméniques et des concerts.

Poursuivre vers l'Est sur la N 59.

Leenane – D'un parking en bord de mer, on bénéficie d'une très jolie vue du **port de Killary★** (Killary Harbour), un fjord profond formé par l'estuaire de l'Erriff *(voir Westport, Excursions : Péninsule de Murrisk)*. Le **centre culturel de Leenane** ⊘ présente le travail de la laine, cardage, filature, teinture avec des pigments naturels, tissage. La boutique vend des articles faits main. À l'extérieur paissent des représentants de diverses races ovines, parfois fort anciennes.

Prendre la R 336 vers le Sud. Au 8ᵉ kilomètre, emprunter à gauche une route de montagne étroite et raide.

★Joyce Country – Une famille galloise qui s'installa après l'invasion anglo-normande du 12ᵉ s. sur les terres situées entre les lacs Mask et Corrib a légué son nom au pays. De belles perspectives s'ouvrent sur les lacs et la montagne.

★Lough Nafooey – À l'Est de la ligne de partage des eaux, une superbe **vue** embrasse le lac, au pied du Maumtrasna (671 m). De la rive Nord, on voit la chute qui ferme l'extrémité Ouest du lac.

Lough Mask – Du pont de Ferry se révèle toute l'étendue du lac, qui s'étire du pied des Partry Mountains à l'Ouest jusqu'aux plaines de Mayo.

Au carrefour en T, prendre à gauche jusqu'à Cloburn, où l'on tourne à droite dans la R 345.

★★**Lough Corrib** – De la rive boisée, une **vue** s'offre sur le lac et ses îles. Dans le bras Nord-Ouest du lac, une île porte les ruines du **château de Hen**, forteresse des O'Flaherty, que **Grace O'Malley** *(voir encadré p. 287)* défendit d'abord en 1570, quand les Joyce, après avoir assassiné son mari Donal O'Flaherty, tentèrent de s'en emparer, puis, plusieurs années après, contre les troupes anglaises venues de Galway. Grace les repoussa en les arrosant de plomb fondu et, pour obtenir du secours, envoya, par le souterrain reliant le château à la rive, un homme allumer un feu sur une colline. *(La rive Sud-Ouest du lac est décrite au chapitre Galway, p. 206).*

Au carrefour en T, tourner à gauche dans la R 336 et aller jusque Maam Cross, où l'on prend à droite la N 59 pour revenir à Clifden.

Le lac Inagh

Maam Cross (An Teach Dóite) et **Recess** (Sraith Salach) sont deux populaires villages de pêcheurs sur la route de Galway à Clifden. Au-delà de Recess on découvre les nombreuses îles du lac **Derryclare**. Au Nord de ce lac, le **lac Inagh** *(aires de pique-nique)* occupe une vallée glaciaire entre les Maumturks Mountains à l'Est à deux des Douze Aiguilles, la Bencorr et la Derryclare à l'Ouest. Le marécage est parsemé de piles de tourbe et de moutons. Le **château de Ballynahinch** (maintenant hôtel), sur la rive Nord du lac du même nom, appartenait jadis à famille Martin, qui acheta le domaine au clan O'Flaherty au 16e s. Il fut habité pa Richard Martin, plus connu sous le nom de « Humanity Dick », fondateur de Société de protection des animaux.

LE SUD DU CONNEMARA *Circuit de 121 km – une journée*
Quitter Clifden par la R 341 au Sud.

Owenglin Cascade – À la limite Sud de la ville, la rivière Owenglin tombe e cascade vers la rade d'Ardbear.

Parcourir environ 3 km sur la R 341 en direction du Sud.

Alcock and Brown Monument – Érigé sur une colline au Nord-Ouest, le monument commémore le premier vol transatlantique sans escale, réalisé en 1919 pa Alcock et Brown, qui atterrirent à Derryginlagh.

Poursuivre vers le Sud sur R 341.

Errisbeg – Cet affleurement de roche magmatique culmine à 300 m entre deu anses sablonneuses.

Roundstone (Cloch na Rón) – La petite station fut aménagée par Alexander Nimm qui incita ses compatriotes écossais à s'y établir. À la périphérie Sud est instal l'un des villages d'artisans créé par le ministère du Développement industrie L'atelier de Malachy Kearns est réputé pour sa fabrication de tambours en pea de chèvre (bodhrán), qui accompagnent la musique traditionnelle.

À Toombeola, prendre à droite la R 342.

★**Cashel** – Cette agréable petite station, où se rassemblent pêcheurs et randonneur se blottit au pied d'une colline dominant la baie de Bertraghboy.

Prendre à droite la R 340.

Péninsule de Carna – Un cordon de villages ponctue le rivage, devant lequ s'étend l'**île St-MacDara**, où ce saint du 6e s., auquel les marins marquaient leur véné ration en abaissant les voiles, a fondé un monastère. On rejoint l'île à partir d

Irish Picture Library

Carna, village consacré à la pêche au homard où, pour la fête de saint MacDara (16 juillet) a lieu un *pattern* : habitants et visiteurs embarquent pour l'île de saint MacDarra pour y suivre une messe et d'autres prières. Ensuite ont lieu des courses de bateaux et des festivités. L'église restaurée, faite de très gros blocs de pierre, présente d'insolites antes se rejoignant au faîte du toit.

Sur la côte Est, **Kilkieran** (Cill Chiaráin) offre une belle vue d'ensemble sur les îles et péninsules constellant la baie.

À 11 km au Nord de Kilkieran, avant Gortmore, tourner à droite (panneau) en direction du cottage de Patrick Pearse.

Patrick Pearse's Cottage ⊙, à **Rosmuc** – Patrick Pearse *(voir Index)* passait ses vacances et étudiait la langue irlandaise dans cette chaumière de trois pièces qu'il avait fait construire sur la rive Ouest du lac Aroolagh, à l'abri d'un affleurement rocheux.

Revenir à la R 340, que l'on reprend vers l'Est. À la jonction en T avec la R 386, prendre à gauche vers Maam Cross, où l'on retrouve la N 59, que l'on emprunte à gauche pour revenir à Clifden.

CORK★★

CORCAIGH – Cork – 127 187 habitants
Carte Michelin n° 923 G 12 ou Atlas Great Britain & Ireland p. 78

Deuxième ville d'Irlande après Dublin et Belfast, Cork est une importante cité commerçante, le chef-lieu du comté du même nom, ainsi qu'une ville universitaire. Les faubourgs Nord, dont le quartier exclusivement résidentiel de **Montenotte**, occupent des hauteurs, alors que le centre, établi sur des terrains marécageux asséchés, est plat. Le Lee le sillonne, se multipliant en canaux attrayants sur sa rive occidentale. Son estuaire forme le plus grand port naturel d'Europe. Jusqu'au 19e s., la plupart des rues, étaient des voies d'eau empruntées par les bateaux ; aussi Arthur Young, en 1780, comparait-il Cork aux villes hollandaises.

La ville possède une forte identité historique et culturelle. Les habitants de Cork, à l'accent si particulier, apprécient les deux spécialités locales : le boudin noir *(drisheen)* et les pieds de porc *(crúibini)*, proposés avec gouaille au **marché anglais** (English market) par les vendeurs.

La forte identité culturelle de la ville s'exprime par la présentation de films et l'organisation d'expositions au **Triskel Arts Centre** ⊙ (Z F), dans Tobin Street.

Un marécage – Le nom de la ville est dérivé d'un mot irlandais signifiant « lieu ma cageux ». Son développement, commencé avec la fondation en 650 par saint Fin d'une église au bord de la Lee, fut interrompu en 860 par les raids vikings, puis 1172 par l'invasion anglo-normande, qui mit probablement fin à l'occupation dano

Cork la rebelle – En raison de sa puissance commerciale, Cork fit très tôt montre l'indépendance politique qu'elle manifeste encore. En 1492, **Perkin Waerbeck**, prét dant au trône d'Angleterre, y trouva le soutien du maire et de quelques notables, le suivirent en Angleterre, où il se proclama roi sous le nom de Richard IV avant d'ê pendu avec ses partisans au gibet de Tyburn, à Londres.

Vers 1640, la ville prit le parti du roi contre Cromwell, qui y entra en 1649 en caus de nombreux dommages. L'humiliation fut complète en 1690 quand Cork fut dém telée par Guillaume III, qui l'enleva après cinq jours de siège.

Au début du 18e s., elle accueillit de nombreux huguenots français fuyant les per cutions ; leur présence est rappelée par le nom de French Church Street (rue l'Église-Française). Au 19e s., devenue un foyer d'agitation feniane, sa réputation d subordination n'en fut que davantage confortée, et l'année 1841 vit la fondation quotidien local, le *Cork Examiner*.

La guerre d'Indépendance et la guerre civile qui s'ensuivit firent rage à Cork et da ses environs. En 1920, les Black and Tans (Noir et Kaki) incendièrent une importa partie du centre-ville, reconstruite plus tard dans un style moderne assez quelconq Le malaise politique fut attisé par la mort de deux lords-maires : Terence McSwin décédé au terme d'une grève de la faim dans la prison de Brixton, et Tomás McCurta assassiné dans son lit par les forces de la Couronne en présence de sa femme et ses enfants.

Centre de commerce et d'industrie – Le commerce prit son essor à Cork au 12e s. a l'exportation des cuirs et de la laine et l'importation du vin de Bordeaux. En 1852, s'i pirant de l'exposition qui s'était déroulée à Londres l'année précédente, Cork organisa

CORK PRATIQUE

Office de tourisme – Cork City Tourism Office, Áras Fáilte Tourist House, Gra Parade, ☎ (021) 4273 251, fax (021) 4273 504, www.iii.ie/iii

Transport public – Pour les trajets en bus, contactez le Bus Éireann Tra Centre, Parnell Place, ☎ (021) 4508 188, www.infopoint.ie/buse/. Pour déplacements fréquents en bus, acheter un Bus Éireann Rambler Ticket, vala pour une période de 3, 8 ou 15 jours. Pour obtenir des informations sur **trains**, contactez Iarnród Éireann, Travel Centre, 65 Patrick Street, ☎ (02 4504 888, www.club.ie/RailNet/

Le port de Cork – Un bac assure la liaison entre Glenbrook *(au Sud-Est de ville)* et Carrigaloe, près de Cobh, sur Great Island. Des promenades ⓥ dans port sont également possibles au départ de Penrose Quay.

Achats – La plupart des marques célèbres se trouvent dans **Patrick Street**, I' tère commerciale principale traversant le centre-ville de Cork, et dans **Mercha Quay Shopping Centre**, qui se situe également dans Patrick Street. **North Main St** est l'une des rues commerciales les plus anciennes de Cork. Pour voir quelq chose d'un petit peu différent, faire une visite au **Huguenot Quarter**, un quar non conformiste groupant de nombreux cafés et boutiques, ainsi que plusie magasins d'antiquités. Le **Marché anglais** *(tout près de Patrick Street)* propose a amoureux des marchés un large éventail de produits frais.

Pour les lainages, visiter la filature Blarney Woolen Mills *(voir ci-après)*.

Festivals – Le **Cork Guinness Jazz Festival** est un festival de jazz annuel, créé il y a p de vingt ans, qui a lieu la dernière semaine d'octobre et attire plus de 35 000 v teurs. Pour de plus amples informations, ☎ (021) 270 463. Le **Murphys Cork** **Festival**, qui perdure depuis plus de quarante ans, se déroule en octobre et re hommage aux meilleurs films du monde entier, ☎ (021) 4271 711.

Loisirs – **Everyman Palace Theatre**, *MacCurtain Street* (☎ (021) 4501 673). **Granary Theatre** (☎ (021) 4904 275) : productions d'amateurs et de professio nels. **Opera House**, *Emmet Place* (☎ (021) 4270 022) : troupes ambulantes productions locales. **Kino Cinema**, *Washington Street* (☎ (021) 4271 571) : gra choix de films. **The Half Moon Club** *(juste derrière Opera House* – ☎ (02 4274 308) : nombreux morceaux de jazz, blues et rock. **Triskel Art Centre** (Z *Tobin Street* : projections de films, expositions d'art et autres activités.

Se restaurer à Cork

Café Paradiso – *16 Lancaster Quay, Western Road* – ☎ *(021) 4277 939* fax *(021) 4307 468*.

Café végétarien décontracté bondé, cuisine éclectique au bon rapport qualité-p

nière exposition industrielle en Irlande. La première usine que la société d'automo-
Ford implanta au-delà des mers le fut en 1917 à la Marina de Cork ; le fondateur
a firme, **Henry Ford**, était né à Ballinascarty, au Nord de Clonakilty. L'usine ferma ses
es en 1980, en même temps que la manufacture de pneumatiques Dunlop, établie
1930. Les chantiers navals cessèrent leurs activités à peu près à la même époque,
ork se consacre aujourd'hui au matériel informatique.

LE CENTRE

Grand Parade (Z) – Principal centre des affaires à Cork, cette artère présente
quelques élégants édifices fin 18e s. à façades en saillie tendues d'ardoise. Jusqu'en
800, c'était un canal à l'air libre bordé de maisons de marchands. On peut encore
y voir les escaliers qui descendaient jusqu'aux bateaux.

South Mall (Z) – Maintenant intégrée à l'hôtel Imperial, à l'extrémité Est de la
rue, la chambre de commerce avait été édifiée en 1813 pour les négociants qui
dirigeaient la Bourse du beurre. Immédiatement en face, à l'angle de Pembroke
Street, une entrée porte l'inscription *Cork Library* (**E**), situant ainsi la première
grande bibliothèque municipale fondée sur souscription privée.

St Patrick's Street (Z) – La principale rue commerçante de la ville offre une variété
de magasins et de boutiques spécialisées, auxquels s'ajoute un vaste centre commercial récent sur Merchants' Quay (Y **32**).

Crawford Art Gallery ⊘ (Y) – Fondée par W. H. Crawford, la galerie expose une
collection représentative d'œuvres d'artistes irlandais des 19e et 20e s. tels William
Connor, John Keating, Sir William Orpen et Seán O'Sullivan, ainsi que de John
Hogan et Daniel Maclise, artistes locaux réputés au 19e s.
On y voit en outre une armure de samouraï japonais de la fin du 19e s. et plusieurs
moulages provenant du Vatican. Des expositions itinérantes d'art contemporain
irlandais et européen y ont fréquemment lieu.

es – *48 MacCurtain Street* – ☎ *(021) 4503 805* – fax *(021) 4551 348*.
nde salle animée où l'on sert des menus brasserie variés et bon marché.

ues – *Phoenix Street* – ☎ *(021) 4277 387* – fax *(021) 4270 634*.
rot méditerranéen ; cuisine à base de produits locaux de qualité. Carte limi-
mais bon rapport qualité-prix.

Ivory Tower – *The Exchange Buildings – 35 Princess Street* – ☎ *(021)*
74 665.
des restaurants les plus connus de Cork. Cuisine personnelle et créative à
e de produits locaux.

bs on the Mall – *30A South Mall* – ☎ *(021) 4251 530* – fax *(021) 4251 531*.
taurant moderne occupant un hammam reconverti. Cuisine européenne
temporaine avec une touche créative.

Se loger à Cork

rney House – *Western Road* – ☎ *(021) 4270 290* – fax *(021) 4271 010* –
chambres.
son meublée traditionnellement ; chambres confortables à prix raisonnables.
énagement typique.

ish House – *Western Road* – ☎ *(021) 4275 111* – fax *(021) 4273 872* –
chambres.
te maison victorienne accessible à pied de la ville. Confort de pension tradi-
nelle.

n North Mall – *7 North Mall* – ☎ *(021) 4397 191* – fax *(021) 4300 811* –
hambres.
e maison georgienne offrant des chambres agréables, élégamment meublées,
nant sur la rivière.

oria Lodge – *Victoria Cross* – ☎ *(021) 4542 233* – fax *(021) 4542 572* –
chambres.
ancien monastère propose un logement austère avec un bon rapport qua-
prix à 5 mn de la ville.

's Cork Inn – *Anderson's Quay* – ☎ *(021) 4276 444* – fax *(021)*
76 144 – 133 chambres.
el d'affaires au bon rapport qualité-prix, moins cher le week-end pour les
ristes.

aster Lodge – *Lancaster Quay* – ☎ *(021) 4251 125* – fax *(021)*
51 126 – 39 chambres.
el moderne près de la ville. Chambres bien équipées avec tout le confort
derne.

Maisons sur Grand Parade

L'immeuble qui l'abrite fut élevé en 1724 pour accueillir les services des Doua
puis attribué en 1832 à une société scientifique, la Royal Cork Society, qui fit d
à la galerie de sa collection de moulages.

Archives Institute ⏱ (**Z B**) – *South Main Street*. L'institut a réuni de très n
breux documents concernant essentiellement les activités, l'administration e
commerce locaux à travers les âges, ainsi que des archives familiales présen
parfois quelque intérêt généalogique. Administrées conjointement par la munic
lité, le conseil du comté et l'université, les Archives occupent l'église du Ch
édifiée en 1726 sur le site d'une église médiévale détruite lors du siège de 16
Quelques anciennes pierres tombales subsistent dans l'ancien cimetière.

Vision Centre ⏱ (**Y**) – Ce centre urbain d'information, situé dans l'ancienne é
St-Pierre (18ᵉ s.), présente des expositions sur le passé, le présent et le futur
Cork, disposées autour d'une grande maquette (1/500) de la ville.

Beamish and Crawford Brewery (**Z**) – Cette brasserie, l'une des deux de la v
est pourvue d'une attrayante façade à colombages de style gothique tardif.

University College ⏱ (**X**) – Le collège universitaire de Cork (UCC), qui fut fo
par une charte en 1845, ainsi que deux autres collèges à Galway et Belfast,
désormais partie de l'université nationale. Les bâtiments d'origine furent dess
par Benjamin Woodward (1816-1861). Une visite à pied partant des portes p
cipales permet d'admirer le bâtiment de la cour principale, doté d'un remarqu
couloir de pierre, la bibliothèque Boole, la chapelle Honan, célèbre pour ses **vitr**
dus à Harry Clarke, l'observatoire Crawford ainsi que la prison et le cimetière
Républicains.

QUARTIERS SUD

★**Public Museum** ⏱ (**X M**) – Les expositions, agréablement présentées dans une r
son de Fitzgerald Park, évoquent la vie dans la région de Cork depuis l'époque
historique. Dans le hall d'entrée a pris place le blason de la ville, sauvé de l'in
die de l'ancien hôtel de ville en 1920. La collection de masses d'armes et d'attri
des corps constitués comprend le **javelot d'argent** de 1500 lancé vers la mer pa
lord-maire pour marquer les limites de sa juridiction. Une maquette de l'ence
donne une notion de l'étendue de la ville en 1185. Une reconstitution à échelle
duite des méthodes de travail à l'âge du fer évoque l'époque préhistoric

CORK

Slide File, Dublin

Patchwork sonorisé au cœur de Cork

L'artisanat est représe[...]
par de la dentelle à l'aig[...]
de Youghal et de l'arge[...]
rie de Cork du 18ᵉ s. La [...]
argenterie républicaine date[...]
début de 1922, quand [...]
raison des combats qu[...]
déroulaient dans la vill[...]
était impossible d'envo[...]
le métal à Dublin pour [...]
contrôler la pureté.

Le parc adjacent arbore[...]
œuvres de cinq sculpt[...]
irlandais contemporains[...]

★★ **St Fin Barre's Cathe**[...]
⊙ (Z) – Les plans de la [...]
thédrale anglicane fur[...]
dressés par William Bur[...]
qui éleva en 1865 dar[...]
style gothique français[...]
exubérant édifice de pi[...]
calcaire doté de tr[...]
flèches, dont l'une, la [...]
trale, s'élève à 73 m. L[...]
side est éclairée [...]
18 baies pourvues de[...]
traux. Une plaque de cu[...]
dans le dallage marqu[...]
sépulture d'Elizabeth [...]
worth, qui, dit-on, ayant [...]

sisté cachée dans une caisse d'horloge à une réunion maçonnique, fut intron[...]
membre de la loge pour s'assurer de son silence. Au Sud de l'autel est pendu[...]
boulet de canon qui passe pour avoir été tiré au cours du siège de 1690 sur la [...]
de l'église précédente.

★ **Christ the King Church** (X D) – *Turner's Cross*. La frappante église moderne[...]
Christ-Roi fut édifiée en 1937 d'après les plans de Barry Byrne, architecte irla[...]
américain installé à Chicago, et de son associé, J. R. Boyd Barrett. L'intérieur [...]
dénué d'ornements mais la façade est décorée d'une sculpture du Christ de s[...]
cubiste, due au ciseau de l'Américain John Storrs. Devant l'église se déploie[...]
magnifique **panorama** sur la ville.

★ **Elizabethan Fort** (Z) – Construit vers 1590 pour « intimider les citoyens de Cor[...]
le fort élisabéthain fut reconstruit en 1624, converti en prison en 1835 et ince[...]
en 1922 par les forces républicaines avant qu'elles ne quittent la ville. Les va[...]
chemins de ronde en font l'un des meilleurs belvédères sur la ville.

Cork Lough (X) – Bien qu'il soit situé en plein secteur urbanisé, ce lac frange[...]
vastes prairies est un prospère refuge d'oiseaux, peuplé de canards mandarins[...]
colverts, de poules d'eau et de nombreux cygnes.

South Presentation Convent (Z) – Le couvent fut fondé en 1776 par Nano Nar[...]
une pionnière en matière d'éducation née près de Mallow, dont on peut vo[...]
tombe et quelques objets personnels.

South Chapel (Z) – Sous le maître-autel se trouve le *Christ mort*, sculpture[...]
John Hogan (1800-1858), dont l'enfance se déroula à proximité, dans Cove Str[...]

Red Abbey (Z) – Une tour carrée, le plus ancien édifice de Cork, est l'unique ves[...]
d'un monastère augustin, fondé en 1300, jadis hors des murs. Pendant le s[...]
de 1690, un canon avait été installé au sommet pour abattre la muraille Est d[...]
ville.

Heritage Park ⊙ (X) – *3 km à l'Est de Blackrock*. Le Parc du patrimoine occ[...]
les dépendances du domaine Bessboro, ancienne résidence d'une famille[...]
quakers, les Pike. La flore et la faune que l'on rencontre sur le site et dans [...]
tuaire voisin sont présentées au Centre de l'environnement.

Le **musée de la Marine** (Maritime Museum) retrace l'histoire de la famille Pike, ve[...]
du Berkshire, en Angleterre, et son rôle dans le commerce de la laine, dar[...]
construction navale et au cours de la Grande Famine. La rade de Cork, aves[...]
îles et les rivières qui y débouchent, est reconstituée à échelle réduite ; des [...]
frages y sont évoqués.

Dans les écuries sont exposés divers véhicules hippomobiles. L'histoire du corp[...]
pompiers municipaux est évoquée par le biais d'un matériel obsolète.

QUARTIERS NORD

Carillon de Shandon ⊘ – La tour de l'**église** anglicane **St Anne's Shandon** (Y) recèle la plus célèbre attraction de Cork, une série de huit cloches installées en 1752, sur lesquelles le visiteur peut jouer l'« hymne » local : *On the Banks of My Own Lovely Lee* (Sur les rives de ma bien-aimée Lee). Faite de pierre calcaire sur deux faces et de grès sur les deux autres, elle est composée de quatre blocs de plus en plus petits et porte les plus grands cadrans d'horloge de Cork. Du haut de la tour (133 marches), la vue est superbe.

L'église fut construite en 1722 en remplacement d'un édifice antérieur détruit lors du siège de 1690. Sous son plafond de bois est conservée une collection de livres du 17e s. – dont un manuel médical de 1648, un exemplaire des *Letters of John Donne* imprimé en 1651, et une Bible éditée à Genève en 1648 – qui faisaient partie de la bibliothèque d'une institution charitable installée à proximité en 1716, la Green Coat Charity School.

Butter Museum ⊘ (**M¹**) – Le musée retrace l'histoire du commerce le plus lucratif de la ville au 19e s., celui du beurre, qui ne prit fin qu'avec la Première Guerre mondiale. Le **Butter Exchange** voisin (1750) centralisait l'exportation. En 1763 fut établi un comité de marchands pour en assurer le contrôle. Ils définirent trois, puis six normes de qualité, et leur influence prévalut jusqu'à la fin du 19e s. Les présentations rassemblent spécimens de beurre de tourbière et barattes modernes.

Shandon Crafts Centre (Y A) – L'ancien marché au beurre abrite aujourd'hui un centre d'artisanat, où l'on peut assister à la fabrication d'objets en cristal, de bijoux et de tissus.

City Gaol ⊘ (X G) – *Convent Avenue*. Réalisée en 1825 selon les plans de Thomas Deane, la prison municipale fut désaffectée en 1923. À partir de 1878, et à l'exception de la période de la guerre civile, seules les femmes y furent incarcérées. On y évoque le régime quotidien des prisonnières – porridge à chaque repas, ingratitude du travail de l'étoupe, isolement –, ainsi que les crimes pour lesquels elles étaient condamnées, le rôle de l'école – qui fonctionna de 1856 à 1879 – et celui de l'hôpital. On y a aussi recueilli certains des graffitis laissés au 20e s. Une présentation audiovisuelle dans l'une des rotondes dépeint de façon saisissante les conditions de vie à Cork au 19e s.

Le **Radio Museum** projette un film sur Marconi, qui procéda en Irlande à certaines de ses premières transmissions radio ; on voit des morceaux de câble transatlantique et des souvenirs des premiers temps de la radio de Cork, qui a émis pour la première fois en 1927 de la prison.

Gare (X) – Une **locomotive à vapeur** de type 2-2-2 fabriquée en 1848 est exposée dans le hall d'entrée ; elle fut retirée de la circulation en 1874 après trente années de service.

EXCURSIONS

Au Nord de Cork

Blarney Castle ⊘ – *8 km au Nord-Ouest par la N 20 et une route secondaire vers l'Ouest*. On prétend que l'éloquence sera accordée à qui embrassera la **pierre de Blarney**, exploit bien plus difficile à réaliser qu'il n'y paraît, car on ne peut atteindre le célèbre rocher, scellé sous le parapet au sommet du château, qu'en se suspendant la tête en bas, les jambes maintenues par un guide... Elle fut apportée en Irlande, dit-on, au cours des croisades.

Au 16e s., la reine Élisabeth Ire ordonna au comte de Leicester de prendre le château au chef du clan McCarthy. Le comte échoua dans sa mission, mais il avait envoyé tant de rapports optimistes à la reine que celle-ci, irritée, prit l'habitude de qualifier de « *all Blarney* » tout rapport qui lui semblait mensonger (*blarney* est entré depuis dans le vocabulaire anglais courant et signifie « boniment »). La majeure partie de cette maison forte date de 1446 et comprend la grande salle, la salle des banquets, la chambre du comte et la chambre de la Jeune dame. Plusieurs passages souterrains conduisent au donjon.

Château de Blarney

B. Lynch/BORD FAILTE, Dublin

★Blarney Castle House – Le château moderne *(privé)*, avec ses tourelles d'angl◄ ses bretèches à toit conique, fut construit vers 1870 dans le style baronnial éc◄ sais. Du jardin à la française et des allées entourant le château on a de larges v◄ sur le lac de Blarney.

Rock Close – Les jardins du 19ᵉ s. ont été aménagés le long de la rivière de Blar◄ sur un site druidique, dit l'**enceinte du Rocher**. Un vœu fait sur les marches ne s◄ exaucé qu'en les montant et les descendant les yeux fermés. On peut voir d◄ dolmens et, dans la clairière des Fées (Fairy Glade), une pierre de sacrifice.

Agricultural Museum – Un petit **musée de l'Agriculture** expose différents outils a◄ coles du 19ᵉ s., rendus obsolètes par l'introduction des technologies modernes d◄ l'outillage agricole.

Blarney Woollen Mills ⊘ – Les visiteurs peuvent acheter des lainages dans l◄ mense magasin du rez-de-chaussée de cette filature du 19ᵉ s. restaurée.

★Dunkathel House ⊘ – *5 km à l'Est par la N 8. Après le giratoire Dunke◄ Glanmire, prendre une route à gauche (panneau).* Cette résidence georgienne ◄ édifiée vers 1790 et se dresse sur un terrain élevé offrant une superbe vue ◄ l'estuaire de la rivière Lee. L'intérieur est particulièrement attirant ; il présente◄ fascinantes pièces de mobilier, dont un rare orgue de Barbarie de 1880 sur le◄ les visiteurs peuvent s'exercer. Derrière le hall d'entrée, où murs et plafonds s◄ décorés à la main, se trouve un escalier à deux volées, orné des *Trois Grâces*◄ le palier du milieu. Les murs d'une pièce à l'étage supérieur sont couverts de be◄ aquarelles peintes par Beatrice Gubbins (1878-1944) ; certaines sont d'inspira◄ locale, d'autres, puisées dans les souvenirs de ses voyages dans le bassin médi◄ ranéen et aux Antilles.

Riverstown House ⊘, à **Riverstown** – *8 km à l'Est par la N 8. Au giratoire◄ Dunkettle, tourner à gauche pour prendre la R 639 en direction de Glanm◄ continuer sur 4 km ; à l'intersection à Riverstown, tourner à droite (panne◄* Reconstruite en 1745 pour le Dr Jemmett Browne, évêque de Cork, la deme◄ élevée en 1602, possède de **beaux plâtres★** réalisés par les frères Lafranchini.

Au Sud de Cork

Crosshaven – *24 km au Sud-Est par les N 28, R 611 et R 612.* Cette petite stat◄ populaire, située là où la rivière Owenabue s'élargit pour former la rade de C◄ est un paradis pour plaisanciers et accueille depuis 1969 le yacht-club de Cork◄ Crosshaven, les constructeurs de bateaux prospèrent ; le *Brendan (voir En◄ Excursions)* et le *Gypsy Moth V*, sur lequel Sir Francis Chichester fit le tour◄ monde en 1971, comptent au nombre de leurs réalisations. **Fort Meagher**, un◄ exemple de fort d'artillerie côtier, garde l'arrivée par la mer, tandis que **Crossh◄ House** (milieu du 18ᵉ s.) domine le front de mer.

Ballincollig Gunpowder Mills ⊘ – *6,4 km à l'Ouest par la N 22.* Le village fu◄ siège d'une **poudrerie royale** établie sur la rive Sud de la Lee, dont l'histoire est r◄ pelée au centre d'accueil, qui illustre aussi la fabrication de la poudre.
La visite guidée entraîne le visiteur dans le bâtiment d'échange (Change Hou◄ où la poudre était momentanément emmagasinée, puis dans l'un des 24 mou◄ de bois, où elle était amalgamée par deux meules de pierre verticales pivotant d◄ une auge circulaire. Une seule roue à aubes servait à actionner une paire◄ moulins, séparée de la paire voisine par des murs. Plusieurs bâtiments d'orig◄ existent encore et sont en cours de restauration.

Vallée de la Lee – *40 km à l'Ouest par la N 22. Après 14,5 km, prendre une ro◄ à droite (panneau).*

Farran Forest Park – En amont de Cork, la vallée de la Lee est en partie aména◄ pour fournir de l'énergie hydroélectrique ; néanmoins, le paysage du parc fo◄ tier environnant demeure attirant.

La poudrerie de Ballincollig

La poudrerie fut construite en 1794 par un banquier de Cork, Charles Henry◄ Leslie. En 1805, les guerres napoléoniennes incitent les services de l'ar- tillerie britannique à la racheter et à en accroître la production et la capacité. Un canal fut creusé pour augmenter le débit de l'eau et assurer la desserte. La défaite de Napoléon en 1815, en réduisant la demande de poudre, pro- voqua sa fermeture. La production reprit en 1833. Vers 1850, Ballincollig◄ était un des premiers établissements industriels de la région de Cork, employant environ 500 hommes et enfants, logés dans des chaumières◄ toutes proches. La découverte de la dynamite et de la nitroglycérine entraîna◄ la fermeture définitive en 1903.

Continuer vers l'Ouest par la N 22 ; 1,5 km avant Macroom, prendre la R 584 à gauche en direction de Bantry ; après 3 km, se garer sur le bas-côté (gauche). Il est dangereux de s'écarter du chemin partant de la route sans avoir pris des renseignements auprès des autorités compétentes ; le niveau d'eau change rapidement et de nombreuses parties de la région sont très marécageuses.

The Gearagh – D'une grande rareté, la forêt alluviale postglaciaire, connue sous le nom de Gearagh, fut également inondée, mais s'est asséchée et est désormais protégée en tant que réserve naturelle nationale. À une époque lointaine, les nombreuses ramifications du cours d'eau, la forêt de roseaux, les bancs de vase et les innombrables îles offraient un refuge aux hors-la-loi, notamment aux distillateurs de *potheen*, l'eau-de-vie d'orge fabriquée en fraude. Aujourd'hui, en dépit de son apparence abandonnée, avec ses souches d'arbres noircies émergeant de la surface de l'eau, elle abrite une extraordinaire variété de flore et de faune, qu'il est préférable de découvrir à partir d'octobre, lorsqu'une multitude d'oiseaux migrateurs arrivent, parmi lesquels les cygnes sauvages et les oies cendrées, de nombreuses espèces de canards, les courlis, les vanneaux et les pluviers dorés.

DINGLE Peninsula★★★

Péninsule de DINGLE – Kerry

Carte Michelin n° 923 A/B 11 ou Atlas Great Britain & Ireland p. 82

péninsule de Dingle, où le gaélique est toujours en vigueur, apparaît comme le ctuaire d'une Irlande traditionnelle conforme aux clichés véhiculés par la mémoire ective. Parcourue d'Est en Ouest par une arête montagneuse qui constitue un obs-e difficilement franchissable entre les côtes Nord et Sud, elle s'achève brutalement la frange Nord par le mont Brandon, deuxième sommet d'Irlande, qui culmine à m. Tapissé de tourbières d'altitude, il doit son nom à saint Brendan de Clonfert, moine du 6e s., célèbre pour avoir entrepris une traversée transatlantique depuis don Creek, l'étroit bras de mer situé au pied de la montagne à l'Ouest. Entre le nt et la pointe Slea s'étale une plaine côtière parsemée d'austères villages typiques. e et sauvage, la montagne plonge vers le rivage, creusé d'anses et de baies souvent ccessibles par la terre et peu à peu comblées par les courants marins. La presqu'île le un grand nombre de monuments de pierre datant pour la plupart des débuts christianisme.

PEU D'HISTOIRE

rtir du 12e s., les rades de Smerwick et de Ventry, jusqu'alors refuges naturels r les navires, furent supplantées par celle de Dingle, presque totalement fermée. avantages furent rapidement perçus par les Anglo-Normands, et dès 1257, ri III d'Angleterre faisait prélever des droits de douane sur les marchandises qui y sitaient. Le commerce connut son apogée au 16e s. du fait des relations étroites Dingle entretenait avec l'Espagne, et la ville reçut en 1583 l'autorisation d'élever enceinte.

même année prenait fin, avec l'exécution de **Gerald Fitzgerald**, le comte rebelle, la ination locale des comtes de Desmond *(voir Tralee)*. Trois années auparavant, hommes de troupe espagnols et italiens venus appuyer la rébellion des Desmond ent été massacrés par les forces gouvernementales à Dún an Oir, sur la rive Ouest a rade de Smerwick. Après la révolte de 1641 et les guerres de Cromwell, Dingle nut durant près d'un siècle un déclin considérable. À la fin du 18e s., l'industrie ère y fut très active.

CURIOSITÉS

Dingle/An Daingean – Principale localité de la péninsule, cet important port de pêche abrite une des plus importantes flottilles d'Irlande. L'animation y est intense au retour des bateaux. Mais en dehors de ces moments, il est possible de flâner tranquillement sur la jetée.
La station s'est développée en destination touristique appréciée, avec nombre de restaurants. L'**aquarium Oceanworld** ⊙ abrite une variété extraordinaire de poissons : un bassin permet d'en toucher certains.

St Mary's Church★ a remplacé en 1862 un édifice bâti en 1812. Sa construction en grès rouge extrait à proximité du château de Minard *(voir plus loin)* fut largement financée par Clara Hussey, éminente femme d'affaires locale. L'église a fait l'objet d'une solide restauration.

Library ⊙ : la **bibliothèque**, près de St Mary's Church, présente des ouvrages consacrés à l'histoire locale et une exposition évoquant Thomas Ashe (1885-1917), qui naquit à Lispole, un village voisin, et joua un rôle de premier plan en 1916 lors du Soulèvement de Pâques.

DINGLE PRATIQUE

Artisanat – En plus des nombreuses boutiques d'artisanat, on peut visite
Craft Centre ⏱ *(Ceardlann na Coille, sur Ventry Road, Dingle)* qui rassemble
groupe d'échoppes : bijouterie, fabrication de cornemuses *uillean pipes* et
violons, tricots, travail du feutre et du cuir, tissage à la main, capitonnage, te
nage du bois et ébénisterie.

Plages – Baie de Smerwick et Ventry, Stradbally Strand.

Se restaurer dans la péninsule de Dingle

Lord Baker's – *Main Street* – ☎ *(066) 915 1277.*
Pub animé réputé pour sa cuisine de spécialités irlandaises rustiques ou proc
de la mer.

Doyle's Seafood Bar – *4 John Street* – ☎ *(066) 915 1174* – fax *(066) 915 18*
Un des restaurants de produits de la mer les plus connus d'Irlande. Bar ou
taurant.

The Chart House – *The Mall* – ☎/fax *(066) 915 2255.*
Agréable petit restaurant à panneaux de bois, servant une cuisine irland
contemporaine à prix raisonnables.

Se loger dans la péninsule de Dingle

Cleevaun – *Lady's Cross, Milltown (2 km sur la R 559 en suivant les indicat.
pour Slea Head Drive)* – ☎ *(066) 915 1108* – fax *(066) 915 2228* – *9 chamb*
Agréable pension en dehors de la ville.

Pax House – *Upper John Street (1,5 km au Nord-Est)* – ☎ *(066) 915 15*
fax *(066) 915 2461* – *13 chambres.*
Chaque chambre de cette pension montre une décoration différente. Site
sible au-dessus de la ville, avec belles vues sur la ville et la mer.

Captain's House – *The Mall* – ☎ *(066) 915 1531* – fax *(066) 915 107.*
8 chambres.
Accueillante pension familiale aux chambres agréablement aménagées et
nombreuses touches personnelles supplémentaires.

Heatons – *The Wood* – ☎ *(066) 915 2228* – fax *(066) 915 2324* – *12 chamb*
Petit hôtel moderne, spacieux et très confortable en dehors de la ville, avec
vues agréables sur la mer.

Miltown House – *(800 m à l'Ouest par R 559, Slea Head Drive,*
☎ *(066) 915 1372* – fax *(066) 915 1095* – *10 chambres.*
Petit hôtel alliant confort et touches personnelles, dans un site paisible en b
de mer.

Holy Stone : au carrefour de Upper Main Street et de Chapel Lane, près du trott
la **pierre sacrée** est une longue pierre de 3 m dont les profondes entailles en fo
de tasses auraient pu être faites à l'époque préhistorique.

Presentation Convent Chapel★ ⏱ : la **chapelle** du couvent de la Présentation recèle
beaux vitraux représentant des scènes de la Bible, réalisés en 1924 par H
Clarke.

EXCURSIONS

À l'Ouest de Dingle *Circuit de 80 km – une journée*
Quitter Dingle par la R 559 vers l'Ouest en suivant la signalisation Ceann Sléi

Après avoir longé les belles plages de sable de la rade de Ventry, la route su
rebord de la falaise et traverse un gué à Glenfahan.

★**Beehive Huts** – *Parc de stationnement.* De part et d'autre du gué, sur le vers
Sud du mont Eagle (516 m) subsistent de nombreux vestiges préhistoriques :
de 400 **cabanes en forme de ruche** *(privées – voir in Introduction : Architecture)* fa
de pierres sèches et pour la plupart en parfait état de conservation, une vingt
de souterrains et autant de pierres gravées.

Slea Head/Ceann Sléibhe – Par beau temps, on découvre une belle **vue** sur les
Blasket. Légèrement au Nord de la pointe, la plage de Coomeenoole servit de ca
pour certaines scènes du film *La Fille de Ryan.*

Great Blasket Centre ⏱ – *16 km à l'Ouest de Dingle par R 559, via Ventry et Dun
ou vua slea Head.* Un bâtiment résolument moderne abrite un présentation qui célé
la riche tradition littéraire gaélique des îles Blasket ; fondée sur la transmission c
de contes populaires locaux, elle fascine nombre d'érudits. Parmi les œuvres les

L'oratoire de Gallarus

connues se rangent *Twenty Years A-Growing*, de Maurice O'Sullivan, *The Islandman*, de Tomás O'Criomhthain, *Peig*, de Peig Sayers, et *Western Island*, de Robin Flower. Le centre illustre également les activités traditionnellles de l'archipel : la pêche à bord de barques faites de peaux tendues sur une membrure, le travail des champs effectué à la bêche et le transport à dos d'âne. Beaucoup d'insulaires émigrèrent aux États-Unis, et les derniers quittèrent les îles en 1953.

De Dunquin, on peut se rendre par bateau ⊘ sur ces mêmes **îles Blasket★**, archipel composé de sept îles, d'îlots et de récifs. La plus grande, **Great Blasket** (6 km x 1,2 km), constitue maintenant un parc national historique, où quelques bâtiments sont en cours de restauration. Inishvickillane rassemble des ruines monastiques, une maison, un cottage et un héliport. Elle est accessible uniquement par voie aérienne une grande partie de l'année. Elle a appartenu à Charles Haughey de 1974 à 1997.

En 1586, deux vaisseaux de l'Armada espagnole, le *San Juan* et la *Santa Maria de la Rosa*, sombrèrent près des îles Blasket.

À Dunquin, poursuivre par la R 559, qui longe la côte vers Ballyferriter.

Corca Dhuibhne Regional Museum ⊘, à **Ballyferriter** – Le musée illustre divers aspects de la vie et de l'histoire de la péninsule : monuments, littérature des îles Blasket, 190 scènes populaires.

De Ballyferriter, reprendre la R 559 vers l'oratoire de Gallarus (panneau).

Gallarus Oratory – Probablement construite au 9ᵉ s. en pierres sèches, cette chapelle en forme de coque renversée est un bel exemple parfaitement conservé d'édifice en encorbellement. Elle ouvre sur l'Est par une fenêtre et sur l'Ouest par une porte surmontée d'un double linteau. Au-dessus font saillie deux pierres percées donnant à penser que l'entrée pouvait être fermée par une porte en bois.

Au carrefour, virer en épingle à cheveux à gauche vers Kilmalkedar.

Kilmalkedar – Une église romane en ruine, sans doute édifiée au 12ᵉ s., vestige d'un ensemble religieux médiéval, rappelle par son style la chapelle de Cormac à Cashel *(voir ce nom)*. On admirera le tympan de la porte Est et les arcs aveugles de la nef, dont les murs sont restés entièrement debout, ainsi que la pierre de l'alphabet (caractères latins gravés) et une pierre oghamique.

À proximité *(370 m au Sud)*, Chancellor's House était habitée par le chancelier du diocèse d'Ardfert. St Brendan's House, une ruine de deux étages, pourrait avoir servi de résidence aux prêtres au Moyen Âge. De là, une ancienne piste, la route du Saint, que l'on dit avoir été tracée par saint Brendan en personne, gravit sur 12 km le versant Sud-Ouest du mont Brandon jusqu'à son sommet, couronné d'un oratoire et d'un sanctuaire dédiés au saint.

Revenir vers l'oratoire de Gallarus pour retrouver la R 559, qui ramène à Dingle.

Péninsule de Castlegregory *Circuit de 76 km – une demi-journée*

Quitter Dingle par la route secondaire se dirigeant vers le col Connor au Nord-Est (panneau).

Connor Pass – Depuis le plus haut col d'Irlande accessible aux automobiles (456 m – *parking*), des perspectives bien dégagées s'ouvrent sur la rade de Dingle au Sud et, au Nord, sur le mont Brandon et les baies de Brandon et de Tralee, que sépare la péninsule de Castlegregory.

Continuer vers le Nord en direction de Kilcummin.

Brandon Bay – La magnifique baie, dominée à l'Est par le mont Brandon, est ⬚ lignée par la **plage de Stradbally★★**, la plus longue d'Irlande (19 km).
De Stradbally, une route remonte par Castlegregory jusqu'à l'extrémité de la p⬚ sule, à Fahamore et Kilshannig au Nord. Plusieurs pistes à gauche de la ⬚ principale aboutissent à la plage. Au large de l'extrême pointe se trouvent le ⬚ **Magharee**, que l'on peut gagner par bateau depuis Kilshannig. Cet archipel est ⬚ connu sous le nom de The Seven Hogs (Les Sept Porcs). À marée basse, on ⬚ passer à pied de l'île la plus grande, Illauntannig, où s'élève un monastère du d⬚ du christianisme, à l'île de Reennafardarrig.

Revenir à Castlegregory et se diriger vers l'Est jusqu'à Camp, où l'on prend la ⬚ vers le Sud-Ouest en direction de Dingle. 6,5 km après Anascaul, emprun⬚ gauche une route secondaire vers le château de Minard (panneau).

Minard Castle – Les ruines, dans un dangereux état de délabrement, occuper⬚ site dominant la vaste baie de Dingle. La grande forteresse carrée fut construit⬚ 15ᵉ s. par le chevalier de Kerry et détruite pour l'essentiel par les troupes de Crom⬚

Revenir sur la N 86 pour rentrer à Dingle.

DONEGAL

DÚN NA NGALL – Donegal – 2 296 habitants
Carte Michelin n° 923 H 4 ou Atlas Great Britain & Ireland p. 100

Cette attrayante petite ville s'élève à l'embouchure de l'Eske, qui prend sa source ⬚ les Blue Stack Mountains. C'est un point de départ idéal pour les excursions au ⬚ vers d'étroites vallées et des montagnes, à l'Ouest vers d'extraordinaires pays⬚ côtiers et au Sud vers les stations balnéaires de la baie de Donegal.

UN PEU D'HISTOIRE

Le « fort des étrangers » fut fondé par les Vikings puis fut, pendant quatre siècle⬚ forteresse du clan O'Donnell. Après la fuite du comte de Tyrconnell en 1607, la ⬚ ronne d'Angleterre octroya la ville en 1610 à Sir Basil Brooke, qui en entr⬚ l'aménagement autour d'une place centrale triangulaire, The Diamond (le Diam⬚ Pendant la rébellion de 1641, les Irlandais l'attaquèrent en vain ; au cours de la gu⬚ des Deux-Rois, la ville fut incendiée par les jacobites du duc de Berwick, ma⬚ château fut épargné. En 1798, deux navires français amenant des renforts au gé⬚ Humbert *(voir Killala)* mouillèrent dans la baie de Donegal mais coupèrent ⬚ amarres en apprenant la défaite du général. L'ancre ainsi abandonnée par *La Ron⬚* est aujourd'hui bien en vue sur le quai.

DONEGAL PRATIQUE

Artisanat – On vend dans les boutiques le célèbre tweed du Donegal, tissé ⬚ la région ; **démonstrations de tissage** ⊘ à la main en été.
Les amateurs de céramique visiteront le **Donegal Parian China** *(Ballyshannon)*. ⬚ sortie Sud de la ville, on découvre un village d'artisanat.

Sports et loisirs – La plage de **Rossnowlagh** est un paradis des baigneurs et a⬚ teurs de surf et d'équitation.
À **Bundoran**, on trouve en remontant ou descendant la côte des plages de s⬚ pour la baignade : celle du bourg peut être dangereuse. **Waterworld** propose⬚ attractions aquatiques couvertes : raz-de-marée et volcan artificiels, tobog⬚ en hélice et « rapides ».

Se restaurer à Donegal

The Restaurant – *Harvey's Point Country House (voir ci-dessous), Lough E⬚ Donegal (7 km vers le Nord-Est par la T 27, Killibergs Road –* ☎ *(073) 22⬚ – fax (073) 22352.*
La cuisine de ce restaurant classique sert des produits régionaux en saison⬚

Se loger à Donegal

Island View House – *Ballyshannon Road, Donegal (2 km au Sud-Ouest p⬚ N 15 –* ☎ *(073) 22411 – 4 chambres.*
Hôtel familial accueillant, avec un bon rapport qualité-prix.

Harvey's Point Country House – *Lough Eske, Donegal (7 km vers le Nord-Es⬚ la T 27, Killibergs Road –* ☎ *(073) 22208 – fax (073) 22352 – 20 chambre⬚*
Vaste hôtel ancien dans un cadre charmant en bord de lac.

Sand House – *Rossnowlagh (16 km au Sud de Donegal par la N 25 ⬚ R 231) –* ☎ *(072) 51777 – fax (072) 52100 – 45 chambres.*
Grand établissement en grès de style victorien, situé en bord de côte.

CURIOSITÉS

★Château ⓥ – *The Diamond*. Une maison forte élevée sur une butte sur la rive Sud de l'Eske fut en grande partie détruite par Hugh O'Donnell « le Rouge » pour éviter qu'elle ne tombe entre les mains des Anglais. Ses vestiges furent incorporés à la demeure de style Jacques Ier que fit édifier dans la cour Sir Basil Brooke, qui fit également construire le corps de garde. Derrière sa façade à cinq pignons, les cuisines occupent le rez-de-chaussée, sous les appartements. Au-dessus de l'entrée de la tour d'origine fut percée une grande fenêtre à meneaux afin d'éclairer la grande salle du premier étage, dont la pierre de cheminée est sculptée du blason de la famille Brooke.

Donegal Railway Heritage Centre ⓥ – Installée dans l'ancienne gare, une exposition retrace l'histoire du chemin de fer du comté de

Le château

Donegal. Depuis 1900 jusqu'à sa fermeture en 1959, ses trains à vapeur et plus tard diesel transportaient fermiers, pêcheurs, chalands et écoliers, ainsi que des produits frais, le long de la route de Derry et Strabane vers la côte Atlantique. On y trouve des photographies, des séquences modernes de films, des horaires et une maquette d'une partie du chemin de fer de 1940. Les wagons sont en phase de restauration afin de les remettre en service pour proposer des promenades en train d'époque sur une portion de voie panoramique à nouveau ouverte.

Abbaye – Sur la rive Sud de l'estuaire, face à la baie, se dressent les ruines d'un établissement franciscain. Fondé en 1474 par Hugh O'Donnell « le Rouge » et son épouse Nuala, et richement doté par la famille, il devint un centre d'enseignement réputé. En 1601, église, cloître et bâtiments conventuels subirent de graves dommages lors d'une explosion, quand les Anglais et leur allié, Niall Garbh, occupèrent l'abbaye. L'église fut cependant utilisée pour le service anglican jusqu'à la construction, en 1828, de l'actuel sanctuaire à côté du château.

Les Quatre Maîtres

Les Quatre Maîtres étaient trois érudits laïques et Michael O'Cleary, un moine franciscain de l'abbaye. Au 17e s., réfugiés dans un monastère au Sud de Bundoran, ils rédigèrent les *Annales du royaume d'Irlande*, compilation de l'histoire irlandaise. L'obélisque érigé en 1967 sur The Diamond, la place centrale, rappelle leur mémoire, comme la dédicace de l'église catholique de 1935, construite en granit rouge dans le style roman irlandais.

Drumcliffe Walk – Une agréable promenade en sous-bois longe la rive Nord de l'estuaire à partir du pont.

EXCURSION

Au Sud de Donegal *36 km jusqu'à Bundoran – une demi-journée*
De Donegal, suivre la N 15 vers le Sud. Après 6,5 km, prendre à droite à Ballintra la R 231 jusqu'à Rossnowlagh.

Plage de Rossnowlagh – Un petit village et un grand hôtel font face à la vaste courbe de sable (4 km), idéale pour la baignade, le surf et le galop. Au Nord-Ouest, de l'autre côté de la baie, s'élève le Slieve League *(voir Donegal Coast)*.
Poursuivre vers le Sud par la R 231.

Abbaye d'Assaroe – À la fin du 12e s., des moines cisterciens de l'abbaye de Boy
vinrent s'établir à proximité de Ballyshannon. À **Water Wheels** ○, l'histoire du mona
tère fait l'objet d'une présentation audiovisuelle dans l'ancien moulin à e
restauré.

Ballyshannon/Béal Atha Seanaigh – Établie sur une pente gardant un importa
passage sur l'Erne, la ville fut élevée en 1613 au rang de commune par cha
royale. En 1597, les Anglais, sous le commandement de Sir Conyers Clifford (v
Boyle), y furent battus par Hugh O'Donnell « le Rouge ».
Elle est la patrie du poète William Allingham (1824-1889), né sur le Mall et enter
au pied de la colline dans le cimetière de l'église Ste-Anne, et du président Conc
(voir Maynooth, encadré), fils d'un cafetier local.
En amont, le **lac Assaroe** s'étale derrière un barrage alimentant en eau deux ce
trales hydroélectriques.
Poursuivre vers le Sud-Est par la N 15.

Bundoran/Bun Dobhráin – C'est l'une des principales stations balnéaires d'Irlan
On y découvre de jolies vues sur le Slieve League, au Nord, de l'autre côté de
baie, et sur la masse trapue du Benbulben au Sud. Si la plage de Bundoran pr
sente quelque danger, la côte de part et d'autre de la localité offre de nombreus
possibilités de baignade, ainsi que le **Waterworld** ○, un parc aquatique couvert.
l'extrémité Nord de la station, l'océan a bizarrement façonné les rochers.

DONEGAL Coast★★

Côte du DONEGAL

Carte Michelin n° 923 FGHI 2 et 3 ou Atlas Great Britain & Ireland p. 100

Les vents violents soufflant de l'Atlantique en hiver ont éloigné les populations de ce
côte inhospitalière, accidentée, déchiquetée en profondes criques et plages de sab
que dominent de spectaculaires montagnes et des tourbières. Sur la frange Nord,
terres sont morcelées par des murs faits d'énormes pierres rondes. Les petites maiso
blanches, avec leurs réserves de tourbe en meule, sont couvertes de toits de chau
solidement arrimés pour résister aux tempêtes.

DONEGAL PRATIQUE

Artisanat – On trouve le célèbre tweed local dans les centres artisanaux
Kilcar, Aedara et Downis ; on fait des tapis à Killybegs (voir ci-dessous). U
fête traditionnelle des tisserands a lieu tous les ans (fin juin – début juillet).

Se loger sur la côte du Donegal

Castle Murray House – St John's Point, Dunkineely (2,5 km au Sud-Ouest p
la N 56 et la route de St John's Point, en prenant à gauche au carrefour
T) – ☎ (073) 37022 – fax (073) 37330 – 10 chambres.
Dans un site pittoresque au-dessus de la baie. Cuisine française rustique.

Bay View – Main Street, Killybegs – ☎ (073) 31950 – fax (073) 31 8
– 40 chambres.
Hôtel confortable situé au centre-ville.

De Donegal à Naran Circuit de 113 km – une journée

Quitter Donegal par la N 56 vers l'Ouest. Après Dunkineely et le virage en dire
tion de St John's Point, tourner à gauche et se garer au-delà de l'assiette
l'ancienne voie ferrée.

Croix de Killaghtee – Dans le cimetière de l'église de Killaghtee (12e s.), ru
couverte de lierre, se dresse une **stèle** du 7e s. (voir Introduction : Sculpture).
Revenir à la N 56, poursuivre vers l'Ouest et prendre à gauche la R 263.

Killybegs/Na Ceala Beaga – Ce gros village, qui joue un rôle majeur dans l'
dustrie irlandaise de la pêche, est établi sur une butte escarpée au bord de
profonde ria de la Strager. La fabrication à la main depuis le milieu du 19e s. d'ép
tapis assure aussi une part de sa renommée.
Dans l'église Ste-Catherine (à droite en haut de la butte ; parking), qui fut d
sinée par J. B. Papworth vers 1840, se trouve la **pierre tombale** (à gauche) de N
Mor MacSweeney, représentant plusieurs gallowglasses (voir Index).
Poursuivre vers l'Ouest par la R 263. À Shalwy, prendre la route côtière à gauc
mais on peut également continuer sur la R 263 par l'intérieur.

Kilcar/Cill Cárthaigh – Ce gros bourg, érigé à l'embouchure de deux rivières dans un étroit goulet et environné de nombreuses plages de sable, est un centre de production du tweed du Donegal, que l'on peut voir travailler avant de l'acheter.

Continuer vers l'Ouest. À Carrick, tourner à gauche vers Teelin (Teileann) et emprunter la deuxième route à droite, pentue et étroite (créneaux de croisement) vers Bunglass.

Falaises de Bunglass – Après avoir monté à pic (305 m de dénivelée) et contourné le lac O'Mulligan, la route atteint le sommet des falaises *(parking)*, *ouvrant sur une vue spectaculaire* : le versant Sud du **Slieve League** (601 m) plongeant droit dans la mer. Si en hiver les falaises apparaissent sombres et menaçantes, par beau temps toutes les nuances des minéraux contrastent sous les rayons du soleil.

Revenir à Carrick et tourner à gauche dans la R 263. Après avoir parcouru environ 3 km, prendre à gauche vers Malin Beg (Málainn Bhig).

Glenmalin Court Cairn – *Se garer sur la route, franchir la clôture et emprunter un sentier bétonné (5 mn AR).* Dans une prairie marécageuse près d'un petit ruisseau se trouvent les restes conséquents d'une tombe à cour *(voir en Introduction : L'Irlande préhistorique)*, connue sur place sous le nom de Cloghanmore (la grosse pierre).

Poursuivre jusqu'au carrefour et tourner à gauche pour longer la côte.

Plage de Trabane – *Parking ; hautes marches.* La baie sableuse et abritée fait face au Sud au Benbulben, de l'autre côté de la baie de Donegal *(voir Sligo, Excursions).*

Revenir au carrefour et continuer tout droit vers Glencolumbkille.

Glencolumbkille /Gleann Cholm Cille – Le village est en retrait des plages de sable gardées par une tour Martello *(voir p. 81)* sur Glen Head (227 m). Dans cette vallée retirée et austère, saint Columba *(voir Index)* aurait construit de ses propres mains un ermitage. Le 9 juin, jour de sa fête, les pèlerins effectuent une marche de pénitence de 5 km entre minuit et trois heures du matin, s'arrêtant aux stations du chemin de croix marquées de cairns, de menhirs, de pierres levées païennes et de stèles gravées du début de la christianisation.

Glencolmcille Folk Village ⊘ – Pour fournir des ressources à sa pauvre paroisse, le père James McDyer (mort en 1987) eut l'idée de fonder une coopérative et de reconstituer un village d'antan. Dans trois maisonnettes furent réunis des objets – ustensiles ménagers, métiers à filer et à tisser, barattes, bêches à tourbe, attirail de pêche – afin d'illustrer le mode de vie vers 1720, 1820 et 1920. L'histoire locale est évoquée dans l'école ; on peut goûter et acheter les produits locaux au **Shebeen**, reconstitution d'un débit de boissons clandestin.

À la lisière de Glencolumbkille, l'**Institut culturel de l'Ulster** (Ulster Cultural Institute ⊘, ou Foras Cutúir Uladh), consacré aux études et activités gaéliques, propose une exposition sur l'archéologie locale, des archives sur la musique traditionnelle et livres et cassettes en gaélique.

Prendre la direction d'Ardara. Point de vue au 16e kilomètre ; parking.

Glengesh Pass – Au sommet du col s'ouvre une splendide perspective sur la verdoyante vallée glaciaire épaulée de monts escarpés et rudes. Les lacets de la route descendent vers la rivière.

Glengesh

B. Lynch/Bord Fáilte, Dublin

Ardara/Ard an Rátha – L'attrayant bourg de marché est aussi un centre de p
duction et de vente de tweed du Donegal. Le **Centre du patrimoine** (Herit
Centre) ⏱ retrace l'histoire de l'industrie du tweed, son effondrement en 16
causé par les restrictions gouvernementales sur les exportations, et sa reprise
19ᵉ s., due en grande partie aux efforts des philanthropes Ernest et Alice Hart.
visiteurs peuvent assister à des démonstrations de tissage ; les produits (couv
tures, pulls, etc.) sont vendus sur place.

Prendre la N 56 vers l'Est.

Glenties/na Gleannta – Dans ce centre de pêche à la ligne, au confluent des riviè
Owenea et Stracashel, résida le « terrassier poète » Patrick MacGill (1896-193
auquel est dédié en août un festival. Le **musée et Centre du patrimoine St-Conall**
Conall's Museum and Heritage Centre) ⏱ est installé en partie dans le palais
justice contigu, dont il occupe la salle d'audience (qui ne retrouve sa fonct
qu'une fois par mois) et trois cellules en sous-sol. Photos, diapositives, films, déc
vertes archéologiques, objets divers, rappellent l'histoire locale, la Grande Fam
le chemin de fer du Donegal.

En face du musée, l'**église** catholique, dédiée à saint Conall, cousin de saint Colun
qui fonda un monastère sur Inishkeel et y mourut en 596, fut dessinée par L
McCormack. Sous son toit à forte pente, les fenêtres descendent jusqu'au niv
du sol et révèlent le jardin d'eau environnant. Le clocher triangulaire à bardea
isolé de l'édifice, fait écho aux conifères protecteurs.

*Poursuivre vers l'Ouest par la N 56, puis la R 261 à partir de Maas ; tourne
droite 5 km après Maas.*

Naran et Portnoo – Face à l'île d'Inishkeel, ces stations balnéaires jumelles, ou
leurs plages de sable et leurs promenades sur les falaises, permettent la prati
du surf, de la voile, de la pêche et du golf.

De Naran à Dunfanaghy *113 km – une journée*

*Quitter Naran vers l'Est et rejoindre à Maas la N 56 que l'on emprunte ver
Nord.*

★**Estuaire de la Gweebarra** – Un long pont enjambe ce bel estuaire.

Continuer au Nord sur la N 56.

★**The Rosses** – Cette région battue des vents, plate et rocailleuse est néanmc
constellée de petits lacs. On y parle encore le gaélique. Une agréable bourga
Dunglow (An Clochán Liath), en est le chef-lieu.

À Dunglow, prendre la R 259 au Nord-Ouest.

Burtonport/Ailt an Chorráin – Un bac assure depuis ce petit port écarté un serv
permanent ⏱ vers l'île d'**Arranmore**, à 3 km au large.

Île d'Arranmore – Un festival a lieu chaque année en août sur cette île, qui
sente des falaises déchiquetées sur les rivages Nord et Ouest ainsi que plusie
lacs. Arranmore possède six pubs où se déroulent régulièrement des concerts
musique traditionnelle. Des produits d'artisanat y sont en vente.

*Poursuivre vers le Nord par la R 259 ; à Crolly, emprunter à gauche la N 56
environ 1,5 km, tourner à gauche dans la R 258 vers Bunbeg.*

Bunbeg/An Bun Beag – Le petit port s'étend le long de l'étroit estuaire sinu
de la Clady ; de vieux entrepôts bordent le quai. De là, des bateaux partent po
l'île de Tory et proposent des **promenades** ⏱ le long des côtes.

Prendre la R 257 vers le Nord.

Bloody Foreland Head – Le promontoire doit son nom de « cap sanglant » à
couleur rougeâtre des rochers, que relève le soleil couchant. Cette zone sauv
et solitaire est parsemée de maisons abandonnées. Au large, un groupe d'îles poi
vers l'île de **Tory**.

Île de Tory/Toraigh – Accessible ⏱ par bateau depuis Magheroarty (Meenlarag
Bunbeg (voir ci-dessus) et Gortahork ; à Gortahork suivre les panneaux indicate
(Bloody Foreshore), prendre à droite et descendre la colline escarpée en direct
du port. L'île est toujours habitée par des pêcheurs parlant le gaélique. Il y su
siste quelques vestiges du monastère fondé par saint Columba au 6ᵉ s. : un cloc
rond, une croix en tau et deux églises en ruine. À l'École d'art primitif de To
les insulaires réalisent d'étonnants tableaux, de style « populaire », parmi lesqu
des représentations de bateaux en mer aux formes et couleurs intenses et simp
On peut en admirer quelques exemples à la galerie de Glebe House, à Church
(voir Donegal Glens).

*Se diriger vers l'Est par la R 257. À la jonction avec la N 56, prendre à gau
vers Gortahork.*

Baie de Ballyness – Sur les bords de cette anse découpée qu'envahissent
dépôts marins s'élèvent deux villages d'expression gaélique, **Gortahork** (Gort
Choirce) et **Falcarragh** (An Fál Carrach).

Continuer par la N 56.

Dunfanaghy – Bourg établi sur un isthme plat protégé par le cap Horn, la pêche était sa principale activité avant l'envasement du port. De vastes plages de sable en ont fait une station balnéaire, où l'on peut pratiquer toutes les activités nautiques. Une exposition dans l'ancien atelier **Workhouse** ⊘ illustre la vie locale dans les maisons et au-dehors.

Route panoramique du cap Horn – *30 mn. Parking.* Au Nord de Dunfanaghy, ce promontoire frangé de hautes falaises, parfois creusées de grottes (McSwyne's Gun sur le versant Sud-Ouest) où s'engouffrent le vent et l'océan, accueille des colonies d'oiseaux de mer.
La route qui en fait le tour présente de magnifiques **vues** sur les îles et les caps qui ourlent la côte et sur les sommets de l'intérieur. Par temps clair, on peut distinguer les côtes écossaises au Nord-Est.

De Dunfanaghy à Letterkenny *130 km – une journée*
Quitter Dunfanaghy par la N 56 vers l'Est.

Portnablagh – Hameau de pêcheurs à l'origine, cette station balnéaire prit son envol avec l'ouverture en 1923 du Portnablagh Hotel. Le terrain de golf fut conçu en 1905 par Harry Verdon.

Ards Forest Park – Le parc forestier (480 ha) s'étend sur le versant Nord de la péninsule d'Ards, entre le sommet du Binnagorm et la baie de Sheep Haven *(plages)*. Plusieurs **promenades** et **sentiers de nature** balisés, d'une longueur variant de 2,5 à 13 km, permettent d'en découvrir les particularités : la forêt mixte, le lac Lilly, où nénuphars blancs et jaunes fleurissent en août, les berges de la rivière Derryart, les marais, les dunes, les marais salants, l'enclos à cerfs, un dolmen, des forts circulaires, des points de vue.
L'ensemble de la péninsule faisait partie d'un vaste domaine de 810 ha acheté en 1782 par Alexander Stewart, frère du marquis de Londonderry *(voir p. 358)*, à l'excentrique William Wray, dont la table était chaque jour prête pour accueillir 20 convives. En 1930, la partie Sud du domaine fut achetée par les franciscains, qui remplacèrent en 1966 Ards House par l'actuel monastère *(parc ouvert au public)*.
Poursuivre vers le Sud par la N 56.

Creeslough – Le village s'est établi à l'ombre du mont Muckish (670 m), dont la forme a inspiré les concepteurs de **St Michael's Church**, dessinée en 1971 par le cabinet Liam McCormack and Partners. Artistes et écrivains, tels William Butler Yeats, George Russell, Percy French et Gilbert Chesterton, y séjournèrent fréquemment.
Dans Creeslough, prendre une route secondaire vers l'Est.

Doe Castle ⊘ – Ce château en ruine occupe un splendide site stratégique sur un promontoire surplombant la baie de Sheep Haven. Protégé par la mer, il est séparé de la terre par un fossé taillé dans le rocher. Un enclos fortifié défend le donjon à quatre étages, auquel on adjoignit plus tard un bâtiment en forme de L, deux tours rondes et une grande salle. On peut difficilement dater leur construction, car le château fut souvent attaqué, endommagé et remis en état, avant que la bataille de la Boyne en 1690 ne mette un terme à son intérêt stratégique.
Les initiales apparaissant au-dessus de l'entrée Est sont celles du général George Vaughan Harte, un parent des Vaughan de Buncrana, qui servit avec distinction en Inde, rendit le château habitable à la fin du 18ᵉ s. et fit installer sur les tours et le front de mer des canons utilisés lors du siège de Serringapatam.
Contre la tour proche de la porte d'entrée se trouve une **pierre tombale** gravée d'une croix savamment élaborée. Jusqu'en 1968, elle se trouvait dans le cimetière du monastère franciscain voisin. On suppose qu'elle couvrait la sépulture d'un McSweeney, famille de mercenaires écossais qui tint le château à partir de 1544 et dont les membres, s'en disputant la possession, faisaient alliance qui avec les Anglais, qui avec les Irlandais.
En quittant le château, prendre à gauche un pont en dos d'âne et tourner ensuite à gauche dans la R 245.

Carrigart/Carraig Airt – Cette station balnéaire fréquentée occupe le fond d'une anse.
Prendre la R 248 vers le Nord-Ouest.

Rosguill Peninsula Atlantic Drive – Sur une quinzaine de kilomètres, la moderne **promenade de l'Atlantique** fait le tour de la péninsule de Rosguill. Après la grande courbe de dunes flanquant le golf de Rosapenna, la route monte vers **Downies** (Na Dúnaibh), station balnéaire et centre de production du tweed du Donegal, puis contourne les hautes prairies dominant à l'Ouest la baie de Sheep Haven, dont le cap Horn constitue la toile de fond, au Nord-Ouest la plage abritée de la baie de Tranarossan, au Nord le promontoire que termine le cap Melmore, et à l'Est les anses et les îles de la baie de Mulroy.

Tissage dans le Donegal

De retour à Carriga
prendre la R 245 vers l'.

La route court le long d«
rive occidentale boisée d
baie de Mulroy pour
teindre **Millford**, séjour ic
pour les amateurs de pê
dans le lac Fern et la Le
nan.

À Millford, prendr
gauche la R 246 ; à 3
au Nord de Carrowkeel,
furquer à gauche dans
route côtière.

Péninsule de Fanad —
ruban de hameaux bord«
rive orientale de la baie
Mulroy et de son bras s
tentrional, le Broad Wa
Au Nord de Kindrum,
dunes couvertes d'herb«
parsemées de chaumiè
blanches et d'étangs s'ét
dent jusqu'aux sables d«
côte. Le phare *(fermé*
public) du cap Fanad ba
l'entrée du Lough Swi

Sur la rive opposée, on aperçoit le cap Dunaff, derrière lequel se profilent les «
lines d'Urris, que termine le cap Dunree. On atteint **Portsalon**, petite station au !
de laquelle se déploie la plage de Warden.

Poursuivre par la R 246 et, à 1,5 km de Portsalon, prendre à gauche vers la c«

★**Panorama du Knockalla** – *Parking.* On a une vue superbe à l'extrémité Nord
Knockalla (364 m).

Continuer vers le Sud et tourner à gauche au premier carrefour pour poursu.
l'itinéraire par la route longeant la côte.

Rathmullan/Ráth Maoláin – Dans une ancienne batterie de l'époque napol
nienne située près de la jetée se tient une exposition consacrée au « vol
comtes ». Sous le nom de **Flight of the Earls' Exhibition** ⊘, elle évoque la fuite en 1€
de **Hugh O'Neill** et **Rory O'Donnell**, comtes de Tyrone et de Tyrconnell, qui priren
bateau avec leurs familles à Rathmullan pour ne jamais revenir en Irlande. Ils avai
pour destination l'Espagne mais le mauvais temps les contraignit à accoster
France. En 1608, ils arrivèrent à Rome ; ils sont enterrés devant le maître-au
de l'église San Pietro in Montorio. Leurs domaines furent confisqués et attrib
à des Anglais et des Écossais. Le port fut également le cadre en 1587 de l'e
vement de Hugh O'Donnell le Rouge par Sir John Perrot.
On peut voir en bord de mer les ruines d'un monastère de carmes fondé au 15
par McSweeney, seigneur de Fanad, qui construisit la tour et le chœur. En 16
l'évêque de Raphoe *(voir Donegal Glens)*, Knox, transforma la nef et le bras d
du transept en résidence, ajoutant plusieurs fenêtres, deux tourelles d'angle
style écossais en encorbellement et une nouvelle entrée, gravée de la date et
ses initiales.

Poursuivre vers le Sud-Ouest par la R 247.

★**Rathmelton/Ráth Mealtain** – Ce bourg particulièrement attrayant établi sur «
rivière à saumons fut fondé au début du 17ᵉ s. par William Stewart. Le Mall bo
d'arbres, le long de la berge Sud de la rivière, débouche sur la place, The Squa
Des entrepôts soulignent le quai. Au sommet de la colline, l'église du 17ᵉ s.
ruine présente à l'Est une intéressante baie de style Perpendicular et des sc«
tures romanes provenant de l'île d'Aughnish.
Dans Back Lane, **Mackemie Hall**, qui abrite aujourd'hui un centre de recherc
généalogiques, le **Donegal Ancestry** ⊘, servait jadis aux réunions locales. Son r
commémore le révérend Francis Mackemie, qui fut recteur de Rathmelton av
d'émigrer en 1683 en Virginie, où il fonda la première église presbytérienne.

Prendre la R 245 au Sud en direction de Letterkenny.

Letterkenny – *Voir Donegal Glens.*

DONEGAL Glens

Vallées du DONEGAL

Carte Michelin n° 923 I 3 ou Atlas Great Britain & Ireland p. 100

centre du comté de Donegal est une région montagneuse quadrillée de longues
lées étroites et perpendiculaires, les **glens**, parfois tortueuses, constituant les routes
toriques du Donegal, telles la trouée de Barnesmore qui, au Sud et parallèlement
x Blue Stack Mountains (672 m) unit Letterkenny à Donegal, la trouée de Barnes
re Kilmacrenan et le mont Muckish (670 m) ou la trouée de Muckish, au bas du
sant Sud du même mont. Le plus spectaculaire des sommets est le mont Errigal
2 m), cône de quartzite blanc qui domine Dunlewy.

chef-lieu du comté est Lifford, mais la ville la plus importante est **Letterkenny**, bon
nt de départ de circuits touristiques du fait de sa situation plus centrale.

CURIOSITÉS

Les distances sont données à partir de Letterkenny.

Letterkenny – Établie sur la Swilly, la ville se flatte de posséder la plus longue rue
principale d'Irlande. Siège du diocèse catholique de Raphoe, sa **cathédrale St Eunan**
fut construite entre 1895 et 1900 dans le style néogothique et décorée de sculptures d'inspiration celtique. Les plafonds du chœur et des chapelles sont l'œuvre
d'un italien originaire de Rome, Amici. Parmi les personnages de la chaire, en
marbre de Carrare et dotée de colonnes en marbre irlandais, on reconnaîtra les
Quatre Maîtres *(voir Donegal)*.

Le **musée** (County Museum ⊘), installé dans un vieil atelier de High Road, est
consacré aux traditions du comté, à son histoire, son archéologie et sa géologie.

Moulin dans le comté de Donegal

Dúchas, Dublin

Newmills – *4,5 km à l'Ouest par la R 250*. Les eaux de la Swilly fournissaient
l'énergie nécessaire au fonctionnement des **moulins à blé et à lin** (Corn and Flax
Mills ⊘). La visite explique le séchage et le broyage du grain, ainsi que le traite-
ment (rouissage, roulage, teillage et tamponnage) appliqué au lin pour obtenir la
fibre.

Lake Finn – *31 km à l'Ouest jusqu'à Fintown par la R 250*. Depuis **Fintown**, village
en bordure de route, face aux jolies montagnes d'Aghla situées de l'autre côté du
lac, un sentier descend vers la jetée, où il est possible de louer des bateaux à aubes.
On peut également découvrir le pourtour du lac en empruntant le petit train **Fintown
Railway**, qui circule le long d'une voie étroite autour du lac *(30 mn AR)*. Les wagons
d'époque, au « nez » retroussé (d'où son nom de **Black Pig Train** ⊘, « train du cochon
noir » – An Mhuc Dhubh), bruyants et cahotants, contrastent avec le paysage serein
qui les entoure.

Church Hill – *16 km au Nord-Ouest par les R 250 et R 251*. Ce minuscule village
établi au bord du loch Gartan constitue un pôle d'attraction important comme point
de départ de promenades vers le tout proche parc national de Glenveagh et en
tant que patrie d'origine de saint Columba.

Saint Columba (521-597)

Columba, dont le nom irlandais est Colmcille, naît à Gartan dans la famille noble des O'Neill, et, conformément aux mœurs de l'époque, est confié à une famille de Kilmacrenan qui l'élève. En 546, il quitte le Donegal ravagé par la peste, et fonde un premier monastère à Derry *(voir Londonderry)*. Revenu dans son comté d'origine, il y demeure quinze ans, multipliant les fondations : Tory, Drumcliffe, Kilmore, Swords, Moone et Durrow (553). Vers 560, contraint de s'exiler pour s'être mêlé aux luttes opposant les grandes familles, il embrasse le « martyre blanc », et, renonçant à tout ce qu'il aime, embarque pour l'île d'Iona en Écosse, où il établit une célèbre communauté. Il meurt en 597, l'année où saint Augustin de Canterbury arrive dans le Kent.

Colmcille Heritage Centre ⓒ *Prendre la route à gau... après le village, immédi... ment avant le lac.* Un b... ment moderne prése... dans le détail la vie de s... Columba et explique... procédés et moyens util... par les enlumineurs.

★ **Glebe House and Gallery** – *Par la R 251 puis... route secondaire à gau... à l'extrémité Nord du...* En 1953, le peintre **D... Hill** (né en 1916 à S... thampton), qui travailla... moment comme décorat... de théâtre à Munich, ach... un vieux presbytère (18... au bord du lac. En 19... une **galerie** fut constru... dans les agréables jard...

pour loger sa collection de tableaux contemporains, composée d'œuvres d'artis... irlandais de renom ou d'habitants de l'île de Tory, qui peignent dans un style... mitif et réalisent de surprenantes toiles « populaires ». La collection comporte é... lement des textiles de William Morris et des céramiques du Moyen-Orient.

Dans la **maison** elle-même, décorée d'estampes japonaises et chinoises collectées... cours de voyages, de tissus de William Morris, de carreaux de William de Morg... d'une lampe Tiffany, de poteries de Wemyss, sont exposés un buste en bronze... Derek Hill par John Sherlock et des œuvres de Hill lui-même, Victor Pasmore, B... Blackshaw, Augustus John, Evie et Nathaniel Hone, Sir William Orpen, Os... Kokoshka, Cecil Beaton et John Bratby.

St Colmcille's Oratory – *Au Nord de Glebe House. Continuer par la même route sec... daire longeant le petit lac Nacelly.* Au sommet d'une colline subsistent les maig... vestiges d'un monastère associé à saint Columba : une fontaine sacrée, deux cr... et une église en ruine dans un cimetière.

★★ **Glenveagh National Park** – *24 km au Nord-Ouest par les N 56, R 255 et R 2...* Les 9 667 ha du parc national de Glenveagh englobent le lac Beagh, les tourbiè... environnantes, une lande et des forêts de chêne et de bouleaux. Formant un... contraste, de luxuriants jardins autour d'un romantique château de granit oc... pent un promontoire proche du lac. Le domaine fut créé en 1861 par John Geo... Adair, qui réunit plusieurs petites propriétés dont il évinça les locataires. En 19... il fut acheté par un Américain de Philadelphie, Henry McIlhenny, qui vendit la terre au Service des parcs nationaux irlandais en 1975 et fit don du château et des jardins en 1983.

Un groupe de pavillons coiffés de gazon et nichés dans une dépression abrite le **centre d'accueil** (Visitor Centre ⓒ) où, au cours d'une brève présentation audiovisuelle, sont évoqués le passé du domaine et les moyens mis en œuvre pour préserver la flore et la faune, qui compte notamment le plus important troupeau de cerfs d'Irlande derrière une barrière longue de 45 km.

Les **jardins**★★ constituent une magnifique réalisation engagée par Mrs Adair et poursuivie avec amour pendant plus de quarante ans par Henry McIlhenny. Les plantations sont conçues de façon à procurer un spectacle coloré en toute saison. Les statues de pierre et les ornements apportent une touche classique à la **terrasse** (1966) et au **jardin italien** (1958). De la grande pelouse au **parc d'agrément**, des allées conduisent à la **promenade belge** (Belgian Walk), tracée durant la Grande Guerre par les soldats belges passant leur convalescence au château. Le **jardin clos** fut réalisé dans les années cinquante pour fournir légumes et fleurs coupées à la maison. On y trouve une orangerie édifiée en 1958 par Philippe Jullian. À l'extrémité Sud, une **perspective** s'ouvre sur le lac, la vallée et le Slieve Snaght (683 m).

DUNFANAGHY

Altan Lough

Errigal Mountain 752 △

Dunlewy Centre

DERRYVEAG...

.683 △ Slieve Snaght

△ 538 Glendow... Mounta...

Lough Barra

0 — 5 km
0 — 3 miles

Lake Finn

La façade crénelée du **château** 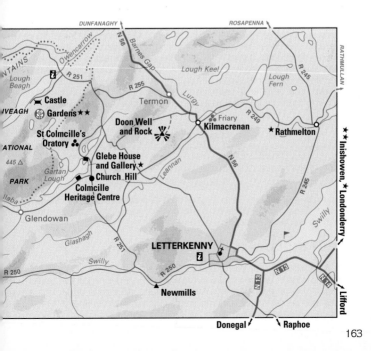 dissimule une vaste demeure victorienne conçue en 1870 par un cousin de John Adair, John Townsend Trench. Jusqu'en 1957, elle était encore éclairée par des lampes à huile et chauffée par une chaudière à la tourbe alimentée tous les trois jours. Du mobilier laissé par Henry McIlhenny, dernier des trois propriétaires américains successifs, se détachent un tapis tissé à Killybegs *(voir Donegal Coast)* assorti aux meubles du **salon**, une table à musique italienne du 18ᵉ s. incrustée de 19 variétés de bois, un lustre vénitien et du mobilier en papier mâché incrusté de nacre. La **tour**, d'abord réserve pour les articles de pêche, fut tapissée de tissu de tartan pour en améliorer l'acoustique quand elle fut transformée de fumoir en salon de musique. Quelques tableaux de George Russell ornent la **bibliothèque**.

Dunlewy – *34 km au Nord-Ouest par les N 56, R 255 et R 251.* Au-delà du parc national de Glenveagh, la route qui amène à Dunlewy *(R 251)* offre de splendides **vues** sur le lac et sa vallée, connue sous le nom de **Poisoned Glen** (Vallon empoisonné) ; sur un versant, une église de pierre blanche laissée à l'abandon constitue un saisissant point de repère.

Au bord du lac, une ancienne propriété de tisserands accueille le **Dunlewy Centre** (Ionad Cois Locha), où sont proposées des expositions sur le tissage, une visite guidée du cottage d'origine, des randonnées à poney, ainsi que d'autres activités comme les croisières commentées avec des récits. Depuis le restaurant, on bénéficie de belles vues sur le mont Errigal.

Kilmacrenan – Saint Columba édifia sa première église à Kilmacrenan, entre l'actuelle route de Millford et la Leannan, à l'endroit où se trouvent aujourd'hui les ruines d'une église du 17ᵉ s. et les traces d'un prieuré fondé en 1537 par le chef local, Manus O'Donnell.

À 3 km à l'Est du village *(sortir de Kilmacrenan par la N 56 au Nord, puis prendre la première route à gauche)*, au pied du **rocher de Doon** se trouve une **fontaine** (Doon Well and Rock) à laquelle, pendant la période pénale *(voir Introduction : Le christianisme en Irlande)*, étaient attribuées des vertus curatives ; les chiffons accrochés aux buissons prouvent que cette croyance n'a rien perdu de sa vigueur... Jusqu'au 16ᵉ s., sur le sommet aplati du rocher *(5 mn à pied AR)*, les O'Donnell étaient intronisés chefs du Tirconaill. Une belle **vue** s'y déploie sur la campagne. C'est à proximité que Sir Cahir O'Docherty reçut en 1608 le coup de feu dont il mourut.

Raphoe – *20 km au Sud-Est par les N 13, N 14 et R 236.* Le village est groupé autour d'une agréable esplanade de forme triangulaire. À l'angle Sud se dresse la **cathédrale** , un édifice gothique doté d'une tour et d'un transept du 18ᵉ s. et comprenant plusieurs éléments sculptés du 10ᵉ au 17ᵉ s. Le siège épiscopal de Raphoe, établi au 12ᵉ s. dans le monastère fondé par saint Adomnan (625-704), 9ᵉ abbé d'Iona, fut supprimé en 1835. Au Sud de la cathédrale se trouve une lugubre ruine : érigé en 1636 par le Dr John Leslie, le palais épiscopal était flanqué de tours sur le modèle de Kanturk et de Rathfarnham ; endommagé pendant la guerre des Deux-Rois et remis en état, il fut détruit par le feu en 1839.

Mont Errigal

Beltany Stone Circle – Au Sud de la localité *(par une route secondaire puis une p* *empierrée signalée Stone Circle ; se garer au Potato Centre, puis 10 mn à pied* se trouve le **cercle de pierres de Beltany** : des nombreuses pierres hautes de 1 m érig à l'âge du bronze en cercle de 137 m de circonférence, 64 sont encore en place.

Lifford – *26 km au Sud-Est par les N 13 et N 14*. Sur Main Square, l'ancien pa **de justice**, construit en 1746, a été converti en **centre d'accueil** (Seat of Power Vis Centre ⊘) comprenant un centre de généalogie et une exposition sur l'histo locale et l'évolution du système judiciaire, depuis l'époque où le clan O'Don faisait la loi jusqu'à nos jours, au moyen de maquettes, têtes parlantes, obj divers, reconstitutions de procès célèbres et visite de cellules.

Cavanacor House ⊘, à **Ballindrait** – *3 km au Nord-Ouest de Lifford par la N 14 une route signalisée à gauche.* La plus ancienne résidence du Donegal fut constru vers 1611 par Roger Tasker, ancêtre par sa fille cadette, Magdalen, du 11ᵉ pré dent des États-Unis, James Polk. Lors de sa retraite après le siège de Derry 1689, Jacques II l'épargna pour l'unique raison qu'il avait, peu de temps aupa vant, dîné sous l'un des sycomores du jardin. La visite des pièces principales do un aperçu de ce qu'était une maison de colon. Dans les dépendances, un mu évoque le passé de la demeure et présente des poteries faites à la main.

DROGHEDA★

DROICHEAD ÁTHA – Louth – 24 460 habitants
Carte Michelin n° 923 M 6 ou Atlas Great Britain & Ireland p. 93
Schéma : BOYNE Valley

Port principal de l'estuaire de la Boyne, dont la proche vallée est riche en souve historiques, Drogheda bénéficie de la proximité de vastes plages à Bettystown au S et d'une attrayante frange côtière au Nord.

UN PEU D'HISTOIRE

La ville fut fondée en 911 par le Danois Thorgestr. À la fin du 12ᵉ s., Hugh de La seigneur de Meath, en fit une importante forteresse normande composée de de paroisses, l'une dans le diocèse d'Armagh, l'autre dans celui de Meath. Il subsi quelques vestiges des nombreux monastères que la ville comptait au Moyen Âge, de la nef sans toit et la tour de l'**abbaye Ste-Marie** (St Mary's Abbey – Y), fondée en 4

la **tour Ste-Marie-Madeleine** (Magdalene Tower – 14ᵉ s. – Y), témoin du monastère
minicain fondé en 1224, qui vit en 1395 quatre princes irlandais se soumettre à
hard II d'Angleterre. De même, il ne reste de l'enceinte édifiée à partir de 1234
e deux portes : **Butter Gate** (Z), sur Millmount, et St Laurence Gate (Y).
Parlement siégea souvent à Drogheda, et c'est lors de l'une de ces sessions en
94 que fut adoptée la loi Poynings *(voir Introduction : Quelques faits historiques)*.

massacre de Cromwell – Lors de la rébellion des Confédérés, la ville fut assiégée
ux fois. En 1641, Sir Henry Tichborne et Lord Moore résistèrent aux assauts de Sir
elim O'Neill jusqu'à l'arrivée des secours du comte d'Ormond. En 1649, les
00 hommes de Sir Arthur Aston défendirent la ville contre Cromwell. Le siège fut
onné de sanglants épisodes, tel l'incendie du clocher de l'église St-Pierre, qui s'ef-
dra sur la foule qui s'y était réfugiée. Les assaillants ouvrirent une brèche dans
nceinte Sud-Est, près de l'église Ste-Marie, s'emparèrent de la ville, et, selon la
ppre estimation de Cromwell, passèrent 2 000 personnes au fil de l'épée. La plupart
s survivants furent déportés à la Barbade.

DROGHEDA PRATIQUE

tisanat – Le Millmount Craft Centre regroupe six échoppes différentes.

Se restaurer à Drogheda

botts Bistro – *32 Shop Street* – ☎ *(041) 30288 – fax (041) 983 0288.*
staurant central servant une cuisine contemporaine originale à prix intéressant.

Se loger à Drogheda

llyesker Country House – *Tullyesker, Monasterboice (5,5 km au Nord par
N 1)* – ☎ *(041) 983 430 – fax (041) 983 2624 – 5 chambres.*
ablissement récent remarquablement tenu offrant de belles vues. Bon rapport
alité-prix.

yne Haven House – *Dublin Road (4 km au Sud-Est par la N 1 –* ☎/*fax (041)
83 6700 – 4 chambres.*
nsion soigneusement tenue à tarifs raisonnables sur la route principale au Sud
la ville.

LE CENTRE

Il occupe la rive Nord escarpée de la rivière. Ses ruelles étroites sont souvent reliées
par des escaliers.

St Peter's Catholic Church ⊘ (Y) – Cet édifice néogothique (1881) recèle les
reliques – sa tête, les lettres qu'il écrivit de sa prison de Newgate et la porte de
sa cellule – d'Oliver Plunkett (1625-1681), archevêque catholique d'Armagh, qui
fut impliqué dans la conjuration Oates, exécuté pour haute trahison à Londres et
canonisé en 1975.

Oliver Plunkett (1629-1681)

Issu d'une éminente famille anglo-irlandaise de Loughcrew, dans le comté de
Meath, Oliver Plunkett fut éduqué à Rome et formé par un parent, Patrick, qui
devint évêque de Meath. En 1670, il fut nommé archevêque d'Armagh et
primat d'Irlande. Se servant des liens de sa famille avec le pouvoir établi, notamment le vice-roi Berkeley, il commença à imposer son autorité et à inverser
l'effet négatif sur le catholiscisme hérité de l'époque cromwellienne et des Lois
pénales. Il parcourut tout le Nord de l'Irlande, administrant le sacrement de la
confirmation, créant une école pour élèves de tous âges, ordonnant des prêtres,
nommant des évêques. À la suite d'une nouvelle vague anticatholique, qui suivit
le mariage du frère de Charles II, Jacques, avec la catholique Marie de Modène,
Plunkett décida de se cacher. Les antimonarchistes de Londres l'accusèrent
d'avoir participé au « complot papiste » inventé de toutes pièces par Titus Oates,
prétendant qu'il avait comploté pour le débarquement de 40 000 hommes à
Carlingford. Arrêté en 1679, Plunkett passa en jugement à Dundalk, mais personne ne voulut témoigner contre lui. On le jugea plus tard à Londres pour
trahison, et il fut condamné à être pendu, éviscéré et écartelé à Tyburn. Ses
amis firent en sorte que sa dépouille soit conservée ; une partie des reliques
furent enfin rapportées en Irlande.

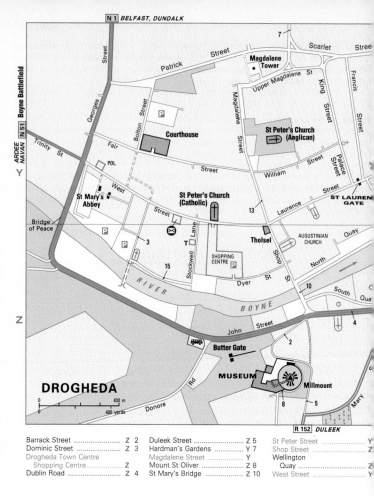

DROGHEDA

St Peter's Anglican Church (Y) ⊘ – Elle fut élevée en 1753, mais le porche
la flèche ne furent ajoutés qu'en 1793 par Francis Johnston *(voir Index)*. Dans
cimetière, près de la porte Est, une pierre tombale rappelle le souvenir des v
times de l'incendie de 1649. Au-delà s'alignent trois rangs de maisons constru
vers 1730 pour les veuves des membres du clergé.

★**St Laurence Gate** (Y) – Il ne s'agit pas de la porte même du 13ᵉ s., mais de
barbacane qui la protégeait. Au Sud subsistent quelques vestiges de l'enceinte

Courthouse (Y) – Le palais de justice, avec sa girouette caractéristique, fut co
par Francis Johnston et achevé en 1790.

Tholsel (Z) – Cet édifice de calcaire (1770) surmonté d'un campanile et d'une l
terne servit aux réunions du conseil municipal et aux cours de justice jusqu
1889.

MILLMOUNT (Z)

Cette éminence sur la rive Sud de la Boyne, qui est peut-être une ancienne tom
à couloir, fut couronnée d'une motte par les Anglo-Normands puis fortifiée au 18
Du point le plus élevé, on bénéficie d'une belle **vue** sur le centre-ville et sur le via
ferroviaire jeté sur l'estuaire en 1855. Auparavant, les voyageurs se rendant
Dublin à Belfast étaient transférés par diligence de la gare Sud à la gare Nord.
La brèche ouverte dans l'enceinte par les troupes de Cromwell est visible dans
cimetière *(au Sud-Est)* de l'église Ste-Marie, qui s'élève à l'emplacement d'
couvent de carmélites.

★**Museum** ⊘ – Le musée occupe l'ancien quartier des officiers construit en 18
Une remarquable présentation illustre le passé de Drogheda et ses activités ma
times. Y sont notamment exposés trois **bannières de corporations**, des souven
d'associations locales, des ustensiles domestiques, du matériel industriel et une c
lection de minéraux. À côté, la tour Martello a été très endommagée au cours
la guerre d'Indépendance.

ENVIRONS

Vallée de la Boyne – *Voir Boyne Valley*.

Whiteriver Mills ⊘, à **Dunleer** – *14,5 km au Nord par la N 1 et la R 132*. À la lisière Sud de Dunleer s'élève une minoterie du 18ᵉ s., qui a été très joliment restaurée et remise en activité ; on peut y admirer d'habiles démonstrations de tous les procédés liés au broyage des grains.

Quand le réalisme des pierres tombales rivalise
avec le contenu des tombeaux

DUBLIN ★★★

BAILE ÁTHA CLIATH – Dublin – 470 838 habitants
Carte Michelin n° 923 plis 36 et 40 ou Atlas Great Britain & Ireland p. 134

La capitale de l'Irlande est traversée par la Liffey, dont l'estuaire forme la baie
Dublinet abrite les bassins du port. Au 18e s., la ville connut une période de pros
rité qui vit fleurir nombre de bâtiments néoclassiques et d'élégantes *terra*
georgiennes. De nombreux parcs urbains comme les vastes pelouses de Phoenix Pa
ou les berges des canaux constituent des havres de calme. Les faubourgs résident
s'étendent jusqu'au Ben of Howth au Nord et au cap Dalkey au Sud. Pour leur déten
les habitants de Dublin ont le choix entre les plages de sable à l'Est, la riche ca
pagne agricole au Nord et à l'Ouest ou les montagnes du Wicklow au Sud. Au dé
du troisième millénaire, Dublin est une destination idéale pour un long week-end, a
ses pubs animés et sa réputation de ville où l'on s'amuse.

DUBLIN PRATIQUE

Offices de tourisme – **Dublin Tourism Centre** (St Andrew's Church), Suffolk Stre
Irish Tourist Board (Bord Fáilte en irlandais) : Baggot Street Bridge ; aéroport
Dublin (hall des arrivées) ; Dún Laoghaire (nouveau terminal des ferries
Tallaght, The Square (centre-ville).

Informations :
– par téléphone : Office national du tourisme irlandais (Irish Tourist Boar
☎ (1859) 230 330 ; Office national du tourisme irlandais à Pa
☎ (01) 53 43 12 12.
– par courrier électronique : information@dublintourism.ie
– via Internet : www.visit/dublin.com

Réservations de chambres à Dublin :
– par courrier électronique, avec une carte de crédit : reservation@dublint
rism.ie
– par téléphone (appel gratuit) et carte de crédit : à partir de l'Irlande, de
Grande-Bretagne, de la France, de l'Allemagne, de l'Italie, de la Suède et de
Norvège : ☎ 00 800 668 668 66 ; à partir des États-Unis : ☎ (01)1 8
668 668 66 ; à partir des autres pays : ☎ (01)1 353 66 92082.

Transports publics – Dublin est desservi par un réseau de bus et la ligne
chemin de fer qui suit la côte.
Les trains du réseau express électrique **DART** (Dublin Area Rapid Transport) d
servent de nombreuses stations côtières (40 km) entre Howth (au Nord) et B
(au Sud), et trois gares au centre de Dublin, Connolly, Tara Street et Pearse.
service est assuré tous les jours de 6 h (9 h le samedi) à 23 h 45. Les trains
succèdent toutes les cinq à dix minutes aux heures de grande affluence et tou
les 15 minutes en heure creuse. Le ticket à la journée (nombre de voyages
mité) donnant accès à l'ensemble du réseau DART est en vente dans toutes
stations. Le prix est calculé en fonction de la distance, et le coût maximum d
ticket est de 3,20 IR£. Le ticket combiné à la journée (nombre de voyages
mité sur le réseau Dart et Dublin Bus) un coûte 4 IR£. Pour de plus amp
informations : 35, Lower Abbey Street, ☎ (01) 836 6222 ou (01) 703 35
(service clientèle), fax (01) 703 4690.

Air Link, service de navettes géré par Dublin Bus *(voir ci-après)* entre l'aérop
et le centre, dessert les arrêts suivants : O'Connell Street, gare routière centr
(Store Street), gare de Connolly, et Parnell Square West.
Le **réseau** de **Dublin Bus** (CIE) couvre toute la ville au départ de Central Bus Stat
(Busáras), qui se trouve dans Shore Street (derrière Custom House). Tous
bus avec la mention *An Lár* se rendent au centre-ville. Les tickets en vente s
exclusivement réservés aux voyages en autobus ou aux voyages combi
(réseaux Dart et Dublin Bus). Le ticket à la journée (nombre de voyages illimi
donnant accès à l'ensemble du réseau s'élève à 3,50 IR£. Le ticket combin
la journée (nombre de voyages illimité) coûte 5,20 IR£. Il existe des tarifs-déc
verte pour la visite à la journée (en remontant la côte vers le Nord jusqu'à Hov
et Malahide ; en la descendant vers le Sud jusqu'à Bray et Greystones, a
retour par l'intérieur via Enniskerry. Pour de plus amples informations : Du
Bus, 59 Upper O'Connell Street, Dublin 1, ☎ (01) 873 4222 ou (01) 703 30
(vente billets), fax (01) 703 3077, www.dublinbus.ie
Les bus **Nitelinks** assurent un service de nuit entre le centre-ville et la banlie
le jeudi, le vendredi et le samedi, à minuit, 1 h, 2 h et 3 h du matin.

Stationnement – Au centre de Dublin, on trouve des **parkings payants** et des zo
où le stationnement est régi au moyen d'**horodateurs** ou de **disques de stationneme**
À l'Ouest de St Stephen's Green, un panneau électronique affiche le nombre
places disponibles dans les parkings.

N PEU D'HISTOIRE

colonisation viking – Le nom de la ville provient de *Dubh Linn*, « l'étang noir » se situe au confluent de la Liffey et de la Poddle, mais la dénomination irlandaise *e Atha Cliath* signifie « cité près du gué ». Le premier habitat permanent, sur le de l'actuel Wood Quay, fut établi au 9ᵉ s. par les Vikings. En 1014, à la bataille Clontarf **(CS)**, sur la rive Nord de la baie de Dublin, Brian Ború *(voir Index)* mit un ne à leur domination.

forteresse anglo-normande – Après l'invasion anglo-normande de la fin du 12ᵉ s., oi Henri II octroya Dublin au port de Bristol comme place commerciale. Malgré les auts répétés des clans irlandais et une attaque infructueuse de l'Écossais Édouard ce en 1316, le contrôle de la ville n'échappa jamais aux Anglo-Normands, qui en nt progressivement le centre de leur gouvernement.

doubles lignes jaunes signalent une interdiction formelle de stationnement, et **places de parking réservées aux handicapés** sont strictement réservées aux véhicules és du macaron attestant de la situation du conducteur. De très nombreuses rictions de stationnement sont en vigueur par ailleurs, et il convient de se former à la signalisation en place. Le non-respect de la réglementation peut raîner l'immobilisation du véhicule par un **sabot**, dont le retrait peut coûter qu'à 65 IR£. On peut payer l'amende soit par téléphone, en indiquant son néro de carte de crédit, soit encore au Parking shop (16, Bachelor's Walk, olin 1, ☎ (01) 602 2500) par carte de crédit, en liquide ou par Eurochèque par carte de paiement bancaire Eurochèque).

urisme – La carte dite **Supersaver Card** est en vente au Dublin Tourism Centre. e permet de réaliser une réduction allant jusqu'à 30 % sur les entrées dans musées et sites suivants : Dublin's Viking Adventure, Dublin Writers Museum, nes Joyce Museum, Shaw Birthplace, Malahide Castle, Fry Model Railway et wbridge House.

e **promenade historique** (Historical Walking Tour) de Dublin permet de visiter les s célèbres sites touristiques de la ville tout en familiarisant avec les événe- nts marquants de l'histoire irlandaise ; se renseigner au ☎ (01) 878 0227. sieurs agences de tourisme organisent des **visites guidées** du centre-ville dans bus à plate-forme. Pour une visite complète (2 h 45) comprenant les sites plus célèbres de la ville avec l'accompagnement d'un guide confirmé, contac- **Dublin Bus**. Les excursions en bus avec arrêts – **hop-on-hop-off tours** – permet- t de faire du tourisme toute la journée et en toute liberté : on peut en effet tter le bus à l'un des nombreux arrêts, visiter un site sans restriction de ips, puis reprendre l'un des bus suivants et poursuivre l'excursion touristique, s supplément de prix. Contactez **Dublin Bus** ⊙, **Gray Line Bus** ⊙ et **Guide Friday** ⊙. rtains touristes préféreront une **excursion à bicyclette** ⊙ (les bicyclettes sont four- s), en compagnie d'un guide qui signalera les principaux sites culturels et his- iques.

e **promenade en voiture attelée** ⊙ constitue une façon agréable et paisible de couvrir Dublin au départ de St Stephen's Green *(angle Nord-Est, en haut de afton Street)*. Pour les touristes désireux de s'éloigner de Dublin, des **excur- s en train à vapeur** ⊙ desservent plusieurs villes et villages.

cursions au départ de Dublin – Plusieurs compagnies de bus organisent des cuits (une journée ou demi-journée) pour découvrir les curiosités de la région Dublin : Dublin Bus *(voir ci-dessus)* ; Irish City Tours *(voir Office de tourisme)*.

couverte à pied ⊙ – L'Office de tourisme organise différentes promenades hème historique pour découvrir le patrimoine *(heritage trails)*. Pour les hauts ix historiques et les faits marquants de l'histoire irlandaise, suivre la prome- de historique ou celle de la révolte de 1916. Un circuit littéraire est égale- nt proposé, mais aussi des tournées de pubs typiques ou de pubs à ambiance sicale irlandaise *(Dublin Tourism Centre, ci-dessus)*.

hats – La **principale zone commerçante** de Dublin s'étend de Grafton Street *(rive d de la Liffey)* à O'Connell Street *(rive Nord de la Liffey)*. Dans Nassau Street ur le côté Sud de Trinity College), de nombreux magasins vendent des **produits ndais**, depuis les créations de stylistes irlandais aux souvenirs plus modestes tements, artisanat, poterie, musique et instruments irlandais, armoiries fami- es).

quartier de **Temple Bar** propose un large éventail de petites boutiques et choppes en plein air.

amateurs de marchés ne manqueront pas de se rendre à celui de **Moore Street** ndi et samedi)*, où des marchands ambulants proposent fruits et légumes frais ;

North Earl Street

le marché de primeurs de la Dublin Corporation, qui se tient sous une halle en fe
(Mary's Lane ; samedi matin) ; ou encore au **Mother Redcaps market**, le plus v
marché d'Irlande, où l'on trouve une large gamme de produits : antiquités, bri
brac, pulls tricotés main et artisanat *(Back Lane, près de Christchurch ; ouver
vendredi au dimanche, de 10 h à 17 h 30)* ; le marché de Temple Bar *(Mee
House Square ; samedi après-midi)* propose des produits locaux (fromages, sau
pains, chocolats, jus de légumes, pizzas, tourtes et saucisses).
Pour les **antiquités**, une visite dans Francis Street est recommandée.

Artisanat – Les boutiques suivantes proposent un éventail intéressant d'artic

Crafts Council Retail Gallery, Powerscourt Centre, South William Street, Dubli
☎ (01) 679 7368.

DESIGNyard, Temple Bar, Dublin 2;

Kilkenny Shop, Nassau Street, Dublin 2, ☎ (01) 777 066 (lainages et article:
maison).

Blarney Woollen Mills, 21-23 Nassau Street, Dublin 2, ☎ (01) 710 086 (lainag

Club Tricot (Blarney Woolen Mills), 49 Grafton Street, Dublin 2, ☎ (01) 772 7

National Museum Shop de Kildare Street, Dublin 2, ou Benburb Street, Dublin

Angles, 10 Westbury Centre, Harry Street, Dublin 2 (bijoux).

Claddagh Records, 2 Cecilia Street, Dublin 2, ☎ (01) 677 0262, spécialiste
musique traditionnelle irlandaise et de musiques du monde.

Celtic Note, 14-15 Nassau Street, Dublin 2, ☎ (01) 670 4157, fax (01) 670 41
sales@celticnote.com, www.celticnote.com. Musique irlandaise.

Loisirs à Dublin

Musique – Le **National Concert Hall** ⏱ *(Earlsfort Terrace)* propose un program
régulier de concerts de musique classique et moderne.
Le **Bank of Ireland Arts Centre** accueille des récitals de musique (Foster Pl
Dublin 2).
Dans le quartier de Temple Bar, des salles de concerts plus petites propos
des événements musicaux plus spécialisés (jazz, blues, etc.).

Théâtre – Les amateurs de théâtre peuvent assister à des spectacles au pre
gieux **Abbey Theatre** (Abbey Street, ☎ (01) 878 7222, www.abbeytheatre.ie)
encore au **Gate Theatre** (Parnell Square East, ☎ (01) 874 4045). Opéra
comédies musicales se déroulent à l'**Olympia Theatre** (72 Dame Str
☎ (01) 677 7744) et au **Gaiety Theatre** (☎ (01) 677 1717, fax (01) 677 19
boxoffice@gaietytheatre.com, www.gaietytheatre.com). Le Festival de théâ
de Dublin se tient en octobre.

Cinéma – Les amateurs de cinéma auront le choix parmi les nombreuses sa
dont deux cinémas d'art et d'essai et un complexe de neuf salles dans Par
Street, Imax Experience.

énements sportifs – Les grandes rencontres se déroulent à **Croke Park**, temple
sport gaélique (football et hurling), à Shelbourne Park pour les courses de
riers, à **Leopardstown** (au Sud) et à **Fairy House** (au Nord) pour les courses de
evaux.

Pubs musicaux

ur goûter l'atmosphère du pub irlandais, deux adresses indispensables : *The
al Irish Pub Crawl* (☎ (01) 493 2676 ou 088 212 2020) propose une tour-
e des pubs et des édifices historiques, tandis que le *Jameson Literary Pub
awl* (☎ (01) 670 5602) ouvre la porte des pubs littéraires.

plus grand nombre de pubs se trouve dans le quartier de Temple Bar. La liste
vante est une sélection de pubs dans lesquels on peut écouter de la musique
ndaise traditionnelle.

e Nord de la Liffey

tings Pub – *Jervis Street, Dublin 1*, ☎ *(01) 873 1567*. Musique traditionnelle
mardi, mercredi, jeudi et samedi soir.

ton Court Hotel – *O'Connell Street Bridge, Dublin 1*, ☎ *(01) 874 3535*. Musique
ditionnelle tous les soirs.

ve Sud de la Liffey

zen Head Pub – *20 Lower Bridge Street, Dublin 8*, ☎ *(01) 679 5186*. Le plus
ux pub d'Irlande (1688). Musique traditionnelle tous les soirs.

tle Inn – *5-7 Lord Edward Street, Dublin 2*, ☎ *(01) 475 1122*. Musique tra-
ionnelle le vendredi soir.

rcourt Hotel – *Harcourt Street, Dublin 2*, ☎ *(01) 478 3677*. Musique tradi-
nnelle le lundi, le mardi et le mercredi.

e Norseman – *29 East Essex Street, Dublin 2*, ☎ *(01) 679 8372*. Musique tra-
ionnelle tous les soirs, sauf le lundi.

ver St John Gogarty – *Temple Bar, Dublin 2*, ☎ *(01) 671 1822*. Musique tradi-
nnelle tous les soirs (le samedi à 16 h 30 et le dimanche à midi).

hea's Merchant Pub – *12 Lower Bridge Street, Dublin 1*, ☎ *(01) 679 3797*.
usique traditionnelle tous les soirs.

ty O'Shea's – *23-25 Upper Canal Street, Dublin 4*, ☎ *(01) 660 8050*. Musique
ditionnelle tous les soirs, sauf le jeudi.

ubourgs Nord

ntarf Castle Hotel – *Castle Avenue, Dublin 3*, ☎ *(01) 833 2321*. Musique tradi-
nnelle le samedi soir.

bey Tavern – *Howth, Dublin*, ☎ *(01) 832 2006*. Musique traditionnelle chaque
eek-end. Réservation indispensable.

ubourgs Sud

an Doherty's – *Edmonstown Road, Rockbrook, Rathfarnham, Dublin*, ☎ *(01)
93 1495 (au Sud, à 20 mn du centre)*. Pub et restaurant.

turiann na hEireann – *Belgrave Square, Monkstown, Dublin*, ☎ *(01) 280 0295*.
usique traditionnelle le vendredi et le samedi soir. *Céili* le vendredi soir.

nny Fox's Pub – *Glencullen, Dublin*, ☎ *(01) 295 5647 (au Sud par la N 11 et
R 116)*. Musique traditionnelle tous les soirs.

tres pubs et restaurants dignes d'intérêt :

ve Nord de la Liffey

ttery's – *129 Capel Street, Dublin 1*, ☎ *(01) 872 7971*. Pour des déjeuners
grill et des en-cas en soirée. Concerts tous les soirs.

ve Sud de la Liffey

rd Edward – *23 Christchurch Place, Dublin 8*, ☎ *(01) 454 2420*. Ce pub à la
putation bien établie est également un restaurant de fruits de mer. Il se trouve
face de Christchurch Cathedral.

Pasticcio – *12 Fownes Street, Temple Bar, Dublin 2*, ☎ *(01) 677 6111*.
thentique cuisine italienne.

oke's Café – *14 South William Street, Dublin 2*, ☎ *(01) 679 0536*. L'un des res-
urants les plus en vogue. S'inspire de la tradition culinaire méditerranéenne et
opose aussi des spécialités de la cuisine californienne et des fruits de mer.

vy Byrnes – *21 Duke Street, Dublin 2*, ☎ *(01) 677 5217*. Restaurant réputé
ur ses fruits de mer. James Joyce y fait allusion dans *Ulysse*.

Cave – *28 South Anne Street, Dublin 2*, ☎ *(01) 679 4409*. Cuisine et vins
ançais. Le plus ancien bar à vin français de Dublin se trouve juste à proximité
Grafton Street.

Whelan's – *25 Wexford Street, Dublin 2,* ☎ *(01) 478 0766.* Concert tous soirs : jazz, country et musique irlandaise traditionnelle.

Marrakesh – *11 Ballsbridge Terrace, Dublin 4,* ☎ *(01) 660 5539.* Authentic cuisine marocaine.

Se restaurer à Dublin

Jacob's Ladder – *4-5 Nassau Street, Dublin 2* – ☎ *(01) 670 3865* fax (01) 670 3868. Restaurant décontracté à l'étage, offrant une cuisine irl daise contemporaine au bon rapport qualité-prix, avec vue sur le domaine Trinity College.

Cavistons – *59 Glasthule Road, Dún Laoghaire* – ☎ *(01) 280 9120* – fax (C 284 4054.
Traiteur familial associé à un restaurant de poissons ouvert le midi. Réservati recommandée.

Mermaid Café – *69-70 Dame Street, Dublin 2* – ☎ *(01) 670 8236* – fax (C 670 8205.
Simple et bien tenu, ce restaurant affairé propose une cuisine contempora appétissante, et un brunch le dimanche.

Roly's Bistro – *7 Ballsbridge Terrace, Dublin 4* – ☎ *(01) 668 2611* – fax (C 660 8535.
Bistrot très fréquenté, ambiance fantaisiste mais service très efficace. Plats t ditionnels irlandais.

King Sitric – *Harbour Road, East Pier, Howth* – ☎ *(01) 832 5235* – fax (01) 8 2442 – 8 chambres.
Établissement moderne aux chambres minimales, dans le style des phares ; c sine nettement orientée vers les produits de la mer.

Se loger à Dublin

Red Bank – *7 Church Street, Skerries* – ☎ *(01) 849 1005* – fax (01) 849 159 Hôtel familial aux chambres confortables. Menu de la mer au restaurant.

Eglinton Manor – *83 Eglinton Road, Dublin 4* – ☎ *(01) 269 3273* – fax (01) 2 7527 – 8 chambres.
Maison victorienne en briques rouges, dans une banlieue chic.

Tudor House – *donnant sur Castle Street, Dalkey* – ☎ *(01) 285 15* – fax (01) 284 8133 – 6 chambres.
Dans un domaine retiré, cet élégant manoir propose des chambres à la déco tion individualisée et des vues sur la baie de Dublin.

Hedigan's – *Tullyallan House – 14 Hollybrook Park, Clontarf, Dublin 3* – ☎ (C 853 1663 – fax (01) 833 3337 – 9 chambres.
Résidence classée de la fin de l'époque victorienne, à 15 mn de l'aéroport Dublin.

Le Dublin georgien – Le calme relatif du 18ᵉ s. atténua les restrictions et favorisa commerce. Des bâtiments publics furent édifiés, d'élégants alignements de maison dits *terraces*, s'élevèrent, d'abord sur la rive Nord, puis sur la rive Sud, et les pr priétaires, attirés dans la capitale par leurs affaires ou leurs fonctions, financèrent belles résidences.
Créé en 1758, le corps de commissaires à l'urbanisme, les Wide Street Commissione contrôla l'aménagement de la ville, embrassée par deux canaux, Royal Canal et Gra Canal, et coupée par la Liffey, qui fut pourvue de quais et enjambée par plusieurs pon

Capitale de la république d'Irlande – Après l'Acte d'union (1800), les affaires publiqu se déplacèrent à Londres et, en dépit de sa réputation de deuxième ville de l'Empire b tannique, Dublin connut une période de stagnation. Après les soubresauts de la guer civile, la ville restaura les édifices endommagés pour leur rendre leur splendeur d'anta La politique de rénovation menée par Dublin au cours des dernières décennies du 20ᵉ lui valut de se voir décerner le titre de ville européenne de la culture en 1991. Le qua tier de Temple Bar, autrefois en ruine, est devenu une zone piétonne animée où fleurisse pubs, restaurants, hôtels, boutiques et cafés. Le projet Harp, qui débute en 1999, préve la rénovation du quartier situé à l'Ouest de O'Connell Street.

★★DUBLIN CASTLE (HY)

Symbole de l'autorité britannique – Emblème de la loi britannique en Irland pendant sept siècles, le château vit languir maints suspects dans ses cachots bien des têtes furent exhibées à ses portes. Les premiers représentants du r portant le titre de Lord Deputy, gouvernaient depuis leurs places fortes du Pa *(voir Trim, encadré)*, mais au 16ᵉ s., Henry Sidney, qui fut quatre fois Lord Deput

...nity Lodge – *12 South Frederick Sreett, Dublin 2* – ☎ *01) 679 5044* – *x (01) 679 5223* – *10 chambres.*

...nsion familiale occupant une maison georgienne proche de Trinity College.

...wley's – *Merrion Road, Ballsbridge, Dublin 4* – ☎ *(01) 668 1111* – *x (01) 668 1999.*

. façade victorienne cache des chambres modernes ; bon rapport qualité-prix. ...estaurant décontracté moderne au sous-sol.

...rrington Hall – *70 Harcourt Street, Dublin 2* – ☎ *(01) 475 3497* – *fax (01) ...75 4544* – *30 chambres.*

...eux maisons de ville de style georgien forment un établissement familial offrant ...s chambres spacieuses et claires.

...ams Trinity – *28 Dame Street, Dublin 2* – ☎ *(01) 670 7100* – *fax (01) 670 ...01* – *28 chambres.*

...ôtel du centre-ville proposant de vastes chambres classiques ; restaurant et ...r *Mercantile* primé.

...ief O'Neills – *Smithfield, Dublin 7* – ☎ *(01) 817 3838* – *fax (01) 817 3839* – ...3 chambres.

...ôtel moderne ; le restaurant Kelly & Ping a une tonalité asiatique.

...owne's Townhouse – *22 St Stephen's Green, Dublin 2* – ☎ *(01) 638 3939* – *x (01) 638 9000* – *12 chambres.*

...ne élégante maison de ville georgienne restaurée propose ses chambres de style ...en équipées et son agréable brasserie animée.

...e Mercer – *Mercer St Lower, Dublin 2* – ☎ *(01) 478 2179* – *fax (01) 478 0328 ...21 chambres.*

...oisin de St Stephen's Green, hôtel de style boutique équipé d'un restaurant ...oderne décontracté.

...ooks – *Drury Street, Dublin 2* – ☎ *(01) 670 4000* – *fax (01) 670 4455* – ...5 chambres.

...ôtel au style contemporain « boutique et design », en plein cœur du centre.

...e Shelbourne Meridien – *27 St Stephen's Green, Dublin 2* – ☎ *(01) 676 6471* – *x (01) 661 6006* – *168 chambres.*

...stitution qui conserve son faste traditionnel, réputé pour les *afternoon teas*.

...arence – *6-8 Wellington Quay, Dublin 2* – ☎ *(01) 670 9000* – *x (01) 670 7800* – *45 chambres.*

...ans le quartier de Temple Bar, cet hôtel moderne dans le style boutique donne ...r la Liffey ; le bar Octagon est très animé ; l'impressionnant restaurant **Tea ...ooms** propose une cuisine irlandaise contemporaine.

...e Merrion – *Upper Merrion Street, Dublin 2* – ☎ *(01) 603 0600* – *fax (01) ...03 0700* – *135 chambres.*

...roupe imposant de maisons georgiennes. Le service est discret et la plupart des ...hambres donnent sur les jardins. Choix de restaurants. Bar décontracté en cave ; ...rasserie.

établit sa résidence au château de Dublin et l'aménagea. Progressivement, la forteresse médiévale devint le centre administratif de l'Irlande et la cour du vice-roi. Au 19e s., le Lord Deputy transféra sa résidence au Pavillon du vice-roi (Vice-Regal Lodge) dans Phoenix Park, et ne résida au château que quelques semaines en hiver. Cette période, occasion de fêtes étincelantes, de bals et de réceptions, était connue sous le nom de « saison du château ».

Construction – En 1204, soit trente ans après l'invasion anglo-normande, le roi Jean ordonna la construction d'un château. Le site retenu, au Sud-Est de la ville, fut une haute prairie protégée au Sud et à l'Est par la Poddle. Un quadrilatère irrégulier renforcé d'une tour ronde à chaque angle fut édifié à l'emplacement de l'actuelle cour supérieure (Upper Yard). La plus grande partie du château médiéval disparut dans les flammes en 1684. Les nouveaux appartements, dessinés par William Robinson et achevés en 1688, furent à leur tour remplacés au milieu du 18e s.

Les sièges – Le plus rude se déroula en 1534, alors que Thomas Fitzgerald, connu sous le nom de « Thomas le Soyeux » (Silken Thomas) parce qu'il portait des vêtements brodés de soie, exerçait la charge de vice-gouverneur en l'absence de son père, **Gerald, 9e comte de Kildare**, parti à Londres répondre d'accusations portées contre lui. Sur la foi d'un faux rapport prétendant que celui-ci avait été décapité, Thomas renonça à sa fonction, se déclara délié de son serment d'allégeance envers le roi et lui déclara la guerre. Ainsi commença la rébellion connue sous le nom de **révolte de Kildare**, ou révolte géraldine. Immédiatement suivi par plusieurs clans, Thomas s'empara du château et les habitants de Dublin prirent son parti. Mais il commit l'erreur de mettre à mort l'archevêque, qui avait tenté de s'enfuir en Angleterre, et quand les troupes royales assiégèrent la ville, celle-ci se tourna

contre le Soyeux, que le pape avait en outre excommunié. En mars 1535, il ter
de la reprendre, mais l'approche de renforts anglais et la mise à mort de rebell
capturés incitèrent ses compagnons à l'abandonner. Contraint de se rend
quelques mois plus tard, il fut exécuté à Londres le 3 février 1537 avec cinq
ses oncles.

La dernière attaque eut lieu le lundi de Pâques 1916. Du toit de l'hôtel de vil
les rebelles contrôlaient les voies d'accès et la porte principale du château. L
troupes régulières reprirent la cour supérieure après trois heures de combat.

Visite ⊘ *1 h ; entrée par la cour inférieure (Lower Yard)*

State Apartments – L'aile Sud de la cour supérieure, dont l'étage est occupé p
les **appartements d'apparat**, fut construite entre 1750 et 1780 et remaniée à divers
reprises. Tous les tapis ont été réalisés à Killybegs *(voir Donegal Coast)*.

Au-delà des guérites hexagonales flanquant l'entrée, le **grand escalier** donne acc
au **palier des haches d'arme** (Battleaxe Landing), qui doit son nom aux armes porté
par les gardes du corps du vice-roi. James Connolly, l'un des chefs du soulève
ment de Pâques, fut retenu prisonnier dans l'une des pièces qui lui font suit
meublées dans les styles Sheraton, Regency et Louis XVI ; deux d'entre elles pr
sentent des plafonds ornés de jolis **stucs** irlandais transférés de Mespil House apr
sa démolition. Les baies ouvrent sur le parc et sur le mur dit de la reine Victori
édifié pour dissimuler les écuries. Dans le **salon d'Apollon**, on remarquera un origin
dessus de cheminée du 18e s. et le plafond à fresque (1746) à la gloire du di
du Soleil, protecteur des arts.

Un vase de la fin de la période Ming a inspiré la décoration picturale du **salon**. L
médaillons ovales ou circulaires représentant Jupiter, Junon, Mars et Vénus, q
décorent la **salle du trône**, sont attribués à Giambattista Bellucci, peintre vénitien c
début du 18e s. La **galerie de peinture**, ancienne salle à manger, est ornée de po
traits de vice-rois et de lustres vénitiens. Quatre **plaques Wedgwood** réalisées par Joh
Flaxman (1755-1826) décorent le salon Wedgwood, où sont exposés trois tablea
d'Angelika Kauffmann (1741-1807).

Dans le **salon de la tour Bermingham**, la rose, le chardon et le trèfle servent de mot
décoratifs communs au tapis, au lustre et au plafond.

Dans la **salle Saint-Patrick**, construite après 1746 pour servir de salle de bal, cimier
heaumes et bannières pendent au-dessus des stalles marquées aux noms des ch
valiers de l'ordre de Saint-Patrick. Vincenzo Valdré (1742-1814), peintre itali

Le salon du château

venu en Irlande en 1774 à la suite du vice-roi, le marquis de Buckingham, pour lequel il avait travaillé à Stowe, décora le plafond d'allégories célébrant les rapports de l'Angleterre et de l'Irlande.

Powder Tower Undercroft – *Lower Yard*. Des fouilles effectuées sous la tour des Poudres ont révélé des parties des systèmes défensifs viking et normand : une arche du 13e s. et une voûte de décharge dans l'**enceinte** de la ville, qui permettaient aux bateliers de pénétrer dans les fossés pour livrer des vivres à la poterne.

Church of the Most Holy Trinity – *Lower Yard*. Sur le site d'une chapelle royale plus petite, Francis Johnston édifia l'église de la Très-Sainte-Trinité, qui fut consacrée en 1814. Edward Smyth et son fils John sculptèrent dans la pierre de Tullamore la centaine de têtes qui ornent ses murs extérieurs, tandis que George Stapleton réalisa les stucs intérieurs et Richard Stewart les boiseries. De vieux vitraux venus du continent servirent à composer les scènes de la Passion de la verrière Est. Sculptées dans le bois ou intégrées aux vitraux, les armoiries de tous les vice-rois, de 1172 à 1922, ornent les galeries et les murs du chœur.

Castle Hall – *Upper Yard*. Ce beau bâtiment à deux étages *(fermé au public)* qui occupe le côté Nord de la cour supérieure fut dessiné vers 1750 par Thomas Ivory pour le maître de cérémonies. Il incorpore la **tour Bedford**, ainsi nommée en l'honneur du Lord Lieutenant John Russell, duc de Bedford, et construite sur les fondations de la tour Ouest de la porte d'entrée d'origine. C'est dans cette tour qu'en 1907 étaient gardés les joyaux de la Couronne, qui furent volés quatre jours avant la visite d'État d'Édouard VII et de la reine Alexandra et que l'on ne retrouva jamais.
Encadrant le bâtiment, deux portes sont surmontées de statues de Van Nost : le Courage à l'Ouest, la Justice à l'Est. Jadis, par mauvais temps, la balance de la Justice avait une fâcheuse tendance à se déséquilibrer : on y remédia en perçant des trous dans les plateaux afin d'en évacuer l'eau. Jusqu'à la construction d'un pont en 1988 qui permit l'ouverture de la porte Ouest, la porte Est était l'unique accès à la cour supérieure, où une fontaine et un bassin évoquent les douves d'autrefois.

★★Chester Beatty Library – La collection d'art islamique et d'Extrême-Orient réunie par Sir Alfred Chester Beatty (1875-1968) occupe un accueillant bâtiment du 18e s. agrandi appelé Clock Tower, tour de l'Horloge, qui offre de belles vues de son sommet.
Elle comprend notamment des **manuscrits arabes, persans et turcs**, parmi lesquels plus de 270 copies du Coran, certaines enluminées par les meilleurs illustrateurs du monde musulman. Les **œuvres bibliques** regroupent des textes syriaques, arméniens, éthiopiens et coptes, des exemplaires des premières bibles occidentales, des livres d'heures, et d'inestimables papyrus datant des débuts du 2e s. au 4e s. Les **arts japonais et chinois** regroupent peintures et estampes de très haute qualité, dont des gravures sur bois qui influencèrent l'art européen du 19e s., ainsi que par un remarquable ensemble de flacons à priser, de *netsukés* (petits objets de l'art japonais en ivoire, bois, céramique, évoquant le Japon des origines), de livres de jade et de coupes en corne de rhinocéros. La **collection d'Europe occidentale** est composée d'importants ouvrages imprimés et de gravures de Dürer, Holbein, Piranèse, Bartolozzi...

LA VIEILLE VILLE *une journée*

Le cœur du vieux Dublin occupe l'arête séparant la Liffey et son affluent aujourd'hui couvert, la Poddle. Les Vikings s'étaient établis sur la rive Sud de la Liffey, là où se trouvent désormais **Wood Quay** (**HY 196**) et les modernes services municipaux de Dublin. Des fouilles effectuées dans les années quatre-vingt ont révélé sur 13 niveaux différents les traces de 150 édifices vikings élevés entre 920 et 1100. Le château fut établi sur le flanc Sud de l'arête, face à la Poddle. La ville se développa vers l'Ouest dans l'axe de **High Street** (**HY 78**) jusqu'à **Cornmarket** (**HY 49**), où s'effectuaient au Moyen Âge les transactions concernant l'exportation de blé. Il ne reste que peu de traces des anciens édifices de **Fishamble Street** (**HY 67**), où naquit Molly Malone et où Haendel dirigea la première représentation de son *Messie* lors d'un concert destiné à recueillir les fonds nécessaires à la construction de l'hôpital de la Rotonde. Le quartier s'étend au Sud et à l'Ouest, appelé **Liberties** parce qu'il échappait à la juridiction de la ville médiévale, est plus riche de maisons anciennes, qu'il s'agisse de celles à hauts pignons édifiées au 17e s. par des réfugiés huguenots ou de petites maisons individuelles du 19e s., voisinant avec des ensembles modernes.

★★Christ Church Cathedral ⊙ (**HY**) – Combinaison des styles roman et gothique Early English, la cathédrale, siège de l'évêque anglican de Dublin et Glendalough et église métropolitaine de la province méridionale de l'Église d'Irlande, occupe le second rang dans la hiérarchie ecclésiastique après Armagh. Jusqu'en 1871, elle servit de cadre aux investitures des officiers de la Couronne. La première église, édifiée en bois en

---

Jonathan Swift (1667-1745)

Le célèbre doyen de St-Patrick naquit à Dublin en 1667 ; il fit ses études à Kilkenny, puis à Trinity College à Dublin. Il devint en 1689 secrétaire de Sir William Temple, propriétaire de Moor Park en Angleterre, mais sa carrière évoluait peu. Revenu en Irlande, il fut ordonné en 1694 et devint chanoine de Kilroot, près de Carrickfergus, où il écrivit son premier ouvrage *A Tale of a Tub (Conte d'une baignoire)*. Cette satire du monde ecclésiastique et enseignant ne sera publiée qu'en 1704, avec *The Battle of the Books (La Bataille des livres)*. Définitivement réinstallé en Irlande à la mort de Temple en 1699, il fut en 1701 vicaire de Laracor, au Sud de Trim, et chanoine de la cathédrale St-Patrick, dont il devint le doyen en 1713.

S'il est surtout connu pour *Les Voyages de Gulliver*, Swift écrivit aussi maints pamphlets dirigés contre l'église, la politique et même l'Irlande, dont le délicieux *A Modest Proposal* (*Une proposition modeste* – 1729), qui traite des bébés non souhaités.

Son *Journal à Stella* est un recueil de lettres adressées à Esther Johnson, qu'il rencontra à Moor Park en 1696. Elle vint en Irlande en 1700 avec une compagne, Rebecca Dingley. Certains chercheurs disent qu'elle épousa Swift dans le jardin du Doyenné, mais ils ne vécurent jamais ensemble comme mari et femme. Swift eut également une liaison avec Vanessa Van Homrigh, qu'il connut en 1708 à Londres et qui, trois ans avant Stella, mourut en 1723, probablement d'un chagrin d'amour.

Swift consacra un tiers de sa fortune à aider les pauvres et un autre tiers à la fondation d'un hôpital psychiatrique. Lui-même souffrait à la fin de sa vie de la maladie de Ménière et avait perdu une grande part de ses facultés.

1038 par le premier évêque de Dublin, Dunan, sur un terrain accordé par le roi vikin Sitric, fut remplacée dès 1170 par un bâtiment de pierre construit par les Angl Normands et desservi par des chanoines augustins, auxquels furent substitués u doyen et un chapitre à la Dissolution en 1541. Lors d'une restauration assurée a 19e s. par George Street, on démolit le grand chœur de Jean-de-Saint-Paul, élevé e 1358.

La cathédrale est carrelée de céramiques, copies des carreaux (13e s) de la cha pelle Saint-Laud. L'élégante **porte romane Sud** ouvre sur les ruines de la maison d chapitre. Le mur Nord de la **nef**, soutenu par des contreforts, de style gothiqu Early English, est d'origine (13e s.), mais le mur Sud, effondré en 1562, ne fu reconstruit qu'au 19e s. Dans l'angle Nord-Ouest sont commémorés quelques mus ciens attachés à la cathédrale. Dans le **baptistère**, aménagé par George Street dan l'ancien porche Nord, les **fonts baptismaux** sont composés de marbres irlandais d différentes couleurs. Dans le bras gauche du transept figure le blason de Henr Sidney, gouverneur de l'Irlande sous le règne d'Élisabeth Ire.

Le **lutrin à l'aigle de cuivre** est médiéval, mais le pupitre et la clôture, surmontée d'un reproduction de la croix de Cong *(voir plus loin : National Museum)*, datent d 1872. Le sanctuaire accueille la cathèdre et les stalles de chêne sculptées des cha noines. Le déambulatoire mène à la chapelle St-Laud, partiellement carrelée d céramiques du 13e s. ; pendu au mur de droite, un coffret renferme le cœur d saint Laurence O'Toole, deuxième archevêque de Dublin. Le bras gauche du tran sept reflète la transition du roman au gothique.

Dans le bas-côté Sud, le **monument de « Strongbow »** commémore **Richard de Clare**, com de Pembroke, connu sous ce surnom de « l'arc vigoureux », qui entreprit construction de la cathédrale et mourut en 1176. L'effigie de pierre fut brisée lo de l'effondrement du mur Sud de la nef. Henry Sidney fit don de la statue en pie qui porte les armes de la famille FitzOsbert, de Drogheda. La tombe de Strongbo était souvent citée dans les contrats pour lieu de paiement.

La **crypte** normande du 12e s. *(accès par le bas-côté Sud)* servit à l'origine à de offices avant d'être concédée à des boutiquiers puis utilisée pour les enterrement On y voit aujourd'hui le **pilori** (1670) qui se trouvait jadis dans le cimetière.

Dublinia ⊙ (HY) – La salle du synode, reliée à la cathédrale par une arche, pass en revue les premiers siècles d'histoire locale (1170-1540) au moyen d'obje prêtés par le Musée national, de la présentation interactive d'une foire médiéval d'une maquette de la ville *(à l'étage)* et de reconstitutions des docks de Woo Quay et d'une maison médiévale de marchand.

On a une belle vue du haut de la tour St-Michel *(96 marches)*.

★★ St Patrick's Cathedral ⊙ (HZ) – Nommé archevêque de Dublin par Henri II en 118 John Comyn ne goûtait guère que Christ Church fût sous l'autorité des prévôts de ville ; aussi choisit-il de s'installer plus au Sud, près d'une fontaine où, selon la tra tion, saint Patrick aurait procédé à des baptêmes au 5e s. Son successeur, Henry d Loundres, promut l'église au rang de cathédrale et entreprit la construction en 125 d'un nouvel édifice, dans le style gothique Early English ; une chapelle consacrée à

Vierge fut ajoutée vers 1270. Mais il ne reste pratiquement rien de cet édifice, qui fut incendié en 1362 et reconstruit immédiatement. C'est alors (1370) que fut élevée la tour. Une importante restauration fut assurée au 19ᵉ s. par les soins de la famille Guinness.

Près de la porte principale, une plaque de bronze insérée dans le sol situe, à côté de celle de son amie « Stella », la tombe de **Jonathan Swift**, doyen de St-Patrick de 1713 à 1745, rédacteur de sa propre épitaphe, inscrite au-dessus de la porte dans le mur Sud près de son buste. Son masque mortuaire, ses ouvrages, d'autres dont il est l'objet, son fauteuil, sa table d'autel et sa chaire mobile sont exposés dans le bras gauche du transept. C'est lui qui composa également l'épitaphe du **duc de Schomberg** (voir Boyne Valley), gravée sur sa tombe de marbre noir (bas-côté Nord du chœur), et qui fit poser une plaque (bras droit du transept) à la mémoire de son serviteur, Alexander McGee.

Dans l'angle Sud-Ouest de la nef, le **baptistère** voûté occupe probablement l'emplacement de la porte d'entrée de l'église édifiée par Comyn. Les carreaux du dallage, du 13ᵉ s., y furent transférés du bras droit du transept lors de la restauration et servirent de modèle pour reconstituer le reste du pavement. L'extrémité Ouest de la nef est fermée par l'ancienne porte du chapitre, percée en 1492 afin que le comte de Kildare puisse tenter un geste de conciliation auprès de James Butler le Noir, comte d'Ormond, qui s'était réfugié dans le chapitre ; tous deux s'étaient en effet pris de querelle après que Lord Ormond eut été choisi pour gouverneur de l'Irlande à la place de Kildare, qui n'avait su arrêter Perkin Waerbeck dans sa tentative d'usurpation du trône. Le colossal **monument Boyle**, œuvre du sculpteur Edward Tingham, fut élevé par le comte de Cork à la mémoire de sa deuxième épouse, Catherine. Le mur Ouest porte les armes, peintes à l'huile sur des panneaux de bois, de cinq des archevêques de Dublin, de 1555 à 1678. L'une des **stèles celtiques** repérait jadis la fontaine de saint Patrick. Une belle sculpture commémore **O'Carolan** (voir Boyle, abbaye de Kilronan), un ami de Swift.

Dans le bas-côté Nord est placée la statue d'Edward Smyth dédiée au marquis de Buckingham, vice-roi et premier grand maître de l'**ordre de Saint-Patrick**, institué en 1783 par George III. Jusqu'en 1871, la cathédrale servit de chapelle de l'ordre ; les bannières des chevaliers pendent au-dessus des stalles, marquées de leurs écussons. Les arcades situées sur le côté Est du **parc St-Patrick** constituent un boulevard littéraire, énumérant les œuvres prépondérantes des écrivains natifs de Dublin.

★**Marsh's Library** ⊘ **(HZ)** – La bibliothèque Marsh, la première d'Irlande qui ait été destinée au public, fut édifiée en 1701 sur des plans de William Robinson. Un portrait de son fondateur, l'archevêque Narcissus Marsh, est accroché dans l'escalier. Les rayonnages de chêne sombre divisent la longue pièce en sept travées. Derrière le bureau, trois « cages » protégées par des grilles permettent la consultation des livres précieux. Quatre collections sont à l'origine de cet ensemble de 25 000 volumes, dont de nombreux ouvrages rares et anciens.

★**Tailors' Hall** ⊘ **(HY)** – La **maison des Tailleurs**, construite entre 1703 et 1707, sert de siège à l'organisme de protection de l'environnement An Taisce. C'est la seule maison de corporation subsistant à Dublin. La porte d'entrée sophistiquée date de 1706. La grande salle est pourvue d'une estrade, d'une belle cheminée de marbre et d'une toute petite galerie à balustrade en fer forgé, à laquelle on accède par un élégant escalier de pin.

★**City Hall** ⊘ **(HY)** – L'édifice fut construit de 1769 à 1779 sur des plans de Thomas Cooley pour servir de Bourse. La signature de l'Acte d'union en 1800 ayant provoqué le déclin économique, la municipalité acheta le bâtiment en 1852 et en

---

Lord Edward Fitzgerald (1763-1798)

Fils du duc de Leinster, Edward Fitzgerald s'engage pour une carrière militaire dans l'armée anglaise d'Amérique au Canada. Parallèlement, il entreprend une carrière politique en tant que député au parlement irlandais.

La Révolution française le passionne ; il séjourne à plusieurs reprises à Paris, où, lors d'un banquet, il renie sa condition de noble. Acquis aux idées nationalistes et républicaines qu'il veut voir appliquer à son pays, il participe à plusieurs plans d'insurrection avec le titre de généralissime des Irlandais unis. Sa tête est mise à prix par l'armée anglaise ; pourchassé, il disparaît dans Dublin. C'est en juin 1798 que la police le retrouve ; blessé lors de sa capture, il décède quelques jours plus tard en prison.

C'est lors de l'un de ces séjours à Paris qu'il avait connu et épousé Paméla, fille putative du duc d'Orléans, Philippe-Égalité, et de Mme de Genlis (préceptrice des enfants du duc, dont le futur roi des Français Louis-Philippe). Thomas Moore consacra un ouvrage, La Vie et la Mort de Fitzgerald (1831), à cet ardent défenseur de la cause irlandaise.

DUBLIN

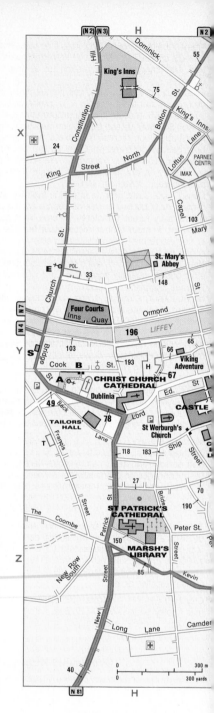

fit l'hôtel de ville. La **rotonde** à coupole du vestibule est décorée de **fresques** (1914-1919) de James Ward illustrant l'histoire de la ville et d'un **plafond à caissons** (18e s.) de Charles Thorp. Ce dernier réalisa aussi les splendides stucs qui surmontent le portes ou ornent le plafond de l'**escalier Est**, lui-même doté d'une élégante balu trade en fer forgé à rampe d'acajou. Le bâtiment fut occupé par les insurgés e 1916 *(panneau explicatif sur le côté extérieur Ouest)*.

St Audoen's Gate (**HY B**) – La porte sur la rivière (1275) est l'une des 32 qu comptait l'enceinte anglo-normande.

Église St Werburgh ⏱ (**HY**) – Si l'église fut fondée vers le 12e s., l'édifice actu fut élevé en 1715 et remodelé en 1759. Sa flèche fut abattue en 1810 parce qu'el donnait sur la cour du château. L'ironie du sort a voulu que Lord Edward Fitzg

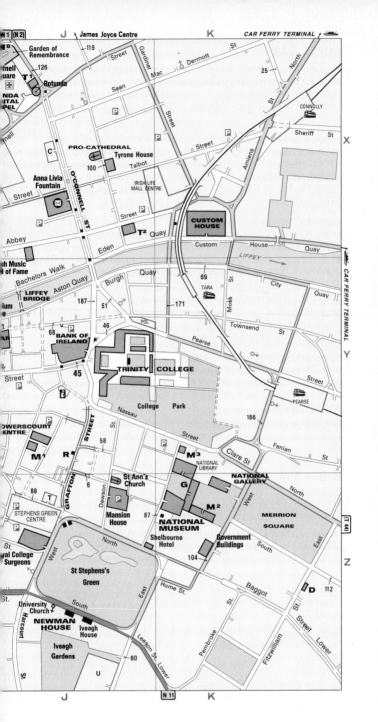

rald, qui s'était engagé dans la rébellion de 1798 et trouva la mort lors de son arrestation, soit enterré dans les voûtes, et le major Henry Sirr, qui l'arrêta, le soit dans le cimetière. Une plaque rappelle la mémoire de John Field (1782-1837), compositeur et créateur des nocturnes, né à proximité dans Golden Lane et baptisé dans l'église.

Église St-Audoen ⊘ (**HY A**) – La vieille église fut fondée par les Anglo-Normands, qui la dédièrent à saint Ouen. La porte Ouest date du 12ᵉ s. ; la nef du 13ᵉ s. est éclairée par des baies du 15ᵉ s.

Brazen Head (**HY S**) – Ce vieux pub de 1688 fut le quartier général des Irlandais unis au 18ᵉ s.

★TEMPLE BAR (HJY) *Rive Sud*

Ce quartier de 11 ha doit son nom à Sir William Temple (1628-1699), prévôt
Trinity, qui acheta, sur la rive Sud de la rivière, des terrains comprenant une ba
de sable. Une promenade dans le dédale de ruelles, d'allées et de cours révèle u
grande diversité de vieux édifices – maisons georgiennes, entrepôts et cl
pelles – restaurés et convertis à d'autres usages, mêlés à des immeubles modern
Le secteur, bel exemple de rénovation réussie, est devenu un **district culturel**
théâtres, cinémas, cabarets et bars voisinent avec les centres culturels (on en c
nombre sept, dont le Designyard, consacré aux arts appliqués, et l'Irish Film Cent
voué au cinéma), les galeries, les boutiques « alternatives », les restaura
exotiques, les hôtels et les logements. Des zones à l'abandon ont été affectées à
création de places : Meeting House Square pour des spectacles de plein air et
marché, Central Bank Plaza dans le secteur des banques et des assurances de Da
Street, Temple Bar Square avec son centre commercial.

Le **centre d'information de Temple Bar** ⊘ *(18 Eustace Street)* indique ce que l'on pe
voir ou faire dans le quartier. **Sunlight Chambers** *(angle de Essex Quay et
Parliament Street)*, ancien siège social de la firme Lever, arbore une frise de te
cuite polychrome racontant l'histoire du savon. **Merchant's Hall** fut édifiée pour
première des corporations de Dublin, celle des marchands, également connue so
le nom de Confrérie de la Sainte-Trinité ; un passage voûté sous l'immeuble u
Temple Bar aux quais.

Viking Adventure ⊘ (HY) – Une simulation de traversée sur une mer agit
emmène les participants dans le Dublin viking. Ses habitants racontent aux voy
geurs leurs premiers coups de main, la façon dont ils commerçaient, comment
s'établirent à Dublin, y vécurent, y pratiquèrent leurs métiers avant de se conver
au christianisme et de bâtir la première église.

Une longue rampe fait le tour d'une maquette de fouilles archéologiques puis d'u
coupe transversale en réduction de bateau viking ; un film expose comment voy
geaient les Vikings, qui naviguaient au soleil et aux étoiles et allèrent jusqu'
Russie et à Istanbul.

★**Liffey Bridge** (JY) – La délicate passerelle de fer forgé unissant les deux rives
la Liffey reçut à sa construction en 1816 le nom de pont Wellington, mais la v
populaire la surnomma « pont du demi-penny » (Halfpenny Bridge) à cause
péage qu'il fallut acquitter jusqu'en 1919.

Millenium Bridge – Cette passerelle pour piétons a ouvert en 2000.

★★TRINITY COLLEGE ⊘ (JY)

Entrées sur Nassau Street et College Green.

Le **collège de la Trinité**, parfois désigné par le sigle TCD, fut fondé en 1592 par É
sabeth Ire à l'emplacement du monastère augustin de Tous-les-Saints, qui avait
supprimé à la Dissolution. Organisé sur le modèle des collèges d'Oxford et
Cambridge, il fut réservé aux anglicans jusqu'à la fin du 18e s. Il s'élève au mil
de ses propres espaces verts, **College Park**, zone de plein air affectée aux spo
(cricket, rugby, course à pied et hurling), qui a progressivement abandonné
terrain au profit des facultés de sciences et de médecine construites à son ext
mité Est.

Provost's House – Cette élégante demeure construite pour le prévôt en 17.
s'élève au Sud de la porte d'entrée, face à College Green.

Front Court – Foley sculpta les statues d'Oliver Goldsmith et d'Edmund Burke c
flanquant la porte principale de l'**avant-cour**. Les bâtiments datent du milieu du 18
et les ailes s'achèvent par le **théâtre** *(à droite)* et la **chapelle** *(à gauche)*, tous de
conçus par William Chambers et décorés de stucs de Michael Stapleton. Dans
chapelle éclairée par des baies semi-circulaires, le buffet d'orgue date du 18e s.
théâtre (1777-1791) sert aux remises de diplômes, aux réunions du Sénat et à c
représentations musicales ou théâtrales. Il est orné de portraits d'Élisabeth
d'Edmund Burke, de George Berkeley et de Jonathan Swift.

Library Court – Le **campanile** (1853) fut conçu par Charles Lanyon. Au centre, par
les arbres, se trouve une œuvre de Henry Moore, *Reclining Connected Forms (Form
jointes inclinées)*, sculptée en 1969. Un secteur situé derrière les bâtiments Nord
dit « Botany Bay », du nom du bagne australien, sans doute en raison de l'indiscipl
des étudiants. Les bâtiments de brique rouge à l'Est, appelés « Rubrics », sont les p
anciens du collège. Le côté Sud est fermé par la bibliothèque.

★★★**Old Library** ⊘ – L'austère bâtiment fut construit entre 1712 et 1732 par Thom
Burgh, ingénieur en chef et contrôleur général des fortifications de Sa Majesté

Trinity College

Irlande. La bibliothèque s'enrichit d'abord grâce aux achats et aux dons, puis devint en 1801 le lieu de dépôt obligé de tout ouvrage imprimé dans les îles Britanniques ; aussi le besoin en place nécessita-t-il la construction de nouveaux bâtiments : la salle de lecture fut édifiée en 1937, la bibliothèque Berkeley en 1967 sur des plans de Paul Koralek. Jusqu'en 1892, le rez-de-chaussée était une colonnade ouverte pour protéger les livres de l'humidité. En 1992, on y a aménagé deux galeries, destinées l'une, les Colonnades, aux expositions annuelles, l'autre au trésor.

Treasury – C'est dans cette galerie que se trouvent les ouvrages les plus précieux de la bibliothèque. Le *Livre de Kells*, le plus célèbre de tous, est un manuscrit enluminé sur vélin réalisé vers 800, transcrivant les quatre Évangiles en latin ; bien qu'il ait été conservé à Kells jusqu'au 17e s., on ignore s'il fut ou non exécuté dans ce monastère. Le *Livre de Durrow*, qui date de 700 environ, est également un manuscrit consacré aux Évangiles, à l'illustration moins riche. Le *Livre d'Armagh* (vers 807) reproduit le texte complet en latin du Nouveau Testament, tel qu'il était utilisé par l'église celtique, et contient le récit des vies de saint Martin et de saint Patrick, ainsi que la Confession de ce dernier. Le *Livre de Dimma* comprend à la fois les Évangiles et quelques textes liturgiques ; sa châsse d'argent date de 1150 environ.

Long room – Reliques du collège d'origine, les **armoiries d'Élisabeth Ire** apparaissent au-dessus de la porte d'entrée de la **longue salle** (64 m x 12 m). Une galerie domine les 20 travées de rayonnages. Au milieu du 19e s., le plafond plat fit place à une voûte en berceau plus haute, qui permettait d'augmenter la hauteur des rayonnages.
On peut voir la plus vieille **harpe irlandaise** *(restaurée)*, ayant au moins 500 ans d'âge, faite en saule et possédant 29 cordes. Elle fut retrouvée à Limerick au 18e s.

Dublin Experience ⊘ – À partir de photos, de musique et de commentaires enregistrés, **Connaître Dublin** *(40 mn)* constitue une divertissante présentation des mille ans d'histoire de la ville, de l'époque viking à nos jours.

Musée – *Côté Sud de New Square*. Thomas Deane et Benjamin Woodward l'édifièrent en 1850 dans le style vénitien remis à la mode par Ruskin. Le merveilleux décor de fleurs, de feuilles et d'animaux fut taillé dans la pierre par les frères O'Shea, de Cork.

AUTOUR DE COLLEGE GREEN

Jusqu'à la construction en 1728 de l'ancien Parlement *(voir Bank of Ireland dessous)*, seuls s'élevaient à l'Est de la vieille ville les bâtiments de Trinity Colle face au **College Green**, vaste espace triangulaire également appelé Hoggen Gre autrefois cimetière *(haugen)* et forum *(thengmote)* vikings.

College Green (JY 45) – Au centre s'élève la statue (1849) de **Henry Grattan** John Foley et une moderne œuvre métallique d'Edward Delaney commémor **Thomas Davis** (1814-1845), poète, fondateur de *The Nation* et chef du mouveme de la Jeune Irlande.

★★**Bank of Ireland** ⊙ (JY) – *Entrée sur Foster Place*. Plusieurs architectes partici rent à la construction de cet immeuble qui s'élève au Nord de College Green. corps central fut conçu par Pearce en 1728 pour accueillir le parlement irland Sa façade Sud est ornée d'un portique ionique ouvrant sur une cour carrée fl quée d'ailes incurvées. Le fronton est surmonté de trois répliques (1809) de stat d'Edward Smyth représentant l'Irlande *(Hibernia)*, *La Fidélité* et *Le Comme* James Gandon réalisa le portique Est en 1789 et le portique Ouest en 1797. Fran Johnston réaménagea l'édifice en 1803 à l'usage de la Banque d'Irlande, puis él en 1811 un corps de garde à l'usage des gardiens armés de la banque.
Une **présentation audiovisuelle** (Story of Banking – *8 mn*) et une exposition de bil de banque et d'anciennes pièces mettent en exergue le rôle de la Banque d'Irla dans le développement économique du pays depuis sa fondation en 1783.
L'ancienne **Chambre des lords** est restée telle que l'avait pensée Inigo Jones : plafo à caissons, lustre en cristal irlandais (1788) et manteau de cheminée en chêne. tapisseries (1733), tissées par John Van Beaver sur des cartons probablement d sinés par Johann Van der Hagen, représentent Guillaume d'Orange à la bataille la Boyne et Jacques II au siège de Londonderry. La masse (1765), qui avait gardée par le dernier président de la Chambre, fut rachetée à ses descendants 1937. Sont encore exposés une Bible de 1772, des pièces de monnaie, des bil de banque, une balance qui servait à peser les souverains.

★**Grafton Street** (JYZ) – La plus élégante des rues commerçantes de Dublin est ma tenant réservée aux piétons. Au 19e s., elle fut pavée de dalles de bois de pin a d'assourdir le bruit des équipages. Le **Bewley's Oriental Café** (JY R) et sa façade car téristique en mosaïque éclairée de vitraux par Henry Clarke fut inauguré en 19 À son emplacement s'élevait jadis l'école Whytes, que fréquentèrent Robert Emm Thomas Moore, Richard Sheridan et le duc de Wellington.

★**Powerscourt Centre** ⊙ (JY) – Le plus attrayant des centres commercia modernes a été aménagé dans une maison édifiée en 1771 par Robert Mack pe le vicomte Powerscourt. Quelques beaux plafonds en stuc ont été préservés.

Civic Museum ⊙ (JY M¹) – On peut, dans l'ancien palais des fêtes municipal, sui pas à pas l'histoire de Dublin. Le salon octogonal présente des plans, des gravur des cartes postales, des photos, des vestiges d'anciennes maisons et une série vues (1792-1799) de la ville par Malton. Les premiers moyens de transport s évoqués à côté des pratiques commerciales d'antan.

St Ann's Church ⊙ (JZ) – La paroisse fut fondée en 1707 et l'église, l'une premières de style georgien à Dublin, construite par Isaac Mills sur un terrain dor par Joshua Dawson. La façade Ouest de style néoroman fut ajoutée en 1868. vitraux sont victoriens ; trois d'entre eux, dans le bas-côté Sud, furent dessi par Wilhelmina Geddes, membre du An Tur Gloine. L'étagère à pain que l'on v dans le chœur, installée en 1723 grâce à un don, permettait de donner du p chaque dimanche à 120 familles pauvres.

Mansion House (JZ) – Le même Joshua Dawson, qui était entrepreneur, habit cette maison qu'il avait fait bâtir en 1705 et que la ville acheta en 1715 pou loger le lord-maire. C'est dans le salon rond, ajouté en 1821 à l'occasion de visite de George IV, que se réunit en 1919 le premier parlement irlandais, adopta la déclaration d'Indépendance.

QUARTIER DE MERRION SQUARE *Rive Sud*

Un élégant faubourg se développa au milieu du 18e s., après que le duc de Leins eut fait bâtir le premier hôtel particulier de la rive Sud et que, comme il l'av prévu, la bonne société eut suivi son exemple. Après l'acquisition de la résiden en 1815 par la Royal Society de Dublin, le Musée national, la Bibliothèque nat nale et la Galerie nationale furent construites dans le parc. L'hôtel particu lui-même fut transformé pour accueillir le Parlement.

★★**National Museum** ⊙ (KZ) – *Kildare Street. Les collections sont réparties entre musée de Kildare Street et la caserne Collins*. Construit en 1890, l'édifice, avec s portique circulaire à colonnade, son vestibule à coupole et sa décoration élabor accueille les collections archéologiques nationales.

Rez-de-chaussée – Le **trésor**★★ *(présentation audiovisuelle de 15 mn)* expose les **chefs-d'œuvre** de l'art irlandais illustrant son évolution de l'âge du bronze au 15ᵉ s. : un bateau miniature en or (1ᵉʳ s.), la trompette de Loughnashade (1ᵉʳ s. avant J.-C. – *voir encadré p. 316*), le calice d'Ardagh (8ᵉ s.), la broche de Tara (8ᵉ s.), le reliquaire de la cloche de saint Patrick, en bronze, or et argent (vers 1100), le « Cathach », reliquaire destiné au psautier de saint Columban (12ᵉ-15ᵉ s.), la corne en ivoire et cuivre de la charte de Kavanagh, seul objet encore existant à avoir été associé à la royauté irlandaise (12ᵉ-15ᵉ s.).

La section consacrée à l'**Irlande préhistorique** présente aussi bien la reconstitution d'une tombe à couloir que la colossale pirogue de Lurgan, taillée vers 2500 avant J.-C. dans un tronc d'arbre. L'**Or d'Irlande** est consacré à toutes sortes de parures retrouvées après plusieurs siècles dans les tourbières.

Photos, manuscrits, uniformes et masques mortuaires rappellent dans **Le chemin vers l'indépendance** (The Road to Independence) les participants du soulèvement de Pâques 1916.

Galerie supérieure – Des objets en fer, en os ou en bois, des vêtements et des ornements trouvés sur le site viking de Wood Quay composent la section l'**Irlande viking**. Un spectaculaire reliquaire, la châsse de saint Manchan, fait partie des différents trésors ecclésiastiques présentés dans la section consacrée à l'**Église**.

L'**Égypte ancienne** est théâtralement évoquée par la présentation de quelques objets peu nombreux mais d'une grande qualité. La **cristallerie irlandaise** est représentée par de beaux spécimens de cet ancien artisanat national.

⋆ National Gallery ⊘ **(KZ)** – *Kildare Street. On peut obtenir un état des œuvres principales à l'entrée ou consulter le service multimédia dans la galerie 7.* À l'entrée trône la statue de William Dargan (1799-1867), « le roi du chemin de fer », qui subventionna l'Exposition industrielle irlandaise de 1853. La Galerie nationale, réaménagée en 1989, présente plus de 2 000 œuvres. Bien qu'elle n'ait compté aucune œuvre capitale lors de son ouverture en 1864, elle a depuis acquis une remarquable collection de maîtres hollandais du 17ᵉ s. Les salles Milltown furent ajoutées à l'aile Dargan d'origine pour accueillir la collection de ce nom *(voir Russborough House)*, léguée en 1897. 31 aquarelles de Turner furent offertes en 1900 par Sir Henry Vaughan. Sir Hugh Lane fit également plusieurs dons et legs, et George Bernard Shaw légua par testament les droits d'auteur de *My Fair Lady*.

Rez-de-chaussée – La salle Shaw *(salle 1 a)* expose des statues et portraits d'Irlandais ou réalisés par des artistes nationaux : statue de Shaw par Paul Troubetzky (1866-1938), *Le Comte de Bellamont*, par Reynolds (1723-1792). La salle Yeats présente des œuvres de Jack B. Yeats, peintures de chevaux et portraits de famille et d'amis. Les salles Milltown *(salles 2 à 8)*, de forme octogonale, exposent du mobilier réalisé par des artistes irlandais, des portraits et des paysages de Hugh Douglas Hamilton, Nathaniel Hone, Francis Darby, Jeremiah Mulcahy, Daniel Maclise, William Orpen (1878-1931), Jack B. Yeats (1871-1957), Sean Keating (1889-1971), John Lavery (1856-1941), de peintres du 20ᵉ s. et d'Irlandais qui travaillèrent en France. La salle 32 présente une belle collection de portraits. Le reste de l'**aile Nord** *(salles 33 à 36)* est consacré à la peinture britannique : Hogarth, Richard Wilson, Kneller, Angelika Kauffmann, Gainsborough, Reynolds, George Romney, Richard Bonington, John Crome.

Premier étage – L'aile Dargan est vouée à la peinture baroque *(salle 9)* et à la **peinture française** du 17ᵉ au 20ᵉ s. *(salles 10 à 13, 15 et 16)*, qui comprend des œuvres de Claude Gellée dit le Lorrain (1600-1682), Chardin (1699-1779), Géricault (1791-1824) et Sisley (1839-1899). La collection italienne *(salles 17 à 21)* inclut des tableaux du début de la Renaissance au 18ᵉ s. ainsi que des peintures vénitiennes du 16ᵉ s. L'aile Nord *(salles 23 à 31)* est dévolue aux icônes grecques et russes, aux sujets religieux des primitifs italiens, aux œuvres italiennes du 17ᵉ s., aux artistes allemands, aux primitifs flamands, aux hollandais – tableaux de genre et marines, Rembrandt et son cercle, paysages – et à l'école espagnole du 15ᵉ au 18ᵉ s.

⋆ Merrion Square (KZ) – *Illuminé la nuit.* La place fut tracée en 1762 sous le contrôle des commissaires de l'urbanisme. De délicates impostes surmontent les portes d'entrée. Des plaques signalent les demeures de personnages célèbres (William Butler Yeats au n° 82). Le calme régnant sous les grands arbres du jardin contraste avec l'animation de la rue.

La perspective Sud-Est est fermée par l'**église St-Étienne** (St Stephen's Church ⊘, **BT X**), que John Bowden édifia en 1821. Sa façade grecque est surmontée d'une tour à coupole surnommée « le poivrier » (Pepper Canister).

⋆ Fitzwilliam Street, n° 29 ⊘ **(KZ D)** – Partie intégrante d'un ensemble georgien du 18ᵉ s., cette maison a gardé le mobilier et la décoration, d'origine ou reproduits, introduits par la veuve qui l'habita de 1794 à 1806.

On remarquera notamment dans la cuisine pavée un filtre à eau, un cône à sucre, un panneau récupérateur de chaleur, de la vaisselle en bois, en étain ou en faïence de Delft ; dans le vestibule, le porte-manteau typique et la serrure massive de la

porte ; dans la salle à manger, les coffrets à couteaux, une citerne à vin dessi
par Francis Johnston et un baquet à vaisselle ; dans les salons, les lustres et l'é
nette ; dans les chambres, une bouillotte pour le ventre et des matelas de plu
et de crin ; dans la chambre de la gouvernante, un plancher peint au pocho
dans la chambre d'enfants, les maisons de poupées.

Natural History Museum ⊘ (**KZ M²**) – Dès son entrée dans le vestibule à colon
et les galeries, le visiteur est confronté à trois squelettes du grand cerf irland
aujourd'hui disparu. Tous les mammifères, oiseaux, poissons et insectes ayant ex
en Irlande sont présents dans les vitrines d'exposition.

Heraldic Museum ⊘ (**KY M³**) – Le bâtiment, construit en 1860 par Thomas De
et Benjamin Woodward pour abriter le Kildare Street Club, porte d'étonnantes sc
tures de Charles Harrison. Le **musée d'Héraldique** présente les bannières des chefs
familles irlandaises, les armoiries des provinces, comtés et villes, les couleurs des r
ments qui servirent en France aux 17e et 18e s. et maints objets héraldiques.

Parlement (**KZ G**) – Les deux chambres, **Dáil Éireann** (députés) et **Seanad Éire**
(sénateurs) siègent à **Leinster House**, que Richard Castle édifia en 1745 pour le
de Leinster et qui fut réaménagée en 1922. Il est possible d'accéder à la gale
du public ⊘, qui domine la Chambre des députés.

Les édifices ministériels ⊘ – En 1911, George V inaugura un imposant bâtim
baroque, dernière grande réalisation anglaise à Dublin, qui fut en grande partie affe
à l'université (Trinity College) jusqu'en 1989. Après restauration et réaménage
les locaux furent attribués à quelques départements ministériels qui y ont installé
salles de conférences, ainsi qu'aux services du Premier ministre (Taoiseach).
œuvres d'art contemporain composent un fascinant environnement.

ST STEPHEN'S GREEN ⊘ (JZ) Rive Sud

Anciens terrains communaux fermés pour la première fois en 1663, ces jardins,
sur 9 ha l'eau se combine harmonieusement aux parterres et aux pelouses, fur
tracés en 1880 par Lord Ardilaun, dont la statue s'élève dans la partie Ouest.
1967, un bronze de Henry Moore y fut érigé en mémoire de Yeats. Le portail
l'angle Nord-Ouest commémore les victimes de la guerre des Boers.
On remarque notamment, sur le côté Ouest, la **faculté de chirurgie** (Royal College
Surgeons) construite en 1806 par Edward Parke, qu'un groupe d'insurgés emme
par Constance Markievicz (voir Index) enleva lors du soulèvement de Pâques
1916. Sur le côté Nord, le porche de l'hôtel **Shelbourne**, construit en 1867,
flanqué de personnages exotiques. Dans l'angle Sud-Est commence **Harcourt St**
(**JZ 80**), bordée d'élégants ensembles de maisons georgiennes de brique rouge. S
le côté Sud du parc, **Iveagh House**, que conçut Richard Castle, est occupée aujo
d'hui par le ministère des Affaires étrangères (Department of Foreign Affairs).

Iveagh Gardens ⊘ – En empruntant Harcourt Street, on peut gagner ce havre
verdure inattendu orné de fontaines, d'une roseraie et d'un labyrinthe.

★★ **Newman House** ⊘ – Les deux maisons du 18e s. doivent leur nom au cardi
Newman, premier recteur de l'University College, lequel occupa les lieux lors de
fondation en 1854. La maison la plus petite, construite par Richard Castle en 17
était alors entourée de jardins. Elle a retrouvé son aspect d'origine, avec
fenêtres dessinées par Castle, son dallage de marbre et son escalier en acajou
Cuba. Sous l'enduit qui le recouvrait, on a retrouvé le décor d'origine du sa
d'Apollon ; les personnages en stuc représentant Apollon et les neuf Muses s
dus aux frères Lafranchini, qui décorèrent également le salon du premier éta
dont deux des personnages nus furent pudiquement couverts lorsque les jésui
convertirent le salon en chapelle. Dans la maison la plus grande, qui date de 176
le salon de l'évêque est doté d'un papier mural reproduisant celui d'origine ; o
voit un portrait du cardinal Newman et la chaire de recteur qui lui fut offer
L'escalier est décoré de stucs rococo de Robert West, spécialiste des oiseaux
des instruments de musique.

University Church ⊘ – Conçue dans le style byzantin et paléochrétien remis
goût du jour par John Ruskin, elle fut édifiée en 1854 par John Pollen sur l'or
du cardinal Newman.

National Concert Hall (**BT T**) – Earlsfort Terrace. L'édifice, qui reçut son actue
affectation en 1981, fut inauguré en 1865 par la reine Victoria pour recev
l'Exposition internationale. Le jardin d'hiver, une serre de verre et d'acier, fut r
ensuite. Lors de l'inauguration, le grand auditorium (1 200 places) fut le ca
d'un concert au cours duquel furent données des œuvres de Haendel, Mendelsso
et Haydn, puis, quatre jours plus tard, d'un grand bal. De 1908 à 1981 s'y dé
lèrent les épreuves des examens universitaires. La salle est équipée d'un nou
orgue à quatre claviers. La **salle John Field** (250 places), ancienne salle de la scu
ture, est éclairée par un lustre (6 m de haut) comprenant 14 564 pendeloques
cristal de Waterford.

AUTOUR DE O'CONNELL STREET *Rive Nord*

Au Moyen Âge, la rive Nord de la Liffey était dominée par la masse de l'abbaye Ste-Marie. Au 18e s., elle devint, autour de la rue O'Connell, alors appelée Gardiner's Mall, le quartier résidentiel chic de la ville et plusieurs bâtiments publics s'y édifièrent.

★**O'Connell Street** (JX) – La célèbre rue maintenant bordée de boutiques et de cinémas fut d'abord une promenade tracée par Luke Gardiner au 18e s. et bientôt transformée en une étroite place résidentielle. Renommée Sackville Street, elle devint la rue la plus importante du Dublin du 18e s. avant d'être prolongée en 1794 au Sud jusqu'au pont Carlisle, reconstruit en 1880. Tous deux furent baptisés du nom O'Connell en 1922.

Les **monuments** s'alignent sur le terre-plein central : du Sud au Nord, statue de Daniel O'Connell par John Foley, de William Smith O'Brien (1803-1864), chef de la Jeune Irlande condamné à mort pour trahison en 1848, de Sir John Gray, auquel la ville doit son système d'approvisionnement en eau, de James Larkin (1876-1947), fondateur du Syndicat général des transports en 1909, du père Theobald Mathew, qui participa au mouvement antialcoolique au 19e s.

La **fontaine Anna Livia**, symbolique représentation féminine de la Liffey vite surnommée « la poule dans le jacuzzi » (The Floozy in the Jacuzzi), fut érigée en 1988 pour célébrer le millénaire de la ville, à la place du pilier de Nelson (1808), endommagé par une bombe en 1966 et démoli.

L'**immeuble GPO★** et son porche ionique furent édifiés en 1814 par Francis Johnston. Quartier général des insurgés lors du soulèvement de Pâques 1916, il porte encore les traces des balles.

La statue de Charles Parnell ponctue l'extrémité Nord de la rue.

Irish Music Hall of Fame (IMHF) ⏱ – *Middle Abbey Street*. Panneaux descriptifs et écouteurs font revivre l'histoire de la musique irlandaise : joueurs de harpe celtique à la cour d'Élisabeth Ire, airs de musique traditionnelle, groupes des années cinquante, trois ans de réussite au concours de l'Eurovision, rock celtique, avec les 1 000 groupes dublinois des années quatre-vingt-dix.

★**St Mary's Pro-Cathedral** ⏱ (JX) – L'église de la Conception de la Vierge Marie, avec son allure de temple grec à porche dorique et coupole, fut achevée en 1821. On l'attribue à John Sweetman, qui s'exila après la rébellion de 1798, mais son architecte pourrait être Louis-Hippolyte Le Bas, qui travailla pour Napoléon. Le rang de cathédrale ayant été accordé au 12e s. à l'église du Christ, elle est connue depuis la fin du 19e s. sous le nom de **vice-cathédrale**. C'est là qu'en 1851 John Newman fit sa profession de foi en tant que recteur de l'université auprès du cardinal Cullen. Sa chorale, le Palestrina Choir, fondée en 1902 par Edward Martyn *(voir Loughrea)*, compta John McCormack *(voir Athlone)* parmi ses premiers membres.

Tyrone House – *Marlborough Street* (JX **100**). Cette élégante demeure édifiée par Richard Castle en 1741 est aujourd'hui occupée par le ministère de l'Éducation.

Abbey Theatre (JX T²) – Portraits d'acteurs et d'écrivains ayant contribué au rayonnement du théâtre irlandais ornent le foyer. Ouvert en 1904 sous la direction de Yeats et de Lady Gregory, il occupe depuis les années cinquante un édifice moderne qui abrite également une salle plus petite, le Peacock Playhouse.

★**Custom House** ⏱ (KX) – *Illuminé la nuit. Entrée par la façade Sud*. Construit par James Gandon et achevé en 1791, sa longue façade et son dôme font de l'ancien **bureau des Douanes** l'un des monuments les plus marquants de Dublin. Gravement endommagé par le feu en 1921, le bâtiment a été fortement restauré pour abriter des services gouvernementaux. Le **centre d'accueil** est installé dans les vestibules d'honneur, derrière le portique Sud, quelque peu altéré depuis l'époque de Gandon. L'exposition évoque la construction de l'édifice, son incendie, sa restauration, la carrière de Gandon et les travaux des services ministériels qui occupent l'immeuble (Contributions indirectes, Équipement).

Famine Memorial – Six statues de bronze de Rowan Gillespie érigées sur le quai au bord de la Liffey évoquent la gamme de sentiments et d'émotions que connurent les nombreuses victimes de la Grande Famine.

AUTOUR DE PARNELL SQUARE (JX)

La place, jadis nommée Rutland Square, fut aménagée par Bartholomew Mosse afin d'obtenir les fonds nécessaires à la construction de la maternité qui en occupait le côté Sud. Les immeubles des trois autres côtés furent édifiés vers 1770 et habités par la haute société de Dublin : pairs, évêques et parlementaires. Derrière l'hôpital, des jardins d'agrément accueillaient buvettes et concerts. Les fonds recherchés étaient encore obtenus grâce aux spectacles qui se déroulaient dans la **rotonde**, élevée par John Ensor en 1764 et aujourd'hui transformée en salle de

cinéma, et aux fêtes qui avaient pour cadre les **salles des fêtes** construites en 178
par Richard Johnston et maintenant occupées le **Gate Theatre** (**T¹**), théâtre fondé
1928 par Hilton Edwards et Micheál MacLiammóir.

Nombre d'ensembles georgiens du voisinage, dont **Mountjoy Square** (**BS**), ont échap
à la négligence et à la démolition avant d'être restaurés. L'**église St George** (**BS**), élev
de 1802 à 1814 par Francis Johnston dans le style grec ionique fut le cadre
mariage en 1806 du futur duc de Wellington et de Kitty Pakenham.

La tradition de divertissement se perpétue dans le quartier avec les cinémas et
théâtres.

Garden of Remembrance ⊘ – Le **Jardin du souvenir** a été tracé dans la partie No
de Parnell Square par Daithí P. Hanly. Des motifs celtiques décorent les portes.
sculpture centrale de Oisín Kelly fait référence à la fois au poème de Yeats *East*
1916 (Pâques 1916) et au thème mythologique de la transformation des **enfan**
de Lir en cygnes *(voir p. 259)*. Les lances brisées de la mosaïque évoquent la tr
dition celtique consistant à se défaire des lances après une bataille en les jeta
dans l'eau.

Le choix du site n'est pas l'effet du hasard. C'est en effet dans une maison du cô
Nord de la place *(plaque)* que fut mise au point l'insurrection de 1916, et sur
place même que les rebelles furent retenus prisonniers toute une nuit.

★**Hugh Lane Municipal Gallery of Modern Art** ⊘ (**JX M⁴**) – Un immeuble en pier
de Portland et granit flanqué de murs-écrans incurvés et édifié en 1762 par Willia
Chambers pour un amateur d'art, **James Caulfield, 1ᵉʳ comte de Charlemont** *(voir p*
loin : Marino Casino), accueille la **galerie d'Art moderne**. Le noyau de la vaste colle
tion, consacrée aux artistes irlandais et continentaux de la fin du 19ᵉ s. et du 20ᵉ
fut constitué par Sir Hugh Lane (1875-1915), qui disparut dans le naufrage
Lusitania.

La collection permanente comprend plusieurs œuvres majeures de la peinture b
tannique et française, dont des toiles impressionnistes de Corot et Courbet. L'a
contemporain y est représenté par le projet de Christo consistant à envelopper l
allées de St Stephen's Green, mais les salles les plus intéressantes sont celles cons
crées à l'art irlandais. *La Chaumière au bord du lac* (vers 1929) est un paysag
typique de Paul Henry, tandis que le dramatique *Évasion du fourgon cellulaire*
Manchester par Maurice MacGonigal reconstitue ce célèbre épisode de la lut
feniana. Une salle entière est consacrée à Roderick O'Connor (1860-1940), un ar
de Gauguin, qui constitue le trait d'union entre l'art français et l'art britannique
ses toiles reflètent l'influence de ses confrères français, de Seurat à Van Gogh.

Dublin Writers' Museum ⊘ (**JX M⁸**) – Le **musée des Écrivains**, s'il expose objets pe
sonnels, photos, portraits, manuscrits et exemplaires des œuvres de ceux d'entre e
qui furent associés à la ville de Dublin – Flann O'Brien, Brendan Behan, Patrick Cav
nagh –, illustre aussi la tradition littéraire irlandaise, des manuscrits enluminés de l'égli
chrétienne à l'époque actuelle. Une large place y est accordée à Jonathan Swift et

ses contemporains, aux a
teurs qui, comme Osca
Wilde et George Berna
Shaw, établirent leur réput
tion en Angleterre, à ceux c
s'expatrièrent, tels Jam
Joyce et Samuel Beckett, a
grands noms qui ranimère
au 19ᵉ s. l'intérêt pour le fol
lore irlandais, tels Yeat
Synge et O'Casey. Les él
gantes salles de réception a
cueillent des expositio
temporaires ; la section e
fantine propose des séanc
de lecture et des ateliers.

> **Le Dublin littéraire**
>
> Dans la longue liste des écrivains dublinois qui ont atteint une renommée internationale – Swift, Mangan, Wilde, Shaw, Yeats, Synge, O'Casey, Joyce, Behan, Beckett, Heany – trois ont reçu le prix Nobel de littérature. Des plaques signalent les endroits où ils ont vécu, parfois transformés en musées. Si les figures majeures sont rappelées au parc St-Patrick, la contribution littéraire irlandaise, passée et présente, est mise en relief au Writers' Museum.

★**Rotunda Hospital Chapel** ⊘ (**JX**) – L'hôpital de la Rotonde est une materni
construite en 1752 par Richard Castle pour le docteur Bartholomew Mosse (171
1759). L'exubérante **chapelle** rococo est décorée de superbes stucs du Franç
Barthélemy Cramillion et de boiseries d'acajou de John Kelly. Une lanterne du 18ᵉ
l'éclaire, ainsi qu'une baie vénitienne garnie de vitraux modernes et surmontée
l'Agneau de Dieu sur un livre portant sept sceaux et d'une allégorie de la Chari
entourée de trois enfants.

James Joyce Centre ⊘ (**JX**) – *35 North Great George's Street*. Destiné à fai
connaître la vie et l'œuvre de James Joyce, qui passa son enfance dans la proch
Fitzgibbon Street et fréquenta le Belvedere College, le centre propose égaleme
des conférences, des visites guidées de la maison et des promenades dans la part
Nord du centre-ville. Il est installé dans l'une des maisons d'un ensemble constru

en 1784 par Francis Ryan pour servir de pied-à-terre à Valentine Brown, comte de Kenmare. Les stucs raffinés sont pour la plupart dus à Michael Stapleton. Des portraits de membres de la famille Joyce garnissent la cage d'escalier et des photos de famille, la salle d'exposition.

National Wax Museum ⊘ (HX M⁵) – La présentation des figurines de cire associe fantaisie et réalité. Les tableaux de l'étage illustrent les contes de fées traditionnels. Le rez-de-chaussée est le domaine des gloires nationales : O'Connell, les héros du soulèvement de Pâques, les présidents irlandais, des chefs de l'Église, des poètes, des écrivains, des hommes politiques, des vedettes de la scène, du sport ou de la chanson.

QUARTIER DES TRIBUNAUX *Rive Nord*

Les Vikings s'installèrent sur cette partie de la rive gauche de la Liffey, jadis appelée Oxmantown et dominée au Moyen Âge par St Mary's Abbey. Au 17ᵉ s. s'éleva autour d'Oxmantown Green, l'actuel Smithfield, un quartier en damier que l'on dota d'un hôpital et d'une école libre, l'actuelle Bluecoat School.

Four Courts (HY) – Le bâtiment élevé en 1785 par Thomas Cooley et James Gandon accueillait 4 tribunaux : la chancellerie, le Banc du roi, la cour des finances et la cour d'appel. En 1922, dès le début de la guerre civile, il fut presque totalement détruit par l'explosion de mines, et les documents des Archives nationales qu'il abritait, dont certains remontaient à 1174, disparurent à jamais.

Église St-Michan ⊘ (HY E) – La première église construite sur le site le fut probablement par les Danois, car saint Michan est, croit-on, d'origine danoise. L'église actuelle date de 1095 mais fut remaniée en 1686.

Four Courts

Les **catacombes** sous l'église renferment des corps momifiés depuis plus de tr
siècles, maintenus dans un exceptionnel état de conservation par l'air très sec
la température constante. Dans l'église même, on remarquera l'**orgue** (1724) s
lequel Haendel aurait joué, un panneau de bois sculpté d'**instruments de musiq**
habillant la tribune d'orgue, les **fonts baptismaux** du 18e s. où Edmund Burke re
le baptême, la **chaire** du 18e s. et son escalier incurvé, le **banc de pénitence** où les m
faiteurs avouaient publiquement leurs fautes, les **Dix commandements** flanquant la ba
Est et le **gisant d'évêque** du 12e s. *(mur Sud du chœur)*, qui pourrait être celui
Samuel O'Haingli (mort en 1121), évêque de Dublin en 1095.

Smithfield Village – La rénovation de ce quartier de Dublin, centrée sur u
ancienne distillerie de whiskey, associe bâtiments commerciaux et résidentiels. L
premiers accueillent des groupes de musique irlandaise traditionnelle et d
exemples d'artisanat régional (en vente au Cobblestones).

Old Jameson Distillery ⊘ (**BS V**) – Une partie de l'**ancienne distillerie Jameson** a été réam
nagée pour exposer les procédés d'élaboration du whiskey, des plus anciens a
actuels. Une vidéo *(8 mn)* précède la visite *(20 mn)*. En passant successiveme
de la touraille à la cour, où s'effectuaient les livraisons d'orge, et au magasin
grains, on découvre tous les mystères entourant la maturation de la célèbre ea
de-vie, que l'on déguste en fin de circuit.

Cheminée Jameson ⊘ – Élevée en 1895, la vieille cheminée (60 m) est aujourd'h
équipée d'un ascenseur en verre et d'une plate-forme panoramique vitrée offra
de belles vues sur Dublin, la baie et les montagnes au Sud.

Ceol ⊘ – Le nom de ce centre est le mot irlandais pour musique. Il rend homma
à la musique, au chant et à la danse irlandais. Ce patrimoine est présenté au moy
de consoles interactives multimédias et d'un auditorium grand écran. On pe
suivre les semelles de danseurs de claquettes, tenter de retenir les pas compliqu
des danses traditionnelles ; on écoute des chants traditionnels, et des « anciens
racontent leurs distractions musicales d'autrefois.

Chief O'Neill's Café Bar – Ici ont lieu des spectacles de musiciens traditionnels réputé
La **White Room** y accueille ateliers musicaux, expositions et séances d'enregistreme
en direct. Le « chef » O'Neill était un certain Francis O'Neill qui avait quitté l'Irlan
en 1865, à l'âge de 17 ans pour l'Amérique. En 1901, il était devenu le chef
la police de Chicago. Mais même exilé, il s'était attaché à réunir et publier des ce
taines d'airs traditionnels irlandais, les préservant ainsi de l'oubli.

St Mary's Abbey ⊘ (**HY**) – Seuls subsistent de l'abbaye le **parloir** et la **salle capitula**
à voûtes nervurées, où l'on a reconstitué le cloître du 15e s. avec les éléments ori
naux retrouvés en 1975 dans une maison de Cork Street. La fondation de l'abbay
son architecture et son histoire y sont expliquées, ainsi que le mode de vie cistercie
Elle fut fondée en 1139 par des moines bénédictins venus de Savigny. Mais la co
munauté adopta la règle cistercienne en 1147 et passa par la suite sous le contrô
de l'abbaye de Buildwas, dans le comté anglais du Shropshire.
Devenue la plus riche du Pale avec de vastes domaines de part et d'autre de
Liffey, elle fut étroitement associée à la ville, utilisée à la fois comme entrepô
chambre forte et lieu de réunion du Conseil d'Irlande. C'est dans ses murs q
Thomas le Soyeux *(voir Les sièges, en introduction au chapitre)* se démit de se
serment d'allégeance à Henri VIII et provoqua la révolte de Kildare.

★**Bluecoat School** (**BS F**) – Maintenant propriété de l'Incorporated Law Society,
bâtiment conçu par Thomas Ivory en 1773 vit sa grande tour centrale remplac
par un dôme peu élevé par souci d'économie. Jusqu'en 1970, il abrita une ins
tution fondée en 1670 pour l'éducation de garçons pauvres, institution que l'
désignait du nom de Bluecoat School en raison de l'uniforme bleu d'allure milita
que portaient les élèves.

King's Inns (**HX**) – L'édifice entrepris en 1795 et achevé en 1827 était destiné
héberger les étudiants en droit. C'est la dernière grande réalisation publique
James Gandon, et la salle à manger est la seule pièce intérieure conçue par s
soins qui nous soit parvenue. La façade Ouest donne sur un vaste parc.

LES FAUBOURGS SUD

★★**Kilmainham Gaol Museum** ⊘ (**AT M⁶**) – *Inchicore Road*. La lutte des Irlanda
pour leur indépendance est remarquablement présentée dans la prison même
nombre de patriotes furent incarcérés pour offense à la Couronne. L'exposition
souvenirs, photos, lettres et coupures de presse situe dans leur contexte social
politique les nombreux incidents et révoltes qui se déroulèrent entre 1796 et 192
Longtemps connue sous le nom de « Nouvelle prison », la **prison de Kilmainham** f
élevée en 1792. Elle comprenait une rangée de bâtiments flanqués à l'Est et
l'Ouest de cours subdivisées en cours d'exercice ; l'une d'elles renferme l'*Asga*
(voir encadré p. 202). En 1862, lors de la construction du pavillon à la place
l'aile Est, on édifia un haut mur d'enceinte extérieure.

La **visite** inclut le pavillon central, aux 100 cellules, la chapelle, où une présentation audiovisuelle retrace l'histoire de la prison, le couloir de 1798 avec ses cellules individuelles, et les cours où étaient confinés les prisonniers et où avaient lieu les exécutions.

Irish Museum of Modern Art ⊙ (**AT**) – *Military Road.* Inauguré en 1991, il a pour fonction d'une part de présenter l'art irlandais et international du 20ᵉ s. et des spectacles associant théâtre et musique, d'autre part de constituer, par le biais d'achats et de commandes, un fonds permanent d'art moderne. L'exposition inaugurale comprenait des œuvres de Braque, Delaunay, Miró, Mondrian, Picasso, Ellsworth Kelly, Richard Serra, Sol LeWitt, Evie Hone, Jack B. Yeats et Louis Le Brocquy. Le bâtiment qui fait face au musée a été converti en ateliers d'artistes.
Le musée est installé dans

Dúchas, Dublin

Prison de Kilmainham

l'ancien **hôpital royal de Kilmainham★★**, le plus ancien édifice classique subsistant en Irlande. Sa construction entre 1680 et 1684 fut financée par James Butler, duc d'Ormond, vice-roi en 1669, qui, ayant vécu en exil en France, s'inspira de l'hôtel des Invalides à Paris. L'architecte en fut William Robinson, contrôleur général à partir de 1670, qui conçut à l'usage de 300 vieux soldats quatre corps de bâtiments autour d'une cour. Le dernier pensionnaire mourut en 1929.
Le **bâtiment Nord** est occupé par les appartements du directeur, la grande salle, utilisée aujourd'hui pour des concerts et des réceptions, et la chapelle.
La **grande salle**, réfectoire et salle de jeux pour les soldats, est décorée de portraits réalisés à ce seul usage entre 1690 et 1734. Le vitrail (1908) est une création de A. E. Child. La porte est surmontée d'une sculpture de chêne (1683) de Jacques Tabary. Le **plafond de la chapelle** est une réplique en papier mâché, faite en 1903, de l'exceptionnel décor baroque conçu en 1687 par des stucateurs anglais, dont les motifs de fruits et de légumes, qui pouvaient atteindre jusqu'à 30 cm de long, commençaient à se détacher. L'autel, le retable et la grille de clôture furent sculptés en 1683 par Tabary dans du chêne irlandais. La façade Nord regarde les jardins à la française, tracés par Edward Pearce entre 1710 et 1720 en forme de croix de Saint-Georges et de Saint-André.
Le site, qui faisait autrefois partie du Phoenix Park, fut d'abord occupé par un monastère fondé au 7ᵉ s. par des moines irlandais et passé en 1100 aux chevaliers de St-Jean. Il servit ensuite à loger le vice-roi, jusqu'à sa démolition en 1670.

★ Guinness Hopstore ⊙ (**BT Mᐧ**) – *Crane Street.* Un verre mousseux de la célèbre bière brune est offert aux visiteurs dans l'**ancien entrepôt à houblon** après avoir parcouru la fascinante exposition consacrée à l'élaboration de la Guinness. Un film *(20 mn)*, des textes, des peintures, des machines déclassées évoquent les 140 années d'existence de la firme familiale.
Plus à l'Ouest dans Thomas Street s'élève la maison qu'**Arthur Guinness** édifia au 18ᵉ s. à proximité de la porte principale de la brasserie, qui s'orne, année après année, d'une date supplémentaire. L'une des anciennes portes de la ville, la porte Saint-Jacques (St James's Gate), a donné son nom à la brasserie.

Jewish Museum ⊙ (**BT**) – *Walworth Road.* Une ancienne synagogue édifiée à partir de 1917 accueille le **Musée juif**, qu'inaugura en 1985 Chaim Herzog, président d'Israël et fils du premier Grand rabbin d'Irlande. Des objets présentés dans les vitrines du rez-de-chaussée évoquent l'histoire des Juifs en Irlande du 11ᵉ au 20ᵉ s. Dans la cuisine, la table est dressée pour le service du soir du sabbat.
La **synagogue** proprement dite, à l'étage, a conservé ses aménagements rituels. Dans la galerie des femmes sont exposés des rouleaux de la Torah avec leurs poignées

et leurs housses, un couvercle d'Arche (milieu du 18ᵉ s.), le dais de mariage, des calottes et des châles de prière, des instruments de circoncision, des chandeliers, des cornes de bélier, des tabernacles et une horloge hébraïque.

Shaw Birthplace ⓥ (**BT W**) – *33 Synge Street.* La modeste maison où George Bernard Shaw (1854-1939) naquit et passa ses premières années est meublée dans le style du milieu du 19ᵉ s.

Drimnagh Castle ⓥ (**AT**) – *Long Mile Road.* Ce château du 13ᵉ s. entouré d'un fossé est composé d'une grande salle au-dessus d'une crypte voûtée, flanquée d'une tour crénelée. Restauré selon son aspect médiéval, il précède un jardin à la française du 17ᵉ s. (haies taillées, buissons de lavande et simples).

Waterways Visitor Centre ⓥ (**CT K**) – Un bâtiment moderne au milieu du bassin du Grand Canal sert à expliquer la technique de construction des canaux et à évoquer la réalisation du réseau navigable irlandais au 18ᵉ s. Du toit en terrasses, la vue plonge sur les entrepôts bordant le bassin.

LES FAUBOURGS NORD

★★**National Museum** ⓥ (**BS**) – *Les collections sont réparties entre l'ancienne caserne Collins et Kildare Street.* Le grand ensemble constitué par la caserne Collins hébergeait autrefois 3 000 hommes et 1 000 chevaux. Il fut édifié en 1700 sur l'ordre de Guillaume III par Thomas Burgh, qui voulut en faire un bâtiment « simple et fonctionnel, sans décoration superflue ». Ce fut en son temps la plus grande caserne des îles Britanniques, qui permit de résoudre les difficultés que posaient le cantonement des troupes chez l'habitant.

Des travaux de réaménagement ont permis que plusieurs sections du National Museum (arts décoratifs, traditions populaires, histoire et géologie) y soient désormais présentées.

Le **bâtiment Ouest**, consacré aux expositions temporaires et aux études du musée, présente aussi un ensemble éclectique de 25 objets remarquables composant le **Curators' Choice**, sélection des conservateurs eux-mêmes, notamment un rare astrolabe réalisé à Prague, une statue longiligne en bois de la fin du 13ᵉ s. ou du début du 14ᵉ s. représentant saint Molaise, et des figurines de Thomas Frye, dont certaines eurent pour modèles ses compagnons irlandais à Londres. Les trois étages de galeries du **bâtiment Sud** ont l'Irlande pour fil conducteur. mobilier et l'ébénisterie traditionnels irlandais *(3ᵉ étage)* permettent de suivre l'é lution des styles, notamment du baroque au contemporain, incluant les étonnan productions néoceltiques de la fin du 19ᵉ s., inspirées par la découverte d'obj comme la broche de Tara. Le 2ᵉ étage présente des instruments scientifiques. premier a pour thème le travail de l'argent et expose des objets sortis des atel d'orfèvres entre le 17ᵉ s. et l'époque actuelle.

★★★**Phoenix Park** (**AS**) – *Accès restreint en voiture.* Avec ses 709 ha, c'est le p vaste parc clos d'Europe. Son nom est dérivé du gaélique *fionn uisce*, qui sign eau claire. Le terrain, confisqué par la Couronne aux moines de Kilmainham 1543, fut clôturé en 1662 par le duc d'Ormond, qui y introduisit une harde daims qui vagabonde encore dans un enclos de 120 ha, les Fifteen Acres.

Le passé du parc est évoqué au **centre d'accueil** (Visitor Centre ⓥ), installé dans l' ciennes écuries, à proximité d'une maison forte du 17ᵉ s. *(aujourd'hui démolie)* servit longtemps de demeure au gardien du parc.

La porte Sud-Est est flanquée à gauche par le **monument Wellington** (**N**), dessiné William Smirke en 1817, à droite par le **jardin du Peuple** (Peoples' Garden), un jar fleuri dévalant vers un petit lac, auquel fait face le **parc zoologique**, tracé à l'orig par Decimus Burton.

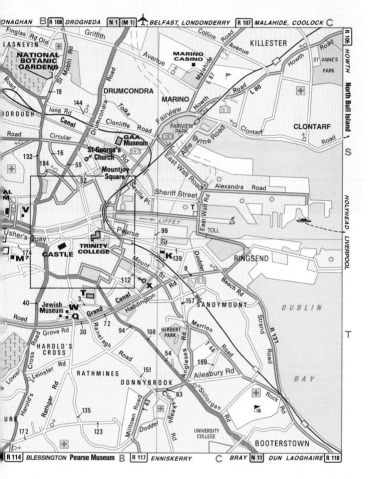

La voie principale, Main Road, éclairée par des becs de gaz, mène au **Phoenix Monument** (**L**), que Lord Chesterfield fit élever en 1745. Au Sud se trouvent la résidence de l'ambassadeur des États-Unis et la **Croix papale**, érigée à l'occasion de la visite du pape Jean-Paul II en 1979 ; au Nord, **Áras an Uachtaráin** ⊘, résidence officielle du président de la République. Cet ancien pavillon du vice-roi fut d'abord une demeure privée construite entre 1751 et 1754 par Nathaniel Clements, à laquelle Francis Johnston ajouta un porche ionique en 1815. C'est à proximité qu'en 1882, au plus fort de l'agitation soulevée par les Land Acts, le nouveau premier secrétaire, Lord Frederick Cavendish, et le sous-secrétaire, Thomas Burke, victime désignée, furent poignardés par les membres d'une société secrète, les Invincibles.

★ Zoological Gardens ⊘ – Fondé en 1830, le zoo, qui occupe 12 ha et présente dans d'attrayants jardins de nombreuses espèces animales du monde entier, s'implique avec d'autres parcs zoologiques dans des études sur la reproduction. Des bâtiments, pour la plupart du 19e s., hébergent reptiles, félins, singes, perroquets, faisans et autres oiseaux, tandis qu'un lac accueille palmipèdes, flamands, pingouins et otaries. Un petit train promène les enfants dans les enclos.

★ National Botanic Gardens ⊘ (**BS**) – Le **jardin botanique** fut tracé en 1795 sur un agréable site bordant la Tolka. Une ravissante **promenade** longe la rivière, de la **roseraie** à l'**arboretum** par le **jardin de tourbe** et le **jardin des marais**, que borde un étang. Le **bâtiment curviligne** (Curvilinear Range), édifié de 1843 à 1869 par Richard Turner, et la **serre aux palmiers** (Great Palm House – 1884) sont au nombre des serres les

Le Grand Canal

plus monumentales, tandis que le jardin de rocaille et les serres aux cactus et a
fougères abritent un grand nombre des 20 000 espèces végétales que compte
jardin.

GAA Museum ⊙ (**BS**) – *Clonliffe Road*. **Croke Park** est le cadre traditionnel des je
nationaux irlandais, le hurling et le football irlandais. Le musée rappelle la fonc
tion et le développement de l'**Association athlétique gaélique** (Gaelic Athlé
Association), ainsi que son influence sur le renouveau des traditions irlandaises.
pourra y voir les grands moments des événements sportifs passés et leurs vedet
en plein effort. Chacun peut aussi tester sa propre vitesse de réaction ou sa déter
ou tenter de frapper le *sliothar* avec le *camán* sur le terrain d'entraînement.

★★**Marino Casino** ⊙ (**CS**) – Le charmant casino palladien *(voir illustration p. 4(*
conçu par William Chambers en 1765 fut construit dans le parc de Marino Hou
résidence campagnarde (détruite en 1921) de James Caulfield, 1ᵉʳ comte
Charlemont *(voir plus haut Hugh Lane Gallery)*, qui rencontra Chambers lors
son Grand Tour. Édifié en pierre de Portland dans le style néoclassique franç
sur un soubassement de pierre taillée, il adopte un plan en croix grecqu
Douze colonnes doriques soutiennent une frise et une corniche surmontées de fr
tons, de statues et de cheminées en forme d'urnes. Les sculptures sont de Sim
Vierpyl et Joseph Marino.
L'intérieur comprend quatre pièces d'apparat, aux plafonds décorés de plâtres é
borés et marquetées de huit variétés de bois, et quatre petites chambres à l'éta
Des plans sont exposés dans les pièces de service au sous-sol.

ENVIRONS

★**Château de Rathfarnham** ⊙ – *5 km au Sud par la N 81 et, à gauche à Terenu
la R 115.*
L'extérieur du bâtiment, magnifique mais sinistre, ne laisse rien présumer de l'é
gance de l'intérieur conçu au 18ᵉ s. par William Chambers et James Stu
« l'Athénien ». Le donjon central circulaire cantonné de quatre tours fut constr
vers 1593 par Adam Loftus. Originaire du Yorkshire, il fut successivement do;
de la cathédrale Saint-Patrick, archevêque d'Armagh puis de Dublin, siège qui é
alors plus important. Henry Loftus fit modifier l'intérieur vers 1770. Abandon
au début du 20ᵉ s. puis occupé par un séminaire jésuite, sa restauration s'avé
nécessaire. La visite permet de mesurer l'étendue des travaux en cours et d';
mirer les lambris du vestibule d'entrée, l'immensité du salon, ses cheminées et
portes cintrées, le bow-window de la salle à manger où s'imbriquent les réali
tions de Chambers et de Stuart, et les savantes compositions de Stuart sur
plafonds du boudoir et de la chambre dorée.

Pearse Museum ⊙, à **Dundrum** (Dún Droma) – *7,5 km au Sud. Emprunter le mê
itinéraire que pour le château de Rathfarnham. Après le château, prendre à gau
la direction de Bray (Main Street), puis Grange Road en enfilade. Suivre cette .*

sur 800 m environ (veiller à ne pas quitter la rue au coude qu'elle forme au carrefour avec Nutgrove Avenue) jusqu'à Sarah Curran Avenue, à droite. Là, à partir du parc de stationnement, gagner à pied le musée par le chemin parallèle à la route (10 mn AR).

Photos et documents autographes retracent la vie des fondateurs (1913) des Volontaires irlandais, Patrick et William Pearse, qui furent exécutés en 1916 pour avoir dirigé le Soulèvement de Pâques.

Le musée est installé dans la maison (1797) qu'ils avaient acquise en 1910 pour y établir leur école de garçons. Le programme d'études (apprentissage du gaélique, littérature, histoire, théâtre, étude de la nature et jeux) traduisait leur désir de favoriser le développement des enfants sur lesquels ne devait pas peser la perspective des examens et d'encourager la culture irlandaise. Membre de la Ligue gaélique, Patrick consacrait d'ailleurs les vacances qu'il passait à Rosmuc *(voir Connemara)* à l'étude du gaélique.

Dans le parc, où Robert Emmet *(voir Index)* faisait sa cour à Sarah Curran, une avenue plantée d'arbres a reçu en souvenir le nom d'Emmet's Walk. Plus tard, les enfants y disposèrent d'un jardin clos pour y cultiver des légumes. Un sentier de nature, dit le « Wayfarer », va du lac où s'ébattaient les enfants jusqu'au parking.

North Bull Island – *7 km au Nord de Dublin par la route côtière vers Howth.*
Deux terrains de golf et des plages de sable attirent de nombreux estivants sur cette île constituée de dunes, de marais salants et d'étendues vaseuses. C'est une importante **réserve naturelle**, où gibier d'eau et échassiers hivernent. À marée haute, les 30 000 oiseaux qui vivent dans la baie de Dublin viennent s'y réfugier. Une exposition consacrée à la faune et à l'habitat naturel de l'île est présentée au **Centre d'interprétation** (Interpretive Center) ⊘, au bout de la chaussée centrale.

L'île ne fut longtemps reliée au reste de l'Irlande que par une passerelle de planches établie à son extrémité Sud. Depuis la construction à la fin du 18e s. du mur de Bull, destiné à éviter l'envasement du port de Dublin, le banc de sable d'origine n'a cessé de s'étendre (4,5 km de long actuellement) et poursuit sa progression vers le large.

DÚN LAOGHAIRE

Porte de l'Irlande pour les navires en provenance de Grande-Bretagne, la ville doit son nom à Laoghaire, haut roi d'Irlande au 5e s., qui y éleva un fort. La croissance du commerce avec l'Angleterre au 18e s. fit du petit village de pêcheurs un port dynamique. Les **bassins** (100 ha) furent aménagés à partir de 1817 selon les plans de John Rennie. Le gros œuvre, bâti en pierre de Dalkey, fut achevé en 1842.

Pendant une centaine d'années, la ville fut nommée **Kingstown** en l'honneur de **George IV**, qui y débarqua en 1821. Un **obélisque**, érigé en souvenir de cette visite, se dresse sur le front de mer au Sud du port.

National Maritime Museum ⊘ – *Haigh Terrace.* Le **musée national de la Marine** est installé dans l'église des Marins (1835-1860), en bordure Sud du parc Moran. On peut y voir entre autres un canon de l'Invincible Armada, une chaloupe française

capturée lors de la tentative de débarquement de Bantry Bay *(voir ce nom)*
1796, le feu en état de marche du phare de Baily, la carte marine utilisée par
commandant du sous-marin allemand qui déposa Roger Casement sur la plage
Banna, et de nombreuses maquettes : barge utilisée par la firme Guinness, coracl
bateaux irlandais typiques, goélettes, ferries, cargos, le *Sirius*, premier transatl
tique à vapeur mis en service en 1838, la collection Halpin, qui comprend
modèle réduit du paquebot *Great Eastern*, et la collection Cornelissen, qui mon
l'évolution de la marine de guerre, de la trirème grecque aux navires utilisés dura
la Seconde Guerre mondiale.

James Joyce Museum ⊘ – *1 km à l'Est par la route côtière de Sandycove.*
tour Martello *(voir p. 81)* édifiée en 1804 à la pointe de Sandycove accue
aujourd'hui un **musée** consacré au célèbre écrivain. Y sont exposés des exemplai
des premières éditions de ses œuvres, des lettres, son masque mortuaire et c
tains de ses objets personnels. Joyce séjourna ici durant six jours en 1904, inv
par le poète Oliver Gogarty, qui avait loué la tour au début. À l'étage,
pièce où Joyce situe la scène du petit-déjeuner dans *Ulysse* est meublée com
dans le livre, tandis que du sommet, la **vue** embrasse la baie, la côte jusqu'à l
de Dalkey au Sud-Est et les monts Wicklow au Sud-Ouest.

DALKEY VILLAGE *1,5 km au Sud par la route côtière*

Aujourd'hui incorporé à Dún Laoghaire, Dalkey possédait autrefois sa propre encei
et sept maisons fortes. **Bulloch Castle**, près du rivage, fut construit au 12e s. par
moines de l'abbaye Ste-Marie de Dublin pour défendre le port. Au cœur du villa
subsistent deux maisons fortes de la fin du Moyen Âge : face à **Archbold's Castle**, **C
Castle** abrite désormais le **Centre du patrimoine** (Dalkey Heritage Centre) ⊘, qui prése
de belles expositions sur l'histoire locale et offre une superbe vue d'ensemble dep
les remparts. Une extension moderne a été judicieusement intégrée au cimetière vo
de l'**église St-Genet** qui est en ruine et daterait du 8e s. De nombreux écrivains,
L. A. G. Strong, Lennox Robinson, James Joyce et Hugh Leonard sont associé
Dalkey. Enfant, George Bernard Shaw (1856-1950), qui vécut de 1866 à 187
Torca Cottage, sur la colline, venait se baigner sur la plage de Killiney.
Au large s'étend l'**île de Dalkey**, aujourd'hui réserve ornithologique. Au Sud de la poi

Dalkey Island et Vico Road

B. Lynch/Bord Fáilte, Dublin

de Sorrento, la route côti
procure une magnific
vue★★ sur la baie de Killi
jusqu'au cap de Bray.

Killiney Hill Park – *Entré
parking en bordure No
Ouest de Dalkey Hill.* Le p
couvre l'extrémité Sud de
colline de Dalkey. Il était ja
propriété du colonel Je
Mapas, qui habitait le c
teau de Killiney *(aujourd
hôtel).* Il fut ouvert au pu
en 1887 à l'occasion du
bilé de la reine Victoria.
sentier de nature serpe
parmi les arbres et la bruy
jusqu'à l'obélisque que
pas fit élever par ses ferm
en 1742 pour leur fournir
travail, d'où l'on a une b
vue panoramique.

DUNDALK

DÚN DEALGAN – Louth – 25 843 habitants
Carte Michelin n° 923 M 5, 6 ou Atlas Great Britain & Ireland p. 98

Chef-lieu du comté de Louth, Dundalk, port établi sur la rive Sud de l'estuaire d
Kilcurry, est aussi une des plus grandes villes de province d'Irlande. Les marais sala
et les laisses de vase, à l'Est, offrent un vaste refuge aux oiseaux. Il semble que
Normands s'étaient établis plus à l'Ouest, là où la motte féodale *(1,5 km par la N
est maintenant envahie par la végétation. Ville médiévale, Dundalk reçut une cha
en 1189 et connut la prospérité jusqu'à sa destruction par Sir Henry Tichbourne
1642. Charles II octroya tous les biens communaux et la seigneurie au vico
Dungannon, auquel succédèrent les Hamilton, comtes de Clanbrassil, et les Joce
comtes de Roden.

Lough County Museum ⊘ – *Jocelyn Street*. Un entrepôt restauré du 18e s. abrite une bonne exposition sur l'histoire locale (découvertes archéologiques, agriculture et industrie, port et chemin de fer), au moyen de présentations audiovisuelles, d'écrans interactifs, de films et de tableaux.

Le centre-ville – L'aménagement de Dundalk fut entrepris vers 1740 par James, 1er comte de Clanbrassil. Dans Church Street, l'**église** anglicane **St-Nicolas**, dont la tour date du 14e s., fut reconstruite en 1707 et dotée d'un transept au 19e s. ; Francis Johnston en dessina la flèche. Dans le cimetière repose Agnes Burns, près d'une colonne élevée à la mémoire de son frère, le célèbre auteur de poèmes en dialecte écossais Robert Burns (1759-1796). Au Sud, Park et Bowden édifièrent (1813-1818) le **palais de justice** de style dorique.

Sur Roden Place, à l'Est, les grilles ouvragées du porche précèdent l'**église** catholique **St-Patrick**, imitée de la chapelle du King's College de Cambridge ; des mosaïques décorent le sanctuaire et ses chapelles latérales.

Au Nord-Est, Castle Road doit son nom au **clocher** – que chacun ici appelle le « château » – d'un monastère franciscain fondé vers 1240, incendié par les troupes d'Edward Bruce en 1315, et rasé en 1539. Plus à l'Est se profile le tronc conique d'un **moulin à vent** *(inaccessible)* dépourvu de ses ailes.

EXCURSIONS

Péninsule de Cooley

La péninsule de Cooley est un promontoire granitique offrant de splendides paysages champêtres et marins donnant, au Sud sur la baie de Dundalk, au Nord sur le Carlingford Lough, qui constitue la frontière entre la République d'Irlande et l'Irlande du Nord.

Circuit de 59 km. Quitter Dundalk au Nord par la N 1, puis prendre à droite la R 173 vers Carlingford.

Dolmen de Proleek – *À 8 km. Se garer dans le jardin de l'hôtel Ballymascanlon et, de la cour, emprunter une allée bitumée (20 mn AR). La table massive (47 t) et ses deux supports datent de 3000 avant J.-C. La légende prétend que tout vœu se verra exaucé si l'on parvient à placer trois cailloux dessus. À proximité se trouve une sépulture à chambre en coin (voir Introduction : L'Irlande préhistorique).*

Poursuivre vers l'Est, puis emprunter à gauche la route de montagne se dirigeant vers Omeath au Nord.

Windy Gap – La route grimpe en direction des montagnes de Carlingford (587 m), et après le site où se trouve la Long Woman's Grave (plaque), elle pénètre dans la bien nommée **Windy Gap** (Trouée éventée), étroit défilé entre des parois escarpées, au Sud duquel se déploie une large **vue** sur la baie de Dundalk. Plus loin vers le Nord, un **point de vue** *(parc de stationnement)* embrasse l'estuaire de la rivière de Newry et les monts Mourne, qui s'élèvent de l'autre côté du Carlingford Lough.

Omeath – Jadis petit village de pêcheurs où l'on parlait le gaélique, Omeath est aujourd'hui une petite station balnéaire le long de la côte rocheuse, où l'on peut savourer les fruits de mer fraîchement pêchés. En été, des carrioles transportent les visiteurs jusqu'au chemin de croix du monastère des pères rosminiens, ou pères de la Charité, ordre fondé en 1828 par le philosophe italien Antonio Rosmini-Serbati (1797-1855), et un bac, le Carlingford Lough Ferry ⊘, traverse l'estuaire vers Warrenpoint.

D'Omeath, suivre la route côtière (R 173) en direction du Sud.

Carlingford – Les monuments laissés par les Vikings et les Normands ajoutent au charme de cette station attirante au pied des monts Cooley avec en face les monts Mourne, de l'autre côté du lac Carlingford (marina et croisières sur le lac). L'histoire locale, depuis les Vikings jusqu'à nos jours, est évoquée sur de grands triptyques au **Centre du patrimoine** (Heritage Centre) ⊙, logé dans une église anglicane dés fectée, point de départ pour la visite guidée du centre-ville. Les ruines du **châ** **du roi Jean** s'élève sur un à-pic commandant l'entrée du bras de mer. La cour o dentale fut probablement construite par Hugh de Lacy, avant la visite du roi 1210, alors que les appartements ne furent ajoutés à l'Est qu'en 1261.

Face au port se dresse le **château des Taaffe**, une tour carrée de la fin du 15 pourvue de machicoulis, créneaux, archières et meurtrières. La marée vient léc ses fondations, où une cave voûtée aurait servi d'abri à bateaux. La famille Taa qui la fit élever, reçut en 1661 le titre de comte de Carlingford.

Sur le côté Sud de la place du village s'élève une maison forte du 15e s. don porte et les moulures de fenêtres sont décorées de motifs celtes. Bien qu'appe **Mint** (hôtel de la Monnaie), il n'existe aucune preuve attestant que l'hôtel régic de la Monnaie, fondé en 1467, y ait jamais fonctionné.

Enjambant la grand-rue, une porte, jadis haute de 3 étages, appelée **Tholsel**, au vu siéger le Parlement légiférant pour le Pale *(voir Trim, encadré).*

Poursuivre par la route côtière vers la pointe de Ballagan.

Greenore – La localité fut tête de ligne d'un service de bac vers Holyhead de 18 à 1926. Depuis 1960, le port se tourne vers le fret maritime.

Revenir à Dundalk par la R 175.

À l'Ouest de Dundalk *76 km AR. Quitter Dundalk à l'Ouest par la R 1 À Chanonrock, prendre à droite une route secondaire vers le Nord.*

Inniskeen – Ce village vit naître Patrick Kavanagh (1904-1967), poète, auteur journaliste, qui est enterré dans le vieux cimetière. Le **Centre Patrick-Kavanagh** retrace sa vie et son œuvre de façon plaisante, avec l'histoire locale. Les res d'un clocher rond marquent l'emplacement d'un monastère fondé au 6e s. par sa Daig à côté de la rivière Fane.

Quitter Inniskeen par une route secondaire vers Carrickmacross à l'Ouest.

Carrickmacross – Le bourg, qui s'est développé autour d'un château construit pa comte d'Essex après qu'Élisabeth Ire lui eut accordé les terres, est réputé pou pêche à la ligne et sa dentelle faite à la main. La **galerie de la Dentelle** (L Gallery ⊙ – *Market Square, à l'extrémité Nord de la rue principale*) présente travaux locaux, exécutés en dentelle dite mixte : constituée de morceaux de bat rapportés sur une trame faite à la machine, elle est ensuite embellie à l'aiguille motifs traditionnels ou modernes. L'église catholique, construite en 1866 J. J. McCarthy, est ornée de vitraux (1925) de Harry Clarke.

Sortir de Carrickmacross par la R 179, au Sud-Ouest.

★ **Dún A' Rí Forest Park** – Partie intégrante du domaine de Cabra jusqu'en 1959, le p forestier occupe une vallée proche de la Cabra. Un sentier de nature et qua **promenades balisées** permettent de découvrir un enclos à cerfs, une cascade près

Maison traditionnelle à Carlingford

pont Cromwell, un puits votif, Cabra Cottage (résidence de la famille Pratt jusqu'à la construction en 1814 d'un château à l'Est), les ruines d'un moulin à lin, une fabrique de glace et les restes de Fleming Castle (1607), du nom d'une famille anglo-normande dépossédée du domaine pour avoir soutenu Jacques II.

Au Sud de Dundalk *45 km ; une demi-journée. Quitter Dundalk par la N 52 au Sud-Ouest et, à hauteur de l'hôpital, prendre la R 171 vers Louth.*

Louth, petit village qui a donné son nom au comté, fut aux 11e et 12e s. le centre du royaume d'Oriel.

St Mochta's House – Derrière les ruines d'un prieuré franciscain (14e-15e s.) s'élève dans un champ un oratoire de pierre au toit en **encorbellement**. Entre le toit pentu et le plafond voûté se loge une minuscule chambre accessible par un escalier raide. L'oratoire, très restauré, date probablement de la deuxième moitié du 12e s. On dit que saint Mochta, mort en 534, le construisit en une nuit pour en faire sa retraite.

Quitter Louth par la R 171 au Sud.

Ardee/Baile Átha Fhirdhia – Son nom irlandais signifie « gué de Ferdia ». Sur le côté Est de la rue principale s'élèvent deux édifices fortifiés : **Hatch's Castle**, qui date de la fin du Moyen Âge, et **Ardee Castle**, construit en 1207 par Roger de Peppard mais en grande partie reconstruit au 15e s., qui fut octroyé au 17e s. à Theobald Taaffe, comte de Carlingford.

ENNIS

INIS – Clare – 15 333 habitants
Carte Michelin n° 923 F 9 ou Atlas Great Britain & Ireland p. 83

nis est le centre administratif du comté de Clare. En flânant dans ses rues étroites tortueuses, on découvre de nombreux vestiges du passé ou, plus surprenantes, de stalgiques images d'une période révolue, telle cette **locomotive à vapeur** de la West are Railway, immortalisée par la chanson de Percy French *Are You Right There, 'chael, Are You Right ?*, qui se dresse sur un socle près de la gare. La ligne fut 'mée en 1961 et la gare ne sert plus qu'au transport de fret et aux autobus. arriet Smithson, épouse d'Hector Berlioz, naquit à Ennis où son père dirigeait le emier théâtre de la ville.

s origines royales – Les origines d'Ennis remontent au 13e s., époque où les Brien, rois de Thomond, construisirent à proximité leur résidence et où l'un d'eux nda le monastère franciscain. Lorsque Élisabeth Ire fit procéder à la division de lande en comtés, sa situation centrale lui assura le rôle de chef-lieu du comté de are. En 1610, foires et marchés furent autorisés à Ennis, qui reçut deux ans plus 'd de Jacques Ier une charte municipale.

célèbres hommes d'État – Ennis honore la mémoire de deux célèbres Irlandais. e grande colonne dorique fut érigée en 1867 sur O'Connell Square, où **Daniel** **Connell** avait été choisi comme candidat à la députation du comté en 1828. Une statue oderne d'Eamon De Valera *(voir Index)*, élu représentant d'Ennis au Parlement en 17, se dresse dans Galway Road face à l'ancien palais de justice (1850), bâtiment oclassique précédé d'un portique ionique à fronton.

ENNIS PRATIQUE

Banquet médiéval – Pour retrouver l'Irlande du Moyen Âge, on peut s'asseoir à un banquet au château de Knappogue *(voir plus loin)* accompagné d'une reconstitution historique du rôle des femmes dans l'histoire de l'Irlande.

Danse et musique populaires traditionnelles – Des démonstrations ont lieu au **Cois na h'Abhna**, édifice circulaire moderne sur la route de Galway *(N 18)*.

CURIOSITÉS

Ennis Friary ⓥ – Le **monastère** franciscain, qui au 14e s. comptait 350 moines et plus de 600 élèves, fut supprimé définitivement en 1692. La nef et le chœur datent du 13e s., le transept Sud et la tour de la croisée furent ajoutés au 15e s. Un **Ecce Homo** montre le Christ avec les instruments de la Passion. Saint François montre une crosse dans la main gauche et les stigmates sur la main droite, ses pieds et son côté. L'élément le plus remarquable est le tombeau Creagh (1843), dans le chœur, constitué de cinq panneaux sculptés représentant la Passion et provenant du tombeau MacMahon (1475), et de statues du Christ et des Apôtres, prélevées également sur un autre tombeau.

Clare Museum ⊘ – L'exposition « les richesses du comté de Clare » retrace l'h
toire locale à travers quatre thèmes : la Terre, le Pouvoir, la Foi et l'Eau, au moy
d'écrans interactifs et de présentations audiovisuelles, et d'objets prêtés par
Musée national : la brouette et la pelle avec lesquelles Charles Parnell inaugura
chantier de la ligne ferroviaire du Clare occidental ; et le stylo utilisé par De Vale
et Chamberlain pour signer l'accord financier anglo-irlandais de 1938.

Cathédrale – La cathédrale catholique, dédiée aux saints Pierre et Paul, f
construite entre 1831 et 1843 sur le plan d'une croix en tau. La tour et sa flèc
furent ajoutées entre 1871 et 1874. Des rangs d'arcades brisées séparent le va
seau central des bas-côtés et soutiennent le plafond lambrissé.

EXCURSIONS

Dromore Wood National Nature Reserve ⊘, à **Barefield** – *13 km au Nord par
N 18 (panneaux indicateurs)*. La **réserve naturelle du bois de Dromore** (400 ha) préser
une variété de milieux comprenant lacs, rivière, marécage et bois semi-naturel, ain
que plusieurs types d'habitations humaines, notamment les ruines du château d
O'Brien (17ᵉ s.). Un guide, consacré à des espèces comme le héron gris, le bl
reau, la martre vivant à proximité des deux sentiers balisés, est à la disposition d
visiteurs au centre d'accueil.

Craggaunowen Centre *Circuit de 39 km ; une demi-journée.*

*Quitter Ennis par la R 469 à l'Est. Avant la gare d'Ennis, tourner à droite pui:
gauche et se garer. Parcourir 800 m à pied en traversant la voie ferrée et tourr
à droite.*

Clare Abbey – Sur la rive Ouest de la Fergus s'élèvent les importantes ruines d'
monastère augustin fondé en 1189 par Dónall Mór O'Brien, dernier roi
Munster. De l'église subsistent la tour de la croisée et une grande partie de
nef ; un haut corps de cheminée incliné en angle aigu faisait partie des bâtimer
de service.

*Revenir vers la gare d'Ennis et reprendre la R 469 vers l'Est jusque Quin, où l
tourne à gauche.*

★**Monastère franciscain de Quin** ⊘ – Les **cloîtres**, la tour et le bras gauche du transe
sont les seuls vestiges d'un monastère construit vers 1430 par Sioda McNama
sur le site d'un château normand pourvu de trois tours rondes, lui-même élevé
1280-1286, à la place d'un monastère antérieur.

Revenir au village et reprendre la R 469 vers le Sud-Est.

★**Knappogue Castle** ⊘ – Ce château restauré s'élève sur le côté droit de la route
fut de 1467 à 1815 le fief des McNamara. Les jardins et les vergers ont
replantés.

*Poursuivre sur 2 km environ et prendre à gauche une route secondaire vers
Nord en direction de Moymore.*

★**Craggaunowen Centre** ⊘ – Aux abords d'un lac, cet écomusée présente différen:
reconstitutions de constructions préhistoriques : un *crannóg (voir Introductio
Architecture)*, une piste de marais en bois *(togher)*, un fort circulaire, un site p
la cuisine. Une partie des collections de John Hunt, le médiéviste à l'origine de
projet, est exposée dans la **maison forte**. L'essentiel est présenté au musée Hunt
Limerick *(voir ce nom)*. Le centre présente aussi le *Brendan, curragh (voir Ind
de haute mer avec lequel Tim Severin et son équipage effectuèrent en 1976-19
la traversée de l'Atlantique. La pièce qui servit à réparer la coque de cuir perc
par un bloc de glace est bien apparente.

À proximité, dans les bois, un enclos renferme un groupe de sangliers ; près
l'entrée de l'exposition *Craggaunowen-the Living Past*, on peut apercevoir, bro
tant dans les champs, d'autres espèces primitives comme le mouton de Soay,
ressemble à une chèvre.

Brendan le Navigateur

Saint Brendan de Clonfert, dit Brendan le Navigateur, était un moine marin,
qui au 6ᵉ s. partit de Brandon Creek, étroite ria au pied du mont Brandon,
sur la péninsule de Dingle. Son récit de voyage en latin médiéval, *Navigatio*,
fut longtemps considéré comme fantaisiste, jusqu'à ce qu'en 1976, Tim
Severin construise le *Brendan* et s'embarque avec un petit équipage pour
prouver que ces premiers navigateurs avaient pu atteindre l'Amérique plusieurs siècles avant Christophe Colomb... *Le Voyage du Brendan* relate cet
exploit du 20ᵉ s. en confirmant par de nombreux aspects le récit du 6ᵉ s.

Craggaunowen, Shannon Heritage

Le Brendan

Clare Heritage Centre *33 km AR ; une demi-journée.*

Quitter Ennis par la N 85 au Nord-Ouest. À Fountain Cross, prendre à droite la R 476. Parcourir environ 3 km et tourner à gauche (panneau) puis à droite.

Dysert O'Dea – Le **Centre d'archéologie** (Archeology Centre) ⊘ et un petit **musée** consacré à la culture locale sont logés dans une maison forte du 15ᵉ s. défendue par une meurtrière au-dessus de l'entrée. Du sommet, un beau **panorama** s'étend sur toute la campagne et les ruines proches.

Dans une prairie voisine *(accès à pied ou en voiture)* s'élèvent la **croix blanche** (White Cross) de Tola (fin du 12ᵉ s.), dont la face Est représente la Crucifixion et un évêque, la base d'un clocher **rond** et une grande partie du chœur et des murs extérieurs d'une **église** élevées au 11ᵉ s. (le portail roman de l'église est une reconstitution), restes d'un monastère fondé au 8ᵉ s. par saint Tola.

Revenir sur la R 476 que l'on prend à gauche pour gagner Corrofin.

Clare Heritage Centre ⊘, à **Corrofin** – Le Centre du patrimoine du Clare occupe l'ancienne église anglicane. Des textes et des objets – cardeuse à lin, spatule à beurre, un mélodium (variété d'orgue), les clés de l'asile des pauvres – illustrent la vie et les activités du comté au 19ᵉ s. Sur une bille de chêne sont indiqués les événements historiques survenus durant la croissance de l'arbre.

De nombreux documents généalogiques permettent de suivre la trace des gens qui émigrèrent du Clare au cours du siècle passé. Après la Grande Famine, 100 000 personnes au moins quittèrent la région entre 1851 et 1871.

ENNISCORTHY

INIS CÓRTHAIDH – Wexford – 3 788 habitants
Carte Michelin n° 923 M 10 ou Atlas Great Britain & Ireland p. 81

nstruite sur les berges pen-
es de la Slaney, Enniscorthy
cupe une place particulière
ns l'histoire irlandaise en rai-
n de son engagement dans la
bellion de 1798.

ville possède avec son châ-
u et sa cathédrale deux édi-
es d'un intérêt exceptionnel
ses nombreux témoins archi-
turaux du 19ᵉ s. ont à peine
modifiés. Les événements
s'y sont déroulés sont rap-
és dans un mémorial de
98 *(Market Square)*, réalisé
Oliver Sheppard, montrant
des chefs de la rébellion, le

Vinegar Hill

Le 21 juin 1798 est une date marquante de l'histoire d'Enniscorthy. Cette année avait vu gronder la révolte dite des **piquiers** dans les comtés de Wexford et Wicklow. Sommairement armés, accompagnés d'un grand nombre de femmes et d'enfants, 20 000 insurgés avaient fini par prendre position sur Vinegar Hill. De là, ils avaient résisté pendant près d'un mois aux forces anglaises, égales en nombre, du général Lake. L'ultime bataille du 21 juin mit un terme à la révolte, mais fit moins de victimes parmi les hommes en armes que le massacre auquel se livrèrent ensuite les Anglais sur les gens sans défense.

Enniscorthy pratique

Visite guidée – L'été, un circuit guidé permet de découvrir la ville.

Artisanat – Bois tournés, vitraux et poterie, entre autres, sont exposés à l'**Arts and Crafts Gallery** (Tinnock, Gorey). Visiter **Kiltrea Pottery** *(donnant sur la R 890, direction de Kiltealy)* pour les céramiques et poteries faites à la main.

frère Murphy, et un piquier le mémorial du Soulèvement Pâques 1916 *(Abbey Squa* représentant Seamus Raft un chef local de l'insurrecti La campagne environnante prête à la culture des fru rouges, et la Foire aux fra (Strawberry Fair), début juil attire les foules.

Une fondation monastiqu Au 6e s., saint Senan vint Scattery Island *(voir Kilru*

fonder un monastère à Templeshannon. Pillé en 795 par les Vikings, l'établissem vit ses biens passer au 12e s. sous le contrôle des Normands, qui administraient région depuis leur château d'Enniscorthy. Au cours du 15e s., le gouvernement pa aux mains d'un clan local, les MacMurrough Kavanagh, jusqu'à ce que la reine Él beth Ire le confie à deux de ses fidèles à la fin du 16e s.

Le développement commercial – Il fut initié par les hommes de la reine. Sir He Wallop entreprit d'exploiter les riches forêts et exporta le bois vers la France et l' pagne depuis Wexford. Philip Stamp établit des forges – qui fonctionnèrent jusque d les années quarante – et fit appel à de nombreuses familles anglaises dont l'insta tion amena l'urbanisation de l'autre rive de la Slaney. Vers la fin du 18e s. fur implantées des distilleries et des brasseries : en 1796, la ville comptait 23 malter Aujourd'hui, ses salaisons de bacon, ses cultures de fruits, sa coutellerie et ses po ries font sa réputation.

Une **visite guidée** ⊘ de la ville est organisée par l'Office de tourisme.

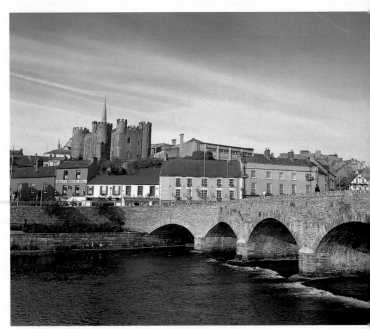

Vue générale d'Enniscorthy

CURIOSITÉS

1798 Visitor Centre ⊘ – *Parnell Road, au Sud du centre.* La révolte de 1798 notamment les trois semaines de troubles dans le Wexford, font l'objet d'une p sentation détaillée, avec écrans interactifs et tactiles, films et story-boards. épisode, significatif pour l'avènement de la démocratie en Irlande, est mis en pa lèle avec les événements de l'époque en France et en Amérique et le développen des partis politiques irlandais.

★**Château** – Le premier château fut construit au début du 13e s., soit par Raym le Gros, qui était à la tête des premiers Anglo-Normands entrés dans la cité 1169, soit par la famille Prendergast. Celle-ci le tint jusqu'au milieu du 15e s.

elle fut supplantée par les MacMurrough. En 1581, il revint à la Couronne, fut reconstruit en 1586 et loué (trois jours !) au poète Edmund Spenser.

Il accueille aujourd'hui le **musée du Comté★** (County Museum) ⏲. La section d'histoire locale présente dans la **salle 1798** une collection de piqués et dans la **salle 1916** des photos et documents concernant la participation d'Enniscorthy au soulèvement de Pâques. Parmi les maquettes de navires, on remarquera surtout celle d'un bateau d'émigrants du 19e s., qui s'échoua sur un banc de sable de la Blackwater, près de Youghal. Une cuisine et une laiterie sont équipées à l'ancienne d'instruments tels qu'une baratte.

St Aidan's Cathedral – L'édifice de style gothique fut conçu par Pugin et bâti de 1843 à 1846. La plus grande partie des pierres employées à sa construction proviennent d'une abbaye franciscaine en ruine, qui avait été dissoute en 1544 et s'élevait sur l'actuelle Abbey Square.

ENVIRONS

Carley's Bridge Potteries ⏲ – *1,5 km à l'Ouest après le cynodrome.* Ces poteries, les plus anciennes d'Irlande, furent fondées en 1659 par deux frères venus de Cornouailles. Trois mois sont nécessaires à la confection, à partir de l'argile locale, de la gamme de pots que peut contenir le four ; cuisson et refroidissement demandent quatre jours.

On trouve aussi au pont de Carley les poteries Hillview.

Ferns – *13 km au Nord-Est par la N 11.* Le petit village, jadis capitale de la province de Leinster, est connu pour ses **ruines**. Dermot MacMurrough Kavanagh, roi du Leinster, y fonda au 12e s. une abbaye qui brûla dès 1154, fut reconstruite en 1160 et donnée aux augustins. Il ne reste de son église que la tour, carrée à la base et ronde au sommet, et une partie du mur Nord. Il subsiste aussi quelques vestiges de la cathédrale où, dit-on, ce même roi est enterré.

Le **château** du 13e s., un modèle du genre en Irlande, possède un donjon rectangulaire et des tours rondes. La **chapelle** du premier étage présente un beau plafond voûté.

EXCURSION

Mount Leinster – *56 km AR ; une demi-journée. Sortir d'Enniscorthy par la N 11 au Nord, puis prendre la N 80 jusqu'à Bunclody.*

Bunclody – La localité est agréablement située sur un affluent de la Slaney, la Clody, à l'extrémité Nord des Blackstairs Mountains. La large promenade centrale est coupée par un torrent qui cascade en escalier. L'église de la Très-Sainte-Trinité, consacrée en 1970, est une intéressante réalisation moderne de E. N. Smith.

Jusqu'au siècle dernier, Bunclody était un bastion de la langue irlandaise dans le comté, et aujourd'hui encore le gaélique y est largement employé.

Prendre dans Bunclody une route secondaire vers l'Ouest, parcourir environ 6,5 km et tourner à gauche dans une route de faîte qui s'achève à 400 m du sommet.

Mount Leinster – Du sommet (793 m), on peut avoir par temps clair les plus belles **vues** du Sud-Est irlandais sur la majeure partie des comtés de Wexford et de Wicklow et même apercevoir les montagnes galloises au-delà de la mer.

Comté de FINGAL★

Carte Michelin n° 923 N 7 ou Atlas Great Britain & Ireland p. 93

égion située au Nord de Dublin a repris en 1994 son ancien nom de Fingal. C'est riche terre agricole, dont le littoral a vu s'élever des stations balnéaires telles que ries, centre de la pêche des célèbres langoustines de la baie de Dublin et siège d'une onie de phoques gris, et **Portmarnock** connu pour son terrain de golf de haute caté- ie. Au Moyen Âge, le Fingal faisait partie du **Pale** *(voir Trim, encadré)* ; on y trouve sieurs sites historiques, des cs élégants entourant de estueuses résidences an- nes, et l'adorable bourg de ahide.

	Plages – À Portmarnock (Velvet Strand) et Skerries.

CURIOSITÉS

Ben of Howth – Le Ben of Howth (171 m), promontoire rocheux et arrondi, forme une presqu'île fermant la baie de Dublin au Nord. Il est le point de départ de deux promenades sur les falaises *(côté Ouest – parking)*. Le sentier Sud passe par le phare de Baily et longe les falaises offrant une belle **vue★** sur la baie de Dublin. Le sentier Nord passe par le nez d'Howth et la baie de Balscadden et conduit jusqu'au pitto-

> **La lutte pour l'indépendance**
>
> En juillet 1914, le yacht *Asgard* ancré à Howth débarque 900 fusils et 25 000 cartouches destinés aux Volontaires irlandais. Son propriétaire, Robert Erskine Childers, politicien républicain, sera arrêté en 1922 par le gouvernement provisoire, condamné pour détention d'un revolver et exécuté. Son roman *The Riddle of the Sands* (*L'Énigme des sables*) a été porté à l'écran.

resque village de **Howth** s'accroche sur l'abr‹ flanc Nord. Au cœur de village se dressent les rui‹ de **l'abbaye Ste-Marie** ⏱ d le chœur recèle le splend‹ tombeau d'un chevalier la fin du 15ᵉ s. et de sa f‹ cée. En contrebas se tro‹ le port (1807-1809), oû pressent désormais voil‹ et bateaux de pêche, n‹ qui fut tête de ligne m‹

time de 1813 à 1833 avant la mise en service du port de Dún Laoghaire. Au la‹ s'étend **Ireland's Eye** ⏱, petite île devenue aujourd'hui réserve ornithologique, où premiers chrétiens avaient au 6ᵉ s. construit une église *(en ruine)*.

À l'Ouest du village, Howth Castle Demesne abrite le **musée national des Transports** présentation très claire d'un vaste éventail de véhicules civils et militaires, hip mobiles ou à moteur.

Le château *(privé)*, donjon médiéval précédé d'un corps de garde du 15ᵉ s., re‹ des œuvres de Morrison et de Lutyens. On prétend que Grace O'Malley *(p. 287)*, à son retour de Londres, s'étant vu refuser l'hospitalité par le comte Howth, enleva son fils ; elle ne le rendit que contre sa promesse de tenir ouve‹ les portes du château à sa famille aux heures des repas.

Au Sud du château et du club de golf, les **jardins** (Howth Castle Gardens) ⏱ m‹ trent en saison une véritable muraille de couleurs, formée par 2 000 rhododend‹ plantés en 1850 sur la pente d'une falaise. La terre fut apportée dans des sacs les employés du château. Le haut de la falaise offre une jolie vue sur la côte.

★★ **Château de Malahide** ⏱ – Accordée en 1177 à Richard Talbot, venu en Irla‹ avec Henri II, la terre resta aux mains des Talbot durant 791 années, à l'excep‹ d'un intermède de sept ans (1653-1660) sous Cromwell. Le château, comp‹ d'une tour du 14ᵉ s. à laquelle avaient été ajoutés une grande salle au 15ᵉ s‹ des pièces de réception au 18ᵉ s., conserve en partie son mobilier d'origine. Il d'annexe à la National Gallery *(voir Dublin)* avec une collection de portraits famille et 12 huiles du peintre irlandais Hugh Douglas Hamilton, un portrait l'architecte James Gandon, et *La Bataille de Ballynahinch* de Thomas Robins peint en 1798, année de la bataille. Les **stucs rococo** des salons sont sans doute au dublinois Robin West.

La **grande salle** du 15ᵉ s. est dominée par *La Bataille de la Boyne*, par Jan Wyck cours de laquelle, dit-on, périrent 14 membres de la famille Talbot, tous jacobi‹ qui avaient pris leur petit-déjeuner le matin même au château. Des portraits famille font face à la galerie des Ménestrels.

Les **jardins botaniques** (7,5 ha dont 1,5 ha enclos de murs) sont en grande pa‹ l'œuvre de Milo Talbot, entre 1948 et 1973.

Fry Model Railway Museum ⏱ – Dans les communs du château est installé le m‹ Fry du Chemin de fer, qui expose les modèles réduits fabriqués par Cyril Fry e‹ réseau de taille réduite en état de marche, avec des répliques de différentes ga‹

Tara's Palace ⏱ – Cette splendide maison de poupée recrée en miniature le fast‹ la grandeur de trois beaux manoirs irlandais du 18ᵉ s.

★ **Newbridge House** ⏱ – Cette résidence georgienne dessinée par George Sem‹ s'élève à la lisière Ouest de Donabate sur un vaste terrain, l'un des plus be‹ exemples de parc à l'anglaise subsistant en Irlande.

Elle fut édifiée vers 1740 pour Charles Cobbe (1686-1765), venu en Irlande 1717 comme chapelain du Lord Lieutenant, son cousin le duc de Bolton, et non‹ archevêque de Dublin en 1746 *(portrait dans le vestibule)*. La **visite guidée** du de-chaussée et du sous-sol comprend la salle à manger au plafond rococo e‹ bibliothèque, dont le plafond baroque décrit les Quatre Saisons.

Le **musée** familial, entrepris en 1790, est constitué de souvenirs et trophées portés du monde entier par de nombreux voyageurs de la famille, par exen‹ Frances Power Cobbe (morte en 1909), qui visita la Grèce et l'Égypte et gagn‹ vie comme journaliste. Le décor chinois *(restauré)* et les vitrines sont d'orig‹ Le **salon rouge**, représentatif des intérieurs georgiens, a été ajouté vers 1760 p‹ fils de l'archevêque, Thomas, et son épouse, qui recevaient beaucoup et ava‹ besoin d'une galerie pour abriter leur **collection d'art**. Il n'a guère changé depu‹ pose en 1820 de papier peint, de rideaux et de tapis. On attribue à Ric‹ Williams, un élève de Robert West, les corniches rococo. L'essentiel du mot‹ provient de compagnies de Dublin.

La **buanderie** du sous-sol et la splendide **cuisine** du 18ᵉ s. sont encore équipée‹ leur matériel d'époque.

Ferme traditionnelle – Un musée de la vie rurale entoure la vaste **cour** pavée (1790) : laiterie (19e s.), maison d'ouvriers, atelier de menuiserie, forge, écuries et la remise à voitures, qui abrite une berline à 13 places et le carrosse (1790) du Grand Chancelier (Lord Chancellor). Des enclos abritent les animaux domestiques. Le grand jardin clos a été converti en verger pendant la Seconde Guerre mondiale.

> ### L'établissement du cadastre
>
> Lors de la redistribution des terres qui suit la colonisation cromwellienne, l'établissement du cadastre, sous la direction de **Sir William Petty** *(voir Index)* dure treize mois (1655-1656). On l'appelle « Down Survey » car il dresse la liste (en anglais *to note down*) des propriétés seigneuriales et paroisses d'Irlande. On établit en plusieurs exemplaires des cartes en couleurs dressées une par une. En 1707, au cours de leur transport de Dublin à Londres, les Français s'emparent des exemplaires de Petty. Les plans des seigneuries, offerts au roi de France, sont aujourd'hui conservés à la Bibliothèque nationale ; les autres ont été vendus.

Ardgillan Castle ⊘, au Nord de **Skerries** – *Parking à l'entrée du parc et près du château.* Ce domaine de 80 ha en bord de mer fut acquis en 1737 par le révérend Robert Taylor, doyen de Clonfert, et fut jusqu'en 1962 la résidence de la famille Taylor (ou Taylour), dont l'ancêtre, Thomas, était un géomètre venu en Irlande en 1650 pour participer à l'établissement du cadastre.

La résidence georgienne d'origine fut agrandie à la fin du 18e s. : salle de billard, salon, salle à manger, petit salon et bibliothèque, abritant des souvenirs et du mobilier de la famille Taylor. Cuisines, cellier et arrière-cuisine occupent le vaste sous-sol. À l'étage, une exposition est consacrée à l'établissement du cadastre.

Au-delà des roseraies, s'étendent les jardins clos, parterres géométriques de pelouse, de fleurs ou de légumes. Un rang de 21 ifs forme écran devant la façade Ouest. La grande étendue de prés et de bois descendant vers le rivage est peuplée d'une quantité d'oiseaux et d'animaux.

Skerries Mills ⊘ – À partir d'un premier moulin au 16e s. s'est développé un complexe comprenant un moulin à eau, deux moulins à vent (à 4 et 5 ailes), des biefs, une retenue et des marais. Ce rare exemple survivant des techniques des 18e et 19e s. a été restauré et fonctionne.

Swords *(prononcer Sord)* – L'histoire de cette ville dynamique, chef-lieu du comté du Fingal, remonte au 6e s. lorsque saint Columba fonda un monastère sur le sommet d'une petite colline, à l'Ouest du centre moderne de la ville. Son emplacement est marqué par l'église anglicane, un clocher **rond** du 9e s. et une **tour normande** du 12e s. À l'extrémité Nord de la ville s'élève le **château** ⊘, résidence d'été des archevêques de Dublin ; les importants vestiges comprennent l'impressionnante double tour du Gouverneur, entièrement restaurée.

Lusk Heritage Centre ⊘ – Accolée à un clocher rond plus ancien, la tour de l'église de Lusk abrite le **Centre du patrimoine**, qui illustre l'histoire du monastère de Lusk et des églises médiévales de la région et expose le splendide tombeau (16e s.) de Sir Christopher Barnewall et de son épouse, Marion Sharl.

GALWAY★★

GAILLIMH – Galway – 57 241 habitants
Carte Michelin n° 923 E 8 ou Atlas Great Britain & Ireland p. 89

f-lieu du comté de Galway, la ville est aussi la plus importante agglomération de nde occidentale. Sa situation à l'embouchure de la Corrib au fond de la baie de vay en fait un excellent port. Établis à l'origine sur la rive Est de la rivière, les ks poursuivent leur progression au Sud-Est vers le lac Atalia. Autour d'un noyau iéval de ruelles étroites se sont édifiées une cathédrale participant activement à la spirituelle de la cité et une ville universitaire maintenant dotée d'industries ernes.

ité des tribus – Fondée à la fin du 12e s. sur la rive Est de la rivière par la famille o-normande de Burgo (appelée plus tard Burke – *voir Portumna, encadré*), Galway a de nombreux marchands gallois et normands qui l'entourèrent d'une enceinte. le contrôle de 14 familles dirigeantes dites « les tribus », un commerce actif se loppa vers le continent (importation de vins français et espagnols) et les Antilles. rospérité ne devait cependant pas survivre aux querelles religieuses de la Réforme leurs suites politiques. Le déclin fut définitif après les deux longs sièges que la eut à soutenir contre les troupes de Cromwell en 1652, puis celles de Guillaume ange en 1691.

GALWAY

Le Claddagh – Bien avant l'arrivée des Normands existait sur la rive Ouest de la Co
un village de pêcheurs, communauté de langue irlandaise qui maintenait ses traditi
et élisait son propre chef, appelé roi. Son nom provient du mot gaélique *cladach*, si
fiant rivage rocheux, ou à galets. Les femmes vendaient le jour sur Spanish Parad
poisson que les hommes pêchaient la nuit. Les pittoresques chaumières blanchies
posées au hasard furent remplacées dans les années trente par un ensemble urb
moderne et uniforme. La bague de Claddagh, qui porte pour emblème deux ma
jointes dans un cœur, est populaire dans toute l'Irlande.

Le Galway gaélique – La ville jouxte la plus grande zone irlandaise de langue g
lique, formée par les îles d'Aran, le Connemara et le pays des Joyce (Joyce Count
Au 19e s., le regain d'intérêt pour cette langue et attira de nombreux visiteurs et d
des plus anciennes universités d'été furent fondées au tournant du siècle, l'un
Spiddal, à l'Ouest, l'autre à Tormakeady, sur la rive Ouest du lac Mask.
Depuis l'avènement de la république, le caractère gaélique de la région a été renfor
l'université, fondée en 1849 sous le nom de Queen's College, devint en 1929 une
titution bilingue et un important centre d'étude de la langue et de la littéra

GALWAY PRATIQUE

Manifestations – Chaque année en juillet se déroule pendant dix jours un fes
d'art, qui suscite désormais autant d'intérêt que le traditionnel **Festival de l'h**
de fin septembre, avec entre autres le championnat des ouvreurs d'huîtres
ville est au départ de nombreuses excursions. En août, le Rassemblement
bateaux dans la baie de Kinvarra réunit des hourques amoureusement res
rées.

Théâtre – La ville est réputée pour son **Druid Theatre** ⊘ (BZ **K** – *Courthouse La*
spécialisé dans les œuvres d'avant-garde, et l'**Irish Theatre** ⊘ (An Taibhdhear
Gaillimhe – **BY F** – *Middle Street*), qui met en scène des productions irlandais
musique, chant, danse et théâtre populaire.

Excursions – Au départ de Wood Quay, des **promenades en bateau** sont propos
vers le lac Corrib. Il existe des liaisons pour les îles d'Aran, par avion depuis
rodrome d'Inverin *(32 km à l'Ouest de Galway par la R 336)*, et par bac à
tir de Wood Quay *(voir Aran Islands, au chapitre des Conditions de visite)*.

Se restaurer à Galway

Archway – *Victoria Place, Galway* – ☎ *(091) 563 693 – fax (091) 563 074.*
Petit restaurant au service diligent proposant des spécialités franco-irlanda
soigneusement preparées ; le menu offre un bon rapport qualité-prix.

Moran's Oyster Cottage – *The Weir, Kilcolgan (2 km au Nord-Ouest par la N 1*
☎ *(091) 796 113 – fax (091) 796 503.*
Chaumière (pour partie du 18e s.) donnant sur le barrage ; produits de la
frais.

Moycullen House – *Moycullen (1,6 km au Sud par Spiddle Road) – 3 cham*
Dans un lieu retiré, maison de campagne meublée d'antiquités et ento
d'agréables jardins. Le restaurant classique propose des plats maison.

The Old Schoolhouse – *Clarinbridge (2 km au Nord-Ouest par la N 18 – ☎ (0*
796 898 – fax (091) 796 117.
Maison d'école victorienne reconvertie, proposant des produits régionaux en
son ; spécialité d'huîtres.

Se loger à Galway

Norman Villa – *86 Lower Salthill, Salthill (3 km au Sud-Ouest) – ☎/fax (0*
521 131 – 5 chambres.
Sur la route principale, cette belle pension ancienne recouverte de lierre est o
d'œuvres irlandaises contemporaines.

Killeen House – *Killeen Bushypark, Galway (6,5 km au Nord-Ouest par la N 5*
☎ *(091) 524 179 – fax (091) 528 065 – 5 chambres.*
Maison campagnarde victorienne aux chambres spacieuses décorées dan
styles Régence, victorien, édouardien et Art nouveau.

Spanish Arch – *Quay Street, Galway* – ☎ *(091) 569 600 – fax (091) 569 1*
20 chambres.
Hôtel du centre dans le style boutique, possédant un bar victorien extra
naire.

Park House – *Forster Street, Eyre Square, Galway* – ☎ *(091) 564 924 – fax (*
569 219 – 57 chambres.
Cet hôtel spacieux récemment redécoré possède un parc de stationnement p

GALWAY

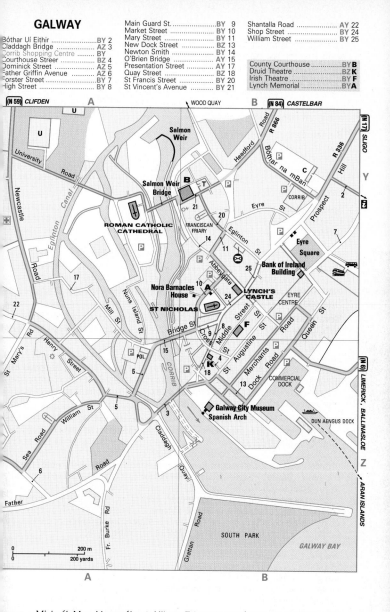

ques ; Micheál Mac Liammóir et Hilton Edwards lancèrent un théâtre subven-
é par l'État, le Taibhdhearc na Gaillimhe ; les bureaux du Service pour le
loppement du gaélique (Gaelic Development Authority) furent transférés à Na
acha en 1969 : la Gaelic Radio émet de Casla depuis 1972.

alway littéraire – Plusieurs personnalités littéraires sont associées à Galway ou
environs. Patrick O'Connor (1882-1928), auteur de nouvelles en gaélique, Nora
acle (1884-1951), qui épousa James Joyce, et Frank Harris (1856-1931) naqui-
à Galway. Violet Martin (1862-1915), qui écrivit sous le pseudonyme de Martin
en collaboration avec sa cousine Edith Somerville, habita Ross House au bord du
Corrib. En 1896, Edward Martyn, présenta William Butler Yeats à Lady Gregory,
ivait au château de Tullira. Ils fondèrent ensemble à Dublin l'Irish Literary Theatre,
au l'Abbey Theatre.

CURIOSITÉS

t Nicholas' Church (ABY) ☉ – L'église médiévale, où Christophe Colomb serait
enu se recueillir, est dédiée à saint Nicolas de Myra, patron des marins. L'**extérieur**
st orné de gargouilles et de moulures sculptées. On remarquera à l'**intérieur** un
énitier du Moyen Âge, les fonts baptismaux et les nombreuses pierres tombales.
e bras droit du transept fut agrandi de façon à incorporer le tombeau Lynch, qui
orte le cimier familial.

Le **monument Lynch** (**A**) rappelle le geste du juge James Lynch qui, au 15ᵉ s., a avoir condamné à mort son propre fils pour meurtre, exécuta lui-même la sente faute de bourreau. L'« application de la loi de Lynch » forgea le verbe lynche

★**Lynch's Castle** (**BY**) – Cet édifice du 16ᵉ s. appartint à la plus puissante 14 tribus. La façade de pierre grise arbore quelques jolies sculptures : gargou larmiers moulurés au-dessus des fenêtres, médaillons à l'effigie d'un lynx ou armes de Henri VII et cimier familial.

★**Roman Catholic Cathedral** (**AY**) – Dédiée à la Vierge de l'Assomption et à s Nicolas, la cathédrale fut édifiée en 1957 par John J. Robinson en marbre no Galway, pierre locale à laquelle on peut donner un beau poli. Dans le bras dro transept, l'autel de la chapelle Saint-Nicolas est dominé par des reliefs de p du début du 17ᵉ s. représentant la Trinité entourant la Vierge, sauvés de l'é Saint-Nicolas à l'époque cromwellienne.

Spanish Arch (**BZ**) – Ainsi nommée en souvenir de la tradition commerciale l'Espagne, l'**arche espagnole** semble avoir fait partie d'un bastion comprenant qu arches aveugles, dont l'une fut ouverte au 18ᵉ s. pour permettre le passage un nouveau quai établi près de Eyre's Long Walk. Une petite partie de l'enc médiévale est visible au Sud de l'arche, ainsi que les quais à flot de 1270.

Musée municipal (City Museum) ⊘ – Les bâtiments voisins de l'arche espagnole tent une multitude d'objets illustrant la vie quotidienne dans la région aux si passés. De la terrasse (accessible uniquement par beau temps), on a une joli sur l'embouchure de la Corrib.

Nora Barnacle's House (**BY**) ⊘ – Souvenirs, photos et lettres sont exposés cette petite maison où vécut l'épouse de James Joyce avant de partir travai Dublin, où elle fit la connaissance de son époux.

Salmon Weir Bridge (**AY**) – Le pont fut construit en 1818 pour relier l'anci prison, qui occupa de 1808 à 1939 le site de la cathédrale, au **palais de j** (County Courthouse – **B**) qui avait été bâti à l'emplacement d'une abbaye de b dictins. En amont se trouve le **barrage à saumons** qui lui a donné son nom et le vi de l'ancienne ligne ferroviaire de Galway-Clifden.

Eyre Square (**BY**) – Le cœur de la ville moderne entre la vieille ville et le entoure le petit parc John Kennedy, ainsi nommé après la visite du présiden États-Unis en 1963. On y trouve plusieurs monuments : le **porche Browne** (Br Doorway), déplacé de la maison de ce nom en 1906, des canons de la guerr Crimée offerts aux Connaught Rangers, une statue de **Patrick O'Connor** (1882-1 par Albert Power, et celle de **Liam Mellows**, qui participa au soulèvement de Pâ et fut exécuté par l'armée de l'État libre durant la guerre civile.
L'**épée et la masse**★ du conseil communal, institué en 1484 par Richard III et en 1841, sont exposées à la **Banque d'Irlande** ⊘. Réalisée en 1610, l'épée por poinçons de deux orfèvres de Galway ; la masse, lourde pièce richement déc fabriquée à Dublin, fut offerte en 1712 par Edward Eyre.

EXCURSIONS

★★**Lough Corrib** – 80 km AR ; une demi-journée.
Le **lac Corrib**, deuxième lac d'Irlande par la longueur (58 km), est parsemé connues sous le nom de drumlins (voir in Introduction : La physionomie du p qui peuvent, du fait de la variété de leurs dimensions, porter une simple touffe d'herbe ou avoir été le siège d'importants monastères, telle Inchagoll promenades ⊘ en bateau peuvent être effectuées à partir de Galway (emb dère à Wood Quay).
L'excursion ne prend en compte que la rive Sud-Ouest du lac. Pour la rive N se reporter au chapitre consacré au Connemara.

Quitter Galway au Nord-Ouest par la N 59. Parcourir 25 km et, à Killarone, pr une route à droite vers Aughnanure Castle (panneau).

★**Aughnanure Castle** ⊘, à l'Est de **Killarone** – Les ruines d'une forteresse probable construite par Walter de Burgo se dressent sur un affleurement rocheux é mais aussi partiellement défendu par la Drimneen. La **tour de guet** circulaire est ce qui reste de l'enceinte. Une grande partie de la **salle des festins** s'est écroulée le rocher, laissant le mur Est, avec ses fenêtres décorées. Les six étages du sont couronnés de mâchicoulis et de créneaux de style irlandais. Un escali spirale (73 marches) accède à la salle du dernier étage. Dans la garde-robe au même étage, un passage donne accès à une cache située au-dessus de la du troisième étage. Du sommet se déploie une belle **vue** sur le lac Corrib.

Revenir vers la N 59, que l'on emprunte à droite vers Oughterard.

Oughterard (Uachtar Ard) – Cette jolie petite ville située au bord du lac est un c touristique populaire attirant les amateurs de pêche à la ligne.

Prendre la route longeant le lac vers le Nord.

Hourque de Galway

Cette route, qui s'achève près de la pointe du lac à Curraun, procure des **vues**★★ spectaculaires s'ouvrant sur le lac et ses îles, adossés aux montagnes du pays des Joyce.

Mine de Glengowla ⊘ – *3 km à l'Ouest par la N 59.* Le public peut aujourd'hui descendre avec un guide 20 m sous terre dans cette mine d'argent et de plomb. Abandonnée en 1865, elle a conservé son boisage d'origine.

GLENDALOUGH★★★

GLEANN DÁ LOCHA – Wicklow

Carte Michelin n° 923 M 8 ou Atlas Great Britain & Ireland p. 87
Schéma : WICKLOW Mountains

Cette vallée longtemps isolée au cœur des monts Wicklow vit saint Kevin y recher‐
la solitude, puis y fonder un monastère qui devint un centre de pèlerinage fréqué
avant d'attirer la foule des touristes. La « vallée des deux lacs » est incontestablen
l'un des sites monastiques les plus évocateurs d'Irlande, à la fois pour la beauté
cadre et pour le nombre d'édifices, intacts ou ruinés, qui témoignent des débuts
christianisme en Irlande.

Histoire du monastère – Après la mort de saint Kevin vers 617, le monastère dr
un nombre croissant de pèlerins, car, disait-on, sept pèlerinages à Glendalough vala
un voyage à Rome, dont les écartaient les périlleuses conditions de voyage de l'épo‐
En dépit des attaques et des pillages dont il fut victime, tant des Vikings que
Irlandais eux-mêmes, le monastère atteignit son apogée aux 10e et 11e s. avec le rei
veau de l'influence celtique. Il connut son plus vif rayonnement sous la règle de
Laurence O'Toole (1128-1180), qui en devint l'abbé à l'âge de 25 ans, avant de r
voir le siège archiépiscopal de Dublin en 1163. Le déclin survint au 13e s. et
consommé par les destructions anglaises de 1398, puis par la Dissolution décrétée
Henri VIII. Les pèlerinages perdurèrent cependant, jusqu'à leur interdiction vers 1
en raison du comportement contestataire des participants.

Saint Kevin

Né vers le milieu du 6e s., Kevin attira tôt l'attention sur lui par ses pouvoir
miraculeux. Confié pour son éducation à trois clercs, il échappa à leur tutell
pour s'isoler dans la vallée de Glendalough. On le persuada de reprendre se
études, mais, resté sous le charme de la vallée, il y revint en compagnie d
quelques moines fonder un monastère. L'établissement prit de l'importance
mais lassé par sa notoriété, Kevin se retira pour vivre dans la solitude la plu
grande, « dans un endroit resserré entre lac et montagne », sans doute le lie
appelé Temple-na-Skellig, au-dessus du lac Supérieur. On évoque souvent l'épi
sode du merle venu pondre dans la main du saint figé en extase, les bras e
croix.

Le site – *Accès en bus au départ de Dublin via Bray et Roundwood*. Les deux lac
Glendalough n'en constituaient jadis qu'un seul, serti au fond d'une vallée dor
spectaculaires contours avaient été modelés par les glaciers descendus des m
Wicklow. La rive méridionale du lac Supérieur, abondamment boisée et larger
associée à la légende de saint Kevin, est la plus saisissante avec ses falaises plong
brutalement dans les eaux sombres du lac. Des activités minières s'y maintinrent k
temps, la forêt permettant d'alimenter les fonderies de plomb, de zinc, de cuiv
d'argent. La route des Mineurs (Miners' Road), qui court sur la rive Nord du lac jus
un village de mineurs abandonné, procure la meilleure vue sur le « lit de saint Ke
et les ruines de Temple-na-Skellig.

Glendalough

208

VISITE ⏱ 2 à 5 h

Visitor Centre – Le spacieux bâtiment moderne présente de nombreux documents, ainsi qu'une jolie maquette, établie d'après Glendalough, d'un ensemble monastique typique de l'époque médiévale. D'anciennes photos montrent l'état du site avant la restauration et les reconstructions de la fin du 19e s. Une présentation audiovisuelle évoque l'histoire monastique de l'Irlande.

L'ensemble monastique – Situées à l'Est du lac Inférieur, les ruines du second monastère constituent la partie la plus importante du complexe. Le **pavillon d'entrée** (Gateway) est le seul de ce type encore existant en Irlande. Fixée dans le mur juste au-delà de la première arche, une grande stèle de schiste micacé présente une croix gravée qui, croit-on, servait à marquer l'endroit où l'on pénétrait vraiment dans le sanctuaire.

Clocher rond – Ce bel exemple de clocher rond (30 m de haut) est l'élément le plus marquant du site. Probablement élevé au début du 10e s., il devait non seulement recevoir la cloche mais aussi servir à la fois de point de repère, de magasin, de tour de guet et de refuge. La porte d'entrée se situe à 4 m au-dessus du sol. Les murs, épais de 1 m à la base, s'amincissent progressivement. On passait de l'un à l'autre des six étages au moyen d'échelles.

Cathédrale – Jadis cœur de la vie communautaire, l'édifice aujourd'hui sans toit domine toujours le site de sa présence. Sa nef était l'une des plus grandes des premières églises irlandaises. Construite par étapes sans doute à partir de la fin du 10e s., elle se compose d'une nef et d'un chœur, avec une petite sacristie au Sud. Elle est remarquable pour ses pilastres d'angle, son porche principal et ses baies Sud. Contre le mur Nord du chœur, une pierre tombale gravée de croix et d'inscriptions irlandaises jouxte une stèle où font saillie des motifs en volutes.

St Kevin's Cross – Haute de plus de 3,50 m, cette croix celtique sans motif décoratif est la mieux conservée de toutes celles que compte le site.

St Kevin's Church – Cet oratoire primitif au toit haut dressé fait de pierres en encorbellement date en partie du 11e s. Son nom familier de « cuisine de saint Kevin » a deux origines possibles. En effet, l'inhabituel petit clocher rond qui le jouxte ressemble à une cheminée, tandis qu'à l'Est le prolonge une sacristie à peine plus grande qu'une arrière-cuisine. Cette dernière était jadis précédée d'un chœur aujourd'hui disparu, dont on devine les contours aux traces de fondations subsistantes à la ligne de jonction avec le mur de la nef. Le couvrement intérieur est constitué par une robuste voûte en berceau. Une petite pièce était logée entre cette dernière et le toit.

St Kieran's Church – Les vestiges de cette minuscule église proche de l'église St-Kevin furent découverts en 1875 juste à côté de l'église St-Kevin mais en dehors de l'enceinte monastique.

St Saviour's Priory – *À l'Est du lac Inférieur par le sentier dit Green Road.* Peut-être fondé en 1162 par saint Laurence O'Toole, le prieuré fut plus probablement construit antérieurement. Relevés en 1875, les bâtiments aujourd'hui entourés de forêts comprennent une église avec nef et chœur et un petit groupe de bâtiments domestiques au Nord. L'arc du chœur et la fenêtre Est de l'église sont très représentatifs du style roman irlandais du 12e s.

Upper Lake – *Accès à pied soit depuis le centre d'accueil (2,5 km par Green Road), soit depuis le parking propre au site (800 m).*

À l'Est du lac Supérieur s'élèvent des **croix**, qui bornaient à l'origine le site monastique. Elles servirent ensuite de stations de chemin de croix quand l'abbaye devint l'un des quatre principaux pèlerinages irlandais.

Reefert Church – Sépulture traditionnelle des rois, et peut-être même de saint Kevin, l'église dresse ses murs parmi les chênes et les noisetiers envahissant les abords du lac. Élevée à la fin du 10e ou au 11e s., l'église comprend une nef et un chœur réunis par une arche d'une belle simplicité. On remarquera les deux petites fenêtres en plein cintre du mur Sud de la nef et l'imposant portail de granit à jambage ébrasé. Le cimetière contient des stèles et deux croix, dont l'une décorée de beaux entrelacs.

St Kevin's Cell – *Accès par un sentier escarpé et parfois fangeux.* De la cabane qui servait de cellule à saint Kevin ne subsistent que les pierres des fondations, colonisées par trois chênes. Sans doute édifiée sur le modèle des cabanes en forme de ruche que l'on peut voir sur Skellig Michael *(voir p. 232)*, la porte d'entrée devait faire face à la vallée tandis qu'une fenêtre devait regarder vers le lac.

St Kevin's Bed – *Inaccessible.* Cette minuscule grotte creusée dans la falaise à 9 m au-dessus du niveau du lac était probablement une sépulture de l'âge du bronze. Supposée être l'endroit où saint Kevin venait prier et jeûner, c'était le but ultime du pèlerinage à Glendalough. Arrivés à Temple-na-Skellig par barque, les pèlerins cheminaient le long du lac, gravissaient les marches taillées dans la falaise et venaient l'un après l'autre chercher le réconfort dans le « lit d'os et de pierres d'ascète » (Richard Hills).

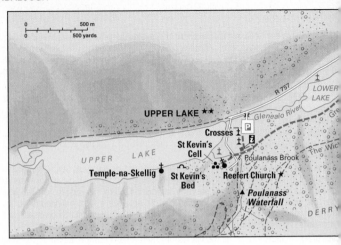

Temple-na-Skellig – *Inaccessible*. Sur la berge Sud du lac Supérieur, à 6 m au-de[s]
du niveau du lac, se trouve le premier oratoire mentionné dans la vie de saint Ke[
Cette église en ruine restaurée vers 1870, dont le nom signifie « l'église du roch[
fut reconstruite au 12e s. sur les fondations d'origine, présente une fenêtre
avec d'étroites (15 cm) lunettes en plein cintre. Un énorme linteau de granit
monte la porte principale, inachevée. C'est probablement à l'Ouest que
trouvaient les huttes du premier établissement monastique.

Poulanass Waterfall – De la maisonnette abritant le **centre d'information** ⊘ du [
national des monts Wicklow, un sentier emprunte un petit ravin où bouillonn[e
ruisseau, et parvient à une adorable cascade cachée dans la forêt parmi les ch[
et les houx.

KELLS★

CEANANNAS MÓR – Meath – 2 183 habitants
Carte Michelin n° 923 L 6 ou Atlas Great Britain & Ireland p. 92

Attrayante ville de marché dans la vallée de la Blackwater, Kells doit son renom à [
ancienne abbaye. Le palais de justice et l'église catholique sont au nombre des œu[
laissées par Francis Johnston.

Le Livre de Kells – Ce célèbre évangéliaire enluminé, dérobé en 1007 puis retr[
deux mois après sans ses ornements en or, aujourd'hui conservé à la bibliothèqu[
Trinity College de Dublin, fut réalisé au 8e s. par les moines de Kells. L'abbaye, fo[
au 6e s. par saint Columba *(voir Donegal Glens, encadré)*, accueillit en 807 les mo[
fuyant les attaques vikings contre Iona. En 877, les reliques de saint Columba y fu[
également transférées. Au 10e s., le monastère subit à son tour les assauts des Vik[
puis, au 11e s., ceux des Irlandais, avant d'être incendié en 1111 et 1156. Le syn[
qui s'y déroula en 1152 lui conféra le statut de siège d'un diocèse, mais il fut p[
suite réduit au rang de simple paroisse.

CURIOSITÉS

★★**Clocher rond et croix** – *Market Street*. Différents vestiges du monastère su[
tent dans le cimetière de l'**église anglicane St-Columba** ⊘.
   Le **clocher rond**, élevé avant 1076, a perdu son cône terminal, et les têtes sculp[
du portail sont sérieusement érodées.
   À proximité se dresse la **croix Sud**, probablement érigée au 9e s., qui représ[
Daniel dans la fosse aux lions, les trois jeunes gens dans la fournaise, Caïn et [
Adam et Ève *(face Sud)*, le sacrifice d'Abraham *(bras gauche)*, saint Paul, [
Antoine dans le désert *(bras droit)*, David et sa harpe, la multiplication des p[
et des poissons *(sommet)*, la Crucifixion, le Jugement du Christ *(côté Ou[
Feuillage, oiseaux et animaux entrelacés occupent les interstices des différe[
scènes. Sur la souche toute proche d'une croix figurent des scènes de la Bib[
une décoration géométrique. Au Sud de l'église, une croix inachevée présent[
panneaux nus et, sur une face, la Crucifixion. Au Nord de l'église, des pierres [
bales sont enchâssées à la base d'un clocher médiéval.
   Des précisions à propos du monastère, des croix, de la crosse de Kells *(au B[
Museum à Londres)* et du *Livre de Kells* sont fournies dans la galerie de l'é[

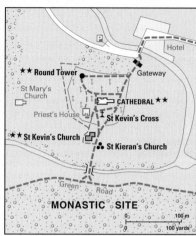

St Columba's House – *Clés disponibles dans la maison par laquelle accèdent les véhicules, dans la ruelle à côté de l'entrée Est du cimetière.* Un peu plus haut dans la ruelle s'élève un ancien oratoire de pierre au toit à encorbellement, datant probablement du 11ᵉ ou 12ᵉ s. On peut discerner l'entrée d'origine dans le mur Ouest ; le plancher intermédiaire a disparu. Entre la voûte du plafond et le toit fortement incliné se trouve une minuscule pièce *(accès par une échelle).*

EXCURSIONS

Tombes à couloir de Loughcrew *60 km AR*

Quitter Kells par la R 163 à l'Ouest, parcourir 5 km jusqu'à un carrefour où l'on tourne à droite. Se garer en bordure de route, traverser une cour de ferme, puis un champ et franchir une barrière.

Croix de Castlekeeran – Aux angles du cimetière, trois croix primitives sans ornementation, antérieures aux croix scripturaires de Kells, et une pierre oghamique *(voir La tradition celte)*, près de l'if, marquent le site d'un monastère qui se développa autour de l'ermitage de saint Kieran, un moine venu de Kells.

Au carrefour proche du site, prendre la route secondaire en direction de Crossakeel. On rejoint la R 163 que l'on prend à droite vers Ballinlough. Passé le village, prendre à droite la R 154. Parcourir 5 km et tourner à gauche dans la L 3. Au bout de 4,5 km, tourner à gauche ; faire 800 m et tourner à nouveau à gauche dans une route étroite et rocailleuse. Parc de stationnement.

Loughcrew Passage Graves ⊘ – Le cimetière occupe deux sommets voisins des Slieve na Calliagh, les Cairnbane East et West, séparés par la route. Il comprend au moins 30 tombes, dont certaines ont été fouillées. Elles datent pour la plupart de 2500 à 2000 avant J.-C., bien que les fouilles effectuées en 1943 sur Cairnbane West ait mis au jour des objets dont la décoration rappelle celle de la Tène (âge du fer – 450 avant J.-C.). Le **cairn T**, la plus grande tombe (37 m de diamètre) de Cairnbane East, est décoré de cercles concentriques, de lignes en zigzag et de motifs floraux.

St Kilian's Heritage Centre ⊘, à **Mullagh** – *13 km au Nord par la R 164.* Le Centre du patrimoine est consacré à la vie de saint Kilian (640-689), l'« apôtre des Francs », qui devint le saint patron de Würzburg et de la Franconie. Au Nord de la localité, une église en ruine connue sous le nom d'église de Kilian *(Teampall Ceallaigh)* avoisine une fontaine sacrée où l'on vient encore prier, bien que toute cérémonie officielle en l'honneur du saint ait pris fin au 19ᵉ s.

Saint Kilian

Né à Mullagh, Kilian reçut l'enseignement des moines de Rosscarbery, dans le comté de Cork *(voir Kinsale)*. Pèlerin du Christ, il partit évangéliser la Franconie et s'installa à Würzburg. La tradition veut que, ayant désapprouvé le mariage du chef local, Gozbert – qu'il avait converti –, avec la veuve de son frère, celle-ci le fit décapiter. En 782, ses restes furent transférés dans une église ronde située sur le Marienberg, mais ils revinrent à Mullagh en 1991.

KENMARE★

NEIDIN – Kerry – 13 666 habitants
Carte Michelin n° 923 D 12 ou Atlas Great Britain & Ireland p. 76

Cette petite ville de marché est installée dans un cirque de montagnes à l'endroit
la Roughty s'élargit pour devenir la rivière de Kenmare. Centre de tourisme très f
quenté, elle offre à ses visiteurs de tous pays un grand choix d'hôtels, restaurants
boutiques élégantes (joaillerie, textile, épicerie fine, librairies).

L'agréable site fut choisi par **Sir William Petty** (1623-1687), qui conjuguait de nombre
talents, et qui, venu en Irlande comme médecin général de l'armée de Cromwell
organisa le cadastre. En 1775, le 1ᵉʳ marquis de Lansdowne traça les deux rues pr
cipales et installa un marché à leur carrefour.

Heritage Centre ⊙ – *Main Street.* Le Centre du patrimoine rappelle l'histoire
la cité, baptisée Nedeen *(Neidin)* à l'origine, et de ses édifices, celle de la nor
de Kenmare, et les souffrances endurées lors de la Grande Famine. On y voit
exemples de dentelle ancienne de Kenmare ; au **Centre de la dentelle et du motif** (L
and Design Centre) ⊙ on voit fabriquer la dentelle, et on peut acheter les modè
réalisés par une coopérative locale suivant les dessins créés par des religieus

Cercle de pierres – *Market Street.* En périphérie de la ville, on peut voir un cer
de pierres préhistorique formé de 15 menhirs entourant un dolmen.

Chutes de la Sheen – *Emprunter la N 71 vers le Sud, traverser la Kenmare
prendre à gauche (panneau).* La Sheen tourbillonne et cascade sur les rochers av
de rejoindre la rivière de Kenmare.

★ANNEAU DE BEARA *Boucle de 137 km – une journée*

La boucle de Beara permet de découvrir les beautés naturelles de la côte qui s
les monts Caha et Slieve Miskish. L'extraction du cuivre a attiré ici à partir de 18
de nombreux mineurs de Cornouailles, et a enrichi la région jusqu'en 18
Exploitées de façon intermittente jusqu'en 1962, les mines ne laissent aujourd'
que des sites désaffectés.

Au départ de Kenmare, suivre la N 71 vers le Sud en passant le col de Caha.

Se restaurer à Kenmare

The Square Pint – *The Square* – ☎ *(064) 42357 – fax (064) 42358.*
Pub apprécié et animé accueillant souvent des groupes de musique irlandai
bières et restauration de pub.

An Leath Phincrin – *35 Main Street* – ☎ *(064) 41559.*
Petit restaurant sans prétention servant une cuisine italienne rustique ; bon r
port qualité-prix.

Packies – *Henry Street* – ☎ *(064) 41508.*
Le plus connu des restaurants de Kenmare, rustique et accueillant, propose
bonne cuisine irlandaise fraîchement préparée.

The Lime Tree – *Shelburne Street* – ☎ *(064) 41225 – fax (064) 41839.*
Dans une ancienne école, on sert une cuisine irlandaise contempora
Nombreuse clientèle, mais un bon rapport qualité-prix.

Se loger à Kenmare

Ceann Mara – *1,5 km vers l'Est sur la R 569, route de Cork* – ☎ *(C
41220 – 4 chambres.*
Plaisante petite pension dans un site paisible, avec un agréable jardin et de be
vues.

Mylestoone House – *Killowen Road (400 m vers l'Est sur la R 569, route
Cork)* – ☎ *(064) 41753 – 5 chambres.*
Maison moderne offrant un confort simple et chaleureux.

Sallyport House – *400 m vers le Sud par la M 71* – ☎ *(C
42066 – fax (064) 42067 – 5 chambres.*
Maison moderne joliment meublée à l'ancienne ; chambres et salons spacieu
confortables, vues agréables.

The Lodge – *Killowen Road* – ☎ *(064) 41512 – 11 chambres.*
Spacieuse maison moderne offrant de grandes chambres bien aménagées.

Shelburne Lodge – *800 m vers l'Est sur la R 569, route de Cor
☎ *(064) 41013 – fax (064) 42135 – 7 chambres.*
Séduisante maison campagnarde proposant des chambres décorées avec
touche personnelle et meublées confortablement.

Caha Pass – Autour de 1839, on a entamé le percement à l'explosif des tunnels qui traversent les monts Caha entre Kenmare et Glengarriff. Au Sud du col de Cara s'ouvre une belle vue de Glengarriff et la baie de Bantry.

Glengarriff/An Gleann Garbh – La ville n'est pratiquement constituée que de sa rue principale, avec ses magasins, ses pubs, ses hôtels et ses pensions. C'est un centre touristique depuis

---

La dentelle de Kenmare

Elle est faite uniquement à l'aiguille, selon une technique importée d'Italie au 17ᵉ s. et qui est la plus difficile à exécuter, car elle n'utilise aucun support préalablement tissé. Le motif est dessiné sur du parchemin ou du calicot, et les contours sont soulignés de fils que l'on éliminera avec le support. Cette dentelle se caractérise par ses bords passementés et sa fabrication au fil de lin en lieu et place de fil de coton. Les points en relief sont réalisés en cousant des points de boutonnière sur des cordons ou du crin de cheval.

---

le milieu du 19ᵉ s. Dès 1830, les visiteurs de cette région publient leurs impressions sur la flore exotique qui fleurit sous les cieux cléments du Sud-Ouest du comté de Cork. La reine Victoria séjourna à l'**hôtel Eccles**, établi dans un relais de poste construit en 1833, dont la façade d'origine et quelques aménagements intérieurs ont été préservés. George Bernard Shaw écrivit une partie de sa pièce *Sainte Jeanne (St Joan)* dans la salle à manger (l'autre partie sur Garinish Island).

D'agréables promenades longent la rive boisée du Blue Pool (poll gorm – étang Bleu), dans l'angle Nord-Ouest de l'anse. C'est du sommet de Shrone Hill (280 m) que l'on a les meilleures vues sur la ville.

Ilnacullin – Cette île de 15 ha, connue aussi sous le nom de Garinish Island et située dans l'anse de Glengarriff, fut au début du 19ᵉ s. minutieusement aménagée en jardin italien, avec des pavillons classiques et une infinie variété d'espèces végétales exotiques, qui y fleurissent toute l'année en raison de la douceur du climat et de la protection naturelle dont bénéficie l'île. Un sentier mène au point culminant (41 m), occupé par une **tour Martello** *(voir p. 81)*.

Bambouseraie ☉ – Le climat doux convient parfaitement au bambou d'Orient : une forêt exotique est en création, avec 30 essences différentes de cette plante et 2 sortes de palmiers. Les feuilles effilées vert tendre des bambous tranchent sur les teintes plus sombres des myrtes et des hortensias. On peut se balader dans le jardin ancien, admirer la flore exotique du nouveau ou se baigner à la South Beach. De la tour et du front de mer orné de 13 piliers de pierre, on a de belles vues de l'anse de Glengarriff.

LA CÔTE ET LA ROUTE DE MONTAGNE *137 km – une journée*

De Glengarriff (voir Bantry Bay), emprunter la R 572 vers l'Ouest puis, à Adrigole, prendre à droite vers le col Healy.

Healy Pass – *La route est particulièrement pentue près du lac Glanmore. Ouverte en 1931, la route monte en zigzag serrés sur 11 km jusqu'au col, offrant par temps clair des* **vues**★★ *impressionnantes.*

Au carrefour, tourner à gauche vers les jardins de Derreen (panneau).

Le **col Healy** doit son nom à **Tim Healy**, né à Bantry en 1855. Député nationaliste au parlement britannique de 1880 à 1916 puis en 1922, il fut le premier gouverneur général de l'État libre irlandais. Fêtant son départ en retraite comme premier magistrat à l'Anchor Bar de Bantry, il fut invité à choisir un cadeau : il demanda qu'on améliore le col muletier entre Adrigole et Lauragh.

Derreen Gardens ☉, à **Lauragh** – Plantés voici cent ans par le 5ᵉ Lord Lansdowne sur les bords de l'anse de Kilmakilloge, sur la rive Sud de la rivière de Kenmare, les **jardins** contiennent nombre d'azalées et de rhododendrons, et un impressionnant bosquet de fougères arborescentes de Nouvelle-Zélande.

Emprunter la R 571 vers l'Ouest sur 13 km, jusqu'au carrefour de Ballycrovane.

Ballycrovane Ogham Pillar Stone – *Contribution pour visiter.* Dans un champ s'élève la plus grande **pierre oghamique** d'Irlande (5 m) *(voir Introduction : La tradition celtique)*. L'inscription oghamique MAQI DECCEDDAS AVI TURANIAS (du fils de Deich descendant de Torainn) n'est probablement pas d'origine.

Poursuivre vers Eyeries.

Eyeries – Ce minuscule village, patrie du Milleens *(voir Introduction : La table)*, avec ses quatre pubs, sa paire de boutiques et ses cottages épars, semble être un décor de cinéma. Plage à 1,5 km à l'Ouest.

Les affleurements d'Allihies

Suivre la R 575 à l'Ouest le long de la côte jusqu'à Allihies.

Allihies – Au 19ᵉ s., ce village dispersé connut une grande prospérité grâce à **mines de cuivre★**, dont subsistent d'importants vestiges. Bâtiments des machine déblais surmontent des puits de mines désaffectés, invisibles aujourd'hui et gereux.

Plage de Ballydonegan – *1,5 km au Sud.* Cette magnifique plage est consti des déblais concassés extraits de la mine.

Continuer sur la R 575 sur 4 km, puis prendre à droite la R 52.

Garnish Bay – On peut à marée basse gagner à pied le hameau (six maison un bureau de poste) établi sur **Garnish Island**, belvédère offrant des **vues★** s péninsule d'Iveragh et les îles Skellig.

Poursuivre vers l'Ouest jusqu'à l'île Dursey.

Dursey Island – *Accès par téléphérique ⊙. Équipement touristique limité.* C petite île ne possède qu'un seul village, Kilmichael, et une seule route. De la po occidentale, on peut voir l'ancien et le nouveau phare de Bull Rock.

Revenir vers l'Est et, après 2,5 km, tourner à droite vers Crow Head.

Crow Head – De cette pointe exposée aux vents, on a une belle vue de la po Mizen au Sud aux îles Skellig au Nord. Le 23 juillet 1943, un Junkers d Luftwaffe s'y écrasa dans le brouillard, avec ses quatre occupants *(plaque).*

Poursuivre sur 9,5 km à l'Est sur la R 572 et tourner à gauche.

Slieve Miskish Mountains – *Au bout de 3 km, la route se transforme en que l'on ne peut gravir qu'à pied.* L'ascension n'offre d'intérêt que pour les sp dides **vues★** ; du sommet, on voit la totalité de la baie de Bantry.

Revenir sur la R 572 et continuer à l'Est ; au bout de 1,5 km, un panneau si à droite le château de Dunboy.

Dunboy Castle – Dans les bois de Dunboy *(promenades et aires de pique-ni* se trouvent les ruines du château d'O'Sullivan Bere, détruit lors d'un siège en 1 et l'imposante structure du château de Dunboy, mi-château français, mi-villa lienne, qui fut incendié en 1921 pendant la guerre d'Indépendance. Il avait construit au 19ᵉ s. avec le produit des mines de cuivre de Beara par les Pu propriétaires locaux dont l'histoire inspira à Daphne Du Maurier le roman *Hu Hill (La Colline de la faim).*

Poursuivre vers Castletownbere à l'Est.

Castletownbere – La localité se développa au 19ᵉ s. avec la découverte des ri gisements de cuivre d'Allihies. Particulièrement touchée lors de la Grande Fa de 1845-1849, elle devint plus tard un important port de pêche ; le traitemen poisson est encore son activité essentielle.

Bere Island – *Accès par bac ⊙. Pas d'équipement touristique.* Habitée par douzaine de familles, l'île, autrefois base de la Marine royale britannique, e siège d'une école de voile.

Revenir à Glengarriff par la R 572 vers l'Est.

KILDARE★

CILL DARA – Kildare – 4 278 habitants

Carte Michelin n° 923 L 8 ou Atlas Great Britain & Ireland p. 86

petite ville qui donne son nom au comté et sa cathédrale se sont développées autour
ne communauté religieuse fondée au 5ᵉ s. par sainte Brigide et saint Conleth, l'une
 rares de l'époque celtique destinée aux femmes.

Cathédrale ⊘ – L'édifice actuel, construit à la fin du 19ᵉ s., incorpore une partie
du bâtiment du 13ᵉ s. De
vieux monuments funé-
raires, des fonts baptismaux
médiévaux en pierre et les
vitraux en rehaussent l'intérieur, où la pierre lisse est
restée à nu.
Près de la cathédrale, du
haut des 30 m d'un clocher
rond intensément restauré,
un vaste **panorama** s'étend
sur le Curragh et les comtés
environnants. Face à la cathédrale, une petite route
conduit au **tombeau** et à la
fontaine de sainte Brigide.

KILDARE PRATIQUE

Courses de chevaux ⊘ – Le champs de
courses de Curragh accueille les cinq
grandes courses irlandaises, dont le Bud-
weiser Irish Derby, et 14 autres événements.

Promenades sur le canal – En été, des excursions en péniche partent du **Old Canal Hotel** à Robertstown. On loue des bateaux de
croisière à la **marina de Lowtown** *(voir ci-dessous)*.

ENVIRONS

Irish National Stud ⊘ – *Tully : 1,5 km au Sud-Est (panneaux directionnels)*. Lord
Wavertree, riche brasseur écossais, entreprit d'élever des chevaux à Tully en 1900.
En 1915, il fit don à la Couronne du haras, qui devint **haras national** britannique
avant d'être remis au gouvernement irlandais en 1943. Les écuries des étalons,
avec leurs toits à lanternes, furent construites dans les années soixante. La cour
dite du Char du Soleil (Sun Chariot yard), achevée en 1975, regroupe les stalles
où logent les juments au moment des saillies et, de juillet à octobre, les yearlings.
Poulinières et poulains sont visibles dans leurs enclos le long de l'allée de Tully
(Tully Walk – 3 km).
Le haras accueille le **musée irlandais du Cheval** (Irish Horse Museum), dont la pièce
maîtresse est le squelette de Arkle, pur-sang qui remporta un nombre exceptionnel
de victoires et dont la carrière s'interrompit le 27 décembre 1966 sur une chute
à Kempton Park, en Angleterre. Les objets exposés, parmi lesquels figurent un
crâne de cheval du 13ᵉ s. trouvé à Dublin, à Christchurch Place, et un harnais
confectionné dans cette même ville vers les 13ᵉ-15ᵉ s., illustrent l'histoire du cheval,
des courses et du steeple-chase *(voir encadré p. 251)*.
Le domaine comprend également un vaste lac conçu par Eida *(voir à la suite
Japanese Gardens)* et les ruines de **Black Abbey**, ancienne commanderie de Templiers
fondée en 1169, qu'un souterrain, dit-on, relierait à la cathédrale de Kildare. Quand

Le Grand Canal à Robertstown

Slide File, Dublin

l'abbaye fut supprimée au milieu du 16ᵉ s., elle passa aux mains de la fam
Sarsfield, et c'est là que naquit vers 1650 Patrick Sarsfield, chef des Irlandais l
du siège de Limerick *(voir ce nom)*.

★★ **Japanese Gardens** ⊘ – Entre 1906 et 1910, Lord Wavertree fit tracer des jarc
par le Japonais Eida, secondé par son fils Minoru. Le jardin principal raconte «
vicissitudes de la vie humaine », depuis la **porte de l'Oubli** (Gate of Oblivion) et
grotte de la Naissance (Cave of Birth) à la **colline de l'Ambition** (Hill of Ambition) et à
fontaine de la Sagesse (Well of Wisdom) en passant par les ponts des Fiançailles et
Mariage (Bridges of Engagement and Marriage). La sortie s'effectuait par le **po**
vers l'Éternité (Gateway to Eternity), qui ouvre depuis 1974 sur le **jardin de l'Éterr**
Le **jardin de la Méditation zen** (1976) n'est pas conçu pour suggérer une réflex
précise, mais incite les visiteurs à suivre leur inspiration.

EXCURSIONS

Le Grand Canal et le Curragh *75 km ; une demi-journée*

Quitter Kildare par la R 401 au Nord.

Avant d'atteindre Rathangan, la route franchit la branche Sud du Grand Canal,
unit le réseau de la Barrow et Waterford au canal principal.

Dans Rathangan, prendre à droite la R 414 en direction de Lullymore.

Lullymore – Le village est le siège d'un écomusée consacré aux tourbières, l
flore et leur faune, **Peatland World** ⊘, installé dans les écuries d'un ancien domai
On y explique les procédés d'extraction de la tourbe, différents selon l'usage auq
on la destine, et on y expose également des objets et des produits qui en s
dérivés, aussi divers que du tissu ou des produits de toilette.

*Poursuivre vers l'Est par la R 414, franchir le Grand Canal proprement dit, p
tourner à droite vers Robertstown.*

Robertstown/Inis Robartaig – *16 km au Nord par la R 415.* Le village
constitué de maisons alignées face au Grand Canal, creusé en 1785. Près du Bi
Bridge, un ancien hôtel bâti en 1803 pour accueillir les passagers des *flyboats* (
Index), le **Old Canal Hotel** ⊘, abrite une exposition et sert de point de départ p
des **promenades** ⊘ sur des péniches.

*Poursuivre vers le Sud-Ouest pour rejoindre à Kilmeage la R 415, que
emprunte vers Kildare.*

À 2,5 km de Kilmeage, la **colline d'Allen** (Hill of Allen – 206 m) est coiffée d'
tour du 19ᵉ s. du haut de laquelle s'étale une large **vue** sur les marais d'Allen.

Revenir vers Allen et prendre la première route à droite vers Naas.

Au Sud de **Naas**, chef-lieu du comté de Kildare, à la limite Nord du champ de cour
(5 km par la R 411, au bord de la route dite Woolpack Road), s'élève un gra
dolmen haut de 6 m datant du début de l'âge du bronze, connu sous le nom
Punchestown Standing Stone.

Course de plat dans le Curragh

Faire demi-tour, traverser la R 411 et rejoindre la R 448 que l'on prend à gauche.

Kilcullen – Un pub décoré à la manière d'une hutte tropicale, le **Hide Out Bar**, conserve le bras droit desséché du boxeur Dan Donnelly (1786-1820), vainqueur d'un spectaculaire combat qui eut lieu dans un pré du Curragh le 13 décembre 1815. On y voit encore, chose moins étrange, de vieilles cartes topographiques, des têtes de cerfs, des fusils et des couteaux de chasse.

Prendre la R 412 vers Kildare à l'Ouest.

L'itinéraire du retour traverse le **Curragh**, vaste plaine couverte d'un petit gazon moelleux parsemé d'ajoncs jaunes, dont le nom dérive de l'irlandais *cuirrech* qui signifie « course de chevaux ». C'est en effet, depuis l'époque préchrétienne, le royaume de l'élevage et des courses de pur-sang. La première course à prix eut lieu en 1640 et fut dotée par les administrateurs du duc de Leinster. Au milieu du 19e s., les courses du Curragh comprenaient jusqu'à 25 épreuves, depuis la petite course pour yearlings sur 400 m à la plus longue sur 6 000 m.

C'est également un terrain idéal pour les manœuvres militaires, et les casernes de Curragh Camp, édifiées en 1855 pour l'entraînement des soldats en partance pour la guerre de Crimée, sont aujourd'hui occupées par l'armée irlandaise.

KILKENNY★★

CILL CHAINNIGH – Kilkenny – 8 507 habitants
Carte Michelin n° 923 K 10 ou Atlas Great Britain & Ireland p. 80

ablie sur les berges de la Nore, Kilkenny, chef-lieu du comté, est la plus éminente
é médiévale d'Irlande. Le château et la cathédrale dominent de part et d'autre le
ntre-ville, dont les étroites venelles ont gardé leur tracé médiéval (visite pédestre
ganisée par l'Office de tourisme ⊙).

n héritage historique, soigneusement préservé avec ses édifices anciens admirable-
ent restaurés, s'assortit d'une forte tradition artistique. Jonathan Swift *(voir Index)*
t le plus célèbre des anciens élèves du Kilkenny College, pensionnat fondé en 1666
r le 1er duc d'Ormond.

pitale du royaume d'Ossory – La ville doit son nom à saint Canice, qui y fonda
e église au 6e s. Mais dès le 2e s., elle était la capitale du royaume gaélique d'Ossory
le demeura jusqu'au 12e s. sous le sceptre de la famille MacGiolla Phadruig, qui
ta constamment pour conquérir le royaume du Leinster.

s statuts de Kilkenny – Après la conquête anglo-normande du 12e s., Kilkenny
vint vite une place stratégique et politique importante, où siégèrent fréquemment
parlements anglo-irlandais. Malgré les fréquents motifs de querelle entre envahis-
urs et clans locaux, la cohabitation évolua, en particulier sous l'influence de la famille
édominante des Butler, vers une gaélisation des familles anglo-normandes. C'est
urquoi en 1366 le Parlement réuni à Kilkenny adopta les **statuts** qui leur interdi-
ent toute assimilation aux Irlandais. Mais le processus était déjà si avancé que les
uvelles lois demeurèrent pratiquement sans effet.

confédération de Kilkenny – La ville connut sa période la plus brillante entre 1642
1648, quand les chefs irlandais et les Anglo-Irlandais catholiques expulsés du parent de Dublin se réunirent à Kilkenny au sein du Conseil suprême d'une
nfédération, qui fonctionna à la manière d'un parlement irlandais indépendant. Mais
s membres se divisèrent : les Anglo-Irlandais rallièrent le vice-roi anglais ; les « Vieux
landais » firent appel au soutien militaire du pape Innocent X. Conduits par Owen
e O'Neill, ils ne purent éviter la défaite, et leur armée, assiégée dans Kilkenny en
50 par Cromwell, fut autorisée à quitter la ville.

e tradition nationaliste – La cité devait par la suite jouer un rôle prépondérant
sein du mouvement indépendantiste, rôle plus marqué encore au début du 20e s.
and un membre du Sinn Féin, **William T. Cosgrave**, premier président du Conseil exé-
tif de l'État libre irlandais, la représenta à Westminster, puis au parlement irlandais.

LE CHÂTEAU ET SON PARC ⊙ (Z)

Construit par **William de Clare**, le comte maréchal, entre 1192 et 1207 sur le site le plus
imposant des berges de la Nore, il fut ensuite acquis par les **Butler**, comtes puis ducs
d'Ormond, qui l'habitèrent de la fin du 14e s. à 1935. Entièrement modernisé au 19e s.,
il était néanmoins en piteux état quand il fut cédé à la ville en 1967.

Intérieur – Du vestibule, dallé en marbre de Kilkenny et décoré de tableaux, on
monte par l'escalier d'acajou installé en 1838 à la bibliothèque et au salon, restaurés dans leur aspect victorien avec une partie du mobilier d'origine. La salle à
manger est meublée dans le style du 18e s.

KILKENNY PRATIQUE

Découverte à pied – La visite guidée de la ville médiévale part de l'Office tourisme.

Festival – Le **Kilkenny Arts Festival** (fin août), une des manifestations artisitiqu les plus importantes d'Irlande, associe concerts de musique classique et un gra éventail d'autres expressions artistiques.

Artisanat – Le **Kilkenny Design Centre** ⊘ *(Castle Stables)*, logé dans les écuri monumentales (18e s.) du château, est un grand centre de souvenirs haut gamme qui abrite les échoppes de plusieurs artisans. Il a été créé dans les anné soixante pour mettre en avant la création en matière de céramique, textile mobilier et bijoux.
Un certain nombre d'échoppes se regroupent à **Bennetsbridge** *(11 km au Sud* dont **Nicholas Mosse**, dans d'anciens moulins, qui propose tout un choix d'article notamment la poterie réalisée sur place.
On peut voir souffler le verre et acheter des objets en cristal au **Jerpoint Gl Studio** *(au Sud de Stoneyford, sur la route de Thomastown).*

Sports – Sur le **Mount Juliet** ⊘ (567 ha), un splendide domaine offre de no breux équipements sportifs, y compris un parcours de golf conçu par Ja Nicklaus. Le manoir (vers 1780), aujourd'hui un hôtel de luxe, est réservé a résidents.

Se restaurer ou prendre un verre à Kilkenny

Kyteler's Inn (Y) – Le bâtiment à colombages où Dame Alice Kyteler serait née 1280 est une auberge depuis 1324.

Tynan's Bridge House Bar (Y) – L'intérieur de ce pub à la façade résolument vict rienne montre un comptoir en marbre et un plafond bas en bois peint en roug

Se loger à Kilkenny

Shillogher House – *Callan Road (1,5 km au Sud-Ouest par la N 76)* – ☎ *(05 63249 – fax (056) 64865 – 6 chambres.*
Pension irlandaise typique, confortable et au bon rapport qualité-prix.

Blanchville House – *Dundell, Maddoxtown* – ☎ *(056) 27197 – fax (056) 276 – 6 chambres.*
Pension dans une maison georgienne, en pleine campagne, à prix raisonnab

Berryhill – *Inistioge (24 km au Sud par la R 700)* – ☎/*fax (056) 584 – 3 chambres.*
Maison de ferme (en activité) recouverte de lierre, aux abords du village chambres de bon confort personnalisées.

Langton's House – *69 St John Street* – ☎ *(056) 65133 – fax (056) 636 – 26 chambres.*
Hôtel du centre. Décoration remarquable, vastes espaces de bar et de restau tion, chambres confortables.

Kilgraney Country House – *Bagenalstown (6,5 km au Sud de Bagenalstown par R 705, route de Borris)* – ☎ *(0503) 75283 – fax (0503) 75595 – 6 chambr* Dans une région rurale, cette maison georgienne meublée d'objets et de mo lier d'Extrême-Orient offre des chambres très personnalisées.

Hunters Yard at Mount Juliet – *Thomastown* – ☎ *(056) 73000 – 25 chambres.* Des écuries du 18e s. reconverties abritent un petit hôtel à l'équipement rem quable.

La grande galerie, ornée de portraits des 17e, 18e et 19e s. et de quatre tapis ries (1660) dessinées par Rubens, fut conçue au 19e s. par John Pollen, qui y en place deux cheminées en marbre de Carrare ; le plafond en bois norvégien décoré dans le style préraphaélite de motifs celtiques. On remarquera dans chambres la tapisserie de soie chinoise peinte à la main et un lit d'acajou au mate en crin de cheval.
Au 19e s., les 93 serviteurs circulaient entre le château et les communs par un s terrain percé sous la route.

Butler Gallery – *Au sous-sol.* Ces salles abritent une collection d'art irlandais 19e et 20e s. et des expositions temporaires d'art contemporain.

Parc – Ses 20 ha sont sillonnés de plusieurs promenades.

Château de Kilkenny

★ST CANICE'S CATHEDRAL ⊘ (Y)

Elle s'élève sur une petite colline qui pourrait avoir été le site de l'église fondée par saint Canice ; la meilleure approche s'effectue par l'escalier de St-Canice (St Canice's Steps), aménagé au Sud-Est au début du 17ᵉ s.
Édifiée au 13ᵉ s. dans le style gothique Early English, elle a été restaurée à diverses reprises : après avoir été endommagée en 1650 par Cromwell, qui détruisit le toit et utilisa la nef pour écurie ; encore au milieu du 18ᵉ s., au 19ᵉ s. ; enfin entre 1959 et 1961, où l'on procéda à la rénovation de la toiture et de l'orgue.

Intérieur – C'est de l'extrémité Ouest de la nef que l'on juge le mieux de l'intérêt architectural de cette cathédrale, la deuxième d'Irlande par sa longueur. Elle contient plusieurs beaux tombeaux, dont le plus connu est celui *(bras droit du tran-sept)* de Piers Butler, comte d'Ormond et d'Ossory, mort en 1539, et de sa femme, Margaret Fitzgerald, dont le gisant est paré d'une ceinture finement brodée et de bijoux.
Le tombeau le plus ancien *(bras gauche du transept)* date du 13ᵉ s. et présente encore une partie de sa décoration en dents de scie. La plaque la plus vieille *(bas-côté gauche)*, trouvée sous High Street en 1894, commémore en ancien normand **Jose Kyteler**, que l'on suppose être le père de dame Alice Kyteler, condamnée pour sorcellerie en 1323.

Abords de la cathédrale – Au Sud subsiste un **clocher rond** construit entre 700 et 1000, haut de 30 m. Du sommet, le panorama embrasse la ville et la campagne. Au Nord-Ouest, la **bibliothèque** (St Canice's Library) renferme 3 000 volumes datant des 16ᵉ et 17ᵉ s.

CENTRE-VILLE

Shee Alms House ⊘ (Z) – Cet ancien hospice du 16ᵉ s. abrite l'Office de tourisme.

★**Black Abbey** ⊘ (Y) – L'église, l'une des rares **églises médiévales** d'Irlande où l'on célèbre encore le culte, fut fondée peu après 1226 pour les dominicains. Le bras droit du transept est orné de jolies baies à remplage du début du 14ᵉ s., dont la plus remarquable est le vitrail du Rosaire à 5 travées. Bien que datée de 1264, la Très-Sainte-Trinité d'albâtre placée près de l'autel a été plus probablement sculptée vers 1400. On peut voir dans le cimetière 10 sarcophages de pierre des 13ᵉ et 14ᵉ s.
Près de l'abbaye se dresse la **porte des Frères noirs** (Black Freren Gate).

★**Rothe House** ⊘ (Y) – La seule maison de ville qui subsiste en Irlande de la période Renaissance fut construite en 1594 pour le marchand John Rothe. Elle servit de lieu de réunion aux chefs politiques et religieux de la confédération de Kilkenny.

KILKENNY

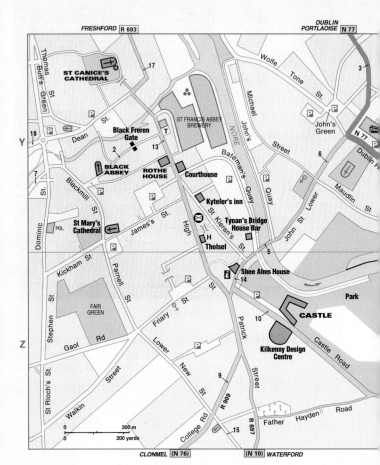

Elle accueille aujourd'hui le musée local, qui présente entre autres curiosités d
lettres qu'écrivit Daniel O'Connell *(voir Index)* lorsqu'en 1836-1837 il représent.
la ville au Parlement, une croix pénale du 18e s. et une hélice, seul vestige de
première invention aéronautique irlandaise, que mit au point et fit breveter en 18!
un propriétaire terrien local, le vicomte Carlingford. Une petite collection de co
tumes est exposée à l'étage.

Tholsel ⊙ (Y) – Le premier **bureau d'octroi**, qui avait été construit vers 1400
même temps que l'enceinte, fut remplacé en 1761 par l'édifice actuel, où sont pr
sentés des insignes de maire vieux de deux siècles.

Courthouse (Y) – Le **palais de justice** fut élevé au-dessus du château de Gra
(Grace's Castle – 1210), qui avait été transformé en prison en 1568.

St Mary's Cathedral (Y) – La cathédrale catholique et sa haute tour (61 m) fure
construites en pierre calcaire au 19e s.

EXCURSIONS

Vallées de la Nore et de la Kings, au Sud de Kilkenny

*64 km ; une journée – Quitter Kilkenny par Castle Road (Z) au Sud-Est, et, par
R 700, gagner Thomastown.*

Thomastown/Baile Mhic Andáin – De petites rues sinueuses convergent vers la r
principale aux allures de marché, près du vieux pont enjambant la Nore, à demi cac
par sa réplique moderne en béton. Il subsiste quelques vestiges de l'enceinte méd
vale de la ville et du château. Le **jardin d'eau de la fontaine Notre-Dame** (Ladywell Wat
Garden ⊙) est un savant mélange d'arbres, de buissons et de plantes aquatiques.
Emprunter la N 9 vers le Nord et gagner Kilfane, à 5 km.

* Kilfane Glen and Waterfall ⊘ – Il s'agit là d'un jardin fascinant et tout à fait inhabituel, une création romantique de la fin du 18e s. Perdu dans un ravin boisé, il a été restauré, décoré de sculptures modernes et harmonieusement associé à des jardins contemporains plus classiques. Entre autres réalisations modernes, celle de l'artiste américain James Turrell contraste violemment avec le cadre naturel. Sentiers escarpés, marches et ponts, un escalier tournant, une cascade et, surtout, une adorable chaumière nichée dans un vallon herbeux, témoignent du goût poussé de la famille Power, qui, de cet endroit apparemment isolé, n'en suivait pas moins la mode des années 1790 en matière d'art paysager.

Dans le village, l'église en ruine recèle une célèbre effigie, le **chevalier de Cantwell★**, une belle sculpture exécutée par un aristocrate normand et placée dans la nef, présence impressionnante dans cet endroit solitaire.

Revenir à Thomastown et poursuivre par la N 9 au Sud-Ouest.

* Jerpoint Abbey ⊘ – *À 2 km de Thomastown.* Le long de la Petite Arrigle, à proximité de son confluent avec la Nore, s'élèvent certainement les plus intéressantes et les moins dégradées des ruines cisterciennes d'Irlande. L'abbaye fut probablement fondée entre 1160 et 1170 par l'un des rois d'Ossory à l'usage des bénédictins. Mais en 1180 elle fut affiliée au monastère cistercien de Baltinglass *(voir Athy).* En 1228, la communauté comptait 36 moines et 50 frères lais. Après la Dissolution de 1540, les comtes d'Ormond la louèrent jusqu'au milieu du 17e s.

Une maquette explicative est présentée au **centre d'accueil** (Visitor Centre).

La nef et les bas-côtés de l'**église** cruciforme sont soutenus par de solides piliers romans. Les croisillons du transept, vestiges de l'édifice d'origine (fin du 12e s.), possèdent deux chapelles. Le **chœur** contient les tombeaux de deux évêques, dont l'un serait Felix O'Dulany, premier abbé de Jerpoint et évêque d'Ossory de 1178 à 1202. Le mur Nord incorpore des parties d'un mur peint du 15e ou 16e s. représentant les écus des

B. Lynch/Bord Fáilte, Dublin

Jerpoint Abbey – Cloître

principaux bienfaiteurs de l'abbaye. Du bras droit du transept, une volée de marches en bois, occupant l'emplacement de l'escalier qui reliait l'église au dortoir, permet de monter au sommet de l'aile Est des bâtiments. La tour couronnée de créneaux irlandais fut élevée au 15e s.

Les colonnes restaurées du **cloître** des 14e ou 15e s. portent de remarquables sculptures d'animaux, de saints et de personnages vêtus des costumes et armures caractéristiques de l'époque en Irlande.

Reprendre la direction du Sud-Ouest, et immédiatement après l'abbaye, tourner à droite vers Stonyford. Dans Stonyford, prendre à gauche la route longeant la rivière par le Sud.

Kells Priory – Les ruines de ce **prieuré** des 14e-15e s. ceinturé d'un mur de défense occupent 2 ha près de la Kings. On y trouve quelques vestiges des bâtiments d'origine, élevés après la fondation de la communauté en 1193 par Geoffrey de Marisco et quatre chanoines augustins, venus de Bodmin, en Cornouailles.

Quitter Kells par la R 697 à l'Ouest et poursuivre le long de la rivière, par une route secondaire, puis par la R 699, jusqu'à Callan.

Callan/Callainn – Outre les importantes ruines d'un prieuré augustin du 15e s., on peut visiter au lieu-dit **Westcourt** *(quelques centaines de mètres au Nord-Ouest du bourg par la R 695, de l'autre côté du contournement)* la **maison natale d'Edmund Ignatius Rice** (1762-1844), fondateur des Frères chrétiens *(voir p. 57)*, maintenant aménagée en musée, **Edmund Rice Centre** ⊘. La cuisine avec son dallage de pierre, son foyer ouvert et son rouet n'a pas changé depuis Rice. Les autres pièces ont été également préservées et présentent leur mobilier d'époque.

Revenir jusqu'au contournement de Callan et prendre à gauche la N 76 pour rentrer à Kilkenny.

Circuit au Nord-Ouest de Kilkenny

85 km ; une demi-journée. Quitter Kilkenny par Castlecorner New Road (Y 3) prendre la N 77 vers le Nord.

★**Dunmore Cave** ⊘ – La **grotte** de Dunmore, l'une des plus vastes d'Irlande, prése[nte] de fascinantes concrétions. Le centre d'accueil (Visitor Center) en explique la form[a]tion géologique et l'histoire. En 928, les Vikings massacrèrent à cet endroit un mill[ier] de personnes ; il est considéré comme l'un des trois sites les plus tragiques d'Irlan[de].
Poursuivre vers le Nord par la N 77 puis par la N 78.

La route remonte la vallée de la Dinin et s'enfonce progressivement dans une régi[on] ondulée d'où l'on extrayait jadis du charbon.

Castlecomer/Caisleán an Chomair – Le village fut aménagé en 1635 dans le st[yle] d'un village italien par Sir Christopher Wandesforde, dont la famille exploitait [les] mines locales depuis trois siècles. Dans Reddy's Coalmine Lounge, le principal b[ar] reconstitue le cadre d'une mine et expose des morceaux de charbon [de] Castlecomer, des lampes de mineurs, des pics, des pelles.

Quitter Castlecomer par la R 694 à l'Ouest et rejoindre Freshford, où l'on empru[nte] la R 693 vers l'Ouest jusqu'à Urlingford. Prendre alors la R 689 vers le Sud et p[ar]courir 5,5 km jusqu'à l'église paroissiale de Kilcooly. Laisser la voiture sur le park[ing] et poursuivre à pied.

Abbaye de Kilcooly – *À 500 m du parking.* Les importantes ruines de cette abba[ye] cistercienne, fondée vers 1200, comprennent l'imposante tour de la croisée et [le] cloître. On peut y admirer entre autres beaux monuments l'effigie sculptée d'[un] chevalier. L'abbaye est protégée par un saut-de-loup. Dans le pré se dresse [un] grand colombier.

Continuer vers le Sud par la R 690 et prendre à gauche une route secondaire v[ers] Boggan et Tullaroan.

Bród Tullaroan ⊘ – Ce centre du patrimoine, la « fierté de Tullaroan », est in[s]tallé dans la campagne profonde et dédié à la mémoire de **Lory Meagher**, le « prin[ce] du hurling », qui dominait ce sport dans le comté dans les années 1920-1930. [La] ferme à toit de chaume où il naquit et vécut a été restaurée et meublée de faç[on] à recréer l'atmosphère de l'époque où son père, parmi d'autres, fonda l'Associati[on] athlétique gaélique (1884). Le **musée du Hurling**, adjacent, présente l'histoire sp[or]tive de la région grâce à d'intéressants accessoires.

Revenir à Kilkenny en continuant sur la même route secondaire.

KILLALA ★

CILL ALA – Mayo – 713 habitants
Carte Michelin n° 923 E 5 ou Atlas Great Britain & Ireland p. 94-95

Killala est une paisible station balnéaire dominant la baie de Killala à l'embouchure [de] la Moy, qui est en partie fermée par l'île de Bartragh, un étroit banc de sable. [La] station, par la seule existence de sa plage de sable fin mise en valeur par des inst[al]lations sportives, présente un certain charme. Les entrepôts témoignent du passé a[ctif] du port. Cette petite bourgade isolée tient une place considérable dans l'histoire irla[n]daise, car c'est ici qu'eut lieu le premier débarquement des Français lors de l'expédit[ion] de 1798.

À l'Ouest s'étend le Nord du comté de Mayo, une des régions les plus isolées et les mo[ins] peuplées d'Irlande. Sa côte dresse devant l'Atlantique une ligne de falaises spectacula[ires] interrompues seulement par **Broad Haven**, large baie formée d'anses sablonneuses [et] d'étroits bras de mer et bordée de petites maisons. La baie s'inscrit entre les caps **Ben[wee]** à l'Est (253 m) et **Erri[s]** [à] l'Ouest, sur la péninsule [de] Bellmullet. À l'intérieur [des] terres, le comté forme une i[m]mense tourbière de 1 000 k[m²], exploitée de manière extens[ive] pour la production d'élec[tri]cité. La tourbe y est réco[ltée] mécaniquement afin d'alime[n]ter la centrale de Bellacor[ick] dotée aussi d'éoliennes. [Par] beau temps, le soleil se refl[ète] dans la tourbière qui dég[age] de très beaux reflets dor[és], mais lorsque le ciel se cou[vre], le paysage est aussi lugu[bre] qu'une descente aux enfers.

Se loger à Killala

Ceol na Mara – *Main Street, Inishcrone* – ☎ *(096) 36351 – fax (096) 36642 – 9 chambres.*
Pension du centre-ville avec d'agréables vues sur la mer à l'arrière.

Downhill Inn – *Sligo Road, Ballina (1,5 km à l'Est par la N 59 – ☎ (096) 73444 – fax (096) 73411 – 45 chambres.*
Établissement moderne de classe supérieure proposant des chambres triples bien équipées.

Slide File, Dublin

Port de Killala

St Patrick's Cathedral ⊘ – La cathédrale anglicane actuelle (éclairée la nuit) fut érigée en 1670 par Thomas Ottway, évêque de Killala : le portail Sud ainsi que la fenêtre gothique à l'Est ont été réalisés à partir des pierres de l'ancienne église médiévale en ruine. Dans le cimetière s'élève un **clocher rond** (25 m de haut) du 12ᵉ s., construit en pierre calcaire ; le sommet a été reconstruit au 19ᵉ s. C'est l'unique vestige du monastère fondé par Muiredach, le premier évêque de Killala, qui fut nommé par saint Patrick au 5ᵉ s. Sous le cimetière se trouve un **souterrain** du 9ᵉ s. contenant de nombreuses chambres funéraires.

L'année des Français

En août 1798, une armée de 1 067 révolutionnaires français sous les ordres du **général Humbert** débarque à Kilcummin, hameau sur le bord Ouest de la baie de Killala. À Killala, le général nomme John Moore président du gouvernement provisoire du Connaught. Au fur et à mesure que la troupe s'enfonce à l'intérieur des terres, un nombre croissant de paysans irlandais les rejoint, pleins d'enthousiasme mais pauvrement équipés.

Le monument Humbert à Ballina commémore la prise de la ville, une grande victoire pour les révolutionnaires. Le premier affrontement avec le général Lake, qui dirigeait une armée plus importante et mieux équipée, tourna néanmoins à l'avantage du général Humbert et de ses troupes. Par dérision, on donna à la retraite de la cavalerie de Lake le nom de « **courses de Castlebar** ». Un autre monument, à Carrignagat *(au Sud de Sligo sur la N 4, juste avant de rejoindre Collooney par l'Est)* marque le site de leur troisième victoire sur les Anglais. Humbert se dirige ensuite vers le Sud-Est, dans l'espoir d'éviter l'armée anglaise et de rejoindre les Irlandais unis, mais ces derniers avaient déjà été battus et lui-même est vaincu à **Ballinamuck**, près de Longford. Les Français sont faits prisonniers, les Irlandais sont pendus pour trahison.

La rébellion de 1798 a fait l'objet d'un film tourné en 1981 à Killala d'après le roman de Thomas Flanagan, *The Year of the French* (L'Année des Français).

EXCURSIONS

Côte Nord du comté de Mayo

Rathfran Abbey – *5 km au Nord par la R 314 ; après avoir traversé la rivière, tourner à droite ; au carrefour, tourner encore à droite.* Les ruines d'un couvent dominicain fondé en 1274 bordent la rivière. La longue église rectangulaire est

éclairée par des fenêtres à lancette. Un panneau, au-dessus de la porte principa
représente la Crucifixion. Au 15ᵉ s., quelques éléments de la verrière Sud fure
remplacés, une partie de la nef reconstruite et une aile ajoutée. Il ne reste qua
ment plus rien des deux cloîtres et des bâtiments religieux élevés au 16ᵉ s. B
que le monastère ait été dissous et les édifices incendiés en 1590 par Sir Richa
Bingham, gouverneur anglais du Connaught, les moines ont continué à vivre
proximité des ruines jusqu'au 18ᵉ s.

Pierre oghamique de Breastagh – *8 km au Nord par la R 314. Après avoir t
versé la rivière, tourner à droite. Franchir le passage qui donne accès au cha
(sur la gauche).* La pierre (2,5 m de haut), probablement un menhir datant
l'âge du bronze, porte une inscription en caractères oghamiques en partie illisib

★**Downpatrick Head** – *40 km au Nord de Killala par la R 314 ; après avoir trave.
la rivière, tourner à droite ; continuer en passant par Carrowmore, Killogeary
Rathlackan.*
Au Nord de Killogeary, la route suit la côte, offrant une superbe vue sur les éte
dues sablonneuses de la baie de Lackan, puis sur le cap de Downpatrick, qui
dans la mer sa rude silhouette à sommet aplati, avec en arrière-plan la pointe
Benwee.
Le cap est rongé par les flots, qu'on voit écumer au fond d'un **trou** *(clôturé)*
s'engouffre le vent. Juste en face, le haut rocher de **Dumbriste**, surmonté d'
ouvrage préhistorique en terre, se serait détaché de la côte en 1393. La v
embrasse à l'Est le Benbulben et les monts Dartry, au Sud-Est les Ox Mounta
(Slive Gamph), au Sud-Ouest les Nephin Beg Mountains, à l'Ouest les falaises j
qu'au cap Benwee et, au large, les îlots dits Stags de Broad Haven.

Céide Fields – *36 km au Nord-Ouest de Ballina par la R 314 par Ballycastle.*
majeure partie du secteur septentrional de Mayo est formée de marécages
recouvrent un vaste site datant de l'âge de la pierre, témoignage d'hommes
vivaient à proximité des falaises de Céide il y a plus de cinquante siècles, conte
porains des constructeurs des tombes de la vallée de la Boyne *(voir Boyne Valle*
À l'aide de sondes en acier et de balises en bambou, les champs cultivés par
hommes d'un autre temps ont été retracés à l'identique sur 10 km², mais ils s'été
daient autrefois sur une surface beaucoup plus vaste.
Des explications sur la structure géologique et le développement du marais –
recouvre la zone de 4 m de vase –, ainsi que sur l'interprétation archéologiqu
donner à ce site fondamental, sont dispensées au **centre d'accueil** (Visitor Centre)
Le balcon du centre offre une vue admirable sur le site.
À partir des indices découverts lors des fouilles – un modèle primitif de charr
des trous de pieux –, des déductions ont pu être faites quant au mode de vie
agriculteurs à l'âge de la pierre. Ils avaient défriché la forêt primitive et empilé
pierres pour enclore leurs champs et leurs maisons.

Ferme préhistorique de Belderrig ⊘ – *31 km au Nord-Ouest de Killala par
R 314 ; à l'Ouest de Belderrig par la route côtière (panneau).* Un grand pin s
vestre tordu, vieux de 4 400 ans, découvert dans les environs, constitue la pi
maîtresse du **centre d'accueil**. À l'époque préhistorique, ce site était une terre a
cole ; il est désormais réduit à un cercle de terre marqué par des cales de pili
et des pierres d'âtre.

Estuaire de la Moy

★**Moyne Abbey** – *1,5 km au Sud-Est par la route côtière ; 10 mn de marche Ã
travers les champs.* Les ruines qui se mirent dans l'eau sont celles d'un monast
franciscain, fondé au milieu du 15ᵉ s. Les cloîtres datent de la fin de cette époq
Bien que prévue sur le plan d'origine, la tour de six étages ne fut ajoutée qu'
térieurement. Le côté Sud de l'église a été considérablement agrandi : la série
bâtiments située à l'Est comprend la sacristie et la salle capitulaire ; la cuisine
le réfectoire au Nord dominent un cours d'eau. Malgré l'incendie des bâtiments
1590 par Sir Richard Bingham, gouverneur anglais du Connaught, certains moi
continuèrent à y résider jusqu'au 17ᵉ s. ; le dernier mourut vers 1800.

★**Rosserk Abbey** – *6,5 km au Sud par la R 314 ; 2,5 km après Killala, prendr
gauche.* Les vestiges bien conservés qui se reflètent dans les eaux de la Rosse
un affluent de la Moy, appartiennent à la première abbaye construite par une co
munauté franciscaine en Irlande (milieu du 15ᵉ s.). Intérieurement, l'église prése
un beau décor, avec le portail principal finement ciselé, les fenêtres Est, les re
plages du bras droit du transept, ainsi que, dans le chœur, la piscine (bassin dest
aux rites purificatoires) sculptée de petits anges et d'instruments de la Passi
Depuis le cloître, des escaliers montent aux dortoirs et au réfectoire situés
dessus des salles voûtées du rez-de-chaussée. Au 16ᵉ s., le monastère fut incen
sur ordre du gouverneur anglais du Connaught, Sir Richard Bingham.

Ballina – *13 km au Sud par la R 314.* Cette ville, la plus importante du Nord du comté de Mayo, est aussi le siège épiscopal du diocèse catholique de Killala. Située entre les ponts, sur la rive Est de la rivière Moy qui traverse Ballina, la **cathédrale St-Muiredach** ⊘ fut construite au 19e s. à proximité des ruines d'un **monastère** augustin de la fin du 14e s. fondé par la famille O'Dowd. Le portail principal et la verrière de l'église datent du 15e s.

Inishcrone/Enniscrone ⊘ – *14 km au Nord-Est de Ballina par la route côtière.* Station de bord de mer appréciée sur la côte Est de la baie de Killala, avec à Waterpoint des équipements aquatiques couverts, elle a pour spécialité le **bain d'algues** traditionnel irlandais, proposé dans une élégante maison de bains édouardienne. Délicieusement chaude et soyeuse, l'eau de mer permet de se détendre, mais aurait aussi un effet bénéfique sur l'arthrite et les rhumatismes.

KILLALOE★

CILL DALUA – Clare – 972 habitants
Carte Michelin n° 923 G 9 ou Atlas Great Britain & Ireland p. 84

Ce village, centre international pour les sports nautiques, se trouve dans un site charmant à l'extrémité du lac Derg, à la limite Sud pour la navigation sur le Shannon.

★**Cathédrale St-Flannan** ⊘ – Sa construction fut entreprise en 1185 par Dónall Mór O'Brien sur le site d'un monastère fondé au 6e s. par saint Molua, au successeur duquel elle fut dédiée. Elle était reconstruite dès 1225, associant ainsi les styles roman et gothique qu'elle présente encore. On remarquera surtout un **portail roman** du 12e s., une croix du 12e s. également, provenant de Kilfenora *(voir Burren)*, un fût de croix sculpté vers l'an 1000 portant une prière au dieu Thorgrim, gravée à la fois en **caractères oghamiques et runiques**, et la clôture de chêne réalisée en 1885.

Oratoire de St-Flannan – Cette petite église romane (12e s.) située près de la cathédrale dispose d'une soupente sous son toit de pierre.

Oratoire de St-Molua – Il fut édifié vers l'an 1000 sur une île baignée par le Shannon et transféré pierre par pierre, dans les années vingt, au sommet d'une colline derrière l'église catholique, quand fut réalisé le barrage hydroélectrique qui submergea l'île.

Heritage Centre ⊘ – Le **Centre du patrimoine** évoque à travers peintures et textes le passé du village et ses activités, de la naissance de Brian Bórú à la construction du barrage d'Ardnacrushna en passant par la guerre civile.

EXCURSIONS

Béal Bórú Earthwork – *1,6 km au Nord par la R 463, tourner à droite (signalisation) pour prendre une piste vers le fort en terre de Béal Bórú. Au bout de 800 m, quitter la voiture et traverser les champs.* Ce vaste fort circulaire de terre entouré d'un profond fossé et d'un bosquet de hêtres et de pins domine les berges du lac Derg. Son nom, qui signifie « passe des hommages », est à l'origine du surnom de Brian Bórú.

Tuamgraney – *16 km au Nord par la R 463.* Le village natal de la romancière Edna O'Brien accueille le **Centre du patrimoine du Clare oriental** (East Clare Heritage Centre) ⊘, présentant des documents sur l'histoire locale et logé dans l'église St-Cronan (anglicane), qui serait la plus ancienne d'Irlande ou de Grande-Bretagne où le culte ait été pratiqué sans interruption. Sa façade, avec sa porte à linteau, date de 969, et son abside du 12e s. ; remarquer les fenêtres romanes. Derrière l'église s'élève une maison forte du 15e s. *(en cours de restauration).* Le parc commémoratif (**Memorial Park** – *300 m à l'Ouest du village*) est planté d'arbres et de buissons originaires du comté en mémoire des victimes de la Grande Famine de 1845-1852.

★**Holy Island** – *26 km au Nord par la R 463. Prendre le bateau à Mountshannon.* Un **clocher rond** haut de 24 m et les importants vestiges de six églises marquent l'emplacement d'un monastère fondé au 7e s. par saint Caimin. Dans la **pierre des négociations**, un conduit caverneux permettait, paraît-il, aux hommes de sceller leurs accords par une poignée de main.

Graves of the Leinstermen – *24 km au Nord-Est de Ballina par la R 494 et une route secondaire (panneau) ; parc de stationnement.* Les « tombes des hommes du Leinster », un groupe de pierres préhistoriques sur la face Ouest du Tountinna (461 m), marquent certainement un des premiers lieux habités d'Irlande. De là, on des **vues**★ étendues sur une bonne partie du lac Derg jusqu'à Slieve Bernagh.

★**Nenagh** – Centre administratif du district Nord du comté de Tipperary, Nenagh est situé entre le lac Dergh, les **Silvermine Mountains** et les **Arra Mountains**.
La cité fut d'abord occupée par les Anglo-Normands au 12ᵉ s. Au 19ᵉ s., elle devint une importante ville de garnison. Le monastère franciscain du 13ᵉ s., autrefois l'un des plus réputés d'Irlande, fut dissous sous le règne d'Élisabeth Iʳᵉ, et finit par tomber en ruine. Aujourd'hui, seule subsiste l'église.

★**Nenagh District Heritage Centre** ⊘ – Le centre, qui gère aussi le service généalogique du district Nord du comté, occupe l'ancienne prison (1842). Le **corps de garde** abrite les cellules des condamnés ainsi que la chambre d'exécution, où l'on peut découvrir les portraits et les notices bibliographiques des 17 hommes condamnés à mort et exécutés dans cette salle entre 1842 et 1858.
La **maison du gouverneur**, un beau bâtiment de forme octogonale, a été reconverti en musée local.

★**Château** – Le donjon circulaire (30 m de haut), autrefois partie des courtines, et une grande salle du 13ᵉ s. *(restaurée)* évoquent le beau château anglo-normand élevé vers 1200.

KILLARNEY★★

CILL AIRNE – Kerry – 8 809 habitants
Carte Michelin nº 923 D 11 ou Atlas Great Britain & Ireland p. 77

En limite du parc national auquel elle a donné son nom, la ville s'élève sur la rive Est du lac Leane, que l'on appelle aussi lac Inférieur (Lower Lake), le plus vaste des trois « joyaux » auxquels une vallée glaciaire sert d'écrin. Le site est dominé par les Macgillycuddy's Reeks qui renferment le **brèche de Dunloe** et le point culminant de l'Irlande, le Carrauntoohil (1 041 m). Située à faible distance de l'aéroport de Farranfore, avec de nombreux hôtels et restaurants, elle est un centre de villégiature idéal.

La fondation de la ville – Au début du 17ᵉ s., Sir Valentine Browne (1591-1633) quitta sa propriété de Molahiffe, acquise par son grand-père anglais en 1584, pour le château de Ross, et entreprit d'aménager un village autour de l'église de Killarney. Celui-ci, constitué vers 1620 de 40 « bonnes maisons anglaises », fut détruit vingt ans plus tard au cours des guerres de Cromwell. Thomas Browne, 4ᵉ vicomte de Kenmare (1726-1795), traça le réseau de rues encore existant et créa une élégante agglomération de boutiques et de maisons aux toits d'ardoise, où il implanta des manufactures travaillant le lin et la laine. Le tourisme suivit au 19ᵉ s.

Cinéma, cinémas

The Dawn (L'Aube), célèbre film irlandais dont l'action se déroule pendant la guerre d'Indépendance, fut tourné à Killarney entre 1933 et 1934, avec 250 acteurs amateurs recrutés sur place. Le film fut produit par Tom Cooper, propriétaire d'un cinéma local. Les prises de vues étaient le plus souvent effectuées le jeudi pour profiter de la fermeture des magasins l'après-midi. Dans le bar du Three Lakes Hotel, on peut voir des photos de cette production, ainsi que celles prises en 1952 à Cong lors du tournage de *L'Homme tranquille* et en 1968 sur la plage de Banna *(voir Tralee, Environs)* pendant celui de *La Fille de Ryan*.

LA VILLE

★**St Mary's Cathedral** (CX) ⊘ – La cathédrale catholique à flèche élancée (87 m) a été conçue par Augustus Pugin. Elle surprend par l'austérité de son intérieur, où l'absence de plâtre révèle les variations de teinte de la pierre calcaire. La première pierre fut posée en 1842, mais les travaux s'interrompirent entre 1848 et 1853 et le bâtiment servit alors d'asile aux victimes de la famine. Consacré en 1855, il fut adapté à la nouvelle liturgie en 1972-1973.

Museum of Irish Transport (DX M) ⊘ – Les nombreuses voitures anciennes, affiches et magazines de ce musée en font un temple pour les amateurs de mécanique : Silver Stream, unique voiture construite sur ce modèle conçu en 1907-1909 ; Wolseley 1910 ayant appartenu à Jocelyn Gore Booth, et que conduisirent la comtesse Markievicz *(voir p. 272)* et William Butler Yeats *(voir Index)* ; Mercedes 540 K de 1938 et 300 SL de 1955 avec des portes papillons.

St Mary's Church (DX) ⊘ – L'église anglicane, édifiée en 1870 dans le style Early English, possède un vitrail qui est une reproduction de *Light of the World (La Lumière du monde)*, de Holman Hunt. Elle renferme de nombreux monuments funéraires, dont celui *(côté Nord de la nef)* du révérend Arthur Hyde, arrière-grand-père du premier président d'Irlande, Douglas Hyde.

KILLARNEY PRATIQUE

...tional Park – Les **centres d'information** de Muckross House et Torc Waterfall *...n été seulement)* renseignent sur le parc national, qui s'explore sur l'eau ...mme sur la terre ferme. De nombreuses **randonnées** satisferont tous les goûts, ...Ross Castle, Muckross House ou par la brèche de Dunloe.

...s **circuits en bateau** sont proposés sur le lac Leane au départ de Ross Castle ou ...ns le cadre des circuits de la brèche de Dunloe.

... peut aussi emprunter une **carriole irlandaise** à l'extrémité Sud de Main Street ... à Muckross House.

...p of Dunloe – Divers **circuits organisés** de 6-7 h sont proposés : bus au départ ... Killarney jusqu'à Kate Kearney's Cottage ; poney ou carriole tirée par un ...ney par la brèche de Dunloe *(voir ci-dessous)* jusqu'à Lord Brandon's Cottage ; ...aversée en bateau des trois lacs avec retour en bus à Killarney.

... peut se garer à l'extrémité Nord de la brèche près de Kate Kerney's Cottage ... louer un poney ou une carriole à poney, ou bien poursuivre à pied pour explo-...r la brèche avant de retourner au parc de stationnement.

...tisanat – On trouvera des lainages à **Avoca Weavers** *(24 km au Sud par la N 71, ...Moll's Gap)* et aux **Kerry Woollen Mills** ☉ à Killorglin *(8 km à l'Ouest par la N 72 ; ... bout de 6 km prendre à droite au panneau ; après 1,5 km prendre à gauche, ...is à droite)*, où l'on tisse la laine depuis plus de deux siècles ; exposition-vente ... couvertures, tapis de selle, tweeds d'habillement et d'ameublement, écharpes ... châles, laines et tricots.

Se restaurer à Killarney

...pers – *Old Market Lane* – ☎ *(064) 37716.*
...staurant d'un modernisme frappant servant toute la journée une cuisine éclec-...ue à tendance contemporaine et des repas légers.

...oy's – *27 High Street* – ☎ *(064) 32519 – fax (064) 32747.*
...puté, mais assez cher, ce restaurant à l'aménagement intérieur remarquable ... spécialise dans les produits de la mer fraîchement pêchés.

...larney Manor – *Loreto Road, Killarney* – ☎ *(064) 31551 – fax (064) 33366.*
...ur un banquet médiéval accompagné de musique irlandaise.

Se loger à Killarney

...ssey's Townhouse – *43 High Street* – ☎ *(064) 37454 – fax (064) ...144 – 5 chambres.*
...tit bar accueillant du centre-ville, avec des petites chambres agréablement ...eublées à l'étage.

...ughton's Villa – *Muckross Road* – ☎ *(064) 36025 – 5 chambres.*
...oche à pied de la ville, cet intéressante maison propose des prestations ...odernes à des prix raisonnables.

...nan's Lodge – *6,5 km vers le Nord par la N 22* – ☎/fax *(064) 33871 – ...chambres.*
...rs de la ville, cette pension traditionnelle bien tenue possède un beau jardin.

...dwood – *Rockfield, Tralee Road (5 km vers le Nord par la N 22)* – ☎ *(064) ...754 – fax (064) 34178 – 6 chambres.*
...nsion moderne spacieuse, bien équipée avec tout le confort contemporain.

...thleen's Country House – *Tralee Road (3 km vers le Nord par la N 22)* – ☎ *(064) ...810 – fax (064) 32340 – 16 chambres.*
...ablissement réputé agréablement meublé, offrant des prestations de qualité ... dehors de la ville.

...ermere – *Muckross Road (800 m vers le Sud par la N 71)* – ☎ *(064) ...933 – fax (064) 37944 – 8 chambres.*
...aison moderne ; haut niveau d'exigence pour le confort et les équipements.

...arney Lodge – *Countess Road* – ☎ *(064) 36499 – fax (064) 31070 – ... chambres.*
...nsion moderne avec un accueil et un confort haut de gamme.

...ann Fia Country House – *Deerpark (2 km vers le Nord par la route ...Emmett)* – ☎ *(064) 35035 – fax (064) 35000 – 17 chambres.*
...ns un environnement boisé, cet hôtel hors de la ville offre un séjour paisible ... confortable.

...ls Court House – *Woodlawn Junction, Muckross Road* – ☎ *(064) 34009 – fax ...54) 34366 – 11 chambres.*
...nsion spacieuse offrant de grandes chambres bien aménagées.

...chsia House – *Muckross Road* – ☎ *(064) 33743 – fax (064) 36588 – ... chambres.*
...aison moderne aménagée dans un style contemporain original et élégant, ...ambres spacieuses bien équipées.

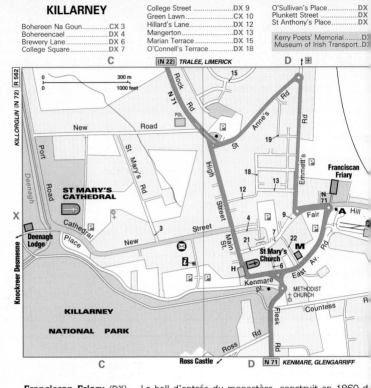

Franciscan Friary (**DX**) – Le hall d'entrée du monastère, construit en 1860 d
le style de celui de Muckross *(voir plus bas)*, renferme un vitrail de Harry Cla
(voir Index).

Kerry Poets' Memorial (**DX A**) – Ce monument fut conçu en 1940 par Sean
Murphy pour commémorer les quatre plus célèbres poètes gaéliques du com

ENVIRONS

★★★ 1 Killarney National Park ☉ *48 km AR*
Au Sud par la N 71.

Le parc national couvre 10 000 ha, englobant les 3 lacs Lough Leane, Muckr
Lake et Upper Lake, reliés par le Long Range *(illustration p. 412)*, leurs berg
et les versants des montagnes qui les encadrent à l'Ouest et au Sud. Le noyau
parc est le domaine de Muckross, offert à l'État irlandais en 1932 pour constit
le parc commémoratif de Bourn Vincent (4 000 ha), auquel vinrent s'ajou
Knockreer, Ross Island et Innisfallen, anciennes parties du domaine de Kenm
En 1981, le parc fut classé réserve de la biosphère par l'Unesco.

À propos du parc national

Vous pouvez explorer le parc en voiture ou par bateau. Quel que soit le type de promenade que vous préférez, il y en aura toujours une à votre convenance, que ce soit à Ross Castle, Muckross House ou dans la brèche de Dunloe. Si vous voulez tester la carriole irlandaise, vous pourrez le faire à Muckross ou à Dunloe, où vous pourrez même choisir si bon vous semble la promenade à dos de poney. Si la navigation vous tente, vous embarquerez à Ross Castle, mais vous pouvez aussi opter pour une excursion combinée à la brèche de Dunloe. Les centres d'information se trouvent à Knockreer House, Muckross House, et Torc Waterfall *(seulement en été)*.

Knockreer Demesne ☉
*Accès par un sentier dep
Ross Castle. Le doma
s'étend à l'Ouest dep
Killarney jusqu'au bord
lac Leane ; l'entrée est m
quée par un cottage à
de chaume,* **Deenagh Lo**
(**CX**).

★**Ross Castle** ☉ – *Accès
un sentier depuis Knock
Demesne ou par la N 7
une route secondaire
gnalisation). Dernier
châteaux du Munste
tomber entre les mains
Cromwell (ses troupes
parvinrent à s'en empa
en 1652 qu'en l'investiss
avec des bateaux), il
élevé au bord du lac l*

rieur (lac Leane) au 15e s. par l'un des chefs du clan O'Donoghue. Un *bawn* fortifié renforcé de tours circulaires entourait le donjon rectangulaire. Les quatre étages, où se répartissent le salon, la chambre à coucher et la grande salle, ont été restaurés selon les techniques en usage au Moyen Âge et meublés dans les styles allant du début du 15e s. à la fin du 16e s.

Du château, on peut gagner par bateau ⊘ **Innisfallen**, petite île où gisent les ruines d'une abbaye édifiée sur le site d'un monastère fondé au 7e s.

Ross Island – Les mines de cuivre que l'on exploitait intensivement sur ce promontoire au début du 19e s. ont cédé la place à une profusion d'arbres et d'allées soulignées de fleurs. Le poète Shelley, qui y vint en 1813, fut extrêmement impressionné par les arbousiers. De belles vues s'ouvrent sur le lac, son écrin de montagnes et les îles.

★**Muckross Friary** ⊘ – *6 km au Sud de Killarney par la N 71, 5 mn à pied du parking.* Le monastère, également appelé abbaye de Muckross, fut fondé en 1448 pour les franciscains ; sa construction s'étala sur cinquante-neuf années. L'église est remarquable par sa nef et son chœur (15e s.), éclairé par une fenêtre très ébrasée à quatre jours couronnée par un remplage, sa massive tour centrale et le bras droit de son transept élevé vers 1500. Au Nord, le cloître aux 22 arches et les bâtiments de service ont été construits à quatre périodes différentes. Au Nord du chœur, un édifice à trois niveaux accueillait certainement la sacristie et l'appartement du sacristain.

★**Muckross House and Farms** ⊘ – *Accessible par un sentier depuis le monastère, ou en voiture (parking).* Le château de style élisabéthain construit de 1840 à 1843 est meublé pour l'essentiel dans le style du début du 20e s. Le **salon**, la **bibliothèque** et la **salle à manger** sont somptueusement décorés. La chambre d'enfants renferme des poupées faites vers 1870, une salle de bains d'époque et un lit à colonnes. Le sous-sol est consacré à l'artisanat régional.

Les splendides **jardins** descendent jusqu'au bord du lac.

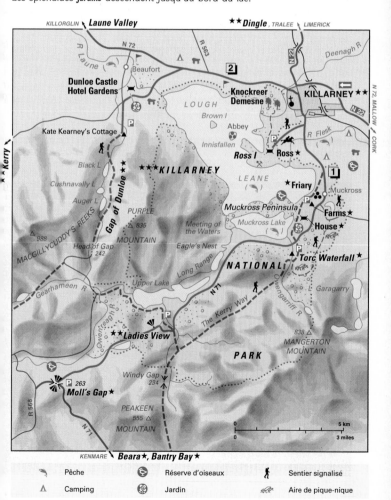

〰 Pêche	🐦 Réserve d'oiseaux	🚶 Sentier signalisé
⚠ Camping	✿ Jardin	Aire de pique-nique

Les jardins de Muckross House

La **presqu'île de Muckross**, qui sépare le lac Leane du lac de Muckross (Middle Lak[...] porte l'un des plus beaux **bois d'ifs** d'Europe *(sentiers de nature)*.

Les **fermes** *(1 h à pied)* furent bâties selon les normes en vigueur en Irlande [...] début du 20ᵉ s. Des animaux circulent dans les cours et les champs. Les bâtiment[...] du grand corps de ferme aux chaumières des ouvriers, sont aménagés à l'ancienn[...] buffets, armoires et banquettes-lits. La tourbe brûle dans les foyers tandis qu'[...] personnel en costume procède aux tâches quotidiennes d'autrefois.

★**Torc Waterfall** – *2 km au Sud de Muckross par la N 71*. Avec ses 18 m, la casca[...] est l'une des plus hautes d'Irlande. Le **belvédère** adjacent *(173 marches)* procu[...] une belle vue sur les lacs.

★★**Ladies View** – *11 km au Sud-Ouest de la cascade par la N 71*. Le panorama s[...] le lac Supérieur (Upper Lake), ses îles et les Macgillycuddy's Reeks enchanta ta[...] la reine Victoria et sa suite en 1861 que le site reçut alors son nom.

Cascades de Torc

Moll's Gap – *5 km au Sud-Ouest de la vue par la N 71.* Cette brèche à 263 m d'altitude permet d'avoir une **vue** saisissante de la brèche de Dunloe au Nord et d'apercevoir la rivière de Kenmare au Sud.

★ ② Gap of Dunloe *38 km AR*

Des **excursions** ⊘ vers la **brèche de Dunloe** sont proposées au départ de Killarney. Effectuée individuellement, la promenade peut être combinée avec la visite des jardins du château de Dunloe.

Quitter Killarney par la N 72 à l'Ouest. Au bout de 6 km, tourner à gauche.

Dunloe Castle Gardens ⊘ – Les luxuriants jardins en partie ceinturés d'un mur de pierres grises s'étendent entre un hôtel moderne et une maison forte du 13e s. dominant la Laune et la Loe, sur un décor de montagne où se détache la brèche de Dunloe. La collection botanique se compose d'espèces exotiques en provenance du monde entier : arbousier de Killarney, lys d'Afrique du Sud, gommiers d'Australie, palmistes et merisiers de Nouvelle-Zélande, érables du Japon, cornouillers d'Amérique du Nord, araucarias du Chili, fuchsias d'Amérique du Sud, espèces parfois aussi rares que le cyprès des marécages de Chine et « l'arbre-migraine » *(« Headache » tree)*, ainsi nommé en raison du parfum qu'exhalent ses feuilles.

Reprendre la direction du Sud.

Sollicité par les cochers proposant leurs calèches, on arrive à hauteur du **Kate Kearney's Cottage** ⊘, autrefois relais de poste tenu par la belle Kate, qui servait du *poteen* (whiskey illicite) aux voyageurs du 19e s.

L'étroit chemin non revêtu parcourant la gorge ne se prêtant pas à la circulation automobile, laisser la voiture sur le parking près du cottage et continuer à pied, ou louer un poney ou un cabriolet.

★**Gap of Dunloe** – À travers l'étroite gorge jonchée de pierres, brèche glaciaire en forme de U entaillant la montagne sur 457 m en son point le plus profond, on longe 3 lacs avant d'atteindre le point haut du col (242 m). La piste redescend ensuite dans la vallée de Gearhameen, où paissent les cerfs. Le regard embrasse le lac Supérieur (Upper Lake), serti dans une forêt de chênes derrière laquelle se découpe le mont Mangerton (838 m).

★ Anneau du Kerry *240 km – une journée*

La péninsule d'Iveragh, appelée aussi promontoire de Waterville, montre quelques-uns des plus hauts pics d'Irlande. Le Ring of Kerry, la route N 70 qui la longe de Kilorglin, au Nord, à Kenmare, au Sud, offre de splendides paysages.

Quitter Killarney par la N 72 vers l'Ouest ; parcourir 13 km et tourner à droite (signalisation vers la manufacture). Environ 1,5 km plus loin, tourner à gauche puis à droite. En raison de l'étroitesse de la route, le croisement y est difficile et la plupart des autocars de tourisme l'empruntent du Nord vers le Sud.

Revenir sur la N 72 que l'on reprend vers Killorglin (6 km à l'Ouest).

Killorglin/Cill Orglan – La localité est surtout connue pour la foire qui s'y déroule en août, la **Puck Fair** (Foire du lutin). Pendant trois jours et trois nuits de festivités, un grand bouc trône sur la place. On pourra voir des documents relatifs à cette foire dans le sous-sol d'une maison particulière (**Puck Fair Exhibition** ⊘ – *tourner à gauche avant le pont au pied de la colline*).

Poursuivre vers l'Ouest par la N 70. Peu après Killorglin, prendre à droite une route secondaire vers Tullig et Cromane.

Plage de Cromane – On bénéficie depuis cette longue langue de sable d'une vue d'ensemble sur la rade de Castlemaine.

Revenir sur la N 70 que l'on prend à droite, puis tourner à gauche vers Caragh Lake, puis à droite et à gauche vers Lickeen.

★**Lough Caragh** – La route qui longe la rive Ouest du lac offre de jolies vues sur ce plan d'eau riche en saumons et en truites. Au Sud-Est s'élèvent les Macgillycuddy's Reeks (1 038 m).

Faire demi-tour pour revenir sur la N 70 que l'on reprend vers l'Ouest. Après Glenbeigh et le pont, tourner à droite sur la R 584 vers la grève de Rossbeigh.

Rossbeigh Strand – En arrière de la longue grève de 5 km se blottit un hameau avec un pub et une boutique ; les bois de Rossbeigh proposent de longues marches.

Revenir à Glenbeigh, reprendre la N 70 vers l'Ouest et, à Kells, tourner à droite vers la baie (1,6 km).

Kells Bay – La petite plage, bien que retirée, est appréciée des baigneurs.

Revenir à Kells et reprendre la N 70 vers l'Ouest.

On passe devant les ruines de **Carhan House** *(à droite)*, où naquit Daniel O'Conn
(voir Index).

Cahersiveen/Cathair Saidhbhín – La ville natale de Daniel O'Connell date du déb
du 19ᵉ s. L'**église-mémorial O'Connell**, dont les plans initialement repoussés par l
autorités religieuses car trop compliqués furent approuvés par le pape Léon XI
fut construite en 1888 en granit de Newry et ornée de parements de marbre nc
local. La tour prévue n'a jamais été achevée. Près du pont, les anciennes casern
de la police, incendiées en 1922, ont été restaurées pour recevoir l'Office de to
risme (Tourist Information Centre).

*Prendre la route secondaire vers la rade de Cooncrome, au Nord. Après avoir tr
versé la rivière, tourner à gauche.*

Cahergall Fort – Comme à Staigue *(voir ci-dessous)*, les murs de ce grand fort e
pierre sont accessibles de l'intérieur. Ils enserrent deux édifices de pierres sèche
une hutte en forme de ruche et une maison rectangulaire.

Continuer à pied vers l'Ouest et prendre à droite un chemin privé.

Leacanabuaile Fort – Ce fort préhistorique de pierres sèches, en partie recor
titué, fut occupé au cours des âges du bronze et du fer. Du haut des rempar
s'étendent de très belles **vues★★** sur la côte.

*Revenir à Cahersiveen et poursuivre le circuit vers l'Ouest. Pour gagner Valenc
Island, on peut soit quitter la N 70 peu après Cahersiveen et prendre à droite
route secondaire vers Renard Point pour emprunter le bac (fonctionne d'avri
septembre, voir ci-dessous) à destination de Knight's Town, soit prendre plus
Sud la R 657 à droite et aller jusqu'à Portmagee pour emprunter le pont.*

Valencia Island – Bien qu'elle soit petite (11,3 sur 3,2 km), l'île est bien conn
des auditeurs de la BBC pour les prévisions météorologiques destinées aux marir

Knight's Town – Le principal village de l'île, relié en saison au reste de l'Irlande p
un **bac** ⊙, doit son nom à ses anciens seigneurs, les chevaliers *(knights)* de Kerr
Son unique rue s'achève à hauteur du clocher à bardeaux près du port.
Au Nord de l'église, à 4 km par une route raide et étroite, on parvient à une grot
artificielle créée dans une carrière d'ardoise désaffectée. Du promontoire s'off
une vue sur l'île de Beginish.

Par la R 565, gagner l'extrémité occidentale de l'île (direction Portmagee).

Skellig Experience ⊙, près du pont vers **Portmagee** – Les **îles Skellig★★** ⊙ sont de
énormes rochers escarpés et dénudés jaillissant de l'Océan à l'Ouest du cap Bolu
Le plus grand, **Great Skellig**, plus connu sous le nom de **Skellig Michael**, fut le siè
d'un monastère que fonda saint Finian au 7ᵉ s. et qui fut florissant durant cinq
six siècles. Les ruines – une église, deux oratoires et six cellules – se perchent
près de 200 m, au sommet d'une étroite plate-forme accessible par plusieurs ce
taines de marches. En 1820, un phare y fut construit, et, jusqu'à so
automatisation en 1987, seuls les gardiens passaient de longs mois isolés sur l'î
qui constitue aujourd'hui avec **Little Skellig** une réserve ornithologique. En 199
Skellig Michael fut classé site du Patrimoine mondial.
L'exposition **Connaître les Skellig** évoque l'histoire de ces îles – le monastère, la fau
et les phares – à travers une présentation audiovisuelle (16 mn).

Cabanes en forme de ruche sur Skellig Michael

L'extrémité Ouest de l'île Valencia, la pointe de Bray, est marquée par la tour de Bray *(30 mn à pied en gravissant un sentier qui part de l'extrémité de la route)*, une tour de guet en pierre du 16ᵉ s., depuis laquelle s'ouvrent des vues *(au Sud)* vers les îles Skellig et *(au Nord)* vers la péninsule de Dingle.

Emprunter le pont (1,6 km de long) qui relie l'île à Portmagee/An Caladh. Dans Portmagee, prendre à droite la route côtière vers le Sud.

La route grimpe les flancs du Glaneavagh (318 m), qu'elle contourne, puis plonge en d'étroits zigzags très abrupts vers la baie de Saint-Finan, d'où l'on aperçoit par beau temps les îles Skellig *(voir ci-dessus Skellig Experience)*.

Ballinskelligs/Baile an Sceilg – Ce très petit village de langue irlandaise est célèbre pour son port minuscule et sa plage de sable doré, longue de 6 km.

Poursuivre vers l'Est par la R 567, puis reprendre à droite la N 70.

Waterville/An Coireán – La petite station balnéaire édifiée sur l'isthme séparant le **lac Currane** de la mer s'enorgueillit de sa longue (800 m) promenade. Charlie Chaplin y fit de fréquents séjours, évoqués par des photographies exposées dans le foyer du Butler Arms Hotel, dont le décor respire les années cinquante.

Continuer vers le Sud par la N 70.

Coomakesta Pass – Le col (213 m) sinueux procure d'étonnantes vues sur la côte.

Derrynane National Historic Park ⊘, à **Caherdaniel** – Derrynane House appartint jadis à Daniel O'Connell, le Grand Libérateur *(voir Index)*.

Le **parc** (120 ha), qui borde la baie de Derrynane, comprend une plage, une réserve ornithologique et une île accessible à marée basse, Abbey Island. Près du château, des allées parcourent les jardins de fleurs et les bois.

Les ailes Sud et Est de la **demeure** à façade d'ardoise n'ont pas changé depuis leur construction en 1825.

La pièce maîtresse du salon *(1ᵉʳ étage)* est une **table** très ouvragée offerte à O'Connell lorsqu'il était membre du conseil municipal de Dublin. Le plateau est fait de noyer ; le piétement en chêne représentant des chiens-loups et une harpe exigea quatre années de travail. O'Connell fit édifier en 1844 la chapelle accolée à la maison en action de grâces pour sa libération de prison. L'énorme char triomphal dans lequel O'Connell défila à travers tout Dublin a retrouvé le lustre du passé à la suite d'une soigneuse rénovation.

Poursuivre vers l'Est par la N 70 ; à Castlecove, tourner à gauche à l'hôtel Staigue Fort House.

Staigue Fort – *Route d'accès étroite. Contribution de 20 pence pour entrer.* Ce fort restauré de pierres sèches vieux de 2 000 ans est l'un des plus beaux d'Irlande. Totalement entouré d'un talus et d'un fossé, il fut probablement construit avant le 5ᵉ s. pour servir de refuge à la communauté. On accède aux murs, hauts de 5 m et épais de 4 m, par des marches situées sur leur face intérieure.

Revenir sur la N 70 et poursuivre vers l'Est.

Sneem/An Snaidhm – Dans ce ravissant village établi au fond d'un estuaire vécut Cearbhall O'Dálaigh (1899-1976), ancien président de la République. Des monuments ont été élevés à sa mémoire sur les deux vastes places herbeuses que relie un pont étroit.

L'**église anglicane** ⊘ est un charmant petit édifice datant de 1810, doté d'une tour et d'une petite flèche sur laquelle un saumon fait office de girouette. L'intérieur, peint en blanc, renferme quelques ornements, dont plusieurs plaques de bancs en cuivre, portant le nom des anciens paroissiens.

Continuer vers l'Est.

KILMALLOCK★

CILL MOCHEALLÓG – Limerick – 1 311 habitants
Carte Michelin nᵒ 923 G 10 ou Atlas Great Britain & Ireland p. 84

tte petite ville du Val d'Or (Golden Vale) au bord de la Loobagh, s'est développée tour d'une abbaye fondée au 7ᵉ s. par saint Mocheallog. Elle a conservé nombre de :iments historiques. Elle fut l'une des plus importantes cités du comté de Munster demeura du 14ᵉ au 17ᵉ s. le fief des Fitzgerald, comtes de Desmond. Incendiée en i68 par James Fitzmaurice pour ne pas tomber aux mains des Anglais, elle fut quise par les troupes de Cromwell vers 1640 et ses murailles en grande partie ruites au cours des guerres orangistes de 1690.

CURIOSITÉS

Abbaye – Fondée au 13ᵉ s. par les dominicains, elle fut somptueusement dotée avant d'être accordée à la municipalité par la reine Élisabeth Iʳᵉ. Des éléments subsistants se détachent la jolie fenêtre du transept et la tour de 27 m, élégamment soutenue par d'étroites arcades, mais dont l'une des parties angulaires s'est effondrée. Un petit **musée** municipal est installé à l'entrée.

★**Collégiale** – Cette église catholique du 13ᵉ s. dédiée aux saints Pierre et Pau
gardé presque intacts les murs et les arcades de sa nef et du bras droit de s
transept. La tour est en partie constituée par un ancien clocher rond.

Fortifications – Il en subsiste une partie imposante depuis les abords de la co
giale jusqu'à **Blossom's Gate** (porte de la Fleur), la seule encore existante des 5 por
que comptait la ville.

King's Castle – Cette maison forte du 15ᵉ s. s'élève sur le site d'une forteres
antérieure, édifiée pour surveiller la vallée de la Loobagh. Durant les guerres
marquèrent les débuts de la confédération de Kilkenny, elle servit tour à tour d'
senal pour les Irlandais et d'hôpital pour les troupes de Cromwell.

Dans Wolfe Tone Street, près du pont, on peut voir la **maison du 15ᵉ s.** où mou
en 1795 le poète gaélique Aindrias Mac Craith *(An Magaire Súgach)*, dont la tom
se trouve dans le cimetière de la collégiale.

EXCURSIONS

★**Monasteranenagh Abbey**, à Monaster – *22,5 km au Nord par la R 512. À Holycr*
tourner à gauche. D'impressionnantes ruines, constituées parfois de grands pans
murs, se mirent dans la Camoge. Le monastère cistercien, occupé par des moines
Mellifont, fut fondé au 12ᵉ s. par Turlough O'Brien, roi de Thomond, en action
grâces pour sa victoire sur les Danois à la bataille de Rathmore en 1148.

★**Lough Gur Interpretive Centre** ⊙, à **Holycross** – *16 km au Nord par la R 512*
Holycross, tourner à droite. Les abords du lac Gur constituent l'un des plus anci
foyers de peuplement en Irlande. Des fouilles ont apporté de nombreuses précis
quant au mode de vie à l'âge de la pierre. Des vestiges de cette époque et de l'â
du bronze, ainsi que des maquettes de cromlechs et de chambres funéraires, s
exposés au centre d'accueil, où une présentation audiovisuelle rend compte de la
au néolithique.

Irish Dresden ⊙, à **Dromcolliher** – *24 km à l'Ouest par la R 515.* Musiciens, danse
dames froufroutantes, personnages pour crèches de Noël, oiseaux, animaux sont
sujets reproduits ici en délicates porcelaines d'une grande précision d'exécution.
firme, installée en Allemagne à Vollestedt, s'y maintint jusque dans les années soixar
qui virent la petite-nièce du fondateur, Joanna, et son époux transférer leurs activi
en Irlande. Là, tout en poursuivant la fabrication de leurs modèles traditionnels, ils
élargirent la gamme par le jeu de techniques plus modernes.

De Valera Museum ⊙, à **Bruree** – *10 km au Nord-Ouest par la R 518.* Créés à
mémoire d'**Eamon De Valera**, ancien président de la République d'Irlande, le musée e
Centre du patrimoine occupent, entre le vieux pont à six arches et un vieux mou
l'ancienne école publique qu'il fréquenta. On y découvre, disposés sur un pupitre gr
à ses initiales, les livres scolaires qu'il utilisa.

Le musée contient d'autres témoignages de cette époque, dont des objets fabriq
au 19ᵉ s. et des outils tels qu'un peigne de couvreur et des moulins à bras pour mou
le grain.

Eamon De Valera (1882-1975)

Lorsqu'il était petit garçon, Eamon De Valera vivait avec son oncle dans un
cottage *(2,5 km au Nord sur la route d'Athlacca)* près de Bruree, village où
se trouvait l'école que l'on a convertie en musée. Il joua un rôle clé dans le
soulèvement de Pâques de 1916. Condamné à mort, il échappa à l'exécution parce qu'il était né en Amérique. Élu député d'Ennis au Parlement en
1917, il devint en 1932 ministre des Affaires étrangères, fonction qu'il
cumula à partir de 1937 avec celle de Premier ministre *(Taoiseach)*, jusqu'en 1948. Il fut ensuite président de la République de 1959 à 1973.

KILRUSH★

CILL ROIS – Clare – 2 740 habitants
Carte Michelin n° 923 D 10 ou Atlas Great Britain & Ireland p. 83

Deuxième ville du comté, Kilrush, sur la rive Nord de l'estuaire du Shannon, est a
le principal centre commerçant du Sud-Ouest du Clare. De nombreuses foires
chevaux se tiennent sur sa place principale. La région fut au 19ᵉ s. la destination
villégiature des habitants de Limerick. En été, on peut voir des familles de grands d
phins s'ébattre dans l'estuaire.

Heritage Centre ⊙ – *Main Square.* La halle datant de 1808 abrite une exposi
expliquant le rôle joué par la famille Vandeleur, membre de la noblesse loc
depuis la création de Kilrush au 18ᵉ s. jusqu'aux expulsions de 1888, en pass
par les guerres napoléoniennes et la Grande Famine.

Vandeleur Walled Garden
⊘ – *Ferry Road.* Le magnifique domaine boisé des Vandeleur (168 ha) subsiste mais le château familial (1803) fut détruit par un incendie en 1897. Les écuries et l'ancien jardin clos sont en cours de restauration.

Scattery Island Visitor Centre ⊘ – *À l'Ouest de Merchant's Quay.* Le centre d'information de l'île de Scattery peut fournir des renseignements sur l'histoire et la faune de l'île.

EXCURSIONS

Scattery Island – *Accessible par bateau* ⊘ *depuis la marina de Kilrush.* Le **clocher rond** de 33 m domine les vestiges de cinq églises médiévales et le monastère du 6ᵉ s. fondé par saint Senan, dont l'élève le plus célèbre fut saint Kieran de Clonmacnoise.

West Clare Railway ⊘, à **Moyasta** – *6,5 km au Nord-Ouest par la N 67, en face du Clancy's pub.* Les visiteurs sont invités à faire une petite promenade sur un tronçon rénové du chemin de fer du West Clare, qui à l'origine circulait entre Ennis *(voir ce nom)* et Kilkee. On projette de poursuivre sa restauration.

Kilkee/Cill Chaoi – *13,5 km au Nord-Ouest par la N 67.* Cette station balnéaire se situe au fond de la baie de Moore. On peut faire une longue promenade sur sa vaste plage en fer à cheval où, le dernier week-end d'août, se déroulent à marée basse des courses de chevaux. Les rochers de Duggerna, à l'entrée de la baie, sont accessibles quand la mer se retire.

Presqu'île du cap Loop – *Le revêtement de la chaussée est mauvais par endroits.* À l'Ouest de Kilrush et de Kilkee, la terre forme une péninsule se terminant au cap Loop. Le paysage est dénué d'arbre ; les champs sont divisés par des talus, tandis que les haies et les dalles se rencontrent plutôt dans l'intérieur des terres.
Sur la côte Sud de l'estuaire, derrière la jetée, se dresse la **maison forte de Carrigaholt** construite au 16ᵉ s. par la **famille McMahon** qui possédait jadis la péninsule. Elle fut assiégée pour la dernière fois en 1649. De la tour, un magnifique panorama s'ouvre jusqu'au Nord du Kerry (5 km).

Plage de Kilkee

Près de la côte Nord, le **pont de Ross★**, gigantesque arche formée par l'érosi
marine, est visible du sommet des falaises environnantes.

Un phare de 84 m élevé en 1854 surmonte le cap **Loop**. En 1869, une lumiè
intermittente a remplacé le feu fixe. C'est le troisième phare sur ce site : le premi
installé en 1670, n'était qu'un feu de charbon entretenu sur le toit de pierre d'u
petite maison (il en existait quatre de ce genre).

KINSALE★★

CIONN TSÁILE – Cork – 2 007 habitants
Carte Michelin n° 923 G 12 ou Atlas Great Britain & Ireland p. 78

Avec ses ruelles étroites et ses maisons recouvertes d'ardoise dominant le lar
estuaire du Brandon, Kinsale apparaît comme une ville pleine d'attraits et de charm
Mais l'endroit, doté de nombreux excellents restaurants, est aussi connu comme
capitale gastronomique irlandaise ; un festival des gourmets est organisé chaque ann
en octobre.

UN PEU D'HISTOIRE

En 1223, peu après l'invasion de l'Irlande par les Anglo-Normands, Kinsale revint
mariage à la famille de Courcy, et reçut dès 1333 sa première charte d'Édouard
L'événement le plus marquant de l'histoire de la ville reste le **siège** de 1601-1602. L
troupes espagnoles alliées des Irlandais occupant Kinsale furent assiégées par l'arm
anglaise de Lord Mountjoy. Une tentative irlandaise pour lever le siège se solda
un échec cuisant. Cette défaite mit fin au vieil ordre gaélique et au système des cla
qui dominaient jusqu'alors.

En 1641, Kinsale se déclara partisan de Cromwell, s'évitant ainsi bien des malheu
Jusqu'à la fin du 18e s., aucun Irlandais de souche ne vint s'y installer.

La défaite attendait Jacques II, lorsqu'il débarqua en mars 1689 à Kinsale afin
reconquérir son royaume. Après la **bataille de la Boyne** *(voir Boyne Valley)* en 1690
la déroute de ses armées, le prince catholique reprit le chemin de l'exil et embarq
pour la France à Duncannon, en rade de Waterford.

Au 17e s., Kinsale devint un port florissant spécialisé dans la construction navale po
le compte de la Marine royale. C'est ici que fut construit le *HMS Kinsale* en 170
Mais la construction de bateaux de plus en plus gros au 18e s. condamna le port, tr
petit pour être adapté aux nouvelles conditions maritimes.

La fermeture de la ligne ferroviaire en provenance de Cork amorça le déclin de l'éc
nomie, mais depuis les années soixante Kinsale connaît un brillant renouveau grâce
tourisme, la plaisance et la pêche sportive en haute mer.

CURIOSITÉS

★Église St-Multose (anglicane) ⊙ – L'église d'origine, construite vers 1190, ét
dédiée au saint patron de Kinsale, saint Multose (connu aussi sous le nom d'Eltin
qui vécut au 6e s. Le porche de la tour est de style roman irlandais du 12e s. :
portail principal, surmonté d'une statue de saint Multose dans une niche, a é
construit quelques années plus tard. L'intérieur de l'église contient quelques mor
ments funéraires intéressants datant du 16e s.

★Regional Museum ⊙ – Le Musée régional occupe l'ancien hôtel de ville, édifi
la fin du 17e s. et surmonté de pignons hollandais caractéristiques. Il contient
nombreux vestiges du passé de la cité, dont plusieurs chartes royales. Dans
loggia, on peut découvrir le registre *(toll board)* consignant les taxes prélevées s
les marchandises destinées au marché, ainsi qu'un canon ayant appartenu au *H
St Albans* qui sombra dans le port de Kinsale le 8 décembre 1693. La grande sa
est consacrée à l'enquête sur les victimes du *Lusitania*, coulé par les Alleman
pendant la Première Guerre mondiale. La salle d'exposition présente une collecti
très éclectique : la dentelle locale ou les manteaux de Kinsale qui furent très pri
pendant plus d'un siècle, mais aussi l'argenterie et les chaussures ayant apparte
au géant de Kinsale, **Patrick Cotter O'Brien** (1706-1806), qui réalisa une brillante c
rière sur la scène anglaise. Des expositions complémentaires sont aussi présenté
à Desmond Castle et au fort Charles.

Desmond Castle ⊙ – Cette maison forte de trois étages fut construite entre la
du 15e s. et le début du 16e s. pour servir de maison de douane aux comtes
Desmond, sur un site à l'époque à proximité du port. Durant le **siège de Kinsale**,
servit de magasin d'armes et de vivres, avant de redevenir la douane jusqu'
1641. Par la suite, le bâtiment, réquisitionné, servit à enfermer les prisonni
étrangers, notamment les Français pendant les guerres napoléoniennes, d'où
surnom de « Prison française ». Il accueille désormais le **musée du Vin**, qui évoc
l'époque à laquelle Kinsale était un port et le grand nombre de familles irlandai
liées à l'industrie vinicole en France, en Espagne, en Australie et aux États-Un

KINSALE PRATIQUE

rtisanat – Un vaste éventail de boutiques vend toutes sortes d'objets artisa-
ux.

Se restaurer à Kinsale

nsale Gourmet Store and Seafood Bar – *Church Street, Guardwell* – ☎ *(021)
774 453.*
raiteur-poissonnier préparant des déjeuners très simples mais merveilleusement
ais à base de produits de la mer.

ax's – *Main Street* – ☎ *(021) 4772 443.*
tit restaurant sans prétention servant des repas classiques et des spécialités
andaises.

e Vintage – *Main Street* – ☎ *(021) 4772 502* – fax *(021) 4774 828.*
ans cette petite maison accueillante du 19ᵉ s., on goûte une cuisine internatio-
le assez collet monté.

sino House – *Coolmain Bay, Kilbrittain (4 km au Sud-Est, par une route non
gnalée sur la R 600).*
prépare les bons produits locaux de cette ancienne ferme avec une touche
ntemporaine assez éclectique.

Se loger à Kinsale

caw Guesthouse – *1,5 km à l'Est par la R 600* – ☎ *(021) 4774 155* – fax *(021)
774 755* – *7 chambres.*
nsion modernisée, dont les chambres accueillantes fournissent tout le confort.

lneth House – *Cappagh (1,5 km au Nord-Ouest par la R 605, route de
andon)* – ☎ *(021) 4772 824* – fax *(021) 4773 357* – *8 chambres.*
nsion moderne tranquille et bien aménagée. Belle vue.

ebe Country House – *Ballinadee (12 km à l'Ouest par la R 600)* – ☎ *(021)
778 294* – fax *(021) 4778 456* – *4 chambres.*
eau presbytère ancien de style georgien offrant des chambres agréablement
ménagées et une bonne cuisine irlandaise dans un paisible environnement rural.

e Old Presbytery – *43 Cork Street* – ☎ *(021) 4772 027* – fax *(021)
772 166* – *16 chambres.*
aison georgienne dans la vieille ville, chambres calmes et accueillantes

d Bank House – *11 Pearse Street* – ☎ *(021) 4774 075* – fax *(021)
774 296* – *17 chambres.*
aison de ville aux grandes chambres alliant confort et équipement complet,
oche des quais.

lly House Inn – *Scilly* – ☎ *(021) 4772 413* – fax *(021) 4774 629* – *6 chambres.*
opriété privée aménagée avec goût offrant une agréable vue sur la rade.

rryville House – *Long Quay* – ☎ *(021) 4772 731* – fax *(021) 4772 298* –
? *chambres.*
lle maison georgienne surplombant la rade ; aménagements de luxe.

EXCURSIONS

*Rade de Kinsale

La promenade *(2,4 km)* le long de la rive Est de l'estuaire du Brandon jusqu'à **Summercove** est très agréable ; l'unique rue du village plonge vers un minuscule port, où les vaisseaux anglais débarquaient les canons et les vivres pour leur armée lors du siège de Kinsale (1601-1602). Depuis le cimetière de l'église anglicane Ste-Catherine, la **vue**★ ouvre sur la **rade**. Bâti en forme d'étoile, le **fort Charles**★ ☉ *(en haut de la colline, parking)*, dont la construction débuta en 1670, remplit son rôle de place forte jusqu'en 1922. La plupart des bâtiments entourant le quadrilatère planté de gazon sont aujourd'hui laissés à l'abandon, mis à part l'ancien magasin

Lusitania

Au fond de la mer Celtique *(à 19 km au Sud de Kinsale)* gît l'épave du navire américain *Lusitania*, torpillé le 7 mai 1915 par un sous-marin allemand. Cette attaque a priori injustifiée aura pour principale conséquence de précipiter les États-Unis dans la Première Guerre mondiale. Sir Hugh Lane, qui fonda la galerie municipale d'Art moderne à Dublin, faisait partie des 1 500 victimes du naufrage.

La rade de Kinsale

d'approvisionnement en artillerie qui abrite une intéressante exposition. Au sommet
fort, on bénéficie d'une **vue** très étendue sur la rade, défendue sur le côté Ouest pa
fort James *(traverser le pont qui enjambe le Brandon et tourner à gauche : après 800*
stationner et poursuivre à pied sur 800 m) construit en 1604, mais moins bien conse
que le fort Charles. Seuls la tour centrale, une casemate et des pans de murs déf
sifs restent partiellement intacts. L'entrée de la rade est protégée par la **Vieille pointe**
Kinsale *(à partir du pont, prendre la R 600 vers l'Ouest et la R 604 vers le Sud)*. À l'
trémité du promontoire qui s'avance sur la mer Celtique se tiennent les ruines du f
du 15ᵉ s. ayant appartenu à la famille de Courcy. La route s'arrête juste à proxim
du nouveau phare, qui remplace celui bâti en 1683.

★Carbery Coast

61 km à l'Ouest par la R 600.

De nombreuses criques, parfois encadrées de bois, pénètrent la côte Sud du co
de Cork, et offrent de surprenantes vues sur l'intérieur des terres ainsi que su
mer.

★**Timoleague** – Sur l'estuaire de l'Argideen, le village est dominé par les vesti
d'un **monastère franciscain**★ fondé en 1320 et mis à sac par Cromwell en 1642.
vastes ruines comprennent les cloîtres, la cour extérieure et, à 800 m au Sud,
restes d'une léproserie du 12ᵉ s.

★**Courtmacsherry** – *5 km à l'Est de Timoleague par la R 601.* La gare qui des
vait ce charmant village donnant sur l'estuaire a été fermée en 1961, mais
nombreuses promenades dans les bois mènent à Wood Point ainsi qu'à une pl
de galets à Broadstrand Bay.

En partant de Timoleague, prendre la R 600 vers l'Ouest. Avant la jonction a
la route principale (N 71), tourner à gauche (panneau indicateur).

Lios na gCon ⊘, au Nord-Est de Clonakilty – Cette forteresse du 10ᵉ s. a été r
taurée en concordance avec les données mises en lumière par une équ
d'archéologues qui conduisirent des fouilles sur ce site en 1987 et 1988. Le s
terrain est resté intact, le fossé entourant le fort ainsi que les berges sont b
préservés. On dispose d'une large et belle vue sur la campagne environnante.

Rejoindre la N 71 et gagner Clonakilty.

Clonakilty/Cloich na Coillte – Ce gros bourg créé en 1598 est renommé pour
boudins noirs *(black puddings)*, produits pour la première fois vers 1880 par Ph
Harrington au 16, Sovereign Street (aujourd'hui Pearse Street). La célèbre pom
à eau, aussi connue sous le nom de **roue de la Fortune** *(au croisement de Conn*
Street et de Lamb Street Lower), fut mise en place en 1890 grâce à la générosi
du comte de Shannon.

Deux éléments embellissent le centre-ville : une place georgienne du 18ᵉ s. a
un jardin en son centre, et l'utilisation du gaélique sur de nombreuses devantu
de commerce rénovées. Le **Musée régional**★ (West Cork Regional Museum), inst

dans l'ancienne école, retrace l'histoire locale : on peut y découvrir des registres de délibération de la corporation de Clonakilty établis en 1675, des photographies du *St Maloga*, l'extraordinaire locomotive à vapeur qui effectuait autrefois la liaison jusqu'à Courtmacsherry, de vastes archives sur la guerre d'Indépendance, ainsi que de nombreux documents sur Michael Collins, né à Sam's Cross *(à 5 km à l'Ouest)*. Le **circuit ferroviaire miniature**★ (West Cork Model Railway Village) ⊘, installé dans les années quarante, fait le bonheur des enfants. Ils pourront suivre le trajet effectué par le train et lire les informations sur l'histoire et l'environnement de chaque arrêt et de chaque station.

La péninsule, **Inchydoney Island** *(à 5 km au Sud par Causeway Road)*, est réputée pour ses plages de sable fin. La grande bande de terre recouverte d'herbe qui déborde vers le Sud jusqu'à la mer est plus connue sous le nom de « Banc de la Vierge ».

À partir de Clonakilty, prendre la route N 71 vers l'Ouest.

Rosscarbery – Ce petit village est construit autour d'une immense place rectangulaire. La **cathédrale** anglicane **St-Fachtna** ⊘, édifice roman du 12e s. restauré en 1612, s'illustre par la beauté de son portail principal finement ciselé. En 590 avant J.-C., saint Fachtna, évêque et abbé, fonda une institution religieuse à Rosscarbery. C'est ici que saint Kilian *(voir Kells)* fut éduqué avant de s'installer à Würzburg en Allemagne, comme missionnaire. Deux siècles plus tard, saint Jean, un moine originaire de Würzburg, établit une nouvelle communauté bénédictine à Rosscarbery.

À partir de Rosscarbery, prendre la route R 597 vers l'Ouest, en direction de Glandore ; après 6,4 km, tourner à gauche vers le cromlech de Drombeg (panneau indicateur).

★**Drombeg Stone Circle** – Drombeg est sans doute le plus impressionnant des 60 cromlechs édifiés aux temps préhistoriques dans l'Ouest du comté de Cork : 14 monolithes espacés régulièrement, formant un cercle fermé de 9 m de diamètre. Les cromlechs présentent habituellement un nombre impair de pierres. À proximité se trouve une fosse à cuisson aussi ancienne.

Continuer vers l'Ouest sur la R 597 jusqu'à Glandore.

★**Glandore** – À l'origine, le nom irlandais de ce petit village, Cuan Dor, qui signifie « port des chênes », tendait à rappeler l'époque vieille de trois siècles où de vastes bois couvraient la plus grande partie de l'Ouest du comté.

Deux minuscules îles situées dans l'estuaire, Adam et Ève, font face au port construit en demi-cercle ; les anciennes instructions de navigation conseillaient aux marins « d'éviter Adam et d'étreindre Ève ». Une promenade gravit la colline (274 m) et conduit au point le plus élevé de Glandore.

KNOCK

AN CNOC – Mayo – 575 habitants

Carte Michelin n° 923 F 6 ou Atlas Great Britain & Ireland p. 95

...squ'à la fin du siècle dernier, Knock était une tranquille petite bourgade s'étalant ...r une crête battue par les vents au milieu de marécages. Aujourd'hui, le village est ...uvent bondé de pèlerins qui visitent son reliquaire (Shrine) et sa basilique, surtout ...ndant la Neuvaine en août, lorsqu'on promène la statue de la Vierge en procession ...ur célébrer l'anniversaire de son apparition.

L'apparition de Knock

Par une soirée pluvieuse d'août 1879, deux femmes du village virent Marie, Joseph, et saint Jean auréolés de lumière contre le pignon Sud de l'église. Elles appelèrent les autres villageois pour partager leur vision. Une commission ecclésiastique valida leur témoignage. Les pèlerinages commencèrent l'année suivante ainsi que des guérisons miraculeuses en grand nombre. En 1936, une seconde commission confirma les conclusions de la première. En 1957, l'église fut affiliée à la basilique Sainte-Marie-Majeure de Rome. Des indulgences particulières sont aujourd'hui accordées aux pèlerins. Pour le centenaire de l'apparition, le pape Jean-Paul II est venu à Knock en 1979.

CURIOSITÉS

Apparition Church – Le pignon Sud de l'église où aurait eu lieu l'apparition a été recouvert de vitres pour le protéger des intempéries. Les premiers pèlerins avaient coutume d'arracher des morceaux de plâtre du mur, croyant qu'il possédait des pouvoirs extraordinaires.

★**Basilica of Our Lady, Queen of Ireland** – Cette immense église (4 524 m²) de forme hexagonale pouvant accueillir jusqu'à 12 000 personnes a été conçue par Dáithí P. Hanly et consacrée en 1976. La tour qui abrite la chapelle du Saint-Sacrement est surmontée par une très belle flèche fusiforme.

Le déambulatoire extérieur couvert repose sur 12 colonnes de granit rouge Mayo et 32 piliers de pierre provenant des 32 comtés d'Irlande.

Au-dessus de l'entrée de la chapelle est accrochée une tapisserie (conception Ray Carrol dans le style des tapis du Donegal), représentant l'apparition ; le cen_ de l'église est occupé par le maître-autel. Le reste de l'édifice est divisé en ci_ chapelles dédiées respectivement au Sacré-Cœur, à saint Jean l'Évangéliste, Notre-Dame de Knock, à saint Joseph et à saint Columba, chacun étant représe_ par une statue. Les murs de séparation entre les chapelles comportent tous_ réplique d'une fenêtre typique de chacune des quatre provinces d'Irlande.

Folk Museum ⊘ – Un bâtiment moderne arborant les armes des quatre provin_ d'Irlande – Ulster, Connaught, Leinster, Munster – abrite une exposition très b_ présentée illustrant la vie dans l'Ouest de l'Irlande au 19ᵉ s., le développement _ lieu saint, la visite du pape en 1979 et la vie de Mgr James Horan, prêtre de _ paroisse de 1963 à 1987.

ENVIRONS

Connaught Airport – *14,5 km au Nord de Knock par la route N 17.* L'aérop_ se nomme aussi Horan International, en hommage à l'homme dont la clairvoyan_ et la ténacité ont permis sa création. Le premier projet, dans les années cinquan_ prévoyait une piste d'atterrissage en sol naturel. Convaincu que la venue du pa_ à Knock en 1979 déplacerait plus de pèlerins que d'ordinaire, le prêtre de _ paroisse, Mgr James Horan, lança un projet plus audacieux. Malgré la réticence _ public, et sans le soutien financier de l'État, l'aéroport fut inauguré en 1985, av_ une piste suffisamment longue (2,5 km) pour accueillir les gros porteu_ L'aéroport est aussi utilisé pour l'entraînement des pilotes. Depuis, il accueille _ permanence les pèlerins, mais aussi les visiteurs de l'Ouest de l'Irlande.

EXCURSION

Lough Conn *Circuit de 139 km AR*

Au départ de Knock, suivre la R 323 via Kiltimagh ; à Bohola, tourner à gauc_ sur la N 5 puis tourner à droite pour Strade.

Strade – Une annexe de l'église moderne accueille un **musée** (Michael Dav_ Memorial Museum) ⊘ dédié au fondateur de la Ligue agraire, **Michael Davitt** (184_ 1906), originaire de Strade et enterré dans le cimetière de l'église. Des lettres, c_ photographies, une écharpe de la ligue, des écrits personnels et des biograph_ retracent l'itinéraire du personnage historique qui a fait connaître par son acti_ le petit village de Strade dans toute l'Irlande.

Le **monastère**, en ruine, fut fondé au 13ᵉ s. par un membre de la famille MacJord_ à l'intention des franciscains qui l'occupèrent jusqu'en 1252, date de sa transm_ sion aux dominicains par Jordan of Exeter, seigneur d'Athlethan. Bien que la p_ grande partie du bâtiment semble dater du 15ᵉ s., le chœur a été édifié au 13ᵉ _ De nombreuses stèles sont disposées contre le mur Sud, et le mur Nord mont_ un tombeau magnifiquement sculpté.

Prendre la N 58 vers le Nord jusqu'à Foxford.

Filatures de laine de Foxford ⊘ – Les filatures de laine (Woollen Mills) fure_ mises en place par une religieuse de l'ordre des sœurs irlandaises de la Char_ mère Arsenius. Elle s'installa à Foxford avec un groupe de nonnes en 1890, _ parvint à imposer la filature et à la rendre florissante. Depuis 1987, la filature _ devenue indépendante des religieuses.

Une présentation audiovisuelle de l'histoire des filatures est suivie d'une visite d_ machines des années trente, aujourd'hui obsolètes. On peut observer les différen_ procédés de fabrication des célèbres couvertures, tapis et tweed de Foxford_ cardage, filage, tissage, raccommodage, lavage, séchage. Ces articles sont en ve_ à la boutique.

De Foxford, emprunter la R 318 vers l'Ouest ; au carrefour en T prendre la R 3_ à gauche.

★**Vue depuis le pont de Pontoon** – Du pont, la **vue**★ sur le lac Cullin *(au Sud)_ le lac Conn *(au Nord)* vaut le détour. Si les deux lacs sont réputés pour la pêc_ à la ligne (truite brune et truite argentée), les plages du Cullin sont plus sûres po_ la baignade.

De Pontoon, prendre la R 315 vers le Nord, via Lahardaun ; après 21 km, tour_ à droite pour rejoindre la rive du lac.

★**Errew Abbey** – *20 mn à pied AR à travers champs.* Les ruines de l'abbaye occ_ pent un site pittoresque et isolé, à l'extrémité d'une presqu'île du lac Conn. Il re_ peu de choses de cet édifice construit en 1413 à l'intention des chanoines aug_ tins. L'église du 13ᵉ s., avec sa piscine et ses fenêtres trilobées, est antérieure a_ bâtiments du cloître.

Reprendre la R 315 vers le Sud ; à Lahardaun prendre sur la droite en montant vers Glen Nephin, via Bofeenaun et Burren, en direction de Castlebar.

Windy Gap – La route escarpée qui traverse le défilé offre de nombreuses vues du lac Conn et de Castlebar.

Castlebar – Le chef-lieu du comté de Mayo est une ville agréable traversée par la rivière de même nom. Sur le **Mall**, terrain où Lord Lucan (Patrick Sarsfield) jouait autrefois au cricket, se dresse aujourd'hui un monument commémorant la rébellion des Irlandais unis en 1798, près de la tombe de John Moore, qui fut alors le président du gouvernement provisoire du Connaught. L'hôtel de ville abritait autrefois des foires au lin réputées.

Emprunter la N 60 vers le Sud jusqu'à Claremorris, puis la N 17 vers l'Ouest pour regagner Knock.

LIMERICK★★

LUIMNEACH – Limerick – 27 098 habitants
Carte Michelin n° 923 G 9 et 10 ou Atlas Great Britain & Ireland p. 84

␣r le Shannon, Limerick, quatrième ville d'Irlande, est le cœur administratif et com-
␣ercial du Centre-Ouest. Le centre historique, appelé Ville anglaise (English Town) ou
␣␣ du Roi (King's Island), avec ses nombreux exemples d'architecture médiévale,
␣cupe la rive Nord de la rivière Abbey, affluent du Shannon ; le quartier appelé Ville
␣andaise s'est développé sur la rive Sud. Au 18e s., Limerick s'est étendu vers le Sud
␣ec la construction de Newtown Pery (1769). En 1848, Limerick est relié à Dublin
␣r chemin de fer.

␣aucoup d'industries caractéristiques de Limerick, comme la fumaison de bacon ou
␣ minoterie, se sont développées à partir des années 1860. Après la création de l'État
␣re d'Irlande en 1922, la ville a connu une phase de déclin économique et de forte
␣migration, qui s'est inversée depuis grâce à la création du complexe hydroélectrique
␣Ardnacrushna *(à l'Est)* achevé dans les années vingt. L'ouverture de l'aéroport de
␣annon en 1945 et l'arrivée à partir des années soixante de nombreuses industries
␣uvelles, assemblage d'ordinateurs ou ingénierie électronique, ont contribué à l'essor
␣gulier de l'activité économique locale.

N PEU D'HISTOIRE

␣ **cité des sièges** – Limerick tient son nom de *Laemrich*, terme norvégien signifiant
␣terre prospère ». En 922, les Vikings danois y établirent une colonie, d'où ils par-
␣ent piller les riches zones agricoles à l'intérieur des terres. Pendant plus d'un siècle,
␣ ville fut attaquée sans succès par les forces irlandaises, avant que le roi d'Irlande
␣an Ború ne parvienne enfin à la mettre à sac et à en chasser les occupants.

␣s Normands, qui prirent Limerick en 1194, après la mort du roi de Munster, Dónall
␣òr O'Brien, construisirent 400 châteaux dans la ville et ses environs. Ils élevèrent
␣ssi de vastes remparts, dont certains pans subsistent encore. Pendant la période de
␣me relatif lié à l'occupation normande, Limerick prêta serment d'allégeance à la
␣uronne d'Angleterre. Sous le règne d'Henri II, le royaume de Thomond *(au Nord
␣ Munster)* fut divisé entre les Normands, qui récupérèrent les territoires situés au
␣d du Shannon, dans le comté de Limerick, et les O'Brien, nouveaux détenteurs de
␣ rive Nord, dans le comté de Clare.

␣us les Tudors, la ville entretenait d'actives relations commerciales avec la France et
␣.spagne. Cependant, la révolte géraldine, fomentée en 1571 contre la domination
␣glaise par James Fitzgerald, eut des conséquences dramatiques pour la situation
␣litique et économique de la cité.

␣ 1642, Limerick fut occupée par les forces confédérées. Ireton, un commandant de
␣omwell, l'assiégea pendant six mois avant d'obtenir en 1651 la victoire, due à la
␣hison de quelques officiers de la garnison. Après la bataille de la Boyne en 1690,

La chevauchée de Sarsfield

Durant le siège de Limerick par Guillaume d'Orange en 1691, le leader irlandais Patrick Sarsfield, informé par un déserteur, réussit à quitter la ville avec 600 cavaliers. Il fait route vers le Nord, puis vers l'Est, passe le Shannon à gué en amont du pont de Killaloe que tiennent les orangistes, et traverse les monts Silvermine vers le Sud jusqu'à Glencar, où il campe pendant que des éclaireurs vont en reconnaissance. À minuit, Sarsfield et ses troupes partent via Cullen vers Ballyneety *(30 km au Sud de Limerick)* et interceptent un convoi destiné aux assiégeants. Ils détruisent 8 canons lourds, 5 mortiers, 200 chariots de munitions et des vivres. On entend le bruit des explosions jusque dans Limerick assiégé.

LIMERICK

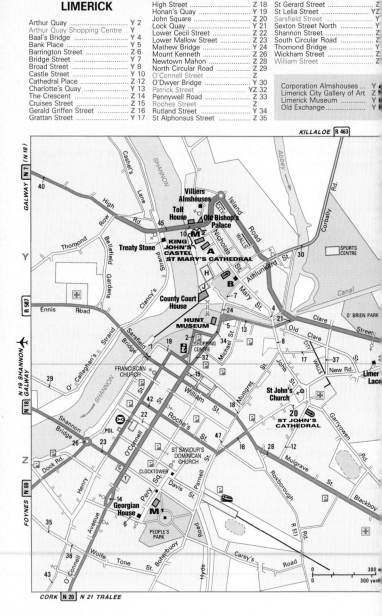

les troupes irlandaises vaincues battirent en retraite à Limerick, poursuivies p[ar] Guillaume d'Orange. Celui-ci assiégea à nouveau la Ville irlandaise, mais ses no[m]breuses tentatives pour la prendre furent sans succès.

Traité de Limerick – Après deux mois de bombardements par une autre armée [de] Guillaume dirigée par le général Ginkel, alors que la flotte anglaise bloquait le fleuv[e,] Sarsfield entama des négociations et finit par signer le traité de Limerick en 1691[. Il] entra ensuite dans l'armée française et mourut à 43 ans au combat.

Du 18e au 20e s. – En dépit de l'importante révolte paysanne qui eut lieu dans [la] région au 18e s., le conseil municipal prit la décision de faire démolir la quasi-total[ité] des murs d'enceinte de la ville en 1760.

Ce siècle fut par ailleurs marqué par la dernière floraison de la vieille culture irlanda[ise] traditionnelle. Au 19e s., après l'émigration qui suivit la Grande Famine, le gaéliq[ue] cessa d'être en usage à Limerick. Gerald Griffin (1803-1840), romancier et poète [né] à Limerick *(plaque commémorative sur St Augustine's Place)*, acquit sa renommée [en] s'exprimant en anglais.

Pendant la guerre d'Indépendance, Limerick et son comté fournirent trois leaders [au] soulèvement de Pâques 1916. Le plus célèbre fut **Eamon De Valera** (1882-1975), [qui] devint par la suite Premier ministre *(Taoiseach)* puis président de la République.

LIMERICK PRATIQUE

Tourisme – Visites pédestres guidées (Walking Tours) ⏱ de la ville au départ
de St Mary's Action Centre, 44 Nicholas Street : circuit historique ou circuit des
cendres d'Angela.

Achats – Les zones commerciales principales se situent dans **O'Connell Street** et
William Street. **Arthur's Quay Centre** est un centre commercial groupant plus de
40 boutiques. La visite du **Milk Market**, ancien marché au lait, est conseillée aux
amateurs ; le marché du samedi matin propose les produits frais, et un marché
d'art et d'artisanat a lieu tous les vendredis.

Loisirs – Le **Belltable Arts Centre** accueille diverses productions théâtrales ; pour
plus amples informations sur les programmes, ☎ (061) 319 866. Le **Theatre
Royal** dans Upper Cecil Street est célèbre pour la musique et d'autres formes de
divertissements ; liste complète des événements, ☎ (061) 414 224. Le **Savoy
Cinema**, dans Bedford Row, est doté de cinq salles, ☎ (061) 311 900. L'**Irish
Chamber Ochestra**, qui effectue des tournées, est désormais basé à Limerick : pro-
gramme intégral, ☎ (061) 202 620. La salle de concerts de l'université présente
un programme musical régulier et varié ; réservations, ☎ (061) 331 549.
Plusieurs galeries d'art organisent des expositions temporaires : **Belltable Arts
Centre** *(voir plus haut)* ; **Dolmen Gallery**, sur Honan's Quay, ☎ (061) 417 929 ;
Bourne Vincent Gallery, dans Foundation Building, à l'université de Limerick,
☎ (061) 202 700 ; **Angela Woulfe Gallery**, 16 Pery Square, ☎ (061) 310 164.

Se restaurer à Limerick

Cherry Tree – *Killaloe* – ☎ *(061) 375 688 – fax (061) 375 689.*

Restaurant moderne ; cuisine originale à thème irlandais et vue sur le Shannon.

Bunratty Castle *(voir ci-dessous)*

Pour un banquet médiéval accompagné de musique irlandaise traditionnelle.

Se loger à Limerick

Bunratty Manor – *Bunratty* – ☎ *(061) 707 984 – fax (061) 360 588 –
4 chambres.*

Pension confortable récente au centre d'un village historique.

Clonmacken House – *Clonmacken Road (par Ennis Road), Limerick (3 km au Nord-
Ouest par la R 587)* – ☎ *(061) 327 007 – fax (061) 327 785 – 10 chambres.*

Pension accueillante et spacieuse aux chambres bien équipées ; bon rapport qualité-prix.

Limerick Inn – *Ennis Road, Limerick (6,5 km au Nord-Ouest par la N 18)* –
☎ *(061) 326 666 – fax (061) 326 281 – 150 chambres.*

Grand hôtel d'affaires moderne donnant sur le Shannon ; vaste parking ; à 2 mn
à pied du centre-ville.

En 1919, au début de la guerre d'Indépendance, une grève générale eut lieu à Limerick,
afin de protester contre l'occupation militaire anglaise en Irlande. La même année, un
soviet fut institué dans la ville.

KING'S ISLAND

★**St Mary's Cathedral** ⏱ (Y) – Plus vieux bâtiment de Limerick, la cathédrale anglicane fut construite en 1168 sur une île du Shannon, King's Island, par le roi de
Munster, Dónall Mòr O'Brien.
Certaines parties du palais du roi ont été incorporées à l'église d'origine (autrefois
cruciforme) construite en style roman de transition. Il est possible que le portail
principal ait été autrefois l'entrée du palais.

Intérieur – Dans la chapelle Jebb, les stalles du chœur en chêne noir avec leurs miséricordes, toutes du 15e s., sont les dernières de ce type existant en Irlande. Le
retable du maître-autel a été sculpté par le père de Patrick Pearse. Dans le bras
gauche du transept, sous la fenêtre, on pourra admirer les belles sculptures du
mémorial d'Arthur (Geoffrey Arthur, le trésorier de la cathédrale, mort en 1519), et
du petit guichet des lépreux *(à droite)*. Dans le bras droit se trouve le tombeau
Galway-Bultingfort, également du 15e s.

★**Museum** ⏱ (Y M²) – Le musée retrace l'histoire de la ville, et s'intéresse tout particulièrement à la fin du 19e et au début du 20e s. Une vaste collection d'objets en
argent du 18e s. évoque un métier traditionnel de Limerick aujourd'hui disparu. Des
spécimens de dentelle au tambour, à l'aiguille et en ruban témoignent de la **tradition
dentellière**.

Le château du roi Jean

L'**Ongle** (Nail) de la vieille Bourse *(voir ci-dessous)* sur lequel se réglaient les tra
sactions commerciales est fait de pierre calcaire recouverte de cuivre. « Payer ru
sur l'ongle » *(paying on the Nail)* était alors pratique commune dans les centr
de commerce anglais.

King John's Castle (Y) ⊘ – Bel exemple d'architecture normande fortifié
construit entre 1200 et 1216, le château du roi Jean garde le pont de Thomo
sur la rive Est du Shannon. Il n'a pas de donjon ; de massives tours rondes re
forcent la porte et les courtines, autrefois plus hautes qu'aujourd'hui pour mett
en échec les machines de siège de l'époque. Après une réparation complète,
1216, des dommages subis lors d'un siège, il figura souvent dans les annales irla
daises, ainsi que dans les documents de l'État anglais, comme une importar
place forte.
Au 17e s., un bastion à canons en forme de losange fut construit par Josias Bod
(1611) et placé à l'angle Sud-Est. De même, les autres tours et les chemins
ronde furent aménagés afin d'accueillir des canons. Les traces de réfection eff
tuées après le bombardement du général Ginkel en 1691 sont encore visib
depuis le pont de Thomond. Au milieu du 18e s., la caserne *(démolie)* fut constru
dans l'enceinte du château, et la partie Est des fortifications fut détruite pc
agrandir la place d'armes.
L'histoire du château et de la cité est retracée dans des expositions multimédi
avec une présentation audiovisuelle, au **centre d'accueil** (Visitor Centre). Le bâtime
moderne est surélevé pour laisser voir les fortifications antérieures aux Norman
et trois maisons mises au jour au cours des fouilles en cours.
Dans la cour, on peut admirer des reproductions d'engins de guerre : des ma
gonneaux (machines à lancer des pierres), des trébuchets et des béliers. Le chen
de garde entre la tour du pont et la tour Nord-Ouest offre un très joli panorar
sur le Shannon, la ville et ses environs.

Old Bishop's Palace (Y) ⊘ – Cette maison d'habitation, la plus vieille de Limeric
a été conçue dans le style palladien par un enfant du pays, Francis Bindon (envir
1690-1765). Elle abrite aujourd'hui le Limerick Civil Trust.

Almshouses – Limerick se distingue des autres villes irlandaises en détenant de
séries d'**hospices**, au Nord et au Sud du château. Créés en 1826 pour douze pauvr
veuves protestantes, les **hospices Villiers** *(au Nord)* ont été conçus par James Pa
pour fermer trois des côtés du jardin épiscopal. Les **hospices des Corporations** (A), c
aussi « hospices à 40 shillings » ou « hospices des veuves », furent construits
l'usage de 20 veuves par le conseil municipal de Limerick en 1691.

Old Exchange (Y B) – Il ne reste de la Bourse de Limerick, construite en 1673, c
sept colonnes toscanes reliées entre elles par un mur de briques pour former un m

Toll House (Y) – Situé près du pilier Est du pont, l'**octroi** de style gothique f
construit en 1839, la même année que le pont de Thomond réalisé par Jam
Pain.

Treaty Stone (Y) – *Sur la rive Ouest de la rivière. Accessible par Thomond Bridç
On dit que le fameux traité de Limerick fut signé en 1691 sur ce bloc de pier
calcaire, à l'origine situé de l'autre côté de la route, face à l'auberge Black Bull
fut largement détérioré par les chasseurs de souvenirs, avant d'être installé sur
piédestal en 1865 et déplacé près de la rivière.

CENTRE-VILLE

La vieille Ville irlandaise, qui s'est développée sur la rive Sud de la rivière Abbey, à l'extérieur des murs de la Ville anglaise, forme aujourd'hui le cœur de la cité moderne. Le quartier Sud de la Ville irlandaise constitue un bel exemple d'aménagement urbain : des **rangs de maisons en briques rouges** se succèdent pour former de larges rues parallèles. Cette partie de l'agglomération était anciennement connue sous le nom de **Newtown Pery**, en référence à Edmond Sexton Pery (1719-1806), riche marchand de Limerick et président de la Chambre des communes de 1771 à 1785.

Hunt Museum ⊘ (Y) – Cet ancien bureau de douane du 18ᵉ s. dessiné par un architecte italien, David Duchart, accueille dans un cadre digne de sa qualité la remarquable collection d'art et d'antiquités, accumulée et léguée au peuple irlandais par John et Gertrude Hunt, experts dans les domaines de l'art religieux et de l'art médiéval. L'ensemble, remarquablement exposé, permet d'explorer la collection et de découvrir la vie des Hunt. Embrassant toutes les époques, il comprend des œuvres allant du gigantisme à la miniature. Parmi les pièces maîtresses du **premier étage**, on peut admirer la sculpture en bois *Apollon, génie des arts*, un petit cheval de bronze, que l'on attribue à Léonard de Vinci, et un saisissant autoportrait exécuté par Robert Fagan (environ 1745-1816), peintre de l'école anglaise et marchand d'antiquités à Rome. Le **second étage**, consacré à l'archéologie, englobe les anciennes civilisations d'Égypte, de Grèce et de Rome, ainsi que des trésors irlandais, comme la **cloche de Cashel** *(voir ce nom)* et la croix d'Antrim, et une galerie de bijoux où est exposée la croix de Marie Stuart. L'art religieux est présenté de manière spectaculaire au **rez-de-chaussée** dans le trésor. Là, parmi les reflets de l'argent et des pierres précieuses, on trouve une pièce de monnaie grecque, qui, selon la tradition, serait l'un des trente deniers d'argent, prix de la trahison de Judas.

Maison georgienne ⊘ – *2, Pery Square*. Cette *terrace* de six maisons georgiennes, face à People's Park, représente la quintescence du quartier Newtown Pery, œuvre en 1838 de la Pery Tontine Company. Une des maisons, savamment restaurée, retrouve la splendeur de l'architecture et de la décoration georgiennes. Le sous-sol en mezzanine est un élément original. On a aussi reproduit le jardin à l'identique. Dans le garage à voitures, à l'arrière, l'exposition **Ashes Exhibition** fait revivre le tournage d'après le roman *Les Cendres d'Angela*, de Franck McCourt, montrant la vie à Limerick dans son enfance.

John Square (Z 20) – Dessinée en 1751, cette place est uniformément bordée sur trois côtés de maisons à trois niveaux, simples façades en pierre calcaire atténuées par les architraves, épaulées au-dessus des portes principales, sobres au-dessus des niches en briques rouges.
À l'origine, ces demeures étaient celles de riches citoyens de Limerick, qui passaient leur été à Kilkee *(voir Kilrush)*. Aujourd'hui restaurées, elles appartiennent à des avocats, des juges ou des médecins.
Le dernier côté de la place est occupé par un beau monument de pierre calcaire, **St John's Church** *(désaffectée)*, construite en 1843.

St John's Cathedral (Z) – Construite dans le style néogothique en 1861, cette église catholique se situe à l'extrémité Sud de ce qui fut la ville irlandaise. La flèche (85 m de haut), achevée en 1883, est la plus haute d'Irlande. C'est en 1205 que la première mention d'une église sur ce site apparaît dans les annales de Limerick, lorsque l'évêque Donatus O'Brien fonda le chapitre.

Limerick Lace (YZ) – *9 A Good Shepherd Avenue, Pennywell Road*. L'artisanat de la dentelle fut introduit à Limerick vers 1820 par des professionnels anglais. À son apogée au 19ᵉ s., la fabrique locale employait environ 900 jeunes filles. Sur une trame de coton réalisée à la machine, un fil fin ou épais selon les cas dessine des motifs celtiques, que viennent remplir des points de couture décoratifs. Ce type d'artisanat reste encore pratiqué au **couvent du Bon Pasteur** (Convent of the Good Shepherd – *pour visiter, s'adresser à l'Office de tourisme*).

Gallery of Art ⊘ (Z M¹) – Autrefois bibliothèque Carnegie, cette galerie d'art qui s'élève sur deux étages se trouve à la lisière de People's Park. Elle présente une collection permanente d'œuvres de peintres irlandais reconnus, tels que Sean Keating, Jack B. Yeats ou Evie Hone, fréquemment assortie d'expositions temporaires.

ENVIRONS

Woods House ⊘, à **Cratloe** – *8 km à l'Ouest par la N 18*. Un pavillon rouge marque l'entrée du domaine qui a fourni à l'époque le bois de chêne nécessaire au plafond de Westminster Hall à Londres.

Château de Bunratty

La demeure, construite en 1600, constitue l'un des rares exemples de gran
maison irlandaise. Pour plus d'intimité, un passage sur le côté Nord assorti d'u
nouvelle cage d'escalier a été ajouté au début du 18ᵉ s. En 1884, la porte situ
à l'arrière du bâtiment fut dotée d'un porche et devint l'entrée principale.

À l'intérieur, on peut découvrir le mobilier et les souvenirs des propriétaires, desc
dants directs de BrianBorú et des O'Brien, la famille la plus puissante du comté.
Sur le côté Nord de la route, au pied de Woodcock Hill, le **bois de Cratloe** perm
des promenades en forêt ou au bord du lac, et offre une très jolie **vue★** sur l'
tuaire du Shannon *(parking à 1,2 km de la route)*.

★★**Château de Bunratty** ⊙ – *11 km à l'Ouest par la N 18*. Sur les rives de la rivi
de Bunratty, à son embouchure sur l'estuaire du Shannon, s'élève un châte
contrôlant la grande route de Limerick à Ennis.

La **maison forte**, construite en 1460 et restaurée dans les années cinquante dans s
aspect du 16ᵉ s., abrite la collection Gort, consacrée au mobilier et aux tapisser
du 14ᵉ au 17ᵉ s. En soirée, des banquets sont donnés dans la grande salle au be
plafond de chêne.

Folk Park ⊙ – Le **parc rustique** illustre les activités rurales en Irlande au début
siècle, au moment de la révolution agricole. Transférés de leurs sites d'origine
reconstitués, une forge, avec son soufflet et la panoplie d'outils du maréch
ferrant, un moulin arborant sa roue, des maisons typiques de plusieurs régio
une ferme des montagnes avec son lit à dossier et son dallage de pierre, une fer
du Val d'Or (Golden Vale) au toit de chaume plus recherché, s'ouvrent à la vis
Dans le **village** sont regroupés des échoppes typiques de l'époque : la boutique
prêteur sur gages avec son enseigne à trois boules, un pub, un bureau de pos
une quincaillerie, une épicerie, une boutique de drapier, une imprimerie avec s
matériel de typographie et sa presse.

Bunratty House – Construite en 1804, la demeure est une adaptation locale de
maison georgienne à deux étages, si fréquente en Irlande. La cour de fer
accueille la **collection Talbot de machines agricoles**.

★**Castleconnell** – *11 km à l'Est par la N 7 ; prendre à gauche (panneau) v
Castleconnell.*

Dans ce charmant petit village protégé par le Shannon, il est possible d'organiser d
cellentes parties de pêche au saumon, et de savourer de tranquilles promenades s
les arbres au bord de l'eau.

★**Clare Glens** – *21 km à l'Est par la N 7 et la R 503 ; à l'Est de Newport, tour
à droite au panneau indicateur. Stationnement possible des deux côtés de la rivi
La Clare descend des monts Slievefelim en une superbe série de **cascades** au mili
de vallons boisés.

Glenstal Abbey, à Murroe – *19 km à l'Est par la N 7 et la R 506 ; au Nord
Murroe, tourner à droite et passer les portes du parc.*
Un immense domaine et des lacs entourent le château qu'occupent aujourd'hui
monastère bénédictin et une école privée. L'**église** ⊙ moderne est connue pour
décor surréaliste et sa chapelle « de l'icône », dans la crypte.

nore, ravissante petite ville située au confluent de la Blackwater et de la
ennashad, à l'ombre du château, possède l'une des plus anciennes cathédrales
ande ainsi que quelques éléments intéressants d'architecture profane édifiés au
s. dans l'ancien style Tudor anglais. Sur la Blackwater, la pêche au saumon, à la
te de mer ou à la truite brune se pratiquent dans un environnement idyllique. Une
oresque promenade longe la rive Sud à l'Est du pont conçu en 1775 par Thomas
y (1720-1786).

| PEU D'HISTOIRE

monastère fondé par saint Carthach au 7e s. fut jusqu'aux environs de l'an 1000
e des universités les plus réputées d'Europe. Au 8e s., lors de son apogée intel-
uel, la ville ne comptait pas moins de vingt lieux de culte et de savoir.
heureusement, il ne reste aujourd'hui presque plus rien de ces monuments, qui
nt incendiés lors de raids effectués par les Vikings danois en 978.
ri II d'Angleterre marcha sur Lismore en 1171 afin d'obtenir la soumission de
nbreux chefs des comtés de Munster et de Leinster, ainsi que celle des évêques et
abbés d'Irlande. Deux ans plus tard, Raymond le Gros acheva la destruction de la
monastique. En 1185, le prince Jean sans Terre fit construire le château, autour
uel prospéra la ville. En 1589, le château passa aux mains de Walter Raleigh, qui
endit à Richard Boyle, le « grand » comte de Cork. Comme la plus grande partie
a ville, il fut détruit par les troupes de Cromwell. Il fut finalement reconstruit au
eu du 19e s. dans un style impressionnant par Joseph Paxton, qui avait dessiné
stal Palace à Londres et le jardin du duc de Devonshire, nouveau propriétaire du
teau. Magnifique fantaisie néo-Tudor, il domine, spectaculaire, la vallée de la
ckwater aux allures de parc et le pont élégant de l'architecte dublinois Thomas
y.

CURIOSITÉS

Jardins du château ⊘ – On prétend que **Spenser** (vers 1552-1599) y aurait rédigé
une partie de son épopée allégorique, *The Faerie Queene (La Reine des fées)*. Ils
se situent de part et d'autre de la porte d'entrée du château, dite des Cavaliers
(Riding Gate). Le jardin inférieur, dit aussi Parc de divertissement (Pleasure
Grounds), date du milieu du 19e s., bien que l'allée d'ifs soit plus ancienne. Il atteint
des sommets de perfection esthétique en été, quand fleurissent en rondes multi-
colores et odorantes camélias, rhododendrons et magnolias. Le jardin supérieur,
disposé en terrasses, fut dessiné au 17e s. La flèche de la cathédrale se dresse dans
l'axe de l'allée centrale. Fleurs et légumes poussent à l'abri des ifs, des hêtres et
des haies de buis. Les serres conçues par Joseph Paxton (1858) s'appuient contre
le mur Nord. Du haut de la tour de Broghill *(angle Sud-Ouest)*, on dispose d'une
jolie vue.

St Carthage's Cathedral (anglicane) ⊘ – La majeure partie du monument date du
début du 17e s., mais deux édifices religieux l'ont précédé. Quelques pierres du
mur Ouest sont les seuls vestiges de la « grande église de Lismore », mentionnée
pour la première fois en 1173. Une nouvelle cathédrale, bâtie en 1207, fut rasée
au cours de la révolte de Desmond en 1579. En 1633, Sir Richard Boyle décida
de la relever et William Robinson fut chargé en 1679 de terminer la reconstruction.
Deux des fenêtres du bras droit du transept datent de cette période ; les **plafonds
à nervures** furent réalisés par Richard Morrison vers 1820 ; la belle **tour** et la **flèche
nervurée** furent ajoutées en 1826 par les frères Payne, des architectes de Cork.
Des restes de pierres tombales du 9e s. gisent à l'entrée de la nef. L'énorme dalle
du **tombeau** de la famille Macgrath date de 1548. Près du monument néogothique
du 19e s. *(bras Sud du transept)*, on remarque un **vitrail** de l'artiste préraphaélite
Edward Burne-Jones. Des galets de l'île d'Iona, en Écosse, sont incrustés dans le
sol de la chapelle St-Columba.

St Carthach's Church (catholique) ⊘ – Conçu par W. G. Doolin en 1881, ce bâtiment de grès rouge paré de pierres calcaires constitue l'une des plus remarquables
églises d'Irlande de style roman lombard. Sa tour carrée adjacente s'inspire des
campaniles italiens. Au-dessus du portail principal Ouest se détache une mosaïque
du Christ. Un plafond à poutres de bois et une spacieuse galerie embellissent
l'**intérieur**.
Une jolie rangée de maisons d'artisans fait face à l'entrée Ouest de l'église.

Heritage Centre ⊘ – L'ancien palais de justice permet de découvrir l'histoire de
la ville à l'aide de maquettes et d'une présentation audiovisuelle.

ENVIRONS

★The Gap – *16 km au Nord par la R 688.* La route qui traverse les m
Knockmealdown offre de belles **vues★**. Sur le versant septentrional du Sugar
Mountain (653 m) se trouve un cairn funéraire, la **tombe de Grubb** (Grubb's Gra
Samuel Grubb, quaker de la région mort vers 1920, choisit de se faire ent
debout dans cette construction en pain de sucre (en anglais : *sugarloaf*) afin d'
vue sur ses domaines.

★Mount Melleray Abbey – *13 km au Nord-Est par la N 72, la R 669 à part*
Cappoquin, puis une route secondaire à droite. Le monastère observant la
cistercienne, seules l'église publique et une partie de l'**église** ⓣ de la commur
sont ouvertes au public.

Le monastère fut fondé en 1832 pour accueillir la communauté de Mellera\
Loire-Atlantique, composée en majorité d'Irlandais et menacée de dissolution :
moines étrangers ne quittaient pas le sol français. Les moines se consacrent
prière mais accomplissent également un certain nombre de travaux artisar
notamment la fabrication de leur pain.

En 1980, une vaste grotte a été aménagée dans une carrière, au Sud du mc
tère, près du pont, lui-même point de départ d'une attrayante promenade le
de la Glenshelane. Depuis le versant des monts Knockmealdown, de larges
se déploient au Sud sur la vallée de la Blackwater.

LONGFORD

AN LONGFORT – Longford – 6 393 habitants
Carte Michelin n° 923 I 6 ou Atlas Great Britain & Ireland p. 91

Le chef-lieu du comté de Longford borde la rivière Camlin, à quelques kilomètr
l'Est de son confluent avec le Shannon. Longford tire son existence d'une forter
(longphort) construite par les O'Farrel, mais ni cette dernière, ni le prieuré fond
1400 n'ont survécu.

La dernière bataille de la rébellion de 1798 *(voir Killala, encadré)* fut livré
Ballinamuck *(16 km au Nord)* ; l'armée anglaise du général Lake emporta la vic
sur les Français et les Volontaires irlandais commandés par le général Humbert.

CURIOSITÉS

St Mel's Cathedral ⓣ – *Dublin Street.* Conçue par Joseph Kane dans le styl
la Renaissance italienne en 1840, la cathédrale rappelle un temple grec surm
d'un grand clocher coiffé d'un dôme. À l'intérieur, la voûte est soutenue par
double rangée de colonnes ioniques.

Dans le bras droit du transept, le **musée du Diocèse** (Diocesan Museum) ⓣ abri
crosse de saint Mel (10ᵉ s.), trouvée dans l'ancienne église St-Mel à Ardagh *(au*
Est) en 1860, un bâton d'if enchassé dans du bronze et décoré de clous, de des
d'animaux ainsi que de feuillages et d'entrelacs. Parmi les autres objets de pr
nance locale exposés, on peut remarquer de nombreuses croix pénales (fabriq
et utilisées pendant la période des Lois pénales, *voir Le christianisme en Irla*
et le tableau de jeu de Ballindery.

Centre-ville – À partir du **palais de justice** bâti en 1791 dans le style Renaissa
dont l'entrée centrale à fronton est surmontée par des fenêtres serliennes, la
principale descend jusqu'à la rivière puis remonte la rive Nord. Elle longe la cas\
avoisinant l'actuel château (1627) et **St John's Church** (église anglicane) *(à dro*

EXCURSIONS

Carrigglas Manor ⓣ – *5 km à l'Est de Longford par la route R 194.* Ce ma
de style féodal constitue le foyer des Lefroy, une famille descendant des hu\
nots. Il fut conçu en 1837 dans le style néogothique par Daniel Robert
originaire de Kilkenny, pour Thomas Lefroy, président de la Haute Cour de jus
d'Irlande, qui avait été autrefois l'amant de Jane Austen.

L'intérieur de la maison *(restauré)* est remarquable pour ses splendides **plafor**
corniches et moulures dans les salons, ses beaux meubles hollandais, objets d'ar
tableaux, dont de nombreux portraits de famille.

Le **musée du Costume**, aménagé dans les écuries, présente des vêtements portés
les anciennes générations de Lefroy, ainsi qu'une collection de **dentelles**, dont
taines faites par les dames de Carrigglas.

La très belle **cour de ferme et les écuries** *(restauration en cours)* furent dessinées
James Gandon en 1790. La cour des écuries comporte quatre rangées de k
ments à deux étages, avec des arcs à bossage rustique et à frontons, attena\
la cour de ferme.

Maria Edgeworth (1767-1849)

Surtout connue pour ses romans sur la vie irlandaise, *Le Loyer exorbitant du château* (1800), *L'Absent* (1812) et *Ormond* (1817), Maria Edgeworth a développé le genre du roman historique et régional, tout en écrivant aussi romans anglais et contes pour enfants. Elle fut reconnue de son vivant par de nombreux écrivains – Jane Austen, Macauley, Ruskin, Thackeray, Tourgueniev, ou Walter Scott, qui la surnommait « la grande Maria » et lui rendit visite en 1825. Sauf pour ses études en Angleterre, elle ne quitta jamais sa résidence familiale de **Mostrim**, bourgade appelée aussi Edgeworthstown *(14 km à l'Est de Longford)*. Elle avait pour amis les Pakenham de Tullynally et la famille Lefroy de Carrigglas.

Son père, Richard Lovell Edgeworth, riche propriétaire terrien, eut 4 femmes et 22 enfants, dont Maria était l'aînée. Personnalité excentrique, il s'intéressait à la science ; il fit installer un chauffage central au château de Tullynally. Il était le cousin germain de l'**abbé Henri Edgeworth de Firmont**, qui accompagna Louis XVI à l'échafaud.

Le jardin arboré, qui contient une intéressante collection de plantes, est l'œuvre de l'illustre architecte victorien William Robinson.

Chaussée de Corlea ⊘ – *16 km au Sud de Longford par la N 63 et la R 397 : à Keen, tourner à droite au panneau indicateur*. La chaussée *(togher)* découverte dans les années quatre-vingt remonte à 147-148 avant J.-C. Faite de planches de chêne retenues par des piquets, elle était assez large pour permettre le passage de véhicules à roues transportant animaux et marchandises de l'autre côté du marais. Elle n'a sans doute pas servi plus de dix ans, son poids l'ayant fait

Le pays de Goldsmith

La région autour de lac Ree est celle où Oliver Goldsmith (vers 1731-1774), poète, dramaturge, historien et naturaliste, passa les vingt premières années de sa vie, fréquentant les écoles locales : Elphin, Mostrim, Athlone, et Lissoy. La route d'Ardagh à Athlone (N 55) traverse quelques sites importants dans l'œuvre et la vie de Goldsmith.

Une statue par Foley marque l'emplacement de sa première maison, à **Pallas**. Jusqu'en 1731, le père de Goldsmith fut recteur de l'église de **Forgney**, dont un vitrail décrit la « douce Auburn », le village de **Lissoy** qu'évoque avec mélancolie le poète dans son œuvre, notamment son poème *Le Village abandonné*. La famille Goldsmith vécut de 1731 à 1747 au **Lissoy Parsonage**, aujourd'hui en ruine.

À la mort de son mari en 1747, la mère du poète vint s'installer à **Ballymahon** sur l'Inny. Goldsmith fréquenta sa première école à **Tang**, près du moulin. Le pub The Three Jolly Pigeons a conservé le nom de l'auberge de la pièce de Goldsmith, *Elle s'abaisse pour vaincre*.

La chaussée de Corlea

s'enfoncer peu à peu dans le marais. Un tronçon de la route a pu être conser
et réinstallé sous protection sur le site d'origine. Sa découverte par une équ
internationale d'archéologues et la sauvegarde du site font l'objet d'un docum
taire de 20 mn. L'exposition replace la chaussée dans le contexte de l'âge du

Ardagh – *32 km au Sud-Est de Longford par la N 4 et la R 393*. Ce charm
petit village a été largement reconstruit et rénové vers 1860 par une propriéta
d'Ardagh House, Lady Fetherstone.
On raconte que les ruines de la cathédrale, une petite église en pierre, sont érig
à l'endroit où saint Mel aurait été enterré. Il fut nommé évêque par saint Patri
son oncle, fondateur de l'église d'Ardagh au 5ᵉ s.
Le **Centre du patrimoine** (Heritage Centre) ⊘, qui occupe une ancienne école, retra
l'histoire d'Ardagh, de l'ère préchrétienne des contes populaires à l'avènement
christianisme, avec les rivalités internes du clan des O'Farrell, la colonisation
l'Ulster en 1619, jusqu'à nos jours.

MALLOW★

MALA – Cork – 6 434 habitants
Carte Michelin n° 923 G 11 ou Atlas Great Britain & Ireland p. 78

Joliment située sur la Blackwater (parfois décrite comme le « Rhin irlandais »), Mall
est une bourgade active, réputée pour son secteur agro-alimentaire. **Rathduff** *(16
au Sud)* est connue pour son fromage.

UN PEU D'HISTOIRE

Construit à la fin du 12ᵉ s., le château devint au 16ᵉ s. la résidence du lord-préside
du comté de Munster, Sir John Norreys. La ville, fondée en 1298, se vit octroyer u
charte par le roi Jacques II en 1688.

Les eaux de Mallow – En 1724, on découvrit aux sources des vertus curatives sens
purifier le sang. De 1730 à 1810, Mallow fut une station thermale réputée. Ses ha
tués masculins avaient hérité du surnom de **Libertins de Mallow**. Pendant la saison, d'a
à octobre, les curistes prenaient les eaux avant le petit-déjeuner et l'après-midi, con
crant leurs soirées à danser et jouer aux cartes. Les bals, rendez-vous musicaux
autres divertissements rivalisaient avec les soirées organisées à Bath, Tunbridge,
Scarborough en Angleterre. Quand en 1828 on construisit un centre thermal de st
Tudor, qui comprenait une buvette, une salle de lecture et des bains, la popularité
Mallow était déjà sur le déclin.

Associations littéraires – Parallèlement au déclin de la station thermale, la ville acq
rait la réputation de centre d'activité politique nationaliste, due notamment à l'écriv
politique **Thomas Davis**, qui y naquit et y passa toute son enfance *(73 Main Street)*,
à **William O'Brien** (1852-1928), célèbre député nationaliste dont on peut aujourd'
visiter la maison natale.
D'autres noms sont également associés à Mallow : **Anthony Trollope** y résida quelqu
années ; **Canon Sheehan**, un des auteurs irlandais les plus populaires et les plus pr
fiques de la fin du 19ᵉ s. et du début du 20ᵉ s., y naquit en 1852 *(29 O'Brien Stree*
et **Elizabeth Bowen** y séjourna régulièrement.

Elizabeth Bowen (1899-1973)

Durant les sept premières années de sa vie, Elizabeth Bowen avait coutume de
passer l'hiver à Dublin, sa ville natale, et l'été à Bowen's Court, la résidence familiale *(aujourd'hui démolie)*, construite par Henry Bowen vers 1775, près de
Kildorrery *(au Nord-Est)*. Elle passa le reste de son enfance et sa vie de femme
mariée en Angleterre, mais en été, reçut de nombreux invités à Bowen's Court
jusqu'en 1959 ; le coût d'entretien d'une si grande demeure l'obligea à vendre.
Elle raconte ses premières années d'enfance dans *Sept Hivers* (1942) et l'histoire de sa famille dans *Bowen's Court* (1942). Dans *Le Dernier Septembre*
(1929), elle décrit son expérience de la vie dans une maison de campagne en
Irlande. *La Mort du cœur* (1947) et *La Chaleur du jour* (1949) sont ses œuvres
les plus connues.

CURIOSITÉS

★**St James' Church** (anglicane) ⊘ – L'église moderne date de 1824, mais sur le s
se dressent les ruines de l'église Ste-Anne, dont les fondations remontent à 129
C'est dans ce bâtiment plus ancien que fut baptisé le patriote protestant Thom
Davis en 1814.

Statue de Fitzgerald – J. J. Fitzgerald (1872-1906) était considéré comme un patriote érudit, défenseur des opprimés. La citation gravée sur la statue – « Jamais l'Irlande n'a perdu un patriote si compétent et généreux » – a été prononcée par William O'Brien.

Clock House – *Main Street.* Cet étrange bâtiment en bois, construit en 1855 dans le style Tudor, semble singulièrement peu à sa place. Ses quatre étages jouxtent la tour de l'Horloge.

Parc du château – Le château *(privé)* est entouré de **vastes** terres et comporte un enclos à cerfs qui s'étend jusqu'à la Blackwater et son impressionnant barrage. À l'entrée du domaine se dressent les ruines d'un château du 17ᵉ s. à quatre étages.

EXCURSIONS

Monastère de Buttevant – *11 km au Nord par la N 20.* Les ruines d'un monastère franciscain fondé en 1251 se reflètent dans les eaux de l'Awbeg à proximité de l'église catholique Ste-Marie. Le bâtiment servait jusqu'à une époque récente de lieu de sépulture ; il comprend deux cryptes situées l'une au-dessus de l'autre. Les murs du chœur sont en grande partie intacts.

> ### Le steeple-chase
> Le premier steeple-chase se déroula en 1752 à Buttevant. Le clocher de l'église anglicane marquait le point de départ de la course, dont la destination était l'église St-Léger près de Doneraile (7 km).

Parc animalier de Doneraile – *10 km au Nord-Est par la N 20 et la R 581.* Le parc animalier (Wildlife Park) ⊙ s'étend sur 160 ha entourés de murs, afin de ne pas laisser s'échapper les magnifiques troupeaux de cervidés – cerfs tachetés, daims et sikas du Japon – qui font sa réputation. Des lacs ornementaux miroitent au milieu des massifs d'arbres de ce domaine vallonné. Doneraile Court fut conçu au 17ᵉ s. avant d'être remanié sous sa forme actuelle au début du 19ᵉ s. La pelouse est ombragée par de superbes vieux mélèzes.

Une arche voûtée en pierre et des escaliers en spirale sont les derniers vestiges du château de **Kilcolman**, jadis la résidence d'Edmund Spenser.

À l'extérieur de l'église catholique de Doneraile, une **statue** a été érigée à la mémoire de Canon Sheenan, prêtre de la paroisse de 1895 à 1913 et auteur de *My New Curate.*

> ### Edmund Spenser au château de Kilcolman
> En 1586, dans le cadre de la redistribution des biens confisqués aux Desmond après leur rébellion, les terres et le château de Kilcoman furent accordés par bail perpétuel à **Edmund Spenser**. Spenser occupait une fonction à la chancellerie de Dublin, dont il démissionna en 1588. C'est sans doute à cette époque qu'il s'établit dans cette maison forte de 4 étages près de Doneraile, où il vécut jusqu'en 1598, hormis ses séjours en Angleterre. Walter Raleigh lui rendit visite en été 1589. C'est pendant les années à Kilcolman que Spenser poursuivit son œuvre poétique – les derniers livres de *La Reine des fées,* les *Amoretti* (sonnets en hommage à sa seconde épouse Elizabeth Boyle) et l'*Épithalame,* souvenir de leur mariage en 1594 – et rédigea son *Opinion sur l'état de l'Irlande* (1596). Son œuvre reflète autant son peu de sympathie pour les Irlandais que sa sensibilité à la beauté du paysage. Durant le soulèvement de 1598, le château fut assailli et incendié par les insurgés ; certains des manuscrits de Spenser, parmi lesquels un septième livre de *La Reine des fées,* dont on ne connaît que quelques passages, disparurent sans doute dans l'incendie. Le poète et sa famille s'enfuirent en Angleterre.

Annes Grove Gardens ⊙, près de **Castletownroche** – *18 km à l'Est par la N 72 ; à Castletownroche, prendre à gauche une route secondaire.* De superbes massifs de rhododendrons, magnolias, arbres et arbustes rares garnissent le parc boisé qui entoure la maison du 18ᵉ s. Les pelouses donnent directement sur le bord de la rivière Awbeg. Des allées sinueuses mènent à un jardin sur la falaise, dominant un étang de nénuphars ainsi que le vaste jardin en bord de rivière. Le jardin clos, compartimenté de haies du 19ᵉ s., multiplie les bordures fleuries et renferme une roseraie. Un lit de végétation aquatique forme le jardin d'eau.

Longueville House – *5 km à l'Ouest par la N 72 et la R 576. Tourner à droite au panneau indicateur.* Cette demeure magnifique, construite en 1720, est aujourd'hui un hôtel ouvert à la visite, même pour les non-résidents qui peuvent admirer le double escalier majestueux reliant les différents étages du bâtiment. L'intérieur est décoré par une galerie de portraits d'hommes politiques des 18ᵉ et 19ᵉ s. :

Henry Grattan et **Daniel O'Connell** dans le vestibule, les présidents irlandais Dou Hyde, Sean T. O'Kelly, Eamon De Valera, Erskine Childers, Cearbhall O'Dallaig Patrick Hillery dans le restaurant dit **salon des Présidents** (Presidents' Room).

Un **labyrinthe** vieux de 150 ans permet de se perdre dans la cour. D'autre par domaine comporte le seul **vignoble** d'Irlande (1,2 ha), dont le raisin produit bonnes années un vin de type riesling.

★**Kanturk/Ceann Toirc** – *21 km à l'Ouest par la N 72 et la R 576.* Cette p bourgade a pour curiosités ses trois **ponts** : celui en dos d'âne à six arches (17 qui enjambe la rivière Dalua ; celui, tout proche, à six arches également, qui f chit la rivière Allua (1745) ; enfin, à l'extrémité Ouest de la ville, le pont métal à quatre arches jeté sur la rivière Dalua par Edward Tierney en 1848, tout de l'église de l'Immaculée-Conception.

Les ruines du **château**★ *(au Sud par la R 579)* sont encore imposantes. La lég veut qu'un chef local, Macdonagh MacCarthy, désireux de construire la grande demeure ayant jamais appartenu à un chef irlandais, se vit interdir poursuite des travaux par le Conseil privé anglais sous prétexte que « l'édifice bien trop important pour un sujet de Sa Majesté ». Apprenant la nouv MacCarthy, pris d'un accès de fureur, aurait jeté les tuiles en verre bleu desti au toit.

MAYNOOTH

MAIGH NUAD – Kildare – 6 027 habitants
Carte Michelin n° 923 M 7 ou Atlas Great Britain & Ireland p. 93

La petite ville de Maynooth, située sur le canal Royal, fut pendant des siècles le des **Fitzgerald**, qui furent faits comtes de Kildare en 1316 et ducs de Leinster en 1 Descendants d'un aventurier aux origines normandes et galloises arrivé en Irland 1169, ils devinrent l'une des familles les plus puissantes d'Irlande, détenant mêm fonction de gouverneur d'Irlande de 1471 à 1534 ; le plus illustre fut Gerald le G (Garret Mór), 8e comte de Kildare (décédé en 1513). Maynooth est également cél pour son séminaire, le plus connu d'Irlande.

CURIOSITÉS

Château – Les ruines d'un château, un imposant donjon entouré de fragment tours, une enceinte et une porte d'entrée, se dressent à l'extrémité Ouest de la principale. Il fut érigé au 12e s. par les Fitzgerald, qui l'occupèrent jusqu'en 16 sauf pendant les dix-sept années qui suivirent la révolte de « Thomas le Soye en 1535 *(voir Dublin, Les sièges)*. Ils l'abandonnèrent au profit d'une nou maison à l'extrémité Est de la rue. Cette demeure *(privée)*, connue sous le nom Carton, fut reconstruite vers 1739 par Richard Castle et modifiée vers 1815 Richard Morisson.

Collège – Le collège fait désormais partie de l'université nationale. Fondé en 1 sous le nom de collège St-Patrick sur une propriété offerte à des conditions a tageuses par le duc de Leinster, c'était un séminaire pour le clergé irlandais collège plus ancien, fondé par les Fitzgerald en 1521, fut dissous en 1538.

Une seconde cour, ajoutée en 1845 et tracée par Pugin dans le style néogothi accueille la chapelle, qui fut dessinée en 1875 par l'élève de Pugin, J. J. McCa Le **centre d'accueil** (Visitor Centre) ☉ évoque l'histoire du collège, de la ville e district, et organise des visites guidées de la chapelle, de Stoyte House, du ment Pugin et des jardins.

EXCURSIONS

★★**Castletown House** ☉ *Celbridge – 6,5 km au Sud-Est de Maynooth par une r secondaire.*

Première grande résidence palladienne construite (1722) en Irlande, Castletow garde les monts Wicklo Sud, au-delà de la vallé la Liffey. Le corps ce (13 baies), dessiné pa Florentin Alessandro G (1691-1737), est relié des colonnades courb deux pavillons, œuvre d ward Lovett Pearce, qu pervisa la constructio l'ensemble. La deme

DAVISON & ASSOCIATES LTD

La grande galerie

construite par William Conolly fut héritée par son petit-neveu, Tom Conolly, qui épousa en 1758 Lady Louisa Lennox, alors âgée de 15 ans. C'est elle qui acheva les aménagements intérieurs et remplaça les jardins à la française par des allées sinueuses et des folies.

Intérieur – Un portrait de l'architecte Galilei est accroché dans le **vestibule**. L'escalier en encorbellement en pierre de Portland, mis en place en 1760 seulement, innovait par les balustres de cuivre dont il lança la mode. Les frères Lafranchini réalisèrent les plâtres baroques (1759).

À l'origine, seuls le bois et la pierre étaient prévus dans l'aménagement intérieur de 1722, comme en témoigne encore le **cabinet de travail** (Brown Study) avec son plafond en retrait, ses portes de chêne hautes et étroites et ses lambris de pin imitant le chêne.

Vers 1760, William Chambers fut chargé de modifier les pièces de réception dans le style néoclassique. On voit des chaises et des papiers peints d'origine, ainsi qu'un cabinet laqué japonais (1740) à panneaux peints dans un style italianisant par Katherine, épouse de Conolly.

Lady Louisa décora le **salon des gravures**, dont elle avait entrepris la collection en 1762. Elle commença en 1768 et les travaux furent achevés en 1770. La pièce la plus remarquable est la **grande galerie**. Son décor pompéien à dominante bleu vif combinée au rouge et au vert fut réalisé vers 1775 par deux artistes anglais, Charles Reuben Riley et Thomas Ryder. Les lustres sont en verre de Murano. Le portrait de Tom Conolly est la copie d'une œuvre de Mengs peinte à Rome en 1758. Au temps de Lady Louisa, la galerie, dotée de livres, d'instruments de musique et d'une table de billard, servait de pièce à vivre en hiver.

Castletown Follies – Fermant la perpective au Nord de la maison se dresse l'**obélisque de Castletown**, dit « folie de Conolly » *(visible des fenêtres de la Long Gallery et de la route entre Maynooth et Castletown)*. Posé sur deux étages d'arches, il fut érigé en mémoire de « Speaker » Conolly par sa femme Katherine sur des plans de Richard Castle, afin de donner du travail aux ouvriers pendant le terrible hiver de 1739. La **Wonderful Barn**, « grange merveilleuse » édifiée pour Katherine Conolly en 1743 par John Glinn, ferme la perspective du Nord-Est *(propriété privée, illustration p. 395 – 5 km à l'Est de Castletown House par la R 403 et la R 404)*. De forme conique, elle contient quatre dômes de brique de taille décroissante entourés d'un escalier extérieur en spirale. Elle servait à sécher et emmagasiner le grain.

Steam Museum ⊙, **à Straffan** – *8 km au Sud par la R 406.* Le **musée de la Machine à vapeur** est logé dans l'ancienne église gothique du personnel des chemins de fer. La salle des maquettes, décorée de portraits d'inventeurs et d'ingénieurs célèbres, présente la collection Richard Guinness, composée de plus de 20 maquettes de prototypes de locomotives de la fin du 18e s. La salle des machines expose quatre installations en état de marche et une machinerie de bateau : une machine à balancier à 6 colonnes indépendantes provenant de la distillerie Midleton, une autre à colonne simple achetée en 1847 à l'exposition de Manchester pour la brasserie Smithwitch de Kilkenny, une pompe duplex provenant de la brasserie Jameson à Dublin, une machine, sortie des usines Victor Coates, qu'utilisaient les ateliers de blanchiment et de teinture Frazer & Haughton en Irlande du Nord, et la machine à triple détente fabriquée par Workman Clark en 1920 pour le *SS Divis*.

Coolcarrigan Gardens ⊘, à l'Est de **Timahoe** – *16 km au Sud-Ouest par la R 4*
via Donadea en direction de Timahoe ; à 1,5 km de Timahoe, prendre à dr
(panneau). Le parc, dessiné au 19e s., a été considérablement embelli par de no
breuses plantations de **buissons** et d'**arbres**, tous clairement étiquetés.
Les jardins à la française, près de la maison, sont agrémentés de roses et de bordu
d'herbacées. La **serre** renferme une treille, une passiflore et des pêchers. À l'extrém
du sentier forestier *(30 mn)* s'offre une belle vue par-delà le marais d'Allen. L'é
(1881), entourée d'un fossé, est inspirée du style roman espagnol et ornée de vitra

MIDLETON

MAINISTIR AN CORANN – Cork – 2 990 habitants
Carte Michelin n° 923 H 12 ou Atlas Great Britain & Ireland p. 79

Dans une pleine fertile à l'Est de Cork, sur la route principale de Youghal à C
Midleton, agréable bourg fondé en 1180, est aujourd'hui la ville du whiskey irland
on y distille toutes les marques célèbres, excepté Bushmills.

MIDLETON PRATIQUE

Artisanat – À la célèbre **Stephen Pearce Pottery** ⊘ *(à Shanagarry, 14,5 km au Sud-*
Est par la R 630 et la R 629), on peut assister à la fabrication et acheter les
poteries.

Loisirs dans les environs – De Roche's Point à Knockadoon Head, à l'Est,
alternent plages et criques propices à la **baignade.** À Roche's Point, le complexe
de Trabolgan regroupe piscine couverte, bassin de plongeon, sauna, solarium,
centre de remise en forme, tennis, bowling et gymnase.
Les amateurs de **voile** trouveront leur bonheur dans la baie de Ballycotton, à
Roche's Point et dans la baie de Cork. Pour la **pêche,** on optera pour le bord
de mer ou la rive des lacs. Ceux qui préfèrent la terre ferme découvriront de
nombreux parcours de **golf** ou d'agréables **balades,** comme sur les falaises entre
Roche's Point et Ballycotton.

Old Midleton Distillery ⊘ – Le whiskey Jameson est produit dans une distill
moderne, construite par les Irish Distillers en 1975 à côté de l'ancienne distill
de 1825 logée dans des bâtiments du 19e s., autrefois filature et caserne. La v
commence par un historique audiovisuel de l'usine et s'achève sur une dégu
tion : le whiskey irlandais, distillé trois fois, est plus doux au palais que le wh

La distillerie de Midleton

cossais, dont il n'a pas la caractéristique saveur fumée. Entre-temps, la visite guidée permet de voir le séchoir de l'orge maltée, l'entrepôt à quatre étages où était emmagasiné le grain, la roue à eau (1852) actionnant les cinq paires de meules, le **plus grand alambic** (1825) du monde (148 500 l), les tonneaux de chêne où le tanin et l'adjonction de vanilline donnaient à l'alcool couleur et goût, le bureau où étaient gardés les registres et effectués les paiements.

ENVIRONS

Cathédrale de Cloyne ⊘ – *8 km au Sud par la R 630 et la R 629.* La première église de Cloyne fut fondée par saint Colman (522-604). Le **clocher rond** haut de 30 m datant du 10e s. est accessible. La cathédrale du 14e s. renferme le monument funéraire du plus célèbre de ses évêques, le philosophe **George Berkeley**. Plusieurs tombeaux remarquables du début du Moyen Âge ornent la nef austère. Les armoiries de la cathédrale furent sculptées en 1722 ; l'artiste n'aurait perçu pour son œuvre que la somme de 10 £.

Un petit édifice à côté de la cathédrale passe pour être une reconstitution de l'oratoire de saint Colman.

George Berkeley (1685-1753)

Né à Thomastown d'un père issu de la noblesse anglo-irlandaise, Berkeley conservera de ses origines un attachement et un intérêt tout particuliers pour les problèmes politiques, économiques et sociaux de l'Irlande (*Questions sur les intérêts de l'Irlande* en 1735). Après des études au collège de Kilkenny, puis un passage sur les illustres bancs de Trinity College à Dublin, il est reçu bachelier ès arts en 1704, et devient docteur en théologie vers 1720. D'abord attiré par les mathématiques, ce jeune intellectuel, décrit comme un homme distingué, doux et affable, se tourne peu à peu vers la philosophie, et établit un système de pensée aussi profond que controversé sur l'immatérialisme. Cette philosophie, inspirée par la religion (Berkeley obtint la charge du diocèse de Derry en 1724) part du postulat de la non-existence de la matière. Berkeley développe une double argumentation : pour lui, le mot « matière » est dépourvu de sens, et la notion de matière est contradictoire. Ainsi, la matière n'existe que dans l'esprit des hommes et seuls les êtres immatériels (Dieu et les âmes humaines) existent réellement. Trois grandes œuvres vont étayer sa réflexion philosophique : le *Traité des principes de la connaissance* (1710), les trois *Dialogues entre Hylas et Philonoüs* (1713), et la *Nouvelle théorie de la vision* (1733).

Ce philosophe irlandais a suscité l'admiration de nombreux lettrés de l'époque (Addison, Steele, Pope, Swift), mais paradoxalement ses essais ont reçu peu d'éloges de son vivant.

Affligé devant les mœurs de l'Europe, il demande vers 1720 au gouvernement anglais l'autorisation de fonder aux Bermudes une école pour l'édification du colon américain et l'éducation des « sauvages » indiens à la « vraie religion ». Il part avec sa femme pour le Nouveau Monde. L'expérience sera un échec, et Berkeley reviendra en Angleterre en 1731, avant de s'installer dans son évêché de Cloyne en 1734. Il meurt en 1753. Sa formule « Westward the course of Empire makes its way » (C'est vers l'Ouest que l'empire fait son chemin) est à l'origine de l'adoption du nom Berkeley par l'université de Californie.

Barryscourt Castle ⊘, à **Carrigtohill** – *6,5 km à l'Ouest par la N 25 et la R 624. Restauration en cours.* Les ruines occupent une position stratégique sur la grand-route de Cork à Waterford. Le donjon, érigé en 1420, et entouré d'une enceinte incorporant le mur ruiné d'une grande salle du 13e s., fut renforcé de deux tours au Sud-Ouest et au Nord-Est après une attaque en 1580 de Walter Raleigh *(voir Youghal)*. Le château doit son nom à Philipp de Barri, de Manorbier au pays de Galles, auquel la terre fut donnée vers 1180 par son oncle, Robert Fitzstephen, l'un des premiers aventuriers normands établi en Irlande. Un autre membre de la famille de Barri, **Gerald Barry** (vers 1146-1233), appelé parfois Gerald de Galles mais plus connu sous le nom de **Giraldus Cambrensis**, était un ecclésiastique gallois important et un membre de la famille Fitzgerald ; il voyagea en Irlande avec le prince (futur roi) Jean et publia deux ouvrages : *Topographia Hibernica*, une description du pays et de ses habitants, et *Expugnatio Hibernica* (1188), un compte rendu sur la conquête de l'Irlande par Henri II.

Forêt de Rostellan – *9,7 km au Sud-Est par la R 630.* Avant la localité, à droite, s'étend jusqu'aux rivages de la rade une agréable forêt qui formait jadis le domaine de Rostellan House *(détruit)*.

Ballycotton – *18 km au Sud-Est par la R 630 et la R 629.* À partir de ce petit port de pêche, on peut se promener sur les falaises dominant la baie et, de la pointe, contempler l'île plate et dénudée où se détache la tour du phare.

MONAGHAN

MUINEACHÁN – Monaghan – 5 628 habitants
Carte Michelin n° 923 L 5 ou Atlas Great Britain & Ireland p. 98

Chef-lieu du comté et principale ville commerçante de la région, Monaghan est
jolie petite ville, réputée par ailleurs pour ses magnifiques sites de pêche. Lors d
partition de l'Irlande, le comté fut détaché de l'Ulster et rattaché à la Républiq
remontant sa frontière jusqu'à la Blackwater.
Au 14e s., la famille McMahon établit son quartier général sur un *crannóg* au mi
du lac, et domina la région jusqu'à l'arrivée des colons britanniques au 17e s. Il fau
attendre 1613 pour que la ville soit dotée d'une charte.
La grande majorité des immeubles en calcaire gris qui bordent les rues étroites d
cité datent du 18e s., époque à laquelle la ville se spécialisa dans la production de t
de lin. Au 19e s., le chemin de fer et le canal d'Ulster lui apportèrent une prospé
nouvelle.

CURIOSITÉS

St Macartan's Cathedral (catholique) ⊘ – *Dublin Road*. La cathédrale du dioc
de Clogher, conçue par J. J. MacCarthy et construite entre 1859 et 1892, se dre
sur une colline au Sud-Est de la ville. Ce superbe édifice de calcaire gris, bâti d
un style rayonnant rappelant les églises gothiques françaises, est dominé à l'e:
rieur par une flèche de 76 m de haut, et sa façade est ornée de nombreuses stat
de saints et d'évêques. Protégé par une **charpente en carène renversée**, l'intérieur a
rénové à la suite de Vatican II : les trois **tapisseries** du mur Est illustrent la vie
saint Macartan ; un autel massif en forme de croix de Saint-Antoine a été ajo
ainsi qu'un pupitre et un ambon en granit du Sud de Dublin.

Charles Gavan Duffy (1816-1903)

Charles Gavan Duffy, né à Monaghan *(10, Dublin Street)*, devint célèbre
comme journaliste, cofondateur du quotidien *The Nation*. Il lutta, dans le
mouvement Jeune Irlande, pour l'abrogation de l'Acte d'union et le maintien du parlement dublinois issu du Home Rule. Il fonda par ailleurs la Ligue
des droits des locataires, et fut finalement élu représentant à la Chambre
des communes dans le district de New Ross. Déçu par le peu d'intérêt de
Westminster pour les causes qu'il défendait, Duffy émigra en Australie où il
devint Premier ministre de l'État de Victoria en 1871. Le nouveau combat
de son existence fut alors d'amener ce pays à une confédération.

County Museum ⊘ – *Hill Street, près de l'Office de tourisme*. Le musée mode
abrite la croix de Clogher, qui date du 14e s., des productions de l'artisanat l
(surtout des dentelles), des objets historiques et préhistoriques, une intéress
galerie d'art.

Centre-ville – Conçue par Samuel Hayes, un architecte amateur, l'ancienne h
(1792), élégant édifice en calcaire gris embelli par des arches en plein cintre
des panneaux finement sculptés, abrite aujourd'hui l'Office de tourisme.
Deux bâtiments attirent l'attention sur la place de l'église *(à l'Est)* : le **tribu**
construit en 1830 et attribué à Joseph Welland, est un magnifique immeuble c
sique portant encore les marques de la guerre civile, dont les pierres provienn
des carrières du Nord du comté ; l'**église anglicane St-Patrick**, conçue par William Far
dans le style gothique Regency, construite en 1831, dont la verrière Est, œu
du Dublinois Fred Settle Barff, date de 1862.
À l'Est de Church Square, le **Diamond**, ancienne place du marché, longe le mur N
du château du 17e s. *(démoli)*. Le **Rossmore Memorial**, une fontaine néogothique
décor très fouillé, a été édifié en 1875 en l'honneur du 4e baron de Rossmc
À l'extrémité Sud de Dublin Street se dresse une **croix de marché** du 17e s. en for
de cadran solaire ; elle est installée la tête en bas, et les marques ont malheur
sement disparu.

St Louis Convent – L'histoire de la communauté religieuse depuis sa création
France en 1842 jusqu'à son installation dans ce couvent est retracée au Centre
patrimoine (**St Louis Heritage Center**) ⊘. Un *crannóg* a été construit sur le lac de Sp
dans le domaine du monastère.

ENVIRONS

Rossmore Forest Park ⊘ – *3,5 km au Sud de Monaghan par la N 54 et la R 1*
Autrefois propriété des comtes de Rossmore, le parc forestier offre de charma
paysages mêlant harmonieusement l'eau et la végétation, avec de magnifiques p
menades entre les massifs de rhododendrons.

Clones – *19 km au Sud-Ouest de Monaghan par la N 54.* Clones est un petit bourg avenant ainsi qu'un centre de pêche réputé situé sur la pente d'une colline. Sur la place principale, en contrebas de l'église anglicane construite en 1822, se dresse une **croix** (du 10e s. environ), dotée de sculptures sur chacune de ses faces. Sur la face Ouest, on peut découvrir Daniel dans la fosse aux lions, ainsi que Caïn, Abel, Adam et Ève. De l'autre côté, l'œuvre représente la Crucifixion, la Cène, et l'Adoration des Mages. Ce vestige d'une période très riche en art religieux appartenait probablement au monastère fondé par saint Tighernach au 6e s., dont les ruines *(traversées par Abbey Street)*

Dentelle de Clones

B. Lynch/Bord Fáilte, Dublin

englobent un **clocher rond**, un **tombeau monolithique** et une **église** du 12e s.

Les vieux **entrepôts du canal d'Ulster** (Ulster Canal Stores) ⊘ ont été réaménagés pour accueillir une exposition de **dentelle de Clones** faites au crochet, dont les motifs individuels sont reliés entre eux par le nœud de Clones.

Lough Muckno Leisure Park, à **Castleblaney** – *24 km au Sud-Est par la N 2 jusqu'à Castleblaney.* Le lac Muckno, parsemé d'îles, est entouré d'un parc de loisirs boisé (137 ha), où des **chemins de randonnée** ont été aménagés. Ce parc dépendait autrefois du château de Blaney, plus connu sous le nom de Hope Castle après son acquisition au 19e s. par le banquier londonien Thomas Hope. Ce dernier est connu pour avoir acheté en 1830 un superbe diamant de 45,5 carats, nommé par la suite le *Hope*, aujourd'hui exposé au Smithsonian Institute aux États-Unis ; il avait peut-être été taillé à partir du *Diamant bleu*, disparu au moment du vol des joyaux de la Couronne française en 1792.

Le premier château, autour duquel s'est développé la ville, a été bâti sur ordre de Jacques Ier par Edward Blaney, gouverneur du Monaghan. Le 11e Lord Blaney fit édifier le **tribunal** de style georgien ainsi que l'église anglicane (1808).

MULLINGAR

AN MUILEANN GCEARR – Westmeath – 8 040 habitants
Carte Michelin n° 923 J/K 7 ou Atlas Great Britain & Ireland p. 91

Chef-lieu du comté de Westmeath est un important marché agricole au cœur d'une région pratiquant un élevage de qualité. C'est aussi un lieu recherché des pêcheurs à la ligne, parce que situé dans une boucle du Royal Canal, sur la rive Ouest de la Brosna, entre les lacs Ennel et Owel.

Alors qu'il était étudiant, **James Joyce** y vécut quelque temps, son père ayant été chargé de réorganiser les listes électorales. Il songeait déjà à la littérature, et la ville lui fournit le décor de quelques scènes de *Ulysse* et de *Stephen Hero*.

UN PEU D'HISTOIRE

Au 2e s., une résidence royale occupait déjà la **colline de Uisneach** *(9,6 km à l'Ouest par la R 390)*, un ancien sanctuaire druidique où les Celtes tenaient des assemblées rituelles, notamment la fête de mai. Le point de jonction des cinq provinces de l'ancienne Irlande y est signalé par une pierre dite **Catstone**.

À leur arrivée au 12e s., les Normands édifièrent dans la région plusieurs mottes féodales doublées d'une cour intérieure, ainsi que quelques châteaux de pierre. Mullingar posséda bientôt sa propre municipalité, dont on retrouva le sceau en 1880. Le comté de Meath fut divisé sous Henri VIII, et la ville devint alors le chef-lieu du nouveau comté de Westmeath.

Mullingar pratique

Artisanat – Chez **Mullingar Bronze and Pewter** ⊘ *(8 km à l'Est par la N 4 ; au bout de 6 km, prendre à gauche la R 156 vers Killucan et The Downs)*, les visiteurs peuvent observer les artisans au travail, en train de modeler, souder, tourner, polir et noircir leurs créations en étain et en bronze ; ils peuvent ensuite admirer et acheter les articles créés dans la boutique.

Sports – Le lac Ennell est apprécié des amateurs de pêche et de voile.

CURIOSITÉS

Cathedral of Christ the King ⊘ – *Mary Street.* Au bout de la rue, sur des terr
descendant jusqu'au canal, la cathédrale catholique consacrée en 1939 dresse ses d
tours (43 m) surmontées de croix. Son architecte, Ralph Byrne, la dota d'un port
classique. Le tympan porte une **sculpture** d'Albert Power en pierre de Portland.
mosaïques des chapelles Ste-Anne et St-Patrick sont de l'artiste russe Boris Anrep
En haut des marches, un **musée** (Ecclesiastical Museum ⊘ – *s'adresser au bea*
pour la visite) expose une lettre et les chasubles d'Oliver Plunkett *(voir enc*
p. 165), des catéchismes en irlandais, une maquette de la cathédrale précéd
(1834-1936), des croix de pénitents, des calices et des ostensoirs.

Le centre-ville – Sur la place du marché s'élève une beau marché couvert du 18
qui héberge aujourd'hui l'Office de tourisme.
L'élégant **tribunal** *(Mount Street)* date de 1825. À la même époque, on constr
en face une prison. C'était entre les deux édifices que l'on procédait aux per
sons publiques.
L'église anglicane, All Saints' Church *(Church Avenue, dite aussi Church La*
occupe l'emplacement d'un prieuré augustin fondé en 1227 par l'évêque de Me
Ralph Le Petit. Quelques éléments de maçonnerie de celui-ci ont été incorpor
l'église lors de sa construction au 17e s. Ce n'est qu'en 1814 que furent ajo
les croisillons et la flèche et que l'on édifia le presbytère.

ENVIRONS

Belvedere House et ses jardins ⊘ – *5,5 km au Sud par la N 52. Prévoir*
demi-journée. Sur la rive orientale du lac Ennel, un joli site sert d'écrin à une
gante villa (1740) que l'on attribue à Richard Castle. Robert Rochfort, resté célè
sous le nom de « Wicked Earl » (comte sans cœur), la fit élever pour venir pê
plus commodément... De 1912 à 1960, elle appartint au colonel Howard-B

Dans les anciennes écu
le **Visitor Centre** retrace en
tail l'histoire du doma
de son propriétaire e
son épouse.
La **demeure** a été resta
pour retrouver sa déc
tion d'origine et un mob
d'époque. L'**intérieur** élé
doit son charme à
boiseries sculptées et
plafonds ornés de stucs
coco.
Dans les jardins, trois

> ### L'expédition Everest
>
> **Charles Howard-Bury** entreprit en 1921 une
> expédition sur l'Everest. Seulement vêtue
> de tweed du Donegal, son équipe parvint à
> 600 m du sommet. Ils rapportèrent les pre-
> mières photographies du massif et les récits
> des porteurs népalais sur l'« abominable
> homme des neiges », revêtu de sa seule
> toison.

rasses tournées vers le lac furent ajoutées par Charles Brinley Marly, un descen
du « comte sans cœur », qui entreprit également l'aménagement du **jardin**
qu'acheva le colonel Bury. L'**allée forestière** *(3 km)*, au Nord de la maison, entr
le promeneur jusqu'à un **pavillon octogonal**, une **arche gothique**, une **glacière** et c
ponts de pierre. Les hêtres du 18e s. ont été remplacés par des conifères exotic
et des espèces ornementales rares.
Soit pour cacher les écuries, soit pour ne pas apercevoir Tudenham House, où v
son frère George avec lequel il était brouillé, Robert Rochfort fit fermer la perspe
par une fausse ruine gothique haute de près de 45 m, surnommée **« mur de la jalou**

Église de Taghmon – *11,5 km au Nord par la N 4 et la R 394 ; tourner à d*
à Crookedwood. À l'emplacement d'un ancien monastère fondé par saint Fi

> ### Le « comte sans cœur »
>
> **Robert Rochfort** (1708-1774) avait acquis une certaine influence auprès d
> George II, séduit par sa prestance, qui lui avait octroyé le titre de baror
> Belfield et le fit en 1757 comte de Belvedere. Ayant perdu sa première
> femme, il se remaria en 1736 avec une jeune fille de 16 ans, Mary
> Molesworth. Celle-ci éprouvait quelque réticence à cause du caractère que
> relleur du prétendant, mais céda aux injonctions de son père, sans fortune
> et ébloui par le titre du futur gendre. Délaissée lors des fréquents séjour
> de son époux à la Cour, elle trouva compagnie auprès de son beau-frère
> Arthur et sa femme. Des rumeurs parvinrent au mari, qui demanda répa
> ration à Arthur, à hauteur de 20 000 livres. Dans l'impossibilité de payer
> Arthur partit à l'étranger. Dès qu'il revint en Irlande, Robert le fit empri
> sonner. Arthur finit ses jours en prison. Mary fut cloîtrée à Gaulstown, ave
> les domestiques pour seule compagnie. Elle dut attendre la mort de son
> mari, en 1774, pour être enfin libérée par son fils.

Munna, entre le fleuve et les collines, se dresse une église fortifiée qui date probablement du 15e s. La tour, à quatre niveaux, est habitable. Deux têtes joliment sculptées sont intégrées à ses murs Nord et Ouest.

Monastère franciscain de Multyfarnham – *13 km au Nord par la N 4 ; tourner à droite à Ballynafid.* À l'extérieur, le chemin de croix est composé de statues grandeur nature qu'entourent des bosquets de conifères, au bord d'un torrent impétueux.

EXCURSIONS

Tullynally ⏱, à **Castlepollard** – *24 km au Nord par la R 394 jusqu'à Castlepollard puis la R 395 à l'Ouest ; allée (1,2 km) en pente du portail à la maison.* Tullynally, ancien toponyme irlandais signifiant « la colline des cygnes », a remplacé le nom de Pakenham Hall donné autrefois au château, résidence de la famille Pakenham depuis 1655, amoncellement de tourelles et de créneaux gris en haut d'un terrain descendant au Sud vers le lac Darravaragh. D'après une légende irlandaise, c'est là que les **enfants de Lir** vécurent trois cents ans après avoir été changés en cygnes par une marâtre jalouse. La forteresse d'origine, aux murs épais de 3 m, fut transformée dès le début du 18e s. en maison de campagne. Au 19e s., Francis Johnston *(voir Index)* créa la façade néogothique (1801-1805) et Richard Morrison conçut (1840) la tour centrale et les deux ailes (pour la comtesse douairière et les servantes) qui relient la maison au bâtiment des écuries.

Au cours de la visite, on découvre successivement le **salon**, créé par Francis Johnston en 1806 ; la **grande salle**, conçue par James Shiel en 1820, s'élevant sur deux niveaux jusqu'à un plafond voûté et ornée à l'origine de boiseries peintes en rouge et bleu ; la **salle à manger**, de forme octogonale, habillée de papier peint dessiné par Pugin pour la Chambre des lords et pourvue de mobilier Chippendale de style rustique ; la vaste **bibliothèque**.

Les ailes de service, de style victorien, renferment l'office, la **cuisine**, magnifiquement équipée avec ses fours, ses casseroles en cuivre, sa glacière et un grand pilon accompagné de son mortier, la **buanderie**, comportant un évier en plomb, des planches de blanchisseuse, une énorme calandre pour lisser les étoffes, la **salle de repassage**, le **séchoir** avec ses étendoirs verticaux, et enfin la **chaufferie**. Le carrosse de la famille, restauré, est exposé dans la cour.

Vers 1760, les jardins à la française du début du 18e s., leurs canaux et leurs cascades furent remplacés par un paysage d'inspiration plus libre. Des courts de tennis et des terrains de croquet furent créés en terrasses à l'époque victorienne. Le **jardin accueille** un hêtre à feuilles découpées, qui produit aussi quelques feuilles normales.

Le **jardin floral** date de 1740 ; une fontaine, dite la « colonne pleureuse » *(weeping pillar),* agrémente le bassin aux nénuphars. Deux sphinx (1780) en pierre de Coade flanquent la porte d'entrée du vaste **potager** entouré de murs. Même s'il est en grande partie transformé en pelouse, la magnificence d'autrefois apparaît encore dans les arbres fruitiers en espalier, les serres de style Regency où poussaient treilles et pêchers, et dans l'allée d'ifs irlandais bordée d'une haie où se mêlent buis, ifs et houx, si dense qu'à sa surface se développe de la mousse.

À partir de la rive Sud du plan d'eau ornemental, une **promenade forestière** passant près d'une chute d'eau mène au lac inférieur (hérons, cygnes et canards sauvages), qui offre une **vue** superbe sur le château.

Abbaye de Fore – *24 km au Nord par la R 394 jusqu'à Castlepollard, puis la R 195 à l'Est ; prendre à droite à Fore.* L'ancien site monastique de Fore fut habité du 7e au 16e s. Une charte en 1436 autorisa l'édification d'une enceinte afin de le protéger des attaques irlandaises. Les ruines des portes Sud et Ouest sont visibles près de la route. Certaines particularités de l'abbaye, connues sous le nom des **« sept miracles de Fore »**, sont présentées comme de véritables miracles, à commencer par sa situation de « monastère dans les marais ». Fondée en 1200 par les de Lacy pour des moines bénédictins venus de Normandie, l'**abbaye** s'élève sur un îlot de terre ferme au milieu des tourbières. En partie reconstruit en 1922, le cloître à arcades du 15e s. jouxte les ruines de l'église, de la sacristie et du chapitre du 13e s., ainsi que le réfectoire et la cuisine du 15e s. Deux tours (belle **vue** du haut de la tour Ouest – *75 marches)* furent ajoutées au 15e s. lors de la construction du mur d'enceinte. À l'Est s'élèvent les restes d'un **pigeonnier** et de la **porte d'eau**.

« L'eau qui ne bouillira point » fait allusion à la **fontaine de saint Féchin**, située à l'ombre d'un « arbre qui ne brûlera point » ne possédant « ni plus ni moins de trois branches », symbole de la Sainte-Trinité (mais une seule branche a survécu !).

Le « ruisseau qui monte » jaillit lorsque saint Féchin frappa le sol de sa crosse pour obtenir l'eau qui devait fournir l'énergie du « moulin sans bief » qu'il avait fait construire en terrain sec. Les ruines du moulin se trouvent près de la route, au bord d'un ruisseau alimenté par une source souterraine.

« L'ermite dans la pierre », Patrick Beglen, dernier anachorète d'Irlande, vécut au 17e s. dans une ancienne tour de guet médiévale incorporée en 1680 à la **chapelle-mausolée** de la famille Nugent.

La « pierre soulevée par les prières de saint Féchin » est l'énorme linteau gravé d'une croix grecque qui surmonte le portail principal de l'**église St-Féchin** *(au Sud),* élevée au 11e ou 12e s. et dédiée à son fondateur mort en 665. Un moine assis est sculpté dans les moulures *(côté Nord)* de la voûte du chœur (1200).

NEW ROSS

ROS MHIC TREOIN – Wexford – 5 012 habitants

Carte Michelin n° 923 L 10 ou Atlas Great Britain & Ireland p. 80

En dépit de son aspect fin 19e s., New Ross est l'une des cités les plus anciennes
comté de Wexford et remonte à la fin du 6e s. Ses rues étroites, souvent reliées
des passages ou des escaliers, montent en pente raide depuis la rive Est et les q
de la Barrow jusqu'à Irishtown, ancienne fondation monastique dominant la ville.
la rive Ouest du fleuve, se trouve le petit faubourg de **Rosbercon**. New Ross reste en
aujourd'hui un important port intérieur ; la fabrique d'engrais créée dans
années cinquante constitue un des pôles de son activité industrielle.

UN PEU D'HISTOIRE

À la fin du 6e ou au début du 7e s., saint Abban fonda un monastère sur les haut
de la ville, à proximité d'Irishtown. Mais il faudra attendre le tout début du 13e s.
que New Ross soit fondé par **Guillaume le Maréchal**, comte de Pembroke et maréchal
lande, et son épouse Isabelle de Clare. Le premier pont enjambant la Barrow
construit en 1211, les murs de la cité achevés en 1265. Principal port d'Irlande
puis le 14e s., New Ross fut supplanté par Waterford à la fin du 17e s. La ville fut p
et pillée par Cromwell en 1648, mais résista courageusement et avec succès aux

surgés de 1798. Au milieu
19e s., le commerce mari
constituait un pôle d'act
considérable à New Ross,
navires allant jusqu'à Te
Neuve et les ports de la
tique.

> **Restaurant flottant** – Les **Galley Cruising
> Restaurants** ⊘ organisent des croisières gas-
> tronomiques et écologiques sur les rivières
> de la région.

CURIOSITÉS

★**St Mary's Church** – L'**église anglicane** fut construite à l'emplacement de la nef e
la croisée de ce qui fut probablement la plus grande église paroissiale d'Irland
Moyen Âge. Elle faisait partie d'une abbaye fondée par Guillaume le Maréch
son épouse entre 1207 et 1220. Un vaste cimetière mal entretenu entoure
importants vestiges de l'abbaye. Le bras droit du transept fut restauré au 15
mais la tour s'écroula en 1763. Le chœur en ruine contient encore quelques sta
remarquables (fin du 13e-début du 14e s.).

Église paroissiale catholique romaine – Le haut plafond et les colonnes co
thiennes caractérisant cet édifice ont été réalisées sur le modèle de l'é
Ste-Marie *(attenante)*. La frise et la corniche qui surplombent l'autel sont
œuvres d'artisans originaires de Bannow. La construction de l'église débuta
1832 avant d'être interrompue la même année par une épidémie de choléra
causa la mort de 3 000 personnes à New Ross. Le premier bâtiment élevé su
site avait été une fondation augustine (1725), avec une chapelle érigée en 1
Devant l'église s'ouvre une agréable vue sur la ville et la rivière.

Portes médiévales – Sur Fair Green subsistent d'importants vestiges de la p
de la Vierge (Maiden Gate – 15e s.). La tour Murale (Mural Tower) et la porte
Trois Balles voisine (Three Bullet Gate) ont été construites au 14e s. C'est pa
que Cromwell entra dans la cité en 1649.

Tholsel ⊘ – L'octroi, surmonté d'une tour à girouette, a été édifié en 1749,
reconstruit en 1806 après un affaissement de terrain. Aujourd'hui siège du co
municipal, on peut y découvrir une série de registres de délibérations tenues de
le 17e s., ainsi que la masse d'armes de Charles II ou la charte octroyée
Jacques II en 1688. En face, la statue du **croppy boy** (jeune métayer, terme
pour désigner les insurgés de la rébellion de 1798) commémore le soulèvem
ainsi que la bataille qui s'ensuivit.

Dunbrody Project ⊘ – *3 km au Sud-Est par la N 25.* Inspiré par les idéau
l'héritage de John Fitzgerald Kennedy, le projet Dunbrody a pour objet de ten
compte des réalisations des hommes et des femmes d'Irlande, dans leur pays
l'étranger. Son point fort est la réplique du *Dunbrody*, trois-mâts carré qui fa
voile vers le Canada pour le bois, les États-Unis pour le coton et le Pérou po
guano. Durant la Grande Famine, il emporta 176 émigrants pour sa traversé
l'Atlantique en 6 à 8 semaines.

EXCURSIONS *Au Nord de New Ross*

★**Graiguenamanagh** – *18 km au Nord par la N 30, la R 700 et la R 705.*
intense activité régnait autrefois sur les quais. Aujourd'hui, les marchands ont
place aux promeneurs, qui peuvent apprécier en toute quiétude le charme des

poissonneuses de la Barrow. L'auberge Duiske *(prononcer Douishka)*, près du pont, expose de nombreuses photographies anciennes qui rappellent certains aspects de la vie à Graiguenamanagh au début du 20ᵉ s.

Duiske Abbey ⊘ – Le **toit** à comble en pente forte, construit en bois de chêne et d'orme encore verts fixé par des chevilles en bois, constitue certainement l'élément le plus marquant de la restauration de l'abbaye. La statue du **chevalier de Duiske**, assis en tailleur et l'épée à la main, date d'environ 1300. C'est une des statues les plus impressionnantes d'Irlande, mais l'identité du chevalier demeure un mystère.
Fondée au 13ᵉ s. par Guillaume le Maréchal, l'abbaye occupait l'essentiel de la ville actuelle. Malgré sa dissolution en 1536, des moines continuèrent à y vivre de nombreuses années. La tour finit par s'écrouler en 1774.

Inistioge – *16 km au Nord de New Ross par la N 30 et la R 700.* Inistioge *(prononcer Inistig)* est l'un des plus beaux villages de la région. Il est situé sur la rive Ouest de la Nore, qu'enjambe un pont à dix arches, et le long de laquelle de magnifiques promenades sont aménagées *(aires de pique-nique)*.
Les ruines d'un **château** (1220) qui servit un temps de tribunal municipal séparent la rivière de la **place**, où subsistent des vestiges d'une croix élevée en 1621 et endommagée en 1798. À proximité des ruines du Tholsel, la **sphère armillaire** est, d'après la légende, une invention d'Ératosthène qui l'utilisa en 250 avant J.-C. pour démontrer les mouvements de la Terre et de la Lune. L'hospice du 19ᵉ s. fut édifié par Lady Louisa Tighe. Les sculptures en pierre placées à l'entrée de l'église catholique illustrent le mythe de la sirène qui aurait été pêchée par des villageois dans la Nore en 1118. En haut du chemin, on découvre la **fontaine St-Colmcille**.
Près de l'église anglicane, on peut voir la tour, la nef et la chapelle d'un **monastère augustin** fondé en 1210, dédié à sainte Marie et saint Columba (Colmcille). Le cimetière renferme le tombeau ouvragé de Mrs Mary Tighe, une célèbre poétesse locale morte en 1810.
Le **parc forestier de Woodstock** *(à 1,5 km au Sud-Ouest d'Inistioge)*, jadis domaine de la famille Tighe, offre de nombreuses promenades, un ancien jardin japonais dallé et un pigeonnier conique ; la résidence est presque entièrement en ruine.

EXCURSIONS *Au Sud de New Ross*

Kennedy Arboretum ⊘, près de **Dunganstown** – *12 km au Sud par la R 733 et la R 734 ; tourner à droite au panneau indicateur.* L'arboretum de 252 ha, qui comprend 6 000 espèces de végétaux, fut inauguré en 1968 à la mémoire du président des États-Unis (1961-1963), **John Fitzgerald Kennedy**. Trois sections présentent une collection de plantes, les arbres des forêts et les variétés de bruyère. Les nombreuses espèces d'arbres et d'arbustes sont principalement disposées en deux circuits : le premier comporte une majorité de conifères, l'autre plutôt les feuillus. L'ensemble est sillonné de promenades, et une route panoramique serpente jusqu'au sommet de Slieve Coillte Hill. De là se déploient de splendides vues, embrassant le vaste damier des terres agricoles clôturées, la péninsule de Hook et les chaînes de montagnes. De nombreux sentiers rayonnent du parc de stationnement ; l'un d'eux conduit à un **point de vue** (Mountain Viewpoint), où se trouve un monument à la mémoire des rebelles de 1798 qui établirent leur camp à cet endroit.

Kennedy Homestead ⊘, à **Dunganstown** – *6,4 km au Sud par la R 733, puis une route secondaire à droite.* C'est là que naquit en 1820 l'arrière grand-père de John Fitzgerald Kennedy. Une pièce montre des photographies et des souvenirs de la visite que le président effectua en 1963, dont la couronne qu'il déposa sur la tombe des chefs du Soulèvement de Pâques (1916), sur Arbour Hill à Dublin. On voit un arbre généalogique de la famille Kennedy en Irlande et en Amérique.

Kilmokea Gardens ⊘, à **Campile** – *15 km au Sud de New Ross par la R 733 et une route secondaire vers l'Ouest.* Hervey de Montmorency, oncle de Strongbow, s'établit sur Great Island, île que formait le delta de la Barrow dont le bras Est a été comblé au 19ᵉ s. Un ouvrage en terre de forme rectangulaire constitue probablement les contours de sa forteresse. Un autre enclos (8 ha), ceint de remparts en terre, marque le site d'une des premières fondations monastiques chrétiennes. Une élégante maison georgienne s'y élève ; les jardins, dont l'aménagement s'étala sur un demi-siècle, offrent un agréable contraste entre les parterres réguliers près de la maison et la jungle luxuriante, soigneusement créée et préservée, dans l'étroit vallon d'un petit ruisseau.

Dunbrody Abbey ⊘, à **Campile** – *15 km au Sud de New Ross. Demander les clés au cottage de Furlong, près de la route d'accès principale.* Près du village de **Clonmines**, bourg médiéval abandonné avec des ruines de maisons fortes, d'église fortifiée et de monastère augustin, se dressent les très belles ruines de l'abbaye fondée en 1170 par Hervey de Montmorency *(voir Kilmokea ci-dessus)*. L'église abbatiale cruciforme, dépourvue de toit mais bien conservée, borde une anse de

la Barrow et possède une tour basse crénelée ainsi que six chapelles dans le t
sept, éclairées par de petites fenêtres simples. Il reste très peu de vestiges
bâtiments annexes.

L'abbaye fut construite en 1182 par des moines cisterciens venus de l'abbaye
Marie à Dublin. Le droit d'asile y avait cours et l'abbé siégeait à la Chambre
lords. La dernière personne à avoir dirigé cette abbaye fut Alexander Devereux,
devint archevêque de Ferns en 1537.

Après la Dissolution, l'abbaye passa aux mains de la famille Etchingham ; il s
siste d'importants vestiges des résidences qu'ils firent ériger autour du do
normand construit pour défendre l'abbaye. Le domaine abrite un labyrinthe pla
d'ifs, récemment créé.

Château de Ballyhack ⊘ – Surveillant le trafic dans la baie de Waterford e
Ballyhack et Passage East, c'est une imposante maison forte (15ᵉ ou 16ᵉ s.)
escalier raide, établi dans l'épaisseur du mur, relie les cinq niveaux ; les deux
miers ont gardé leurs plafonds voûtés tandis que les trois autres sont aujourd
à ciel ouvert. À l'origine propriété des Templiers, il passa aux Hospitaliers de Sa
Jean avant d'appartenir aux comtes de Donegal.

★**Duncannon** – Ce petit village de bord de mer, construit en partie sur une p
qu'île, est pourvu d'une belle plage de sable. Le fort ⊘ (1,2 ha), établi au 12
par les Anglo-Normands dans un but défensif, fut renforcé en 1588 pour rési
à l'Invincible Armada. En 1690, c'est à Duncannon que Jacques II et Guillaum
embarquèrent à tour de rôle après la bataille de la Boyne.

★**Tintern Abbey** ⊘ – *8 km à l'Est de Duncannon par la R 737, la R 733 et la R
vers Saltmills. Restauration en cours.* L'abbaye cistercienne en ruine, autrefois
liée à l'abbaye de Tintern, dans le comté gallois de Monmouth, d'où son nom,
fondée en action de grâces en 1200 par **William de Clare**, le comte-maréchal, a
avoir échappé à une violente tempête à son retour d'Angleterre. À la dissolu
des monastères, au 16ᵉ s., l'abbaye fut octroyée à la famille Colclough qui a
nagea une résidence dans la nef et la tour.

Hook Head Peninsula – Avec ses plages tranquilles et ses paysages caracté
tiques, la pointe de Hook, qui sépare la rade de Waterford à l'Ouest de la baie
Bannow à l'Est, attire les vacanciers depuis longtemps. Au printemps et
automne, la presqu'île est un point de ralliement pour les oiseaux ; plus
200 espèces y ont été recensées.

Fethard, la plus grande ville de la pointe, a été fondée par les Anglo-Normands,
débarquèrent en Irlande pour la première fois en 1169 sur l'île de Bannow. Sl
minuscule village de pêcheurs au petit port double, est un centre de plongée sc
marine réputé, à cause de ses eaux claires et de son relief sous-marin intéressa
Sur le quai se trouvent les vestiges des salines du 18ᵉ s., où on faisait évapo
l'eau de mer. À proximité se dressent les ruines du **château**, comprenant une mai
forte (15ᵉ-16ᵉ s.) et une résidence (16ᵉ-17ᵉ s.) construite par la famille Laffan
À l'extrémité de l'étroit promontoire calcaire, **Hook Head Lighthouse** ⊘ est l'un
plus anciens phares d'Europe : pendant 1 500 ans, on y a maintenu presque s
interruption une lumière. Ce donjon circulaire de 25 m, aux pièces voûtées, a
érigé au début du 13ᵉ s. par les Normands pour guider les bateaux remontan
rade de Waterford vers New Ross. Une construction plus classique a coiffé
sommet au début du 19ᵉ s.

PORTUMNA★

PORT OMNA – Galway – 984 habitants
Carte Michelin n° 923 H 8 ou Atlas Great Britain & Ireland p. 90

Portumna, qui signifie le « port du chêne », est un important carrefour à l'emb
chure du Shannon dans le lac Derg, le dernier et le plus agréable des lacs du Shan
connu comme un véritable sanctuaire de la faune sauvage.

Pont levant ⊘ – Le pont routier qui enjambe le Shannon se lève à intervalles réguliers pour laisser passer les bateaux.

Loisirs – Des aménagements sont prévus
pour la pêche au lancer, la pêche sportive
et le canotage sur le lac.

★**Château** ⊘ – Cette
belle demeure du 16ᵉ
qui se dresse au Nord
du parc, fut le siège d
famille Burke. Pour
teindre, il est nécessaire
traverser toute une s
de jardins séparés e
eux par une porte de s

Adam *(en partie détruite)*, un portail gothique et un portail toscan *(le plus pro
de la résidence)* ; les parterres sont jonchés de rosiers. La magnifique maison f
(restaurée) date de 1518, mais fut accidentellement détruite par un incendie
1826. Elle fut alors abandonnée pour un nouvel édifice, conçu par Sir Tho

Le château, encore sur la défensive...

Deane, dont il ne reste malheureusement aucune trace. L'exposition que l'on peut contempler à l'intérieur du château retrace l'histoire de la famille Burke, de leur demeure et de sa restauration.

À l'intérieur du pavillon qui garde l'entrée du domaine *(en face de la réception)*, on peut découvrir un canon abandonné par Patrick Sarsfield après la bataille d'Aughrim *(voir Athenry, encadré)*.

Monastère – Au Sud du château se dressent les ruines du monastère, ancienne chapelle cistercienne concédée aux dominicains par le chef du clan local, O'Madden. Les fenêtres Nord et Sud (13e s.) de l'abside faisaient problablement partie du bâtiment cistercien. Le reste du prieuré, qui remonte au 15e s., contient d'autres très belles fenêtres. Le bras gauche du transept semble avoir été utilisé comme lieu d'habitation. Certaines parties du cloître ont été reconstruites au 20e s.

Parc forestier – Ce parc de 570 ha qui s'étend au Nord du lac Derg comprend un enclos à cerfs, une tour d'observation, une marina et un club nautique. Les amoureux de la nature apprécieront les agréables promenades en forêt sur des pistes naturelles, dans un environnement que rien ne semble pouvoir altérer.

ENVIRONS

Cathédrale de Clonfert ⊙ – *27 km au Nord-Est par la N 65, la R 355, la R 356 par Eyrecourt et une route secondaire à l'Est ; la clé est disponible à la loge.* L'église fut bâtie au 12e s., vraisemblablement par Conor O'Kelly, sur le site d'un ancien monastère fondé en 563 par saint Brendan le Navigateur. Le **portail principal★★** en

---

De Burgo – de Burgh – Burke

Le célèbre nom Burke est une déformation d'un patronyme venu du continent, qui trouve son origine dans le nom normand de Burgo (du Bourg). En 1193, Guillaume de Burgo, arrivé en Irlande en 1185 avec le prince Jean, épousa la fille du roi de Thomond, Donald Mor O'Brien ; son fils fut nommé seigneur du Connaught, et en 1265, Walter de Burgo devint comte d'Ulster.

Au 14e s., le domaine passa aux mains d'un des descendants de Richard, seigneur du Connaught, qui décida de prendre avec l'accord du roi le nom de de Burgh et fut nommé comte de Clanrickard en 1543. Au 17e s., John, le neuvième comte, renonça à la tradition familiale de soutien inconditionnel à la Couronne pour se battre aux côtés des jacobites ; il fut fait prisonnier à Aughrim en 1691 et ses terres furent confisquées. Elles purent être rachetées douze ans plus tard pour 25 000 £. À la mort d'Hubert de Burgh Canning (1832-1916) qui, célibataire, vécut toute sa vie à l'écart du monde, le titre fut transmis au marquis de Sligo et la terre revint au sixième comte Harewood, Henry Lascelles, qui épousa la fille de George V et de la reine Mary.

grès rouge est un chef-d'œuvre du roman irlandais. Son gable triangulaire alte
têtes humaines et triangles au-dessus d'arcatures ; il est encadré de six regist
en retrait, ornés d'une grande variété de motifs et de têtes d'animaux. Le sixiè
registre a été ajouté au 15e s., en même temps que la tour, le bras droit du tr
sept et la sacristie. Des anges, une rosace et une sirène ont été sculptés su
voûte du chœur, qui date aussi de cette période. Les remarquables fenêtres, à l'
sont de style roman. Le bras droit roman du transept est en ruine, et le bras gau
gothique a été démoli.

Le domaine *(accès par la porte située à l'arrière du cimetière ; tourner à gauc*
comporte une ancienne **allée d'ifs** en forme de croix, qui porte aujourd'hui les s
mates des dommages causés par les orages et les intempéries. Elle
probablement plantée par des moines au 16e s. Le palais épiscopal (en ruine) app
tenait à **Sir Oswald Mosley** depuis 1951 quand il fut détruit par un incendie en 19
Le charmant oratoire circulaire est maintenant utilisé par la maison de retraite
l'Emmanuel.

Portrait d'un fasciste anglais

Malgré son rôle mineur dans la vie politique anglaise du 20e s., le personnage d'**Oswald Ernald Mosley** canalise les fantasmes et les craintes britanniques
pour avoir tout au long de sa vie incarné le fascisme outre-Manche. Cet aristocrate né en 1896 s'engage relativement tôt dans la politique, et siège à
la Chambre des communes sous toutes les bannières extrémistes, avant de
créer son propre parti, le **British Union of Fascists** (BUF), proche de Mussolini.
Après quelque temps passé en prison pour avoir demandé la capitulation de
l'Angleterre face à l'Allemagne, et malgré le peu d'engouement des Anglais
pour ses idées, Mosley persévère en 1948 avec la création du **mouvement de**
l'Union, qui se distingue par sa propagande antisémite et ses uniformes de
type nazi. C'est à Paris que ce grand admirateur d'Hitler et des régimes
totalitaires, qu'il considérait comme « forts et indestructibles » par opposition aux démocraties décadentes, vint finalement s'éteindre en 1980, dans
l'indifférence quasi générale qui avait accompagné sa carrière politique.

Monastère franciscain de Meelick – *11 km au Nord-Est par la N 65, la R .*
et une route secondaire à l'Est. Le monastère fut construit au 15e s. sur une lég
éminence surplombant le Shannon. En 1986, les ruines ont été restaurées,
nouveau toit construit et l'édifice réaménagé pour le culte. La majorité des m
l'entrée principale et deux arcs sous le mur Sud sont d'origine. Entre les arcs,
petite représentation de saint François a été ajoutée plus tardivement. Au cours
la restauration, quatre plumes à écrire furent retrouvées dans une cheminée
corps de logis de 1732.

Une courte promenade *(1 km vers l'Est)* mène au barrage de Meelick et à Vict
Lock, la plus grande écluse du Shannon.

Lorrha – *10 km à l'Est par la R 489 et une route secondaire au Sud.* Ce mi
cule village comporte trois églises en ruine. Une partie des locaux de l'une d'
elles, située à l'Est, sert au culte anglican. La façade principale est soutenue
deux antes. Une large porte du 13e s. en encadre une autre, plus récente (15e
qui comporte un magnifique pélican sculpté. L'église s'élève sur le site d'un an
monastère fondé par un disciple de saint Finian de Clonard, saint Ruadhán (n
en 845). L'**église St-Ruadhán** est un bâtiment du 15e s., remarquable par la rich
de l'ornementation du portail principal, la qualité de ses vitraux Est et Ouest
sa sacristie voûtée. Au Sud du village, à proximité de l'église catholique, se d
sent les vestiges d'un autre édifice, qui appartenait à un monastère domini
fondé par Walter de Burgo vers 1269. Le chœur était éclairé par une fenêt
cinq jours et plusieurs fenêtres en ogive percées dans le mur Sud.

ROSCREA ★

ROS CRÉ – Tipperary – 4 170 habitants
Carte Michelin n° 923 I 9 ou Atlas Great Britain & Ireland p. 85

Centre agricole prospère sur la rive escarpée de la Bunnow, Roscrea, fondé au
par saint Cronan, s'est développé autour d'un petit bourg médiéval, dont le châ
et le monastère restent les derniers témoins.

CURIOSITÉS

Castle ⊙ – Édifié au 13e s., le château adopte une forme polygonale irrégu
fermée de courtines et de deux tours semi-circulaires. On y pénétrait à l'ori
par un châtelet édifié vers 1280, que couronnent aujourd'hui des pignons et

cheminées du 17e s. Le treuil qui actionnait la herse du château est visible dans la grande salle. La tour de garde abrite le **Roscrea Heritage Centre** (Centre du patrimoine ⊙), où une exposition retrace l'histoire des châteaux normands en Irlande.

★ **Damer House** ⊙ – À l'intérieur des remparts, une élégante maison du 18e s. se dresse sur trois étages. Remarquable notamment par la qualité de son très bel **escalier en pin**, elle fut édifiée en 1715 par Joseph Damer, l'homme le plus riche d'Irlande à sa mort en 1720, par ailleurs membre d'une famille de colons installée dans ce pays depuis 1661. La maison fut achevée vers 1720 et devint la résidence de l'évêque anglican de Killaloe. En 1798, elle servit de caserne. Au 20e s., après être restée inoccupée durant de nombreuses années, elle fut menacée de démolition par le conseil municipal, qui voulait créer un parc de stationnement à cet endroit. Aujourd'hui, l'édifice abrite des expositions consacrées à l'histoire locale et offre un service informatisé de recherches généalogiques.

Clocher rond et église St-Cronan – *Church Street*. L'emplacement d'un monastère, fondé par saint Cronan au 7e s. et détruit quatre fois au 12e s., est marqué par la façade principale de l'église du 12e s. Le personnage sculpté au-dessus de l'entrée est probablement saint Cronan. Au Nord des ruines, une croix du 12e s. se distingue par les deux sculptures au pied des faces Nord et Sud du fût. Le clocher rond du 8e s. (18 m de haut) a perdu en 1135 sa coiffe conique ; un autre tronçon de 6 m a été détruit pendant les combats de 1798.

Monastère franciscain – On accède à l'actuelle église catholique, bâtie sur une pente douce, par le clocher du monastère d'origine datant du 15e s. Les murs Nord et Est de l'ancien chœur, ainsi qu'une partie de l'arcade de la nef, ont été intégrés à l'église moderne.

ENVIRONS

Abbaye de Monaincha – *1,5 km à l'Ouest par la N 7 puis par une route secondaire à partir du rond-point*. L'église abbatiale en ruine se dresse sur une éminence, jadis une île dans une tourbière. Le portail principal du 12e s. est finement sculpté ; la voûte du chœur est en grès. La sacristie date du 15e ou 16e s. Le monastère fut probablement fondé au 6e s. par saint Cainnech d'Aghaboe dans le comté de Laois, mais est également lié à saint Cronan de Roscrea.

Devil's Bit Mountain – *24 km au Sud de Roscrea par la N 62*. La légende dit que le diable aurait entaillé Devil's Bit Mountain pour créer le **rocher de Cashel**. La réalité semble plus prosaïque : l'excavation est due à l'action de la glaciation. Le chemin qui mène au sommet de la montagne (479 m) est facile d'accès ; un vaste **panorama** y embrasse le Sud et l'Est du Golden Vale.

RUSSBOROUGH★★★

Wicklow

Carte Michelin n° 923 M 8 ou Atlas Great Britain & Ireland p. 87

...tte magnifique demeure palladienne est bâtie sur un terrain en pente douce, des-
...ndant vers un plan d'eau, le Poulaphouca Reservoir *(voir Wicklow Mountains,
...cadré pratique)*, où se mirent les monts Wicklow. Les terrasses couvertes de gazon
...'arrière de la demeure sont d'origine. La courte allée passe devant le vieux manège
...ant que n'apparaisse, dans sa totalité, la façade d'un bâtiment central en granit de
...cklow, relié à deux pavillons par des colonnades incurvées.

...maison (1741-1751) conçue par Richard Castle *(voir Index)* fut achevée après sa
...ort en 1757 par Francis Bindon. La commande avait été passée par Joseph Leeson,
...venu comte de Milltown en 1763, qui avait hérité vingt-trois ans plus tôt de la
...tune de son père, riche brasseur de Dublin. Sa caricature en stuc est visible au-
...ssus de la porte qui sépare le vestibule, où se trouve l'escalier, du hall d'entrée.

La collection Beit

Les peintures exposées dans les pièces principales ont été rassemblées à la fin du 19e s. par Alfred Beit (1853-1906). En 1875, il partit pour l'Afrique du Sud et s'y lia d'amitié avec Cecil Rhodes, avec qui il fonda la De Beers Diamond Mining Company. À sa mort, Beit légua sa collection à son frère cadet, dont le fils, Sir Alfred Beit, acheta Russborough en 1952 pour abriter la collection, très riche en œuvres des écoles hollandaise, flamande et espagnole, mais comportant aussi des pièces des écoles italienne, française et anglaise, des bronzes italiens, de la porcelaine européenne, du mobilier, des tapisseries et des tapis.

Bord Fáilte, Dublin

Détail salon

VISITE ⊙ 1 h

Au rez-de-chaussée, le salon, la bibl
thèque et la salle de musique sont
chement décorés de plafonds en st
dus aux frères Lafranchini. La salle
manger et la voûte en berceau de
salle des tapisseries ont sans doute é
exécutées par des élèves. C'est u
main inconnue et moins expérimen
qui a réalisé les stucs épais et très
nés de l'escalier représentant u
scène de chasse. Le salon est prob
blement l'œuvre de Francis Bindo
Les panneaux muraux, également
stuc, furent conçus pour recevoir
quatre marines d'Horace Vernet (
ont regagné leur place d'origine, ap
avoir été vendues en 1926. On
trouve le même luxe dans les che
nées ouvragées et dans l'utilisation abondante de l'acajou pour les portes, les lamb
l'escalier et le parquet du salon, marqueté avec du bois de citronnier.
À l'étage supérieur, les chambres sont équipées de mobilier en érable et
bambou, et on peut y voir de la porcelaine et de l'argenterie.

SKIBBEREEN

SCIOBAIRÍN – Cork – 1 926 habitants

Carte Michelin n° 923 E 13 ou Atlas Great Britain & Ireland p. 77

Cette ville de marché animée doit son existence à des pirates barbaresques, qui at
quèrent le village avoisinant de Baltimore en 1631. Certains des colons anglais fur
capturés, mais les rescapés s'enfuirent à l'intérieur des terres et y installèrent de
colonies, Bridgetown et Stapleton, qui se développèrent et s'unirent pour cré
Skibbereen. La ville a gravement souffert de la famine du 19e s. mais a regagné u
certaine vitalité économique au cours de ces vingt dernières années.

The Liss Ard Foundation ⊙ – *3 km au Sud par la R 596.* Le domaine est aména
de manière à mettre en valeur la faune et la flore sauvages. Chaque élément
isolé du reste pour créer une série de « pièces » à ciel ouvert, où les visite
peuvent jouir des couleurs, des formes et des sons : tons subtils de la prairie p
semée de fleurs sauvages, froissement des feuilles sous les pieds dans les bc
ondulations à la surface du lac, chuintement des cascades ou silence de la prai
et ovale du ciel dans le cratère, créé par James Turrell.

« Keeping an eye on the Czar of Russia »

Dans les années 1890, un dirigeant du *Skibbereen Eagle* affirma que le journal
« gardait un œil sur le tsar de Russie ». Ce commentaire, outrageusement
grandiloquent pour un petit journal de province, fut repris sur les télé-
scripteurs des agences de presse internationales et fit le tour du monde.
Toujours citée à notre époque, cette phrase est la plus célèbre jamais écrite
dans un journal irlandais. Les dossiers de l'ancien *Eagle* peuvent être exa-
minés sur rendez-vous aux bureaux de la **Southern Star** dans Ilen Street.

ENVIRONS

Castletownshend – *8 km au Sud-Est par la R 596.* La grand-rue escarpée de
minuscule village descend vers la rivière où une petite jetée offre des vues :
l'autre rive de la rade de Castle Haven.
L'église **St-Barrahane** ⊙ (anglicane) est bâtie au bas de Main Street, qu'elle dom
du haut de ses quatre volées de marches ; le vitrail de la Nativité fut dessiné
Harry Clarke.

Skibbereen pratique

Manifestations – Le **West Cork Arts Centre** ⊙ *(North Street)* accueille régulièrement des événements artistiques.

Promenades en bateau – Au départ de Baltimore et de Skull *(voir ci-dessous)*, découverte de Roaring Water Bay, « baie des eaux rugissantes » et
des îles **Sherkin** et **Cape Clear**.

Somerville and Ross

Le village de Castletownshend était jadis un bastion de la société protestante, en pleine ascension, dont le mode de vie dans l'Ouest du Cork fut caricaturé par Edith Somerville et Violet Martin, deux cousines écrivant à deux mains sous le pseudonyme de **Somerville and Ross**. Elles sont enterrées dans le cimetière de St-Barrahane. La plus connue de leurs œuvres, *Les Expériences d'un résident magistrat irlandais* (1899), fut suivie de *Autres expériences d'un résident magistrat irlandais* (1908) et *Au pays de Mr Knox* (1915). Leur roman *La Véritable Charlotte* (1894) est d'une veine beaucoup moins légère. *La Grande Maison à Inver* (1925) est le meilleur des romans écrits par Edith Somerville après la mort de Violet Martin.

Jardins de Creagh ⊘ – *5 km au Sud-Ouest par la R 595*. Les jardins (12 ha) furent créés en 1945 sur un terrain qui descend en pente douce vers l'estuaire. Conçus dans un souci de romantisme, ils sont agrémentés de clairières et abritent de nombreuses plantes rares et délicates, des potagers clos traditionnels et des oiseaux de basse-cour exotiques.

Lough Hyne Nature Reserve, au Sud-Est de **Creagh** – *10 km par la R 595 et une route secondaire à gauche avant Creagh. Vastes équipements d'observation en préparation. En raison de la présence d'oursins, il est dangereux de se promener pieds nus.* Située au cœur de petites collines, cette anse naturelle libre de toute pollution offre un écosystème unique. Plus de 60 espèces animales y ont été recensées, notamment le gobie à bouche rouge que l'on ne trouve ailleurs qu'au Portugal. Sur la rive Nord, un sentier conduit à un belvédère dans la forêt, d'où l'on bénéficie de panoramas étendus sur la région.

Baltimore – *13 km au Sud-Ouest par la R 595*. Ce village de pêcheurs offre l'ancrage le plus sûr de la côte Sud-Ouest. Les ruines de la maison fortifiée du début du 17e s., construite par Sir Fineen O'Driscoll, dominent l'ancien et le nouvel embarcadère.

Sur le cap *(1,6 km au Sud)* se dresse « **Lot's wife** », phare médiéval peint en blanc, à la silhouette en forme de fusée. Les environs immédiats offrent des **vues** panoramiques.

Sherkin Island – *Une journée entière est nécessaire pour visiter l'île. Si le temps tourne à la tempête, les visiteurs peuvent être bloqués pour une nuit ou davantage.* La **station de recherches marines**, entreprise privée, contrôle l'environnement marin et organise des sessions éducatives sur la pollution. Sherkin possède trois pubs, plusieurs maisons d'hôtes et quatre routes, qui partent du port et conduisent au Nord et à l'Ouest de l'île. Les vastes ruines d'un **monastère** franciscain, situées près du port, datent de 1460.

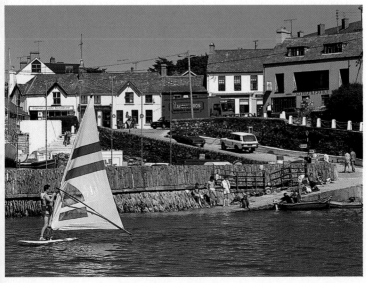

Baltimore

Slide File, Dublin

Cape Clear Island – *Prévoir au moins deux jours pour visiter l'île, et davantage [en] cas de mauvais temps. Un logement simple pour les visiteurs est fourni par l'o[b]servatoire ornithologique.* Les grandes colonies d'oiseaux de mer attirent [de] nombreux ornithologues à Cape Clear Island. Les ports Nord et Sud de l'île so[nt] séparés par un isthme. L'unique village, minuscule, est appelé **Cummer**. Cette île e[st] l'un des derniers bastions de la langue gaélique dans l'Ouest du comté de Co[rk.] Beaucoup de ses habitants se nomment O'Driscoll ou Cadogan, ce qui pose parf[ois] des problèmes au facteur !

Circuit du cap Mizen *56 km – une journée*

Quitter Skibbereen par la N 71 à l'Ouest, parcourir 16 km et prendre à gauche [la] R 592.

Ballydehob – La grand-rue (Main Street), en pente abrupte, est bordée de no[m]breuses maisons peintes de couleurs vives. Le pont de chemin de fer à 12 arch[es] faisait partie de la ligne qui allait de Skull à Skibbereen et qui ferma en 1947. Il [a] été transformé en passage pour piétons.

Prendre la route secondaire vers le Nord-Ouest. Au bout de 7 km environ, pren[dre] à gauche la route qui monte les pentes du mont Gabriel (Mount Gabriel), vers Sk[ull] et le Sud.

Mount Gabriel – Cette montagne de 408 m, dont l'ascension est impressionnan[te,] confronte la technologie moderne à l'histoire irlandaise antique. Les traces d'e[x]ploitation du cuivre à l'âge du bronze, sur les versants, contrastent avec les de[ux] globes des stations radar situés près du sommet.

Poursuivre vers Skull.

On franchit un col. Sur le versant Sud, une belle **vue**★★ se déploie sur Skull et [la] baie de Roaringwater.

★**Skull (Schull)** – *Bacs* ⊙ *pour Baltimore et Cape Clear Island.* Cette petite ville, qui [vit] de la pêche, séduit les plaisanciers. Le **planétarium** ⊙ (60 places) organise régulièreme[nt] des séances sur l'astronomie et des observations nocturnes au télescope.

Road bowls

On pratique encore ce sport ancien le dimanche dans les comtés de Cork et Armagh : le **road bowling** consiste à lancer une boule d'acier de 18 cm et 800 g à plusieurs reprises pour parcourir un tronçon d'une petite route de campagne sinueuse. Le vainqueur est celui qui aura réussi le parcours avec le minimum de lancers. Les paris vont bon train.

Reprendre la R 592 ve[rs] l'Ouest. À Toormore, tou[r]ner à gauche sur la R 59[1?] vers Goleen et Crookhave[n.] Tourner à droite (pannea[u]) à l'entrée du village [de] Goleen.

The Ewe ⊙, *peu apr[ès] Goleen* – Ce centre d'a[rt] accueille les visiteurs da[ns] sa galerie et son charma[nt] jardin de sculptures qui d[o]mine la mer.

Crookhaven – Ce petit hameau situé au bord de l'eau, sur le chemin du cap Stree[t?] ne possède que deux pubs, quelques maisons et les vestiges d'un « palais de [la] sardine » du 17ᵉ s., utilisé pour entreposer le poisson. Depuis le port, les vast[es] ruines des mines de cuivre de la fin du 19ᵉ s. sont nettement visibles sur la par[t] Nord de la crique.

Faire demi-tour à Crookhaven et laisser à droite la route ramenant à Goleen po[ur] prendre la route secondaire longeant l'anse de Barley.

Barley Cove – La profonde crique encaissée entre les falaises doit à sa **plage de sa[ble]** d'être devenue un lieu fréquenté durant les vacances. Les nombreux chalets n'[al]tèrent en rien la vue d'ensemble.

Au fond de l'anse de Barley, tourner à gauche en direction du cap Mizen.

Mizen Vision ⊙, *au* **cap Mizen** – *10 mn de descente abrupte à pied à partir du pa[rking]* *de stationnement.* Une passerelle à 46 m au-dessus du niveau de la m[er] enjambe l'abîme entre la côte et Cloghane Island, où un sémaphore signalant [le] brouillard fut érigé en 1910. Outre des explications sur le rôle de la station, [on] trouvera une présentation du travail des gardiens de phares et de la fau[ne] locale – dauphins, phoques, requins pèlerins, baleines et oiseaux de mer –, [le] rappel de quelques naufrages et des épisodes de la régate du Fastnet, ainsi q[ue] le récit de la construction du phare du Fastnet Rock *(au Sud-Est – 14 km).*

SLIGO★★

SLIGEACH – Sligo – 17 786 habitants
Carte Michelin n° 923 G 5 ou Atlas Great Britain & Ireland p. 96

...go est une grande ville de marché animée, située sur la courte rivière Garavogue ...unit le lac Gill à la mer. Elle est entourée de beaux paysages variés : vallées vertes ...boisées, montagnes élevées, plages de sable en bord de mer. **Rosses Point** (An Ros), ... sa presqu'île sablonneuse qui pénètre dans la baie de Drumcliff, possède un terrain ... golf de compétition et deux belles plages de sable pour les bains de mer et la ...nche à voile.

...e histoire mouvementée – En 807, Sligo fut pillée par les Vikings. Maurice ...zgerald la reçut au 13e s., à la suite de l'invasion normande, et y fit construire un ...âteau et une abbaye. Pendant deux siècles, la ville, aux mains des O'Connor, fut ...nvoitée par les O'Donnell.

...fort fut érigé par l'armée de Cromwell ; Patrick Sarsfield renforça les défenses de ...ville de sorte qu'elle fut une des dernières à capituler après la bataille de la Boyne ...690). La bataille de Carrignagat (1798) fut livrée juste au Sud.

...port prospère – Aux 18e et 19e s., Sligo se développa et devint un port de com-...rce dynamique d'où nombre d'émigrants firent voile pour le Nouveau Monde. ...sieurs immeubles datent de cette époque : les entrepôts près des docks, le palais ... justice (Courthouse), construit en 1878, et l'hôtel de ville (City Hall), bâti en 1865 ...ns le style de la Renaissance italienne. Le bâtiment de pierre, avec une tourelle de ...et au faîte du toit, appelée **tour de guet Yeats** (Yeats Watch Tower), appartenait jadis ...a famille Pollexfen.

SLIGO PRATIQUE

...omenades en bateau – Vous pourrez faire des **promenades en batobus** ⊙ sur le ... Gill, notamment vers l'île d'**Innisfree**, au départ de Doorly Park et de Parke's ...stle. Il existe également des excursions en bateau jusqu'à **Inishmurray**, au départ ... Rosses Point et Mullaghmore *(au Nord de Sligo)*.

...tisanat – À **Sligo Crystal** *(16 km au Nord par la N 15, à Grange)*, on fabrique ... objets en cristal avec des méthodes très anciennes.

...éâtre – Spectacles au **Hawk's Well Theatre**.

Se loger à Sligo

...d Quillinn Lodge – *Drummiskabole (5 km au Sud-Est par la N 4, donnant ... la R 284)* – ☎ *(071) 63935 – 3 chambres.*
...tel en dehors de la ville offrant un bon rapport qualité-prix.

...ee Tops – *Cleveragh Road (600 m au Sud par la route de Dublin)* – ☎ *(071) ...160 – fax (071) 62301 – 5 chambres.*
...tit hôtel familial à l'accueil particulièrement chaleureux.

CURIOSITÉS

Abbaye ⊙ – *Rive Sud ; Abbey Street.* Les ruines sur la rive Sud de la Garavogue occupent le site d'un ancien monastère dominicain, fondé par Maurice Fitzgerald en 1252, accidentellement détruit par le feu en 1414. Les bâtiments de 1416, res-taurés, furent épargnés par la reine Élisabeth à la condition que les moines deviennent membres du clergé séculier. Il fut délibérément incendié, en 1641, par Sir Frederick Hamilton. La nef, qui contient un autel-sarcophage finement travaillé *(mur Nord)*, appartenant aux O'Crean (1506), est séparée du chœur (13e s.) par un jubé du 15e s., partiellement restauré. On y voit le monument O'Connor, du 17e s. Au Nord de l'église se trouvent la sacristie et la salle capitulaire du 13e s., ainsi qu'une partie du cloître orné de sculptures du 15e s.

Le pays de Yeats

La beauté du paysage est évoquée dans la poésie de William Butler Yeats et dans les peintures de son frère Jack. Ils passaient souvent leurs vacances d'été avec leurs cousins Pollexfen à Elsinore Lodge sur Rosses Point, et regardaient dans la baie les bateaux de leur grand-père, du haut de son entrepôt, appelé depuis la tour de guet Yeats *(propriété privée)*. Dans ses vers, Yeats, qui est enterré à Drumcliff, immortalisa ses séjours à Lissadell House *(voir ci-dessous)* sur la baie de Drumcliff.

Model Arts and Niland Gallery ⏰ – *The Mall.* La **Niland collection**, présentée p[...]
rotation, rassemble environ 200 œuvres de Jack Yeats acquises par Norah Nila[...]
ancienne bibliothécaire du comté. La **collection d'art moderne irlandais** comprend d[...]
tableaux de George Russell, Maurice McGonigal, Norah McGuinness, Est[...]
Solomons, Paul Henry, Augustus John et Seán Keating.

County Museum ⏰ – *Stephen Street.* Le vieux presbytère (1851) abrite le **mémo[...]
Yeats**, collection de manuscrits, photographies et lettres.

St John's Cathedral ⏰ – *Rive Sud, John Street.* Son architecture insolite[...]
conçue en 1730 par Richard Castle. L'abside et les fenêtres furent remplacées [...]
1812 lors du réaménagement dans le style néogothique. Une plaque commém[...]
rative de cuivre *(dans le bras gauche du transept)* évoque la mère de W. B. Yea[...]
Susan, qui se maria dans cette église. La tombe du père de Susan, William Pollexf[...]
se trouve près des portes principales.

Cathedral of the Immaculate Conception – *Rive Sud, John Street ou Tem[...]
Street.* Le bâtiment composite conçu par George Goldie, mélange de styles rom[...]
et Renaissance, fut consacré en 1874. Les effets de lumière des 69 vitraux, cr[...]
par Loblin de Tours, en France, se voient mieux en soirée ou au petit matin. P[...]
de la porte principale se trouve une statue de bois de saint Asicus.

EXCURSIONS

La presqu'île de Sligo *Circuit de 21 km – une demi-journée*
Quitter Sligo à l'Ouest par Upper John Street et parcourir 5 km.

★**Carrowmore Megalithic Cemetery** ⏰ – Carrowmore est le plus grand cimeti[...]
de l'âge de la pierre en Irlande. Il comprend plus de 60 tombes à couloirs, dolme[...]
et cromlechs, ainsi qu'un cairn qui constitue la plus grande tombe. La sépulture[...]
plus ancienne date de 3200 avant J.-C. et est antérieure de 700 ans à Newgran[...]
(voir Boyne Valley). Le centre d'accueil des visiteurs abrite une exposition [...]
l'homme de l'âge de la pierre et sur les fouilles du site.

Poursuivre jusqu'à la R 292, que l'on prend à droite vers Strandhill.

La route, fort agréable, longe la baie de Ballysadare et procure de jolies vues [...]
le Knockalongy, de l'autre côté de la baie.

Strandhill – La station balnéaire est parfaite pour la pratique de la planche à vo[...]
mais la baignade peut y être dangereuse.

*Poursuivre par la même route, qui fait le tour de la péninsule. Moins de 1 km ap[...]
Strandhill, tourner à droite. Parcourir environ 1,5 km et stationner en bordure [...]
route.*

★**Knocknarea** – *1 h 30 AR à pied jusqu'au sommet.* Le chemin d'accès gravit « [...]
Glen », faille naturelle dans le calcaire constituant un milieu particulier où pouss[...]
des plantes rares. Au sommet du **Knocknarea** (328 m), un imposant **cairn** (180[...]
de circonférence), visible à des kilomètres à la ronde, renferme probablement [...]
tombe à couloir. La tradition raconte qu'il s'agit de la sépulture de Maeve, re[...]
du Connaught au 1er s. (dite aussi reine Mab), mais elle est plus vraisemblablem[...]
enterrée à Rathcroghan.
Par beau temps, une **vue**★★ panoramique se déploie depuis le sommet du ca[...]
Faire demi-tour et revenir à la R 292, que l'on prend à droite pour rentrer à Sl[...]

★★**Le tour du lac Gill** *Circuit de 48 km – une demi-journée*
*Sortir de Sligo par la N 4 au Sud. Parcourir 400 m et bifurquer à gauche ver[...]
lac (signalisation).*

Tobernalt – *Parc de stationnement (à droite) au croisement.* À l'ombre des arbr[...]
le puits sacré marque le site d'une ancienne assemblée celtique ; une fête s'y dér[...]
lait chaque année au mois d'août (Lughnasa).

Longer le lac ; au croisement en T, tourner à gauche sur la R 287.

Dooney Rock Forest – *Parc de stationnement.* Le sommet du rocher de Doo[...]
dévoile une vue sur les îles du lac Gill et sur le Benbulben *(au Nord).*

*Tourner à gauche au carrefour ; au bout de 3 km, tourner à nouveau à gauch[...]
faire 3 km jusqu'au parc de stationnement.*

Innisfree – La minuscule île d'Innisfree, immortalisée par le poème de Yeats, [...]
située à quelques mètres de la jetée. Vue sur le lac Gill et Parke's Castle.

Revenir sur la R 287 et continuer vers l'Est.

Dromahair – Ce charmant village s'élève au bord du lac entre les ruines du châ[...]
de Villiers (17e s.) et celles de l'abbaye de Creevelea.

Creevelea Abbey – *Stationner derrière l'hôtel (Abbey Hotel), à gauche ; 6 mn à pied AR en traversant le pont.* Une avenue d'arbres toujours verts, près de la rivière Bonet, conduit aux ruines d'un monastère franciscain fondé par Owen O'Rourke en 1508. Les fenêtres Est et Ouest et le portail occidental de l'église sont bien préservés. Des piliers sculptés du cloître *(côté Nord)* représentent saint François avec les stigmates et des oiseaux perchés sur un arbre. Au 17e s., la tour fut transformée en logements d'habitation.

À partir de Dromahair, prendre la R 288 jusqu'à la R 286, où l'on tourne à gauche (parc de stationnement et point de vue).

Parke's Castle ⊘ – Construit en 1609 par le capitaine Robert Parke, qui devint membre du Parlement en 1661, le château fut pris en 1647, capitula devant Coote en 1652 et fut rapidement abandonné. De grands travaux ont rétabli le toit d'ardoises, les boiseries et le vitrage des fenêtres. Les dépendances les moins importantes, couvertes de chaume, s'appuyaient sur l'enceinte fortifiée de la cour. Une poterne et une porte d'eau donnaient sur le lac dont le niveau, au 17e s., était plus élevé (3 m). La cour porte les traces d'une maison forte plus ancienne qui appartenait sans doute à la famille O'Rourke. Près de la rive s'élève une hutte de sudation en forme de ruche.

Continuer à l'Ouest sur la R 286 ; tourner à gauche après 11,5 km.

Hazelwood – Un sentier de nature explore les bois de cette péninsule, offrant de belles échappées sur le lac. La maison palladienne *(privée)* fut dessinée par Castle en 1731.

Revenir sur la R 286 et poursuivre vers l'Ouest pour retourner à Sligo.

Autour du Benbulben *Circuit de 105 km – une journée*
Quitter Sligo par la N 15 en direction du Nord.

Drumcliff – *Parc de stationnement.* **William Butler Yeats** repose *(à gauche)* dans le cimetière de Drumcliff, où son arrière-grand-père avait été pasteur. Bien qu'il soit mort à Roquebrune dans les Alpes-Maritimes, en 1939, le poète fut enterré ici, en 1948, comme il l'avait souhaité. Yeats composa lui-même l'épitaphe inscrite sur sa pierre tombale (« Jette un regard froid sur la vie, sur la mort. Cavalier, passe ton chemin ! »).
Ce site, au pied de l'escarpement quadrangulaire du Benbulben (526 m), près de la rivière Drumcliff, fut également choisi par saint Columba, vers 575, pour y fonder un monastère. Le **clocher rond** fut endommagé par la foudre en 1396. La face Est de la **croix**, des environs de l'an 1000, porte de remarquables sculptures d'Adam et Ève, du meurtre d'Abel par Caïn, de Daniel dans la fosse aux lions et du Christ en gloire ; la face Ouest montre la Présentation au Temple et la Crucifixion.

Prendre à gauche une route secondaire passant par Carney.

Benbulben

Lissadell House ✓ – Entourée de bois, l'austère maison de style néoclassique c
sinée en 1830 par Francis Goodwin domine la rive Nord de la baie de Sligo. C'
toujours la résidence de la famille Gore-Booth, qui s'installa dans la région sou
règne d'Élisabeth Iʳᵉ.

Le membre le plus remarquable de cette famille fut **Constance, comtesse Markie**
(1868-1927), qui, tout comme son époux polonais, était une artiste. Consta
fut condamnée à mort en 1916 pour son engagement dans le Soulèvement
Pâques, mais fut graciée deux ans plus tard. Elle fut la première femme élue
Chambre des communes de Westminster, mais n'occupa jamais son siège.

La galerie ovale, qui est ornée de tableaux collectionnés lors d'un grand t
d'Europe, fut conçue pour la musique, et les visiteurs sont invités à y tester l
cellente acoustique du grand piano. D'autres toiles, peintes par la famille ou
représentant, sont accrochées dans les pièces qui donnent sur le jardin. L'influe
du renouveau du style égyptien est manifeste dans les grandes cheminées
marbre. Les portraits au charme désuet sur les murs de la salle à manger s
l'œuvre de Casimir de Markievicz. Des souvenirs de la famille sont exposés dan
salle de billard.

Quitter le domaine par le portail Nord ; tourner à gauche ; après 1,5 km, tour
à gauche vers Raghly (indication – 5 km).

Ardtermon Castle, à l'entrée de **Raghly** – À l'intérieur de son enceinte fortifiée
dresse un château du début du 17ᵉ s. *(restauré)* construit par Sir Nathaniel Go
L'entrée est flanquée de deux tours rondes. L'escalier est situé dans un forjet
demi-cercle, à l'arrière du bâtiment, face à la route.

Faire demi-tour. À la sortie de Cloghboley, tourner à gauche, puis à droite un
plus loin pour reprendre la N 15 à Grange.

La route dépasse **Streedagh Point**, langue de sable (5 km) parallèle au rivage, où t
bateaux de l'Invincible Armada – *Juliana, La Levia* et *La Santa Maria*
Vision – firent naufrage. Plus de 1 300 hommes y auraient péri.

À Cliffony, tourner à gauche vers Mullaghmore.

Mullaghmore – Dans la baie de Donegal, les abords du promontoire rocheux
pointe vers le Nord sont adoucis de plages de sable. Les maisons du village s
regroupées à l'abri, à l'Est du cap et autour du port, lui-même entouré d'un n
de pierre construit en 1842 par Lord Palmerston. Il fit également bâtir le **châ**
de Classiebawn (1856) face au vent sur la rive Ouest. Plusieurs membres de la fam
Mountbatten furent assassinés ici par l'IRA en 1979.

Inishmurray – *Accès par bateau* ✓ *à partir de Mullaghmore ou de Rosses Po*
Au 6ᵉ s., saint Molaise y fonda un établissement dont certaines parties exist
encore, étonnamment bien conservées. C'est le cas entre autres pour l'église
femmes *(Teampall na mBan)*, des cellules rectangulaires ou proches des huttes
forme de ruche, l'église principale (ou église des hommes), des passages sou
rains et des autels en pierre. Partout dans l'île surgissent piliers de pie
(probablement préchrétiens), stèles gravées et stations de chemins de croix.
fut tôt habitée (on y a retrouvé un récipient de 2000 avant J.-C.) ; mais elle
désertée par ses derniers habitants en 1948, après que le rationnement du f
pendant la guerre eut interrompu la navette du bateau d'approvisionnement ver
de Killybegs.

De Mullaghmore, revenir à l'intérieur des terres en prenant à gauche à la prem
bifurcation, et à droite à la seconde. Au carrefour, tourner à gauche sur la N
Parc de stationnement en face.

★**Creevykeel Court Cairn** – *Parc de stationnement.* Le cairn, encore bien conse
date de la fin de l'âge de la pierre (vers 2500 avant J.-C.). Il est constitué d'
cour ouverte qui mène à une chambre mortuaire double, cernée par un tumu
de pierres en forme de coin. Deux autres chambres, auxquelles on accède late
lement, furent ajoutées plus tard.

Revenir au carrefour, tourner à gauche à l'intérieur des terres.

Gleniff Horseshoe Scenic Drive – La **route panoramique en fer à cheval** fait une bo
(10 km) à l'intérieur des monts Dartry ; elle longe le versant occidental
Truskmore (644 m), et traverse les ruisseaux en fond de vallée, derrière
Benbulben (526 m).

Après avoir effectué la boucle, tourner à gauche dans une route secondaire pass
par Moneylahan. Après 9,5 km, on retrouve la N 15 que l'on prend à gau
Avant d'atteindre Drumcliff, bifurquer à gauche sur une route secondaire.

★**Glencar Waterfall** – *Parc de stationnement sur la droite ; 5 mn à pied AR*
cascade, encore plus impressionnante après la pluie, tombe sur des amas
rochers, dans un à-pic de 15 m, puis se termine en un étang circulaire.

Poursuivre vers l'Est jusqu'à la N 16, que l'on prend à droite pour rentrer à S

rokestown est exemplaire des villages édifiés sur leurs domaines par les grands pro-
iétaires terriens. La large rue principale, censée être la reproduction du Ring de
enne, fut tracée au début du 19ᵉ s. en complément à la nouvelle entrée de style
ogothique du château. Une église en ruine (1236), dans la partie Est du parc,
arque l'emplacement de l'ancien village.

1635, les terres furent confisquées aux O'Connor Roe (des vestiges de l'enceinte
leur résidence subsistent dans le bâtiment abritant aujourd'hui le restaurant). En
559, Nicholas Mahon (mort en 1680) reçut 2 400 ha pour services rendus dans les
ilices de Cromwell. Après la Restauration en 1660, Charles II étendit encore le
omaine pour s'assurer le soutien des Mahon.

La famille Mahon

Le petit-fils de Nicholas Mahon, Thomas, représentant à la Chambre, intégra les
éléments d'une ancienne demeure dans une nouvelle résidence somptueuse, encore
agrandie par son fils, Maurice. Contrairement à son père, opposant à l'Acte
d'union, Maurice accepta une pairie en 1800 et devint baron Hartland of
Strokestown. En 1845, la propriété revint au commandant Denis Mahon, tué deux
ans plus tard par certains de ses métayers, peut-être par erreur (ils l'auraient
confondu avec l'un de ses régisseurs trop zélés) ou plus vraisemblablement parce
qu'il avait organisé pendant la Grande Famine le départ vers l'Amérique des deux
tiers d'entre eux. Le dernier membre de la famille à avoir vécu à Strokestown fut
Mrs Olive Hayes Pakenham Mahon, qui quitta le domaine en 1979.

★**Famine Museum** ⊙ – Le musée de la Famine, qui est aménagé dans les écuries,
présente une exposition intéressante et détaillée, réalisée à partir des archives nationales et de documents établis durant la Grande Famine et conservés au domaine
même, qui avaient déjà servi à Cecil Woodham-Smith pour écrire son livre, *La
Grande Famine*.
L'exposition évoque l'histoire de la famille et du domaine, et met en parallèle le
contexte politique, économique et naturel du milieu du 19ᵉ s. (qui engendra la
Grande Famine et l'émigration) avec celui de l'actuel tiers-monde.

★**Strokestown Park House** ⊙ – Cette résidence de style palladien, dessinée par
Richard Castle *(voir Index)* vers 1730, se compose d'un corps central s'élevant sur
trois niveaux, précédé d'un portique à colonnes et incorporant des parties du
château antérieur, que des couloirs incurvés relient aux ailes de service.
Du **vestibule** et de l'**escalier**, avec leurs corniches et leurs coûteux lambris blancs dus
à Castle, la visite passe au **salon**, à la **bibliothèque** avec son papier peint brun et or
d'origine, ajoutée au début du 19ᵉ s. pour servir de salle de bal (l'un des murs,
incurvé, permettait de placer les musiciens) ; la salle à manger, tendue de son
papier en damas rouge d'origine, abrite un râtelier à assiettes, un réchauffeur et
un rafraîchissoir à vin.
Les **chambres à coucher des maîtres de maison** partagent le premier étage avec une **salle
de classe**, une chambre d'enfants et une **exposition de jouets**.
La grande **cuisine** *(aile Nord)* est pourvue d'un vaisselier garni de vaisselle de Belleek,
de broches et de fours pour cuire, rôtir et fumer. La **galerie** donnant sur la cuisine
conduit à la chambre de la gouvernante, à partir d'un escalier situé dans le couloir
de service.
Les splendides **écuries au toit voûté** *(aile Sud)* étaient reliées au 19ᵉ s. par un passage
souterrain à la cour située au Nord de la maison.
Les deux jardins clos de murs ont retrouvé leur splendeur d'origine. Le jardin d'agrément, le plus grand (1,6 ha), est orné d'une magnifique pergola édouardienne et d'une
bordure d'herbacées ; le potager-verger georgien plus petit entoure des serres (1780)
pour la culture du raisin, des pêches et des figues, ainsi qu'une élégante gloriette,
dont les baies vénitiennes jumelles offrent de belles vues sur les jardins et le domaine.

County Roscommon Heritage Centre ⊙ – À l'extrémité Nord du village se dresse
l'ancienne St John's Church (anglicane, 1820), de forme octogonale pour ressembler à une salle capitulaire médiévale. Elle héberge aujourd'hui le Centre du
patrimoine du comté de Roscommon, qui présente Strokestown d'un point de vue
historique et bénéficie d'un service de recherches généalogiques.

EXCURSIONS

Au départ de Strokestown, suivre la R 368 et la N 61 vers le Sud.

★**Roscommon Castle** – *Au Nord de la ville par la N 61. Depuis le parc de stationnement, 2 mn à pied : franchir une barrière et traverser un champ.* Sur une hauteur
se dressent les ruines impressionnantes d'un château normand édifié en 1269 par
Robert de Ufford et autrefois protégé par un lac ou un marécage. Sa muraille

Pierre de Castletrange

massive, défendue aux angles par quatre bastions circulaires, entoure une vas
zone rectangulaire. L'entrée principale se situe dans le mur Ouest. Les fenêtres
meneaux furent ajoutées au 16ᵉ s. par Nicolas Malby, gouverneur du Connaugh
qui l'occupa probablement en 1578. Prise en 1645 par les Confédérés menés p
Preston, la forteresse se rendit sept ans plus tard aux troupes de Cromwell, qui
ordonna la destruction.

Roscommon – Chef-lieu du comté du même nom, Roscommon est aussi un impc
tant marché situé dans une région prospère d'élevage de bovins et d'ovins. Sc
nom, « le bois de Comán » en gaélique, fait référence à saint Comán, qui fut ab
de Clonmacnoise et premier évêque de Roscommon, où il fonda un monastère
chanoines augustins. L'église anglicane de la ville contiendrait des vestiges de c
édifice. L'histoire du monastère, de la ville et de la région est retracée au **Roscommc
County Museum** ⊘.

Monastère – *Au Sud de la ville en bordure de la N 63*. Ce couvent dominicain
ruine fut fondé en 1253 par Felim O'Conor ; dans le mur Nord du chœur, u
niche abrite une effigie de la fin du 13ᵉ s., montrant Felim avec le pied posé s
un chien. Au-dessous, un panneau (sans doute du 15ᵉ s.) dépeint huit soldats, peu
être des mercenaires étrangers, armés d'épées et, pour l'un, d'une hache
bataille. Plus haut, des anges occupent les écoinçons.

★ **Castlestrange Stone** – *11 km au Sud de Roscommon par la N 63 et la R 3
vers le Nord. Tourner à droite, puis à gauche dans un chemin privé*. Dans un char
(à droite) se trouve un gros bloc de granit rond, orné de dessins curvilignes da
le style celtique de La Tène, qui date de 250 avant J.-C.

*Poursuivre vers le Nord sur la R 362 ; à Creggs prendre sur la droite la directi
de Glinsk.*

Château de Glinsk – Dépourvu de toiture, le château à quatre étages est bi
délabré, mais ses fenêtres, ses cheminées et ses tours encore altières évoquent
belle maison forte édifiée par la famille Burke vers 1618-1630.

Château de Ballintober – *De Glinsk, poursuivre vers le Nord ; prendre à droite
R 360 ; à Ballymoe, prendre à droite la N 60, puis tourner à gauche ve
Ballintober*. Le château en ruine a été habité jusqu'au 19ᵉ s. La haute muraille, re
forcée à chaque angle par une tour polygonale et autrefois entourée de douve
entoure une grande cour rectangulaire. Deux échauguettes gardent les portes
chaque côté. En 1652, le château tomba aux mains des partisans de Cromwe
mais il revint en 1677 au *don* des O'Connor : ce sont les ancêtres du clan c
l'avaient construit vers 1300.

Clonalis House ⊘, à **Castlerea** – *De Ballintober, emprunter vers le Nord-Ouest u
route secondaire, puis la N 60 jusqu'à Castlerea. Tourner à droite à l'Ouest
centre-ville*. Depuis plus de 1 500 ans, le domaine de Clonalis est le siège ance
tral du « O'Connor Don » (*don* signifiant roi ou dirigeant), descendant des hau

rois d'Irlande et chef des O'Connor du Connaught. La résidence actuelle, édifiée sur une éminence près de la rivière Suck, fut dessinée en 1878 par Pepys Cockerell dans un style victorien italianisant.

Près de la porte d'entrée *(à gauche)* se trouve la pierre d'investiture du clan O'Connor ; elle se trouvait autrefois à Rathcroghan (voir ci-dessous).

La maison présente un certain nombre d'objets ayant appartenu aux O'Connor : l'étendard de St-Patrick, qui fut porté par le *don* lors du couronnement de George V ; des portraits de Hugh O'Connor, fondateur de Tucson en Arizona, et du major Maurice de Ballintober, dont les terres, confisquées sous Cromwell, restituées sous Charles II, furent hypothéquées pour lever des troupes jacobites ; une belle collection de porcelaine de Meissen, de Limoges et de Minton ; quelque 5 000 livres, dont le journal en Irlandais écrit au 18ᵉ s. par Charles O'Connor (1710-1790), fac-similés du *Livre d'Armagh*, du *Livre de la vache brune*, du *Livre de Fenagh* et du *Livre d'heures d'Anne de Bretagne* : les archives O'Connor comprennent environ 10 000 lettres et documents : du mobilier dans le style Sheraton irlandais ; un service de table en terre de fer de Mason ; des renfoncements destinés aux bûches à côté de la cheminée de la salle à manger ; des lits à baldaquin ou à ciel de lit ; et de la dentelle de Mount Mellick, de Limerick, de Bruxelles et de Malte.

Deux vestiges de l'époque des Lois pénales sont exposées dans la **chapelle** ; l'autel, qui vient d'une chapelle cachée dans les dépendances ; et le calice, qui se dévisse en deux corps pour être dissimulé plus facilement.

La **salle de billard** présente aujourd'hui certaines des archives O'Connor : fac-similé de l'ordre d'exécution de Charles Iᵉʳ ; une concession des terres O'Connor sous Jacques II ; des lettres de Louis XIV au sujet de la promotion d'un officier ; des documents sur la famine ; des lettres de Douglas Hyde, Daniel O'Connell, Samuel Johnson, William Gladstone, Charles Parnell, Laurence Sterne, Anthony Trollope et Napper Trandy. On peut y voir également la **harpe** de O'Carolan, son concerto et son portrait.

Tibohine – *De Castlerea prendre vers le Nord la R 361 ; tourner à gauche vers Tibohine ; au croisement avec la N 5, prendre à gauche.* Dans son village natal où il est enterré, l'église anglicane dont son père fut recteur abrite le **Dr Douglas Hyde Centre** ⊘ consacré à Douglas Hyde (1860-1949), premier président de la République d'Irlande de 1938 à 1945. Malgré ses origines anglo-irlandaises, il fit ses études en Irlande et rassembla des poésies et contes populaires irlandais. Son dessein était de préserver le gaélique comme langue nationale et de promouvoir l'étude de la littérature irlandaise existante et la publication d'œuvres modernes.

Rathcroghan – *De Tibohine, emprunter la N 5 vers le Nord pour 24 km.* Cette colline, qui comporte de nombreux ouvrages de terre, aurait été le lieu de sacre des rois du Connaught et la capitale préhistorique de l'Irlande.

TIPPERARY

TIOBRAID ARANN – Tipperary – 4 772 habitants
Carte Michelin nᵒ 923 H 0 ou Atlas Great Britain & Ireland p. 83

perary est une agréable ville rurale sur la rivière Ara dans le Val d'Or, première ion laitière d'Irlande. Une motte féodale et une enceinte édifiées par les Normands t encore visibles au Nord-Ouest de la ville. La présence d'un complexe sportif ultra-derne semble anachronique dans cette Ville du patrimoine, qui s'efforce de server ses vitrines typiques du 19ᵉ s. Les amateurs de traditions disposent du **service recherches généalogiques** logé dans l'ancienne prison et d'un bureau d'étude des clans, s James Street. « It's a long way to Tipperary... », marche de la Première Guerre ndiale, a immortalisé le nom de la ville.

Une nouvelle ville

À la fin du 19ᵉ s., Tipperary fut au centre du mouvement de la Ligue agraire. En 1889, le propriétaire terrien Hugh Smith Barry décida d'augmenter les loyers ; certains locataires se rebellèrent et entreprirent d'édifier un nouveau quartier à l'Ouest du centre, sur un terrain n'appartenant pas à Smith Barry. Ils furent aidés par des volontaires accourus de toute l'Irlande pour leur offrir une semaine de travail. Si la galerie marchande a été démolie, certaines maisons existent toujours dans Emmet Street et Dillon Street. Dans Emmet Street, les bâtiments ont été conçus de façon à pouvoir ultérieurement détruire les boutiques sans toucher aux maisons ; Daltons (nᵒ 9) a été restauré dans son état d'origine.

Tipperary Excel Heritage Centre – *Market Square*. Le centre rassemble salles théâtre et de cinéma, une galerie d'artisanat, et une présentation multimédia int active sur les grands événements de l'histoire passée et actuelle de Tipperary.

Old IRA Exhibition ⊘ – *Complexe sportif de Canon Hayes.* L'exposition comn more les exploits de la troisième brigade de Tipperary de l'ancienne IRA, s'illustra dans la guerre d'Indépendance.

EXCURSION

★**Glen of Aherlow** – *10 km au Sud par la R 664.* La route grimpe entre les épais forêts couvrant la chaîne du Slievenamuck ; la descente sur le versant Sud apparaître un panorama magnifique. D'un point de vue *(parc de stationneme* le regard embrasse le magnifique vallon (18 km de long) où la rivière Aherl court vers la Suir. Au Sud, les monts Galty offrent l'opportunité de magnifiq promenades en forêt sur les pentes les moins élevées, ou, plus haut, d'escala et de randonnées entre les lacs et les sommets.

TRALEE

TRÁ LÍ – Kerry – 19 056 habitants
Carte Michelin n° 923 C 11 ou Atlas Great Britain & Ireland p. 83

Chef-lieu du comté de Kerry, Tralee est implantée au fond de la baie qui porte nom, au Nord de la péninsule de Dingle. La ville a été en grande partie détruite dur les guerres du 17e s., et ses édifices datent surtout du siècle suivant. Au cours trente dernières années, elle est devenue le premier centre de commerce du N Kerry. Les bernaches s'y nourrissent de l'herbe tendre de la baie. Au Nord-Est vallée de Tralee, épaisse forêt à l'époque des Tudors, fournit maintenant de ric pâturages aux vaches noires de la race Kerry.

TRALEE PRATIQUE

National Folk Theatre of Ireland/Slamsa Tire – Les spectacles du Théâtre national populaire irlandais, fondé en 1974, s'inspirent de la riche tradition celtique pour évoquer, par la musique, le chant, la danse et le mime, les fêtes et le mode de vie d'antan. C'est encore le passé irlandais qui a inspiré la conception du théâtre ultramoderne, auquel on a donné la forme d'un fort circulaire avec un clocher rond qui permet d'accéder aux places de balcon.

Plages – Les amateurs de baignades pourront choisir entre les bassins couverts de l'**Aqua Dome** ⊘ et les plages bordant les rives Nord et Ouest de la baie de Tralee.

Artisanat – On peut visiter les ateliers d'artisans de Blennerville *(voir ci-dessous)*.

Forteresse des Desmond et fief des Denny – Le château autour duquel se dévelo Tralee fut édifié en 1243 par l'Anglo-Normand **John Fitzgerald**. Il devint la réside principale de ses descendants, qui reçurent en 1329 le titre de comtes de Desmc À la suite de leur rébellion *(voir Quelques faits historiques, 1579)*, la ville et les te environnantes (2 400 ha) furent confisquées et octroyées à Sir Henry Denny, récompense des services rendus à la couronne d'Angleterre lors du massacre de [an Oir (1580), à Smerwick Bay, où le 15e comte de Desmond fut tué. Pendant trois siècles suivants, Tralee fut sous le contrôle des Denny. Un fervent sentim nationaliste s'épanouit dans la ville.

CURIOSITÉS

★**Kerry-The Kingdom** ⊘ – *Ashe Memorial Hall.* L'exposition **Geraldine Tralee** (Tr à l'époque des Fitzgerald – *rez-de-chaussée*) restitue le décor, les sons et les od de la ville médiévale sous la maîtrise des Fitzgerald (1300-1500). Des cabric promènent les visiteurs à travers une reconstitution partielle de Tralee, accom gnés d'un commentaire en plusieurs langues.
Au **musée du Comté** *(à l'étage)*, des objets fabriqués localement et un montage au visuel illustrent l'histoire et la vie de la région au Nord de Tralee.
Dans le **parc municipal**, autour d'Ashe Memorial Hall, on peut voir les vestiges **château des Fitzgerald** et la statue de William Mulchinock (1820-1864), l'auteur d chanson *The Rose of Tralee*, à l'origine d'un célèbre festival.

Tralee-Blennerville Light Railway ⊘ – Le centenaire de la ligne de chemin de à voie étroite (1 m) Tralee-Dingle (en service de 1891 à 1953) fut marqué pa réouverture au trafic passagers du premier tronçon *(2,4 km)* entre Tralee Blennerville. Le convoi comprend trois voitures d'époque tirées par une des lc motives à vapeur d'origine, la n° 5, une 2-6-2 construite par Hunslett à Leeds

---

La rose de Tralee

Chaque année au mois d'août, la ville organise la Fête internationale de la rose de Tralee (Rose of Tralee Festival), attirant des Irlandais des quatre coins du monde ; toutes les jeunes filles d'origine irlandaise sont éligibles pour le titre.

« Elle était adorable et claire comme la rose de l'été
mais ce n'est pas seulement sa beauté qui me conquit
oh non, c'était la vérité qui vibrait dans ses yeux
qui me fit aimer Mary, la rose de Tralee. »

Centre-ville – La statue d'un dominicain, due au sculpteur local Noel Fitzgibbon, est placée *(Dominic Street)* devant une arcade sculptée par des apprentis locaux en 1987-1988 dans le style de l'abbaye d'origine, fondée en 1243 par John Fitzgerald et détruite par les troupes de Cromwell en 1652. L'église dominicaine actuelle *(Rock Street)* date de 1861, époque du retour de l'ordre à Tralee. Le **tribunal** *(Courthouse)* restauré, inspiré de la Grèce antique, fut dessiné au milieu du 19ᵉ s. par Richard Morrison. Les deux lions ornant les marches sont dédiés aux soldats irlandais disparus en Inde et en Crimée.

ENVIRONS

★**Moulin de Blennerville** ⊘ – *3,2 km au Sud par la R 559*. Le moulin à vent à cinq niveaux (18 m de haut), construit vers 1800 par le propriétaire foncier local, Sir Rowland Blennerhassett, et abandonné vers 1880, est de nouveau en état de marche. Un moteur électrique prend le relais lorsque le vent est trop faible. L'**exposition sur l'émigration**, dans le bâtiment annexe, illustre l'expérience que vécurent des milliers d'Irlandais quittant leur pays pour l'Amérique au 19ᵉ s. : embarcation, traversée, manque de nourriture, problèmes de santé, quarantaine à l'arrivée.
Les **ateliers** permettent aux visiteurs de voir les artisans à l'œuvre et d'acheter leurs productions : poteries, émaux, etc.

★**Ardfert** – *9 km au Nord-Ouest par la R 551*. Ardfert fut fondée dès le 5ᵉ s. comme base de mission. L'église en pierre dont saint Brendan le Navigateur dota le monastère au 6ᵉ s. fut détruite par le feu en 1089. À l'époque des Normands, le bourg d'Ardfert acquit une importance dont témoignent les ruines imposantes de la cathédrale et du monastère.
La **cathédrale** ⊘ fut érigée vers 1150 et détruite soit par le feu, soit durant les guerres opposant partisans et adversaires de Cromwell. Le croisillon Sud (15ᵉ s.) présente une exposition retraçant l'histoire du bâtiment et des deux petites églises voisines, ornées d'intéressantes sculptures.
Le **monastère franciscain d'Ardfert** fut fondé en 1253 et presque entièrement rebâti en 1453. La plus grande partie du chœur, y compris les fenêtres et la tour, est toujours intacte.

★**Plage de Banna** – *13 km au Nord-Ouest par la R 551*. La vaste plage de sable (8 km) servit au tournage du film *La Fille de Ryan* en 1968. À l'entrée, un monument célèbre la mémoire de **Sir Roger Casement** (1864-1916), qui débarqua à cet endroit d'un sous-marin allemand le 21 avril 1916 avec une cargaison d'armes destinées au Soulèvement de Pâques.

Sea World ⊘, à **Fenit** – *13 km à l'Ouest de Tralee par la R 551 et R 558. Sur les quais ; parc de stationnement).* À intervalles réguliers, une vague s'écrase dans l'aquarium, dans lequel on peut identifier une myriade de poissons. Un bassin invite à toucher coques, moules, oursins, crabes, patelles et étoiles de mer.

EXCURSIONS

★**Crag Cave** ⊘, à **Castleisland** (Oileán Ciarrai) – *20 km à l'Est par la N 21 jusqu'à Castleisland, puis une route secondaire vers le Nord (panneau).* Ce réseau de grottes calcaires *(4 km)*, découvert en 1983, daterait de plus d'un million d'années. Une courte descente *(62 marches)* conduit aux galeries et aux chambres de la partie visitable de la grotte *(350 m)*. Un éclairage rehausse la beauté naturelle des nombreuses formations calcaires : stalactites, stalagmites, drapés, ruissellements et rivières de pierres. La multitude de stalactites blanches, fines comme des fétus de paille, luisant dans la **galerie de cristal**, pousse la magie à son comble.

★**Clocher rond de Rattoo** – *21 km au Nord par la R 556*. Le clocher rond, très bien conservé, et l'église en ruine du 15ᵉ s. marquent l'emplacement d'un ancien site monastique fondé en 1200 pour les chevaliers de St-Jean. En 1202, il devint un monastère augustin et fut détruit dans un incendie en 1600.
Le **Rattoo-North Kerry Museum** ⊘ à **Ballyduff** *(4 km au Nord)* abrite des vestiges illustrant l'histoire de la localité ; bateau sculpté dans un demi-tronc de chêne (âge du bronze, 2 000 ans avant J.-C.).

Listowel/Lios Tuathail – *27 km au Nord-Est par la N 69.* L'exceptionnelle répu
tation littéraire de la bourgade de Listowel et du Nord du Kerry est célébrée chaqu
année en mai par la **Semaine des écrivains** (Writers' Week), qui attire des auteurs d
monde entier. Sur l'immense place centrale se dresse le **Centre d'art et du patrimoi**
(St John's Art and Heritage Centre) ⊘, ancienne église paroissiale anglicane, q
organise des représentations musicales et théâtrales, des projections de films e
diverses expositions consacrées à l'art, la littérature et l'histoire. L'exposition pe
manente présente une collection de textes, d'archives sonores et de montage
audiovisuels. Elle couvre les œuvres de John B. Keane, Brian McMahon, Brenda
Kennelly et d'autres écrivains locaux.
À l'angle Nord-Est de la place, le Central Hotel montre une étonnante **façade** c
plâtre travaillé.

Ballybunnion – *32 km au Nord par la R 556 et la R 551.* Cette station balnéair
possède de nombreuses salles de jeux et plusieurs plages. Elle est aussi réputée comm
station de thalassothérapie, où les algues sont utilisées à des fins thérapeutiques.

★**Carrigafoyle Castle** – *43 km au Nord par la N 69 vers Listowel, la R 552 ve*
Ballylongford et une route secondaire vers le Nord. Principale résidence du cla
O'Connor, qui contrôlait la plus grande partie du Nord du Kerry, le château, autre
fois sur une île, fut détruit par les forces de Cromwell en 1649. Une des tours c
défense est aménagée en pigeonnier. Un escalier en spirale monte jusqu'au somm
de la tour *(29 m)* d'où l'on découvre une **vue** sur tout l'estuaire du Shannon.

Lislaughtin Abbey, à Saleen – *42 km au Nord par la N 69 vers Listowel et la R 55*
par Ballylongford. Cet établissement franciscain en ruine remonte au 15ᵉ s. L'églis
présente une belle verrière *(à l'Ouest)* et trois bancs *(sedilia)* en parfait état. De
vestiges du réfectoire et du dortoir subsistent dans la partie Est des bâtimen
conventuels. Les toilettes étaient installées dans la tour située à l'extrémité Nor

Tarbert – *45 km au Nord par la N 56 via Listowel.* L'ancienne **maison d'arr**
(Bridewell) ⊘, construite de 1828 à 1831, a été convertie en musée et évoque
système légal et pénal en vigueur en Irlande à cette époque, par des personnage
de cire disposés dans la salle du tribunal et les cellules.
Le **sentier de randonnée** *(à partir du parc de stationnement)* traverse les bois du domai
de **Tarbert House** ⊘ (17ᵉ s.), qui reçut d'illustres invités tels Benjamin Franklin, Charlot
Brontë et Daniel O'Connell, et se poursuit le long du littoral boisé jusqu'à l'ancie
embarcadère de Tarbert. Le nouvel embarcadère est le point de départ du **car-ferry** c
Shannon *(pour les horaires, voir Killimer au chapitre des Conditions de visite).*

TRIM★

BAILE ÁTHA TROIM – Meath – 1 740 habitants
Carte Michelin no 923 L 7 ou Atlas Great Britain & Ireland p. 92

Trim se situe sur un ancien gué de la Boyne. C'est au 12ᵉ s. que Hugh de Lacy, l'un d
chevaliers venus avec Strongbow, nommé seigneur de Meath par Henri II en 1172, cho
sit la ville pour y établir son quartier
général, où le Parlement siégeait
quelquefois. Pour contrôler son ter-
ritoire, qui allait de la mer d'Irlande
au Shannon, il le divisa en baronnies
qu'il octroya à ses chevaliers.

CURIOSITÉS

★★**Château** ⊘ – *Rive Sud. Accès*
par la porte de la cité ou en lon-
geant la rivière par le pont. Les
ruines magnifiques de ce châ-
teau médiéval s'élèvent au bord
de la Boyne. Les murs furent
montés vers 1250 ; la section
Est, près du fleuve, donne un
parfait aperçu des orifices dans
lesquels s'encastraient les
poutres portant le chemin de
ronde. On entre par la tour Est,
face à la porte de Dublin. Le
donjon central, construit entre
1220 et 1225, comprend deux
grandes salles et des chambres
à l'étage.
La **porte de Dublin** était défendue
par deux ponts-levis et une bar-
bacane. Henri IV d'Angleterre

Château de Trim

Le « Pale »

Ce terme est dérivé du latin *palus* qui signifie enjeu. À la mort de Henri II (1154-1189), les Anglo-Normands étaient parvenus à s'implanter dans les comtés de Louth, Meath, Trim, Dublin, Kilkenny, Tipperary, Waterford et Wexford. Ces territoires furent dès lors l'« enjeu » des luttes opposant les clans irlandais et la couronne d'Angleterre. Au Moyen Âge, on disait des Irlandais qui n'habitaient pas les territoires soumis à la juridiction anglo-normande qu'ils étaient « au-delà du Pale ». À la fin du 15e s., le Pale ne représentait plus que quatre comtés : Louth, Meath, Dublin et Kildare.

(1366-1413) y fut détenu par Richard II avant de s'évader et de conquérir le trône. À l'Ouest, près du mur, se trouvent un four à chaux du 17e s., deux poternes de sortie et un petit bâtiment carré où, du temps de Cromwell, étaient fondus les boulets tirés par le canon monté sur la tour aujourd'hui comblée. La **porte de la Ville**, orientée à l'Ouest, a conservé son dallage de pierre du Moyen Âge, la rainure où se fichait la herse et ses voûtes en berceau. La petite brèche dans le mur, le long de la rivière, fut causée par les troupes de Cromwell, la plus grande par la forte tempête de 1839. Entre les deux se cache une chambre souterraine.

Sur l'autre rive se dresse un arc de pierre médiéval, la **porte aux Moutons**, où devaient être acquittées les taxes prélevées sur les troupeaux achetés ou vendus à la grande foire aux moutons.

Yellow Steeple (la « tour jaune ») – *Rive Nord. Accès par High Street.* La tour en ruine, de la fin du 14e s., resplendissante au soleil, marque l'emplacement d'une communauté d'augustins. Il s'agit de l'**abbaye Ste-Marie**, fondée par saint Malachy d'Armagh au 12e s. Cette abbaye fut construite non loin de l'endroit où débarqua saint Patrick au 5e s. et où il convertit Foitchern, le fils d'un chef de clan local qui allait devenir le premier évêque de Trim. De nombreux pèlerins étaient attirés vers l'**abbaye** par Notre-Dame de Trim, une statue en bois à laquelle on attribuait des pouvoirs miraculeux et qui disparut à l'époque de Cromwell. En 1425, les bâtiments conventuels situés à l'Ouest du monastère furent transformés par le Lord Lieutenant Talbot en une résidence fortifiée, le **château des Talbot**, dont le mur Nord porte les armoiries. Après la Réforme, la résidence devint un collège classique que fréquentèrent plus tard Rowan Hamilton (1805-1865), le mathématicien qui élabora la théorie des quaternions, et le duc de Wellington, dont la famille habitait Dangan (au Sud-Est), et qui allait devenir le représentant de Trim au parlement de Westminster.

Cathédrale – *Rive Nord. 1,6 km à l'Est, à Newtown Trim.* Parmi les sépultures du cimetière de Newtown se trouve une **tombe** ornée de gisants : dans son armure Renaissance, Sir Luke Dillon (de la famille qui s'installa en France après le traité de Limerick), avocat du gouvernement d'Élisabeth Ire, et sa femme, Lady Jane Bathe, en robe élisabéthaine. Les gens déposent des épingles sur cette tombe dans l'espoir de voir disparaître leurs verrues...

Dúchas. Dublin

Plus à l'Ouest, on peut voir les ruines d'une **cathédrale** consacrée à saint Pierre et à saint Paul. Elle fut bâtie au début du 13ᵉ s. pour remplacer l'église de Clonar *(au Sud-Ouest)*, brûlée par les Irlandais à la fin du 12ᵉ s. Son fondateur, Simon d Rochfort, premier évêque anglo-normand de Meath, est enterré sous le maître autel. Les fondations montrent que la cathédrale initiale était très vaste, avec un nef, des bas-côtés et un transept de belles dimensions. Le mur Sud s'écroula lo de la grande tempête de 1839.

Au Sud-Ouest de l'édifice subsistent les vestiges d'un **prieuré**, fondé aussi par Simo de Rochfort, pour une communauté de chanoines réguliers de St-Victor originaire de Paris. Les murs Sud et Ouest du réfectoire sont encore debout, à côté des cu sines du 14ᵉ s. On peut voir aussi les assises de la porte de la salle capitulaire.

Crutched Friary – *Rive Sud. 1,6 km à l'Est, à Newtown Trim.* Les ruines d'u hôpital fondé au 13ᵉ s. par un ordre mendiant, les frères de la Ste-Croix (une cro était tissée sur leur robe), s'élèvent sur la rive Sud de la Boyne. Les bâtiments s répartissent entre un donjon disposant de plusieurs cheminées, une chapelle e ruine qu'éclairait une fenêtre à trois jours, et près de la rivière l'hôpital et ses mag sins.

ENVIRONS

★**Abbaye de Bective** – *8 km au Nord-Est par la R 161. Après 6,4 km, tourner droite. Parking derrière l'abbaye, près du pont.* Les ruines impressionnantes occ pent un champ sur la rive Ouest de la Knightsbrook. L'abbaye, l'une des premièr institutions cisterciennes d'Irlande, fut édifiée en 1150 par le roi de Meat Murchad O'Maolsheachlainn, et consacrée à la Vierge. Son père supérieur éta membre du parlement du Pale, et Hugh de Lacy fut inhumé ici en 1195. Il ne res pratiquement rien des bâtiments du 12ᵉ s. Les bâtiments conventuels, la tour et grande salle de l'aile Sud datent des travaux de transformation et de fortificatio du 15ᵉ s.

Le film *Braveheart* (1996), qui retrace la vie de William Wallace, a été tourné a milieu de ces ruines et au château voisin de Dunsoghly.

TUAM

TUAIM – Galway – 3 446 habitants
Carte Michelin n° 923 F 7 ou Atlas Great Britain & Ireland p. 89

Avec ses deux cathédrales, la petite ville de Tuam est la capitale religieuse d Connaught. En 1049, les rois O'Connor du Connaught y établirent leur quarti général. Au 12ᵉ s., quand Turloch puis Rory O'Connor furent hauts rois d'Irlande, el devint de fait la capitale de tout le pays.

En 1252, le roi Henri III accorda à l'archevêque le droit d'y tenir des marché Jacques Iᵉʳ octroya en 1613 une charte à la ville dont le plan fut tracé tel qu'il no apparaît aujourd'hui, toutes les rues convergeant vers la place centrale.

CURIOSITÉS

★**St Mary's Cathedral** ⊘ – *À l'Ouest du centre-ville.* Le site, entouré d'un haut mu est celui d'un monastère fondé à la fin du 5ᵉ s. par Jarlath, un disciple de Bene de Kilbennan *(au Nord).* La cathédrale d'origine fut construite en 1130, mais majeure partie de l'église anglicane actuelle a été dessinée par Thomas Deane e 1860, dans le style néogothique, notamment la tour et la flèche hexagonale d 61 m. le bas-côté Nord abrite, près du portail principal, le fût d'une **croix** du 12ᵉ L'inscription appelle à prier pour le repos du roi Turloch O'Connor, du sculpte et du successeur de Jarlath, Aodh O'Hoisin, qui commanda la croix. La croix d 12ᵉ s., qui se trouvait à l'origine sur la place de la ville, n'est qu'en partie com posée de pièces originales ; une face présente la Crucifixion et l'autre, un abbé c un évêque.

Tout ce qui reste de l'église initiale est le **chœur** en grès rouge. Les deux fenêtr et l'arche, ornée de cinq rangées de moulures, sont de beaux exemples de l'arc tecture romane irlandaise du 12ᵉ s. À l'Est de la cathédrale se dresse un bâtime du 14ᵉ s. qui fut gravement endommagé par les troupes de Cromwell et a été re tauré dans son style médiéval d'origine pour servir de salle de synode.

Cathedral of the Assumption ⊘ – *À l'Est du centre-ville.* La première pierre d la cathédrale catholique fut posée en 1827, soit un an avant l'Acte d'émancip tion. Les fonds avaient été souscrits auprès des habitants de la région, sans ten compte de leur confession. Dominic Madden est l'auteur du plan cruciforme. Le stations du chemin de croix, attribuées à Eustache Le Sueur, un portraitiste d 17ᵉ s., furent acquises par l'archevêque John McHale (1791-1881), émine homme d'église qui parlait le gaélique ; sa statue se trouve à l'extérieur de l'e trée Nord. Le vitrail Est (1832), de Michael O'Connor, originaire de Dubli représente sainte Marie et les Évangélistes. Le quatrième vitrail du bas-côté Nord (1961) montre saint Brendan de Clonfert conseillant à Jarlath de bâtir là où se brisa la roue de son chariot. Les quatre vitraux figurant l'Ascension, la Crucifixion, l'Assomption et l'Apparition à Lourdes proviennent de l'atelier de Harry Clarke *(voir Index)*.

Mill Museum ⊘ – *À l'Ouest de North Bridge.* Le moulin à blé, installé sur un affluent de la Clare, a été transformé en **musée de la Meunerie**. Trois meules sont actionnées par une roue à aubes, alimentée par en dessous. Une présentation audiovisuelle retrace l'histoire de Tuam et de ses environs.

St Jarlath's Churchyard – *À l'Ouest du centre-ville.* Des ifs irlandais poussent parmi les sépultures autour des ruines de l'église paroissiale du 13e s. consacrée au saint patron de Tuam. La tour Ouest abritait les appartements du prêtre et, après la Réforme, les membres du clergé catholique furent inhumés dans une chapelle latérale. Certaines pierres tombales portent des inscriptions décrivant symboliquement l'activité que les défunts exerçaient de leur vivant.

EXCURSION

Abbaye de Knockmoy – *19 km au Sud-Est par la R 332, puis à droite la N 63. Dans le village de Knockmoy, tourner à droite. Franchir la rivière et tourner à droite. Parc de stationnement près du cimetière. 15 mn de marche AR par un chemin et en franchissant quatre barrières.*
Les champs qui bordent *(au Nord)* la rivière Abbert accueillent les ruines, très importantes, d'une abbaye dédiée à la Vierge et fondée en 1189 par Cathal O'Connor, roi du Connaught, pour les cisterciens de Boyle.
L'église comprend une nef, un transept avec deux chapelles et un **chœur**, orné de quelques belles sculptures de pierre et d'un enfeu du 13e s. Protégée par une grille, une remarquable **fresque** (1400) illustre la légende des trois rois vivants, habillés pour la chasse au faucon, et des trois rois morts. Elle porte l'inscription : « Nous fûmes ce que vous êtes, vous serez ce que nous sommes. » Deux murs de séparation, ajoutés au 14e ou au 15e s., ont endommagé la verrière Est de la salle capitulaire, située dans l'aile Est des bâtiments conventuels. Il reste peu de vestiges du réfectoire de l'aile Sud, et encore moins des cloîtres.

Abbaye de Ross Errilly – *16 km à l'Ouest de Tuam par la N 17 et la R 333, puis vers le Nord sur la N 84 pour 3 km.* Bien qu'en ruine, cette abbaye, située sur la rive méridionale de la rivière Black, reste l'un des monastères franciscains les mieux préservés d'Irlande. Probablement fondée en 1351, elle fut considérablement agrandie en 1496. Le corps de garde et l'enceinte datent de 1572. Après la Réforme, grâce en particulier à la protection du 2e comte de Clanrickard, les moines y résidèrent jusqu'en 1753 sans discontinuer, mis à part huit ans sous la république de Cromwell.
Les murs et le plafond de l'**église** sont décorés de fresques, et les fenêtres datent du 15e s. Près de la colonne supportant les arcs du transept, on peut voir aboutir la **canalisation d'eau**. Elle conduisait l'eau de pluie du toit jusqu'à une citerne souterraine, qui servit ultérieurement de tombe. Dans la chapelle de la Vierge, une plaque murale de 1646 présente les armoiries de la famille O'Donnell, qui invita les franciscains de Ross à fonder un monastère à Donegal *(voir ce nom)*.
On accède aux **bâtiments conventuels** (en partie préservés jusqu'au premier étage) par une entrée au pied de la tour.
Au-delà, une seconde cour présente une poterne qui permettait d'entrer de nuit dans le monastère. La **cuisine** était équipée d'un **vivier à poissons** ; contre l'immense cheminée était adossé l'énorme four circulaire de la **boulangerie** attenante. Au-dessus se trouvaient un dortoir et la salle capitulaire.
La rangée de bâtiments au Nord de l'édifice contient le **lavabo**, où les moines se lavaient les mains avant de se rendre au **réfectoire**, orienté à l'Est. La communauté mangeait en silence, tandis qu'un texte approprié était lu chaque jour sur le lutrin fixé au mur. Au-dessus de la sacristie se trouvaient l'infirmerie ou les chambres d'hôtes ; un **œilleton** permettait aux invités ou aux malades de voir le maître-autel. La **tour centrale** (21,50 m), probablement ajoutée en 1498, offre de son sommet une très belle **vue★**.

Église et monastère d'Annaghdown – *8 km au Sud de Ross Errilly par la N 84 ; à 8 km au Sud de Headford, tourner à droite vers Annaghdown.* Saint Brendan fonda un couvent pour sa sœur à Annaghdown. À l'extrémité Sud du cimetière, la cathédrale du 15e s. montre des éléments de maçonnerie et ornements plus anciens (vers 1200) : très beau portail ouvragé, fenêtres finement décorées. L'église du milieu est la plus ancienne du site ; elle date du 11e ou 12e s. La ruine qui se situe à proximité était auparavant une église paroissiale. Le prieuré en ruine *(prendre à droite le chemin après le cimetière)* constitue un bel exemple de monastère fortifié et date d'environ 1195. On peut voir dans l'église quelques belles sculptures romanes.

TULLAMORE

Chef-lieu du comté d'Offaly depuis 1833, Tullamore, traversé par la rivière du mê
nom, fut relié en 1798 à Dublin et au Shannon par le Grand Canal. Au Sud s'élève
les monts Slieve Bloom.

CURIOSITÉS

Tullamore Distillery Heritage Centre – Une goutte ambrée de « rosée
Tullamore » ou de « brume irlandaise » vous attend au bar, mais il est intéressa
de découvrir tout d'abord l'histoire de Tullamore et de sa distillerie, fondée p
Michael Molloy en 1829. Entré dans la maison à l'âge de quinze ans, Dar
E. Williams devint directeur général en 1887 et gagna progressivement le contr
de toute l'entreprise. Ses initiales (DEW) donnèrent son nom de marque *(Tullamo
Dew)* au whiskey produit dans un alambic directement chauffé par la flamm
d'où aussi le slogan « *Give every man his Dew* – Donne à chaque homme son Dev
(dew, rosée, se prononce comme *due*, dû). Vers 1950, alors que les ventes ba
saient, la distillerie commença à produire l'*Irish Mist*, une liqueur inspirée de
recette traditionnelle irlandaise du vin de bruyère, produit à partir de whisk
d'herbes et de miel de bruyère.

Centre-ville – Le pont de Bury (ou de Whitehall), qui enjambe l'entrée du bas
du canal, constitue le dernier pont-canal intact. Les anciens entrepôts ont
démolis mais la maison du capitaine du port se dresse toujours à l'angle
St Brigid's Place. L'**église catholique** présente un toit fait de longs morceaux de b
et renferme des vitraux réalisés par Harry Clarke. L'**église Ste-Catherine**, conçue p
Francis Johnston, abrite un monument de John Van Nost à la mémoire du prem
comte de Charleville.

ENVIRONS

Croix de Durrow – *7 km au Nord par la N 52 ; 10 mn de marche AR.* La **croix**
10e s. présente plusieurs sculptures intéressantes : sur la face Est, le sacrif
d'Abraham, ainsi qu'un Christ en gloire flanqué de David portant sa harpe
gauche), et David tuant le lion *(à droite)* ; de l'autre côté, la Crucifixion et des é
nements qui lui sont associés.
Aux alentours, on peut observer les vestiges de deux autres croix, ainsi que de
pierres tombales des 9e et 11e s. et les vestiges d'une église du 18e s., qui po
rait receler des parties d'églises plus anciennes ayant appartenu au monast
fondé par saint Columba en 556.
Le *Livre de Durrow*, manuscrit enluminé composé vers 650, est aujourd'hui expo
à la bibliothèque de Trinity College à Dublin. Il fut retrouvé chez un fermier
avait pour habitude de tremper dans l'eau ce précieux manuscrit et d'en touc
ses bêtes malades.

Locke's Distillery ⊘, à **Kilbeggan** – *12 km au Nord par la N 52.* La rive Ouest
la Brosna accueille les vastes bâtiments de la plus ancienne distillerie officie
(1757-1953), établie par John Locke. Dans la **tonnellerie**, les artisans fabriquent
fûts en chêne où vieillit le whiskey, élaboré à Cooley. Le procédé de distillation
expliqué : la majeure partie de l'équipement d'origine est toujours en place : tr
meules pour moudre l'orge, les malaxeurs à moût, les immenses cuves en bois po
la fermentation, les tonneaux pour le vieillissement du whiskey, des outils de to
nelier, la roue à aubes et la machine à vapeur qui la remplaçait quand le nive
d'eau était trop haut ou trop bas.

Tourbière de Clara – *10 km au Nord-Ouest par la N 80 ; à Clara, prendre
route secondaire en direction du Sud. Parc de stationnement à l'extrémité d'
courte digue. Il est déconseillé de quitter la digue sans être accompagné par
guide bien informé.* Cette tourbière topographique (660 ha, 7 m de profonde
maximum) constitue l'une des plus belles et plus grandes tourbières de ce ge
subsistant en Irlande et présente un intérêt international. En 1987, elle fut clas
Réserve naturelle nationale. Elle abrite une flore variée, comprenant au moins
mousses des marais différentes ; dans les zones humides, des plantes carnivor
telles les droseras et les utriculaires, prennent au piège les insectes impruder

WATERFORD★

PORT LÁIRGE – Waterford – 42 540 habitants
Carte Michelin n° 923 K 11 ou Atlas Great Britain & Ireland p. 80

...terford, grand port de mer à vocation industrielle, domine la rive Sud de la Suir, ...amont de son confluent avec la Barrow dans la rade de Waterford. La ville est ...putée pour sa **cristallerie**, principal agent de sa prospérité économique depuis les ...nées cinquante, époque de la relance de cette industrie.

...colonie viking – Les Vikings danois établirent ici en 853 la colonie de Vadrefjord. ...dépit d'une lutte constante avec les Irlandais de la région, les Danois conservèrent ...contrôle de leur village jusqu'au débarquement en 1169 des Anglo-Normands. Sous ...r autorité, Waterford devint la seconde ville anglo-normande d'Irlande après Dublin. ...1649, elle fut assiégée sans succès par Cromwell, mais capitula l'année suivante ...vant son général, Ireton.

WATERFORD PRATIQUE

...terford Light Opera Festival – Le festival se déroule annuellement en septembre, ...Theatre Royal (voir ci-dessous).

...ter Lane Arts Centre (Y E) ⊘ – Tout au long de l'année, le centre accueille ...s expositions d'art, des récitals et des productions théâtrales.

...couverte à pied de la ville ⊘ – L'Office de tourisme organise des visites.

...r Ferry – Un ferry pour voitures et passagers traverse la rade de Waterford ...départ de Passage East *(au Sud-Est par la R 683)* jusqu'à Ballyhack.

Se restaurer à Waterford

...e Vault – *High Street* – ☎/fax *(051) 853 444.*
...centre-ville, cet entrepôt des douanes du 15e s. reconverti offre une cuisine ...ntemporaine à note irlandaise, avec une belle carte des vins ; la cave est ...ible.

...Ship – *Dock Road, Dunmore East* – ☎ *(051) 383 141.*
...soirée, service efficace et menu de la mer dans ce pub à thème nautique.

Se loger à Waterford

...ndale – *2 Parnell Street* – ☎ *(051) 852 267 – 6 chambres.*
...nsion dans le style maison de ville moderne, prix honnêtes au centre-ville.

...Anchorage – *9 The Quay* – ☎ *(051) 854 302 – fax (051) 856 979 –* ...*chambres.*
...B moderne et lumineux au bord de la Suir ; bon rapport qualité-prix.

...ch House – *Butlerstown Castle, Cork Road, Butlerstown (8 km au Sud par la* ...*575)* – ☎ *(051) 384 656 – fax (051) 384 751 – 7 chambres.*
...ti victorienne imposante et confortable. Sur son domaine paisible se dres- ...t les ruines du château de Butlerstown.

...neaden House – *Kilmeaden (1,5 km au Nord-Ouest par la N 25 ; sur la* ...*580)* – ☎ *(051) 384 254 – fax (051) 384 884 – 5 chambres.*
...cien presbytère victorien offrant des chambres spacieuses avec tout le confort ...rix raisonnable.

...terford Castle – *The Island, Ballinakill (3,5 km à l'Est par la R 583, route de* ...*llinakill et bac privé)* – ☎ *(051) 878 203 – fax (051) 879 316.*
...ur un séjour coûteux mais vraiment agréable, ce château (15e-19e s.) offre ...me et grands espaces sur son île privée.

CURIOSITÉS

Waterford Crystal ⊘ – *2,5 km au Sud par la N 25.* Les célèbres productions de Waterford virent le jour en 1783. L'usine est aujourd'hui la plus grande verrerie au monde.
Les visites montrent tous les stades de la création, de la coulée du verre en fusion au délicat polissage. Une collection d'objets en cristal est exposée et des vidéos expliquant le processus de fabrication sont en vente.

City walls (YZ) – La tour de guet (10 m de haut) surveille une section bien conservée de ces murs très étendus. On retrouve aussi bien des traces des rem-parts danois des 9e et 10e s., notamment des portes dans la barre Reginald, près de la tour Reginald, que des extensions normandes du 13e s.

City Hall et Theatre Royal ⊘ (Z HT) – L'hôtel de ville occupe l'ancienne Bourse, conçue par John Roberts en 1788. Dans la salle du conseil, au premier étage, sont exposés un service de table complet, du 18e s., en cristal de Waterford, un lustre de cristal taillé de la même époque et une peinture de la ville de Waterford en 1736, par un artiste flamand, William Van der Hagen.

Terry Murphy Photography

Cristaux de Waterford

Le bâtiment comprend
Theatre Royal (1876), d[o]
le décor, datant du règ[ne]
de la reine Victoria, est r[a]
en Irlande. Ses trois étag[es]
en fer à cheval (650 plac[es)]
sont couronnés par une i[m-]
pressionnante coupole.
lustre en cristal de Wat[er-]
ford fut conçu sur mes[ure]
en 1958.

Reginald's Tower Muse[um]
⊘ (Z) – Cette forteresse
pierre, sur un site pano[ra-]
mique dominant la Suir,
érigée par les Vikings
1013 pour la défense de
ville. Ses trois étages, re[liés]
par un escalier établi da[ns]
l'épaisseur des murs, ab[rite]
une exposition sur les to[urs]
et les fortifications.

Waterford Treasures
(Y F) – *The Granary*.
bâtiment abrite une expo[si-]

tion d'objets vikings et médiévaux découverts au cours de fouilles archéologiqu[es]
dans la région : pièces de monnaie, objets en cuir, vêtements tissés, poterie,
guilles en os, bols et cuillers en bois, ainsi que le plan d'une maison viking. On p[eut]
y voir également les chartes de la ville et les insignes royaux.

Enfants célèbres de Waterford

Thomas Francis Meagher (1822-1867), juriste fortuné, participa à l'insurrection
de la Jeune Irlande. Condamné à mort pour avoir pris part au soulèvement
de Ballingarry, dans le comté de Tipperary, il vit la sentence commuée en
déportation en Tasmanie, d'où il s'échappa pour les États-Unis. Il y créa la
Brigade irlandaise et combattit durant la guerre de Sécession.
William Hobson (1783-1842), né dans Lombard Street, près du Mall, devint
le premier gouverneur de la Nouvelle-Zélande.

French Church ⊘ (Z B) – La tour et les murs du chœur appartenaient à une fo[n-]
dation franciscaine, bâtie en 1240, qui demeura la propriété des moines jusqu[en]
1539. L'hôpital du Saint-Esprit occupa une partie du bâtiment, de 1545 jusq[u'à]
son transfert en 1882 dans les faubourgs. Une chapelle servit aux huguenots [de]
1693 à 1815. Beaucoup des grandes familles de Waterford y ont leur sépultu[re.]

Christ Church Cathedral ⊘ (Z A) – Le bâtiment actuel fut conçu par John Rob[erts]
(1714-1796) dans le style classique anglais du 18ᵉ s. ; il fut achevé en 1779. À l['in-]
térieur se trouvent une maquette de l'église viking qui occupa le site de 105[0 à]
1773, ainsi que plusieurs monuments provenant de l'église médiévale : la tombe [de]
James Rice, représenté dans son état de décomposition un an après sa mort, [et]
deux monuments exécutés par John Van Nost pour les Fitzgerald et Susanna Mas[on.]

Medieval Waterford – *Niveau inférieur du centre commercial*. Pendant la constr[uc-]
tion du centre commercial, on découvrit 12 assises de logements reposant sur [des]
fondations vikings. Des pierres marquent l'emplacement de l'église St-Pie[rre]
(12ᵉ s.), la première d'Irlande à posséder une abside. Sur les murs, description [du]
site vers 1100.

St Patrick's Church (Y G) – L'église, qui date de la période des Lois pénales, [a]
été construite pour ressembler de l'extérieur à une maison.

Chamber of Commerce ⊘ (Y) – Ce bel édifice georgien (1795) fut dessiné [par]
John Roberts, architecte réputé de Waterford au 18ᵉ s. Remarquez à l'intérieu[r la]
coupole, l'escalier et les sculptures.

EXCURSIONS

Passage East – *13 km à l'Est par la R 683 et la L 157*. Car-ferry ⊘ travers[e]
la rade de Waterford. Cet ancien port est construit sous un escarpement élevé. [De]
petites places et rues conduisent à trois quais : Boathouse Quay, Hackett's Q[uay]
et Middle Quay.

Geneva Barracks, au Sud de **Passage East** – *13 km au Sud-Est par la R 683 et la R 685.* Sur la rive Ouest de la rade de Waterford se dresse une imposante ruine du 18e s. Ses quatre murs (chacun de 400 m de long) sont dans un état de conservation exceptionnel. L'édifice faisait partie d'une nouvelle ville, construite en 1793 par le gouvernement pour des ferronniers suisses, qui partirent peu après l'achèvement du projet. Pendant la rébellion de 1798, on y détenait et on y torturait les rebelles.

★**Dunmore East** – *19 km au Sud-Est par la R 683 et la R 684.* Ce village de pêcheurs d'aspect breton possède plusieurs chaumières et un bon nombre de criques. Des promenades en forêt sont aménagées près de la route de Ballymacaw *(400 m à l'Ouest).*

Tramore (Trá Mhór) – *14,5 km au Sud par la R 675.* Sur une pente vers la mer, Tramore est l'une des principales stations balnéaires d'Irlande, avec à son pied un grand parc de loisirs (20 ha) et une longue plage de sable (5 km) qui donne sur la baie du même nom.
De belles promenades le long des falaises de Doneraile *(au Sud)* permettent de découvrir de larges horizons marins. La pointe de Great Newtown *(à l'Ouest)*, sur la rive opposée, est surmontée de trois sémaphores du début du 19e s., dont l'un sert de piédestal à l'**Homme de métal de Tramore**, statue de fonte (4 m de haut) portant veste bleue et pantalon blanc, érigée en 1823.

WATERFORD

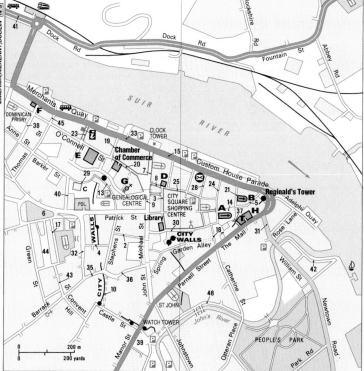

WESTPORT★★

CATHAIR NA MART – Mayo – 4 253 habitants
Carte Michelin n° 923 D 6 ou Atlas Great Britain & Ireland p. 94

Westport, agréablement située dans les méandres de la Carrowbeg, constitue un excellent lieu de séjour pour découvrir la côte Ouest du Mayo. Élégante et charmante, e
fut dessinée et bâtie vers 1780 pour le propriétaire foncier local, John Denis Browr
Jusqu'à l'arrivée du chemin de fer au 19e s., Westport Quay était un port actif s
l'estuaire, bordé d'imposants entrepôts du 18e s.

Les Browne de Westport

Douze générations de Browne ont vécu à Westport. Leurs activités sur 400 ans
sont consignées dans leurs archives. La famille descend de Sir Anthony Browne,
de Cowdray Castle dans le Sussex *(voir le Guide Vert Grande-Bretagne)*, dont
le fils cadet, John, arriva à Mayo sous le règne d'Élisabeth Ire. La première résidence fut bâtie par son arrière-petit-fils, le colonel John Browne (1638-1711),
un jacobite que la victoire des orangistes accula à la ruine. Sa femme était l'ar-
rière-arrière-petite-fille de Grace O'Malley *(voir ci-dessous)*. Son petit-fils, John
Browne (1709-1776), élevé dans le rite protestant pour échapper aux Lois
pénales, reçut le titre de comte d'Altamont. Deux générations plus tard, John
Denis (1756-1809) fut fait marquis de Sligo à l'époque de l'Acte d'union, en
1800. Le second marquis, Howe Peter (1788-1845), ami de Lord Byron, rap-
porta d'un voyage en Grèce effectué en 1812 les deux colonnes de l'entrée du
trésor d'Atrée à Mycènes. Elles furent découvertes dans le sous-sol en 1906,
identifiées et offertes au British Museum.

WESTPORT PRATIQUE

Promenades en bateau – Un bac relie Roonagh Quay à l'île de Clare Island *(voir
ci-dessous)*, dans la baie de Clew.

Équipements sportifs – Les amateurs de voile, de pêche, de randonnée à pied
ou à cheval trouveront leur bonheur. Au Sud-Ouest s'étendent des plages de sable.

★★WESTPORT HOUSE ⏱ *Compter 1 h 30*

La demeure est l'œuvre de plusieurs architectes : Richard Castle *(voir Index)* po
la façade Est (1730), Thomas Ivory pour la partie Sud (1778) et James Wyatt po
la façade Ouest (vers 1780). Les colonnes grecques sur la façade Sud sont d
copies érigées en 1943. Une demeure plus ancienne s'élevait à cet endro
construite en 1650 sur le site d'un château des O'Malley ; la mer arrivait jusqu
la maison. Le lac fut créé au 18e s. grâce à un barrage sur la Carrowbeg. Les te
rasses du jardin furent aménagées au début des années 1900.

La **visite** des pièces principales et des chambres montre un décor élégant et bea
coup d'éléments remarquables : la frise pompéienne et le plafond du salon *(resta
rant)*, décoré de nuages, commandés par le second marquis vers 1825 ; dans la gran
galerie, une collection de **portraits de famille** ; l'acajou des portes de la salle à mang
provenant du domaine que la famille possédait à la Jamaïque ; les buffets et les
fraîchissoirs à vin réalisés pour le second marquis ; des rince-doigts en cristal de W
terford ; des dessous-de-plat en argent et un rare **milieu de table** en chêne des mar
(bois de tourbe) et argent repoussé ; le **drapeau de la légion de Mayo**, apporté à Ma
par le général Humbert *(voir Killala, encadré)* en 1798 ; l'**escalier en chêne**, œuvre
James Wyatt ; l'**escalier de marbre**, réalisé pour le 3e marquis par des artisans italien
sur le palier, la *Sainte Famille* de Rubens et des pastels de F. Wilkin, montrant les e
fants du 2e marquis ; le p
pier peint du **salon chino
vieux de deux cents ans.
sous-sol recèle les cachots
premier château des O'M
ley ; il est équipé de je
pour les enfants.

Parc – L'ancien jardin cl
entoure un mûrier planté
1690, toujours vivace,
abrite aujourd'hui un pe
zoo. Une **boutique d'artisa**
est logée dans les dépe
dances de la ferme, conve
tie en centre de vacance
on peut pêcher et cano
sur lac.

Westport House

WESTPORT

*Centre-ville** – Depuis la place dite **Octagon**, où le marché hebdomadaire s'installe autour d'une colonne dorique autrefois surmontée d'une statue de George Glendinning, banquier et philanthrope originaire de la région, on parvient par la rue principale jusqu'au **Mall**, magnifique promenade bordée de tilleuls le long de la Carrowbeg, que franchit un pont étroit en dos d'âne.

Holy Trinity Church ⊘ – Consacrée en 1872, l'église néogothique pointe sa flèche effilée au-dessus du portail principal. Sous un toit en carène renversée, l'intérieur, œuvre d'artisans italiens, est richement décoré de mosaïques murales en marbre où figurent des scènes tirées des Évangiles. Le chanoine James Owen Hannay, dont le nom de plume était George A. Bermingham, exerça la charge de recteur entre 1892 et 1913.

Clew Bay Heritage Centre ⊘ – *Westport Quay.* Le petit musée donne un bon aperçu de l'histoire de la région (prise de la ville en 1798, pèlerinages au sommet de Croagh Patrick), fait connaître quelques célébrités locales comme Grace O'Malley *(voir ci-dessous)*, John MacBride (1868-1916), né à Westport, exécuté à la prison de Kilmainham pour sa participation au Soulèvement de Pâques, William Joyce, traître à la patrie, qui vécut près de Ballinrobe (1909-1921) et participa à des émissions radiophoniques en Allemagne sous le nom de « Lord Haw Haw » en raison de son ton mondain, et le grand-père de **Grace Kelly**, épouse du prince Rainier de Monaco, qui abandonna son exploitation au bord de la route de Castlevar pour émigrer en Amérique.

EXCURSIONS

*Péninsule de Murrisk** *Circuit de 82 km – compter une journée*

Quitter Westport par la R 335 en direction de l'Ouest.

En quittant Westport Quay, la route contourne le rivage boisé. Elle franchit la rivière Owenee à Belclare, où siégeaient les chefs du clan O'Malley.

Après 9 km, tourner à droite.

Murrisk Abbey – Sur le rivage se dressent les ruines d'un couvent d'augustins fondé en 1457 par les O'Malley et dissous en 1574. Bravant les interdits, Theobald, le fils de Grace O'Malley, fit exécuter en 1635 un calice pour le monastère.

Rejoindre la R 335.

*Croagh Patrick** – *Parc de stationnement. Le sommet est à 2 h de marche.* La légende veut que tous les serpents d'Irlande se soient précipités vers la mort quand saint Patrick fit tinter sa cloche au-dessus du précipice au Sud du pic de Croagh Patrick (763 m). Chaque dernier dimanche de juillet (dimanche des Couronnes), une procession de pèlerins, certains pieds nus, gravit les pentes pierreuses jusqu'à l'église. L'ascension se faisait autrefois aux flambeaux, peut-être une réminiscence des vieilles fêtes celtes de Lughnasa. Par temps clair, la vue du sommet embrasse au Nord la baie de Clew et ses nombreuses îles, à l'Ouest l'île de Clare, au Sud les collines de Sheeffry flanquées *(à l'Ouest)* des monts Mweelrea et *(à l'Est)* des monts Partry. En toile de fond, on peut admirer les douze aiguilles du Connemara.

Continuer la R 335 vers l'Ouest.

Granuaile

Granuaile est le nom irlandais de **Grace O'Malley** (1530-1603). Au 16e s., tandis que le système gaélique des clans s'effondrait devant la conquête anglaise, Grace O'Malley résista de nombreuses années. Depuis ses forteresses de la baie de Clew, dont les nombreuses îles constituaient de sûres retraites, elle commanda une flotte de corsaires qui pillait les navires marchands dans la baie de Galway ou prélevait des droits de passage. Les Anglais l'emprisonnèrent en 1577-1578. Elle eut deux fils et une fille d'un premier mariage (vers 1546) avec Donal O'Flaherty, qui possédait des châteaux à Ballynahinch et Bunoven dans le Connemara. Veuve en 1564, elle épousa en 1566 Iron Richard Burke *(voir Portumna, encadré)*, et, malgré leur divorce l'année suivante, resta en possession du château de Carrigahowley, où elle vécut longtemps et éleva son plus jeune fils, Theobald Burke. En 1574, elle repoussa une expédition anglaise qui menaçait le château. En 1593, elle se rendit à Greenwich et obtint de la reine Élisabeth Ire la libération de son frère et de son fils Theobald, qui fut fait vicomte Mayo *(voir p. 289)* par Charles Ier en 1627.

Louisburgh – L'octogone central de ce charmant village du 18ᵉ s., situé sur la rivi
Bunowen, fut dessiné par le 1ᵉʳ marquis de Sligo, dont l'oncle, Henry, avait co
battu les Français à la bataille de Louisburgh, au Canada.

Tourner à droite au carrefour central.

Folk and Heritage Centre  – Le musée dresse l'arbre généalogique des O'Mal
et retrace l'histoire du clan, de son territoire, et la vie de Grace O'Malley, le memb
le plus célèbre de la famille.

*Prendre vers le Sud la route de Killadoon. Faire un détour à l'Ouest jusqu'à Roona
Quay.*

Clare Island ⊘ – *Location de vélos au port de l'île ; possibilités de circuit en t
et d'hébergement.* La haute masse de l'île commande l'entrée de la baie de Cle
Grace O'Malley passa son enfance au château situé près du quai. Elle serait ent
rée dans le couvent des carmélites fondé sur l'île par les O'Malley en 1224. La pla
de sable près du port est sans danger pour la baignade et la pratique des spo
nautiques. Ici, on joue de la musique irlandaise traditionnelle dans les pubs.

Rejoindre la route de Killadoon et continuer vers le Sud.

Killeen – Une pierre gravée d'une croix se dresse dans l'angle Nord-Ouest du cin
tière.

Tourner à droite au croisement. 800 m plus loin, tourner à droite et se garer.

Le pont primitif de Bunlahinch

★**Bunlahinch Clapper Bridge** – À côté d'un gué, on découvre un ancien pont
pierre pour piétons : les 37 arches sont des dalles posées sur des piliers de pier

*Retourner au croisement. Traverser tout droit ou tourner à droite pour faire
détour (16 km AR) jusqu'à Silver Strand.*

En bordure de route *(à gauche)*, on peut voir une **pierre gravée d'une croix**.

Silver Strand – La vaste plage de sable (3,2 km) est abritée par des dunes.

Revenir au croisement et tourner à droite.

Altore Megalithic Tomb – En bordure de route *(sur la gauche)*, les vestiges d'u
sépulture à chambre en coin dominent le lac Nahaltora.

À l'embranchement en T, prendre à droite la R 335.

★**Doo Lough Pass** – La route, construite en 1896 par le Conseil des districts surpe
plés *(voir Chronologie historique, 1891-1923)*, descend du col jusqu'au lac Doo *(3 f
de long)*, encadré *(à l'Ouest)* par les monts Mweelrea (817 m) et *(à l'Est)* par les c
lines de Sheeffry (761 m). À l'extrémité Sud du lac s'élève le Ben Gorm (700 m).

Delphi – Le deuxième marquis de Sligo rebaptisa ainsi ses pêcheries, sur la rivi
Bundorragha près du lac Fìn, après avoir visité Delphes en Grèce.

★**Aasleagh Falls** – *Parc de stationnement à gauche et à droite.* Au fond du havre de Killary, un fjord étroit, la rivière Erriff franchit un large seuil rocheux.

Tourner à droite sur la N 59.

★**Havre de Killary** – Ce magnifique fjord, étroit bras de mer profond de 25 m, s'enfonce à l'intérieur des terres sur 13 km entre de hautes parois rocheuses. Il s'élargit en face de Leenane sur la côte Sud.

INTÉRIEUR DES TERRES *Circuit de 113 km*

Au départ de Westport, suivre la R 330 vers le Sud-Est ; après 18 km, tourner à gauche.

★**Abbaye de Ballintubber** ⊘ – L'abbaye est une des rares églises médiévales où la messe a été célébrée sans interruption depuis plus de 750 ans. C'est un bel exemple de l'école romane de l'Ouest de l'Irlande.
Fondée en 1216 par le roi de Connaught, Cathal O'Conor, dans la « ville du puits de saint Patrick » *(Baile Tobair Pádraig)*, elle était dédiée à l'origine à la Sainte-Trinité et abritait une communauté de chanoines augustins. Malgré sa suppression par Henri VIII en 1536, l'abbaye fut récupérée par les augustins en 1635. Malheureusement, les bâtiments religieux furent détruits et le toit incendié par les partisans de Cromwell en 1653, et il fallut attendre le 20ᵉ s. (1963-1966) pour voir l'église restaurée. Une chapelle celtique et une maisonnette ont été reconstruits sur les pelouses.

Église – La nef a été complètement reconstruite en 1295 après un incendie. Le portail et la baie Ouest du 13ᵉ s. ont été enlevés au 19ᵉ s. et replacés en 1964 après restauration. Saint Patrick et sainte Brigitte sont représentés sur les vitraux du bras gauche du transept. La chapelle de la Vierge montre un bénitier du 13ᵉ s. orné d'une tête sculptée ; deux stèles funéraires du 15ᵉ et 16ᵉ s. reposent dans une chapelle voisine. L'autel moderne porte une effigie du Christ du 17ᵉ s. La chapelle de Burgo (aujourd'hui la sacristie) contient la stèle funéraire du vicomte de Mayo **Theobald Burke**, fils de Grace O'Malley, assassiné à Ballintubber en 1629. Les fonts baptismaux, des environs de 1200, proviennent sans doute de l'ancien édifice. Le vitrail Ouest représente saint Columba.

Cloîtres – Les bâtiments sont en ruine mais des éléments du 13ᵉ s. demeurent : le trésor et la salle capitulaire *(galerie Est)* ; et, du début du 15ᵉ s., la chaufferie, équipée de conduits sous le plancher et d'une cheminée extérieure *(galerie Sud)*.

Poursuivre vers le Sud par la N 84, la R 334 et la R 345.

★**Cong** – Cet attrayant village de la bordure Est du Connemara fut jadis capitale des rois du Connaught. Il se trouve à côté d'une abbaye en ruine. La base de la croix érigée au 12ᵉ s. pour marquer l'achèvement de l'abbaye se dresse au cœur du bourg. La croix plus récente porte une inscription appelant à la prière pour Niahol et Gillibard O'Duffy, abbés de Cong au 13ᵉ s. Le village doit son nom à sa position sur une étroite bande de terre *(conga, cou en irlandais)* qui sépare les lacs Mask et Corrib. La Cong relie les deux lacs, dévalant 11 m de dénivelée sur 6,5 km, le plus souvent sous terre, creusant plusieurs grottes dans le calcaire.

Abbaye de Cong ⊘ – *Parc de stationnement.* Cet établissement augustinien en bord de rivière fut élevé au 12ᵉ s. sur le site d'une fondation du 6ᵉ ou 7ᵉ s., probablement par Turloch O'Connor, roi du Connaught et dernier haut roi d'Irlande, qui y entra en religion. Après la Dissolution de 1542, les bâtiments tombèrent peu à peu en ruine. Au nombre des vestiges figurent le chœur, un portail roman, des traces de l'escalier de nuit dans l'église, une partie du **cloître** (vers 1200 – les chapiteaux sculptés sont du 19ᵉ s.), de belles pierres sculptées exposées dans la **salle capitulaire**, le réfectoire des hôtes avec une cheminée torsadée. À l'Ouest du jardin, sur une île, se trouve la **pêcherie des moines** (12ᵉ s.), qu'un ingénieux système reliait à la cuisine : quand un poisson se prenait dans les filets que l'on descendait par un trou dans le plancher, une cloche tintait dans la cuisine.

L'Homme tranquille

L'Homme tranquille fut écrit par Maurice Walsh (1879-1964), originaire de Listowel et employé des douanes. En 1952, il fit l'objet d'une adaptation cinématographique : **John Wayne** y joue le rôle de Sean Thornton, un boxeur professionnel irlandais qui retourne dans son Irlande natale après s'être fait un nom aux États-Unis. Beaucoup d'admirateurs de l'acteur pensent que ce fut là son meilleur rôle. Ils viennent si nombreux à Cong depuis quelques années qu'un **Festival de L'Homme tranquille** a été créé ; il se déroule en juin, et comporte un concours de sosies de John Wayne et un bal masqué.

Quiet Man Heritage Centre ⊘ – L'intérieur est aménagé comme le cottage d L'Homme tranquille. L'étage abrite une exposition sur l'archéologie locale.

Ashford Castle ⊘ – *Entrée piétonne au Sud de l'abbaye ou en voiture à l'Est du v lage.* Un **site** superbe entre la rivière et le lac Corrib est occupé par un château conve en hôtel. C'est pour Arthur Edward Guinness, Lord Ardilaun, que James Franklin Full habilla et associa dans le style seigneurial victorien un château de style français, Ashfo House, et les restes de celui construit au 13ᵉ s. par les de Burgh *(voir Portumna, enc dré)*. Dans le parc, relié au château par un pont de pierre, une terrasse domine les ja dins à la française au Nord, la tour Joyces s'insère parmi les arbres à l'Est et la rivière au Nord-Est, s'enfonce dans des grottes connues sous le nom de Pigeon Hole.

À partir de Cong, emprunter la R 345 vers l'Ouest ; prendre à droite à Clonbur.

Lac Mask – Du pont Ferry Bridge, on a une belle vue sur le lac qui s'étire au No au pied des monts Partry *(à l'Ouest)* en direction des plaines du Mayo.

Prendre à droite au croisement la route secondaire qui suit la rive Ouest du lac. Nord de Srah, emprunter la R 330 pour regagner Westport.

La baie de Clew *Circuit de 40 km – une demi-journée*

Quitter Westport par la N 59 au Nord.

Newport – Cette charmante petite ville, où l'on peut pratiquer la pêche, est dom née par le **viaduc** désaffecté du chemin de fer (1892), transformé en promena insolite au-dessus de la rivière Newport.
La large rue principale gravit la berge Nord de la rivière jusqu'à l'église St-Patric construite en granit rose dans le style néoroman irlandais (1914) et abritant beau **vitrail** réalisé par Harry Clarke.

Poursuivre par la N 59 ; au bout de 2,4 km, tourner à gauche.

★**Burrishoole Abbey** – Près d'un étroit bras de l'Atlantique, où les eaux du la Furnace se déversent dans la mer, veillent les ruines d'un monastère dominica fondé en 1486. Une tour massive domine l'église, constituée d'une nef, d'un chœu et du bras Sud du transept. Le seul vestige des anciens cloîtres est le mur Est. E 1580, les Anglais fortifièrent l'abbaye et y installèrent une garnison.
Burrishoole était un port important avant l'arrivée des Normands, mais il fut aba donné au profit de Westport.

Parcourir 4 km sur la N 59.

Carrigahowley (Rockfleet) Castle – Cette maison forte de quatre étages, du 1 ou 16ᵉ s., occupe un **site** attrayant, niché entre des rochers plats près d'un bras mer, qui contrôle la baie de Clew. Le salon se trouvait au quatrième étage, sépa des étages inférieurs par une voûte en pierre. En 1566, son propriétaire, Richa Burke, devint le second époux de Grace O'Malley *(voir ci-dessus)*.

Prendre la N 59 à l'Est ; au bout de 1,5 km, tourner à gauche.

★**Furnace Lough** – Une étroite route, toute en montées et en descentes, fait u boucle au Nord entre le lac Furnace et le lac Feeagh. Depuis la fine langue de ter qui sépare les deux lacs, on jouit d'une splendide **vue**, au Nord, sur le Nephin B (628 m). Au saut à saumons, où les eaux du Feeagh forment une cascade do pleine d'écume au-dessus des roches et se déversent dans le Furnace, le recens ment du nombre de poissons qui descendent et remontent le courant est mené p l'Institut irlandais de recherche sur le saumon.

Poursuivre vers l'Ouest sur la N 59 et la R 319.

★**Achill Island** – Un pont au-dessus du détroit d'Achill (Achill Sound) relie l'île d'Ach (14 000 ha) à la péninsule de Corraun, culminant au Corraun Hill (521 m) et reli à la terre irlandaise par un isthme étroit. Les magnifiques paysages de falaises, l anses de sable et la pratique du surf, du bateau et de la pêche à la ligne en mer attirent de nombreux estivants.
Deux sommets la dominent : le Slievemore (670 m) et le Croaghaun (666 m), q se prolonge par les impressionnantes falaises de la pointe d'Achill (Achill Head), q l'on ne peut atteindre que par bateau.
Les plages de sable de **Doogort**, petite station balnéaire de la côte Nord, sont moi étendues que celles de **Trawmore** et de **Keem** sur la côte Ouest.
La **route de l'Atlantique** (Atlantic Drive) suit parallèlement le rivage rocheux entre pointe Dooega et l'extrémité du détroit d'Achill, sur les bords duquel, au Sud d pont, se dressent les ruines *(restaurées)* de l'**église de Kildavnet** (ou Kildownet, ve 1700), qui possède un chemin de croix en gaélique. Son nom signifie « église Dympna », sainte irlandaise qui chercha refuge sur l'île au 7ᵉ s.
Le **château de Kildavnet** (ou Kildownet), **maison forte** carrée à quatre étages du 15ᵉ *(voir en Introduction – Architecture)* commandant l'entrée Sud du détroit, est ass cié au personnage de Grace O'Malley. On y voit encore les vestiges d'une rampe bateaux et les fortifications d'origine.

exford est le chef-lieu du comté et le centre commerçant du Sud-Est du pays. C'est
ne ville très ancienne (elle obtint sa première charte en 1317), située sur le rivage
ud de la rade où se jette la Slaney. Rues étroites et venelles sillonnent le centre his-
rique.

a ville a une forte tradition culturelle et est mondialement connue pour son festival
opéra.

WEXFORD PRATIQUE

exford Festival Opera ⊘ – Le festival d'opéra dure dix-huit jours fin octobre ;
produit trois spectacles et donne lieu à une cinquantaine de manifestations.
a qualité des spectacles, et la politique de recréation d'œuvres injustement
égligées ou rarement montées ont fait sa réputation. Artistes et spectateurs du
onde entier participent ou assistent aux spectacles présentés au **Theatre Royal**
T). Pour tout renseignement, contactez le bureau du festival (☎ (053)
2400 ; fax (053) 24289 ; info@wexopera@iol.ie).

exford Arts Centre ⊘ **(Y)** – Concerts, pièces et expositions d'art ont pour
adre tout au long de l'année le centre des arts.

isites guidées à pied ⊘ – Se renseigner à l'Office de tourisme pour les pro-
enades organisées.

Se restaurer à Wexford

bster Post – Carne (24 km au Sud par la N 25, 100 m après Tagoat prendre
route secondaire sur la droite) – ☎ (053) 31110 – fax (053) 31401.
ub animé très fréquenté au décor de couleurs vives ; les produits de la mer
onstituent l'essentiel du menu.

Se loger à Wexford

athaspeck Manor – Rathaspeck (6,5 km au Sud-Ouest par Rosslare Road, en bor-
ure de la route de Bridgetown) – ☎ (053) 42661 – 6 chambres.
emeure campagnarde georgienne dans un cadre paisible.

hurchtown House – Tagoat, Rosslare – ☎ (053) 32555 – fax (053) 32577 –
2 chambres.
ension familiale dans un bâtiment en partie du 19e s. avec jardin.

elly's Resort – Rosslare – ☎ (053) 32114 – fax (053) 32222 – 99 chambres.
rand hôtel orienté vers l'accueil des familles, doté de nombreux équipements
e loisirs. Chambres avec vue sur mer. Choix de restaurant classique ou décon-
acté.

errycarrig – Ferrycarrig Bridge (4 km au Nord-Ouest par la N 11) – ☎ (053)
0999 – 86 chambres.
ôtel moderne avec de bons équipements de loisirs et d'agréables vues sur la
laney et l'estuaire.

N PEU D'HISTOIRE

r sa carte d'Irlande du 2e s., Ptolémée donne au site de Wexford le nom de Menapia,
après une tribu belge qui s'était installée dans la région aux temps préhistoriques.
nom Wexford est dérivé de Waesfjord (le havre de la laisse de vase), nom que les
kings donnèrent au village qu'ils y établirent en 950.
rs de l'invasion anglo-normande, en 1169, Wexford fut prise et le premier traité
glo-irlandais signé à l'abbaye de Selskar. Au 13e s., les remparts de terre de la ville
andinave furent remplacés par un mur de pierre.
n 1649, Cromwell entra dans Wexford. L'abbaye de Selskar fut détruite et
00 citoyens furent massacrés sur la place du marché. Au cours de la rébellion des
landais unis (voir Chronologie historique), en 1798, Wexford fut un bastion des
surgés. Après un mois de lutte, la reprise de la ville par les forces de la Couronne
onna lieu à de grandes effusions de sang.
u 19e s., les compagnies locales de fret maritime firent de Wexford un centre floris-
nt de commerce, dont le déclin s'amorça au début du 20e s.
atif de Ballysampson (comté de Wexford), **John Barry** fut commandant en chef (1794-
303) de la marine des États-Unis. Son souvenir est évoqué par une statue (Z), offerte
la ville par le gouvernement américain en 1956.

CURIOSITÉS

★**Main Street** (**YZ**) – L'artère commerçante de Wexford est une rue en grande part[ie] piétonnière, si étroite que les magasins et les maisons de chaque côté, avec leu[rs] façades d'ardoise grise caractéristiques de la région, semblent presque se touche[r]. Bien des petites boutiques ont conservé leur aspect traditionnel de magasins pr[o]vinciaux du 19e s. La vénérable devise de la boulangerie O'Connor (**Y A**) – « [Le] pain est toujours le soutien de la vie » – apparaît au-dessus de sa boutique ; [la] boulangerie Kelly (**Z B**) agrémente ses vitrines de traditionnelles miches de pa[in] irlandaises, de gerbes de blé et de « canards » (*ducks*, sorte de pain).

L'**arène** (Bull Ring – **Y**) était utilisée à l'origine pour des combats de taureaux, spo[rt] populaire chez les nobles normands de Wexford aux 12e et 13e s. La représenta[n]tion en bronze d'un piquier, par Olivier Sheppard, fait office de **mémorial a**[ux] insurgés de 1798.

★**Franciscan Friary** (**Z**) – L'église, fondée par les franciscains en 1230, fut confi[s]quée en 1540 lors de la dissolution des monastères, puis rendue à l'ordre en 162[0]. L'église actuelle *(restaurée)* contient un beau plafond en stuc et des œuvres d'artist[es] irlandais contemporains, dont une étonnante sculpture moderne : le ***Tabernacle du buiss[on] ardent**, créé par frère Benedict Tutty, de l'abbaye de Glenstal *(voir Limerick, Environs)*. Le couvent voisin se flatte de détenir les reliques de saint Adjutor, jeune martyr [de] la Rome antique, ainsi qu'une fiole de son sang.

★**St Iberius' Church** (**Y D**) – L'église anglicane s'élève sur un site autrefois a[u] bord de l'eau, consacré au culte chrétien depuis environ 1 500 ans. Dans l'égli[se] actuelle, construite en 1760 dans le style georgien, un retable ionique et de[s] colonnes corinthiennes servent de clôture entre le sanctuaire et la nef. La faça[de], de style vénitien, fut ajoutée au milieu du 19e s.

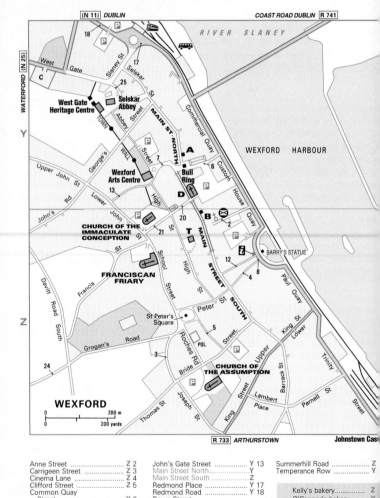

WEXFORD

Selskar Abbey (Y) – L'abbaye, fondée vers 1190 par Sir Alexandre de La Roche à son retour de croisade, fut dissoute en 1538. Les murs extérieurs et la tour carrée sont bien conservés. Lors du carême de 1172, Henri II, roi d'Angleterre, fit pénitence à Selskar pour le meurtre de Thomas Becket.

West Gate Heritage Centre ⊘ (Y) – Des cinq portes fortifiées d'origine, seule est encore debout la porte Ouest, construite par Sir Stephen Devereux vers 1200 et condamnée à la fin du 16e s. Les salles normandes de la tour donnent accès à une promenade sur les remparts jusqu'à l'abbaye de Selskar. Une présentation audio-visuelle retrace l'histoire cosmopolite de Wexford.

Les églises jumelles (Z) – Les deux églises de l'**Assomption** (Church of the Assumption), dans Bride Street, et de l'**Immaculée-Conception** (Church of the Immaculate Conception), dans Rowe Street, ont été conçues par Augustus Pugin dans un style néogothique quasiment identique. Leurs premières pierres furent posées le même jour de 1851. Leurs tours sont de même hauteur (70 m).

ENVIRONS

Wexford Wildfowl Reserve ⊘ – *5 km au Nord par la R 741 ; tourner à droite le long de la côte.* Pendant huit mois de l'année, la **réserve ornithologique** voit hiverner sur la rive Nord du havre de Wexford la plus grande partie de la population mondiale d'oies rieuses du Groenland.

Irish National Heritage Park ⊘, à **Ferrycarrig** – *4 km au Nord-Ouest par la N 11, en direction du Nord et en traversant la rivière Slaney.* 9 000 années d'histoire irlandaise sont ravivées grâce à 16 sites séparés, la plupart reconstruits, reliés entre eux par un itinéraire de visite et un sentier de nature.
L'**âge de la pierre**, de 7000 à 2000 avant J.-C., est illustré par un site de campement mésolithique, une ancienne ferme irlandaise et un dolmen portail ; l'**âge du bronze**, par une ciste (coffre de pierre funéraire) et un cromlech. Les périodes celtiques et paléo-chrétiennes, les plus largement reconstituées, sont évoquées par un monastère du début de l'ère chrétienne, une **pierre oghamique** (*voir Index*) portant la première forme d'écriture en Irlande, et un *crannóg*, île artificielle protégée par une palissade. Le moulin à eau horizontal est la reproduction d'un moulin de 833, dans le comté de Cork. Le clocher rond est une réplique des modèles anciens, érigée en 1857 à la mémoire des combattants de Wexford tués lors de la guerre de Crimée (1854-1856). Les seuls vestiges historiques authentiques sont les constructions de terre et les fortifications normandes érigées par Robert FitzStephen en 1169.

Irish Agricultural Museum ⊘, au château de **Johnstown** – *8 km au Sud-Ouest par la N 25, en tournant à droite (indication) au bout de 6,4 km.*
Le domaine de Johnstown fut donné à l'État irlandais en 1945. Le **château** *(fermé au public)*, conçu par Daniel Robertson, est aujourd'hui un centre de recherches agronomiques.
Le **parc d'agrément** de 20 ha possède plus de 200 espèces d'arbres et d'arbustes, trois lacs d'ornement, des jardins clos, des serres et une aire de pique-nique. Les anciens bâtiments entourant la cour de ferme abritent désormais un musée, bien présenté, qui expose de vieilles machines agricoles. La section du transport comprend des charrettes anglaises à baquet, largement utilisées en Irlande avant l'arrivée de l'automobile dans les années vingt, une carriole irlandaise faite vers 1880 à Gorey, dans le comté de Wexford, des charrettes, des cabriolets et des harnais. Des cribleurs à grain et de vieux tracteurs annoncent déjà la mécanisation de l'agriculture. Des sections sont consacrées à la laiterie, la fenaison et l'élevage de la volaille. Une tonnellerie, l'échoppe d'un bourrelier, une forge de maréchal-ferrant et l'atelier d'un charpentier ont été reconstruits. Une reconstitution de la vie rurale irlandaise au 19e s. et une exposition de beaux meubles d'époque complètent le rappel du passé. Dans le cadre d'une exposition consacrée à la Grande Famine (1845-1849), à côté d'explications scrupuleuses sur les causes et les conséquences de cette catastrophe humanitaire, on a reconstitué un habitat rural et le mode de culture des pommes de terre. On comprend comment une alimentation uniquement fondée sur la pomme de terre et les produits laitiers suffisait à sustenter la population et comment le désastre a touché différents comtés irlandais. Les secours et remèdes apportés sont évoqués par d'autres reconstitutions, celles d'une soupe populaire et d'un champ expérimental.

Curracloe – *9 km au Nord par la R 741 et la R 742.* Chaumières, dunes et plages de sable (12 km) regardent le havre de Wexford.

EXCURSIONS

Rosslare (Ros Láir) – *16 km au Sud par la N 25 et la R 740.* L'agréable et populaire station balnéaire de Rosslare est fière de sa longue plage très attrayante (9,5 km) et de ses équipements sportifs variés.
Le **terminal du bac** à **Rosslare Harbour** *(8 km au Sud-Est)* offre des services passagers à destination du Sud du pays de Galles et de l'Ouest de la France.

Lady's Island – *18 km au Sud par la N 25 et une route secondaire à partir Killinick.* Lieu de pèlerinage, l'île contient les ruines d'un monastère augustin d'un château normand. La tour de ce dernier penche plus que la tour de Pise.

Moulin à vent de Tacumshane ⊙ – *18 km au Sud par la N 25 et une ro secondaire à partir de Killinick.* Le moulin à vent, élevé en 1846, fut restauré co plètement, avec ses ailes, dans les années cinquante.

★**Kilmore Quay** – *24 km au Sud-Ouest par la N 25 et la R 739 ; promenades bateau* ⊙. Avec sa quinzaine de maisons à toit de chaume, le village de pêch a conservé son atmosphère du 19e s. Le pub The Wooden House possède u importante collection de photographies historiques.
Le **Musée maritime** (Maritime Museum) ⊙, logé dans l'ancien bateau-feu *Guillem* mouillé dans le port, présente de nombreux témoignages de la vie maritime Wexford : de vieilles cartes, un compas et un habitacle de deux cents ans d'â une vertèbre de baleine et une maquette à grande échelle de l'*HMS Africa*, na jumeau du *Victory* de Nelson.

★**Saltee Islands** – *Accès par bateau à partir de Kilmore Quay au cours des promena qui en partent (voir ci-dessus).* La Grande et la Petite Saltee (chacune envir 800 m de long), généralement inhabitées, forment la plus vaste réserve ornit logique d'Irlande. Des milliers de fous de Bassan, guillemots et macareux (200 00 y vivent près des phoques et des dauphins.

WICKLOW Mountains★★
Monts WICKLOW – Wicklow
Carte Michelin n° 923 M, N, 8, 9 ou Atlas Great Britain & Ireland p. 87

Au Sud de Dublin, les monts Wicklow offrent aux amoureux de la nature hautes cin et vues spectaculaires, lacs et cascades, vastes landes et vallées verdoyantes, parf aménagées en parcs élégants. Les hauteurs ondulantes sont couvertes de tourbiè où les rivières forment de grands couloirs peu profonds, dépourvus d'arbres. Dans schiste plus dur, elles créent d'étroites gorges boisées, comme les Dargle Glen, Dev Glen et Glen of the Downs.

LES MONTS WICKLOW PRATIQUE

Centre d'information ⊙ **touristique** – Sur le lac Supérieur à Glendalough *(voir nom)*, le bureau d'information touristique fournit nombre de précisions à p pos du parc national des monts Wicklow.

Activités de plein air – Les promenades en bateau et la pratique de sports n tiques sont possibles au **centre de loisirs des lacs** (Lakes Leisure Centre) ⊙ **Blessington**, au bord du **Poulaphouca Reservoir**.
Le **centre de sports d'aventures** (Adventure Center) de **Tiglin**, dans le Val du Dia (Devil's Glen), propose sorties spéléologiques, descentes en canoë, deltapla randonnée, alpinisme, escalade, courses d'orientation, plongée, planche à vc Dans la vallée de **Clara**, le **parc de jeux** Clara Fun Park ⊙ offre aux enfants p cours d'obstacles, bateaux téléguidés, barques, baignade et équipements p pêche, aires de pique-nique...

Randonnée pédestre – Le sentier de grande randonnée **Wicklow Way** début Rathfarnham, au Sud de Dublin, et s'achève à Clonegal, dans le comté de Carl (accès à Moyne, Bridgeland et Kilquiggin). Il traverse les montagnes, serpe à travers les vallées en offrant des vues magnifiques.

Artisanat – Les amateurs de lainages irlandais visiteront Avoca Weavers à Av ou à Kilmacanogue *(voir ci-dessous)*.

Se restaurer dans les monts Wicklow

The Bakery – *Church Street* – ☎ *(0404) 66770 – fax (0404) 66717.*
Restaurant original occupant une ancienne boulangerie au centre-ville ; intér sante carte irlandaise contemporaine.

Se loger dans les monts Wicklow

Hunters – *Newrath Bridge, Rathnew (1,2 km au Nord par la N 11 ; su R 761)* – ☎ *(0404) 40106 – fax (0404) 40338 – 16 chambres.*
Dans d'agréables et vaste jardins, ce relais de diligence du 18e s. reconverti tenu par une famille depuis le 19e s.

Tinakilly House – *Rathnew (sur la R 50)* – ☎ *(0404) 69274 – 53 chambres.*
Manoir en partie victorien dans un parc agréable, offrant un très grand confo mais à des prix élevés.

centrales électríques sont installées dans la brèche de Wicklow (Turlough Hill) sur le réservoir Poulaphouca ; le réservoir Vartry alimente Dublin en eau. Le long de la côte, barrière de galets couverte de dunes de sable et soumise à une intense érosion, se succèdent plages et stations balnéaires : Bray, Greystones, Wicklow, Arklow.

L'INTÉRIEUR *Du Nord au Sud*

Powerscourt – Le domaine doit son nom au chevalier normand Eustace le Poer. En 1609, les terres furent octroyées par Jacques Ier à Sir Richard Wingfield, qui fut nommé vicomte de Powerscourt. En 1961, le domaine fut vendu aux époux Slazenger.

Jardins ⊘ – Ils occupent un terrain pentu orienté au Sud, face au mont Sugar Loaf (503 m). Ils sont réputés pour leurs magnifiques rosiers, les buissons fleuris, la longue rangée de conifères, le bosquet d'eucalyptus de 1897 ou l'allée de hêtres menant à la demeure. La maison, conçue en 1730 par **Richard Castle** à partir d'un ancien château, fut détruite par un incendie en 1974. Le rez-de-chaussée a été restauré et abrite un café et sa terrasse surplombant les jardins, et une exposition avec une vidéo sur l'histoire du domaine et de ses propriétaires.

Longer la terrasse et tourner à droite.

À l'extrémité Ouest de la terrasse se trouve l'entrée du jardin commémoratif, créé en 1931 en souvenir de la veuve du septième vicomte, Julia, par son fils ; les quatre bustes de Michel-Ange, Benvenuto Cellini, Léonard de Vinci et Raphaël sont des copies d'œuvres du Vatican. La porte de Bamberg est un bel exemple de ferronnerie viennoise (1770). Plusieurs jardins clos occupent le versant de la colline jusqu'à l'enclos des animaux familiers et aux massifs de rhododendrons en contrebas.

Les **terrasses** furent commandées par le septième vicomte en 1843, et conçues par Daniel Robertson, un architecte excentrique atteint de la goutte qui dirigeait les travaux installé dans une brouette. Les galets noirs et blancs de la mosaïque proviennent de la plage de Bray. De nombreuses statues ont été rassemblées par le sixième vicomte (1815-1844) lors de ses nombreux voyages dans toute l'Europe. Les terrasses descendent au bord d'un lac où un Triton crache un jet d'eau de 30 m de haut. En été, les nénuphars sont en fleur.

Depuis la rive Est, des sentiers s'enfoncent dans la jungle d'un luxuriant **jardin japonais** créé en 1908 sur un marais asséché. La **tour** de pierre *(54 marches)* offre une vue intéressante sur la maison et la terrasse, ainsi que sur la cime des arbres qui les entourent.

Prendre la R 760 vers le Sud ; au bout de 3 km, tourner à droite au panneau. Au carrefour, prendre tout droit la direction de Valclusa, à 3 km.

Cascade ⊘ – *5 mn de marche du parc de stationnement au pied des chutes. Il est dangereux de grimper sur les rochers.* Face à des collines en fer à cheval, la Dangle cascade de 120 m sur des rochers gris déchiquetés, dans un épais nuage de brume.

Les jardins de Powerscourt

Les berges de la rivière offrent d'agréables promenades et sentiers. Balançoires et toboggans attendent les enfants au centre d'accueil.

★★ Sally Gap – Le carrefour sur la route militaire offre de splendides vues sur le paysage de tourbière des monts Wicklow.

★ Loughs Tay et Dan – Les deux lacs sont reliés par la rivière Cloghoge.

★ Glenmacnass Waterfall – *Parc de stationnement.* La rivière de montagne ruisselle du haut d'une paroi rocheuse.

★★ Wicklow Gap – La route Ouest de Glendalough à Hollywood (24 km) suit la **route de Saint-Kevin**, sentier médiéval emprunté par les pèlerins à travers la vallée de Glendasan. Alors que la route actuelle fait une boucle au Nord-Ouest, les randonneurs peuvent suivre le vieux chemin qui est direct (3 km) et plus proche du lac Nahanagan. La route carrossable rejoint l'ancienne voie pour emprunter la brèche de Wicklow entre le mont Tonelagee (816 m – *au Nord*) et le mont Table (700 m – *à l'Ouest*).

Roundwood – Le village le plus haut d'Irlande (238 m au-dessus du niveau de la mer) se réduit à une unique rue bordée de plusieurs pubs et de boutiques d'artisanat. Un pub et un café rivalisent pour le titre du plus haut d'Irlande.

Devil's Glen (Val du Diable) – La rivière Vartry entame une **chute** spectaculaire (30 m) en plongeant dans un profond bassin creusé dans le roc, dit le Devil's Punchbowl (bol à punch du diable). On peut faire des **promenades** dans les alentours immédiats ; de belles vues embrassent le littoral.

Annamoe – La rivière Annamoe se prête à la promenade. C'est ici qu'à 7 ans, Laurence Sterne *(voir Clonmel)* tomba dans le bief d'un moulin et en sortit indemne.

★★★ Glendalough – *Voir ce nom.*

★ Glenmalur – La route s'achève en un point retiré et désolé, près du cours supérieur de la rivière Avonbeg, au pied du versant Nord-Est du Lugnaquilla, le second sommet d'Irlande (926 m).

Vale of Clara – La route, qui suit le cours de l'Avonmore, une rivière à truites, relie Laragh, point de rencontre de nombreuses routes et de vallons, au charmant village de Rathdrum.

★ Avondale ⊘ – Le leader nationaliste **Charles Stewart Parnell** (1846-1891) naquit au domaine d'Avondale, dont sa famille avait hérité au décès de Samuel Hayes, qui, en 1788, présenta une loi au Parlement « pour encourager la culture des arbres ». En 1904, Avondale devint Centre national d'enseignement forestier.
La **maison** à deux niveaux, de style néoclassique, dessinée en 1759 par Samuel Hayes, a retrouvé l'aspect qu'elle avait au temps de Parnell, qui l'utilisa en différentes occasions de sa vie publique.

La salle à manger présente une ornementation en pierre de Coade réalisée par les **frères Lafranchini**. Parmi les meubles et les souvenirs, il faut citer le fauteuil de Parnell (qui mesurait 1,90 m), sa canne, des photographies de Parnell et de sa femme, Kitty O'Shea, dont on l'alliance faite d'or découvert sur place par Parnell lui-même, un ensemble d'es beaux en chêne de marais dans la bibliothèque, un bureau Chippendale qui appar à Samuel Hayes.

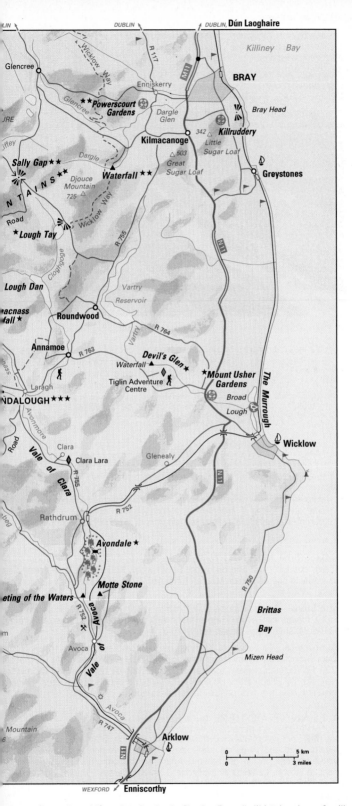

Une présentation vidéo relate la vie de Charles Parnell, l'histoire de sa famille en Irlande, son rôle dans la politique irlandaise au 19ᵉ s.

Le **parc forestier** (207 ha) couvre une pente escarpée, orientée à l'Est vers l'autre côté de la rivière d'Avonmore. Les arbres les plus anciens, deux gigantesques pins

Cascade de Glenmacnass

argentés, des chênes, des hêtres et des mélèzes, ont été plantés par Samuel Ha
au 18ᵉ s. Les anneaux d'une souche de hêtre, planté voici près de 250 ans,
été délinéés et associés à des événements historiques contemporains.
Il existe plusieurs itinéraires et promenades en forêt, depuis le **sentier de la Pin**
(Pine Trail – 800 m), praticable par les handicapés, jusqu'à la **promenade de la Riv**
(River Walk – 4 km), qui traverse la masse de conifères sur les berges
l'Avonmore et longe la grande allée cavalière.

La route militaire

À la suite de la rébellion de 1798 *(voir Chronologie historique)*, le gouvernement britannique fit construire une route militaire qui, du Sud de Dublin,
traverse certaines des parties les plus accidentées et les plus isolées des
monts Wicklow. La caserne de Glencree abrite désormais **St Kevin's**, un organisme qui cherche à promouvoir la réconciliation entre les personnes de
différentes confessions religieuses, de part et d'autre de la frontière.

★**Meeting of the Waters** – Le confluent des rivières Avonbeg et Avonmore se si
au cœur des forêts du Sud du comté de Wicklow. Non loin de là se dresse l'arb
sous lequel le poète Thomas Moore (1779-1852) aurait composé *La Rencontre*
eaux en 1807.

Motte Stone – Le nom de ce grand rocher d'origine glaciaire est dérivé du m
français *moitié*, car, avant l'implantation des bornes kilométriques, il marquait
moitié du chemin entre Dublin et Wexford.

Vale of Avoca – La vallée est sillonnée par de nombreux sentiers tracés en for
À **Avoca** subsiste la plus ancienne **manufacture** d'Irlande (Weavers Mill) ⊘, établie
1723 ; les visiteurs peuvent assister à la confection de tissus suivant les métho
artisanales. Le village attire de nombreux visiteurs depuis qu'il a servi de cadr
d'une série télévisée très populaire, *Ballykissangel*.

LA FRANGE CÔTIÈRE *Du Nord au Sud*

Bray (Bré) – À l'extrémité Sud de la baie de Killiney, Bray est une vieille stat
balnéaire avec une plage de sable et de galets. Ces dernières années, elle
devenue une cité-dortoir de Dublin. Le parc, sur la pointe de Bray, offre une be
vue sur le littoral. Le **Centre du patrimoine** (Heritage Centre ⊘, *dans l'hôtel de vi*
retrace l'histoire locale, à travers des photographies, des cartes et des objets a
sanaux. Sur le front, le **National Sea Life Centre** ⊘ abrite plus de trente aquariums
évoluent poissons de mer et d'eau douce.

★**Killruddery** ⊘ – *À la sortie Sud de la localité par la R 761*. Les **jardins** de Killrudd
ont été dessinés par un Français en 1682 : deux canaux parallèles de 168 m s
prolongés par une **avenue de tilleuls** qui monte jusqu'au parc aménagé au 18ᵉ s. L

Charles Stewart Parnell (1846-1891)

Bien qu'appartenant à une famille de grands propriétaires protestants d'origine anglaise, Parnell fut l'un des plus remarquables défenseurs de la cause irlandaise, à laquelle il adhéra sans condition après l'exécution des trois martyrs de Manchester. Député aux Communes en 1875, il devint vice-président du parti autonomiste, le Home Rule, qu'il organisa, et se fit remarquer en pratiquant la tactique de l'obstruction et en jouant le rôle d'arbitre entre conservateurs et libéraux. La crise de 1878 l'amena à la tête de la Ligue agraire, et la campagne qu'il entreprit pour la défense des métayers le mena aux États-Unis et au Canada, où l'accueil qu'il reçut fut si délirant qu'on le qualifia de « roi non couronné d'Irlande ». Il poursuivit sa lutte contre les lois répressives tant par son action (il incita notamment les paysans à pratiquer le **boycott** des propriétaires, c'est-à-dire de cesser toutes relations avec eux à l'instar des mesures prises pour la première fois contre l'un d'eux, le capitaine Boycott) qu'à travers les articles qu'il publiait dans son journal, *United Ireland*. En 1882, il fonda la Ligue nationale pour défendre l'idée de l'autonomie, à laquelle il parvint à rallier Gladstone. Il pouvait espérer faire triompher ses vues quand sa carrière politique fut brutalement interrompue en 1889 par un procès en divorce qui rendit publique la liaison qu'il entretenait avec Kitty O'Shea, l'épouse de l'un de ses collaborateurs. L'Église d'Irlande et la majorité de son parti se détournèrent alors de lui. Il mourut en octobre 1891, quatre mois après avoir épousé Kitty.

Angles forment un ensemble géométrique d'allées entrecroisées bordées de grandes haies. Les massifs d'arbres touffus sont coupés par de larges promenades. Une haie de lauriers entoure le **théâtre de verdure**, tandis qu'une double haie de hêtres encercle un **bassin** (18 m de diamètre) et une fontaine. Les quatre statues du 19e s. représentent les saisons. Des rangées de buis soulignent le pourtour des deux jardins d'agrément du 19e s. Le pavillon octogonal était à l'origine une laiterie.

La **demeure**, construite vers 1650, fut considérablement remodelée vers 1820 par Richard et William Morrison ; la galerie des statues fut ajoutée en 1852. L'horloge et le mécanisme de sonnerie, au-dessus de la cour des écuries, sont hydrauliques ; ils furent réalisés par les membres de la famille entre 1906 et 1909.

En 1618, le domaine fut accordé à Sir William Brabazon qui fut nommé comte de Meath en 1627. Ses ancêtres arrivèrent en Angleterre avec Guillaume le Conquérant et ses descendants vivent encore à Killruddery.

Kilmanacogue – La boutique et l'atelier des **tisserands d'Avoca** (Avoca Handweavers) ⏱ occupent l'emplacement de Glencormac House, construite en 1864 par James Jameson de la famille des célèbres distillateurs de whiskey. Le domaine est planté de nombreuses espèces rares : un cyprès pleureur, des cèdres bleus de l'Atlas, treize ifs, dont on dit qu'ils ont de 700 à 800 ans d'âge et qui faisaient partie d'une allée conduisant à Holybrook Abbey, plusieurs séquoias et diverses espèces d'eucalyptus et de pins.

Greystones (Na Clocha Liatha) – La station balnéaire s'est développée à partir d'un village de pêcheurs dont le port est flanqué de plages de galets.

Mount Usher Gardens ⏱, à **Ashford** – Situés dans les faubourgs du village d'Ashford, les jardins (8 ha) comptent plus de 5 000 espèces, dont de nombreuses plantes subtropicales. Ils sont renommés pour leurs collections d'eucryphias et d'eucalyptus. Edward Walpole, membre d'une famille linière de Dublin, les dessina en 1868. Leur restauration a été complète après les sérieux dommages causés par une inondation en 1986. Deux ponts suspendus conduisent aux promenades dans les bois sur la rive Est de la Vartry, dont le cours a été avantageusement élargi par l'addition de barrages.

Brittas Bay – La longue plage de sable *(5 km)*, bordée de dunes, est l'une des plus populaires stations balnéaires de la côte Est.

Arklow (An tinbhear Mór) – La station balnéaire, fondée par les Vikings sur la rive méridionale de l'estuaire de l'Avoca, est un important port de pêche de la côte Est et une base pour la plus grande flotte de commerce côtier d'Irlande.

Le navire le plus célèbre sorti des chantiers navals est le *Gypsy Moth III*, voilier avec lequel Sir Francis Chichester fit le tour du monde en 1967.

D'agréables promenades attendent le visiteur près du port et le long de la rive Sud de la rivière. Le **musée de la Marine** (Maritime Museum) ⏱ expose environ 200 objets relatifs à l'histoire maritime de l'Irlande et retrace le développement de la navigation commerciale de la région à partir des années 1850. Une vidéo intitulée *Eyes to the Sea* (Regard vers la mer) évoque l'histoire maritime d'Arklow.

Depuis le **rocher d'Arklow** *(3,2 km au Sud)*, belle **vue** du littoral.

Wicklow – Chef-lieu du comté, Wicklow en est le principal centre commerç
pour la partie Nord. C'est aussi une agréable station balnéaire, abritée, à l'Est,
les monts Wicklow.

Le nom irlandais de la ville évoque saint Mantan, missionnaire qui y établit
église au 5ᵉ s. Quatre siècles plus tard, les Vikings danois fondèrent le port,
devint un important centre de commerce. Le nom de la ville est dérivé des m
danois signifiant « la prairie viking » *(Wyking-alo)*.

Sur Market Square, la statue du piquier symbolise tous ceux qui ont combattu
des soulèvements nationalistes.

Halpin Memorial, obélisque de granit poli, a été érigé à la mémoire du capita
Robert C. Halpin (1836-1894), un enfant de la ville qui commanda le *G*
Eastern. Ce navire à coque métallique, construit par Brunel, posa le premier câ
télégraphique transatlantique. Des souvenirs du capitaine sont exposés dans sa r
dence, Tinakilly House, aujourd'hui un hôtel *(3 km au Nord-Ouest par la N*

Black Castle, sur un promontoire rocheux immédiatement au Sud du port,
construit en 1176 par Maurice Fitzgerald, à qui la région avait été donnée ap
l'invasion anglo-normande du 12ᵉ s. Jusqu'au 16ᵉ s., il subit de fréquentes attaq
des clans locaux, les O'Byrne et les O'Toole. Les ruines offrent un **belvédère** su
ville et la côte septentrionale du comté.

L'**église anglicane** ⊙ du 18ᵉ s. est coiffée d'un dôme de cuivre, donné en 1777
la famille Eaton. La porte de style roman irlandais du 12ᵉ s. ouvre sur un intér
avec un joli couvrement à ferme simple. On y remarque les fonts baptismaux
12ᵉ s., une orgue, transféré à la fin du 18ᵉ s. de la cathédrale anglicane de Cas
(voir ce nom), et une plaque à la mémoire du capitaine Halpin. La dédicace « ég
de la vigne » (the Church of the Vineyard) rappelle le vignoble planté par
Normands sur les « Vineyard Banks », les rives qui descendent vers la Vartry.

Les vastes ruines du **Franciscan Friary**, monastère franciscain fondé par la fam
Fitzgerald au 13ᵉ s., s'élèvent dans le parc du presbytère. Après la dissolution
monastères au 16ᵉ s., l'édifice devint palais de justice. En 1812, les bâtim
furent donnés au recteur local, en récompense de ses services à la bataille
Salamanque en Espagne.

La formidable prison de pierre **Historic Gaol** ⊙, bâtie sous les Lois pénales en 17
a servi jusqu'en 1924. Une exposition sophistiquée présente certains des épisc
les plus dramatiques de l'histoire irlandaise. Un gardien met les visiteurs en sit
tion de prisonniers du 18ᵉ s. ; des soldats anglais de l'an 1798 réfléchissent
moyens d'écraser la rébellion (de nombreux insurgés ont été jugés ici) ; un n
rebelle local, Billy Byrne, attend son exécution ; on évoque la vie des forçats,
en Irlande qu'en Australie ; le sinistre capitaine Betts montre comment mater
prisonniers récalcitrants à bord du vaisseau *Hercules*.

The Murrough – *800 m au Nord de Wicklow, sur la rive Est de l'estuaire.*
longue plage de galets (5 km), bordée par une large bande de gazon s'étend v
le Nord, entre la mer et le **Broad Lough**, lagune naturelle réputée pour ses oise
sauvages, dont les pluviers dorés.

YOUGHAL★

EOCHAILL – Cork – 5 630 habitants
Carte Michelin n° 923 I 12 ou Atlas Great Britain & Ireland p. 79

Youghal *(prononcer yôle)* occupe un beau **site** sur la rive occidentale de l'estuaire
la Blackwater. La ville doit son nom à l'irlandais « bois d'if », en référence aux gran
forêts qui l'entouraient à l'époque médiévale.

Son intérêt stratégique pour le débarquement de troupes d'Angleterre, mais sa
nérabilité face aux attaques venant de France ou d'Espagne firent de Youghal un
ports irlandais les plus fortement défendus par l'Angleterre, au moyen d'impress
nants remparts.

Plusieurs bâtiments d'intérêt historique ont survécu, alors que **North Abbey**, un étal
sement dominicain de 1268, se réduit au mur Ouest du chœur, qui se dresse dar
principal cimetière de la ville.

UN PEU D'HISTOIRE

Occupée par les Vikings danois au 9ᵉ s., Youghal fut colonisée par les Anglo-Norma
à la fin du 12ᵉ s. La ville prit parti pour Jean sans Terre et le soutint en armant t
bateaux ; en retour, Jean devenu roi lui accorda sa première charte. Au 13ᵉ s., elle
ceinte de murs sur trois côtés, le quatrième côté étant protégé par la rivière Blackwa
À la fin du 16ᵉ s., devenu maire de Youghal, **Walter Raleigh** introduisit les plants de ta
et de pommes de terre en Irlande. Avec l'invasion de Cromwell en 1649, Youghal cor
une période particulièrement difficile. Au 18ᵉ s., la municipalité fut totalement domi
par la minorité protestante et les catholiques furent complètement privés de leurs dr
religieux, politiques et civils, ce qui fut la cause des rébellions qui suivirent.

cours du 19ᵉ s., Youghal développa son commerce autour de la fabrication des ~~ques~~ et de la dentelle, activités aujourd'hui pratiquement disparues. Dans la der~~ire~~ partie du 19ᵉ s., quelque 150 goélettes à voiles commerçaient à partir du port ~~les~~ marins de Youghal pouvaient se reconnaître les uns les autres, dans tous les ~~rts~~ du monde, par leur sifflement distinctif. Cette tradition maritime, autrefois très ~~te~~, commença à décliner au début du 20ᵉ s. avec l'envasement de l'estuaire et la ~~nstruction~~ des cargos à vapeur.

YOUGHAL PRATIQUE

~~couverte~~ à pied ✓ – Des visites guidées à pied de Youghal sont organisées ~~été~~.

Se restaurer à Youghal

~~e~~ Tannery – *Quay Street, Dungarvan* – ☎ *(058) 45420* – *fax (058) 45518.*

~~staurant~~ en bord de mer proposant une carte imaginative et originale.

Se loger à Youghal

~~erne's~~ Seafood Restaurant and Bar (Aherne's Hotel) – *163 North Main Street* – *(024) 92424* – *fax (024) 93633* – *12 chambres.*

~~oposant~~ soit une restauration raffinée, soit des repas décontractés, mais tou~~rs~~ à base de produits de la mer fraîchement pêchés, ce restaurant réputé tenu ~~r~~ une famille possède aussi des chambres très confortables bien aménagées.

CURIOSITÉS

St Mary's Collegiate Church (anglicane) ✓ – Il est probable que la première église sur le site, une construction en bois, fut érigée par les disciples de saint Declan d'Ardmore vers 400. L'édifice actuel, du début du 13ᵉ s., était considérée par Claud Cockburn, écrivain qui résida longtemps à Youghal, comme « l'une des églises les plus impressionnantes d'Irlande ». Cette église en remplaça une autre, élevée par les Danois au 11ᵉ s., qui fut détruite lors d'une grande tempête peu après sa construction. Pendant les guerres de la fin du 15ᵉ s., les forces du comte de Desmond occupèrent le bâtiment et ôtèrent le toit du chœur. Une importante restauration, incluant le réaménagement du chœur, eut lieu entre 1851 et 1858.

La fenêtre Est date de 1498 ; les fonts baptismaux dans la nef sont de la même époque. L'église contient un grand nombre de **plaques mortuaires** et d'**effigies**, dont certaines, du 13ᵉ et du 14ᵉ s., portent des inscriptions en français-normand.

Dans le bras droit du transept se dresse le vaste **monument** du premier comte de Cork, Richard Boyle, de ses trois épouses et de ses seize enfants. Le comte arriva en Irlande pratiquement sans le sou, vers la fin du règne d'Élisabeth Iʳᵉ et devint si riche qu'on le présente souvent comme un des premiers capitalistes d'Europe.

Remparts – Youghal possède les remparts les mieux préservés d'Irlande. Plus longs que les murs de Londonderry *(voir ce nom)*, ils furent construits au 13ᵉ s. et agrandis au 17ᵉ s. Des sections importantes sont toujours en excellent état, même

YOUGHAL

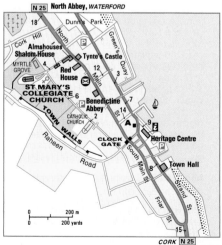

s'il ne reste que trois des treize tours du Moyen Âge. La portion restaurée au 19ᵉ avec une tourelle et un canon, est accessible depuis le cimetière de l'église. chemin de ronde offre une belle *vue* sur la ville et le port. On aperçoit mieux la lo gueur totale des murs de la route à l'arrière *(Raheen Road)*.

★**Clock Gate** – L'inhabituel bâtiment de quatre étages qui enjambe Main Street 1 construit en 1777 par le conseil municipal pour remplacer la porte de Fer, u partie de l'enceinte qui était encore appelée Trinity Castle. La nouvelle tour ser de prison municipale jusqu'en 1837.

L'état d'insurrection était tel, à la fin du 18ᵉ s., que la prison fut bientôt surpe plée. Les rebelles étaient pendus aux fenêtres, à titre d'exemple pour le reste la population.

The Red House – Bel exemple d'architecture hollandaise, cette maison contras fortement avec son voisinage. Elle fut conçue en 1710 pour la famille Uniacke p un architecte et bâtisseur des Pays-Bas, Claud Leuvethen. La façade de briqu rouges, avec sa chaîne d'angle en pierre, est surmontée d'un grand pignon tria gulaire et d'un abrupt toit mansardé.

Heritage Centre ⊘ – L'ancienne halle abrite désormais l'Office de tourisme et Centre du patrimoine, où une exposition retrace l'histoire du port fortifié.

Sur Market Square se dresse un mémorial rappelant l'existence du *Nellie Flemi* le dernier des bateaux à voiles de Youghal.

Dans le pub **Moby Dick's (A)**, on peut voir de nombreuses photographies pri pendant le tournage de *Moby Dick* à Youghal pendant l'été 1954.

Benedictine Abbey – Tout ce qui reste de l'abbaye est un mur à pignon *(à l'Es* percé d'une porte gothique ornée d'écoinçons. Celle-ci s'ouvre sur un passage t étroit qui contient la piscine voûtée et une armoire carrée ayant fait partie l'église d'origine. L'abbaye, fondée en 1350, fut le quartier général de Cromw pendant l'hiver 1649-1650.

Almshouses – Les hospices élisabéthains furent érigés en 1610 par le comte Cork, qui accordait en outre une rente perpétuelle d'« une pièce de cinq livres chacun des six vieux soldats affaiblis ou mendiants » qui y étaient accueillis. Ces h pices sont encore utilisés à des fins résidentielles, tout comme leur voisin, l'anc asile protestant, daté de 1838 *(Church Street)* et qui porte le nom de Shalom Hou

Tynte's Castle – Ce bâtiment à créneaux du 15ᵉ s. possède un système, au-dess de la porte d'entrée, pour verser de l'huile bouillante sur les rebelles et autres v teurs malvenus. Autrefois au bord de l'eau, le château est désormais situé à 182 du fleuve.

EXCURSIONS

★**Whiting Bay** – *3 km à l'Ouest par la route de la côte*. Délimitée par la pointe Ca et le cap Ardoginna, cette baie très isolée offre de belles *vues (vers le Sud-Oue* au-delà de la baie de Youghal sur le cap de Knockadoon.

Ardmore – La réputation d'Ardmore en tant que station de vacances repose s sa petite jetée, son parc d'attractions et sa vaste plage de sable fin où la baigna est sans danger. De l'hôtel situé dans le village, une montée abrupte atteint sentier bien balisé qui, par l'église en ruine de Dysert, conduit au cap Ram (3 k d'où l'on jouit d'une vue sur le littoral. La **fontaine sacrée St-Declan** (St Declan's H Well) se trouve tout près de là. Sur la plage, en contrebas, la pierre de St-Dec (St Declan's Stone) est un bloc d'origine glaciaire qui, selon la légende, aurait tra porté la cloche du saint à travers le canal Saint-Georges, depuis le pays de Gal Le **clocher rond★** (Round Tower, 29 m), sans doute édifié à la fin du 12ᵉ s., est c ronné d'un toit conique. La maçonnerie régulière montre des corniches délimit chacun des quatre étages et des corbeaux sculptés de figures humaines ; une vo orne l'encadrement de la porte d'entrée.

À côté de la tour, la « **cathédrale★** », dont la construction s'est étalée du 10ᵉ 14ᵉ s., présente une arcade intérieure et un arc brisé en pointe séparant la nef chœur. Elle est remarquable pour les **arcatures★** ajoutées sur le pignon Ouest cours des travaux de restauration du 12ᵉ s. Dix des treize bas-reliefs encastrés registre supérieur représentent des scènes semblables, par leur style, à celles grandes croix celtiques du 10ᵉ s., ce qui laisse à penser que ces pièces ont été r portées à Ardmore. Le panneau le plus connu (nº 10) représente la Pesée des âm *Suivre la route côtière vers l'Est jusqu'à Mine Head.*

Mine Head – La pointe Mine offre des vues spectaculaires des falaises. *Suivre la route côtière jusqu'à Helvick Head.*

Ringville/An Rinn – Ce petit village est situé au cœur d'une région de langue irl daise, le **West Waterford Gaeltacht**. De la route se déploient de magnifiques vu au-delà de la baie de Dungarvan.

Helvick Head – *1,5 km à l'Est de Ringville*. Petit mais très animé, le port de Helvick Harbour, bordé d'une rangée de maisons de pêcheurs, se blottit sous le promontoire qui, malgré sa hauteur modeste (82 m), offre des **vues** exceptionnelles de la côte.

Péninsule de Cunnigar – *1,5 km km à l'Ouest de Ringville*. On peut entièrement parcourir à pied cette langue de sable qui pénètre dans la baie sur 3 km.

Dungarvan – *30 km à l'Est par la N 25*. Cette ville prospère occupe un charmant site sur l'estuaire de la Colligan face à la baie de Dungarvan que cernent les Drum Hills au Sud, les Monavullagh et les monts Comeragh au Nord.

Le **château du roi Jean** (King John's Castle), construit par Jean sans Terre en 1185 peu après l'invasion normande, comprend un grand **donjon** circulaire entouré de murs fortifiés et remanié au cours des siècles suivants.

La bibliothèque municipale héberge le **musée** ⊘, consacré à la navigation. Les naufrages survenus sur place y sont particulièrement bien documentés, notamment celui du *Moresby*, qui sombra dans la baie le 24 décembre 1895, faisant 20 victimes.

Sur la rive Est de la rivière se dressent les ruines du **prieuré augustin** du 13e s. fondé par les McGrath, qui firent aussi édifier le château au 12e ou 13e s. Seul le mur Ouest subsiste encore. La promenade, entre le cimetière et le bord de mer, offre de belles **vues★** sur la baie et le cap Helvick.

Master McGrath Monument

Le seul monument d'Irlande élevé en l'honneur d'un chien commémore un lévrier élevé dans la région, qui, entre 1868 et 1871, remporta trois fois en Angleterre la « Waterloo Cup » et ne fut battu qu'une seule fois lors des 37 courses qu'il disputa *(3,2 km au Nord-Ouest par la R 672)*.

La Chaussée des Géants

S Chirol

L'Irlande du Nord

ANTRIM

AONTROIM – Antrim – 20 878 habitants
Carte Michelin n° 923 N 3 ou Atlas Great Britain & Ireland p. 103

Antrim, centre de filature du lin, était autrefois le chef-lieu du comté. La ville, arro
par une belle rivière à truites, la Six Mile Water, est édifiée à proximité du lac Nea
La rive du lac accueille un parcours de golf ; des bateaux d'excursion partent de
marina.
La ville fut incendiée par le général Monro en 1649 et résista à l'assaut d'une tro
de 3 500 Irlandais unis conduits par Henry Joy McCracken, fabricant de coton
Belfast, lors de la révolte de 1798.

ANTRIM PRATIQUE

Clotworthy Arts Centre ⊘ – Pièces de théâtre, concerts, expositions de peinture, photographie et sculpture, conférences, stages et ateliers sont organisés
au domaine du château d'Antrim *(voir ci-dessous)*.

CURIOSITÉS

★**Clocher rond** – *Steeple Park*. Au milieu des arbres se dresse un clocher rond (
Architecture) de 27 m, remarquablement conservé ; son sommet conique a
restauré. Il remonte probablement aux alentours de l'an 900 et constitue l'uni
vestige d'un important monastère du 6ᵉ s., abandonné en 1147.

Pogue's Entry ⊘ – *À l'extrémité Est de la rue principale*. Dans une étroite ru
s'élève la simple cabane où Alexander Irvine (1863-1941) a passé son enfance
pièce donnant sur la rue servait à la fois de cuisine, de salle de séjour et d'écho
de cordonnier à son père ; la chambre se trouvait à l'arrière de la maison et
enfants dormaient dans le grenier. Irvine devint missionnaire dans le Bowery à N
York. Son livre, *My Lady of the Chimney Corner*, relate la lutte de sa mère con
la pauvreté.

Jardins du château ⊘ – *À l'extrémité Ouest de la rue principale*. Derrière la pl
du marché et le palais de justice (1726), le visiteur découvre une magnifique po
de style Tudor donnant accès à l'ancienne résidence familiale des Clotworthy,
reçurent le titre de Lords Massereene au 17ᵉ s.
Le château a été accidentellement détruit par un incendie en 1922. La m
d'époque normande est le meilleur endroit pour admirer le remarquable jar
d'eau anglo-hollandais ; canaux ornementaux reliés par une cascade, bordés
parterres géométriques de plantes médicinales et aromatiques du 17ᵉ s. et p
tégés de hautes haies taillées de charmes et de tilleuls.

Il ne reste plus qu'à bien les associer...

Parc de Shane's Castle ⊘ – *400 m à l'Ouest par la A 6.* Au bord du lac Neagh s'élèvent les ruines du **château de Shane**, résidence de la famille O'Neill depuis 1607, année où Jacques Ier accorda le domaine à Shane McBrian O'Neill. Le caveau de famille (1722) est relié par une galerie souterraine aux ruines du château, détruit par un incendie en 1816. La serre, qui a été épargnée, renferme une remarquable collection de camélias plus que centenaires. Cette œuvre de John Nash est l'exacte réplique de la serre qu'il éleva pour lui sur l'île de Wight. On lui doit également la **terrasse**, avec la vue sur le lac Neagh. Les canons sont ceux d'un cuirassé britannique qui a sombré dans le Lough Foyle. La **réserve naturelle** (32 ha) assure la protection de races bovines rares : bœufs de somme irlandais (sans cornes), races Highland et Galloway dite à ceinture, et d'une harde de daims sauvages *(zone d'observation)*. Un sentier longe le lac.

EXCURSIONS

Templepatrick – *9 km à l'Est par la A 6.* Le nom de Templepatrick a pour origine une ancienne église consacrée à saint Patrick. Il aurait baptisé des convertis à une fontaine sacrée toute proche, aux environs de 450.

Templetown Mausoleum ⊘ – *Parc de stationnement situé à l'extrémité de l'allée.* Un cimetière enclos de murs entoure le mausolée élevé par Sarah Upton à la mémoire de son époux, Arthur. Robert Adam conçut cet édifice de style palladien vers 1770. Il abrite des plaques rendant hommage à la descendance des Upton, qui reçurent le titre de vicomtes de Templetown.

Patterson's Spade Mill ⊘ – *1 km à l'Est par la A 6.* Cette unique survivante des fabriques de bêches actionnées par moulins à eau date de 1919. Cinq générations de Patterson s'y succédèrent jusqu'en 1990. La visite permet d'assister aux diverses étapes de la fabrication traditionnelle des bêches, entièrement exécutées par deux artisans : la forge qui chauffe le lingot de métal, l'énorme marteau incliné qui façonne la plaque, avant qu'elle ne soit aiguisée puis trempée, le rivetage de la plaque au manche et l'application de la peinture. On voit à côté les vestiges des bâtiments annexes.

Ballance House ⊘, au Sud-Est de **Glenavy** – *17 km au Sud par la B 101, la A 26 et la A 30.* C'est là que naquit John Ballance (1839-1893), qui émigra à Birmingham, puis gagna la Nouvelle-Zélande, où il devint journaliste. Il se lança ensuite dans la politique et fut le premier Premier ministre libéral de ce pays. Le petit salon est encore meublé dans le style des années 1850, comme pendant l'enfance de John Ballance. L'exposition au premier étage est consacrée à la culture maorie et aux relations entre l'Ulster et la Nouvelle-Zélande, en particulier à la persistance des liens unissant la Royal School de Dungannon *(voir ce nom)* et la Dilworth School en Nouvelle-Zélande.

Slemish – *26 km au Nord-Est en empruntant la A 26 jusqu'à Ballymena, puis la A 42 vers l'Est et la B 94 que l'on prend à droite à Broughshane ; après 1,5 km, tourner à gauche ; au bout de 5 km, tourner à droite (Carnstroan Road), puis de nouveau à droite après 400 m. À partir du parking, 1 h de marche AR.* La silhouette dénudée de ce volcan éteint (438 m) se détache sur la plaine. Un pèlerinage s'y déroule à la St-Patrick (le 17 mars), car, selon la légende, le saint y aurait passé six ans en captivité à garder les porcs du chef de clan local, Miluic. Du sommet, une belle **vue** embrasse, au Nord-Ouest, les ruines de l'église de Skerry, lieu de sépulture des O'Neill, qui aurait été fondée par saint Patrick.

Arthur Cottage ⊘, à **Cullybackey** – *27 km au Nord-Ouest en empruntant la A 26 jusqu'à Ballymena, puis la B 62 jusqu'à Cullybackey. Franchir la rivière et prendre le chemin étroit qui bifurque brusquement à droite.* À l'extrémité du chemin se dresse un cottage isolé, de plain-pied, avec la traditionnelle porte à deux battants. Le sol est en terre battue et le toit en chaume. C'est d'ici qu'émigra en 1816 pour le Vermont, où il devint prêtre baptiste, le père de Chester Alan Arthur, futur 21e président des États-Unis. Le mobilier est d'époque. Des démonstrations d'artisanat domestique traditionnel animent le cottage chaque été. Les vastes dépendances renferment des collections d'anciens instruments agricoles et d'ustensiles domestiques de la région, ainsi qu'une exposition consacrée au départ d'Irlande de la famille de Chester Alan Arthur et à l'émigration irlandaise au 19e s.

Gracehill – *18 km au Nord-Ouest, en empruntant la A 26 jusqu'à Ballymena, puis la A 42.* L'architecture georgienne et la charmante configuration de ce village sont l'œuvre de Moraves, arrivés en 1759 via Londres de Bohême, où leur église était persécutée. Ils ont groupé autour d'une place centrale une église, un presbytère et des habitations communes pour les célibataires, hommes et femmes. Leur pensionnat de filles et de garçons acquit une réputation bien au-delà de la localité. Hommes et femmes étaient assis séparément dans l'église, et enterrés dans des parties distinctes du cimetière.

Église presbytérienne de Randalstown – *8 km à l'Ouest par la A 6.* Cette ravissante église en pierre noire, de plan ovale et, aux fenêtres en ogive, fut construite en 1790. Dans le porche ajouté en 1829, des escaliers à volées courbes mènent à la galerie intérieure. La rangée d'œils-de-bœuf ovales fut insérée en 1929, quand on suréleva les murs.

ANTRIM Glens★★★

Vallées de l'ANTRIM – Antrim

Carte Michelin n° 923 N 2 à O 3 ou Atlas Great Britain & Ireland p. 103

La route qui longe la **côte de l'Antrim** traverse des paysages si variés que l'on att
avec impatience de découvrir ce que cache chaque promontoire. Côté mer,
découvre de charmants villages, de vastes étendues de grève, des falaises escarp
de basalte ou de calcaire, et l'on aperçoit au loin le cap écossais du Kintyre. À l'i
rieur, les glens, étroits vallons creusés par les torrents descendant des hautes te
de landes et de tourbières, sont aujourd'hui ponctués de plantations forestiè
Lorsque les couches sédimentaires affleurent, les fermes s'étirent sur les pentes,
sorte que chacune dispose d'une parcelle de bonne terre près de la rivière et de pâ
rages moins fertiles sur les hauteurs.
Pendant de nombreuses années, le relief isola la région, qui demeura la moins ar
cisée. Il y avait bien un chemin le long de la côte (qui permet aujourd'hui encore
faire de belles promenades), mais la première route côtière praticable en toute sai
par les diligences ne date que de 1832, quand, sous la direction de William Bald,
établie la grande route militaire reliant Carrickfergus à Portrush.
Deux lignes de chemin de fer à voie étroite furent ouvertes au 19e s. pour transpo
la production croissante des mines de Glenariff, exploitées à partir de la fin des ann
1860. Celle de la Glenariff Iron Ore & Holding Company descendait d'Inverglen
Glenariff jusqu'à l'extrémité Sud-Est de la baie Red, où son tracé est encore visi
Elle ferma lorsque l'exploitation minière déclina. L'autre, construite en 1876, rem
tait la vallée de Clogh de Ballymena à Retreat, mais ne fut jamais prolongée en ra
de la forte pente du terrain vers la côte. Affectée ensuite au transport des voyage
elle ouvrit les glens au tourisme avant de cesser toute activité en 1930.

SE LOGER DANS LES VALLÉES DE L'ANTRIM

Derrin House – *2 Prince's Gardens, Larne BT40 1RQ, en bordure de la A
Glenarm Road* – ☎ *(028) 2827 3762 – fax (028) 2827 3269 – 6 chambre
Pension accueillante bien tenue offrant un bon rapport qualité-prix.

Londonderry Arms – *20 Harbour Road, Carnlough BT44 0*ᵉ*U* – ☎ *(0
2888 5255 – fax (028) 2888 5263 – 35 chambres.*
Hôtel ancien à l'aménagement traditionnel, avec de belles chambres.

Marine – *North Street, Ballycastle BT64 6BN* – ☎ *(028) 2076 2222 – fax (0
2076 9507 – 32 chambres.*
Spacieux hôtel offrant un bon rapport qualité-prix, bien situé pour visiter la c

De Larne à Ballycastle *113 km – 1 ou 2 jours*

Larne – *Bac ⊘ vers Island Magee (voir p. 333).* La ville, porte méridionale
vallées de l'Antrim, est un port actif d'où partent des services réguliers de fer
vers les villes écossaises de Stranraer et de Cairnryan. Aux 9e et 10e s., les Viki
y accostèrent et baptisèrent le fjord du nom de Wulfrichford.
Au Sud du port, sur la bande de terre dite Curran Point, se dressent les rui
d'**Olderfleet Castle**, une maison forte carrée à quatre étages (16e s.), autrefois app
Coraine. C'est l'une des trois forteresses qui défendaient l'entrée du fjord au dé
du 17e s.
La **Chaine Memorial Tower**, réplique moderne du traditionnel clocher rond irland
fut érigée sur le rivage, à l'entrée Nord du port, en hommage à James Cha
député et bienfaiteur de la région.
Quitter Larne en empruntant la A 2 vers le Nord.

Carnfunnock Country Park ⊘, à la sortie de Larne – Le parc de 190 ha était j
un domaine privé situé au Nord du village de Drains Bay. Dans le jardin c
12 cadrans solaires disséminés parmi les fleurs et les arbustes indiquent l'heure
méridien de Greenwich, l'heure d'été et l'heure locale. Une terrasse domine
labyrinthe, qui reproduit le pourtour de l'Irlande du Nord. La **promenade** dite **du fo
chaux** *(limekiln walk – 1 h)* comprend la visite de l'ancienne fabrique de glace et
poste de guet. Un chemin de randonnée traverse la forêt. Face à l'entrée du par
trouvent un plan incliné pour haler les bateaux et une promenade qui longe la c
Continuer sur la A 2 en direction du Nord.

Château de Ballygally – Aujourd'hui occupée par un hôtel, cette résidence
colon fut construite en 1625 par James Shaw. Les deux échauguettes sont d'
gine, mais les fenêtres à guillotine sont plus récentes. Vers l'intérieur des te
s'ouvre un amphithéâtre naturel, Sallagh Braes, que domine une pittoresque p
menade qui longe les bords du plateau *(accès par Carncastle et la route
Ballycoose)* et fait partie du sentier de randonnée Ulster Way.
Continuer dans la même direction.

Glenarm (village) – Ce ravissant village, couvert d'une légère couche de poussière blanche provenant des carrières de calcaire, est le plus ancien de la région des glens. La rue principale s'enfonce à l'intérieur des terres en passant devant la barbacane (19ᵉ s.) du **château** *(ne se visite pas)*. Résidence du comte d'Antrim, il fut construit en 1606 et remodelé dans le style élisabéthain par William Vitruvius Morrison au début du 19ᵉ s.

Le **parc forestier**, situé en haut de la rue principale *(parking)*, domine le château et offre d'agréables promenades au bord de la rivière, dans le massif boisé qui s'étend au-delà de la zone de conifères.

Rejoindre la A 2 ; après le village, prendre à gauche la B 97.

Glenarm – Le versant Ouest de la vallée aux champs ouverts fait face à la forêt de Glenarm. À son extrémité Sud se dresse le Slemish *(voir Antrim)*.

À l'embranchement en T, prendre la A 42 à droite.

Glencloy – Ses pentes douces sont couvertes de pâturages jusqu'à la côte.

Tourner à gauche sur la A 2.

Carnlough – Une vaste baie sablonneuse fait de cet endroit un agréable lieu de villégiature. Jusque dans les années soixante, le calcaire extrait des carrières qui dominent la ville était transporté par voie ferrée jusqu'au petit port, aujourd'hui voué à la plaisance. La voie enjambait la route principale par un pont peu élevé *(plaque commémorative)*, qui, comme la tour de l'Horloge et l'ancien tribunal, fut construit en 1854 par le marquis de Londonderry *(voir Mount Stewart, encadré)*.

Baie Red – Derrière le cap Garron apparaît la belle étendue d'eau de la « baie rouge », avec en toile de fond la silhouette caractéristique du Lurigethan (352 m), aux flancs abrupts et au sommet aplati. La baie doit son nom à la couleur que lui donne le grès entraîné par les torrents qui s'y déversent.

Glenariff (ou **Waterfoot**) – Ce village, qui s'étend à l'embouchure de la rivière Glenariff, accueille chaque année le Glens of Antrim Feis, festival de sport et de culture gaéliques. Sur le promontoire, au-dessus du tunnel routier, s'élèvent les ruines du château de Red Bay, bâti par la famille normande des Bisset.

Quitter Glenariff par la A 43 en direction de l'intérieur.

★**Glenariff** – La « reine des vallées » est gardée de part et d'autre par des parois abruptes.

★**Glenariff Forest Park** ⊘ – Le parc (930 ha) est composé de bois, de tourbières et d'une multitude de petits lacs et rivières. Le centre d'information touristique, installé près du jardin et de la volière, abrite une très intéressante exposition consacrée à la sylviculture, à la faune de la région, aux mines de fer et de bauxite du 19ᵉ s. et à leurs chemins de fer.

La **chute d'eau**★★ connue sous le nom de Ess na Larach *(1 h de marche AR à partir du parking)* dévale une gorge boisée, creusée par la rivière Glenariff. Depuis Fog House, on peut regarder la chute à travers des vitres teintées qui lui confèrent un éclat solaire, une blancheur lunaire ou un lumineux reflet vert.

Continuer en direction du Sud-Ouest sur la A 43 ; à l'intersection, prendre la B 14 sur la droite.

Glenballyemon – Après avoir parcouru la forêt de conifères, la route débouche sur la lande, puis traverse **Retreat**, sur le versant Nord du Lurigethan.

Cushendall – À la croisée des routes, au centre de ce charmant village, se dresse une tour de grès rouge, connue dans la région sous le nom de tour du couvre-feu (Curfew Tower). Elle fut édifiée en 1809 par Francis Tumly, de la Compagnie des Indes orientales, pour servir de corps de garde.

Prendre Layd Road, une route côtière escarpée se dirigeant vers Cushendun, au Nord.

Ancienne église de Layd – Les ruines de l'église s'élèvent dans un cimetière, au bord d'un torrent tumultueux qui plonge brusquement dans la mer. L'édifice, qui aurait été fondé par les franciscains, fit office d'église paroissiale de 1306 à 1790. Le cimetière renferme les monuments funéraires des MacDonnell.

Au sommet de la colline, on jouit d'un beau panorama, qui s'étend jusqu'à l'Écosse.

À l'embranchement en T dans Knocknacarry, prendre à gauche la B 92, puis, toujours à gauche, la A 2.

Glencorp – Le nom de ce vallon signifie « glen du massacre ».

Après 2,4 km, prendre à droite la route du Glenaan, puis à gauche un chemin fléché « Ossian's Grave ». Parking derrière la ferme ; 20 mn de marche AR.

Ossian's Grave – La sépulture néolithique à cour, dite **sépulture d'Ossian**, se co posait d'une avant-cour semi-circulaire ouvrant sur une galerie funéraire à de chambres, entourée à l'origine d'un cairn ovale. Ossian, fils de Finn McCool, ét un barde guerrier des débuts du christianisme dont les exploits légendaires se relatés dans le cycle ossianique.

Poursuivre la montée du glen vers l'Ouest.

Glenaan – La rivière Glenaan descend les pentes du Tievebulliagh *(au Sud)*, où hommes du néolithique fabriquaient des têtes de hache à partir d'une roche du la porcelanite.

À la croisée des routes, prendre à droite Glendun Road jusqu'à Cushendun.

★**Glendun** – Dit aussi Brown Glen, c'est la plus sauvage des neuf vallées. Sa riviè réputée pour ses truites de mer et ses saumons, passe sous un viaduc constr par Charles Lanyon en 1839 pour assurer le passage de la route côtière principa

Cushendun – Les maisons de ce pittoresque village, aujourd'hui protégé par National Trust, sont groupées à l'extrémité Sud d'une plage de sable bordée hautes falaises. L'édifice le plus caractéristique est l'œuvre de Clough Williams-E (1883-1977), à qui l'on doit Portmeirion, au Nord du pays de Galles, et qui t vailla ici pour Ronald McNeill, Lord Cushendun. Glenmona Lodge (1923), deme de style néogeorgien précédé d'un portique soutenu par des colonnes toscan se dresse au milieu d'une pinède, face à la mer, au Nord du village. Les trois ra de petites maisons blanches qui entourent la place datent de 1912. Les cotta couverts d'ardoise furent construits en 1925.

Quitter Cushendun par la route côtière sinueuse, étroite et escarpée qui se dir vers le Nord. Après 8 km, prendre à droite Torr Road.

Cap Torr – *Parc de stationnement.* Ce promontoire peu élevé, surmonté d'un po de guet, est le point le plus proche de la côte écossaise, distante de 19 km.

Poursuivre la route côtière en direction du Nord-Ouest. Après 4 km, tourne droite.

★★★**Baie de Murlough** – *1,5 km jusqu'au parking supérieur (il y en a un plus p en contrebas, face à la falaise).* C'est la plus belle baie de la côte d'Antrim, abri du vent par le **cap Fair** (Benmore), au pied de falaises escarpées et vertigineus Depuis le rivage, des pentes raides et herbeuses, parsemées de bouleaux et de s biers, précèdent l'escarpement. La croix de pierre a été élevée à la mémoire de Roger Casement. Du parking inférieur partent deux sentiers balisés : l'un cond vers le Nord, jusqu'à des mines de charbon depuis longtemps abandonnées, ava de revenir le long de la côte, en traversant les restes des maisons de mineurs

La baie de Murlough et le cap Fair

les ruines de l'église de Drumnakill ; l'autre mène au Sud, passe devant un ancien four à chaux, se poursuit à travers bois, afin d'éviter Murlough Cottage *(résidence privée)*, et s'achève à la ferme de Benvan.

Du parking supérieur part un autre sentier balisé qui suit la crête de la falaise jusqu'au cap **Fair**, d'où l'on bénéficie d'une belle **vue★★** sur l'île de Rathlin *(au Nord)* et le promontoire de Kintyre *(au Nord-Est)*. Le chemin revient au parking après avoir traversé le terrain accidenté et souvent détrempé du plateau et être passé devant un *crannóg (voir Index)* au lac na Cranagh *(à droite)*, des bâtiments de ferme *(parking)* à Coolanlough et avoir laissé sur la gauche le lac Fadden.

Rejoindre la route côtière. Tourner à droite vers Ballycastle.

Bonamargy Friary – Les ruines du couvent franciscain construit vers 1500 près d'une rivière se trouvent désormais au milieu du parcours de golf de Ballycastle. Le premier des bâtiments est le **corps de garde**. L'**église** était éclairée à l'Est par une impressionnante baie. La croix au sommet arrondi marquerait, dans la nef, l'emplacement du tombeau de Julia McQuillan, une recluse du 17ᵉ s. connue sous le nom de « nonne noire ». La **voûte McDonnell** fut ajoutée au Sud de l'autel en 1621, mais probablement modifiée par la suite. La **galerie Est du cloître** comporte deux niveaux reliés par une volée de marches établie dans l'épaisseur du mur.

À l'entrée de Ballycastle, prendre à gauche la B 15; après 400 m, monter à droite en empruntant Dunamallaght Road.

Glenshesk – La route domine la rivière Glenshesk et contourne l'extrémité méridionale de la forêt de Ballycastle. À partir du pont de Breen, au pied du versant Sud du mont Knocklayd, un sentier balisé, le **Moyle Way**, qui fait partie du circuit de randonnée Ulster Way, mène, vers le Nord, jusqu'à Ballycastle *(6,4 km)* en passant par le sommet du Knocklayd (514 m).

Prendre à partir du pont de Breen la B 15 vers l'Ouest.

Clocher rond d'Armoy – Dans le cimetière de l'église St-Patrick se dresse la base d'un clocher rond haut de 9 m qui date de 460 et faisait partie d'un monastère fondé par Olcan, un disciple de saint Patrick.

À la croisée des chemins, prendre la route en direction du Nord vers Ballycastle.

Glentaisie – Ce glen contourne le versant Ouest du Knocklayd.

Prendre à droite la A 44 en direction de Ballycastle.

Ballycastle – Situé au pied du mont Knocklayd, cet agréable lieu de villégiature bénéficie d'une vue superbe sur la baie du même nom et l'île de Rathlin. Une grande plage de sable, les possibilités de pêche en eau douce et en mer, un parcours de golf et d'autres installations sportives ajoutent à l'agrément du site.

Un festival de musique et de danse irlandaises se déroule en juin. En août, la Ould Lammas Fair accueille un marché aux bestiaux, ainsi qu'une vente à l'étalage de deux spécialités traditionnelles : le **Yellowman**, sorte de caramel au beurre, et la **dulse**, algue très savoureuse une fois séchée. En 1898, Marconi et son assistant, George Kemp, établirent une liaison radio sans fil entre Ballycastle et l'île de Rathlin. Une stèle commémorative symbolisant les antennes et les ondes radio s'élève à l'Ouest du port. Le centre-ville est orné de l'**église de la Ste-Trinité** (Holy Trinity Church ⊙), élégante construction du 18ᵉ s., avec clocher à balustrade et flèche, construite en 1756 par le colonel Boyd et entretenue par sa famille durant de nombreuses années.

Perché sur les falaises à l'Est de la ville, le **centre de Corrymeela** œuvre pour la réconciliation entre les deux traditions culturelles d'Irlande du Nord ; il renferme un oratoire en forme de cœur, à demi enterré.

De Ballycastle, emprunter la B 15 vers l'Ouest ; après 8 km tourner à droite vers Larry Bane Bay et Carrick-a-rede Rope Bridge.

Carrick-a-rede Rope Bridge ⊙, à **Ballintoy** – À une demi-heure de marche AR du parking. Les visiteurs franchissent le pont suspendu à leurs risques et périls ; s'abstenir par grand vent ; penser au trajet de retour. Le pont de corde (20 m de long) oscille et rebondit tandis que l'on s'aventure avec précaution sur les planches, à 25 m au-dessus de la mer, qui se fracasse contre les rochers. Il n'y avait autrefois qu'un seul garde-fou, mais les accidents semblent avoir été rares durant les deux cents ans d'existence du pont. On a une belle vue sur la côte.

Le pont de corde est suspendu chaque année au printemps pour ceux qui pratiquent la pêche au saumon dans l'île. Lorsque les saumons migrent vers l'Ouest le long de la côte, à la recherche de leur frayère dans la rivière Bush ou la rivière Bann, ils sont déviés vers le Nord, à cause de l'île (Carrick-a-rede signifie « rocher sur la route »), directement dans les filets tendus chaque année au même endroit.

Rathlin Island – *Accès par bateau ⊙ à partir de Ballycastle.* L'île se trouve au Nord de Ballycastle, au-delà du goulet de Rathlin *(8 km)*, un passage difficile et dangereux, sauf par temps calme : le tourbillon au large du cap Rue, pointe méridionale de l'île, faillit coûter la vie à saint Columba (Colmcille) au 6ᵉ s. Les activités traditionnelles sont la pêche et l'agriculture, complétées autrefois par la contre-

Le pont suspendu de Carrick-a-rede

bande, aujourd'hui par le tourisme. L'île passa au 17ᵉ s. des mains des MacDon
à celles des Gage, dont les monuments funéraires sont visibles dans l'ég
St-Thomas.

Du port bien abrité, où parfois les phoques se chauffent au soleil sur les roche
trois routes rayonnent vers les fermes isolées et les phares.

Aucun arbre ne pousse sur cette île en forme de L, grêlée de lacs peu profonds
presque entièrement entourée de hautes falaises blanches. Les oiseaux de mer
rassemblent par milliers au début de l'été. Des murets de pierres sèches blanc
délimitent les champs. La légende raconte qu'en 1306, le roi d'Écosse Rob
Bruce, réfugié dans l'une des grottes de l'île *(accessibles uniquement par batea*
reçut une leçon de persévérance en regardant travailler une araignée.

ARMAGH★★

ARD MACHA – Armagh – 14 265 habitants
Carte Michelin nᵒ 923 L M 4 ou Atlas Great Britain & Ireland p. 98

Armagh est au cœur du verger de l'Irlande, fertile région d'arbres fruitiers plantés
17ᵉ s. par des colons du val d'Evesham en Angleterre. Elle possède de nombreux bâ
ments georgiens remarquables et deux cathédrales qui, chacune sur une colline, s
les sièges respectifs des archevêques anglican et catholique d'Irlande. Chef-lieu
comté, Armagh fut élevé au rang de cité par décret royal en juillet 1994.

Centre royal et religieux – Le nom d'Armagh, dérivé de Ard Macha, signifiant les h
teurs de Macha, vient d'une légendaire reine païenne qui construisit une forteresse su
colline centrale du comté. La destruction en 332 du fort de Navan, siège du pouvoir
Ulster durant la période préchrétienne, favorisa le développement du village d'Arma
Venu convertir l'Irlande au christianisme vers 445, saint Patrick choisit Armagh po
siège principal de la nouvelle religion, avec préséance sur les autres églises d'Irlan
Depuis cette époque, Armagh est la capitale ecclésiastique de l'île.

x siècles suivants, Armagh acquit un immense prestige comme capitale religieuse et
tre d'études. Des professeurs illustres y enseignaient, tels **saint Malachie**, saint Celse et
t Concorde ; en 1162, un synode ecclésiastique décréta que seuls les anciens étu-
nts d'Armagh pourraient enseigner la théologie en Irlande. L'école fut supprimée à la
forme, lors de la dissolution des monastères, mais Jacques Ier ranima cette tradition
1608, lorsqu'il fonda l'École royale. Celle-ci quitta Abbey Street en 1773, pour s'ins-
er dans de nouveaux bâtiments, dessinés par Thomas Cooley, sur College Hill.

légance architecturale – Dans l'ambiance paisible du 18e s. et du début du 19e s.,
griculture et le commerce prospérèrent. Armagh acquit une partie de sa plus belle
hitecture sous le patronage bienveillant de deux primats anglicans : Richard
binson, plus tard Lord Rokeby, qui devint archevêque en 1765 et tenta d'établir
e université à Armagh, et Lord John George Beresford, nommé archevêque en
22.

CURIOSITÉS

St Patrick's Cathedral ⊘ (Z) – L'actuelle **cathédrale anglicane** englobe des éléments
du Moyen Âge. Elle fut restaurée par l'archevêque Robinson en 1765, puis à
nouveau, entre 1834 et 1837 : l'archevêque Beresford la fit revêtir d'un parement
de grès et fit démolir la flèche. C'est aujourd'hui un bâtiment sobre de style
gothique perpendiculaire, à la tour centrale trapue et crénelée.
L'**extérieur** est décoré d'une série de grotesques médiévales en pierre et d'un cadran
solaire de 1706. Tués à la bataille de Clontarf en 1014 *(voir Chronologie historique)*, le roi BrianBorú et son fils Murchard sont enterrés à Armagh selon les
vœux du monarque *(plaque sur le mur Ouest du bras gauche du transept)*.
L'**intérieur** montre des monuments du 18e s., œuvres de Roubiliac, Rysbrack,
Nollekens et Chantrey, ainsi que des fragments d'une croix de marché du 11e s.

St Patrick's Cathedral ⊘ (Y) – Édifiée au sommet d'une colline, la **cathédrale
catholique** à flèches jumelles est précédée d'une longue volée de 44 marches. Elle
est flanquée par les statues des archevêques Crolly et McGettigan, sous le sacer-
doce desquels elle fut bâtie. La construction commença en 1840 dans le style
gothique Perpendicular de Thomas J. Duff, mais la Grande Famine imposa un arrêt
des travaux jusqu'en 1854. La cathédrale fut achevée en 1873 par McCarthy dans
le style gothique Decorated. Les statues dans les niches, sur la façade principale,
représentent les apôtres. L'**intérieur** est orné d'une magnifique voûte peinte, de
vitraux et de mosaïques sur les murs. Les écoinçons sont ornés de têtes de saints
irlandais. Le sanctuaire fut rénové en 1981-1982 sous la direction de l'architecte
Liam McCormick.

Mall (YZ) – Le mail est une caractéristique urbaine des plus séduisantes. C'est une
longue étendue d'herbe, avec un pavillon et un terrain de cricket, bordée
d'élégantes maisons identiques. Au 8e s., comme son ancien nom – The Commons

Partie de cricket sur le Mall

Slide File, Dublin

– l'indique, c'était la terre commune pour le pâturage ; le mail fut utilisé pour « courses de chevaux, des courses de taureaux et des combats de coqs jusqu'à que l'archevêque Robinson, en 1773, mette fin à ces jeux d'argent, et que espace soit transformé en promenade publique.

De style classique, le **palais de justice** fut conçu en 1809 par Francis Johnston. pierre qui restait fut employée pour construire **Sovereign's House** (**M²**). L'office « souverain » était équivalent à celui de maire, mais le titre tomba en désuétu en 1850. Le bâtiment abrite aujourd'hui le remarquable **musée des Royal** **Fusiliers** ⊘ (**Y M²**) : drapeaux, étendards, uniformes, médailles, armes, objets argent, portraits et tableaux retracent l'histoire des cinq régiments levés en 17 pour combattre les Français, et regroupés en 1881 en un seul.

Les élégantes maisons de **Beresford Row**, dessinées par John Quinn entre 181C 1827, ont reçu le nom de Lord John Beresford. Elles montrent de fins balcons fer forgé. **Charlemont Place**, l'une des plus belles séries de maisons georgiennes, conçue par Francis Johnston en 1827.

Le **County Museum★** ⊘ (**Y M¹**) d'Armagh occupe un bâtiment à portique ionique, retrait de la rue derrière une pelouse, dû en 1833 à Francis Johnston. L'histo politique et sociale de la région est évoquée par une série d'expositions : armes outils préhistoriques ; reliques paléochrétiennes (notez les photographies des tr croix de Tynan) ; photographies de monuments encore existants ou disparus ; c tumes et uniformes militaires des 18e et 19e s. ; bijoux, horloges et montre artisanat local et objets en bois – bols, tasses, récipients à quatre anses.

Une longue promenade bordée d'arbres conduit à **St Mark's Church**, également c sinée par Francis Johnston en 1811. En 1838, son neveu, William Murray, con la petite **banque d'épargne**, bâtiment doté d'un portique sans fronton. L'ancie **prison** fut érigée en 1780 à l'emplacement de la caserne.

Palace Demesne – La propriété fut la résidence de l'archevêque anglican d'Arma du 17e au 20e s. Les bâtiments qui entourent la cour abritent désormais le Pal Stables Heritage Centre ⊘. Un coche est placé à l'entrée. L'exposition a pour thè un jour précis de la vie des écuries et du palais, en l'occurrence le 23 juillet 17 jour où l'archevêque Richard Robinson reçut parmi d'autres invités le célèbre ag nome Arthur Young.

La **chapelle du Primat**, superbe édifice georgien néoclassique, fut commandée Richard Robinson, entreprise en 1770 par Thomas Cooley, et achevée en 17 après sa mort, par Francis Johnston. Elle contient des lambris de chêne éléga ment sculptés et un plafond de rosettes entouré d'une frise.

Tout près se trouvent la serre, une glacière et un passage souterrain à l'usage serviteurs. Un itinéraire écologique sillonne le parc.

Abritant aujourd'hui les services du Conseil de district, la demeure fut égaleme commencée par Cooley et achevée par Johnston, qui la suréleva plus tard d' étage pour Lord John George Beresford.

À proximité de l'entrée du domaine subsistent les ruines du **monastère** d'Arma dont l'église, selon la tradition franciscaine, était extrêmement longue et étroi avec ses 50 m de long sur 7,6 de large, c'était la plus longue d'Irlande. Une to fut ajoutée plus tard au-dessus de la croisée.

Le mur Nord de l'abside montre deux enfeus. Les franciscains s'étaient établi Armagh en 1263 ou 1264, et le monastère, tombé en ruine après la Dissoluti fut intégré au domaine en 1618.

St Patrick's Trian ⊘ (**Y**) – Le Trian (prononcer Tri-ane) était l'une des divisio administratives de la cité. L'exposition associe l'histoire d'Armagh aux croyan religieuses, grâce à des tableaux et à une présentation audiovisuelle. *The Lana Lilliput* est une interprétation des *Voyages de Gulliver*, dont l'auteur, Jonath Swift, séjourna fréquemment dans la région.

Le Trian accueille également un centre de recherches généalogiques, des expo tions d'art et l'Office de tourisme de la région.

Planetarium ⊘ (**Y**) – Le planétarium est abrité sous une coupole (15 m de d mètre) qui sert d'écran hémisphérique pour la projection d'images du ciel noctur Dans le hall de l'Astronomie, douze ordinateurs donnent des précisions sur les p nètes, les constellations et les vols spatiaux. L'**observatoire** fut fondé et offert à ville en 1789 par l'archevêque Robinson. C'est l'une des plus anciennes statio météorologiques des îles Britanniques. Le planétarium fut créé en 1968 par s directeur, le Dr Lindsay, qui invita l'astronome anglais Patrick Moore à diriger nouvel établissement.

Robinson Public Library ⊘ (**Y A**) – La bibliothèque, fondée par l'archevêc Robinson en 1771, se trouve dans un bâtiment conçu par Thomas Cooley ; l'i cription grecque sur la façade signifie « l'apaisement de l'esprit ». Elle renfer une copie des *Voyages de Gulliver*, annotée par Swift, et de nombreux autres liv anciens et manuscrits. Elle abrite également la collection Rokeby de gravures 18e s. et des cartes historiques, notamment un jeu complet de cartes d'état-ma des 32 comtés d'Irlande (édition de 1838).

ARMAGH

En Irlande du Nord, il peut arriver que, dans le centre des villes,
le stationnement soit réservé aux véhicules sous surveillance.

Infirmary (Y) – L'hôpital, qui compte également parmi les créations de Mgr Robinson, fut dessiné par George Ensor *(voir plus bas)* et achevé en 1774 ; il est toujours en activité.

Vicar's Row (YZ) – La construction de ce rang de petites maisons, sur le côté Ouest de l'enceinte de la cathédrale, fut entreprise vers 1720 pour loger les auxiliaires féminines du clergé.

Old Market House (Z) – Une école technique occupe aujourd'hui l'**ancien marché couvert**, commandé en 1815 par l'archevêque Stuart à Francis Johnston. À l'origine, il ne comprenait que deux étages.

St Patrick's Fold (Z) – La maison occuperait le site de la première église de saint Patrick à Armagh. Elle fut conçue en 1812 par Francis Johnston pour Leonard Dobbin, député d'Armagh de 1833 à 1838. Les maisons (1811) de Dobbin Street, à proximité, lui sont également attribuées.

Shambles (Y) – Ainsi qu'il est inscrit au-dessus de l'entrée, le bâtiment des abattoirs fut érigé en 1827 par l'archevêque Beresford. Dessiné par Francis Johnston, il est toujours utilisé pour le marché de la viande.

315

ENVIRONS

★**Navan Fort** ⊘ – *3 km à l'Ouest par la A 28.* Le fort est un impressionnant ouvra
de terre, entouré de lieux sacrés et de sites de colonisation ; à la fin de l'âge
bronze, il était l'endroit le plus important de l'Ulster. Le mot « Navan » serait syn
nyme de Emain Macha, capitale légendaire de l'Ulster, mentionnée dans le cy
d'Ulster *(voir p. 50).*

L'exposition qui se tient au **centre d'accueil** explique les observations archéologiqu
faites au fort et sur les sites associés, ainsi que le rôle qu'ils jouaient auprès
leurs bâtisseurs du néolithique. Deux films fournissent des informations plus app
fondies : *The Dawning (10 mn)* évoque l'époque préchrétienne et les débuts
christianisme en Irlande, avec ses traditions et ses contes ; le second film *(25 m*
présente les mythes et légendes liés à Navan. Le fort lui-même *(5 mn à pied
centre d'accueil ou par la route – parc de stationnement),* est constitué par
remblai massif et un fossé intérieur entourant un espace circulaire. Au point le p
élevé de la colline se dresse un grand tertre, flanqué d'un tumulus circulaire p
petit, lui-même ceint d'un fossé non comblé.

Les fouilles du fort de Navan

Effectuées entre 1961 et 1971, elles ont révélé des traces d'activité humaine
en cet endroit dès 2000 avant J.-C. Vers 400 avant J.-C., on y construisit une
maison de bois ronde, avec une cour, qui fut remplacée à plusieurs reprises au
cours des trois siècles suivants. Vers 100 avant J.-C., une immense structure
de bois de 40 m de diamètre fut érigée. Elle était constituée d'un mur extérieur fait de troncs d'arbres et de cinq anneaux concentriques intérieurs
composés de grands pieux, et probablement couverte. Ce sont les restes d'un
énorme pieu central qui permirent de la dater. Peu après sa construction, elle
fut comblée de blocs calcaires et incendiée. Les restes calcinés furent recou-
verts de terre afin de former une butte. Sans doute s'agissait-il d'une pratique
rituelle sacrée. Il semble en effet que le fort faisait partie d'un complexe religieux. Les quatre trompettes de bronze (l'une est aujourd'hui conservée au
Musée national de Dublin), datant de l'âge du fer et trouvées au 18e s. dans
l'eau sur la berge du lac na Shade *(au Nord-Ouest du fort, derrière les carrières),* auraient été déposées dans le lac en offrande aux dieux. Les fouilles
réalisées en 1975 prouvent que le King's Stables *(au Nord-Ouest du fort)* était
un étang artificiel utilisé, à la fin de l'âge du bronze, pour recevoir de telles
offrandes.

Orange Order Museum ⊘, à **Loughgall** – *10 km au Nord-Est par la A 29 et
B 77 ; à mi-chemin en remontant le côté Ouest de la rue principale ; maison
gardien sur la droite du musée.* Le musée est situé dans une seule pièce étro
regorgeant de souvenirs de l'ordre d'Orange : écharpes, coiffures, gilets, bannièr
la table sur laquelle les premiers mandats furent signés, fusils et piques utilisés
1795 à la bataille du Diamant *(5 km au Nord-Est).* La salle, jadis un pub, fut trar
formée en musée en 1961.

Gosford Forest Park ⊘, à **Markethill** – *11 km au Sud-Est par la A 28 ; deux pa
de stationnement : l'un près de l'entrée et l'autre entre le château et le jardin cle*

Le parc forestier fut autrefois le domaine des comtes de Gosford dont le nom
famille était Acheson. Contemporains du château actuel (énorme édifice pseud
normand dessiné par Thomas Hopper en 1819), l'**arboretum**, ses arbres magnifiqu
provenant du monde entier, et les **jardins clos**, parsemés de fleurs et d'arbustes, fo
l'admiration de tous. Un **rucher** en brique est visible dans les jardins, avec des nich
pour protéger de l'humidité les ruches en paille. Un **sentier de nature** autour du pa
passe par différentes plantations forestières, deux forteresses de terre et longe u
partie de la rivière Drumlack avec une chute d'eau au **puits de Swift** (Swift's Wel
Une intéressante caractéristique des jardins d'origine est la **chaise du doyen** (Dear
Chair), cirque artificiel aménagé dans un talus, orienté au Sud pour capter l
rayons du soleil, et protégé par une haie d'ifs ; son nom évoque Jonathan Swi
qui passa plus d'un an à Gosford, entre 1728 et 1730, invité par Sir Arth
Acheson.

La **Gosford Heritage Poultry Collection** préserve dans leur environnement naturel
variétés de volailles que l'on trouvait dans la basse-cour d'une grande propriété
18e s.

Ardress House ⊘, à l'Est de **Tullyroan** – *11 km au Nord-Est par la B 77.* Lors
son mariage en 1760, l'architecte **George Ensor** hérita de ce sobre manoir du 17e
agrandi et embelli au 18e s. et alignant cinq baies.

Le manoir expose de la verrerie de Dublin, Cork et Belfast, ainsi que quelques bell
pièces de mobilier, notamment des sièges irlandais Chippendale. La porte prin
pale a conservé ses garnitures de cuivre d'origine.

Ardress House, ou le royaume de la liberté

La symétrie et les proportions de l'élégant **salon** sont rehaussées par les ravissants ouvrages de stuc réalisés par Michael Stapleton sur les murs et le plafond. La **cour de ferme**, pavée et équipée d'une pompe en son centre, est pleine de vie, grâce à la présence d'animaux. Parmi les dépendances, on découvre une salle de traite, une laiterie avec des poteries et des plats en bois pour écrémer le lait, des bidons et des mesures, une forge, une grange de battage et une exposition d'anciens ustensiles de ferme comprenant notamment des paniers et des ruches en paille.

★**The Argory** ⊘, à l'Ouest de **Tullyroan** – *16 km au Nord-Est par la A 29, puis par une route secondaire sur la droite*. La résidence Argory fut bâtie vers 1824, sur le domaine de Derrycaw au bord de la rivière Blackwater, par Walter McGeough, qui prit le nom de sa grand-mère paternelle, Bond. La propriété échut à son second fils, Ralph Shelton McGeough Bond, plus connu après 1873 sous le nom de capitaine Shelton.

La demeure renferme un certain nombre de portraits de famille. Dans le hall, la cuisinière en fonte est équipée d'un conduit qui passe sous le plancher pour rejoindre la cheminée du **salon**, élégamment meublé de pièces rares.

L'escalier de The Argory

317

Chaque génération a apporté sa touche au confort sobre du **cabinet de travail**.

Les lambris de la **salle de billard** sont peints à l'imitation de boiseries ; les vol▪ imitent le placage de noyer.

La **salle à manger** est pourvue de deux tables rondes en acajou qui se règlent par ▪ système de poulies intégrées. Des récipients contenant de la vaisselle et une bo▪ à thé sont rangés sous deux dessertes ; à noter également la présence d'un plac▪ chauffant à côté de la cheminée *(à gauche)*.

L'**orgue de Barbarie** (1820) est une œuvre de James Bishop. Le compositeur Sam▪ Wesley avait été consulté pour le choix des six cylindres d'origine.

Les **luminaires** Art nouveau, sur les coiffeuses des chambres, remontent à l'insta▪ tion, en 1906, de l'éclairage à l'acétylène.

Les **jardins**, qui s'étendent jusqu'à la Blackwater, présentent des parterres d'anci▪ rosiers, encadrés par des haies de buis, un cadran solaire de 1820, des ifs taill▪ un cèdre du Liban et un tulipier, un bâtiment pour les outils de jardinage, l'au▪ pour la pompe, et une allée de tilleuls.

Tayto Potato Crisp Factory ⊘, à **Tandragee** – *18 km à l'Est par la A 51 ; entr▪ de l'usine près du poste de police à l'entrée de Tandragee.* L'usine de fabricati▪ de chips se trouve dans le château de Tandragee qui domine la ville. Il fut constr▪ en 1837 par le 6e duc de Manchester. La visite *(1 h)* commence par les entrepô▪ où d'énormes tas de pommes de terre sont stockés, puis elle entraîne les visiteu▪ à travers les divers stades de fabrication jusqu'à l'emballage final, le tout exéc▪ par des machines sophistiquées.

BANGOR

BEANNCHAR – Down – *52 437* habitants
Carte Michelin n° 923 O, P 4 – Schéma : STRANGFORFD LOUGH

Bangor, sur la rive Sud du Belfast Lough, à l'entrée de la péninsule d'Ards, est à ▪ fois une cité-dortoir de Belfast et une station balnéaire. Fondée au départ par d▪ moines, puis agrandie au 17e s. avec la Plantation, elle devint deux siècles plus ta▪ un lieu de villégiature. Elle offre des plages de sable sûres, une piscine d'eau de m▪ plusieurs yacht-clubs et un parcours de golf.

UN PEU D'HISTOIRE

L'abbaye – Saint Comgall fonda en 558 à Bangor une abbaye qui allait devenir l'u▪ des plus célèbres de l'Occident chrétien. Ses disciples établirent d'autres monastèr▪ en Irlande et à l'étranger *(voir p. 56)*.

BANGOR PRATIQUE

Front de mer – À la fin des années quatre-vingt, l'ensemble du front de m▪ fut réaménagé avec un parc d'attractions et une marina, très fréquent▪ (560 anneaux).

Promenades en bateau ⊘ – Des promenades sont organisées dans la baie ▪ Bangor, ainsi que l'après-midi des croisières vers les îles de Copeland et d▪ expéditions de pêche en haute mer au départ de Donaghadee *(voir plus ba▪ matin ou soir.*

Se restaurer à Bangor

Fontana – *61A High Street, Holywood* – ☎ *(028) 9080 9908 – fax (02▪ 9080 9912.*

Dans un cadre moderne aux couleurs éclatantes, on sert une cuisine d'influen▪ californienne à l'excellent rapport qualité-prix.

Se loger à Bangor

Cairn Bay Lodge – *278 Seacliffe Road, BT20 5 HS (2 km à l'Est p▪ Quay Street* – ☎ *(028) 9146 7636 – fax (028) 9145 7728 – 3 chambres.*

Accueil très chaleureux dans cette petite pension en bord de mer.

Royal – *26 Quay Street, BT20 5ᵉD* – ☎ *(028) 9127 1866 – fax (02▪ 9146 7810 – 50 chambres.*

Hôtel privé impeccablement tenu, proche du centre-ville et du port.

Clandeboye Lodge – *10 Estate Road, Clandeboye, BT19 1UR (5 km au Sud-Oue▪ par la A 2 et la B 170 ; panneau Blackwood Golf Centre* – ☎ *(02▪ 9185 2500 – fax (028) 9185 2772 – 43 chambres.*

Hôtel confortable équipé pour les conférences, à côté du club de golf.

Marine Court – *The Marina, BT20 5ᵉD* – ☎ *(028) 9145 1100 – fax (02▪ 9145 1200 – 52 chambres.*

Près du port, établissement spacieux et confortable.

e tombeau de saint Comgall fut profané au 9ᵉ s. lors des expéditions vikings. Nommé ⫶périeur en 1124, Malachie fit bâtir une église en pierre et introduisit la règle des ⫶gustins. La tour du 14ᵉ s., seul élément qui subsista après la dissolution des monas-⫶res de 1542, est maintenant intégrée à l'**église de l'abbaye de Bangor** ⊘.

⫶euplement écossais – Lors de l'accession au trône de Jacques Iᵉʳ, une charte accorda ⫶angor à Sir James Hamilton, qui devait recevoir plus tard le titre de vicomte ⫶andeboye. Il fonda une ville avec des colons originaires de son Ayrshire natal. En ⫶710, ses domaines furent transmis par mariage à la famille Ward du château du ⫶ême nom *(voir Strangford Lough)*, situé sur la rive Sud du Strangford Lough. Deux ⫶énérations plus tard, le colonel Robert Ward améliora le port, développa l'industrie ⫶xtile et fonda une école de garçons. L'arrivée du chemin de fer en 1865 favorisa ⫶essor de la ville balnéaire ; la jetée fut démolie en 1981.

CURIOSITÉS

★North Down Heritage Centre ⊘ – Dans l'aile de service du château de Bangor, le **Centre du patrimoine** retrace l'histoire de Bangor : préhistoire, âge du bronze, inva-sions vikings (objets de fouilles) ; l'abbaye (cloche de bronze irlandaise du 9ᵉ s.) ; le peuplement écossais, les familles locales de propriétaires fonciers et l'âge d'or de Bangor, station balnéaire. Presque toute la **collection Jordan** d'objets d'art d'Extrême-Orient se compose de pièces chinoises des 19ᵉ et 20ᵉ s.

Le château de Bangor, aujourd'hui hôtel de ville, fut construit par Robert Edward Ward (1818-1904) ; l'année de la fin des travaux – 1852 – est inscrite au-dessus de la porte. Le style néo-Renaissance, inspiré de l'époque élisabéthaine et Jacques Iᵉʳ – fenêtres à meneaux, oriels décorés d'entrelacs, pignons pointus sur-montés d'ornements, tour crénelée avec tourelle à horloge pyramidale –, donne à penser que l'architecte pourrait être William Burn. Les écuries seraient l'œuvre d'Anthony Salvin.

Old Custom Home and Tower – En 1620, Sir James Hamilton fut autorisé à amé-nager les criques de Bangor en port de mer. Dès 1637, avec l'aide financière de la couronne, il fit édifier un bureau de douane (devenu le Syndicat d'initiative) dans le style seigneurial écossais : flanqué de tours de garde, avec un pignon à redans et une échauguette.

EXCURSIONS

Crawfordsburn Country Park ⊘ – *11 km à l'Ouest par la B 20*. Ce **parc régional**, tout comme le pittoresque village, doit son nom à la famille écossaise des Crawford, qui furent les métayers de Sir James Hamilton au début du 17ᵉ s. Ils firent l'ac-quisition du domaine en 1674, l'aménagèrent et le plantèrent d'espèces rares. L'histoire de sa flore et de sa faune est retracée au **Park Centre**, qui présente aussi un documentaire en trois dimensions sur les abeilles et les guêpes, une colonie de fourmis dévoreuses de feuilles, et toute une palette d'expositions interactives et très colorées.

Le **sentier du glen** *(une demi-heure de marche AR)* passe devant l'ancien bassin à saumons, puis sous le viaduc, construit en 1865 par Charles Lanyon ; ses cinq arches (24 m) permettent au chemin de fer de franchir la vallée. En amont, une chute d'eau, torrent impétueux après de fortes pluies, faisait autrefois tourner les moulins à blé, les filatures de lin, les scieries et fournit, à partir de 1850, l'élec-tricité pour l'éclairage.

Grey Point Fort – *1 km de marche AR par le parc régional ou à partir de routes rési-dentielles (Coastguard Avenue)*. Gardant la passe d'accès à Belfast, le **fort de Grey Point** (en activité de 1907 à 1963) a été occupé par le régiment royal d'artillerie durant les deux guerres mondiales. Des panneaux en résument l'histoire et un canon solitaire, cadeau du gouvernement de la République d'Irlande, monte la garde sur un bastion en béton armé.

★Ulster Folk and Transport Museum ⊘, à Holywood – *13 km à l'Ouest par la A 2*. Les terres du manoir de Cultra ont été converties en vaste musée traversé par une route côtière *(A 2)*. La partie évoquant les traditions villageoises se trouve à l'in-térieur des terres et les bâtiments qui abritent la section consacrée aux transports se trouvent au Nord et s'étendent jusqu'au rivage.

Folk Museum – Depuis 1958, de nombreux bâtiments, provenant surtout des cam-pagnes de l'Ulster, ont été remontés pour former un important musée de plein air. En saison, des **démonstrations** de cuisine, de tissage, de filage et de travaux agricoles y sont organisées.

Les demeures, meublées à l'instar de celles du début du siècle, vont de la ferme à pièce unique, que la famille paysanne partageait avec les vaches, à l'imposante ferme du 17ᵉ s., aux murs lambrissés. Les locaux artisanaux rassemblent un atelier où l'on teille le lin, une fabrique de bêches, une cabine de gardien chargé de sur-veiller les tissus mis à blanchir sur le pré pour éviter les vols et les dommages causés par les animaux.

NITB, Belfast

Le presbytère et l'église reconstitués

Un village a été reconstitué a tour d'une école, avec un ma ché faisant aussi office de trib nal, une église et so presbytère, ainsi que deux ra gées de maisons de ville par lesquelles on trouve u échoppe de cordonnier et ce d'un réparateur de bicyclettes Dans le **musée** *(trois étages)*, d ustensiles domestiques, du m tériel industriel et des out agricoles illustrent le mode vie traditionnel de l'Ulster.

Musée du Transport – On peut d couvrir l'**Irish Railway Collection**, la galerie d'observation l'étage, circuler au niveau d rails ou des quais et monter bord de certaines des locom tives, dont la *Maeve (Maebh* 1939) et la *Dunluce Castle*. A murs, des panneaux fournissent des informations sur l'histoire du chemin de fer landais.

Le galeries richement dotées du **musée du Transport routier** (Road Transport Gallerie permettent d'admirer tous les types de véhicules à deux roues, de la draisienne du vélocipède des premiers temps au scooter des années soixante et aux gross machines pour motards tatoués. Parmi les bus, le Daimler Fleetline de 1973, q avait brûlé, a été très bien restauré ; le plus extraordinaire est sans doute le modè n° 2 de la compagnie de tramway de Bressbrook et de Newry, construit en 188 qui a servi jusque dans les années quarante.

La dernière galerie est consacrée au rôle de la voiture dans la société, de la Ben Velo Comfortable de 1898, plus ancien véhicule à essence d'Irlande, à l'une d voitures les plus luxueuses, créée en 1981 par la société De Lorean, dont l'ex tence fut courte. L'accent est mis autant sur les véhicules présentés que sur culture de la voiture, et l'on tente d'expliquer les raisons pour lesquelles cet obj fonctionnel joue un rôle si important dans la société.

Les **Dalchoolin Transport Galleries** présentent des expositions variées : grandes hott de pêcheurs, traîneaux de bois, charrettes et carrioles irlandaises ; véhicules hi pomobiles, de la charrette anglaise aux voitures couvertes ; une sélection voitures et de motos à travers le 20e s., et une description du moteur à combu tion interne ; les ingénieuses machines conçues par Rex McCandles, qui défiaie la conception des motos classiques ; les bateaux et avions, dont le Short SC1, pio nier de l'atterrissage et du décollage verticaux. La **salle Titanic** décrit commen grand paquebot, sorti du célèbre chantier naval Harland and Wolf à Belfast, somb lors de son voyage inaugural après avoir heurté un iceberg, et expose des phot graphies du pont, prises en 1985.

Somme Heritage Centre ⊘, à **Conlig** – *5 km au Sud par la A 21.* Ce centre patrimoine ramènera le visiteur aux débuts de la Première Guerre mondiale et l'une des plus sanglantes batailles, l'offensive de 1916 sur la Somme, où neuf rég ments irlandais venus des quatre coins du pays combattirent côte à côte pour u cause commune.

Des photographies et des objets rappellent la distribution des uniformes, du mat riel et des armes à ces volontaires, et leur embarquement pour la France. L tranchées, les paysages et les bruits de cette guerre dans le no man's land so très bien reconstitués.

Groomsport – *2,5 km à l'Est par une route côtière.* Petite et agréable station bord de mer, Groomsport est flanqué de plages de sable, de bungalows modern et de parcs pour les caravanes. Dans le port, les yachts côtoient les bateaux pêche. Celle-ci est toujours une activité importante, mais seuls deux cottages pêcheurs, dont un couvert de chaume, subsistent encore près du port. Ils abrite maintenant une **galerie d'art**.

En 1689, le duc de Schomberg débarqua à Groomsport. Son armée 10 000 hommes mit pied à terre à Ballyholme ou à Bangor. Le duc y passa sa pr mière nuit comme invité de Sir James Hamilton, avant de poursuivre vers le Su à la bataille de la Boyne, où il fut tué.

Donaghadee – *11 km à l'Est par la B 21.* Les pittoresques rues sinueuses condu sent à l'**église paroissiale**, bâtie en 1641. L'immense port, aujourd'hui rempli de b teaux de plaisance et point de départ de **promenades** ⊘ dans le Belfast Lough, f construit en 1820 pour accueillir les bateaux courriers qui furent transférés à Larr en 1849. Du 16e au 19e s., la route maritime Donaghadee-Portpatrick, la plus cour entre l'Irlande et l'Écosse *(34 km)*, fut également la plus empruntée. La **motte** no mande, près du rivage, fut également élevée par William Copeland, un servite

de Jean de Courcy. Elle est surmontée d'un bâtiment de pierre (1818)
qui offre au sommet une belle **vue** sur
les îles de Copeland et la côte de Galloway au-delà du canal du Nord.

Copeland Islands ⊘ – *Accessibles par
bateau à partir de Groomsport ou de
Donaghadee.* La plus proche et la plus
grande de ces îles fut habitée jusque
dans les années quarante, où les derniers habitants l'abandonnèrent pour
la terre d'Irlande. L'île fut laissée aux
moutons et aux maisons de campagne
pour le week-end. Un phare moderne
fut érigé sur Mew Island en 1884.
Lighthouse Island est aujourd'hui une
réserve de faune protégée par le National Trust : buses, aigles royaux,
phoques résidents, dauphins, mar-
souins, requins pélerins, petits ror-
quals et orques.

★ **Ballycopeland Windmill** ⊘, à **Millisle**
– *16 km au Sud-Est par les B 21 et
A 2 ; à Millisle, tourner à droite. Parc
de stationnement. Le moulin n'est pas
ouvert au public lorsque la machinerie
fonctionne, à cause des risques d'accidents.* À la fin du 18ᵉ s., le pays était

Le moulin de Ballycopeland

parsemé de moulins à vent. Celui de Ballycopeland, un des rares survivants, fut probablement construit en 1780 ou 1790 et fonctionna jusqu'en 1915. Il est encore en
état de marche ; une exposition fournissant des explications est présentée dans la maison du meunier avoisinant. Près du moulin, la farine était entreposée dans une petite
maison et le grain séché dans un four avant d'être moulu.

Ards Peninsula – La péninsule d'Ards est une longue et étroite bande de terre
(37 km de long sur 5 à 8 km de large) qui s'étire à l'Ouest et au Sud de Bangor
jusqu'à la pointe de Ballyquintin, qui marque l'extrémité méridionale.
Grâce à la nature de son sol, à son climat et à sa faible altitude, la partie Nord de la
péninsule est l'une des meilleures régions céréalières d'Irlande. La côte Ouest est
balayée par des brises marines vivifiantes. La **route du littoral,** qui longe souvent des
plages de sable, parfois des promontoires rocheux, offre presque constamment la vue
et le mugissement des vagues. **Portavogie** est la base de départ de l'une des trois flottes
de pêche d'Irlande du Nord. Le poisson est vendu à même le quai lorsque les bateaux
sont de retour. La pointe Sud montre un paysage désolé de landes et de marais.

Voir la description de la côte Ouest à Strangford Lough.

BELFAST★

BÉAL FEIRSTE – Antrim – 379 237 habitants
Carte Michelin n° 923 O 4 ou Atlas Great Britain & Ireland p. 99

apitale de l'Irlande du Nord depuis 1920, Belfast a conservé son visage de grand
entre industriel de l'ère victorienne. La ville a connu un essor remarquable aux 18ᵉ
19ᵉ s., grâce aux industries textiles et mécaniques et aux constructions navales.
on port est magnifiquement situé à l'embouchure de la Lagan, qui se déverse dans
n long bras *(19 km)* du canal du Nord, le Belfast Lough, protégé des deux côtés par
es collines. La cité est un important centre de négoce pour le lin, la laine, la verrerie,
poterie et autres artisanats.
elfast est aussi une ville universitaire bénéficiant d'une vie culturelle animée ; le
estival des arts se déroule chaque année en novembre à Queen's University ; le Grand
pera House, dessiné par Frank Matcham en 1894, orné d'un sompteux intérieur
uge et or et restauré vers 1980, produit régulièrement des spectacles et accueille
s saisons d'automne et de printemps de l'Opéra d'Irlande du Nord. L'Ulster Orchestra
nne des concerts à l'Ulster Hall, conçu en 1860 par W. J. Barre, et qui possède un
gue de qualité.

UN PEU D'HISTOIRE

Belfast doit son nom au « gué du banc de sable » (*bealfeirste* en irlandais), où Jean
de Courcy éleva un château quand il envahit l'Ulster en 1177. Le château fut détruit
par Édouard Bruce en 1315, et la ville tenue par le clan O'Neill jusqu'à la fuite des
comtes *(voir Donegal Coast, Rathmullan)* et la confiscations de leurs biens en 1603.
Belfast passa alors à Sir Arthur Chichester et demeura dans la famille jusqu'à la
ruine de son descendant, le marquis de Donegall, à la fin des années 1840.

BELFAST PRATIQUE

Office de tourisme – Northern Ireland Tourist Board, *St Anne's Court, 59 No..*
Street, BT1 1NB, ☎ (028) 9024 6609 ; www.belfastcit.gov.uk
– Belfast City Airport, ☎ (028) 9045 7745.
– Belfast International Airport, ☎ (028) 9442 2888.

Transports publics – Pour circuler dans Belfast, contactez **Citybus**, ☎ (02:
9024 6485 (renseignements 24 h/24) ou s'adresser au kiosque Cityb...
Donegall Square West (du lundi au samedi, 8 h-18 h).
Un service de bus relie l'aéroport international et le Europa Bus Centre (Gleng...
Street).
Pour circuler en dehors de Belfast, contactez **Ulsterbus**, ☎ (028) 9033 3000 (re
seignements) ou (028) 9032 0011 (Europa Bus Centre, Glengall Street, Belf..
BT12 5AH).

Visites organisées – Tout un choix de circuits **Citybus tours** ⊘ sont proposés ent
juin et septembre au départ de Castle Place.
Le **Black Taxi Service** organise des visites guidées commentées (en taxi noir) :
centre de Belfast, comprenant les murals de Shankhill Road et Falls Road.

Différentes **promenades guidées à thème** sont proposées à travers la ville :
Belfast, The Old Town of 1660-1685 (Belfast, La vieille ville de 1660 à 1685). .
Pâques au mois d'octobre, le samedi à 14 h au départ du Tourist Informati..
Centre, NITB, *59 North Street*, ☎ (028) 9024 6609.
Bailey's Historical Pub Tour of Belfast (tournée des pubs historiques de Belfast). .
samedi à 16 h et le mardi à 19 h au départ de Flannigan's (à l'étage du Crov...
Bar), *Great Victoria Street*, ☎ (01846) 9268 3665 (demander Judy Crawfor..
ou ☎ (01247) 9188 2596.
Belfast Town and Gown Tour (visite de Belfast et de l'université). De juin à se
tembre, le samedi à 10 h 30 au départ de Wellington Park Hotel, ☎ (02:
9049 1469 (demander Kathleen Chandler) pour les réservations de groupes. .
Belfast City Centre and Laganside Walk (centre-ville de Belfast et promenade au bo
de la rivière Lagan). De juin à septembre, le vendredi à 14 h ; départ devant :
portes de l'hôtel de ville (City Hall) ; ☎ (028) 9049 1469 (demander Kathle..
Chandler) pour les réservations de groupes.
Laganside Walk (promenade au bord de la Lagan). Du **Lagan Look-out** (poste d'c
servation), un chemin de halage remonte vers Lisburn *(12 km)*.

Achats – Les magasins sont en général ouverts de 9 h à 17 h 30, du lundi
samedi, avec une nocturne le jeudi soir (jusqu'à 21 h). Les boutiques du centr
ville sont aussi ouvertes de 13 h à 18 h le dimanche.
La ville moderne est un lieu idéal pour acheter articles en lin et lainages, obje
en cristal, céramiques et objets d'artisanat en général. Le principal quartier co
merçant s'étend à partir de **Donegall Place**, avec de nombreux et prestigieux gran
magasins et plusieurs boutiques locales. En traversant Queen's Arcade, à gauc
de Donegall Place, on découvre **Fountain Area**, dont les nombreuses rues offre
toutes sortes de boutiques. Dans Royal Avenue, **Castlecourt Centre** réunit en :
même endroit plus de 70 boutiques, dont plusieurs de grandes marques, et d
magasins d'alimentation.
Les amateurs de marché et d'antiquités ne manqueront pas de faire un tour :
côté de **Donegall Pass**, non loin de Shaftesbury Square. On y trouve de nombreus
boutiques d'antiquités et un marché hebdomadaire de brocante. D'autres ma
chés méritent le coup d'œil : **St George's Market** (vendredi matin) offre ses pr
duits frais. **Variety Market**, juste à côté, est une vraie caverne d'Ali Baba.

Loisirs – Les amateurs du 7e art choisiront parmi les cinémas suivants :
Queen's Film Theatre, *University Square Mews*. ☎ (028) 9024 4857 – Cinéma d'a
et d'essai (deux salles).
Virgin Cinema, *Dublin Road*. ☎ (0541) 555 176 – Complexe de dix salles.
The Movie House, *Yorkgate, York Street*. ☎ (028) 9075 5000.
The Curzon Cinema, *Ormeau Road*. ☎ (028) 9064 1373.
The Strand Cinema, *Holywood Road*. ☎ (028) 9067 3500.

Belfast propose des théâtres et des salles de spectacle pour tous les goûts :
Belfast Waterfront Hall. ☎ (028) 9033 4455 (guichet de location) et ☎ (02:
9033 4400 (informations et réservations) – Beau programme de spectacles :
tous les genres, avec concerts de musique classique ou contemporaine.
The Grand Opera House, *Great Victoria Street*. ☎ (028) 9024 9129 (informatio
24 h/24).
The Lyric Theatre, *Ridgeway Street*. ☎ (028) 9038 1081.
Belfast Civic Arts Theatre, *Botanic Avenue*. ☎ (028) 9031 6900 – Comédies mu
cales, pièces de théâtres contemporaines et concerts.

d Museum Arts Centre, *College Square North*. ☎ (028) 9023 3332 (réserva-
ns) – Pièces de théâtre, poésie, danses et ateliers.

e Crescent Arts Centre, *University Road*. ☎ (028) 9024 2338 – Nombreux ate-
rs situés dans une ancienne école victorienne.

túrlann Macadam Ó Fiaich, *Falls Road*. ☎ (028) 9023 9303 – Centre des arts de
gue irlandaise avec concerts et expositions.

ter Hall, *Bedford Street*. ☎ (028) 9032 3900. Concerts de musique pop, évé-
ments sportifs. L'Ulster Orchestra y donne régulièrement des concerts.

ng's Hall, *Balmoral*. ☎ (028) 9066 5225. Une salle importante qui peut
cueillir jusqu'à 7 000 personnes.

Pubs

s pubs *(public houses)* de Belfast sont en général ouverts de 11 h 30 à 23 h,
lundi au samedi, et de midi à 22 h le dimanche. Les pubs suivants méritent
e visite :

binson's Bar, *Great Victoria Street*.

e Duke of York, *Commercial Court*.

e Empire, *Botanic Avenue* – Différents styles de musique, et spectacle de cabaret.

chen Bar, *Victoria Square, Belfast 1* – Ouvert en 1859, réputé pour sa musique
aditionnelle irlandaise le vendredi et le samedi soir.

ddens, *Berry Street* – Des instruments de musique décorent les murs de ce
b où l'on peut écouter de la musique traditionnelle irlandaise le mercredi et
dimanche soir.

e Liverpool Bar, *Donegal Quay* – Musique traditionnelle irlandaise mercredi et
manche soir.

e Blackthorn, *Skipper Street* – Musique traditionnelle irlandaise jeudi soir.

ty Daly's, *Ormeau Avenue* – Musique en direct (genres variés).

t's Bar, *Princes Dock Street* – Musique traditionnelle en direct.

tles Bar, *Victoria Square* – Un bâtiment triangulaire insolite datant de 1861
utrefois appelé The Shakespeare).

e Garrick, *Chichester Street* – Les portraits des meilleurs golfeurs ornent aujour-
hui les murs de ce pub récemment restauré et situé au centre du quartier com-
erçant de Belfast.

lly's Cellars, *Bank Street* – Fondé en 1720, reconnaissable à sa jolie façade rouge
crème.

Se restaurer à Belfast

rning Star – *17-19 Pottinger's Entry, donnant sur High Street, BT1 4DT* –
(028) 9023 5986 – fax (028) 9043 8696.
b très fréquenté servant de copieux plats traditionnels maison.

Belle Époque – *61-63 Dublin Road, BT2 7 HE* – ☎ *(028) 9032 3244 –
x (028) 9020 3111.*
strot de style français, familial et animé, dans un quartier fréquenté.

k's Warehouse – *37-39 Hill Street, BT1 2LB* – ☎ *(028) 9043 9690 –
x (028) 9023 0514.*
asserie très animée proposant un vaste choix de plats de toutes sortes.

anes Brasserie – *38-40 Howard Street, BT1 6PD* – ☎ *(028) 9033 1134 –
x (028) 9056 0001.*
asserie très fréquentée servant une cuisine irlandaise contemporaine très marée par la tradition.

yenne – *7 Lesley House, Shaftesbury Square, BT2 7DB* – ☎ *(028) 9033 1532
fax (028) 9026 1575.*
staurant moderne très animé proposant une carte d'influence californienne.

Se loger à Belfast

lone – *79 Malone Road, Belfast BT9 6SH* – ☎/fax *(028) 9066 9565 –*
chambres.
ablissement familial très propre et accueillant ; bon rapport qualité-prix.

Rowan – *12 Windsor Avenue, BT9 6ᴱE* – ☎ *(028) 9066 1758 –
x (028) 0966 3227 – 5 chambres.*
nsion familiale offrant un accueil chaleureux dans un quartier résidentiel.

nedict's – *7-21 Bradbury Place, Shaftesbury Square, BT7 1RQ –
(028) 9059 1999 – fax (028) 9059 1990 – 32 chambres.*
tel moderne au style minimaliste mais confortable ; chambres bien équipées.

e Crescent Town House – *13 Lower Cres, BT7 1NR* – ☎ *(028) 9032 3349 – fax
28) 9032 0646 – 11 chambres.*
tte maison de style Regency, dans un quartier résidentiel animé, conserve ses
énagements intérieurs d'origine.

Le port de Belfast – Le développement du port commença avec la constructi
d'un quai sous charte royale (1613), et s'intensifia vers 1630 après qu'il eut obten
le monopole de l'importation des biens dans le Nord-Est de l'Irlande au détrime
de Carrickfergus. Une corporation fut créée en 1784 pour améliorer le port ;
canal Victoria, entre le port et le Belfast Lough, fut creusé en 1849. La constru
tion navale, qui débuta en 1791, représente toujours une part importante
l'économie locale. Le chantier naval Harland and Wolff, le plus grand chantier
construction et de réparation navale du Royaume-Uni, porte les noms de Edwa
James Harland, ingénieur du Yorkshire qui s'établit à Belfast en 1850, et de Gust
Wilhelm Wolff, architecte naval de Hambourg.
Short Brothers, deuxième entreprise de Belfast par le nombre d'employ
construisit l'hydravion Sunderland et le premier avion à réaction VTOL. Son terra
d'atterrissage, sur les docks, se double aujourd'hui de l'aéroport de Belfast.

Développement industriel – L'industrie locale du lin profita largement des no
velles méthodes apportées par les réfugiés huguenots français au 17e s. Elle accr
régulièrement son importance. La filature de coton, introduite en 1777, prospé
également, surtout pendant la guerre de Sécession américaine. Le succès des ind
tries du textile et des machines liées à ce secteur entraîna le renouveau de
construction navale à partir de 1833.

Dissidence religieuse et politique – L'emprise de l'Église presbytérienne,
richesse commerciale de la ville et ses liens culturels avec l'Écosse transformère
rapidement Belfast en un foyer d'intense activité intellectuelle et parfois de dis
dence. Siège de la première presse d'imprimerie irlandaise (vers 1690), la vi
publie le premier journal de l'île en 1737, le *Belfast News Letter*. C'est le plus vie
quotidien du matin des îles Britanniques.
En 1791, **Wolfe Tone** contribue à la fondation, à Belfast, de l'Association des Irland
unis. L'année suivante, ils éditent le *Northern Star*, journal de tendance radica
qui formule pour la première fois l'idée de la « nation irlandaise ».

QUARTIER DE L'UNIVERSITÉ

★★Ulster Museum ⊘ (AZ M¹) – Dans les jardins botaniques, un bâtiment moder
(1972), ajouté à d'anciens locaux construits en 1929, abrite le Musée national
la galerie d'art d'Irlande du Nord. Le noyau de l'actuelle collection fut exposé po
la première fois en 1831, par l'Association d'histoire naturelle de Belfast dans
musée aménagé à College Square North.

*Les visiteurs sont invités à prendre l'ascenseur pour le 4e étage et redescendre
traversant les galeries, reliées par des rampes.*

Galeries d'art – La petite collection de peinture britannique et continentale antérieu
à 1900 comprend des œuvres de Turner (1775-1851) et des portraits de
noblesse locale, par Joshua Reynolds (1723-1792), George Stubbs (1724-180
et Pompeo Batoni (1708-1787), ainsi que deux vues de la Chaussée des Géan
par Susanna Drury (vers 1740), représentations du site qui le portèrent à l'atte
tion du public.
Des œuvres de peintres irlandais, portraits, paysages et aquarelles, ou inspirés
des thèmes irlandais, sont périodiquement exposées parmi des meubles originau
de l'île, dans la **galerie irlandaise**. On peut y admirer les tableaux de Hugh Doug
Hamilton (1740-1808), Joseph Peacock (vers 1783-1837), John Lavery (185
1941), Roderic O'Conor (1860-1940), William Orpen (1878-1931), Andre
Nicholl et Richard Dunscombe Parker.

Galeries d'artisanat – Les collections englobent la **verrerie** (pièces évoquant
personnalités et des événements de l'histoire irlandaise), des **céramiques**, c
pièces d'**argenterie** du 17e au 19e s., des **bijoux** du 16e au 20e s. et une présen
tion de **costumes** et de **textiles** (18e au 20e s.), ainsi que dentelle, broderie et lin
de maison.

Géologie – Un squelette du **mégacéros** *(giant Irish deer)*, espèce disparue, dom
cette intéressante galerie, dont les sections « Flore et faune irlandaises » et «
vie de la mer » fournissent un panorama explicite du paysage irlandais.

Antiquités – Une collection d'objets découverts lors de fouilles archéologiques tém
gnent de l'industrie humaine de la préhistoire au Moyen Âge : un chaudron
l'âge du bronze et une paire de cornes qui produisent encore une note musica
des fourreaux d'épée du début de l'âge du fer décorés dans le style « celtique
une broche des premiers temps de l'ère chrétienne ; la **châsse de la main de sa
Patrick★**, une main plaquée d'argent du 14e ou du 15e s., incrustée de verre et
cristal de roche, et portant le poinçon à têtes d'animaux de l'orfèvre.
Le joyau de la galerie est le **trésor de l'Invincible Armada★★**, venant des épaves tro
vées sur la côte irlandaise : canon et boulet, salamandre en or sertie de rub
chaînes, anneaux, croix et pièces de monnaie en or.

Slide File, Dublin

Quand Belfast se pare pour la nuit

Histoire locale (16e s. – 20e s.) – La galerie « Made in Belfast » est consacrée à l'histoire de l'industrie locale et du Nord-Est de l'Irlande. Deux autres sections abritent respectivement des monnaies frappées en Irlande jusqu'en 1690, et une exposition sur la Poste ; on y voit le bureau portable qu'utilisait **Anthony Trollope** pour écrire ses romans.

Galerie du textile – Le processus de transformation du lin, de la plante au tissu, est expliqué à l'aide de textes, de diagrammes et de onze machines d'origine.

Botanic Gardens ⊘ (**AZ**) – Une statue de Lord Kelvin (1824-1907) marque l'entrée des Jardins botaniques. Né à Belfast, il inventa l'échelle absolue de température qui porte son nom. Un jeu de boules, de vastes pelouses, des bouquets d'arbustes, des parterres de fleurs et une roseraie avec une pergola descendent en pente douce vers la Lagan. Aménagés à l'origine par la Société d'horticulture et de botanique, fondée en 1827, et destinés à l'étude des plantes, les jardins (11 ha) accueillent des activités parallèles pour parer à un constant besoin d'argent. Ils sont devenus parc public en 1895.

Serre de palmiers – Cette belle structure de fonte et de verre curviligne est l'une des plus anciennes du genre. Dessinée par Charles Lanyon, achevée en 1840, elle fut érigée par Richard Turner, qui collabora plus tard, avec Decimus Burton, à la construction de la grande serre de palmiers à Kew *(voir le Guide Vert Londres)*. Le dôme fut ajouté en 1852.

Serre tropicale – La construction actuelle est une extension de l'ancienne fougeraie, édifiée en 1887 par le conservateur Charles McKimm. En 1900, on ajoute une serre chauffée. Le bassin des nénuphars est aménagé deux ans plus tard au-dessus du bâtiment des chaudières. Une galerie interne permet de mieux admirer les plantes.

Queen's University (**AZ U**) – Bâti en 1845, le Collège de la Reine devient université en 1908. L'immeuble de brique rouge de style Tudor, conçu par Charles Lanyon, est une réminiscence du Magdalen College d'Oxford.

Face à l'université, la salle d'examens, **Elmwood Hall**, à façade italianisante à arcades et en pierres de taille polychromes, est une ancienne église presbytérienne dessinée en 1862 par John Corry.

La faculté des lettres occupe un beau rang de maisons du milieu de l'époque victorienne, **University Square** (**52**). Les portes des façades sont ornées d'impostes en éventail ; les jardins sont agrémentés de magnolias.

CENTRE-VILLE

City Hall (**BZ**) ⊘ – L'hôtel de ville fut commencé en 1898 et achevé en 1906, pour célébrer l'octroi par la reine Victoria en 1888 d'un nouveau statut à la ville de Belfast. Le bâtiment en pierre de Portland, qui se dresse sur le site de l'ancien hôtel du Lin blanc (1784), fut dessiné autour d'une cour par Brumwell Thomas dans le style de la Renaissance. Le grand dôme, recouvert de cuivre et coiffé d'une lanterne de pierre (53 m), domine toute la place.

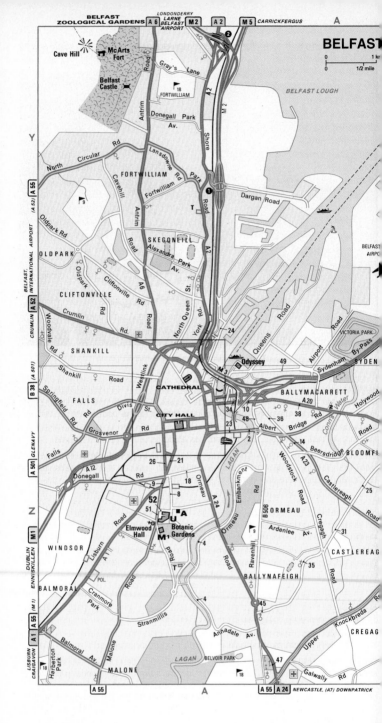

La visite guidée de l'**intérieur** comprend le grand escalier ; une peinture murale
l'artiste local John Luke (en 1951), évoquant la fondation de la cité et ses pri
pales industries ; une sculpture de Patrick MacDowell (1790-1870), natif
Belfast, du marquis de Donegall (1827-1853), qui fit don à des œuvres
sommes que lui rapportaient sa musique et sa poésie ; la salle du Conseil, la
brissée de chêne autrichien sculpté à la main ; la salle de réception, où est expo
la charte originale de Belfast, accordée par Jacques Ier le 27 avril 1613 ; la s
des banquets ; les armes des provinces d'Irlande et les portraits des souverains
ont visité Belfast, sur les vitraux de la grande salle.

★ **Donegall Square** (**BZ 20**) – La place Donegall, vaste rectangle de pelouses et de p
terres de fleurs disposés à la française autour de l'hôtel de ville, constitue le cœur
Belfast. Tous les bus convergent ici, à la limite de la zone piétonnière commerçan

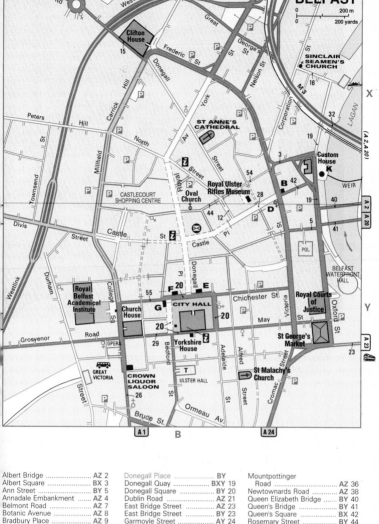

En Irlande du Nord, il peut arriver que, dans le centre des villes,
le stationnement soit réservé aux véhicules sous surveillance.

Au centre de la place, les jardins sont agrémentés de plusieurs statues : la reine
Victoria est flanquée de deux figures de bronze qui représentent la construction
navale et la filature ; un groupe commémore le *Titanic*, construit à Belfast par le
chantier Harland and Wolff, qui sombra, après avoir heurté un iceberg, lors de son
voyage inaugural en 1912 ; en face se trouve Sir Edward Harland.
D'intéressants immeubles s'élèvent de part et d'autre de la place : *(sur le côté Nord)*
la **Linen Hall Library** ⊘ (**F**), fondée en 1788 pour servir de siège à la bibliothèque de
Belfast et à l'Association pour le progrès de la connaissance, a conservé son intérieur au charme désuet ; un vieil entrepôt de lin (**E** – 1869) construit en pierre rose
dans le style gothique vénitien ; *(sur le côté Sud)* **Yorkshire House**, décorée de
médaillons qui contiennent en bas relief des têtes d'hommes célèbres, de dieux et
de déesses ; *(sur le côté Ouest)* un immeuble de bureaux (**G** – 1899-1902), dessiné
par les architectes de Belfast, Young et Mackenzie pour la Scottish Provident.

Crown Liquor Saloon

★**St Anne's Cathedral** ⊘ (BY) – La cathédrale anglicane de Belfast est constru
en pierre blanche, sur un plan basilical et dans un style néoroman conçus p
Thomas Drew et exécutés par Charles Nicholson. Son édification commença
1899, mais elle ne fut achevée qu'en 1981.
La façade principale est percée de trois portes surmontées de sculptures : le Chr
en gloire *(au centre)*, la Crucifixion *(au Nord)* et la Résurrection *(au Sud)*. Le b
gauche du transept abrite une immense croix celtique, la clé de la réconciliatio
Le baptistère *(dans le bas-côté Nord)* fut la première partie de la cathédrale à av
été achevée. Les vitraux illustrent le sacrement du baptême et la mosaïque de la vo
la Création. La chapelle du St-Esprit, dans le bas-côté Sud, évoque la mission de sa
Patrick en Irlande, représentée sur la mosaïque au-dessus de l'entrée ; l'autel, en b
incrusté, est une réplique des ouvrages du début de l'ère chrétienne. Les chapitea
des colonnes qui soutiennent la nef évoquent les différents aspects de la vie de Belfa
La **chapelle du bras gauche du transept** rend hommage au Royal Irish Rangers. Son vit
évoque le souvenir de ses soldats morts au combat.
La **fenêtre Est**, représentant l'histoire du bon Samaritain, provient de l'église pré
dente, entièrement détruite en 1903.

★★**Crown Liquor Saloon** ⊘ (BZ) – Son intérieur victorien est richement décoré
verre teinté et de tuiles moulées de couleurs vives, qui se reflètent dans les mirc
en arcade, derrière le long bar courbe en marbre. Des animaux sculptés surmo
tent les montants des portes des petites arrière-salles lambrissées. Le plafo
décoré, est soutenu par des colonnes de bois hexagonales coiffées de plumes.
1885, inspiré par ses voyages en Espagne et en Italie, Patrick Flanagan constru
ce café comme un hôtel de chemin de fer. Le Crown Liquor Saloon apparti
désormais au National Trust.

★**Sinclair Seamen's Church** ⊘ (BY) – Le culte célébré dans cette église est rése
à la communauté maritime de Belfast, comme l'indiquent l'emplacement de l'é
fice près des docks et l'originalité de sa décoration intérieure. La cloche
HMS Hood est sonnée au début du service du soir. La quête s'effectue à l'aide
troncs en forme de canots de sauvetage, remplaçant les *pole-boxes* traditionn
(troncs maintenus au bout d'une perche afin de ne pas déranger les fidèle
aujourd'hui accrochés aux murs. Le reste de la décoration est à l'avenant : u
roue de gouvernail et un cabestan font face aux bancs des fidèles ; un habita
de bateau servit jadis de fonts baptismaux ; le pupitre a la forme d'une proue
chaire et l'orgue possèdent des feux de tribord et de bâbord, une lampe de t
de mât, une pendule de bateau et un baromètre.

St Malachy's Church ⊘ (BZ) – L'extérieur fortifié austère de cette église cat
lique de brique rouge et à créneaux (1844) contraste avec la décoration
l'intérieur, qui est recouvert d'une gracieuse voûte, où les rosaces de stuc bla
de style rococo alternent avec des clefs pendantes.

Oval Church (BZ) ⊘ – La première église presbytérienne de Belfast ouvrit ses portes en 1783. C'est le plus vieil édifice religieux de la ville encore debout.
Son plan en ellipse fut dessiné par Roger Mulholland. La ligne des bancs fait écho à la courbe des galeries, soutenues par des colonnes couronnées de chapiteaux corinthiens. L'orgue Lewis (1907) a conservé sa commande pneumatique, d'un intérêt tout particulier pour les musiciens en visite.

AUTRES CURIOSITÉS

Lagan Look-out ⊘ (**BX K**) – Dans ce poste d'observation tout en verre, une exposition relate l'histoire de la Lagan : son rôle de centre de construction navale, sa faune, sa flore et son barrage ultramoderne qui contrôle les marées et crée un lagon au cœur de la cité.

Church House (BZ) – Les quartiers généraux de l'Église presbytérienne d'Irlande furent dessinés, dans le style gothique du 15ᵉ s., par Young et Mackenzie (1905), architectes de Belfast. La massive tour d'angle, inspirée de la cathédrale St Giles d'Édimbourg, contient un carillon de cloches. La salle de l'assemblée, hémicycle surmonté de deux galeries (remises à neuf en 1991), peut contenir environ 1 500 personnes assises.
Le **musée** de l'Association historique presbytérienne (Presbyterian Historical Society Museum ⊘) expose un service ancien pour la communion, des diapasons à bouche et des marques, anciennement des jetons de plomb, aujourd'hui des cartes, donnant droit à la communion. L'association garde les registres et les archives concernant l'Église presbytérienne d'Irlande du Nord, mais possède peu de renseignements sur les 17ᵉ et 18ᵉ s.

Royal Ulster Rifles Museum ⊘ (**BY**) – Le petit **musée des Fusiliers irlandais** célèbre les exploits du régiment par des armes, des trophées de tir et de sport, des médailles, des uniformes du 19ᵉ s. et une collection de tambours, notamment des tambours de Lambeg.

Royal Belfast Academical Institute (BZ) – L'école de garçons interconfessionnelle, communément appelée l'« Inst », est située en retrait de la rue, derrière d'agréables jardins.
L'édifice principal, longue façade de brique à trois étages, allégée par quatre paires de pilastres nus et un chambranle à l'arrière d'un porche dorique, serait dû à John Soane (1814).

Clifton House (**BY**) – Le portail d'entrée en fer forgé s'ouvre sur un charmant jardin devançant un bâtiment de brique rouge à parements de pierre.
Clifton House fut dessinée par Robert Joy et ouvrit ses portes en 1774 en tant qu'hospice des pauvres de Belfast. La date est inscrite sur la girouette qui surmonte la flèche de pierre octogonale.

Custom House (**BY**) – Le **bureau des Douanes**, conçu par Charles Lanyon, fut érigé en 1857 sur la rive Ouest de la Lagan, dominant les docks. Les deux ailes et le porche central forment un E face à la ville.

Royal Courts of Justice (BZ) – Ce massif édifice en pierre de Portland fut dessiné par J. G. West et construit entre 1929 et 1933.

Albert Memorial Clock (**BX B**) – En raison de l'affaissement du terrain, la tour s'est légèrement inclinée depuis sa construction en 1865 par W. J. Barre. Une statue du prince Albert se dresse dans une niche face à High Street.

St George's Church (**BX D**) – L'église fut dessinée par John Bowden en 1816. Le portique classique vient du palais que le comte-évêque de Derry *(voir encadré p. 371)* commença à bâtir à Ballyscullion après 1787.

FAUBOURGS *Les distances sont données par rapport au centre-ville.*

★ **Belfast Zoological Gardens** ⊘, à **Newtownabbey** – *8 km au Nord par la A 6. Parc de stationnement ; chemin vers le McArts Fort.* Le zoo, ouvert en 1934, est fidèle à sa réputation depuis que les premiers enclos animaliers ont été installés dans les anciens jardins Hazlewood, entourés, là où cela était possible, de grands fossés remplis ou non d'eau. Les fauves, les différents types de cerfs et les kangourous sont logés dans de vastes et verdoyants territoires. Un complexe aquatique est divisé en plusieurs parties pour héberger pingouins, otaries et ours polaires. Oiseaux aquatiques et flamants roses se rassemblent autour du grand lac. On traverse une volière où les oiseaux évoluent librement tout près des visiteurs. Le zoo, en évolution permanente, vient d'ouvrir un parc des loutres et des bâtiments pour les chimpanzés et les gorilles.

Belfast Castle ⊙ (**AY**) – *6,5 km au Nord par la A 6. Tourner à gauche da Innisfayle Park.* Dans un site magnifique sur les pentes les plus basses de Cave H cette grande demeure de style baronnial écossais fut construite par Lynn pour famille Donegall en 1867-1870. L'escalier extérieur baroque de la façade Est ajouté en 1894. L'intérieur abrite aujourd'hui un restaurant et des salles de réce tion, ainsi que, à l'étage supérieur, le **Centre du patrimoine**, qui présente l'histoire château et ses environs. Des vues panoramiques permettent de découvrir la d position de la ville. Le château est agrémenté de jardins à la française c constituent le point de départ de plusieurs sentiers balisés à travers **Cave Hill Coun Park**.

Cave Hill (**AY**) – *6,5 km au Nord par la A 6. Accessible à pied depuis plusie parcs de stationnement, dont ceux du château et du jardin zoologique.* Au No de Belfast s'élève une falaise de basalte noir haute de 360 m appelée Cave H marquant l'extrémité Est du plateau d'Antrim et rappelant par sa forme, dit-on, chapeau de Napoléon. Le promontoire, séparé du reste de Cave Hill par un profo fossé, est le site d'un ouvrage de terre baptisé **fort McArts**, du nom d'un chef lo du 16e ou 17e s. probablement tué par les troupes élisabéthaines. Utilisé jadis p les Irlandais de souche comme refuge et tour de guet contre les Vikings et Anglo-Normands, c'est là qu'en 1795 Wolfe Tone et ses compagnons passère deux jours et deux nuits à préparer l'indépendance de l'Irlande. Le fort offre u belle vue sur la ville de Belfast et le Belfast Lough et, par beau temps, sur le com de Down et le Strangford Lough *(au Sud-Est)*, le lac Neagh et les monts Sper *(à l'Ouest)* et l'Écosse *(au Nord-Est)*.

Stormont ⊙ – *6,5 km à l'Est par la route A 20.* Le parlement d'Irlande du No est un imposant et sobre bâtiment blanc de style classique doté d'un portiq central. Dessiné par A. Thornley, il se dresse au sommet d'une colline que l' atteint par une vaste avenue (1,5 km de long), à travers un parc vallonné. U statue de Sir Edward Carson (1854-1935) s'élève au centre du rond-point.
Le Parlement se réunit à Stormont depuis l'inauguration du bâtiment, en 193 jusqu'en 1972, date à laquelle l'administration directe de Westminster fut impos Stormont Castle, de style baronnial écossais *(à droite)*, abrite d'autres bureaux gouvernement. Il est devenu en 1999 le lieu de réunion de la nouvelle Assemb d'Irlande du Nord.

Glencairn People's Museum ⊙ – *Fernill House ; 6,5 km à l'Ouest du centre-v par Shankhill Road, Woodvale Road, Ballygomartin Road, Forthriver Road Glencairn Road.* Installé dans l'ancienne résidence victorienne d'un marchand beurre, ce musée présente une exposition sur l'histoire sociale de la région Shankhill, avec d'intéressantes photographies des habitants et de leurs maiso ainsi qu'une histoire de l'unionisme *(à l'étage)*. Belles échappées sur le centre-vi de l'autre côté de Glencairn Park.

CARRICKFERGUS

CARRAIG FHEARGHAIS – Antrim – 22 786 habitants
Carte Michelin n° 923 O 3 ou Atlas Great Britain & Ireland p. 103

Le château normand, le plus grand et le mieux préservé d'Irlande, domine ce agréable ville de bord de mer sur la rive Nord du Belfast Lough. Une vaste promena court le long du rivage, entre la plage, aménagée pour la baignade, et les jard de la Marine. Une marina remplie de yachts et de bateaux de pêche occu aujourd'hui le port, très actif avant d'être supplanté par Belfast. La région a comp parmi ses habitants trois personnalités littéraires : Jonathan Swift écrivit son prem livre à Kilroot ; William Congreve et Louis MacNeice, enfants, vécurent Carrickfergus.

UN PEU D'HISTOIRE

Le nom de Carrickfergus, qui signifie le rocher de Fergus, rappelle le chef de l'anc royaume de Dalriada, Fergus Mór, qui se noya lors d'un naufrage au large de la cô vers 531.
La ville se développa à l'ombre du château dont elle partage l'histoire. Construit à fin du 12e s. par **Jean de Courcy**, le conquérant anglo-normand, et achevé par **Hugh Lacy** vers 1240, il fut pris en 1315 après un long siège par Édouard Bruce d'Écos Les Anglais s'en emparèrent à nouveau et l'occupèrent pendant les trois siècles suivirent, résistant aux nombreuses attaques des Irlandais locaux et des envahisse écossais. En 1688, le château et la ville furent gardés, pour Jacques II, par Lo Iveagh, mais ils furent conquis en 1689 par le duc de Schomberg. Le 14 juin de l'ann

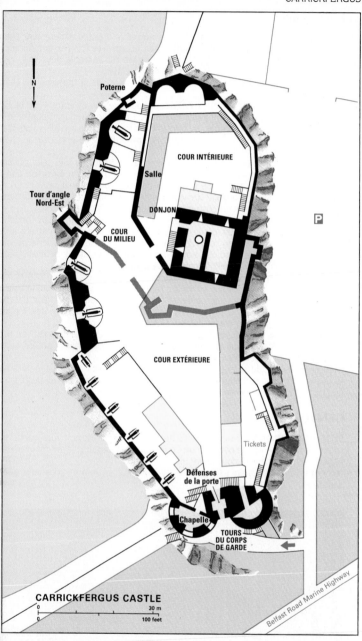

CARRICKFERGUS CASTLE

N

Poterne

COUR INTÉRIEURE

Salle

Tour d'angle
Nord-Est

DONJON

COUR
DU MILIEU

P

COUR EXTÉRIEURE

Tickets

Défenses
de la porte

Chapelle

TOURS
DU CORPS
DE GARDE

0   30 m
0   100 feet

Belfast Road Marine Highway

vante, Guillaume d'Orange débarqua dans le port de Carrickfergus (plaque
mmémorative et, depuis 1990, statue de bronze érigée pour le tricentenaire de son
barquement) en chemin
ur la bataille de la Boyne
oir p. 114).

 février 1760, pour une
urte période, la ville fut te-
e par une escadre française
us les ordres du corsaire
ançois Thurot. En 1798, le
nger du corsaire américain
hn Paul Jones attaqua le
AS Drake au large de Car-
kfergus.

★★CHÂTEAU ⊙

Il se dresse sur le promontoire de basalte, autrefois presque entièrement entou
par la mer, qui commande l'entrée du Belfast Lough. Les travaux débutèrent p
après l'invasion normande de 1177. La forteresse fut agrandie deux fois, vers
milieu du 13e s., afin d'englober le promontoire entier.

Des représentations grandeur nature des habitants et de la garnison du châte
illustrent ces 800 années de service actif.

La plus vieille partie du château, construite par Jean de Courcy entre 1180 et 120
est la **cour intérieure**, ceinte de hautes murailles. Une salle s'appuyait contre le m
Est. Les embrasures construites en brique furent introduites au 16e s. Les plate
formes à canons du 19e s., à l'extrémité Sud, offrent une belle vue sur le châte
et ses alentours.

Le **donjon** abritait les logements du seigneur du château. La vie, telle qu'elle
déroulait ici, est évoquée par une grande maquette du château dans son état lo
du siège de Schomberg en 1689 et par un spectacle audiovisuel relatant les fê
qui se déroulaient dans la salle des banquets. Au sommet de la tour où flotte
bannière, on peut revêtir un costume d'époque.

Le mur entourant la **cour médiane**, aujourd'hui en partie réduite à ses fondatio
fut élevé pour améliorer les défenses du château peu après qu'il eut été assié
avec succès par le roi Jean, en 1210. Avec son impressionnante série de me
trières, la tour d'angle Nord-Est est un bel exemple de travaux défensifs réali
au 13e s. Une poterne dessert le coin Sud-Est du château.

La **cour extérieure** fut sans doute construite par Hugh de Lacy, entre 1228 et 124
pour entourer le promontoire entier et rendre le château moins vulnérable a
attaques venues de terre. Elle contenait vraisemblablement à l'origine des qu
tiers d'habitation, mais ceux-ci furent remplacés au 19e s. par des magas
d'artillerie soutenant des plates-formes à canons.

Les **tours du corps de garde**, qui étaient entièrement circulaires lorsqu'elles fure
bâties en même temps que la cour extérieure, furent amputées à l'arrière quelo
temps après la période élisabéthaine.

La pièce au-dessus du passage d'entrée contient le dispositif de relevage de la he
et une meurtrière. La chapelle au premier étage de la tour Est est percée d'u
fenêtre richement travaillée.

CENTRE-VILLE

St Nicholas' Church ⊙ – Les piliers de la nef (fin du 12e s.), font partie de
structure originale érigée par Jean de Courcy. Après plusieurs siècles mouvement
l'église fut largement restaurée en 1614.

Le clocher, commencé en 1778, fut achevé en 1962 en souvenir des deux guerr
mondiales.

Veillant sur le port, le château

Les orants de Sir Arthur Chichester (1563-1625), gouverneur de Carrickfergus, de sa femme et de leur fils composent un élégant monument de marbre et d'albâtre dans le bras gauche du transept. Les vitraux sur le côté Sud et à l'extrémité Ouest de la nef, du 16e s., proviennent du comté de Meath.

La porte Nord et les murailles – Entre 1607 et 1610, le gouverneur Arthur Chichester entoura Carrickfergus de murs de défense et de fossés. La grande arche de la porte Nord date principalement du 17e s., mais sa structure a été modifiée et réparée de nombreuses fois. L'arche pour les piétons et les créneaux sont des ajouts du 19e s. Une grande partie des murs subsiste à l'Est, dans Shaftesbury Park.

Knight Ride (La cavalcade des chevaliers) ⊘ – Un monorail conduit les visiteurs, coiffés d'un casque de chevalier, au-dessus de la zone commerciale, puis les entraîne dans une sombre cavalcade au cours de laquelle une voix, au fort accent local, conte l'histoire de Carrickfergus. Elle commence avec le légendaire naufrage de Fergus, balaie les invasions des Vikings, des Normands et des orangistes, et s'achève à notre époque. Dans la partie statique de l'exposition se trouve une maquette de la cité.

ENVIRONS

Andrew Jackson Centre ⊘, à **Boneybefore** – *3 km au Nord par la route A 2 ; tourner à droite dans Donaldsons Avenue.* Entre la route et la mer, un cottage du 17e s., à un étage, borde la propriété de la famille Jackson. La maison, restaurée, a retrouvé son état primitif : sol en terre battue, manteau de cheminée en clayonnage et torchis au-dessus de l'âtre ouvert, crémaillère. Le mobilier date des années 1850.
La galerie retrace le lien entre l'Ulster et l'Amérique, notamment à travers la vie d'Andrew Jackson. Ses parents émigrèrent en Caroline du Sud en 1765, où Andrew naquit en 1767. En 1829, il fut élu 7e président des États-Unis et accomplit deux mandats.
Le **US Rangers Centre** évoque l'histoire des Rangers américains formés en Irlande du Nord en juin 1942, pour former le fer de lance du Débarquement.

Dalway's Bawn, à **Ballycarry** – *10 km au Nord par les A 2, B 149 et B 90.* Au Sud du village, près de la route *(à gauche)*, s'élèvent les vestiges d'un enclos fortifié, flanqué de trois tours construites par John Dalway vers 1609, et qui font aujourd'hui partie d'une ferme.

Whitehead – *9 km au Nord-Est par la route A 2.* Cette station de bord de mer est protégée entre les falaises de White Head et de Black Head. Une plage de galets y borde une promenade et deux parcours de golf.
La ville est aussi l'une des bases de l'**Association pour la sauvegarde des chemins de fer d'Irlande**, détentrice d'une collection unique de locomotives à vapeur et de wagons (Railway Preservation Collection) ⊘, qui organise, pendant la saison estivale, des circuits en train à vapeur dans toute l'Irlande.

Island Magee – *10 km au Nord par la A 2. Ferry à partir de Larne pour les horaires, se reporter à Larne, au chapitre des Conditions de visite).* Sans pour autant être une île, la péninsule *(11 km de long)*, qui sépare le Larne Lough du canal du Nord, semble complètement détachée. La route *(B 90)*, qui longe la côte orientale de la presqu'île, offre une jolie vue de l'autre côté du Larne Lough. À l'extrémité Nord, dans un jardin situé devant une maison particulière *(à droite)*, se dresse le **dolmen de Ballylumford★**, monument funéraire du néolithique constitué de quatre pierres qui soutiennent une table. À partir de la **baie de Brown**, plage de sable sur la côte Nord abritée entre des promontoires peu élevés, on voit les navires entrer et sortir du port de Larne. Par temps clair, on aperçoit le littoral écossais *(au Nord)*. **Portmuck** est un petit port blotti dans sa baie. Plus loin au Sud, les **Gobbins** déploient sur plus de 3 km un rideau de falaises, du haut desquelles, en 1641, les soldats écossais de la garnison de Carrickfergus précipitèrent les habitants de la région.

Cascade de Glenoe – *20 km au Nord par la B 58 et la B 99 ; parc de stationnement (à droite) sur Waterfall Road à mi-chemin en descendant la colline.* On entend la cascade avant de l'apercevoir, tant la gorge est profonde et dissimulée par les arbres. La rivière se jette en une double cascade dans un profond bassin, puis poursuit son cours en passant sous un vieux pont de pierre à travers le village, aujourd'hui protégé par le National Trust.

Castle COOLE★★★

Château de COOLE – Fermanagh

Carte Michelin n° 923 J 4 ou Atlas Great Britain & Ireland p. 97

2,5 km au Sud-Est d'Enniskillen par la A 4

Résidence néoclassique, probablement la plus belle d'Irlande, le château de Coole
conçu par James Wyatt et achevé en 1798. Situé sur une pente descendant vers
lac, il se compose d'un corps central regroupant les salles d'apparat et de deux a
d'un étage abritant les pièces d'habitation.
La réfection des années quatre-vingt a rendu à cette demeure son aspect du dél
du 19e s. : revêtement extérieur et intérieur fidèles aux intentions initiales de Wy
ou de Preston. Ce dernier, l'un des tapissiers les plus en vue de Dublin à l'époq
avait été chargé de la rénovation intérieure entre 1807 et 1825.
Les écuries *(restaurées)*, construites en contrebas et un peu à l'écart, sont reliées
château par une galerie, percée en 1817 par Richard Morrison. On peut voir le c
rosse de Lord Belmore, construit en 1863 et qui était toujours utilisé vers 1940 pi
aller chercher les invités à la gare.

Les Corry de Coole

John Corry, commerçant de Belfast originaire du comté écossais de Dumfries,
acquit le manoir de Coole en 1656 et fit construire en 1709 une nouvelle
demeure près du lac, englobant une partie du château du début du 17e s. En
1741, le domaine fut transmis à Armar Lowry-Corry, qui reçut le titre de comte
de Belmore en 1797. Il commanda à Wyatt les plans de la résidence actuelle.
C'est son fils, le 2e comte de Belmore, qui se chargea de la décoration intérieure et de l'ameublement de style Regency.

VISITE ○ *compter 1 h*

La sensation d'espace et le sens des proportions que l'on ressent dans le vestib
d'**entrée** se retrouvent dans tout le bâtiment. Des portraits de famille sont acc
chés dans quelques-unes des pièces principales. La salle du petit-déjeuner conti
des tableaux importants.
Le style de James Wyatt se retrouve le plus dans la décoration et l'ameublem
de la **bibliothèque** et de la **salle à manger**, dont l'aménagement a subi peu de tra
formations depuis l'époque de Wyatt.
Quant au **salon ovale**, la pièce la plus importante de la résidence, elle est décorée
plâtres très fins ; les portes courbes, en acajou plaqué de citronnier, sont monte
sur pivot. Wyatt choisit des poêles en céramique qui portaient la même orneme
tation que les frises.
Le style plus flamboyant de Preston apparaît clairement dans la couleur pourp
qu'il utilisa dans le vestibule, dans l'escalier et dans le couloir du premier étai
C'est lui qui fournit les tentures et les meubles du petit salon et du grand sale
Dans la salle à manger, il remplaça la table existante par un modèle plus grai
Due aussi à Preston, la **Bow Room** ou ouvroir du premier étage était utilisée par
femmes de la maison pour coudre, discuter, lire ou jouer du piano.
La décoration or et écarlate ainsi que le mobilier de la **chambre d'apparat** furent co
mandés en prévision de la visite en 1821 du roi George IV en Irlande.

La chambre d'apparat

DOWNPATRICK

DÚN PÁDRIAG – Down – 10 113 habitants
Carte Michelin n° 923 O 4 5 ou Atlas Great Britain & Ireland p. 99
Schéma : STRANGFORD Lough

e nom de Downpatrick fut forgé à partir du mot irlandais *dún*, qui désignait les
nciens forts préchrétiens, et du nom de saint Patrick, patron de l'Irlande. Le fort se
ransforma en cité ecclésiastique, avec de nombreuses institutions religieuses grou-
ées autour de la cathédrale qui domine toujours la région.
ité historique importante, Downpatrick était encore récemment presque toute
ntourée d'eau ; ses ruelles médiévales étroites – English Street, Irish Street et Scotch
treet – convergent vers le centre-ville où se dressaient autrefois les halles.
Malgré la perte de son statut de chef-lieu de comté en 1973, Downpatrick reste un
ourg actif qui dessert les régions agricoles environnantes, dont la partie Sud est
onnue sous le nom de péninsule de Lecale.

Saint Patrick

Lorsque saint Patrick revint en Irlande en 432 pour convertir la population au
christianisme, son bateau fut porté par les vents et les marées vers le Strangford
Lough et il arriva près de Saul après avoir remonté la Slaney, aujourd'hui réduite
à un petit cours d'eau. Il convertit le chef local Dichu, qui lui donna une grange
(*sabhal* en irlandais, prononcer Saul) qui devait servir d'église. Très attaché à
Saul, saint Patrick revint y mourir en 461, et, d'après certains témoignages,
c'est là qu'il serait enterré, et non à Downpatrick.

SE RESTAURER À DOWNPATRICK

he Restaurant – *Au Narrows Hotel, 8 Shore Road, Portaferry BT22 1JY –*
(028) 4272 8148 – fax (028) 4272 8105.
rasserie moderne dont la carte, modifiée quotidiennement, est très influencée
ar les produits de la mer.

Se loger à Downpatrick

he Narrows – *8 Shore Road, Portaferry BT22 1JY – ☎ (028) 4272 8148*
fax (028) 4272 8105 – 13 chambres.
légant hôtel moderne au style minimaliste en bordure de rivage.
he Mill – *Ballydugan, BT30 8 HZ – ☎ (028) 4461 3654 – fax (028) 4461*
608 – 11 chambres.
ntièrement restaurée, cette ancienne fabrique cache un remarquable intérieur
errière sa façade imposante.
ortaferry – *10 The Strand, Portaferry BT22 1PE – ☎ (028) 4272 8231*
fax (028) 4272 8999 – 13 chambres.
aison du 18e s. tenue par une famille en bordure du rivage.

CURIOSITÉS

★**Down Cathedral** ⊙ – Il ne subsiste aucune trace du monastère qui se développa
au cours des siècles depuis l'époque de saint Patrick, bien qu'un clocher rond ait
survécu jusqu'en 1780.
Au 12e s., **Jean de Courcy** remplaça la communauté d'augustins par des moines bénédictins venus de Chester, reconstruisit l'église qu'il dédia à saint Patrick pour
complaire aux Irlandais et rebaptisa la ville Downpatrick. Il revendiqua la découverte des corps de Patrick, Columba et Brigide, les saints patrons irlandais, qu'il
fit inhumer dans sa nouvelle église. Édouard Bruce la détruisit en 1316. Elle fut
reconstruite, mais le gouverneur anglais, Lord Grey, la fit incendier en 1538. En
1790, l'édifice fut restauré et la tour Ouest érigée avec les pierres du clocher rond.
Dans la cathédrale actuelle subsiste le chœur de l'église abbatiale, dont la dédicace
à la Sainte et Indivisible Trinité fut rétablie par Jacques Ier en 1609.
À l'extrémité Est se dresse une **croix** de granit, datant du 10e ou 11e s., qui, jusqu'en 1897, se trouvait au centre de la ville. Bien qu'elle soit sérieusement usée,
on peut tout de même voir dans sa partie supérieure la représentation de la
Crucifixion.
Une pierre portant les noms des trois grands saints irlandais, Patrick, Brigide et
Columba (Colmcille), se trouvait dans le cimetière, au Sud de la cathédrale, jusqu'au début du 20e s., lorsqu'elle fut remplacée par la dalle de granit qui marque
aujourd'hui, selon la tradition, l'emplacement de la **tombe de saint Patrick**.

Pierre tombale de saint Patrick

Les **fonts baptismaux** en granit du **narthex** servaient auparavant d'abreuvoir et, à l'ori
gine, étaient probablement surmontés d'une croix.

Les deux **statues** en habit ecclésiastique qui se tiennent à côté de la porte de la sa
capitulaire datent de 1150 et sont uniques en Irlande.

L'**orgue**, installé sur le jubé, est un exemple rare de style gothique georgien. Il f
réalisé à la fin du 18ᵉ s. par Samuel Green pour George III, qui en fit don à
cathédrale en 1802. Le **jubé**, dressé au-dessus des huit **stalles** des chanoines, est
seul du genre subsistant en Irlande.

Face au **trône de l'évêque**, la stalle du juge, qui l'occupait probablement quand l
tribunaux siégeaient dans les églises, témoigne de l'importance de Downpatric
comme ville d'assises.

★**Down County Museum** ⊘ – *The Mall*. Le musée est installé dans l'ancienne priso
du comté, construite entre 1789 et 1796. C'est à sa porte que Thomas Russe
chef des Irlandais unis, fut pendu en 1803. Lorsque la nouvelle prison fut édifi
vers 1830, les anciens bâtiments furent occupés par la milice du Sud de Dow
puis par l'armée jusqu'au milieu du 20ᵉ s. La visite du musée permet de voir l
cellules qui ont été conservées.

Le **corps de garde** abrite le **Centre du patrimoine St-Patrick**, qui raconte en texte et
images l'histoire du saint. Un montage vidéo montre les nombreux lieux associ
à saint Patrick.

Au centre de la cour, l'ancienne **maison du gouverneur** abrite une exposition cons
crée à l'histoire du comté depuis 7000 avant J.-C. et à la faune locale.

The Mall – Pour compenser l'important écart de niveau entre la cathédrale
English Street, la rue fut surélevée de 5 m en 1790.

Nettement en contrebas, la **Fondation Southwell**, qui comprend une école et plusieu
asiles, fut établie en 1733 par Edward Southwell, secrétaire d'État chargé
l'Irlande, qui avait acquis par mariage en 1703 le titre de seigneur du manoir
Down. Les deux résidences des professeurs sont situées très au-delà et reliées
corps principal par des murs bas et arrondis.

En face se trouvent les **logis des juges** *(aux nᵒˢ 25 et 27)*, deux maisons de sty
Regency datant de 1835 environ.

English Street – À l'Est du musée s'élève le **tribunal** (1834), à l'Est duquel un bâ
ment bas à deux niveaux, dont les cellules voûtées du rez-de-chaussée étaie
initialement destinées à recevoir des prisonniers, abrite depuis 1798 les registr
des **Chasses du Down** (Downe Hunt Rooms), tenus sans interruption depuis 175
Les maisons des veuves de pasteurs *(nᵒˢ 34 à 40)* datent de 1730 et 1750, ma
leur aspect a été modifié au début du 19ᵉ s. Le **bureau des Douanes** (Custo
House – *nᵒ 26*) a été édifié en 1745 par Edward Southwell. La rue aboutit en
partie basse à une salle des fêtes construite en 1882 dans un style gothique vér
tien par William Batt, de Belfast.

Mound of Down – Un grand ouvrage de terre datant de l'âge du fer se dres
au-dessus des marais autour de la ville. La butte couverte d'arbres protégeait
site de peuplement détruit par Jean de Courcy en 1177.

ENVIRONS

Saul – *3 km à l'Est.* Le sommet de la colline, où saint Patrick aurait converti pour la première fois un Irlandais au christianisme, est aujourd'hui dominé par **St Patrick's Memorial Church** , église construite en 1932 en granit de Mourne pour célébrer le 1 500e anniversaire du débarquement de saint Patrick près de Saul, en 432. Elle fut dessinée par Henry Seaver, de Belfast. Son clocher rond irlandais, annexé au bâtiment, sert de sacristie. L'abbaye médiévale fut occupée par des chanoines augustins du 12e s. jusqu'à la Dissolution.

Dans le cimetière, on remarque deux pierres ornées de croix sculptées et deux petits édifices funéraires.

Slieve Patrick – *5 km à l'Est. Parc de stationnement. 15 mn à pied AR jusqu'au sommet de la colline.* La statue de saint Patrick fut érigée lors de l'anniversaire de 1932. Le parcours, délimité par les stations du chemin de croix, monte vers un autel en plein air. On a une belle vue du sommet.

Église St-Tassach, à Raholp – *6,5 km à l'Est.* Les ruines de cette église, dite aussi Templemoyle, sont isolées au milieu d'un champ. Construite au 10e ou 11e s., elle était déjà en ruine en 1622 et fut partiellement restaurée en 1915. Des croix sont gravées sur le linteau de la fenêtre Est ; des enfeus flanquent l'autel. L'évêque Tassach aurait administré ici les derniers sacrements à saint Patrick.

★**Struell Wells** – *3 km au Sud-Est.* Cette dépression rocheuse isolée, près d'un ruisseau au cours rapide, groupe cinq édifices : une église inachevée du 18e s. ; un puits rond dont le toit en dôme a été construit sur un maillage d'osier ; un autre, rectangulaire, au toit pyramidal en encorbellement ; deux établissements de bains – l'un pour les hommes, dont le toit de pierre abrite un vestiaire et des sièges près du bain et celui des femmes, sans toiture et dont le vestiaire se trouve dans l'établissement des hommes.

Bien que le plus vieux de ces édifices date d'environ 1600, une chapelle sur le site apparaît dans les registres dès 1306. Une tradition persistante le rattache à saint Patrick. L'importance des cours d'eau et des sources dans la religion païenne celtique a sans doute contribué à attirer les pèlerins à Struell depuis l'ère préchrétienne. Le lieu fut très fréquenté du 16e au 19e s.

★**Ardglass** – *11 km au Sud-Est par la B 1.* Ardglass, avec sa flotte de pêche très active, est situé sur la rive Sud d'un port naturel. Au 15e s., c'était le port le plus dynamique de l'Ulster. Les bâtiments fortifiés, érigés pour protéger cette enclave anglo-normande contre les Irlandais, témoignent de l'importance au Moyen Âge de ce port de pêche et de commerce.

Jordan's Castle , maison forte du début du 15e s., située au cœur de la ville et donnant sur le port, abrite une collection d'antiquités constituée par F. J. Bigger, homme de loi et antiquaire de Belfast, qui la restaura en 1911. L'entrée est protégée par deux mâchicoulis entre les ressauts. Au cours de la période élisabéthaine, son propriétaire, Simon Jordan, y résista à trois années de siège, avant d'être délivré par Lord Mountjoy en juin 1601.

Christopher Hill, Belfast

Le port d'Ardglass

Deux autres châteaux, King's Castle et Isabella's Tower, datent en grande part du 19ᵉ s. Un rang d'entrepôts fortifiés sur le côté Sud du port sert maintenant d club-house pour le terrain de golf local.

Killough – *11 km au Sud-Est par la B 176.* Une large avenue centrale court travers ce village paisible et plaisant sur la rive Sud d'une ria. Il était connu sou le nom de Port-Ste-Anne au 17ᵉ s., en l'honneur d'Anne Hamilton, épouse d Michael Ward *(voir Castle Ward)*, qui aménagea le port pour faciliter l'exportatio du plomb et des produits agricoles provenant de ses domaines.

St John's Point – *16 km au Sud-Est par la B 176, la A 2 et une route seco daire.* Les ruines d'une église préromane du 10ᵉ ou 11ᵉ s. subsistent près de pointe, sur le site d'un ancien monastère. La porte Ouest possède des jambag en biais et un linteau. Le haut pignon portait un toit soutenu par des antes.
Un phare se dresse sur le point le plus au Sud de la péninsule de Lecale. Une bel **vue** ouvre sur la baie de Dundrum.

Cromlech de Ballynoe – *5 km au Sud.* Parc en face de l'ancienne gare de chem de fer *(à l'Est)* ; 6 mn à pied aller-retour par le sentier *(à l'Ouest)* entre les champ Le cromlech, composé de pierres rapprochées et peu élevées, entoure un tumul ovale contenant, à chacune de ses extrémités, une ciste de pierre. Des os calcin y furent découverts lors des fouilles de 1937-1938. Ce cromlech aurait é construit à la fin du néolithique par le peuple Beaker, vers 2 000 avant J.-C., ma aucune certitude ne peut être avancée sur ce point.

Clough – *10 km au Sud de Downpatrick par la A 25.* Au Nord du croisement, u tour de pierre du 13ᵉ s. (avec des ajouts de la fin du Moyen Âge) domine un motte anglo-normande qui, à la fin du 12ᵉ s. ou au début du 13ᵉ s., était entour d'une palissade de bois.

Jardin de Seaforde ⊘ – *14,5 km à l'Ouest de Downpatrick par la A 25 et la A vers le Nord.* Un vieux jardin clos a été ranimé par un grand **labyrinthe** planté d charmes. À l'arrière-plan se trouve un profond vallon envahi par de grands rho dodendrons et des arbres exotiques. Dans la **serre des papillons tropicaux**, plus exotiqu encore, des spécimens aux couleurs éclatantes volettent entre les buissons lux riants où d'autres se cachent.

Églises de Loughinisland – *8 km à l'Ouest de Downpatrick par la A 2 et u route secondaire vers le Nord.* Trois églises en ruine se dressent sur ce qui étai autrefois une île. L'église centrale est la plus ancienne (13ᵉ s.) ; la plus grand (15ᵉ s.) au Nord fut utilisée jusqu'en 1720 ; la plus petite, au Sud, serait ant rieure à la date 1636 gravée au-dessus de la porte. Les initiales P M C sont cell de Phelim MacCartan, dont la famille possédait des terres dans le district et inh mait probablement ses défunts dans le cimetière.

DUNGANNON

DÚN GEANAINN – Tyrone – 9 190 habitants
Carte Michelin nº 923 L 4 ou Atlas Great Britain & Ireland p. 98

Centre administratif du district, Dungannon est situé sur une colline au milieu d'un riche région agricole. Les activités principales sont la production laitière, les cultur fruitières, la transformation et l'emballage découlant de ces activités, et le marché au bestiaux hebdomadaire. Dungannon compte également de nombreuses industri manufacturières ; l'une des plus anciennes, le textile, a rendu célèbre dans le mond entier le nom de Moygashel (fondé en 1875).

Ville de colonie – Sous le clan O'Neill, Dungannon n'était guère qu'un ensemble d masures groupées autour de la colline du château, mais, dès le début du 17ᵉ s., l colons anglais et écossais commencèrent à édifier une ville moderne. Une charte f accordée en 1612 ; l'école royale fondée en 1614. Quand les Irlandais de souche s rebellèrent en 1641, ce fut d'abord avec succès : les demeures des colons fure brûlées, leurs fermes et leurs vergers détruits ; la population tomba à 130 habitant Une nouvelle colonisation suivit la paix retrouvée en 1653. Après la bataille de Boyne, Dungannon s'étendit rapidement ; la ville fut acquise en 1692 par Thom Knox, dont l'administration expansionniste coïncidait avec l'essor du bassin houiller d Drumglass et le percement du canal local.

Des O'Neill vainqueurs

Deux grandes batailles se déroulèrent au Sud de Dungannon. En 1598, la **bataille de Yellow Ford** (gué jaune) sur les rives de la Callan, vit la victoire de Hugh O'Neill sur la troupe de Sir Henry Bagnall. Des 4 000 soldats anglais, 1 500 seulement survécurent. En 1646, à Derrycreevy, au bord de la Blackwater, la **bataille de Benburb** se solda par la mort de 3 000 soldats écossais conduits par le général Monroe, vaincu par Owen Roe O'Neill.

CURIOSITÉS

Tyrone Crystal ⏱ – *Au Nord-Est, dans Killybrackey Road (A 45).* La cristallerie Tyrone ouvrit en 1971, exactement deux cents ans après qu'une première verrerie dirigée par Benjamin Edwards eut commencé sa production à Drumreagh *(au Nord).* La nouvelle entreprise, au bord de la fermeture à l'aube des années quatre-vingt, trouva des appuis financiers locaux et fut transférée en 1990 dans les bâtiments qu'elle occupe actuellement.

La visite montre les différentes étapes artisanales de la fabrication du verre soufflé : préparation du verre en fusion, soufflage pour lui donner sa forme, refroidissement, vérification des défauts, biseautage, marquage, coupe et polissage.

Heritage World ⏱ – *Main Street.* Cet édifice de pierre, planté en haut de la rue principale, abrite le centre de recherches généalogiques, dont les archives totalement informatisées permettent de « retrouver le chemin des ancêtres irlandais ».

ENVIRONS

Cornmill Heritage Centre ⏱, à **Coalisland** – *7 km au Nord-Est par la A 45.* Le paysage autour de Coalisland est encore marqué par l'extraction houillère et les activités industrielles qui en découlèrent. Le gisement, exploité dès le 17ᵉ s., fut abandonné en raison de la présence de failles et la dernière mine ferma en 1970. À côté fonctionnaient des filatures et des minoteries, et on produisait de l'argile réfractaire. Le canal de Coalisland fut le premier canal britannique à être équipé d'un plan incliné. Le grand moulin de brique qui domine le centre-ville fut construit en 1907 ; considérablement rénové, il sert aujourd'hui de centre du patrimoine, où une exposition relate le passé de cette région industrielle, unique en Irlande.

Donaghmore – *5 km au Nord par la B 43 vers Donaghmore.* Au centre de ce paisible village se dresse une croix en grès ancienne réalisée avec la base et le poteau d'une croix et le pilier et la traverse d'une autre croix. Elle est ornée de motifs et de scènes bibliques tirés du Nouveau Testament *(face Est)* et de l'Ancien *(face Ouest).* Elle appartenait à un monastère voisin qui aurait été fondé par saint Patrick. Son histoire est évoquée au Centre du patrimoine (Heritage Centre) ⏱, logé à proximité dans une ancienne école primaire.

Castlecaulfield – *8 km au Nord-Ouest de Dungannon par la A 4 et une route secondaire vers le Nord.* À l'extrémité Sud-Est du village s'élèvent les imposantes ruines d'un manoir construit, entre 1611 et 1619, par un ancêtre des comtes de Charlemont, Sir Toby Caulfield, qui commanda le fort de Charlemont. Ses armoiries sont encore visibles sur le corps de garde, vieil ouvrage de défense percé de meurtrières au-dessus de la porte principale. La demeure fut brûlée par les O'Donnell en 1641, mais les Caulfield l'occupèrent une vingtaine d'années. Deux hommes célèbres ont servi dans l'église anglicane : **Charles Wolfe** *(plaque bleue),* qui était vicaire de Donaghmore quand il écrivit le poème consacré aux obsèques de Sir John Moore à Corunna (publié par le *Newry Telegraph* en 1817), et le révérend **George Walker**, recteur de la paroisse en 1674, qui fut gouverneur de Derry durant le siège et mourut à la bataille de la Boyne.

★ **Parkanaur Forest Park** ⏱, au Sud-Est de **Castlecaulfield** – *11 km à l'Ouest par la A 4. Parking.* La harde de **daims blancs** de Parkanaur descend directement d'un couple offert en 1595 par Élisabeth Iʳᵉ à sa filleule, Elizabeth Norreys, qui avait épousé Sir John Jephson, propriétaire du château de Mallow *(voir ce nom).* En 1978, cinq têtes – un vieux mâle, un deux-ans et trois biches –, furent achetées à Mallow et installées à Parkanaur. Les daims ont une fourrure dont la couleur varie énormément, du noir au fauve clair tout tacheté de blanc en passant par le marron foncé ; elle peut même être complètement blanche. La fourrure d'hiver est généralement plus foncée que celle d'été.

Propriété, autrefois, de la famille Burgess, Parkanaur est un ancien domaine planté de nombreuses essences rares. Deux hêtres parasols aux branches en tire-bouchon poussent près de l'allée principale. Le bois est exploité comme forêt de chênes. Les promenades et l'itinéraire aménagé permettent de découvrir un jardin à la française victorien, l'arche et le pont de pierre, le lavoir et le barrage sur la rivière Torrent. Les bâtiments de la ferme (1843, *restaurés*) abritent une exposition de machines forestières.

Moy – *9 km au Sud par la A 29.* « The Moy » est une belle ville de l'époque de la Plantation, établie vers 1760 par **James Caulfield, comte de Charlemont** *(voir p. 186),* sur le modèle de Marengo, ville du Piémont qu'il avait visitée lors de son *Grand Tour* » en Europe. La rue principale est bordée de marronniers d'Inde à l'endroit où elle coupe la vaste pelouse centrale où se tenait jadis, tous les mois, une foire aux chevaux qui durait une semaine. Elle descend jusqu'à la Blackwater en passant devant la grille et la porte d'entrée du château de Roxborough (détruit par un incendie en 1921), résidence au 19ᵉ s. des comtes de Charlemont. Sur les pentes de la rive Sud se dressent les ruines du fort de Charlemont, édifié en 1602 par

Les daims en tenue d'été

Lord Mountjoy, en grande partie détruit par un incendie en 1922 ; il reste le cor
de garde à l'extrémité d'une courte allée bordée d'arbres. Des remparts en étoi
sont visibles près de la rivière.

Benburb – *15 km au Sud par la A 29 jusqu'à Moy, puis vers le Sud-Ouest par
B 106.* Les vestiges du **château** occupent un site tourmenté : une saillie rocheu
au-dessus de la Blackwater, qui cascade, 37 m plus bas, dans une gorge boisé
Le château, construit par Sir Richard Wingfield en 1611, remplace une ancien
forteresse des O'Neill. L'entrée est flanquée de deux tours rectangulaires qui ab
tent des salles pourvues de cheminées. Les murs, percés de meurtrières
mousquets, entourent un enclos de forme rectangulaire irrégulière, au cent
duquel s'élève une maison du 19e s. *(privée).* La tour ronde, dominant la rivièr
comprend un escalier menant à une poterne.

EXCURSIONS

Simpson-Grant Homestead ⓒ, à **Dergenagh** – *21 km à l'Ouest par la A 45, pu
la A 4 ; juste avant Ballygawley, tourner à gauche vers Dergenagh. Parking.* S
le côté Ouest de la route se trouve le berceau de la famille d'Ulysses Simpson Gran
président des États-Unis de 1869 à 1877.
Le **centre d'accueil des visiteurs** présente l'histoire d'une plantation irlando-écossais
celle de la famille Simpson, et les liens existant entre l'Ulster et l'Amérique, à trave
un montage audiovisuel.
La maison, du 17e s., a été restaurée en 1978 pour retrouver l'aspect qu'elle ava
au milieu du 19e s. Devant la cheminée, une cavité sert à mettre les cendres po
cuire les pommes de terre. La remise contient les outils utilisés jadis à la ferm
De l'autre côté de la route s'étendent les 4 ha de cette petite exploitation «
8 champs : trois champs de pâture pour un cheval, une chèvre et deux vaches «
montagne » ; un autre consacré à la production de pommes de terre et de navet
un cinquième aux céréales, dont la paille sert de litière ou de chaume ; les tro
derniers sont réservés à des cultures de rapport, comme celle du lin destiné à l'i
dustrie textile. On peut voir aussi une retenue d'eau pour le rouissage.

Croix d'Errigal Keerogue – *27 km à l'Ouest par la A 45, puis la A 4 ; 1,5 k
après le rond-point de Ballygawley, prendre à droite vers Errigal Keerogue (fléché
Au croisement dans Ballynasaggart, continuer vers l'Ouest ; 3,2 km plus lo
tourner à droite.* Dans le cimetière se dresse une **croix** à la sculpture inachevé
sans doute en raison d'un défaut dans la pierre. Deux ifs ont poussé dans les ruin
de l'église médiévale, dont on pense qu'elle a été fondée par les franciscains
1489, à la place d'un ancien monastère dédié à saint Kieran.

Augher – *29 km à l'Ouest par la A 45, puis la A 4.* Le village est situé sur l'u
des plus belles parties de la Blackwater. Au Nord du lac, Spur Royal, aujourd'h
un hôtel, fut bâti en 1615 à l'emplacement d'une ancienne forteresse, restauré
la suite d'un incendie en 1689 et agrandi en 1832 par William Warren, un arch
tecte de Sligo.

★**Cathédrale de Clogher** ⓒ – *32 km à l'Ouest par la A 45, puis la A 4.* La cath
drale domine le village du haut de la colline où elle fut construite, entre 1740
1745, dans un style classique austère. Sa tour ramassée est surmontée d'une balu
trade et de quatre clochetons. Deux croix de pierre, datant des 9e et 10e s.,
dressent dans le cimetière près du portail principal. La **croix de pierre** du 7e s.
porche extérieur servait, croit-on, de cadran solaire pour indiquer les heures d

services de l'église celte. Elle porte un poisson gravé à sa base, symbole chrétien primitif. Le nom irlandais **Clogh-Oir**, ou **pierre dorée**, oracle célèbre à l'époque païenne *(dans le vestibule)*, pourrait être à l'origine de celui de Clogher, qui prétend être le plus ancien évêché d'Irlande (5ᵉ s.). La légende veut que le premier évêque, à qui la cathédrale est dédiée, ait été saint Macartan ou Macartin, disciple de saint Patrick.

Juste au Sud-Ouest, Park House (1819) est l'ancien palais épiscopal.

Tombe à couloir de Knockmany – *34 km à l'Ouest par la A 45, puis la A 4. Avant Clogher, prendre à droite vers le Nord la B 83 ; 2,5 km après ce croisement, tourner à droite dans un chemin. Parking ; 20 mn de marche AR.* Du sommet de la colline, une superbe vue s'étend vers le Sud, au-delà de la forêt de Knockmany, sur la vallée de Clogher. Un bunker de béton avec lucarne a été construit en 1959 pour protéger le cairn des intempéries, mais les pierres de la chambre funéraire restent visibles par une grille. Leurs motifs – cercles, spirales et zigzags – sont caractéristiques de ce type de sépulture.

ENNISKILLEN

INIS CEITHLEANN – Fermanagh – 11 436 habitants
Carte Michelin n° 923 J 4 ou Atlas Great Britain & Ireland p. 97

Enniskillen est une ville commerçante animée qui occupe une île charmante, entre le lac Erne inférieur et le lac Erne supérieur. Elle constitue une base idéale pour découvrir le lac, embarquer pour une croisière sur la voie navigable Shannonerne, pêcher dans les lacs du Fermanagh et explorer les monts Sperrin.

> Oscar Wilde et Samuel Beckett furent élèves de la **Portora Royal School**, fondée en 1608 par Jacques Iᵉʳ à Lisnakea *(au Sud)*. Elle fut transférée à Enniskillen en 1643, puis en 1777 à proximité du **château de Portora** (17ᵉ s.), partiellement détruit lors d'une explosion provoquée par les élèves en 1859.

CURIOSITÉS

Centre-ville – En 1688, **East Bridge**, qui a pratiquement perdu son aspect d'origine sous les remaniements ultérieurs, remplaça le pont basculant construit en 1614 par les colons à l'emplacement d'un gué. À partir de ce pont, la rue passe devant le **tribunal** *(à gauche)* que William Farrell, architecte originaire de Dublin, rénova radicalement en 1821-1822.

Au sommet de la colline, sur la place centrale, l'**hôtel de ville** *(à droite)* fut dessiné par William Scott en 1898. Le **marché au beurre**, situé un peu plus loin sur Down Street *(tourner à droite au croisement de High Street et de Church Street)*, a été converti en centre d'artisanat et de dessin.

La rue principale, Church Street, se poursuit jusqu'à la **cathédrale anglicane St-Macartin**, bâtie au milieu de son cimetière *(à droite)*. Elle ne fut achevée qu'en 1842, alors même que sa tour provenait d'une église antérieure du 17ᵉ s.

L'**église catholique St-Michel**, en face, fut terminée en 1875. À la façade néogothique, œuvre de John O'Neill,

La « porte d'eau » du château

C. Boisvieux

341

ENNISKILLEN PRATIQUE

Office de tourisme – On trouvera tous les renseignements sur les activités tou nant autour du lac au **Lakeland Visitor Centre** *(Shore Road, Ouest du centre)*.

Croisières – Les croisières **Lough Erne Waterbus Cruises** ⏱ partent de **Round « O Jetty**, dans Brook Park, sur la rive Ouest de l'Erne *(Nord-Ouest du centre)*. L **Upper Lough Erne Cruises** ⏱ *(1 h 30)* vous emmènent à bord de répliques de dra kars au départ du Share Centre, à Lisnakea *(rive Est du lac supérieur, Upp Lough Erne)*.
Les grandes marinas bordent le lac inférieur à **Kesh** *(rive Est)* et le lac supérie à **Bellanaleck** *(rive Ouest)* et Carrybridge *(rive Est)*.

Pêche ⏱ – On peut louer à la journée des bateaux pour la pêche à Enniskille Killadeas, Kesh, Belleek, Garrison, Bellanaleck, Teemore et Newtownbutler.

Sports – Le **Lakeland Canoe Centre**, sur l'île Castle Island à Enniskillen, organise d activités de canoë. Le **Lakeland Forum** propose des équipements de natatio squash, volley-ball, basket-ball, badminton, tennis de table, boules, tir à l'ar football, judo et remise en forme.

Manifestations – Le Festival **Lady of the Lake** (La Dame du lac) a lieu en juillet Irvinestown.

C. Boisvieux

Étrange, pour le Festival de la Dame du lac...

Artisanat – Les am teurs de céramique vis teront la **Belleek Potte** (voir ci-dessous).

Se loger à Enniskilen

Manor House Country – *E niskillen* – ☎ *(028 6862 2211 – fax (02 6862 1545 – 4 chambres.*
Hôtel d'affaires et tourisme équipé d'u bon complexe de loisir offrant de belles vu sur le lac Erne et la car pagne de Fermanagh.

Carlton – *Belleek* ☎ *(028) 6865 8282 fax (028) 6865 9005 19 chambres.*
Hôtel de style affair aux équipements m dernes sur la berge l'Erne.

rappelant les cathédrales françaises, manque la flèche qui devait couronner la tou Le chevet (1921) aux nombreux arcs-boutants est impressionnant.
La rue descend en direction de **West Bridge** (achevé en 1892). Sur la droite, les ca tonnements de l'ancienne milice (1790) sont aujourd'hui le siège de la police roya d'Ulster. À gauche se dresse le château d'Enniskillen.

Château ⏱ – Jusqu'au 18e s., le château d'Enniskillen était protégé, sur son î par un fossé profond que franchissait un pont-levis. Le **donjon** central, qui abri maintenant un musée, est en partie constitué d'éléments provenant du premi château construit au 15e s. par Hugh Maguire. En 1607, le capitaine William Co releva la demeure, endommagée durant la guerre, et érigea vers 1615 sur les mu extérieurs un ouvrage à tourelles, connu aujourd'hui sous le nom de **Watergate** (por d'eau), que l'on peut surtout admirer du lac. Rien ne laisse penser qu'il ait jama recouvert une entrée, mais il peut avoir été bâti à proximité d'une ancienne por donnant accès au lac. Au 18e s., la famille Cole délaissa Enniskillen pour sa pr priété de Portora *(au Nord-Ouest du centre-ville, là où la rivière se jette dans lac)*, puis pour Florence Court *(voir ce nom)*. Le Watergate abrite une expositio sur les anciens monuments et châteaux du Fermanagh, et sur le chemin emprun par les pèlerins jusqu'à l'île Devenish.
La menace d'invasions françaises fit édifier de nouvelles défenses, à l'Ouest de porte d'eau (1796) et le long du fossé Nord (vers 1825).

Dans la cour est installé un mortier allemand de 210 mm pris en 1914.

Le **Centre du patrimoine** rappelle l'histoire du comté, présente la région et son milieu naturel, à travers des montages audiovisuels, et expose des objets anciens (cornes en if serties de bronze des 8ᵉ et 10ᵉ s.).

Au rez-de-chaussée du **donjon** sont évoquées l'histoire du château et celle de la famille Maguire *(vidéo)*. Une représentation en trois dimensions d'Enniskillen, établie d'après une carte du service topographique national de 1833, recouvre la totalité d'un mur. À l'étage inférieur, sous les voûtes du magasin, seuls vestiges de l'ancien château (15ᵉ s.), des personnages grandeur nature sont mis en scène dans les rudes conditions de la vie au château aux 15ᵉ et 17ᵉ s.

Le **Regimental Museum of the Royal Inniskilling Fusiliers** ⊘ *(rez-de-chaussée et premier étage)* illustre le célèbre régiment créé, comme celui des dragons d'Inniskilling, à la fin du 17ᵉ s.

Forthill Park – *Au Sud-Est du centre-ville*. La colline conique, appelée autrefois Camomile Hill (camomille) ou Commons Hill (communaux) ou Cow Green (pâture à vaches), doit son nom actuel au fort en forme d'étoile, défendu par quatre bastions et des canons, construit en 1689 pendant les guerres de Guillaume III d'Orange.

La colline fut entourée de murs et plantée d'arbres en 1836. Le ravissant **kiosque à musique** victorien, édicule en fonte d'allure orientale, porte un baldaquin octogonal supporté par huit fines colonnes et surmonté d'une horloge. Le fort entoure aujourd'hui le **Cole's Monument** ⊘, érigé entre 1845 et 1857 à la mémoire du général Sir Galbraith Lowry Cole (1772-1842), frère du 2ᵉ comte d'Enniskillen. Proche du duc de Wellington, il combattit en Espagne et au Portugal. La colonne dorique cannelée abrite un escalier en spirale *(108 marches)* qui monte jusqu'à la plate-forme. De là, la **vue** s'étend sur Enniskillen et la contrée environnante.

ENVIRONS

★**Florence Court** ⊘ – *13 km d'Enniskilen par A 4, A 32 et une route secondaire vers l'Ouest*. Cette ravissante demeure palladienne est située dans un vaste parc au pied du mont Cuilcagh.

Le bâtiment d'origine à trois niveaux, vraisemblablement construit dans les années 1740, est flanqué d'ailes composées de sept arches et de pavillons aux toits incurvés, probablement conçus dans les années 1770 par le Sarde Davis Ducart, qui travailla la majeure partie de sa vie en Irlande. La propriété fut cédée, quasiment inchangée, au National Trust en 1955.

La famille Cole

Les Cole arrivèrent du Devonshire sous Élisabeth Iʳᵉ. Ils vécurent d'abord au château d'Enniskillen, puis à celui de Portora. C'est Sir John Cole (1680-1726) qui se fixa à Florence Court (sa femme, riche héritière originaire de Cornouailles, s'appelait Florence Wrey). Leur fils, un autre John (1709-1767), reçut le titre de Lord Mount Florence en 1760 et fit bâtir le corps central actuel. Les ailes furent ajoutées par son fils William Willoughby (1736-1803), futur comte d'Enniskillen, qui effectua un « Grand Tour » en Europe en 1756-1757.

Résidence – *Visite environ 1 h 30*. Les joyaux de cette maison sont ses exubérants **plâtres rococo** exécutés à la manière de Robert West ; certains, comme le plafond de la chambre d'enfants, orné de tambours, de chevaux à bascule et d'autres jouets, ont été malheureusement détruits par un incendie en 1956. Le hall d'entrée et la plupart des pièces sont ornés de portraits, photographies, dessins et autres souvenirs, rapportés en 1997 par la famille après vingt-cinq ans d'absence. La **bibliothèque** est couverte de rayonnages en pin qui complètent les plâtres de la corniche, du plafond et des panneaux de porte, tous authentiques.

La corniche du **salon**, aux motifs bucoliques, est partiellement d'origine, car sa pièce centrale fut détruite par un incendie.

Le plafond de la **salle à manger** fut sauvé de l'écroulement par le percement de trous destinés à assurer l'écoulement de l'eau. Une guirlande de feuillage orne le panneau central, où soufflent des chérubins, symbolisant les quatre vents et entourant un aigle.

C'est dans l'**escalier** que les plâtres décoratifs sont le plus exubérants : des panneaux muraux, compris entre une bande horizontale d'arabesques et une corniche formée de culs-de-lampe, débordent de volutes de feuillage. Les renfoncements du palier abritent une collection colorée d'estampes japonaises.

Jardins ⊘ – Le jardin d'agrément a essentiellement été planté par le troisième comte au début du 19ᵉ s. Le jardin clos conserve sa partie ornementale d'origine, tandis que le potager a cédé la place à une pelouse parsemée d'arbustes et de bassins. Un pavillon d'été du 18ᵉ s. a été méticuleusement reconstruit ; on peut encore voir une fascinante glacière ovoïde ainsi qu'une scierie en état de marche *(restaurée)*.

Parc forestier ⊙ – Depuis 1975, le domaine est classé parc forestier. Les bois au Su
Est de la maison abritent le fameux **if de Florence Court**, appelé aussi if irlandais, capri
en forme de colonne qu'on ne peut reproduire que par bouturage, les semis retou
nant à l'espèce commune. Plusieurs chemins, de longueurs différentes, sont balis
par des couleurs spécifiques ; le plus long conduit vers le Sud-Ouest jusqu'aux land
et permet d'atteindre *(9 h de marche AR)* le sommet du mont Cuilcagh (670 m).

★**Marble Arch Caves and Forest Nature Reserve** ⊙, à Wheathill – *18 km au S.
d'Enniskillen par la A 4, A 32 et une route secondaire vers l'Ouest.* Le réseau
grottes a été creusé dans une couche de calcaire de Dartry par trois rivières. Ell
confluent sous terre pour former la Cladagh qui réapparaît à Marble Arch pour
jeter dans le lac Macnean inférieur.

Le **centre d'accueil** abrite une exposition consacrée à la spéléologie et un monta
vidéo *(20 mn)* qui présente le circuit de la visite et constitue ainsi un bon substit
pour les personnes qui ne peuvent s'aventurer sur les nombreuses pentes abrupt
et escaliers parsemant les grottes.

La **visite des grottes** comporte une courte promenade en bateau sur le lac souterra
au milieu d'un fantastique décor : stalactites, stalagmites, piliers, rivières de pier
et cascades, draperies et rideaux portent des noms aussi pittoresques que « Porrid
Pot » (plat de porridge), « Streaky Bacon » (lard maigre), « Cauliflowers » (chou
fleurs), « Tusks » (défenses d'éléphant) et « Organ Pipes » (tuyaux d'orgue
L'illumination de ces concrétions superbes s'embellit de leurs reflets dans l'eau.
plus grande stalactite (2 m) s'appelle « Édouard Martel », en hommage au célèb
spéléologue français qui explora les grottes en 1895.

La **réserve naturelle** *(parking à l'entrée des grottes et sur la route de Florence Cour
occupe les gorges boisées de la Cladagh, nées de l'éboulement de grottes creusé
par la rivière. Un sentier *(1 h de marche AR)* longe la rive Est et relie **Marb
Arch** – arche naturelle de calcaire formée par la résurgence des eaux brunes et tu
bulentes de la Cladagh – aux **cascades**, où bouillonne encore davantage d'eau.
forêt est peuplée de frênes, de chênes, de hêtres, de quelques conifères ; au pri
temps, le sol est un tapis de jacinthes.

★★LOUGH ERNE

Le **lac Erne**, le plus vaste plan d'eau (80 km de long) de la région des lacs
Fermanagh, est alimenté par l'Erne, qui prend sa source au lac Gowna au Sud
la frontière et coule vers le Nord-Ouest avant de se jeter dans la mer
Ballyshannon, en République d'Irlande. Il se partage en lac supérieur (Upper Loug
Erne) et lac inférieur (Lower Lough Erne), entre lesquels se trouve Enniskillen. D
vestiges de monastères subsistent sur certaines de ses 154 îles. Les rives ont
s'édifier des bâtiments fortifiés et des résidences majestueuses. Grâce à so
étendue et sa configuration, le lac supérieur est rarement encombré. Il est possib
d'y louer des bateaux : il y a beaucoup de pontons et de quais le long des rive
La pêche est une activité très prisée et on y pratique de multiples sports nautique
L'attrait du lac dans le domaine de la croisière fluviale a été rehaussé en 1994 p
la réouverture de la voie navigable **Shannon-Erne** *(voir p. 127)*.

Lower Lough Erne (Lac Erne Inférieur)

Circuit de 106 km – Une journée

*Quitter Enniskillen en direction du Nord par la A 32. Après 5 km, tourner à gauc.
vers Trory Point.*

★**Devenish Island** ⊙ – *10 mn AR en bateau (12 places) à partir de Trory Point.*
monastère de l'île, a été fondé au 6ᵉ s. par saint Molaise. Pillé par les Vikings
lors des guerres locales, il fut occupé au 12ᵉ s. par une communauté de chanoin
séculiers, dissoute au 16ᵉ s., comme celle des chanoines réguliers augustins
prieuré voisin.

Le **musée** retrace l'histoire du monastère, avec des modèles réduits évoquant l
activités saisonnières des moines.

Le **clocher rond** (25 m de haut) date du 12ᵉ s. À l'étage supérieur *(demander la c
au gardien)*, la vue est limitée par l'étroitesse des quatre ouvertures.

Tout près de la jetée, l'église dite **Lower Church** (Teampull Mór) fut construite ve
1225 et agrandie ultérieurement. Un logement pour les chanoines fut ajouté s
le côté Nord et une chapelle funéraire sur le côté Sud pour les Maguire de Temp
dont les armoiries apparaissent près de l'entrée et sur le mur Est. La pierre tomba
la plus ancienne est une grande et large dalle, ornée *(angle Sud-Est)* d'une cro
à deux branches.

La construction la plus petite et la plus ancienne, la **maison de saint Molaise**, date
12ᵉ s., sur le site d'une église en bois antérieure.

Le **prieuré Ste-Marie** date du 15ᵉ s., mais sa tour est plus tardive. Les deux portes
premier étage ouvraient sur un jubé séparant le chœur, réservé aux moines, de
nef des laïcs. Des trous dans la voûte laissaient passer les cordes des cloches. U
très curieuse **croix** du 15ᵉ s. se dresse dans le cimetière.

Le clocher rond de Devenish

Slide File, Dublin

Continuer vers le Nord par la B 82 qui longe la rive Est du lac.

Killadeas – Le cimetière de l'église renferme des croix anciennes.

Castle Archdale Country Park ⊘, à **Lisnarrick** – De vastes étendues boisées, rassemblant plus de vingt espèces d'arbres et d'arbustes, bordent la rive du lac. Là vivent des daims, des écureuils roux, des blaireaux, des loutres, et du gibier d'eau ou à plumes. La famille Archdale, originaire d'East-Anglia, à qui avait été octroyé le domaine en 1612, a laissé de nombreux souvenirs : un arboretum comptant quelques spécimens vieux de plus de deux siècles ; un jardin clos réservé aux fleurs et aux fruits ; un jardin d'agrément, du 19ᵉ s., avec des rocailles et des ifs irlandais ; une piscine d'eau froide et un sauna. Les anciennes dépendances, proches de l'emplacement de la maison (qui datait de 1773), abritent maintenant le centre d'accueil des visiteurs et une exposition d'outils agricoles. Les ajouts récents comptent le jardin des papillons, le jardin japonais, la marina, et le terrain de camping-caravaning, qui servait de base aux hydravions Sunderland et Catalina qui surveillaient les routes maritimes de l'Atlantique Nord pendant la dernière guerre. Les ruines de la résidence d'origine, l'**ancien château Archdale**, endommagé en 1641 et abandonné en 1689, se dressent près de l'entrée Nord-Est du parc *(accès aux voitures depuis la route)*. L'**enclos fortifié** a conservé, vestige exceptionnel, son entrée primitive.

White Island ⊘ – Dans le vaste enclos d'un monastère antérieur à la conquête normande se dressent les vestiges d'une église du 12ᵉ s. avec une belle porte romane. Les huit **statues de pierre** adossées au mur Nord sont chrétiennes, mais on spécule encore sur leur fonction première. Elles datent probablement du 9ᵉ ou du 10ᵉ s. Des traces de fixations à leur tête et à leur pied laissent penser qu'elles ont servi de supports à une chaire ou à un tombeau dans un édifice plus ancien. Elles ont servi de blocs de construction dans l'église du 12ᵉ s.

Continuer la route panoramique vers le Nord. Au Nord de Kesh, prendre à gauche la A 47. Près de la pointe occidentale de l'île de Boa, se garer sur le côté de la route et suivre les flèches qui conduisent au cimetière (500 m à pied AR).

Janus Figure – L'ancienne statue de pierre, trapue, à deux visages, remonte probablement à l'âge du fer *(voir illustration p. 436).*

Continuer la A 47 en direction de l'Ouest.

Castle Caldwell Forest Park ⊘ – La forêt couvre deux longues bandes de terre à l'extrémité occidentale du lac. Elle est gérée dans un triple objectif : production de bois d'œuvre, réserve naturelle et activités de loisirs adaptées, comme le tir. La région est le territoire privilégié des macreuses noires et les îles ont été classées réserves ornithologiques. À l'entrée du parc, la **pierre du violoneux** évoque la mémoire d'un violoneux ivre qui tomba d'un bateau à Caldwell en 1770 et périt noyé. À côté du centre d'accueil des visiteurs, on peut voir un **cot**, embarcation typique du Fermanagh à fond plat, en usage jusque dans les années soixante-dix pour conduire vaches et moutons dans les îles et les ramener. Le nom désignait à l'origine bateau obtenu par l'évidement d'un grand fût de chêne. Le château, désormais ruine, fut édifié par Sir Edward Blennerhassett en 1612.

Continuer la A 47 vers l'Ouest.

Belleek – Le village s'élève à l'endroit où les eaux de l'Erne s'écoulent rapidem vers l'Ouest par un étroit chenal vers la frontière voisine avant de se jeter dan mer dans la baie de Donegal.

Pottery ⏱ – La manufacture, qui a acquis une réputation internationale pour ses pari (porcelaine imitant le marbre de Paros) richement décorés, doit son nom au p village frontalier de Belleek. Logée dans un bel immeuble, elle fut créée en 1857 John Caldwell Bloomfield, qui venait d'hériter du château de Caldwell et avait bes d'accroître ses ressources. Amateur éclairé de minéralogie, il s'aperçut que le doma contenait tous les éléments nécessaires à la fabrication de porcelaines – feldspa kaolin, silex, argile, schiste, tourbe et énergie hydraulique. Au début, seules des ter cuites furent produites. Les premiers parians furent le résultat de dix années d'ex riences. Belleek obtint sa première médaille d'or à Dublin en 1865.

La **visite** commence quand la barbotine, mélange de feldspath, de kaolin, de fr et d'eau, est façonnée et préparée. On y ajoute de la gomme arabique pour p duire la matière première extrudée employée pour les ornements ajoutés à la m Par choix individuel, c'est un travail d'hommes, les femmes préférant la décora à la main. Tous suivent un apprentissage de cinq ans. Les produits de leur art s exposés et mis en vente au centre d'accueil.

ExplorErne ⏱ – Cette exposition, installée dans l'Office de tourisme, présente visiteurs l'histoire, les paysages et l'écologie du lac, de ses débuts légendaire l'exploitation de ses eaux. L'équipement hydraulique dont il a été pourvu perm en assurant la production d'électricité, de contrôler ses capricieux changements niveau qui faisaient dire autrefois : « en été le lac Erne est dans le Fermanagh, hiver le Fermanagh est dans le lac Erne ».

Quitter Belleek par la A 46 en direction de l'Est.

La route longe la rive Sud du lac Erne au pied des hautes falaises de Magho.

Après 16 km, tourner à gauche vers le château de Tully.

★ **Château de Tully** ⏱ – Le château est un parfait exemple de demeure fortifiée la « Plantation ». Il fut construit en 1613 par Sir John Hume, originaire du co de Berwick, puis pris et abandonné en 1641.

L'enclos, en partie pavé, est défendu par des murs et des tours d'angle, perc de meurtrières à mousquets, qui servaient d'habitation. Un jardin à la françai été créé à l'intérieur de l'enclos. La demeure compte trois étages : au rez-chaussée, une salle voûtée contient la cheminée de la cuisine ; un escalier plus la qu'à l'accoutumée conduit au premier étage à la salle de réception, d'où un p escalier, installé dans une tourelle, mène à l'étage supérieur. C'est de l'extérie en faisant le tour du château, qu'on apprécie le mieux les tourelles.

Retourner vers la A 46 ; prendre immédiatement à droite la B 81, puis encor droite vers le lac Navar. 5 km plus loin, tourner à droite en face du Correl Gl

★★★ **Cliffs of Magho** – La route panoramique du **lac Navar** *(11 km ; voie à sens uniq* conduit, à travers le **parc forestier** (Lough Navar Forest Park)⏱, au **point de vue★** *(parking)* situé au sommet des falaises de Magho. La vue embrasse la pointe N du lac Erne inférieur avec, à l'horizon, les monts Blue Stack du Donegal *(au Nor*

Revenir sur la A 46 par le même itinéraire et continuer vers le Sud.

Ely Lodge Forest – Des sentiers longent la rive du lac au milieu d'un bois essences diverses.

Continuer la A 46 vers le Sud ; tourner à droite en direction de Monea.

Château de Monea – *S'engager dans l'allée. 300 m plus loin, tourner à droite portes du château.* Ce château en ruine, l'une des plus vastes maisons fortes 17ᵉ s. et l'une des mieux conservées, a été construit sur un à-pic rocheux en 16 par Malcolm Hamilton. Le mur d'enceinte, ajouté en 1622, est flanqué de de tours. Celle de l'angle Nord-Ouest, près de la porte d'entrée, est divisée en co partiments qui laissent à penser qu'elle fut utilisée comme pigeonnier. Les pigno à redans et les encorbellements des tours et tourelles sont caractéristiques du st écossais médiéval tardif. L'intérieur à trois niveaux comprend des cuisines voûte au rez-de-chaussée et cinq chambres aux deux étages supérieurs.

En quittant le château, prendre à gauche. À Monea, prendre la B 81 à gau pour revenir sur Enniskillen.

Upper Lough Erne (Lac Erne Supérieur)

Crom Estate, près de **Newtownbutler** – *34 km au Sud d'Enniskillen par la A 4 et A 34 ; à Newtownbutler, tourner à droite pour prendre une route secondaire.* domaine de Crom, classé réserve naturelle nationale, longe la côte Est du lac Erne comprend un parc, une forêt de chênes de 730 ha, des marais, la rive du lac 19 km et des prairies marécageuses inviolées, avec leurs colonies de hérons et le lits de roseaux.

Le **centre d'accueil** (Visitor Centre ⊘) propose un tour d'horizon de l'histoire du domaine et de ses propriétaires, la famille écossaise Creighton, qui reçut le titre de comtes d'Erne. L'exposition présente également le château des colons (17ᵉ s.) et l'actuel château du 19ᵉ s. *(privé)*, dessiné par Edward Blore en 1838, et les régates données au 19ᵉ s.

Le **sentier Culliaghs** traverse la forêt de chênes, où d'excellents observatoires camouflés permettent d'épier les animaux et les oiseaux. La plus longue branche du sentier *(1 h de marche)* longe le lac et conduit aux vestiges du vieux château de Crom (17ᵉ s.), où l'on découvre deux ifs ancestraux, seuls survivants du jardin à la française. La promenade mène ensuite vers un hangar à bateaux, puis, sur Inisherk, après avoir franchi le pont Blanc, dans un ancien verger et un jardin clos. Après le passage sur l'île, le circuit se poursuit par l'ancien hangar à bateaux, le pavillon d'été, la maison de verdure, le manège et les écuries, avant de traverser l'allée principale et contourner le parc aux cerfs.

Domaine de Crom – Le hangar à bateaux

J. Cornish/National Trust Photographic Library

La famille Fitzgerald

Les visiteurs de l'Irlande n'échapperont pas à cette puissante famille ! Les Fitzgerald descendraient de nobles florentins, les Gherardini, dont l'un serait venu en Normandie. De là, la famille aurait suivi Guillaume le Conquérant en Angleterre, recevant ensuite le titre de baron du royaume. Ses membres auraient occupé des fonctions importantes avant que Maurice Fitzgerald n'accompagne Strongbow *(voir Index)* en Irlande en 1169, ce qui lui valut le surnom d'« Envahisseur ». Après avoir conquis une partie de l'Irlande, ils défendirent ensemble leur conquête contre le roi Rory O'Connor *(voir Tuam)*. Le roi Henri II confia ensuite la garde de Dublin à Maurice et lui accorda la ville de Wicklow *(voir ce nom)* et la terre de Maynooth *(voir ce nom)*, qui devint le fief principal de la famille. Mort à Wexford en 1177, il laissa plusieurs fils, dont l'aîné, Gerald, reçut le titre de baron d'Offaly. Celui-ci fut à son tour père de Maurice, 2e baron d'Offaly, qui passe pour avoir été l'un des personnages les plus remarquables de son temps. Il reçut la ville de Sligo *(voir ce nom)*, où il fonda l'abbaye qu'il donna aux dominicains. C'est lui qui introduisit cet ordre en Irlande, pour lequel il fonda aussi l'abbaye de Youghal *(voir ce nom)*, où il se retira, mais pour prendre l'habit franciscain. Il avait également acquis la terre d'Adare *(voir ce nom)*.

Son arrière-petit-fils reçut en 1316 le titre de **comte de Kildare**, auquel ses descendants donnèrent le plus grand éclat. Ils partagèrent avec leurs cousins les comtes de Desmond la fonction la plus éminente de l'époque, celle de gouverneur d'Irlande, qui devint pratiquement héréditaire avec Gerald le Grand (Garret Mór en gaélique), 8e comte de Kildare *(voir Cashel et Maynooth)*, dont le petit-fils, Thomas le Soyeux, fut à l'origine de la révolte géraldine *(voir Dublin)*.

Thomas Fitzgerald, fils cadet de Maurice l'Envahisseur, fonda la deuxième branche de la famille. Son fils, John, édifia le château de Tralee *(voir ce nom)*, qui devint la résidence principale de ses descendants. Ceux-ci reçurent en 1329 le titre de **comte de Desmond**. Ils arrondirent successivement leur domaine jusqu'à atteindre plus de 200 000 ha, répartis entre les comtés de Waterford, Cork, Kerry et Limerick, de l'embouchure du Shannon et la péninsule de Dingle jusqu'à Cork et Youghal. Ils parvinrent à un tel degré de puissance que l'un d'eux signa avec le roi de France François Ier, contre l'Angleterre, un traité d'alliance aux termes duquel il s'engageait à conquérir l'Irlande, dont une moitié lui serait acquise ! La colonisation de l'Irlande sous le règne d'Élisabeth Ire fut à l'origine de la seconde révolte géraldine, plus connue sous le nom de rébellion des Desmond. Cette branche, qui s'éteignit avec l'exécution en 1583 du dernier comte, Gerald *(voir Dingle, Kilmallock, Limerick et Tralee)*, fut à l'origine d'un autre rameau, celui des chevaliers de Glin *(voir Adare, Environs)*.

La branche aînée des comtes de Kildare, décimée par la première révolte géraldine, se rallia à la monarchie anglaise au 17e s. L'un de ses plus éminents représentants fut Robert Fitzgerald (1637-1698). Nommé en 1674 gouverneur du comté de Kildare par Charles II, il fut écarté par Jacques II, contre lequel il prit les armes : lors de la guerre des Deux-Rois, il parvint à éliminer la garde jacobite de Dublin et à rallier la ville à la cause de Guillaume d'Orange. Au siècle suivant, le 20e comte de Kildare reçut le titre de duc de Leinster *(voir Athy)*. Époux de Lady Emily Lennox, sœur de Lady Conolly *(voir Castletown House, au chapitre Maynooth)*, il fit édifier à Dublin Leinster House, aujourd'hui siège du parlement irlandais, et eut pour cinquième fils Lord Edward Fitzgerald (1763-1798) *(voir Dublin)*.

Le personnage le plus extraordinaire de la famille est probablement Jane Fitzgerald, qui épousa son parent, le 9e comte de Desmond. Née pense-t-on en 1458, elle mourut en 1603, soit à l'âge surprenant de 145 ans... Cette étonnante longévité lui aurait permis d'être présentée à la cour du roi Édouard IV vers 1475 et de connaître celle de Jacques Ier, auquel elle demanda secours après que la rébellion des Desmond l'eut ruinée.

GIANT'S CAUSEWAY★★★

CHAUSSÉE DES GÉANTS – Antrim

Carte Michelin n° 923 M 2 ou Atlas Great Britain & Ireland p. 102

Chaussée des Géants est la merveille naturelle la plus célèbre d'Irlande du Nord. Une ~~l~~ende raconte que c'est le géant Finn McCool qui l'a construite, pour permettre à ~~s~~ voisin, un géant écossais, de venir en Irlande le défier à la lutte. Après que ~~l'é~~cossais, vaincu, soit retourné chez lui, la chaussée s'enfonça sous la mer. La ~~cha~~ussée est la plus spectaculaire d'une série de formations géologiques similaires, ~~situ~~ées tout le long de la côte Nord de l'Antrim. Elles furent créées par une éruption ~~vol~~canique qui eut lieu il y a quelque soixante millions d'années et affecta non seule-~~me~~nt le Nord-Est de l'Irlande mais aussi l'Écosse de l'Ouest : on retrouve des ~~for~~mations de ce type aux grottes de Fingal, sur l'île de Staffa, les îles Féroé, l'Islande ~~et~~ le Groenland.

Accès et sentiers sur la falaise

Il faut 10 mn pour se rendre à pied du centre d'accueil à la Chaussée propre-ment dite. Un **service de navette** ⊘ fonctionne en été.

Pour une vue plongeante sur la Chaussée des Géants, poursuivre vers l'Est jus-qu'au milieu de Port Noffer, monter le sentier Shepherd's Path *(marches)* jusqu'au sommet ; on rentre au centre d'accueil en suivant le sentier de la falaise.

On peut effectuer une boucle entre la Chaussée des Géants et la pointe de Benbane *(8 km – 2 h AR à pied)*. De Port Noffer, marcher vers l'Est et emprunter le chemin (marches abruptes) qui monte à la pointe de Benbane, puis rentrer en suivant le sentier en sommet de falaise. L'érosion attaque le chemin par endroits : le port de chaussures solides est recommandé, et les enfants doivent être accompagnés.

À partir de la pointe de Benbane, le sentier se poursuit vers l'Est en sommet de falaise *(2 h)*. Étroit et difficile à pratiquer par mauvais temps, il rejoint la route B 146 à Dunseverick Castle *(voir plus loin)*.

~~plu~~sieurs fissures dans la craie laissèrent échapper des coulées de lave qui se durci-~~ren~~t en couches de basalte. Celles-ci se craquelèrent en se contractant, formant des ~~ma~~sses de colonnes jointes. La plupart sont de forme hexagonale, mais certaines ont ~~qua~~tre, cinq, sept, huit et parfois neuf côtés.

~~La~~ Chaussée est restée peu connue jusque vers 1740, lorsque Susanna Drury, peintre ~~loc~~al, peignit deux vues de ce paysage, une de l'Est et une de l'Ouest, aujourd'hui au ~~Mu~~sée de l'Ulster à Belfast. Les gravures tirées de ces toiles déclenchèrent de vifs ~~déb~~ats parmi les géologues anglais et français sur l'origine de la formation.

Visitor Centre ⊘ – Ce séduisant centre d'accueil moderne fait écho au toit de la distillerie de Bushmills. Outre un restaurant et une boutique, on y trouve une excel-lente présentation vidéo et une exposition sur la côte de la Chaussée : sa formation géologique, sa flore et sa faune, l'exploitation minière et la récolte du varech, ainsi que diverses autres activités locales telles que la Fête de la bénédiction du pain (Lammas Fair) de Ballycastle.

La Chaussée des Géants – La Chaussée se trouve au pied des falaises et s'étend sous la mer comme un trottoir en pente. Elle se compose d'environ 40 000 colonnes prismatiques, que l'action des vagues a divisées en trois sections : la Petite Chaussée (Little Causeway), la Chaussée du Milieu (Middle Causeway) et la Grande Chaussée (Grand Causeway). Les colonnes elles-mêmes sont clivées horizontalement en surfaces concaves et convexes. Leurs noms ne permettent pas toujours de les reconnaître : le **Puits du vœu** (Wishing Well – 1) était une source naturelle d'eau fraîche sur la Petite Chaussée ; la **Chaise du vœu** (Wishing Chair – 2), sur la Chaussée du Milieu, est formée

---

Tourisme d'antan

Les premiers visiteurs se rendaient à la Chaussée par bateau ou à cheval. Leur nombre augmenta énormément après l'inauguration de la ligne de chemin de fer Belfast-Portrush. En 1883, un tramway à voie étroite, alimenté par l'élec-tricité fournie par la rivière Bushmills, fut construit entre Portrush et Bushmills puis étendu jusqu'à la Chaussée en 1887. Ne pouvant rivaliser avec le trans-port routier, il cessa son activité en 1949. Les gens venaient en excursion d'une journée depuis Belfast ou séjournaient dans les deux hôtels ou dans les pen-sions non loin de là. La Chaussée grouillait de vendeurs de souvenirs et de guides improvisés qui racontaient de fantastiques légendes sur sa genèse et inventaient des noms fantaisistes pour les différentes formations.

La Chaussée des Géants peinte vers 1740 par Susanna Drury

par une simple colonne, le siège, adossée à un demi-cercle de colonnes plus grand
la **Porte du géant** (Giant's Gate) est la trouée naturelle qu'emprunte le sentier cô
parmi les **Colonnes inclinées** (Tilted Columns – **3**).

À l'Est, de l'autre côté de Port Noffer, les colonnes (12 m) de l'**Orgue** (Organ –
sont visibles sur la face de la falaise ; les **Sommets de cheminées** (Chimney Tops –
se détachent sur la ligne d'horizon.

Vue plongeante – Du promontoire, Aird Snout, on a une excellente vue plongea
sur la Chaussée. Du cap suivant, Weir's Snout, le panorama se déploie *(à l'Est)*
delà de Port Ganny jusqu'à la Chaussée et *(à l'Ouest)* vers Portnaboe. Un c
(rocher volcanique dégagé par l'érosion), le Dos du chameau (Camel's Back),
visible en mer, derrière la rampe par laquelle les premiers visiteurs de la Chaus
débarquaient.

2 Benbane Head – De la Chaussée à la pointe de Benbane, la promenade per
d'admirer de nombreuses formations volcaniques. Après Port Noffer, on rejoint l
Reostan, où les colonnes courbées de la **Harpe** (Harp – **5**), produites par la prem
coulée de lave, sont disposées dans un **amphithéâtre** naturel. Le cap suivant se
tingue par ses **Sommets de cheminées** (Chimney Tops – **6**), trois piles de roche form
par le deuxième flux de lave. À travers un passage dans les rochers, le chemin
nètre à l'intérieur de Port Na Spaniagh où le *Gerona*, un galion de l'Invincible
mada, fit naufrage en 1588 sans laisser de survivants. Les trésors, découverts

plongeant dans l'épave en 1968
sont aujourd'hui au musée de
l'Ulster à Belfast. Derrière le cap
suivant, appelé le Dos du Cheval
(Horse Back), se trouve Port na
Callian. Plus loin, une file de silhouettes, le **Roi et ses nobles** (King
and his Nobles – **7**), ayant l'air de
venir à cheval depuis la mer, forment un promontoire. Après
avoir longé les deux baies suivantes, le chemin grimpe dans les
rochers et surplombe le **Fer à
cheval** (Horseshoe, *à gauche* – **8**)
avant de gagner le **Siège d'Hamilton**
(Hamilton's Seat), sur la pointe
de Benbane. Son nom vient du
Dr William Hamilton qui publia
ses *Lettres concernant la côte
nord de l'Antrim* en 1786. C'est
un parfait endroit pour voir l'ensemble des formations géologiques et admirer la **vue★★** qui,
par temps clair, s'étend jusqu'aux montagnes du Donegal *(à
l'Ouest)*, l'île de Rathlin et le Mull
of Kintyre en Écosse *(à l'Est)*.
Le sentier au sommet de la falaise
ramène au Causeway Visitor
Centre. La vue embrasse
l'ensemble des formations volcaniques.

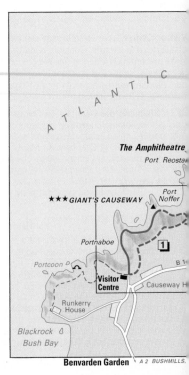

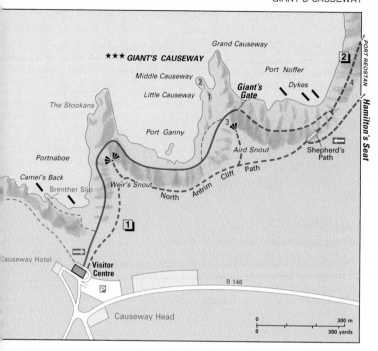

Dunseverick Castle – *Accessible par le sentier de la falaise au départ de la pointe de Benbane ou par la route (B 146) partant de Bushmills.* La place donnée à ce château dans les textes est due plus à son site impressionnant, sur un promontoire séparé du continent par deux défilés, qu'à son apparence de ruine modeste. Au 5e s., saint Patrick s'est rendu à Dunseverick, le « fort royal de Sobhairce ». Ce château était relié à Tara, dans le comté de Meath, par une route traversant le défilé de Moyry.

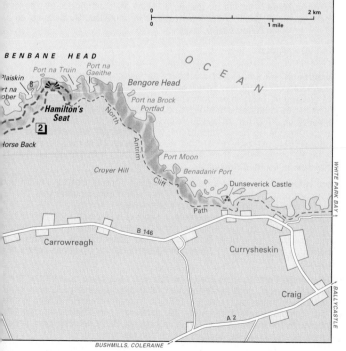

351

LISBURN

LIOS NA GCEARRBHACH – Antrim – 42 110 habitants
Carte Michelin n° 923 O N 4 ou Atlas Great Britain & Ireland p. 99

La ville est située au cœur de la région linière et, tout au long du 19ᵉ s., elle ass
la moitié de la production de lin tissé en Ulster. Louis Crommelin en fit le centre
ses affaires lorsqu'il fut nommé surintendant du lin d'Irlande par Guillaume III.
1707, Lisburn fut détruit par un incendie qui n'épargna que la salle de réunion.

haut de la place du marc
De 1873 à 1885, son dép
fut Sir Richard Wallace, p
priétaire de la collection
même nom à Londres. Sa r
dence à Lisburn, qui est
copie de Hertford House,
demeure londonienne *(voi
Guide Vert Londres)*, se dre
face à l'entrée du parc.

Lisburn pratique

Irish Linen Tour ⊘ – Visite guidée de plusieurs filatures de lin et du Centre du lin.

Promenades – Un chemin de halage
(14,5 km) relie Lisburn à Belfast.

CURIOSITÉS

★**Irish Linen Centre and Lisburn Museum** ⊘ – La salle des fêtes, aménagée
agrandie, abrite le Musée municipal ainsi qu'une intéressante exposition bross
l'histoire de l'industrie linière de la région, de son introduction au 17ᵉ s. à nos jo
Elle ne met pas seulement l'accent sur la technique, mais montre aussi la beaut
l'adaptabilité du lin et la vie des gens qui le travaillent. Du tissu venant du tomb
de Toutankhamon rappelle que le lin jouait déjà un grand rôle dans l'Antiquité.
Moyen Âge, on exportait le fil de lin irlandais vers l'Angleterre, où il était tissé.
17ᵉ s., les tisserands anglais et écossais entreprirent de le travailler sur place,
tard sous la direction de Crommelin, dont le portrait trône dans la salle princip
On voit des démonstrations de filage et de tissage, la reconstitution d'un ate
familial à la fin de la fin du 18ᵉ ou du début du 19ᵉ s., et celle, saisissante, d'
filature au 19ᵉ s.
Le linge damassé traditionnel délicat contraste vivement avec ses équivale
contemporains, dont les motifs originaux sont le fruit de recherches graphic
par ordinateur.
Des expositions temporaires présentent l'importante histoire locale et d'autres
lections du Musée municipal.

Christchurch Cathedral ⊘ – La ville est dominée par la cathédrale (1623, recc
truite en 1708), bel exemple du style gothique de la « Plantation », le Plant
Gothic *(voir p. 85)*. Dans le cimetière, on peut voir la tombe de Crommelin *(su
côté Sud)*.

Parc du château – Le site du **château**, au Nord de la cathédrale, est aujourd
un petit parc public entouré par des vestiges de murailles. Du parapet, on a
jolie vue sur les méandres de la Lagan.

EXCURSIONS

★**Hillsborough** – *4 km au Sud de Lisburn par des routes secondaires.* Cette c
mante bourgade acquit son aspect georgien sous Wills Hill (1718-1792), qui
élevé au rang de marquis du Downshire en 1789.
Au sommet de la butte sur le côté Est de la place se dresse le **château de Hillsboro**
commencé en 1760 par Wills Hill, et devenu par la suite la résidence du gou
neur de l'Irlande du Nord. Aujourd'hui, il est utilisé par les services de l'Éta
s'abrite derrière une belle grille en fer forgé élevée en 1936 mais conçue en 1
sans doute par les frères Thornberry. À l'origine, elle était destinée au château
Richill dans le comté d'Armagh.

Court House ⊘ – Au centre de la place s'élève l'ancien marché couvert à
niveaux, au portique construit en 1760. Deux ailes furent ajoutées vers 1810
accueillir le **palais de justice** et un marché plus vaste.
Une exposition instructive consacrée à la **justice et la loi** commence par un rés
de la loi Brehon – en établissant un parallèle avec la politique pénale conten
raine – et retrace les origines du droit coutumier par le biais de panneaux et d
présentation audiovisuelle *(10 mn)*. Elle décrit aussi les traditions liées à la
des juristes.

★**Hillsborough Fort** ⊘ – Les portes au côté Est de la place ouvrent sur une
conduisant au fort, dont la construction fut entreprise vers 1630 pour contr
les principales routes du comté. En 1650, le colonel Arthur Hill acheva le cha
et fut nommé gouverneur, avec 20 gardiens, par Charles II, qui déc
Hillsborough fort royal. Celui-ci forme un carré de 82 m de côté, avec aux qu
coins un bastion en saillie pour les tirs de flanquement.

En 1770, Wills Hill perça dans le rempart Nord-Est une autre entrée surmontée d'un belvédère. Il transforma le corps de garde, pris dans l'enceinte au Nord-Ouest, en un petit fort néogothique, comportant des ouvertures en ogive et des larmiers supportés par des grotesques. Des divertissements avaient lieu au premier étage du corps de garde ou dans la cour.

Des fouilles ont révélé que le fossé central avait été établi à l'emplacement d'une tranchée circulaire qui pourrait avoir été creusée entre les 5ᵉ et 10ᵉ s.

St Malachy's Church – L'église anglicane St-Malachie, construite en 1662, fut agrandie (1760-1773) par Wills Hill. Il y ajouta la tour principale et la flèche, ainsi que les deux tours subsidiaires, orna l'intérieur de boiseries gothiques en chêne et ajouta des bancs d'église en buis encore installés dans le transept. Le chef d'orchestre Hamilton Harty (1879-1941), dont le père était organiste, repose au cimetière.

Rowallane Gardens ⊘

16 km à l'Est de Hillsborough par la B 178 vers Carryduff, puis la B 6 jusqu'à Saint-field et la A 7 vers le Sud. Le parc (21 ha), connu pour ses grands massifs d'azalées et de rhododendrons, est l'œuvre d'un horticulteur qui hérita du domaine en 1903, Hugh Armitage Moore. Il consacra un demi-siècle à transformer les *drumlins (voir en Introduction : Physionomie du pays)* en un jardin naturel : jardin de rocailles sur un affleurement rocheux naturel ; tapis de fleurs sauvages pour attirer les papillons ; jardins d'eaux avec des sources et un ruisseau ; jardin clos de murs où poussent fuchsias et roses en buissons. On voit toujours dans le bois les murets de pierre qui séparaient autrefois les champs. Le jardin d'agrément qui s'étend derrière la maison (siège du National Trust) se prolonge par une vaste pelouse jusqu'à une petite mare.

J. Harpur/National Trust Photographic Library

Rowallane – Le jardin clos

Vallée de la Lagan *14,5 km – une demi-journée*

La vallée de la Lagan est l'une des plus fertiles régions d'Irlande du Nord. La rivière s'écoule vers le Nord, traverse Belfast et se jette dans la mer au Belfast Lough. La vallée forme aujourd'hui un parc régional traversé par le **canal de la Lagan**, creusé pour acheminer le charbon de Coalisland, via le lac Neagh, jusqu'à Belfast. Ironie de l'histoire, il fut surtout utilisé pour transporter la houille qui était importée par Belfast. Géré par la Compagnie de navigation de la Lagan, fondée en 1843, il devint la voie d'eau la plus prospère de l'Ulster, mais son trafic déclina vers 1930. Il fut fermé en 1958 et son lit, de l'Ouest de Lisburn à Moira, fut transformé en autoroute.

Quitter Lisburn par la route A 1 en se dirigeant vers le Nord ; à Hilden, tourner à droite (panneau).

Brewery Visitor Centre ⊘, à **Hilden** – La brasserie, occupant une demeure georgienne avec une cour agréable, reçut autrefois la visite de William Wordsworth. Dans le restaurant, une exposition couvre l'histoire de la bière et de sa fabrication, du village d'Hilden et de la brasserie, dont les visites ont lieu avant et après le déjeuner.

Continuer vers le Nord sur la A 1 et tourner à droite sous le pont de chemin de fer pour prendre la B 103 en direction de Lambeg.

Lambeg – Ce joli village a donné son nom aux énormes tambours *(14 kg)* a décorations peintes dont on joue pendant les défilés de l'Orange Day. Ils fure introduits des Pays-Bas en Irlande par l'armée de Guillaume III.

Continuer sur la B 103 vers Drumbeg. Parc de stationnement (à gauche) en f de l'église.

Église de Drumbeg ⊘ – À partir de la magnifique porte d'entrée du cimetiè (1878), le chemin passe sous une voûte d'ifs en montant vers l'église qui couron une butte. L'église actuelle (1870), cruciforme, possède une abside peu profon et une remarquable charpente. Une pierre du porche d'entrée porte une inscript

Tambours de Lambeg

NITB, Belfast

en vieil anglais, « A F Howse 1675 » (U maison libre), rattach à une émouvante h toire d'amour racon tout à côté. La plus cienne mention d'u église à cet empla ment remonte à 130 mais la consécration saint Patrick et la sit tion de l'église p d'un gué laissent s poser qu'elle exist déjà bien avant.

Continuer au Nord direction de Belfast.

Dixon Park – *Parc stationnement.* Le p est réputé pour ses c tures expérimenta de roses et ses 30 C rosiers disséminés sur 4 ha. Le verdict final pour ces roses a lieu pendant la **Sema de la rose de Belfast** qui, chaque année à la mi-juillet, attire les rosiéristes des qua points du globe. Le parc, ancien domaine privé sur la rive Nord de la Lagan, offert à la municipalité de Belfast par Lady Edith Stewart Dixon, en 1959, afin c ses vieux arbres, ses bois, ses boqueteaux et ses rhododendrons puissent ê appréciés de tous.

Continuer vers le Nord par la B 103. Au rond-point, tourner à droite sur la ro à quatre voies puis encore à droite.

Malone House ⊘ – *Parc de stationnement.* En 1603, Jacques Ier concéda domaine Barnett à la famille Chichester, qui reçut plus tard le titre de comtes Donegall. Depuis cette époque, trois maisons ont occupé la colline qui domine passage sur la Lagan.
Gravement endommagé par des bombes terroristes en novembre 1976, le b ment fut construit et sans doute dessiné à la fin des années 1820 par Will Wallace Legge, qui acheta plus tard le bail du domaine entier. La maison a été r taurée à l'aide des plans d'origine.
L'extérieur, simple et sans prétentions, contraste avec l'intérieur élégant et s cieux. Le vaste hall d'entrée en forme de T mène à un escalier de pierre orné balustres de fer en forme de crinoline. Des niches abritant des statues encadr la grande fenêtre en arcade de l'escalier. Les chambranles des portes sont c siques : leur décoration en relief (frises de rinceaux) équilibrent harmonieusem les frontons triangulaires soutenus par des consoles.
Du premier étage, une magnifique vue s'étend, au-delà du jardin, sur le doma boisé descendant au Sud vers les cinq arches de pierre du **Shaw's Bridge** (1711), enjambe la Lagan à côté du pont moderne. Il remplace celui construit en ch par le capitaine Shaw en 1655 pour les canons de Cromwell.

En quittant le parc, reprendre à droite la route à 4 voies ; après avoir pass pont, tourner encore à droite, puis prendre, encore à droite, la route le long d rive Sud vers Edenderry (panneau indicateur).

Edenderry – La route se termine près de la rivière, au milieu de cinq rangées cottages de brique rouge accompagnées d'une chapelle. L'atelier de tissage d dépendaient ces habitations n'existe plus depuis longtemps.

Retourner au dernier carrefour en T ; tourner à droite sur la route de Ballynaha après 1,5 km, tourner à droite (indication « Giant's Ring »).

Giant's Ring – *Parking.* Le « Ring », sans doute un lieu d'assemblée ou de cu est un énorme remblai de gravier et de rochers qui entoure un cercle de 18C de diamètre, avec en son centre une tombe à chambre mégalithique.

LONDONDERRY★

DOIRE – Londonderry – 72 334 habitants
Carte Michelin n° 923 K 3 ou Atlas Great Britain & Ireland p. 101

ndonderry est souvent appelé par son nom d'origine, Derry, qui signifie « chênaie ». préfixe « London » fut ajouté au 17ᵉ s., lorsque le développement de vastes terri-res en Irlande du Nord fut confié aux corporations de Londres. La vieille ville, au mmet d'une colline sur la rive Ouest de la Foyle, est toujours entourée de ses murs 17ᵉ s. Les monts Sperrin, aux formes rondes et douces, s'élèvent au Sud-Est de la e. À l'Ouest et au Nord, les monts du Donegal dévoilent leur grandeur sauvage.

ndation monastique – Selon la tradition, le monastère de Derry fut fondé en 546 r saint Columba. La ville fut occupée par les Anglais en 1565 et 1600. En 1608, cours des quatre mois de rébellion menée par **Sir Cahir O'Docherty**, ses troupes atta-èrent la ville et s'en emparèrent, mais leur élan fut arrêté net après la mort de leur ef à Kilmacrenan.

e Irish Society – Au moment de la Plantation, période d'installation en Ulster de lons venant de Grande-Bretagne, une charte royale créa en 1613 l'Honorable Société ndaise, pour mettre en valeur le comté de Coleraine, rebaptisé comté de ndonderry. La majeure partie des terres fut répartie entre les 12 principales cor-rations londoniennes. Seules les villes de Derry et de Coleraine furent conservées r la Société, qui utilise toujours les revenus de ses pêcheries et de ses biens fons-rs pour encourager des projets au bénéfice de toute la communauté.

LA VILLE INTRA-MUROS

Remparts et portes ⊙ – Les murs (1,5 km de long) entourant la colonie, érigés de 1613 à 1618 par la Société irlandaise, comportaient d'abord quatre portes. **Ferryquay Gate** (porte du Quai de transport) fut fermée, en 1688, au début du siège, par les treize apprentis *(voir encadré concernant le siège de Londonderry)*. **Shipquay Gate** (porte du Quai des bateaux) est surmontée par cinq des canons qui défendi-rent la ville. Au Sud-Ouest de **Butcher's Gate** (porte du Boucher), se dresse le **bastion royal** sur lequel le colonel Michelburn hissa le drapeau cramoisi. **Bishop's Gate** (porte de l'Évêque) fut reconstruite en 1789 en arc de triomphe à la mémoire de Guillaume d'Orange. Trois autres portes furent ouvertes ultérieurement.

St Columb's Cathedral ⊙ (Z) – C'est en 1613 que la Société irlandaise prit la décision de construire une cathédrale, mais les travaux ne débutèrent qu'en 1628 et l'édifice fut consacré en 1634. Ce fut la première cathédrale construite dans les îles Britanniques après la Réforme. Le chœur prévu sur les plans d'origine ne fut ajouté qu'en 1887. La cathédrale, entièrement crénelée, est de style gothique per-pendiculaire tardif. La tour, surmontée d'une flèche (58 m) du début du 19ᵉ s., abrite un carillon de treize cloches.
L'**obus de mortier** porteur des conditions de reddition, qui fut tiré dans la ville pendant le siège de 1689, est conservé sous le porche.
Le baptistère *(à gauche)* évoque le souvenir de Mrs C. F. Alexander (1818-1895), épouse de l'évêque de Derry. Elle écrivit plusieurs hymnes bien connus illustrés sur l'une des fenêtres du mur Nord.
Les vitraux, dans la sacristie du chœur *(à droite)*, offerts en 1913 par les descen-dants des défenseurs de la ville, décrivent la fermeture des portes en 1688 *(à gauche)*, l'aide apportée à la ville en 1689 *(au centre)* et les célébrations du cen-tenaire de 1789 *(à droite)*. Le superbe **plafond de la nef**, à charpente apparente, est soutenu par des corbeaux de pierre sculptés qui représentent les évêques de Derry, de 1634 à 1867, et le révérend George Walker. Le buffet d'orgue en acajou date de 1747. Plusieurs plaques commémoratives intéressantes sont disposées sur les murs du bas-côté Nord ; la quatrième porte les symboles mortuaires de l'époque.
La **cathèdre** (trône de l'évêque), curieusement placée dans la nef en 1861 (au lieu d'être dans le chœur), est une splendide chaise d'acajou, de style Chippendale chinois (18ᵉ s.). Elle aurait été offerte par le comte-évêque.
Sur l'arche du chœur, au-dessus de la chaire, la **Cross of Nails**, offerte par la cathé-drale de Coventry, symbolise la paix et la réconciliation. Un retable en pierre de Caen se dresse, à l'Est, sous la fenêtre de l'Ascension ; les mosaïques, dans les ailes, représentent les quatre évangélistes, saint Patrick et saint Columba *(le deuxième en partant de la droite)*. Le tapis, entièrement tissé à la main, arbore les blasons de la Société irlandaise, de l'archevêché de Derry et Raphoe et de l'ar-chevêché de Derry (l'archevêché de Raphoe ayant été rattaché à celui de Derry en 1835). Les deux drapeaux furent pris aux Français pendant le siège de 1689 ; seuls les fils de métal et les hampes sont d'origine.
La **salle capitulaire** *(demander l'accès au bedeau)* fut construite en 1910 et contient plusieurs objets intéressants : les cadenas et les clés des anciennes portes de la ville ; des boulets de canon ; l'épée du gouverneur Walker ; des fragments du drapeau cramoisi du colonel Michelburn ; de l'argenterie, certaines pièces datant de 1613 ; une paire de pistolets et un bureau en forme de haricot, qui auraient appartenu au comte-évêque ; des portraits de Mrs Alexander et de son mari et une copie du livre de cette dernière, *Hymnes pour les petits enfants*.

LONDONDERRY

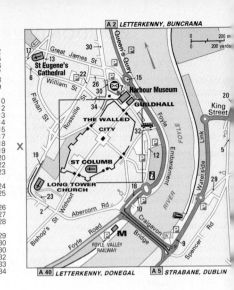

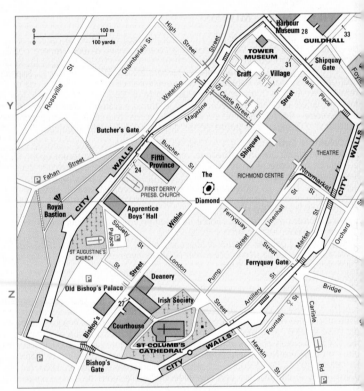

En Irlande du Nord, il peut arriver que, dans le centre des villes,
le stationnement soit réservé aux véhicules sous surveillance

★**Tower Museum** ⊙ (Y) – Cet édifice moderne de style médiéval abrite une ex
sition détaillée retraçant l'histoire de la cité de Derry.
Une galerie de brique, typique des maisons du 17ᵉ s., conduit le visiteur depuis
origines monastiques de Derry, dans son bois de chênes, jusqu'à la période tr
blée d'aujourd'hui, en passant par la colonisation du 17ᵉ s., le siège de Derr
ses conséquences, l'émigration au 19ᵉ s., la division de l'Irlande et les troubles
l'après-guerre.

Fifth Province ⊙ (Y) – *Butcher Street*. Cette évocation ambitieuse et imag
tive de l'histoire et de la culture celtiques occupe un centre d'affaires et
conférences moderne. Le large emploi des technologies donne au passé
touche de magie et souligne son impact sur le peuple d'Irlande et de la diasp
irlandaise.

Le siège de Londonderry

En décembre 1688, dans le climat d'incertitude causé par la fuite en France de Jacques II et par le débarquement de Guillaume d'Orange dans le Devon, treize apprentis de Derry fermèrent les portes de la ville à un régiment jacobite commandé par le comte d'Antrim, envoyé pour occuper Londonderry. Les citoyens se déclarèrent en faveur de Guillaume et accueillirent nombre de ses partisans malgré le peu de vivres dont ils disposaient. En mars 1689, Jacques II débarqua en Irlande avec 20 000 hommes ; en avril, il assiégeait la ville. Il fit barrer la rivière, bloquant pendant sept semaines le passage des bateaux de ravitaillement. Après le départ de Lundy, qui avait proposé la capitulation, le major Henry Baker et le révérend George Walker prirent le commandement des assiégés. Le 10 juillet, les assiégeants tirèrent sur la ville un obus portant les conditions de la reddition. Les défenseurs hissèrent sur le bastion royal un drapeau cramoisi pour signifier *No surrender* (On ne se rend pas). Le siège dura quinze semaines. Parmi les 30 000 personnes prisonnières des murs, des milliers moururent de faim. Le 28 juillet 1689, le barrage fut rompu et les navires de secours purent atteindre le quai. Trois jours plus tard, l'armée de Jacques II battait en retraite.

Craft Village (Y) – Des arrière-cours livrées à l'abandon ont été transformées avec bonheur en un réseau d'allées pittoresques bordées d'édifices traditionnels accueillant cafés et boutiques spécialisées.

Centre-ville – Un mémorial de guerre s'élève sur la place centrale, **The Diamond** (Y), où se trouvait autrefois l'hôtel de ville. Chacune des quatre grandes rues qui en partent conduit aux quatre portes principales. **Shipquay Street** (Y), l'une des rues commerçantes les plus pentues des îles Britanniques, comprend plusieurs édifices imposants et des bars en sous-sol.

Plusieurs beaux bâtiments bordent **Bishop's Street Within** (Z). Les bureaux de la **Société irlandaise** sont logés dans un majestueux édifice géorgien (1764). À côté, le **doyenné** (Deanery), élégant bâtiment de la même époque, montre une porte splendide. Le **palais de justice**, bâtiment néogrec de grès blanc, est doté d'un portique ionique. En face, l'ancien **palais épiscopal** en briques rouges, aujourd'hui Maison des francs-maçons, a été construit par le comte-évêque à l'emplacement de la maison du colonel Baker, défenseur de la ville pendant le siège.

À l'emplacement des anciens abattoirs s'élève **Apprentice Boys' Hall** (YZ).

AUTRES CURIOSITÉS

Long Tower Church ⊘ (X) – L'**église de la Grande-Tour** est la plus ancienne église catholique de Derry (1784-1786). Elle montre un intéressant intérieur rococo avec de vastes galeries très pentues. Il se dresse sur le site de Templemore, une grande église médiévale construite en 1164. Le nom de l'édifice actuel dérive de la grande tour (10e s.), unique vestige de l'église du Moyen Âge, détruite par une explosion en 1567. Du cimetière, on a une belle vue sur le bastion royal.

Guildhall ⊘ (Y) – La **maison des Guildes**, sérieusement endommagée à deux reprises – en 1908 par le feu et en 1972 par des bombes –, fut érigée en 1890, dans le style gothique tardif, grâce à un prêt de la Société irlandaise. La façade sur la rivière est richement ornée. La tour d'angle possède une grande horloge à quatre faces. Une reproduction du tableau de Follingby, *La Délivrance de Derry*, décore le vestibule revêtu de marbre. Les vitraux sont l'œuvre d'artisans originaires de l'Ulster et représentent, dans les escaliers, des scènes londoniennes et des anciennes vues de Derry dans la grande salle, lambrissée de chêne et parée d'un superbe plafond.

Harbour Museum ⊘ (Y) – Le magnifique édifice du 19e s., qui servait jadis aux assemblées des commissaires du port, est aujourd'hui un musée qui recèle des peintures, des maquettes et toutes sortes de souvenirs liés à la vie maritime. L'élément marquant de cette exposition est un *curragh*, le plus grand jamais conçu, réalisé en 1963 pour commémorer le légendaire voyage de saint Columba à Iona.

St Eugene's Cathedral (X) – Au Nord-Ouest du centre-ville, entre un élégant quartier géorgien et la tranquillité verdoyante du parc Brooke, se dresse la cathédrale catholique, dédiée à saint Eugène en 1873 par l'évêque Keely, en mémoire duquel fut construite la verrière Est. La construction de ce bâtiment néogothique, conçu par J. J. McCarthy, débuta en 1853 pour s'achever en 1903 par la pose d'une croix au sommet de la flèche.

Foyle Valley Railway Centre ⊘ (X M) – Londonderry était autrefois desservi par quatre compagnies de chemin de fer, dont la Londonderry and Enniskillen, « vraisemblablement la moins efficace si ce n'est la plus dangereuse qui ait jamais

desservi l'Irlande ». Ici aussi se trouvait le terminus du County Donegal Railw
dont le réseau à voie étroite était le plus long d'Irlande (200 km). Le centre exp
des locomotives à vapeur, des voitures de voyageurs, un vieux wagon de m
chandises, des signaux et des bagages. Des trains d'excursion, tirés par des voitu
diesel (1934), y circulent le long de la Foyle sur un tronçon à voie étroite de 3,2
que l'on envisage de porter à 14,5 km en la prolongeant vers l'amont jusqu'à Sa
Johnston.

★**Workhouse Museum** ⊘ – *23 Glendermott Road, Waterside*. L'ancien hosp
municipal, bâti en 1840 par George Wilkinson pour 800 pensionnaires, abrite
bibliothèque *(rez-de-chaussée)* et un musée *(étages supérieurs)*. Le premier éta
présente d'excellentes expositions et films sur le rôle joué par la ville pendant
Seconde Guerre mondiale, notamment la bataille de l'Atlantique. Au deuxième éta
ont été recréées les sordides conditions de vie à l'hospice au 19e s. Une exposit
originale met en parallèle la famine irlandaise de 1845-1849 et celles qui séviss
aujourd'hui dans la corne de l'Afrique, en particulier en Somalie.

MOUNT STEWART★★★

Down

Carte Michelin n° 923 P 4 ou Atlas Great Britain & Ireland p. 99

8 km au Sud-Est de Newtownards par la A 20

Une ceinture d'arbres sur la rive Est du Strangford Lough protège les fameux jar
de Mount Stewart qui servent d'écrin à la maison dessinée par George Dance et Will
Vitruvius Morrison. La maison des banquets, imitation de la tour des Vents d'Athèr
est due à James Stuart « l'Athénien ».

Militaires et hommes d'État

Le domaine fut acheté en 1744 par **Alexander Stewart**, dont les ancêtres écossais
avaient eu au 17e s. la concession d'une terre sur la péninsule d'Inishowen. Il fit
construire une maison appelée Mount Pleasant, qu'agrandit son fils Robert, fait
marquis de Londonderry en 1816. Plus célèbre, son fils aîné Lord Castlereagh (1769-
1822), entré en politique en 1790 à 21 ans, parvint aux postes de secrétaire d'État
aux Affaires étrangères et de leader de la majorité à la Chambre des communes.
Son demi-frère, le troisième marquis, combattit dans les guerres d'Espagne et
devint ambassadeur à Vienne. Les générations suivantes embrassèrent aussi des
carrières militaires et politiques (à Westminster et au Stormont).

VISITE

Jardins ⊘ – Ils furent créés vers 1920 par Edith, Lady Londonderry, pour emb
les environs immédiats de la résidence et employer une partie de la main-d'œu
devenue excédentaire après la Première Guerre mondiale. Les plantes provienr
du monde entier. Les arrangements les plus classiques sont proches de la mais
Les énormes ifs irlandais près de la résidence dominent le **jardin à l'italienne**,
contient surtout des plantes herbacées ; il est fermé à l'Est par la **terrasse du D**
ornée d'animaux en pierre rappelant les surnoms, pas toujours flatteurs, don
par Lady Londonderry à certains de ses amis du Club de l'Arche, fondé par ell
Londres pendant la Première Guerre mondiale ; vers le Sud s'étend le **jard
l'espagnole**, reprenant les motifs du plafond de la tour des Vents ; le thème du **jar
en trèfle** (nommé ainsi pour sa configuration) est l'Irlande : un massif a été t
en forme de harpe et un parterre adopte la forme et les couleurs de la Main ro
de l'Ulster.
La colline dominant le **lac**, créé en 1846-1848, offre une **vue** superbe su
Strangford Lough. Une authentique pagode japonaise miniature borde le **chemin
Dames**, ancien sentier conduisant à la laiterie et au potager.

Résidence ⊘ – L'aile Ouest fut construite en 1804-1805 par George Dance.
majeure partie de la demeure (1825-1835) est due à William Vitruvius Morris
qui adopta un plan symétrique et utilisa la même pierre sombre avec des sai
plus claires. Il ajouta une balustrade à hauteur du toit pour donner une sensat
d'unité. Un portique ionique géant, assez vaste pour permettre le passage d
attelage, protège l'entrée.
De nombreux portraits des membres de la famille et de leurs chevaux de co
décorent l'intérieur, à côté du mobilier anglais et irlandais, des collections de p
celaines et de sculptures classiques.
La **salle à manger** contient, entre autres portraits, ceux de Lord Mountjoy en arm
de Guillaume d'Orange et de Schomberg. Les 22 fauteuils Empire, alignés le l
du mur, sont ceux qu'utilisèrent les participants au congrès de Vienne en 18

Le jardin italien

La pièce suivante expose les **souvenirs de Lord Castlereagh** qui, au titre de secrétaire d'État aux Affaires étrangères, représenta le Royaume-Uni au congrès de Vienne en 1814 et au traité de Paris en 1815 : son portrait, d'après Lawrence, au-dessus de la cheminée ; des bustes d'hommes politiques contemporains de Lord Castlereagh ; un buste de Napoléon. Les cinq fauteuils d'angle du 18ᵉ s. en bois de corail viennent de Goa.

Une grande partie de l'**ébénisterie** de l'aile occidentale est l'œuvre de John Ferguson. Dans le salon de musique, le parquet, marqueterie de chêne, d'acajou et de sapin des tourbières, reflète le plafond voûté en plâtre.

La **chambre de Rome** reflète le goût des années vingt pour les couleurs vives et les matériaux riches. Dans le spacieux **salon** créé par Morrison à partir de trois pièces plus petites, on trouve les portraits de Lord et Lady Castlereagh, et de nombreuses curiosités. Le mobilier comprend trois tapisseries d'Aubusson, deux trumeaux italiens du 18ᵉ s., un grand bureau autrichien en marqueterie de noyer et une console de Boulle sur laquelle repose une horloge en cuivre et écaille de tortue. Des vases, des urnes d'albâtre et de marbre de Carrare translucides et deux chandeliers tripodes sculptés de lions font office de lampes.

Tour des Vents ⊘ – *À 1/2 h de marche AR depuis la maison, ou prendre la route en direction du Sud-Est sur environ 200 m jusqu'au parking situé à 5 mn de marche.* Édifiée sur un tertre, la tour permet d'admirer le Strangford Lough *(voir ce nom)* jusqu'à la colline de Scrabo, d'où proviennent les pierres de cette construction. Elle fut conçue en 1783 par James Stuart « l'Athénien » comme maison de banquet pour le 1ᵉʳ marquis de Londonderry. Elle est la fidèle réplique de la tour des Vents d'Athènes, hormis les balcons.

On accède à la tourelle de l'arrière par un escalier en spirale en porte-à-faux sous un beau plafond à caissons. Le parquet marqueté du premier étage s'harmonise avec les caissons, les écailles et les coquilles du plafond. L'office où se préparaient les plats, souterrain, est relié au sous-sol voûté par une galerie.

MOURNE Mountains★★

Monts MOURNE – Down

Carte Michelin nº 923 N et O 5 ou Atlas Great Britain & Ireland p. 99

monts Mourne, dont le point culminant, le Slieve Donard (852 m), domine la baie de ndrum, s'étendent vers l'Ouest jusqu'au **Carlingford Lough** et s'achèvent au Nord en treforts vallonnés. Le nom de **royaume de Mourne** fut donné à la bande de terre entre r et montagne, région de petits champs séparés par des murs de pierres sèches où, dant des siècles, une vie fondée sur l'agriculture et la pêche s'écoula paisiblement. Les lo-Normands bâtirent des châteaux à Newcastle et à Greencastle. Seul a survécu celui Greencastle, autrefois capitale du royaume. Newcastle est aujourd'hui une station de d de mer sur la baie de Dundrum, et la première ville de la région.

LES MONTS MOURNE PRATIQUE

Dans les montagnes – On peut découvrir le magnifique paysage aussi bien randonnée pédestre sur les hautes terres qu'en roulant le long de la côte et les routes de montagne. Les informations sur la région sont dispensées par **Mourne Countryside Centre** ○, *91 Central Promenade* à Newcastle, qui propose au en été un programme de randonnées dans les collines.

Sur la côte – Les plages de Newcastle et Cranfield attirent les baigneurs. À Newcastle, le **Castle and Islands Park** propose balançoires et toboggans, ses attr tions Slippery Dip et Crazy golf, un golf miniature, un parcours de golf 9 tro des courts de tennis et un lac pour le canotage.

Le centre **Tropicana** offre, en plus de ses bassins d'eau de mer chauffés en pl air, toboggans aquatiques géants, château trampoline, terrain d'aventur crèche surveillée et club pour enfants.

Coco's Indoor Adventure Playground est aussi équipé de toboggans, d'un parcours jeune combattant et d'une aire de jeux pour activités moins énergiques.

On a le choix entre 13 **caravanings** à Newcastle et alentour.

Manifestations – La traditionnelle Foire aux moutons de Hilltown, la **Boley F** a lieu le mardi suivant le 12 juillet ; le **Maiden of Mourne Festival** se déroul Warrenpoint, avec feux d'artifice en soirée *(plusieurs jours au début du m d'août)*.

Se loger dans les monts Mourne

Briers – *39 Middle Tollymore Road, Newcastle BT33 0JJ* – ☎ *(028) 4372 43 – fax (028) 4372 6633 – 9 chambres.*
Hôtel familial accueillant, avec un bon rapport qualité-prix.

Burrendale House and Country Club – *51 Castlewellan Road, Newcastle BT33 0J* ☎ *(028) 4372 2599 – fax (028) 4372 2328 – 67 chambres.*
Agréable établissement d'époque offrant un large éventail de loisirs.

Glassdrumman Lodge – *85 Mill Road, Annalong BT34 4RH (3 km à l'intérieur terres)* – ☎ *(028) 4376 8451 – fax (028) 4376 7041 – 8 chambres.*
Gérée par une famille, cette résidence agrandie ouvre sur la mer et les m tagnes.

LA BAIE DE DUNDRUM

Newcastle – La ville « où les monts Mourne viennent plonger dans la mer », com dit le poète Percy French, est une des premières stations touristiques d'Irland son essor a commencé au début du 19ᵉ s., quand les vacances à la mer sont de nues à la mode. Une longue promenade bordée d'hôtels, de boutiques et de j d'arcade s'étire à partir du port vers le Nord-Est, le long de l'interminable pla de sable qui ouvre sur la baie de Dundrum. Après l'hôtel en briques rouges Sli Donard, construit en 1898 par la compagnie du chemin de fer, s'étend le va terrain du Royal County Down Golf Club, où s'affrontent des champions.

Le bâtiment arrondi de l'église catholique **Notre-Dame-de-l'Assomption** ○ (1967) a orné de vitraux audacieux de couleurs vives en 1969. Ceux de la nef montrent douze apôtres et leurs emblèmes ; ceux des chapelles latérales représentent sy boliquement la naissance, la vie et la passion du Christ.

Sur les rives de la Glen, **Donard Park** est le domaine d'une ancienne résidence d' bâtie dans les années 1830 par le comte Annesley de Castlewellan *(voir plus lo* aujourd'hui démolie. Un sentier part du Donard Bridge et monte à travers bois **Slieve Donard** (852 m). Point culminant des monts Mourne, autrefois appelé Sli Slanga, il a été rebaptisé en hommage au chef local Donard, que saint Patrick au converti. Après la mort de Donard en 506, un pèlerinage se rendait tous 25 juillet au cairn de saint Donard, au sommet.

Murlough National Nature Reserve ○ – *3 km à l'Est de Newcastle par la A Parc de stationnement.* Cette réserve naturelle protège des dunes, dont certai ont au moins 5 000 ans, qui s'étendent entre la rivière Carrigs et la rive No Ouest de la baie de Dundrum. Toutes sortes de plantes y prospèrent, offrant habitat attractif pour une grande variété d'oiseaux. Les archéologues ont déc vert des vestiges d'habitations primitives, ainsi qu'un **dolmen** tripode haut de 2,5(vieux d'environ 4 000 ans.

★**Dundrum Castle** ○ – *6,5 km à l'Est de Newcastle par la A 2 ; à Dundrum, mor à gauche la colline jusqu'au parking.* Les ruines du château de Dundrum occup un site agréable de bois et de verdure au sommet d'une colline au Nord du bou On l'appelle aussi château de Magenis, du nom de la famille irlandaise qui l'ha tait à la fin du Moyen Âge. La cour inférieure (13ᵉ –15ᵉ s.) entoure les ruines d' résidence autrefois majestueuse, bâtie par la famille Blundell au 17ᵉ s.

La partie la plus ancienne du château, la cour supérieure, recouvre un premier site, sans doute aménagé par John de Courcy vers 1177 pour défendre la péninsule de Lecale. Les défenses naturelles du site ont été renforcées par un fossé impressionnant creusé dans le rocher. La tour ronde du donjon du 13e s. a été modifiée au 15e s. ; l'accès d'origine, au premier étage, était relié au mur d'enceinte par un pont. Pour ravitailler la forteresse en eau, on a creusé dans le rocher, au lieu du puits habituel, une citerne alimentée par suintement naturel.

Du parapet du donjon, on a une **vue** superbe à l'Est sur la péninsule de Lecale et au Sud-Est sur l'estuaire de la Blackstaff et l'étroit passage conduisant à la baie de Dundrum, qui s'étire du phare de St John's Point *(à l'Est)* au Slieve Donard et aux monts Mourne *(au Sud-Ouest)*.

L'INTÉRIEUR

Tollymore Forest Park ⊘, à **Bryansford** – Le parc forestier de Tollymore (500 ha) s'étend de part et d'autre de la Shimna, excellente rivière à saumons qui prend sa source au cœur des contreforts Nord-Ouest des monts Mourne.

De nombreux circuits de randonnées pédestres (entre 1,6 km et 14,5 km) explorent la promenade des azalées, l'arboretum, l'enclos du gibier d'eau sur le lac, la cascade (9 m), le saut à saumons, des biefs de moulins et un barrage sur la rivière, le vieux pont (1726), l'ermitage, la grange de Clanbrassil (environ 1757), semblable à une église, la porte gothique (1786) et la porte de la barbacane (1780), à laquelle on accède par une allée de cèdres de l'Himalaya. La forêt est un refuge pour les renards, les loutres, les blaireaux, les écureuils roux, les martres, les papillons en tous genres et de nombreuses espèces d'oiseaux, dont la bécasse.

James Hamilton, élevé au rang de comte de Clanbrassil en 1756, construisit la maison *(démolie depuis)* en 1730 et dessina le plan du parc en s'inspirant du style de William Kent. Il y planta beaucoup d'arbres, dont le mélèze et quelques espèces rares et exotiques. Les folies furent bâties par le deuxième comte. Plus tard, le domaine passa aux comtes de Roden qui le vendirent à l'État, en 1939 et 1941.

Castlewellan Forest Park ⊘ – Propriété depuis 1967 du ministère de l'Agriculture, le parc entoure un lac très poissonneux. Le **sentier des sculptures** (5 km) autour du lac est orné de pièces créées depuis 1992 à partir de matériaux naturels trouvés dans le parc. Sur la berge Sud on peut voir une glacière, et sur la rive Nord une pierre levée des temps païens, aujourd'hui gravée de symboles chrétiens. Plus haut sur la colline, derrière le château *(privé)*, s'étendent les **jardins d'Annesley**, entourés d'un mur et agrémentés de deux fontaines. Les noms de toutes les plantes y sont indiqués. Le jardin à la française montre des parterres géométriques et des serres. D'aspect plus naturel, l'**arboretum** a été planté entre 1850 et 1900 ; le parc alentour, sans doute entre 1740 et 1760. Le reste du domaine, couvert de bois, monte vers son point culminant, le Slievenaslat (273 m).

Parc à Castlewellan

Slide File, Dublin

Les terres de Castlewellan furent achetées aux Magennis en 1742 par la famille Annesley, d'origine bretonne. Arrivée en Angleterre pendant la conquête normande, elle s'installa en Irlande sous le règne d'Élisabeth Iʳᵉ. Elle occupa la Grange, ferme du 18ᵉ s. située près du parking, et le cottage *(démoli)* de Castlewellan, sur la rive Nord du lac, avant de faire construire en 1856 par William Burn ce château de style baronial écossais.

Castlewellan – *6,5 km au Nord-Ouest par la A 50.* Le plan de cette élégante ville fut tracé en 1750 par le comte d'Annesley. Les habitations sont agréablement disposées autour de deux places : l'une, située à l'Ouest, possède en son centre une halle (1764), l'autre, à l'Est, est bordée d'arbres.

Legananny Dolmen – *18 km au Nord-Ouest par la A 50, puis des routes secondaires (fléchées) après Castlewellan.* Monument funéraire préhistorique, le dolmen se compose de trois pierres, curieusement assez basses, soutenant dans un équilibre précaire une énorme pierre plate inclinée. De ce site sur le versant Sud du Slieve Croob (532 m), on jouit d'une **vue** magnifique sur les monts Mourne.

Brontë Centre ⊘ – *2,5 km au Nord de Rathfriland, près de la B 25 à Drumballyroney (panneau indicateur).* La petite école blanche et l'église de ce hameau ont été transformées en un centre qui met en lumière les liens entre la famille Brontë et la région. Les circonstances du premier sermon de Patrick Brontë, père des célèbres sœurs écrivains, sont reconstituées dans l'ancienne église attenante, désaffectée.
Un **circuit** balisé *(16 km)* conduit à d'autres sites associés à la famille.

Drumena Cashel and Souterrain – Un mur de pierres sèches entoure un espace ovale, sous lequel se cachent les fondations d'une maison et un souterrain en forme de T. C'était l'enclos d'une ferme du début de notre ère.

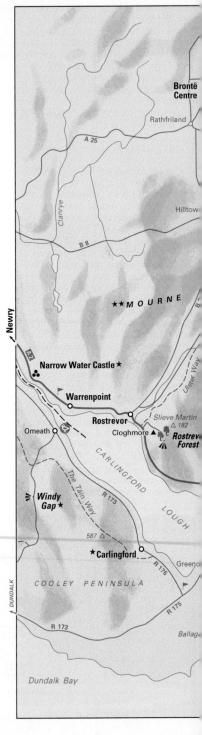

★**Silent Valley Reservoir** ⊘ – *Parking à l'extrémité de l'allée.* Le barrage et le réservoir (4 km sur 2,4 km) furent construits entre 1928 et 1933 pour approvisionner Belfast et le comté de Down en eau potable (136 millions de litres par jour). Une agréable promenade *(2 h AR à pied)* vers le barrage offre une superbe **vue** sur les eaux calmes du réservoir, au pied du versant Ouest du Slieve Binnian (744 m).

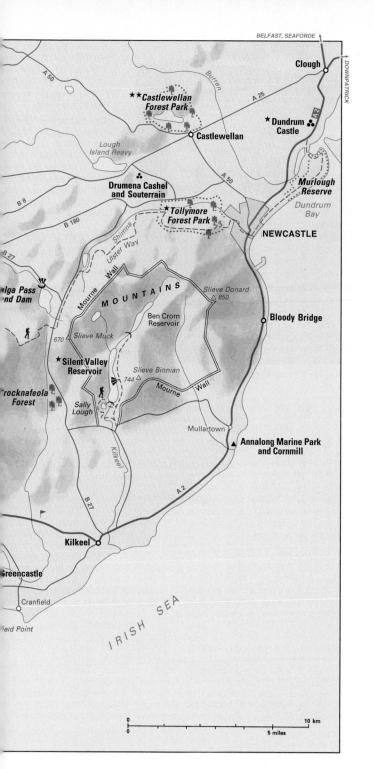

L'aire de captage de la retenue est entourée du **mur de Mourne**, qu'on voit serpenter à flanc de colline. De l'extrémité Est du barrage, le chemin continue au Nord vers le **Ben Crom Reservoir** (5 km) ; de l'extrémité Ouest, il redescend dans la vallée en passant devant le **lac Sally**, un beau lac naturel, traverse une pinède et revient par une passerelle de bois qui enjambe la rivière Kilkeel.

★Spelga Pass and Dam – Depuis le **barrage**, une splendide **vue** s'étend au Nord, par-delà les contreforts des monts Mourne, jusqu'aux collines ondoyantes du comté de Down.

C. Boisvieux

Comment remplir son panier à la foire de Boley

Sur les eaux calmes du r
servoir, qui recouvre
pré aux Cerfs, autrefois
pâturage d'été inondé
1959, on peut pratiquer
pêche à la truite.

Crocknafeola Fore
– *Aires de pique-nique.*
petite forêt de conifèr
se trouve près de la rou
qui traverse les mon
Mourne en longeant
Nord au Sud le versant c
cidental du Slieve Mu
(670 m).

LA CÔTE D'EST
EN OUEST

Newcastle – *Voir ci-dess*

Bloody Bridge – E
1641, un groupe de p
sonniers que l'on cond
sait de Newry à Downp
trick pour y être échang
contre des rebelles fure
massacrés par leur ga
dien, un insurgé nomn
Russell, qui craigna
d'être attaqué.

Marine Park and Cornmill ⊘, à **Annalong** – *Depuis la A 2, tourner vers le Sud p
du poste de police, en direction du rivage.* Sur les rives d'un cours d'eau, une ro
hydraulique actionne un **moulin à grain** du début du 19e s. *(restauré).* Le mécanisme
fonctionnement qui a été remis en état est représentatif de la méthode appliquée à
fin du 17e s. et au 18e s. dans les quelque 20 moulins de la région tant pour mouc
le grain que pour teiller le lin. La salle d'exposition retrace l'histoire de la meuner

---

Le pays des Brontë

Dans les contreforts septentrionaux des monts Mourne se trouve le cottage
en ruine (plaque) où Patrick Brontë, le père des célèbres sœurs Charlotte,
Emily et Anne, naquit en 1777. En 1802, il partit étudier la théologie au
St John's College, à Cambridge. Ordonné en 1811, il s'installa à Haworth
dans le Yorkshire en 1820. Il semble avoir changé son nom d'origine, Brunty
(O'Pronitaigh), qui est un nom de la région de Mourne, pour Brontë avant
de quitter l'Irlande.
Trois ans auparavant, en 1799, Lord Nelson avait été fait duc de Brontë,
lieu de Sicile, par Ferdinand, roi de Naples, pour le récompenser de l'avoir
aidé à reprendre Naples aux Français.

La **visite** commence par le four où le grain était séché toute une nuit sur des plaqu
de métal perforées, sous lesquelles brûlait de l'anthracite, seul combustible qui
gâtait pas le grain. Celui-ci était ensuite collecté dans des trémies, hissé au dern
étage du moulin où on le déversait sur une des trois meules : l'une en meulië
française pour le blé, les deux autres en granit de Mourne pour l'avoine brute
l'avoine émondée. La roue à aubes entraîne tout le mécanisme du moulin. Les ch
villes des roues d'engrenage étaient en bois pour faciliter leur remplacement.

Kilkeel – Kilkeel est une petite ville tout en pentes, joliment située à l'embouchu
de la rivière du même nom.
Le port s'anime dès que la flotte de pêche, la plus grande d'Irlande du Nord, revie
et que les prises sont vendues sur le quai.

Greencastle – Les ruines d'une forteresse anglo-normande, probableme
construite au milieu du 13e s., se dressent sur un promontoire rocheux peu éle
qui s'étend vers le Carlingford Lough. Le **château** ⊘, autrefois entouré d'une dou
taillée dans la roche, est dominé par un grand donjon rectangulaire, au milieu d'u
enceinte à quatre côtés flanquée de tours d'angle semi-circulaires. Du sommet
donjon, on jouit d'une belle vue.
La baie de Cranfield *(au Sud-Est)* offre une plage de sable idéale pour la baignac

Parc forestier de Rostrevor – *Suivre Forest Drive jusqu'au parking*. La forêt de pins borde la Kilbroney au Sud et couvre les pentes escarpées du Slieve Martin de part et d'autre d'un torrent. Elle offre de nombreuses promenades, soit vers le **Cloghmore**, un grand rocher de l'ère glaciaire, soit vers le **point de vue★** qui domine la baie de Rostrevor. Sur la rive opposée du Carlingford Lough s'élèvent les monts de la péninsule de Cooley, en République d'Irlande.

Rostrevor – Cette jolie petite ville, qui s'étale entre une place centrale et un front de mer sur le Carlingford Lough, est suffisamment abritée par le Slieve Martin pour que palmiers et mimosas y poussent.

Warrenpoint – *Ferry ◷ pour Omeath (République d'Irlande)*. La ville est à la fois un port, équipé pour le transport des conteneurs, et une agréable station balnéaire, disposant d'une vaste place centrale où se tiennent marchés et fêtes. La promenade donne au Sud sur le Carlingford Lough.

★**Narrow Water Castle** ◷ – *3 km au Nord de Warrenpoint par la A 2*. Le château « des eaux étroites » occupe un attrayant promontoire dominant le goulet situé à la jonction de la rivière de Newry et du Carlingford Lough. L'édifice fut construit vers 1650 pour servir de garnison aux Anglais. Bien que restauré, il demeure un bel exemple de **maison forte** complétée par son enceinte. L'entrée de la tour à trois niveaux était défendue par une meurtrière, située juste au-dessus de la porte. Au premier étage, le cintrage d'osier, utilisé pour la restauration récente des fenêtres, a été laissé en place pour illustrer cette technique spécifique à l'Irlande. Les ouvertures étroites offrent une vue sur la rivière.

Le « château des eaux étroites »

Lough NEAGH★

Lac NEAGH – Antrim, Armagh, Tyrone et Londonderry
Carte Michelin n° 923 M N 3 4 ou Atlas Great Britain & Ireland p.102

lac Neagh, le plus vaste lac des îles Britanniques (400 km², de 12 à 15 m de profondeur), est alimenté par dix rivières venant de Sud, de l'Est et de l'Ouest, et se verse dans le cours inférieur de la Bann.

s eaux et celles de ses affluents recèlent toutes sortes de poissons d'eau douce : rpes, gardons, brochets, anguilles, ainsi que les rares *dollaghan* et *pollan*. Le lac g, sur le cours inférieur de la Bann, est fréquenté par les brochets géants, la ackwater par les brèmes ; truites et saumons abondent dans les rivières Bann, Main, Mile Water, Blackwater, Ballinderry et Moyola. À Toome, à l'endroit où la rivière nn quitte le lac en direction du Nord, est installée une importante pêcherie d'anilles qui exporte la plus grande partie de ses prises.

lac et son minuscule voisin, le **lac Beg**, sont des sites d'importance internationale pour ivernage du gibier d'eau. Des réserves naturelles ont été créées sur de nombreuses s. Ce n'est que dans la baie d'Antrim que la côte est boisée, tout le reste est composé terrains plats et marécageux, parfois envahis de moucherons inoffensifs. En l'abnce de route sur le pourtour, c'est par bateau que l'on découvre le mieux le lac.

LE LAC NEAGH PRATIQUE

Promenades ⊙ **sur le lac** – On peut faire une croisière sur le lac au départ de la **marina de Kinnego**, sur la rive Sud, et de la **marina de Six Mile Water**, à Antrim. Une **croisière sur la Bann** entre Antrim et Castlerock est également organisée de temps à autre *(53 km ; 6/7 h ; renseignements à l'Office du tourisme d'Antrim).*

Pêche ⊙ – Vous pourrez vous procurer des **permis de pêche** dans les boutiques spécialisées et au Fishery Conservancy Board à Portadown.
Pour le cours inférieur de la Bann, permis de pêche et services d'accompagnateurs sont disponibles aux Bann Systems, à Coleraine.

CURIOSITÉS

Dans le sens des aiguilles d'une montre à partir de l'angle Sud-Est.

Lough Neagh Discovery Centre ⊙ – *Sur Oxford Island, rive Sud ; signalisati* depuis l'échangeur 10 sur l'autoroute M 1. Ce centre touristique moderne, entou de prairies et auquel on accède en franchissant un fossé, constitue l'un d meilleurs endroits pour découvrir le lac. Il présente une exposition consacrée à faune, l'histoire et la gestion du lac, par le biais de documentaires audiovisuels d'ordinateurs à écran tactile. Cinq observatoires permettent d'admirer les oisea et des sentiers *(7 km)* longent la côte, parmi les roselières, les prairies jonché de fleurs sauvages, les étendues boisées, ainsi que la marina de la baie de Kinneg

Peatlands Park ⊙, **à Maghery** – *Rive Sud : signalisation depuis l'échangeur 13 s l'autoroute M 1.* Ce parc de 250 ha englobant le lac Derryadd servait au 19e s. la chasse et à la production de bois de construction. La moitié de la superficie été classée **Réserve naturelle nationale** et l'accès y est restreint afin de préserver la flc et la faune. La partie publique comprend une **tourbière**, deux petits lacs, un verg et un bois. Des **démonstrations de découpe de tourbe** sont données à l'entrée de la tou bière. Le **chemin de fer à voie étroite** aménagé par les anciens propriétaires, l'Irish Pe Development Company, permet une visite de l'ensemble du parc dans des trai tirés par leurs locomotives diesel d'origine. Le **centre d'accueil des visiteurs** présen des informations générales sur l'extraction de la tourbe.

Maghery – *Rive Sud.* On peut, à partir du parc naturel, accéder par bateau à Con Island, île très boisée.

Château de Mountjoy – *Rive Ouest.* Ruines d'un château du début du 17e s., tro de meurtrières et fait de pierres et de briques patinées par le temps.

Kinturk Cultural Centre ⊙ – *Rive Ouest.* Ce somptueux centre de loisirs tout ne recèle une fascinante exposition traitant en profondeur de la pêche à l'anguil établie de longue date dans le lac Neagh.

★**Croix d'Ardboe** – *Rive Ouest, à l'Est de Cookstown par la B 73.* La croix qui tient à l'entrée du cimetière autour des ruines d'une église du 17e s. est la p belle de toute la province de l'Ulster. Richement sculptée, elle présente des scèn biblique : Ancien Testament sur le côté Est et Nouveau Testament sur le côté Oue Elle date vraisemblablement du 10e s. et marquait l'emplacement de l'abba d'Ardboe, construction du 6e s. que l'on associe à saint Colman.
Depuis la pointe d'Ardboe, une large **vue**★ s'ouvre sur le lac cerné de montagne le Slieve Gallion et les monts Sperrin au Nord-Ouest, le Slemish au Nord-Est, mont Divis à l'Est et les monts Mourne au Sud-Est.

Ballyronan – *Rive Ouest.* Cette petite marina assortie d'une plage est agrément d'agréables promenades.

Seamus Heaney

Le poète et prix Nobel de littérature Seamus Heaney est né en 1939 dans la ferme familiale près de Bellaghy. La majorité de son œuvre, en particulier son cycle du lac Neagh, est imprégnée des paysages et des gens qui ont marqué sa jeunesse. Son sentiment à l'égard de la terre d'Irlande et son respect pour ceux qui, comme son père, y étaient attachés par un dur labeur physique sont transposés dans son propre acte physique d'écriture.

« Entre mon index et mon pouce
Repose le petit stylo
Je creuserai avec lui. »

Digging (Creuser) (1966)

Bawn de Bellaghy ⊘ – *Rive Nord ; 7 km au Nord de l'A 6.* Cet enclos fortifié du 17e s. *(restauré)*, situé dans le village de Bellaghy, fut construit par la Vintners' Company en 1619. Une exposition rend hommage à Seamus Heaney et à son œuvre littéraire. Outre des ouvrages et des manuscrits, il est possible aussi de voir un film présenté par Heaney lui-même et d'écouter les enregistrements de ses émissions.

Churchtown Point – *Rive Nord.* Ce promontoire peu élevé porte une fontaine sacrée et les ruines de l'église de Cranfield, probablement du 13e s., qui attirait autrefois de nombreux pèlerins.

Parc de Shane's Castle – *Rive Nord, voir Antrim.*

NEWRY

AN TIÚR – Armagh et Down – 22 975 habitants
Carte Michelin n° 923 M et N 5 ou Atlas Great Britain & Ireland p. 98

ewry occupe une position stratégique dans la « trouée du Nord » ou Moyry Gap, tourée de collines qui séparent l'Ulster des plaines du Meath.

 ville a une personnalité en quelque sorte dédoublée puisqu'elle est à cheval sur la anrye, frontière entre les comtés de Down et d'Armagh. On dit que l'hôtel de ville 893) a été construit sur la rivière de façon à n'être dans aucun des deux comtés. us récemment, une route à quatre voies a coupé les quartiers les plus anciens, à Est de la ville, du centre commercial moderne.

 fondation au 16e s. – Quand Sir Nicholas Bagenal, maréchal d'Irlande, prit pos- ssion des terres de Newry au 16e s., il choisit pour résidence une ancienne abbaye stercienne fondée en 1157. Il fit construire, sur la colline à l'Est de la ville, un château i a disparu, et l'église St-Patrick (1578), dont le porche arbore ses armoiries. Ce t la première église anglicane bâtie en Irlande après la Réforme. Son fils Henry ourut à la bataille de Yellow Ford *(voir Dungannon, encadré)* en 1598.

 canal de Newry – Newry était jadis un port de quelque importance, comme en moignent les entrepôts proches du canal. Ce canal reliant Newry à la rivière Bann, mmença à être creusé en 1731, ouvrit en 1742 et fut fermé en 1956. La partie qui averse la ville, où des ponts très bas font obstacle à la navigation, est vouée à la che. Le canal maritime, qui relie Newry au Carlingford Lough, fut utilisé à partir de 61 jusqu'au transfert des activités commerciales en aval, à Warrenpoint, en 1974. fut rouvert en 1987 à la navigation de plaisance.

CURIOSITÉS

Cathédrale ⊘ – *Centre-ville.* Newry devint le siège du diocèse catholique de Dromore vers 1750. La cathédrale, dédiée à saint Patrick et à saint Colman, fut la première cathédrale catholique bâtie en Irlande à l'époque de l'Acte d'émancipa- tion. Extérieurement, Thomas Duff y a associé (1825) les styles gothique et Tudor ; la tour et le transept datent de 1888 ; la décoration intérieure – vitraux et mosaïques – est plus récente.

Museum ⊘ – Le musée a élu domicile dans le Centre des arts, édifice moderne voisin de l'hôtel de ville. Les collections retracent l'histoire de la région : le sceau de l'abbaye (un abbé assis entre deux ifs), qui a été adopté par la ville ; des den- telles et des toiles de lin de Bessbrook ; une salle lambrissée provenant de l'ancien relais de poste (début du 18e s.), qui se trouvait dans North Street ; des tuiles de Delft du 18e s. qui appartenaient à une maison hollandaise située à l'emplacement de l'abbaye ; des photographies du vieux Newry et du canal.

EXCURSIONS

★**Slieve Gullion** *Circuit de 43 km – une journée*

Quitter Newry par la A 25 en direction de l'Ouest ; après 2,5 km, prendre à droite la B 133 vers Bessbrook.

Bessbrook – Composé de cottages en granit s'alignant sur trois côtés de deux places herbeuses (terrain de boules et aire de jeux), le village est implanté au Nord de la route. De l'autre côté se trouvaient les étangs attenants à la manufacture de lin, où travaillaient les habitants. La colonie, qui comptait des églises, des écoles, des magasins et une salle communautaire mais aucun bâtiment public, fut fondée en 1845 par un quaker, industriel du lin, John Richardson. Bessbrook, qui fut l'un des premiers villages industriels modèles, devait inspirer à la famille Cadbury la création de Bournville, près de Birmingham.

Quitter Bessbrook par la B 112 ; prendre à droite la A 25. À l'Ouest du village de Camlough, prendre à gauche la B 30.

Cam Lough – De la route, on a une belle vue sur ce lac étroit qui s'étend vers
Sud au pied du versant occidental du mont Camlough (432 m).

Au croisement, prendre à gauche la route étroite longeant la rive Ouest du lac Ca

Églises de Killevy – Un ancien cimetière, qu'ombragent des hêtres, entoure l
ruines de deux églises construites bout à bout. L'église Est date du Moyen Âge
sa verrière remonte au 15e s. Celle de l'Ouest est plus ancienne (12e s.), et
façade, où l'entrée est surmontée d'un linteau massif, pourrait même être du 1
ou du 11e s. Une dalle de granit dans la moitié Nord du cimetière est suppos
recouvrir le tombeau de sainte Monenna (également connue sous les noms
Darerca et Bline), qui fonda un important couvent de nonnes à Killevy au 5e s.
devint plus tard une communauté d'augustines avant d'être dissous en 1542. L
sentier conduit, au Nord du cimetière, à un puits sacré.

Continuer vers le Sud sur 2,5 km ; prendre à droite la B 113.

★**Slieve Gullion Forest Park** ⊘ – *Parking et aire de pique-nique. Route panor
mique de 13 km : pentes prononcées et virages difficiles.* La forêt, constituée
pins, mélèzes, épicéas et autres conifères, couvre les premières pentes du versa
Sud-Ouest du Slieve Gullion. Le centre d'accueil propose une exposition sur la s
viculture et montre des outils de jadis. Il est installé dans les bâtiments d'u
ancienne ferme, à proximité d'un jardin clos où des pelouses ceinturent un étan
Après avoir grimpé à travers bois, la route aboutit aux pentes dégagées du Slie
Gullion et se poursuit vers le Nord-Ouest en contournant la forêt. À gauche, la v
s'étend sur la cime des arbres. À droite, le sentier balisé en blanc conduit
sommet du pic Sud (577 m) dominé par un cairn. Un autre cairn couronne le p
Nord, moins élevé. La route descend sur la gauche, en serpentant dans les colline
et revient sur le versant Sud-Ouest, au milieu des arbres et des rochers, jusqu'
point de vue★ *(parking)* qui domine une partie du **Ring of Gullion**, cercle de petites c
lines d'origine volcanique entourant le Slieve Gullion.

*Au bout de la route panoramique, prendre à droite la B 113, puis tourner imm
diatement à gauche. Rouler 2,5 km et tourner à droite ; puis, après 1,5 km,
garer à l'embranchement en T.*

Kilnasaggart Stone – *6 mn de marche AR en franchissant deux champs et d
tourniquets.* Une enceinte de haies, dans le troisième champ, entoure une hau
colonne de granit des environs de l'an 700. C'est le site d'un cimetière chréti
primitif. Sa face Nord-Ouest est ornée de dix croix ; la face Sud-Est en porte tro
ainsi qu'une inscription en irlandais témoignant que le site fut placé sous la pr
tection de l'apôtre Pierre par le fils de Ceran Bic, Ternohc, mort vers 715.

*Reprendre la B 113 ; tourner à droite en direction de Newry ; après 8 km, tourn
à gauche en direction du cairn de Ballymacdermot (fléché).*

Ballymacdermot Cairn – En bordure de route *(sur la droite)*, le versant Sud
mont Ballymacdermot porte les vestiges d'un enclos funéraire néolithique. Les de
chambres funéraires sont précédées d'une antichambre et d'une avant-cour circ
laire, comprise dans un cairn trapézoïdal. Le site offre une belle **vue**, au Sud-Oue
sur la plaine de Meigh jusqu'au Slieve Gullion et le Ring of Gullion.

Continuer sur 1,5 km.

★★**Point de vue de Bernish Rock** – *Parking.* Le panorama se déploie depuis New
dans la vallée en contrebas, jusqu'aux monts Mourne au levant.

Redescendre jusqu'à Newry.

Cullyhanna

*24 km à l'Ouest par la A 25 jusqu'à Newtownhamilton. Au Sud de cette locali
prendre la A 29, que l'on quitte bientôt pour emprunter la B 135 à droite.*

Cardinal O'Fiaich Centre ⊘ – Ce centre est consacré à la vie de Tomás O'Fiaic
originaire de la région, qui devint cardinal et primat d'Irlande. Son parcours u
versitaire et sa carrière de prêtre, de professeur, d'érudit, sont évoqués par le bi
d'une présentation audiovisuelle associant interviews et conversations, souven
personnels et objets divers.

PORTRUSH★★

Antrim – 5 598 habitants

Carte Michelin n° 923 M 2 ou Atlas Great Britain & Ireland p. 102

Portrush – Station balnéaire populaire sur une péninsule, Portrush, entourée de nombreuses plages de sable, s'étend jusqu'à la pointe de Ramore, très fréquentée par les ornithologues. À l'Ouest du bourg, la côte est interrompue par l'estuaire de la Bann, puis s'achève par une longue dune qui s'étire à l'intérieur du lac Foyle. Vers l'Est, des falaises spectaculaires suivent les formations volcaniques de la Chaussée des Géants. La côte Nord de l'Antrim a été classée réserve naturelle nationale pour sa richesse géologique. On a trouvé à Portrush les éléments permettant de mettre fin aux controverses sur l'origine de formations comme la Chaussée des Géants.

MA Boet/Jacana

Qui ose troubler ma sieste ?

PORTRUSH PRATIQUE

Excursions en bus ☉ – Des bus à impériale ouverte permettent de découvrir la côte de la Chaussée des Géants, de la Chaussée à Portstewart.

Excursions en bateau – On part visiter les grottes des falaises de calcaire de **White Rock** *(à l'Est)* et aux **Skerries**, chapelet d'îles à forte population d'oiseaux de mer.

Plages – Les baigneurs apprécieront les plages de Portballintrae, Portrush, Portstewart, Castlerock et Magilligan Strand (Benone).

Se restaurer à Portrush

The Harbour Bar – *The Harbour, Portrush BT56 8BN* – ☎ *(028) 7082 2430*
Un très bon rapport qualité-prix attend les clients de ce bar fréquenté à l'atmosphère animée.

Ramore Wine Bar – *The Harbour, Portrush BT56 8BN* – ☎ *(028) 7082 4313 – fax (028) 7082 3194.*
Près du port principal, ce bar propose des plats maison simples et appréciés.

Se loger à Portrush

Greenhill House – *24 Greenhill Road, Aghadowey, Coleraine BT51 4EU (14 km au Sud par la A 29 et la B 66)* – ☎ *(028) 7086 8241 – fax (028) 7086 8365.*
Maison de ferme confortable offrant un agréable bed & breakfast.

Bushtown House – *283 Crumcroon Road, Coleraine BT51 3QT (4 km au Sud par la A 29)* – ☎ *(028) 7035 8367 – fax (028) 7032 0909 – 39 chambres.*
Maison accueillante et spacieuse offrant de grandes chambres traditionnelles.

Crown Trout Golf and Country Inn – *209 Agivey Road, Aghadowey, Coleraine BT51 4AD* – ☎ *(028) 7086 8209 – fax (028) 7086 8878 – 17 chambres.*
Hôtel tenu par une famille à proximité d'un terrain de golf.

Magherabuoy House – *41 Magherabuoy Road, Portrush BT56 8NX* – ☎ *(028) 7082 3507 – fax (028) 7082 4687 – 38 chambres.*
Hôtel offrant un bon rapport qualité-prix.

Centre-ville – Le **Dunluce Centre** ⊙, installé dans le même pavillon que l'Office de tourisme, compte nombre d'attractions, comme on en trouvait naguère sur les jetées, dont le Turbotours et l'Earthquest.

Le **Countryside Centre** ⊙ occupe une ancienne maison de bains victorienne : on y découvre la géologie et la vie marine de la région. L'épave factice du Nautilus permet d'observer les habitants des fonds marins.

À L'EST DE PORTRUSH *12 km*

Emprunter la A 2 vers l'Est au départ de Portrush.

★★ **Dunluce Castle** ⊙, à l'Ouest de **Portrush** – *Parking*. Les ruines du château de Dunluce dressent leurs silhouettes découpées au bord de la falaise qui surplombe la mer de 30 m. Le site, haute table de rochers isolée et séparée de la terre par un défilé large et profond (7 m), forme une forteresse naturelle parfaite. Le château fut pris aux MacQuillan par les MacDonnell d'Écosse au 16e s. Il fut gravement endommagé en 1584 par le gouverneur anglais, mais Sorley Boy MacDonnell restaura la position familiale et, avec son fils James, répara et fortifia le château afin qu'il puisse soutenir un feu d'artillerie. Le **terrain herbeux**, sous le pont-levis, conduit à une grotte qui communique avec la mer. Creusée sous le rocher, à la base du château, elle servait de retraite au début de l'ère chrétienne.

La cour, établie côté terre, fut aménagée au 17e s. pour loger des magasins, une forge et des écuries. Les murs, en se rejoignant, forment une galerie menant au pont-levis. Celui-ci enjambe le défilé et donne accès au **corps de garde**, bâti à la fin du 16e s., dans le style écossais, avec des tourelles d'angle. Au fond du **corps de garde**, une **galère mâtée** est gravée sur une pierre du mur de gauche. Les vestiges d'une **loggia** de la fin du 16e s. sont visibles sur la droite. Les plus anciennes parties du château, les deux tours Est et le mur Sud, datent du 14e s. La **grande salle**, qui recouvre la quasi-totalité de la cour supérieure, fut ajoutée au 17e s. par les comtes d'Antrim. Construite dans un style plus imposant, elle est percée de baies vitrées sur la façade Ouest et dotée de deux cheminées. Au Nord-Est du hall se trouvent les **cuisines**, équipées d'une vaste cheminée, de placards encastrés, de fours en pierre et d'un système d'évacuation des eaux. La **cour inférieure**, pavée de galets, est entourée de bâtiments de service, dont la boulangerie. C'est à cet endroit, au pied des cuisines, qu'une partie du château s'écroula dans la mer en 1639, faisant plusieurs victimes. De cette cour, une superbe vue s'étend sur la Chaussée des Géants.

Poursuivre vers l'Est sur la A 2.

Distillerie de Bushmills ⊙ – *Parking*. Bushmills est caractérisé par les toits particuliers des tourailles de sa **distillerie**. La première autorisation de distiller fut accordée en 1608 à Sir Thomas Phillips, bien que des mentions fassent état de distillations remontant à 1276. Trouvant son propre approvisionnement en eau dans le ruisseau St Columb, affluent de la rivière Bush provenant d'un terrain tourbeux, la distillerie produit deux whiskeys *blended* et un *pure malt*. La visite montre les principales phases de la production : brassage, fermentation, distillation, vieillissement en fûts de chêne, mélange et mise en bouteilles. La dégustation se fait au Potstill Bar, où un petit musée a été aménagé dans une ancienne touraille à malt.

À L'INTÉRIEUR DES TERRES *24 km*

Au départ de Portrush, emprunter la A 29 en direction de Coleraine.

Coleraine – Centre universitaire depuis 1968, Coleraine est une ville de marché très active, au fond de l'estuaire de la Bann. Ses nombreux commerces invitent à faire du lèche-vitrine. Une réserve ornithologique et une marina ont été aménagées au bord de la rivière, un bon point de vue pour suivre les régates locales. La prospérité de Coleraine débuta en 1613, lorsque les terres furent concédées par Jacques Ier aux corporations de la Cité de Londres.

Quitter Coleraine vers l'Est par la B 67 ; rouler 9 km en passant par Ballybogy.

Benvarden ⊙ – Résidence de la famille Montgomery depuis 1798, Benvarden House ouvre son parc et ses jardins au public chaque été. Un jardin clos (0,8 ha), dont une partie des murs proviendrait de l'enceinte fortifiée d'origine, est agrémenté d'une roseraie, d'un jardin à la française, d'une treille et d'une promenade aménagée sous une pergola. Derrière se trouvent les jardins potagers, avec des serres victoriennes et l'ancienne cabane du jardinier. Un jardin sauvage et un sentier parsemé d'azalées descendent jusqu'à la Bush, qu'enjambe un pont victorien en pierre et fer forgé, rare dans ce pays.

Revenir à Ballybogy et prendre à gauche la B 62 en direction de Ballymoney. Au rond-point, un panneau indique la direction.

Leslie Hill Open Farm ⊙, à **Ballymoney** – Ce domaine agricole est resté dans la même famille depuis le milieu du 18e s. L'agronome écrivain Arthur Young séjourna à Leslie Hill en 1778 et ne consacra pas moins de 18 pages dans son ouvrage *Visite de l'Irlande* aux pratiques agricoles avancées qui étaient appliquées ici. Le bâtiments et les outils, datant de différentes périodes, donnent une image vivante de l'évolution de la ferme. Comparable à une cathédrale, la grange à campanile contraste avec la modeste loge de deux pièces où vivaient le cocher et sa famille. Un petit musée contient une fascinante collection d'objets appartenant à la ferme et à la famille. Un chemin, dissimulé à la vue depuis l'imposante maison georgienne par un saut-de-loup, conduit à un jardin clos, où subsistent les vestiges du système de chauffage utilisé pour faire pousser les pêchers.

À L'OUEST DE PORTRUSH *32 km*

Emprunter la A 2 vers l'Ouest au départ de Portrush.

Portstewart – Plus calme que sa voisine, Portstewart était, avec son port pittoresque dominé par le château néogothique des O'Hara (1834, aujourd'hui collège dominicain), une station balnéaire à la mode au 19ᵉ s. De la promenade partent des sentiers *(vers l'Ouest)* longeant les falaises jusqu'à la plage *(3 km)*. Des expositions sont régulièrement organisées au Centre des arts floraux.

Poursuivre vers l'Ouest sur la A 2 par Coleraine (voir ci-dessus) ; environ 1,5 km après Articlave, au carrefour de Liffock, tourner à gauche dans le parc de stationnement.

Hezlett House ⓥ – *Castlerock, à l'angle Nord-Ouest du carrefour.* Hezlett House, construite en 1691 probablement pour servir de résidence à un pasteur, est un long cottage de plain-pied, au toit de chaume et aux murs rustiques crépis, avec un grenier surmonté d'une charpente en poutres courbes. Reprise par la famille Hezlett en 1761, elle fut acquise par le National Trust en 1976.
Les visiteurs sont conduits à travers la minuscule cuisine, le garde-manger, la salle à manger, les chambres et le petit salon, jusqu'au grenier, où dormaient les domestiques. On remarquera parmi le mobilier du 19ᵉ s. les chaises conçues pour que les dames puissent s'asseoir sans être gênées par leurs crinolines et celles pour la prière, qui leur permettaient de s'agenouiller avec leurs cerceaux tout en conservant leur dignité. À certains endroits, les murs et le toit ont été démontés pour faire apparaître le bâti en bois, le remplissage de tourbe et les techniques de plâtrage. Un petit musée logé dans les dépendances abrite des outils agricoles de l'époque victorienne.

Poursuivre sur la A 2 en direction de l'Ouest.

★**Downhill** – Un charmant vallon, planté de fleurs et d'arbustes, dont beaucoup sont des présents de visiteurs, conduit jusqu'à la crête de la falaise. Près de la **porte de l'Évêque** (Bishop's Gate) se dressait un mausolée *(à gauche)* dû à Michael Shanahan. Ce monument était surmonté d'une statue du troisième comte de Bristol, réalisée par Van Nost, statue qui tomba de son piédestal un jour de grand vent. La grande maison a été détruite en 1851 par un incendie ; elle a été reconstruite après, mais depuis 1951 demeure sans toiture.
Le **temple Mussenden**★ ⓥ, élégante adaptation du temple de Vesta à Tivoli, construit en basalte de la région et revêtu de grès de Ballycastle, est dangereusement perché à l'extrême pointe des falaises. Cette rotonde classique fut édifiée en 1785 à la mémoire de Mrs Mussenden, cousine de l'évêque. Ce dernier utilisa le bâtiment comme bibliothèque et permit au prêtre catholique de la localité de dire la messe dans le sous-sol.
De cet endroit, une **vue** superbe s'ouvre sur la côte et sur le chemin de fer disparaissant dans un tunnel.

Continuer vers l'Ouest sur la A 2.

Derrière la porte du Lion (Lion Gate), on jouit d'une belle vue sur la mer et la plage, où l'évêque organisait des courses de chevaux et où les générations actuelles s'adonnent au surf.

S'engager à gauche dans Bishop's Road.

Le comte-évêque

On appelait ainsi l'excentrique évêque de Derry **Frederick Hervey**, qui, à la mort de son frère aîné, devint le quatrième **comte de Bristol**. Il effectua de fréquents voyages sur le continent : c'est de lui que vient le nom Bristol donné à de nombreux hôtels.
En 1772, il commanda **Downhill Castle** à son architecte favori, Michael Shanahan, pour abriter la vaste collection de sculptures et de peintures réunie au cours de ses voyages, malheureusement en grande partie détruite par le feu en 1851.
En 1787, il entreprit la construction d'une autre maison à Ballyscullion, sur la rive Ouest du lac Beg *(voir Lough Neagh)*, dont le portique orne aujourd'hui l'église St-Georges à Belfast. Le comte-évêque fit aussi bâtir une résidence excentrique sur son domaine anglais, Ickworth House, dans le Suffolk (1795).

★**Point de vue de Gortmore** – *Parking*. La route monte en pente raide le versant Nord-Est du mont Binevenagh. Une superbe **vue** embrasse la plage de Magilligan qui s'étend vers la péninsule d'Inishowen. Au 19ᵉ s., cette plage fut prise comme point zéro par le service topographique d'Irlande.

Retourner à Downhill ; tourner à gauche sur la A 2.

★★**Magilligan Strand** – La longue bande de dunes de sable à reflets dorés *(10 km)* est pourvue, à **Benone**, d'installations sportives. Une grande partie du terrain est occupée par un champ de manœuvres. La pointe de Magilligan, où une tour Martello (1812) fut édifiée durant les guerres napoléoniennes, est maintenant une réserve naturelle.

SPERRIN Mountains★

Monts SPERRIN – Tyrone et Londonderry
Carte Michelin n° 923 J, K et L 3 ou Atlas Great Britain & Ireland p. 101 et 102

La chaîne des monts Sperrin, arête courbe de schistes et de gneiss renfermant quelques rares dépôts aurifères, culmine au mont Sawel (678 m). Autrefois, la région était couverte de magnifiques forêts où régnait le pin sylvestre. Aujourd'hui, les moutons paissent sur les vastes landes d'altitude, domaine des tourbières climatiques et de la bruyère pourpre. Sur les bas versants, où le sable et le gravier sont mieux drainés, terrains boisés et champs cultivés se succèdent, favorisant la présence du tétras roux d'Écosse, du faisan et de la bécasse ; c'est là aussi que l'on trouve une variété de framboisiers unique en Irlande. Les gorges creusées par les torrents sont aujourd'hui couvertes de bois épais. Les terres limoneuses le long de la rive Sud du Lough Foyle, encore submergées au 19ᵉ s., furent gagnées sur la mer pour y cultiver le lin. De nos jours, elles fournissent d'abondantes récoltes de céréales. L'embouchure de la Roe est une réserve naturelle.

LES MONTS SPERRIN PRATIQUE

Pêche à la ligne – Les passionnés de pêche n'auront que l'embarras du choix entre les nombreux cours d'eau qui descendent des Sperrin vers le lac Neagh au Sud-Est, et au Nord et à l'Ouest vers la Roe et la Foyle jusqu'à l'estuaire de la Foyle. Les meilleures rivières à truite sont la Glenelly et l'Owenkillew.

Se loger dans les monts Sperrin

Fir Trees – *Melmount Road, Strabane BT82 9JT (2 km au Sud par la A 5)* ☎ *(028) 7138 2382 – fax (028) 7138 3116 – 24 chambres.*
Hôtel animé et accueillant jouissant d'une situation centrale.

White Horse – *68 Clooney Road, Londonderry BT47 3PA (10 km au Nord-Est par la A 2, route de Coleraine) –* ☎ *(028) 7186 0606 – fax (028) 7186 0371 – 43 chambres.*
Maison de négociant du 18ᵉ s. agrandie, offrant un bon rapport qualité-prix.

Trinity – *22-24 Strand Road, Londonderry BT48 7AB –* ☎ *(028) 7127 1271 – fax (028) 7127 1277 – 37 chambres.*
Hôtel de caractère bien tenu, au charme individuel, bon rapport qualité-prix.

Ardtara Country House – *8 Gorteade Road, Upperlands, Maghera BT46 5SA (6 km au Nord par la A 29, sur la B 75) –* ☎ *(028) 7964 4490 – fax (028) 7964 5080 – 8 chambres.*
Grand hôtel victorien offrant des chambres très confortables dans un cadre campagnard.

La « Plantation » – Au 17ᵉ s., une partie de la région fut octroyée aux corporations de la ville de Londres : drapiers, peaussiers, épiciers et marchands de poissons, qui firent appel à des colons, souvent originaires d'Écosse. Les propriétaires ayant poursuivi la pratique traditionnelle de parcellisation de la terre entre les métayers, le pays était surpeuplé dès le début du 19ᵉ s. Les méthodes furent alors réformées : on instaura une émigration planifiée, on regroupa les parcelles, bien délimitées par des haies, en exploitations de 8 à 12 ha, on créa des fermes modèles pour promouvoir les méthodes d'agriculture modernes et on construisit routes, ponts, églises, écoles et dispensaires.

LES HAUTES TERRES DU CENTRE

Sperrin Heritage Centre ⊙, à **Cranagh** – La beauté naturelle des monts Sperrin sert d'écrin à la belle vallée de la Glenelly, où le Centre du patrimoine a été construit dans le style local, en harmonie avec les trois cottages voisins. Le symbole du centre est le busard, oiseau de proie qui vit encore sur les hauteurs des Sperrin. Des vidéos, des ordinateurs et des expositions permettent au visiteur d'explorer la flore, la faune, l'histoire et la culture de la région et présentent les différents projets de développement local.

Routes panoramiques – Sur le versant oriental du mont Sawel (679 m), point culminant des Sperrin, l'étroite **route du mont Sawel**★ (Sawel Mountain Drive), non protégée, traverse une lande à la beauté austère et sauvage. Les **vues**★★ y sont remarquables. La petite **route panoramique du lac Oak**★ (Oak Lough Scenic Road) fait une boucle autour d'un groupe de lacs, paradis des canoéistes, et offre une belle **vue** sur Gortin et sur cette partie de l'Owenkillew.

Une autre route franchit la **brèche de Barnes** (Barnes Gap), une gorge à l'intérieur des collines, entre les vallées de l'Owenkillew et de la Glenelly.

LE PIÉMONT ORIENTAL

★**Springhill** ⊘, à **Moneymore** – Transférée au National Trust en 1957, Springhill était la résidence familiale des Conyngham, arrivés de l'Ayrshire en Ulster au 17e s. Ils étaient déjà de grands propriétaires fonciers avant d'acquérir, pour la somme de 200 £, le domaine de Springhill (140 ha). La plus ancienne partie de la maison semble avoir été construite vers 1680 par William Conyngham pour sa future épouse, Anne Upton. La propriété fut transformée par les générations suivantes, dont beaucoup choisirent la carrière militaire. La demeure primitive du 17e s., au toit en ardoises, fut agrandie au 18e s. par l'ajout d'ailes aux baies vitrées.

Les portraits de famille se retrouvent dans toute la maison, qui recèle du **beau mobilier des 18e et 19e s.** : une série de chaises ; une armoire en chêne portant la signature de l'artisan ; un coffre à pharmacie du début du 18e s.

L'**escalier** en chêne a une main courante en if et, à chaque marche, deux balustres : l'un en spirale, l'autre droit et lisse.

La **salle à manger** renferme un récipient en acajou pour ranger les assiettes, un rafraîchissoir à vin de forme hexagonale et un jeu de chaises en marqueterie de noyer aux dossiers très travaillés (fin 17e s.). Le manteau de la cheminée est habillé de marbre rapporté d'Herculanum par le comte évêque *(voir Portrush, encadré)*.

La **salle d'armes** abrite une chaise « combat de coqs » (sur laquelle on s'assied face au dos, les jambes écartées, les bras pliés sur le dos), ainsi qu'une collection d'armes : quatre fusils à pierre utilisés lors du siège de Londonderry et convertis plus tard en pièces pouvant se charger par le canon, et deux piques qui servirent lors de la bataille de **Vinegar Hill** *(voir Enniscorthy)*.

La cour d'entrée est flanquée de petites dépendances qui hébergeaient *(à l'Est)* le personnel de rang élevé et *(à l'Ouest)* le personnel subalterne, ainsi que des écuries, une buanderie, une brasserie, un abattoir et un entrepôt pour la tourbe, que les métayers maintenaient approvisionné. Ces dépendances accueillent aujourd'hui une **collection de costumes** rassemblant environ 150 pièces de costumes masculins et féminins des 18e, 19e ou 20e s., exposées par roulement. La collection compte plusieurs rares costumes d'homme du 18e s. et un manteau de cour en soie de Spitalfields datant de 1759.

La **grange** fut construite en même temps que la maison d'origine et sa charpente est constituée du même chêne local, grossièrement taillé. Elle est surmontée d'une cloche que l'on pouvait actionner depuis la demeure, en cas de danger. Un **pigeonnier** circulaire se dresse entre la maison et la route.

La salle d'armes

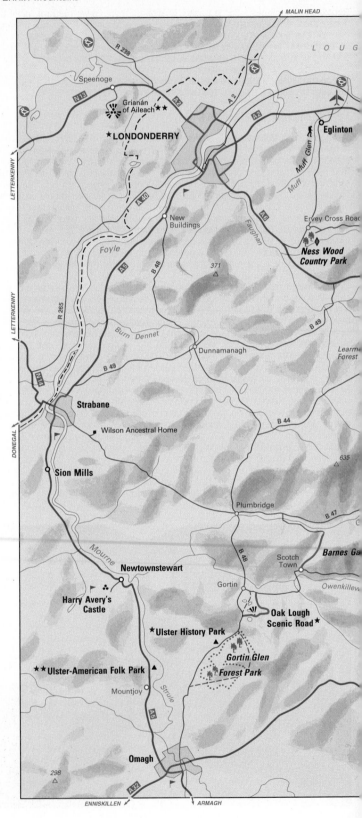

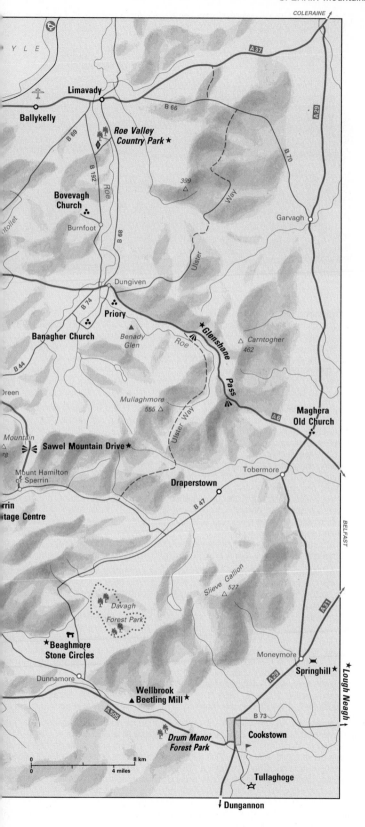

COLERAINE

A 37

Limavady

Ballykelly

B 66

B 62A

Roe Valley
Country Park ★

B 69

B 70

Roe

B 192

399

Bovevagh
Church

Burnfoot

Garvagh

B 68

Ulster

Way

Dungiven

ntollet

B 74

Priory

Glenshane

Roe

Banagher Church

Benady
Glen

Pass

Carntogher
462

B 44

reen

Mullaghmore
555 △

Ulster Way

A 6

Maghera
Old Church

Mountain
△
78

Sawel Mountain Drive ★

Mount Hamilton
of Sperrin

Tobermore

rrin
tage Centre

Draperstown

B 47

BELFAST

Slieve Gallion
527 △

A 31

Davagh
Forest Park

★ Beaghmore
Stone Circles

Moneymore

Dunnamore

A 505

Wellbrook
▲ Beetling Mill ★

A 29

Springhill ★

★ Lough Neagh

Drum Manor
Forest Park

B 73

Cookstown

0   8 km
0   4 miles

Tullaghoge

↓ Dungannon

Le cercle de pierres de Beaghmore

★**Beaghmore Stone Circles** – Les cromlechs, au nombre de sept, sont constitué
de pierres assez petites, disposées sur la terre plutôt qu'enfoncées. Six des cercle
s'agencent par paires, avec un cairn et un alignement de pierres près du point d'ir
tersection. La zone délimitée par le septième cercle, non rattaché, est parsemée d
pierres rapprochées les unes des autres, dites « dents du dragon ».
Des recherches archéologiques ont fait remonter ces cercles à l'âge du bronze
entre 1500 et 800 avant J.-C. Ils pourraient avoir servi à calculer l'heure du leve
et du coucher du soleil et de la lune.

★**Wellbrook Beetling Mill** ⏱, près de **Kildress** – *À 8 km à l'Ouest par la A 505
après 5 km tourner à droite au panneau.* Le pilonnage est la dernière phase d
production de la toile de lin. Il consiste à battre la toile pour rapprocher les fibre
et lui donner un aspect lisse et brillant. Le premier moulin de Wellbrook fut opé
rationnel en septembre 1767. Par la suite, il y en eut six, et l'actuel, portant l
numéro six, date des environs de 1830. Il fut en activité jusqu'en 1961 et l
National Trust l'a conservé en état de fonctionnement.
La **visite** commence par une exposition sur la production de toile et l'histoire de l'ir
dustrie linière irlandaise. Cette présentation occupe un séchoir équipé, à l'origine, d
cadres capables de contenir une centaine de toiles (21 m de long). À l'étage infé
rieur, les sept **moulins à pilons** sont actionnés par une roue à aubes extérieure en boi
alimentée par un bief restauré. Le vacarme causé par la mise en service de deu
moulins, pour quelques minutes seulement, explique pourquoi la surdité frappait fré
quemment les ouvriers qui travaillaient depuis l'aube jusqu'à neuf heures du soi

Drum Manor Forest Park ⏱, à **Kildress** – *À 4 km à l'Ouest par la A 505.* Le pa
forestier, autrefois domaine privé, se compose d'un parc ouvert et de trois jardir
clos, entourés de bois. Le centre d'accueil des visiteurs présente une exposition su
les papillons et les habitats forestiers.
Le **jardin des papillons**, parfaitement abrité dans l'un des anciens jardins clos, est ur
réserve de papillons vivant en toute liberté. Au centre, les sentiers sont bordé
d'arbustes et de fleurs : buddleya, violettes, asters, lavandes et aubrietia, dont l
nectar est apprécié des insectes. Les coins de cet espace privilégié sont laissés
l'état sauvage et fournissent herbes, patiences, orties et autres plantes sauvage
pour la nourriture des chenilles.
Un **jardin floral**, tout à fait séduisant, a été créé dans les ruines de l'ancien manoi
construit entre 1829 et 1869. Des gradins descendent de la terrasse jusqu'à l
pelouse Sud, en pente vers une mare où se rassemblent canards et autre gibier d'ea

Draperstown – Cette ville est un centre de marché agréable et dynamique, nich
au cœur de la région des monts Sperrin. Le **musée de la Colonisation de l'Ulster** (Ulste
Plantation Museum) ⏱ conduit les visiteurs à travers une série de décors diffé
rents où sont diffusées des vidéos dans lesquelles des acteurs en costume évoquen
la défaite et la fuite des comtes de l'Ulster *(voir Donegal Coast, Rathmullan)*, ain
que les projets des Tudors et des Stuarts pour peupler la région par des colon
anglais et écossais. Puis une exposition retrace l'histoire de la colonisation depu
le 17ᵉ s. jusqu'à nos jours, avec d'intéressantes présentations consacrées à l
Grande Famine et à l'émigration, et à l'influence de la corporation des drapiers su
la vie et l'architecture de la ville elle-même.

Un décret royal

Cookstown tient son nom du Dr Allen Cooke, qui obtint vers 1620, par décret royal, l'autorisation de fonder une ville de marché. Elle fut détruite durant la Rébellion (1641-1643). Un second projet, dans lequel chaque maison possédait un jardin, comme c'est encore le cas de nos jours, fut réalisé au début des années 1700 par James et William Stewart. Ils tracèrent une large avenue entre la colonie fondée par le Dr Cooke et leur propriété du château de Killymoon *(privé)*, au Sud, qui fut remanié par John Nash en 1803. Le parc a été transformé en parcours de golf.

Cookstown – Jadis important centre linier, Cookstown est aujourd'hui une communauté à dominante agricole spécialisée dans l'élevage du porc et les produits laitiers. La particularité la plus remarquable de Cookstown est sa rue principale très large qui, sous une dizaine de noms différents, s'étend au Nord de la rivière Ballinderry en direction du Slieve Gullion (528 m). Du côté Ouest s'élève l'**église de la Sainte-Trinité** (Holy Trinity Church – catholique), construite par J. J. McCarthy en 1860. La **chapelle** du couvent voisin, achevée en 1965, est décorée de vantaux de bronze et de vitraux. En face, le **tribunal** date du 18ᵉ s.

Fort de Tullaghoge – *3 km au Sud de Cookstown par la A 29 et la B 520. Tourner à gauche dans un virage sans visibilité vers le parking ; 10 mn de marche AR.* Entouré seulement d'un large talus extérieur, sans fossé, ce fort en sommet de colline est inhabituel. Une légère dépression occupe le centre du domaine intérieur ovale. Ce fut la résidence des O'Hagan et le quartier général des O'Neill, les rois du Cenél nEógain. Leur trône de cérémonie, en pierre, qui se trouvait non loin sur le coteau *(au Sud-Est)* fut mis en morceaux par Lord Mountjoy *(voir Index)*, en 1602.

Les ouvrages de terre couronnés d'arbres offrent une **vue** étendue : au Sud-Ouest, sur le cimetière circulaire entouré de murs de Donaghrisk où sont inhumés les O'Hagan, gardiens du fort ; à l'Est vers le lac Neagh ; au Nord sur le Slieve Gallion avec, au premier plan, la rivière Ballinderry et, au milieu des arbres, le château de Killymoon.

PIÉMONT OCCIDENTAL

★**Ulster-American Folk Park** ⊘, à **Mountjoy** – Le parc a pour thème l'émigration aux 18ᵉ et 19ᵉ s. en Amérique d'environ 250 000 Écossais d'Ulster, appelés aux États-Unis les « Irlando-Écossais ». Le soutien de la famille Mellon, de Pittsburgh, en Pennsylvanie, a permis sa création autour du cottage ancestral que Thomas Mellon quitta à l'âge de 5 ans en 1818 avec sa famille.

Centre d'accueil – L'exposition rappelle les liens entre l'Ulster et l'Amérique. On y voit un **wagon Conestoga**, sorte de chariot couvert conçu dans le comté de Lane, en Pennsylvanie, au 18ᵉ s., tiré par 4 ou 6 chevaux, qu'utilisaient les pionniers se rendant au Far West.

La **galerie de l'Émigration** détaille selon les époques les raisons qui poussèrent les gens à émigrer, qui ils étaient, comment ils voyageaient (d'abord par bateau à voile et voiture à cheval, puis par navire à vapeur et chemin de fer), leurs succès ou leurs échecs au Nouveau Monde. On apprend ainsi que les foyers de peuplement irlandais se situaient dans les Appalaches et que beaucoup de natifs de l'Ulster participèrent à la guerre d'Indépendance et à la construction du réseau ferroviaire américain.

Exposition extérieure – Dans la section dite du **Vieux Monde**, un **village typique** de l'Ulster du 18ᵉ s., avec des maisons d'époque, a été reconstitué autour de la maison des Mellon. La **galerie des bateaux et des docks** abrite une réplique d'une partie d'un bateau d'émigrants ; le voyage pouvait durer de vingt jours à douze semaines.

La section du **Nouveau Monde** fait découvrir le mode de vie et les cabanes en rondins adoptés par les émigrants à leur arrivée.

Dans les ateliers et les cottages, des gens en **costume d'époque** font la démonstration des vieilles pratiques : cuisine, filage, tissage, fabrication des bougies et du

Wagon Conestoga

savon, tressage de paniers, travaux de la forge et de la menuiserie. Des feux ⸺
tourbe brûlent dans les foyers toute l'année, emplissant l'air de leur douce fr⸺
grance.

★**Ulster History Park** ⊘, à **Gortin** – *Agrandissement en cours.* Le parc (14 ha) retra⸺
l'histoire de l'habitat en Irlande, depuis l'arrivée des chasseurs du mésolithiq⸺
jusqu'à la colonisation du 17ᵉ s. Dans un bâtiment, une exposition et un film exp⸺
quent les origines des reconstitutions grandeur nature que l'on découvre deho⸺
dans le parc : un campement du mésolithique (environ 7000-4000 avant J.-C.
deux habitations du néolithique (environ 4000-2000 avant J.-C.), différents typ⸺
de tombes, un fort de terre circulaire du début de l'ère chrétienne contenant plu⸺
sieurs huttes rondes au toit de chaume et un foyer où l'on chauffait l'eau par ⸺
biais de pierres chaudes, un *crannóg*, un ancien complexe chrétien constitué d'⸺
clocher rond et d'une église, une motte et une basse cour normandes, et un⸺
maison de colon du 17ᵉ s. avec un moulin à eau et un enclos fortifié.

Gortin Glen Forest Park ⊘, à **Gortin** – Inauguré en 1967, ce parc ne représen⸺
qu'une partie de la vaste forêt de conifères de Gortin, réservée à l'exploitation con⸺
merciale du bois de construction. L'allée forestière *(8 km à sens unique seulemen⸺*
offre maintes belles vues sur les monts Sperrin. Des informations détaillées so⸺
fournies au Centre de nature et le long des pistes. Une réserve naturelle perm⸺
d'observer de près le cerf du Japon ; on peut également apercevoir des oisea⸺
sauvages sur la mare.

Strabane – Cette petite ville s'est développée à l'endroit où les rivières Finn ⸺
Mourne se jettent dans la Foyle, qui constitue la frontière entre les comtés ⸺
Londonderry et Donegal. Elle fut au 18ᵉ s. un centre d'édition animé. Une impr⸺
merie du 19ᵉ s., **Gray's Printery** ⊘ *(49, Main Street)* avec ses presses à main et ⸺
pied, a été conservée derrière la devanture georgienne en rotonde de la boutiqu⸺
Deux apprentis de la région se firent un nom aux États-Unis : John Dunlap (174⸺
1812), qui apprit son métier à l'imprimerie Gray, imprima la déclaratic⸺
d'Indépendance des États-Unis d'Amérique dans son journal, le *Pennsylvan⸺
Packet* ; James Wilson devint l'éditeur d'un journal de Philadelphie.
La **demeure ancestrale des Wilson** (Wilson Ancestral Home) ⊘ est une chaumière bla⸺
chie à la chaux où James Wilson, le grand-père de Woodrow Wilson (président d⸺
États-unis d'Amérique de 1913 à 1921), vécut jusqu'à son départ pour l'Amériqu⸺
à l'âge de 20 ans, en 1807. La maison contient encore certains meubles d'origine⸺
un lit-armoire près du feu de la cuisine et des lits à rideaux dans la chambre pri⸺
cipale. La pièce de l'étage fut ajoutée ensuite. Les Wilson vivent toujours ici, da⸺
la ferme moderne, derrière le cottage.

Sion Mills – De larges bandes de pelouses, des rangées de hêtres et de marronnie⸺
longent la rue principale de ce village modèle fondé par les trois frères Herdma⸺
qui, en 1835, débutèrent par l'installation d'une filature de lin dans un vieux moul⸺
à farine sur la Mourne. Vingt ans plus tard, ils construisirent une usine plus gran⸺
qui fonctionne encore. Les cottages attenant les uns aux autres, destinés aux ouvrie⸺
des filatures, furent bâtis dans le style gothique. Les maisons à colombages, noir⸺
blanc, en particulier Sion House, furent conçues par le gendre de James Herdma⸺
William Unsworth, un architecte anglais. Il dessina aussi l'église du Bon-Paste⸺
(Church of the Good Shepherd), dans un style roman italien, en s'inspirant d'u⸺
église de Pistoia, en Toscane. L'église catholique Ste-Thérèse (1963) est un surpr⸺
nant bâtiment moderne dû à Patrick Haughey, originaire de Belfast. Sur la faça⸺
la peinture murale sur ardoise d'Oisin Kelly représente *La Cène.*

Newtownstewart – Le village se trouve au confluent de la Mourne et de la Stru⸺
Sur le sommet d'une colline proche s'élève **Harry Avery's Castle**, deux tours semi-ci⸺
culaires d'un château gaélique du 14ᵉ s., bâti par Henry Aimbreidh O'Neill, mc⸺
en 1392. Une vue dégagée s'ouvre sur la campagne environnante.

Omagh – Omagh est une paisible bourgade, construite sur un versant escar⸺
dominant le confluent de la Camowen et la Drumragh, qui se rejoignent po⸺
former la Strule. La rue principale se divise en face du palais de justice (182C⸺

HAUTES TERRES DU NORD

Vieille église de Maghera ⊘ – *À l'extrémité Nord de la rue principale, tourner ⸺
droite vers Bank Square, puis tourner à gauche vers le parc de stationnement.*
nef de l'église en ruine date vraisemblablement du 10ᵉ s. Le beau portail occident⸺
semblable à celui de l'église de Banagher, remonte au milieu du 12ᵉ s. ; le linte⸺
comporte une scène de crucifixion. Le chœur fut ajouté vers l'an 1200, la tour ⸺
17ᵉ s. Dans le cimetière se dresse un pilier à peine dégrossi, dirait-on, mais q⸺
malgré cet aspect, possède une sculpture représentant une croix dans un cerc⸺
Selon la tradition, il s'agit de la tombe de saint Lurach, fondateur d'un importa⸺
monastère sur ce site au 6ᵉ s.

★**Glenshane Pass** – Le col, entre les sommets du Mullaghmore (555 m – *au Su⸺*
et du Carntogher (462 m – *au Nord*), assure le passage de la route principale ⸺
travers les monts Sperrin. L'arrivée par le Nord, au milieu d'un magnifique paysa⸺

de montagne, domine le glen de Benady sur la Roe ; l'arrivée par le Sud *(point de vue)* offre une **vue panoramique**★★ de l'autre côté du lac Neagh, au centre de la plaine de l'Ulster, jusqu'au Slemish.

Prieuré de Dungiven ⊙ – À la fin du 12ᵉ s., un prieuré de l'ordre des Augustins, qui fut prospère jusqu'au milieu du 16ᵉ s., remplaça un monastère préroman dédié à saint Nechtan. Ses ruines se dressent sur une place forte naturelle qui surplombe la Roe. L'**église** est un impressionnant exemple d'architecture médiévale. La nef, partie la plus ancienne de l'édifice, date sans doute du début du 12ᵉ s. ; elle était plus courte à l'origine. Les deux arcs en plein cintre de style roman dans le mur Est sont vraisemblablement l'œuvre des augustins, qui ajoutèrent aussi le chœur au 13ᵉ s. Une magnifique **tombe**, sculptée dans la tradition de l'Ouest de l'Écosse du 15ᵉ s. *(voir l'Introduction du Guide Vert Écosse : L'architecture religieuse)*, est accolée au mur Sud. Sous un baldaquin à remplages est étendue l'effigie d'un homme armé ; elle représenterait un chef des O'Cahan, Cooey-na-Gal, mort en 1385 ; six *gallowglasses (Voir Quelques faits historiques, 1315-1318)*, mercenaires écossais en kilt, figurent sur le devant de la tombe.
Au 17ᵉ s., Edward Doddington, qui fit élever les murs de Londonderry, construisit lui-même une maison dans le cloître ; ses fondations furent mises au jour en 1982.
Au Nord du chemin, un *bullaun*, pierre creuse utilisée à l'origine pour broyer le grain, collecte aujourd'hui les eaux de pluie. Les personnes désireuses de guérir leurs verrues lui rendent visite et nouent des chiffons sur l'arbre en surplomb.

Église de Banagher – L'église en ruine date de la fin du 11ᵉ s. ou du début du 12ᵉ s. Dans le cimetière, un **édifice funéraire** a été construit en pierre de taille au début du 12ᵉ s., probablement pour abriter les reliques déplacées lors de l'adjonction du chœur à l'église. Le panneau sur le pignon occidental représente un personnage qui tient une crosse et lève l'autre main en signe de bénédiction. Selon la légende, il s'agit de la tombe de saint Muiredach O'Heney et le sable qui vient de sa sépulture porterait chance.

Église de Bovevagh – Dans le cimetière d'une église médiévale en ruine se trouve un **édifice funéraire** semblable à celui de Banagher. Son état délabré laisse découvrir la cavité qui contenait le corps et le trou pour la main, à l'extrémité Est, à travers lequel le croyant pouvait toucher les reliques.

Limavady – Ce nom vient de l'irlandais signifiant « saut de chien », car le village d'origine était situé à environ 3 km en amont, près du château O'Cahan du 13ᵉ s., dans l'actuel parc de loisirs de la vallée de la Roe. Il fut rebaptisé Newtown-Limavady au 17ᵉ s. par Sir Thomas Phillips, agent en chef de la Cité de Londres en Ulster. De nos jours, ce bourg, de style georgien, demeure la patrie de la fameuse chanson *Danny Boy*, également connue sous le nom de *Londonderry Air*, transcrite en 1851 à partir d'une ancienne mélodie par Jane Ross (1810-1879), qui vécut au 51 Main Street *(plaque commémorative)*.

★ **Roe Valley Country Park** ⊙, au Sud de **Limavady** – Le parc de loisirs s'étend sur une partie (5 km) de la vallée sauvage et très boisée où la rivière Roe, rouge et tourbeuse, se précipite au milieu des roches et traverse des gorges, avant d'aller se jeter, au Nord, dans le Lough Foyle. Le parc, d'une grande beauté naturelle, rappelle les exploits légendaires des O'Cahan et conserve des témoignages des débuts de l'activité industrielle : des pelouses pour le blanchiment du linge au soleil, des barrages, des biefs et des moulins du 18ᵉ s. qui servaient à scier le bois, à teiller, tisser et aplanir le lin pour lui donner de l'éclat. La **centrale**, construite en pierre en 1896, fut la première à produire de l'électricité hydraulique. Le **centre d'accueil**, au pont Dogleap, renseigne sur la flore et la faune locales, les anciennes industries et la colonisation du 17ᵉ s.

Ballykelly – Le village fut fondé au début du 17ᵉ s. par la Compagnie des poissonniers, qui y construisit une ferme modèle, subsistant toujours sur le côté Nord de la route. Un édifice à deux étages est relié à deux pavillons par une courtine qui entoure la cour de la ferme. En face se trouve l'église presbytérienne (1827). L'église anglicane, qui occupe le sommet d'une petite colline cachée par des hêtres au Sud du village, fut bâtie en 1795 par le comte-évêque de Derry.

Eglinton – Cet élégant petit village, avec son **palais de justice**, fut aménagé par la corporation des épiciers, entre 1823 et 1825, autour d'une place bien ombragée à côté de la rivière Muff. Plus haut, la rivière cascade à travers **Muff Glen**, une étroite vallée bordée d'arbres propice à d'agréables promenades.

Ness Wood Country Park, à Ervey Cross Roads – *À partir du parc de stationnement, traverser l'aire de pique-nique et marcher à l'intérieur du bois. La chute (9 m) n'est pas protégée ; les enfants devront être accompagnés. Le torrent est longé de part et d'autre par une promenade en sous-bois ; elles se rejoignent sur un pont, à 550 m du parc de stationnement.*

En se frayant un chemin dans le schiste métamorphique depuis la fin de l'ère glaciaire, la Burntollet a créé une impressionnante chute *(eas)* et une succession de gorges, cavernes et rapides. Jusqu'au 17ᵉ s., le bois (19 ha) comptait surtout des chênes. Aujourd'hui de nombreuses autres espèces s'y épanouissent.

STRANGFORD Lough★

Down

Carte Michelin n° 923 P 4 ou Atlas Great Britain & Ireland p. 99

Le Strangford Lough est un long bras de mer (29 km de long ; 130 km de côtes) profondément enchâssé entre la péninsule d'Ards et celle de Lecale. Il est relié à mer d'Irlande par un étroit goulet où s'engouffrent 350 millions de tonnes d'eau de mer, à la vitesse d'environ 16 km/h, à chaque changement de marée. Le nom vikin de Strangford (fjord violent) a prévalu sur l'ancien nom irlandais de Lough Cuan. zone envahie par la mer était constituée de *drumlins (voir Index)* qui maintenant éme gent des eaux ; le long de la côte Ouest, protégée, ils sont semblables à des monticule d'herbe rase, proches de la côte Est, ils ont, pour la plupart, subi l'érosion des ven d'Ouest dominants.

Tout le bras de mer fait maintenant partie intégrante d'une **réserve naturelle marine**, première à avoir été créée en Irlande du Nord. Quelques îles, des portions de rivag et des zones voisines sont protégées et classées réserves naturelles nationales ou zone de grand intérêt scientifique. La plus grande partie du rivage est gérée par des org nismes publics, le National Trust ou la Société royale de protection des oiseaux.

STRANGFORD LOUGH PRATIQUE

À l'Office du tourisme de Portaferry, une exposition est consacrée aux curios tés que l'on peut voir autour du Strangford Lough, à la faune et à la flore, air qu'à l'histoire locale ; un film inventorie les maisons fortes.

La faune – Des observatoires établis à Castle Espie, Delamont, Quoi Countryside Centre, Castle Ward et Mount Stewart permettent de voir évolu les oiseaux nicheurs, les colonies de gibier d'eau, les phoques et autres anima marins ou de se familiariser avec la flore. La vie marine du fjord peut être obse vée à **Exploris**, aquarium situé à Portaferry.

Castle Ward Opera Festival ⊘ – Un festival d'opéra se déroule en juin dans domaine de cette magnifique résidence de campagne *(voir ci-dessous)*.

Strangford Narrows Car-Ferry – Entre Strangford et Portaferry, à l'endroit la rivière se resserre, un ferry ⊘ assure la traversée des véhicules.

CURIOSITÉS

Énumérées dans l'ordre des aiguilles d'une montre à partir de Strangford

★**Strangford** – Ce charmant petit port, qui date du Moyen Âge, est niché sur la riv Ouest du goulet reliant le fjord à la mer. La **maison forte** ⊘ fut commencée au 15e s. mais son style la rattache à l'art du 16e s. À l'intérieur, un escalier de bois grav les trois étages et conduit vers un étroit passage sur le toit, d'où l'on jouit d'un belle **vue** sur le port, le goulet, Portaferry et l'extrémité Sud de la péninsule d'Ard

Château de Kilclief ⊘ – 4 km au Sud de Strangford par la route côtière (A 2 La **maison forte**, conçue comme un corps de garde, avec ses deux forjets protégea l'entrée, fut probablement construite par l'archevêque de Down, entre 1413 1441, pour garder l'accès du goulet de Strangford.

★★**Castle Ward** – La résidence de Castle Ward est un mélange unique d'architectu classique et de style gothique georgien, dont ce fut la première apparition Irlande. Elle est le reflet des goûts opposés de Bernard Ward et de sa femme, q se marièrent en 1747 et se séparèrent plus tard. Le bâtiment rectangulaire à tr étages, comportant à chaque extrémité une baie semi-octogonale, fut construit pierre de Bath au début des années 1760. Depuis la façade gothique, on jouit d'un agréable **vue** sur le Strangford Lough.

La famille Ward – À la fin du 16e s., Bernard Ward, originaire de Capesthorne da le Cheshire, acheta le domaine aux comtes de Kildare. En 1610, Nicholas Wa édifia une maison forte, Old Castle Ward, sur les bords du Strangford Lough. 18e s., à la sixième génération, une maison dont il ne reste rien est bâtie par Micha Ward, celui-là même qui encouragea le commerce de la toile et développa les min de plomb sur son domaine, avant d'être nommé juge au Banc du roi en Irland La propriété échoit en 1812 à Robert Ward, qui délaisse Castle Ward au profit sa résidence de Bangor *(voir ce nom)*. Le titre de Bangor sera accordé à la fami en 1781 ; le domaine est restauré. À la mort du sixième vicomte de Bangor, 1950, la demeure est cédée à l'État pour régler les droits de succession, pu offerte au National Trust. Une descendante de la famille, Rachel Ward, est conn pour avoir interprété le principal rôle féminin dans *Les oiseaux se cachent po mourir.*

Le parking à proximité de la résidence est relié par une allée à celle située sur rive du lac (Old Castle Ward).

380

Les hennins auraient-ils apprécié le cadre ?

Résidence Ⓥ – L'entrée d'origine, sur la façade Sud-Ouest de style classique, ouvre sur un hall richement orné de stucs – sans doute l'œuvre de plâtriers de Dublin, et d'artisans locaux pour les parties moins sophistiquées.

Les pièces de l'aile Nord-Est sont décorées dans le style gothique cher à Lady Bangor : la **voûte en éventail** du boudoir, inspirée de la chapelle Henri VII de l'abbaye de Westminster ; les panneaux vitrés du **salon**, attribués à l'école flamande du 17ᵉ s. ; le **petit salon** montrant une vue du château peinte en 1785 par William Ashford.

La **salle à manger** se trouve dans la partie classique de la maison. En 1827, les lambris du 18ᵉ s. furent peints, veinés et entourés de dorures ; les sièges sont de style Chippendale (environ 1760).

Une galerie conduit du sous-sol à la **cour des écuries**, dont le niveau a été abaissé pour que les bâtiments ne soient pas visibles de la résidence. La **buanderie** est un bâtiment du 18ᵉ s., mais son équipement remonte au siècle suivant : lavoir, chaudière en cuivre, essoreuse à rouleaux de pierre.

Jardins Ⓥ – En contrebas, près de la cour des écuries, les **jardins** se composaient en 1902 de 61 parterres de fleurs, de nombreux massifs de rosiers et d'une collection de bégonias. Derrière s'étendaient les terrasses, plantées en 1720 d'ifs provenant de Florence Court *(voir ce nom)*, et une pinède.

Quand vers 1760 on construisit la nouvelle résidence, un jardin à l'anglaise, composé de vastes pelouses, de bosquets d'arbres et d'un parc à cerfs, remplaça le jardin à la française d'autrefois. Seul survécut l'élément majeur, la **pièce d'eau**, appelée **Temple Water**, qui avait été créée en 1724 dans l'axe de la tour du château d'Audley. Une demeure de style Reine Anne se dressait sur le versant Est de la rivière, non loin d'une **glacière**. À l'opposé, le **temple**, résidence d'été de style classique précédée d'un portique dorique (1750), occupe une colline. Le jardin clos, tout proche, assurait la production de fleurs, fruits et légumes pour la maison ; il regroupe maintenant des enclos animaliers qui reflètent la diversité du gibier d'eau du Strangford Lough.

La **maison forte** du 17ᵉ s., Old Castle Ward, fut la première construction d'un Ward sur le domaine. Elle est maintenant entourée par des dépendances de ferme, dont la plupart ont été bâties au milieu du 19ᵉ s. dans le style médiéval. Le moulin d'origine du 18ᵉ s., qui était actionné par la marée, fut par la suite alimenté par la pièce d'eau. Un autre bâtiment accueille le **Centre de nature du Strangford Lough** (Strangford Lough Wildlife Centre Ⓥ). *Voir ce nom.*

★**Audley's Castle** – *Accès via Castle Ward ou par une route secondaire à l'Ouest du domaine de Castle Ward. Franchir le portail en voiture jusqu'au parc de stationnement.* Les ruines de cette **maison forte** du 15ᵉ s., également conçue comme un corps de garde, se dressent sur un promontoire au-dessus du fjord. Elle fut construite par la famille Audley, qui possédait des terres dans cette région au 13ᵉ s., et vendue en 1646 aux Ward, de Castle Ward. Une belle vue s'ouvre sur les rives boisées du fjord. Le hameau d'Audleystown, dont on pense que les habitants ont émigré aux États-Unis, fut démoli vers 1850.

Audleystown Cairn – *Marcher à travers champs.* Le cairn, revêtu de pierres sèche: est une double tombe à cour *(voir en Introduction : L'Irlande préhistorique)*, don chaque extrémité est précédée d'une avant-cour s'ouvrant sur des galeries. E 1952, des fouilles mirent au jour 34 squelettes partiellement brûlés, des poterie du néolithique et des outils en silex.

Quoile – À partir de **Quoile Quay**, construit en 1717 par Edward Southwell, et ayar servi de port à Downpatrick jusqu'en 1940, la route rejoint le **château de Quoil** maison forte de la fin du 16e s., habitée par la famille West jusqu'au milieu d 18e s. L'angle Sud s'écroula en 1977, mettant ainsi au jour deux pièces voûtée avec des cannonières au rez-de-chaussée. Le **centre d'accueil** (Visitor Centre) donn des détails sur l'histoire de la région et sa nature. La route débouche sur le qua des bateaux à vapeur (Steamboat Quay), bâti en 1837 par David Ker, qui essay vainement d'établir un service de bateaux à aubes jusqu'à Liverpool.

★ **Countryside Centre** ⊙ – Un barrage, construit en 1957 sur l'île de Hare, a séparé mer de l'estuaire de la Quoile, autrefois soumis à l'influence des marées. Les de niers kilomètres de la rivière ont été transformés en un lac d'eau douce équipé d vannes pour contrôler les inondations. Cette zone (200 ha) est désormais ur réserve naturelle de bois et de marais, peuplée de diverses espèces d'oiseaux et d gibier d'eau, ainsi que de loutres.

★ **Inch Abbey** ⊙ – *3 km au Nord-Ouest de Downpatrick par la A 7 ; après 1,5 kr tourner à gauche ; parking.* L'abbaye en ruine occupe un site charmant, autrefc une île au milieu des marais de la rive Nord de la Quoile. On y accédait par ur digue, fondement de la route actuelle. La plus grande partie de l'enceinte d monastère est recouverte de gazon. L'établissement, dépendant de l'abbaye ci tercienne de Furness dans le Lancashire, fut fondé vers 1180 par **Jean de Courcy**, réparation de la destruction d'Erenagh, au Sud de Downpatrick. L'église du 13e est constituée d'une nef, de bas-côtés, d'un transept et d'un chœur ; l'abside éta éclairée par trois fenêtres en ogive flanquées de deux lancettes. Dans le mur Su sont creusés un banc *(sedilia)* à trois places et un bassin d'ablution *(piscina* Chaque bras du transept compte deux chapelles latérales, qui furent murée comme l'extrémité occidentale de la nef, et abandonnées au 15e s. Il ne reste qu les fondations des bâtiments qui entouraient le cloître au Sud de l'église : à l'Oue s'étendaient la sacristie, la salle capitulaire, le parloir et la salle de jour avec, au dessus, le dortoir ; au Sud, le réfectoire et les cuisines. Les bâtiments isolés proche de la rivière étaient probablement un hôpital *(au Sud-Est)*, et un four à pain, u puits et une maison d'hôte *(au Sud-Ouest)*.

Delamont Country Park ⊙, au Sud de **Killyleagh** – *Immense réserve d'oiseaux.* parc, dont le jardin clos est planté de parterres à la française, s'étend jusqu'a Strangford Lough. Au printemps, les bois sont parsemés de fleurs sauvages et d jeunes agneaux gambadent dans les prairies. On peut apercevoir des renards, de hermines, des blaireaux et, près de l'eau, des loutres et des phoques. La popula tion d'oiseaux est riche et variée : hérons qui nichent et élèvent leurs petits entr février et le milieu de l'été, grimpereaux, hiboux, roitelets, fringillidés, gibier d'eau guillemots, courlis, huîtriers et diverses espèces d'hirondelles de mer.

Killyleagh – Séduisant centre de voile sur la rive Ouest du fjord, Killyleagh e dominé par son **château** à tourelles, remanié par Charles Lanyon en 1850, et s deux tours circulaires des 13e et 17e s. Le château initial, qui avait été édifié pa Jean de Courcy *(voir Index)*, passa aux mains des O'Neill, fut détruit par le génér Monk en 1648, puis rebâti par les Hamilton, comtes de Clanbrassil et vicomte Clandeboye.

Sketrick Castle – *Parking.* La maison forte à quatre étages s'écroula sous ur tempête en 1896. Elle fut érigée, probablement au 15e s., avant la digue, pou commander l'accès à l'île depuis la terre ferme. Le rez-de-chaussée était divisé e quatre salles ; la plus vaste, voûtée, était sans doute la cuisine. Une des salles ce trales pourrait avoir servi à remiser des bateaux. À l'arrière, un tunnel conduit une source recouverte d'une voûte en encorbellement.

★ **Nendrum Monastery** ⊙ – *À la pointe Nord de l'île de Mahee. Parking.* L'accès la digue est dominé par les ruines *(dangereuses)* du **château de Mahee**, construit e 1570 par un soldat anglais, le capitaine Browne.
Le **centre d'accueil** (Visitor Centre) évoque l'histoire du site et des missionnaires d l'église primitive celte. Le site, du début de l'ère chrétienne, que l'on abordait in tialement par bateau ou à gué, se compose de trois enceintes concentrique protégées par des murs de pierres sèches. L'aire centrale contient le clocher ror et l'église (entourée d'un cimetière), dont la partie Ouest doit dater du 10e o 11e s. tandis que la partie Est fut construite par les bénédictins au 12e s. L'éco se trouvait à l'Ouest de l'enceinte intermédiaire, avec l'atelier des moine L'enceinte extérieure était probablement affectée à la maison d'hôte, aux habit tions des métayers, aux jardins, aux vergers, aux pâtures et aux champs cultivé Saint Mochaoi (5e s.), dont est dérivé le nom de Mahee, semble être lié à l'origi

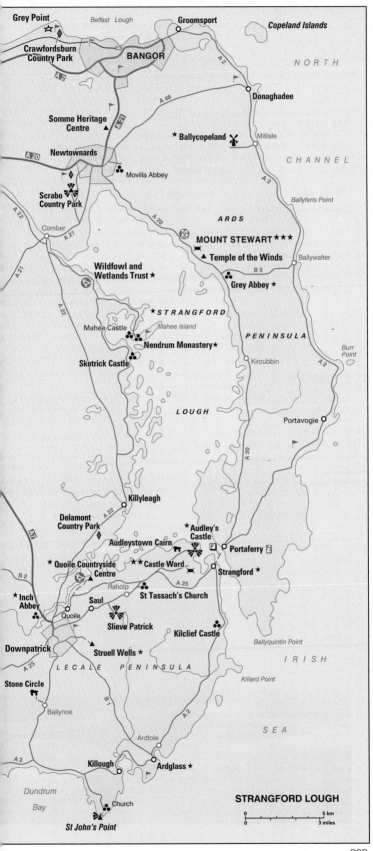

Grey Point
Belfast Lough
Groomsport
Copeland Islands
Crawfordsburn
Country Park
BANGOR
A 2
NORTH
Donaghadee
A 48
Somme Heritage
Centre
★ Ballycopeland
Millisle
CHANNEL
A 21
Newtownards
A 20
A 2
Movilla Abbey
Ballyferis Point
Scrabo
Country Park
Comber
A 21
A 20
ARDS
MOUNT STEWART ★ ★ ★
A 22
▲ Temple of the Winds
Ballywalter
Wildfowl and
Wetlands Trust ★
B 5
Grey Abbey ★
A 22
★ *STRANGFORD*
Mahee Castle
Mahee Island
PENINSULA
Nendrum Monastery ★
Kircubbin
Sketrick Castle
Burr Point
A 2
LOUGH
Portavogie
A 20
Killyleagh
A 22
Delamont
Country Park
★ Audley's
Castle
Audleystown Cairn
F Portaferry 🛈
★ Quoile Countryside
Centre
★ ★ Castle Ward
Strangford ★
A 25
★ Inch
Abbey
Raholp
Saul
St Tassach's Church
Quoile
Slieve Patrick
Kilclief Castle
Downpatrick
Ballyquintin Point
★ Struell Wells ★
A 25
LECALE PENINSULA
IRISH
Killard Point
Stone Circle
B 1
Ballynoe
A 2
SEA
Ardtole
A 2
Killough
Ardglass ★
*Dundrum
Bay*
Church
STRANGFORD LOUGH
St John's Point
0   5 km
0   3 miles

du monastère, mais les archives et les témoignages archéologiques en situent
construction au 7ᵉ s. La communauté souffrit des invasions vikings et, au 12ᵉ
Jean de Courcy installa des bénédictins à Nendrum ; ils auraient été dispersés ve
le début du 14ᵉ s. Le site fut identifié en 1844 et fouillé en 1922-1924.

★**Castle Espie Centre** ⊘, au Sud-Est de **Comber** – Le centre fait partie du Wildfowl
Wetlands Trust (Fondation pour la protection du gibier d'eau et des zones humide
et occupe un site agréable sur la rive occidentale du Strangford Lough. Les lacs d'e
douce qui se sont formés dans les anciennes carrières d'argile et de calcaire expl
tées pour la briqueterie, la tuilerie et la poterie, en font un site de reproduction
d'hivernage idéal aussi bien pour les oiseaux sauvages que pour les espèces mer
cées nées en captivité. De l'affût de Lance Turtle, on peut observer quelqu
spécimens qui arrivent de l'Arctique chaque hiver. Parmi les canards, oies et cygn
du monde entier, citons le garrot albéole, l'eider à tête grise et la sarcelle d'hiv
Les bernaches néné viennent manger dans la main, et quantité de petits oiseaux so
attirés par la nourriture déposée en plusieurs points de la promenade du bois.

Scrabo Country Park ⊘, au Sud de **Newtownards** – *Parking au sommet de la collin*
5 mn à pied jusqu'à la tour. Second parking dans les bois de Killynether. Les de
repères caractéristiques du parc sont le **mont Scrabo**, formé d'une couche de la
volcanique qui recouvre et protège la couche sous-jacente de grès, et la **tour
Scrabo**, érigée en 1857 à la mémoire du troisième marquis de Londonderry (177
1854, *voir Mount Stewart, encadré*) en reconnaissance de l'aide qu'il porta à s
métayers pendant la Grande Famine. Les plans de la tour (41 m de haut ; 1,25
d'épaisseur pour les murs) furent dressés par Lanyon et Lynn. Elle est bâtie
pierre de Scrabo : de la dolérite noire pour les murs ; du grès clair pour le to
les pierres d'angle et les pierres taillées. Elle abrite désormais une exposition s
le parc de loisirs – géologie, premiers colons, faune et flore – et *L'Histoire*
Strangford Lough, une présentation audiovisuelle *(12 mn ; toutes les 30 mn)*.
Du sommet *(122 marches)*, le **panorama**★★ s'étend jusqu'à la côte écossaise *(*
Nord) et l'île de Man *(au Sud-Est)*.

Newtownards – Centre de commerce moderne et actif, la ville est située à enviro
800 m de la rive Nord du Strangford Lough.
Le bel **hôtel de ville**, ancien marché couvert, fut construit en 1765 en pierre loca
de Scrabo ; il s'élève au centre de la ville, sur le côté Nord de Conway Square, o
un marché se déroule chaque samedi. À l'extrémité Est de High Street, la **croix
marché** a été gravement endommagée en 1653. Dans Court Street, au Sud de
ville, subsistent les ruines du **prieuré** fondé au 13ᵉ s. par Walter de Burgh. Bâti
aussi en pierre de Scrabo, il renferme le tombeau des marquis de Londonderry
la tour date du 17ᵉ s.
Une belle collection de **stèles**★ du 13ᵉ s., montrant des croix foliées, est sertie da
le mur Nord de l'église en ruine de l'**abbaye de Movilla** *(3 km au Nord-Est par
A 48, la B 172 et la Old Movilla Road – à droite ; entrée par le cimetière)*. L'abbay
une des plus grandes d'Ulster, fut fondée vers 540 par saint Finian.

Drumlins dans le Strangford Lough

★**Mount Stewart** – *Voir ce nom.*

★**Grey Abbey** ⊘, à **Greyabbey** – *Parc de stationnement.* Les ruines du monastère bordent un cours d'eau au fond d'une cuvette verdoyante. Il fut fondé en 1193 par Affreca, l'épouse de Jean de Courcy, et relevait de l'abbaye cistercienne de Holm Cultram, en Cumbria (Angleterre). Il fut brûlé lors des guerres élisabéthaines, puis, plus tard, restauré, couvert d'un nouveau toit, coiffé d'un clocher et utilisé comme église paroissiale jusqu'en 1778. Le petit centre d'accueil des visiteurs abrite des expositions sur la vie monastique et la construction de l'abbaye.

Le magnifique **portail principal** (1220-1230) s'orne de belles moulures et d'une frise romane. Les bâtiments monastiques sont ordonnés autour des cloîtres selon la tradition cistercienne. Le jardin d'herbes contient plus de 50 plantes médicinales différentes et des herbes semblables à celles probablement utilisées par les moines cisterciens dans l'exercice de la médecine.

Portaferry – *Bac de Strangford Narrows* ⊘. Ville côtière dynamique jusqu'au milieu du 19ᵉ s., Portaferry est maintenant un lieu où l'on pratique la voile et la pêche en mer. Deux belles maisons georgiennes s'ouvrent sur le front de mer, qui fait face à Strangford, de l'autre côté du détroit. Le Centre de biologie marine de l'université de la Reine (Queen's University, Belfast) s'y est installé.

Le **château de Portaferry**, maison forte dont l'entrée est flanquée d'un seul forjet, fut probablement construit au début du 16ᵉ s. par la famille Savage.

★**Exploris** ⊘ – Bien plus qu'un simple aquarium, Exploris présente, grâce à des reconstitutions convaincantes de nombreux habitats sous-marins et de rivages, la vie marine du Strangford Lough et de la mer d'Irlande dans toute sa richesse et sa complexité : bassins tactiles, laboratoire de découverte marine et aquarium à ciel ouvert, un des plus grands du Royaume-Uni, que les visiteurs peuvent voir d'en haut ou d'en dessous à partir d'une grotte sous-marine.

Conditions de visite

En raison de l'évolution du coût de la vie et des horaires d'ouverture de la plupart d[...] curiosités, nous ne pouvons donner les indications ci-dessous qu'à titre indicatif. Mêm[...] s'ils ne sont pas toujours indiqués ici, il existe généralement des tarifs réduits pour [...] enfants, les étudiants, les personnes âgées et les familles ; il en va de même pour [...] groupes, sur accord préalable.

Les églises ne se visitent pas pendant les offices. De nombreux édifices de l'Égl[...] d'Irlande (anglicane) et de l'Église presbytérienne sont fermés en dehors des office[...]

Les offices de tourisme locaux, dont les adresses et les numéros de téléphone figure[...] ci-dessous après le symbole **🛈**, donnent des informations sur les jours de marché, [...] jours de fermeture des magasins, etc.

Le symbole **◪** indique que le site est équipé d'un parking.

Dans la partie descriptive du guide, les curiosités soumises à des conditions de vis[...] sont indiquées par le signe ☉ placé après leur désignation. Dans le chapitre des Cond[...] tions de visite, elles sont répertoriées soit dans leur localité de situation, soit à leur n[...] propre.

Lorsque les curiosités décrites bénéficient de facilités concernant l'accès pour les ha[...] dicapés, le symbole ♿ ou (♿) (accès partiel) figure à la suite de leur nom.

Les jours fériés, magasins, musées et nombreux sites sont généralement fermés [...] appliquent des horaires différents. En République d'Irlande, musées nationaux [...] galeries d'art sont généralement fermés le lundi. En dehors des vacances scolair[...] habituelles (à Noël, au printemps et en été), il existe des périodes de fermetu[...] pour Halloween (dernier week-end d'octobre) et la Saint-Patrick (17 mars). Vo[...] trouverez la liste des jours fériés dans le chapitre des Renseignements pratiques (vo[...] p. 18).

Les tarifs pour la République d'Irlande sont en livres irlandaises (IR£) ; l'euro (€) pre[...] la relève en janvier 2002 ; l'Irlande du Nord conserve la livre sterling (£).

L'abréviation Dúchas concerne le Service de protection du patrimoine de la Républiq[...] d'Irlande. Pour l'Irlande du Nord, le sigle HM représente le Service des monumer[...] historiques britanniques, NT le National Trust.

RÉPUBLIQUE D'IRLANDE

A

ABBEYLEIX

Abbeyleix Heritage House – ♿ Visite de mars à septembre tous les jours de 10 [...] (13 h les dimanches et jours fériés) à 18 h. 2 IR£ [2,54 €]. ◪. Café. ☎ (0502) 31653[...] fax (0502) 30059 ; abbeyleix@ireland.com ; www.laois.local.ie/abbeyleix

Abbey Sense Garden – ♿ Visite de 9 h à 16 h. Offrande. ☎ (0502) 31636 ou 31325[...] fax (0502) 31386.

ACHILL Island
🛈 (en juillet et août, du lundi au samedi) – ☎ (098) 4538[...]

ADARE
🛈 Heritage Centre – ☎ (061) 396 2[...]

Adare Heritage Centre – ♿ Ouvert tous les jours de mai à septembre de 9 h à 18 h [...] d'octobre à avril de 10 h à 17 h. Exposition 3 IR£ [3,81 €]. ☎ (061) 396 666[...] fax (061) 396 932 ; adareheritage@eircom.net

ARAN Islands
🛈 Kilronan (lundi à samedi) – ☎ (099) 612[...]

Accès par air – 8 vols quotidiens (10 mn) et toutes les heures en été au départ d[...] **Connemara Airport**, à Inverin, à l'Ouest de Galway, pour Inishmore, Inishmaan et Inishee[...] ☎ (091) 593 034 ou 593 054 (réservations), (099) 61109 ; fax (091) 593 238 (Ae[...] Arann) ; aerarann.@iol.ie ; www.aerann.ie

Accès par mer à partir de Galway – Service quotidien de juin à septembre à 10 h 30[...] retour d'Aran à 17 h. Traversée : 2 h. ☎ (091) 567 676 ou 567 283 (billets) [...] fax (091) 567 672 (Aran Islands Ferry).

:cès par mer à partir de Rossaveel – Deux services quotidiens (traversée 40 mn) ur Inishmore, Inishmaan et Inisheer (avril à novembre : 3 traversées pour Inishmore, retours d'Inishmore) ; traversées supplémentaires en juillet-août. Aller/retour 15 IR£ 9,05 €]. Navette entre les îles. Service de réservation pour minibus, location de bicy-:ttes, randonnées, hébergement, restauration. ☒ surveillé à Rossaveal. Services de s à partir du centre de Galway. ☎ (091) 561 767, 568 903, 572 050 ou 572 273 près les heures de bureau) ; fax (091) 568 538 (Island Ferries Teo) ; island@iol.ie ; ww.aranislandferries.com

:cès par mer à partir de Doolin (comté de Clare) – De juin à août (si le temps le per- et) : Aran Islands Ferry : deux allers/retours quotidiens pour Inishmore (traversée h) et Inishamaan (45 mn) ; 6 allers pour Inisheer (30 mn) avec un aller supplé- entaire le vendredi à 18 h 30, mais 5 retours seulement. Entre Pâques et mai et en ptembre, se renseigner par téléphone.

er/retour de 15 à 20 IR£ [19,05 à 25,40 €]. ☎ (065) 707 4455, 707 4466, 707 89 ; fax (065) 707 4417 (Doolin Ferry Co) ; doolinferries@eircom.net ; http://home- ge.eircom.net/~doolinferries/

·an Heritage Center – (&) Visite de juin à août de 10 h à 19 h ; en avril, mai, sep- mbre et octobre de 11 h à 17 h. 2,50 IR£ [3,17 €]. Documentaire « L'Homme Aran ». Café. Librairie. Boutique d'artisanat. Bureau de change. Rez-de-chaussée cessible en fauteuil roulant. ☎ (099) 61355 ; fax (099) 61454 ; ☎ (091) 563 081)ffice de tourisme de Galway).

ún Aonghasa – (Dúchas) Horaires et tarifs du centre d'accueil : renseignements par éléphone. ☎ (01) 661 3111 (Bureau central de Dúchas).

RDAGH

eritage Centre – Visite de 9 h à 17 h. 2 IR£ [2,54 €]. Vidéo de 15 mn. Restaurant. utique d'artisanat. ☎ (043) 75277 ; fax (043) 75278.

RDARA

eritage Centre – Visite de juin à septembre de 10 h à 18 h ; le reste de l'année, du ndi au vendredi de 10 h à 17 h. Présentation audiovisuelle (15 mn). Salon de thé. (075) 41704.

RDFERT

athédrale – (Dúchas) (&) Visite de mai à septembre de 9 h 30 à 18 h 30. Dernière trée 17 h 45. 1,50 IR£ [1,90 €]. Visite guidée de 45 mn sur rendez-vous. Dépliant français. ☒. Accès en fauteuil roulant aux expositions et au point de vue. ☎ (066) 3 4711.

RDMORE
🛈 (en saison) ☒ du front de mer – ☎ (024) 94444

RKLOW
🛈 – ☎ (0402) 32484

aritime Museum – Visite du lundi au vendredi de 10 h à 13 h et de 14 h à 17 h, aussi le samedi en mai et septembre. 3 IR£ [3,81 €]. ☒. ☎/fax (0402) 32868.

SHFORD

Iount Usher Gardens – & Visite de mi-mars à fin octobre de 10 h 30 à 18 h. 4 IR£ ,08 €]. Visite guidée (1 h) sur rendez-vous. ☒. Salon de thé. Boutiques d'artisanat. /fax (0404) 40205 ; mount-usher.gardens@indigo.ie ; www.mount-usher-gardens.com

SKEATON

esmond Castle – Visite de mi-avril à mi-juin de 10 h à 18 h. Fermé le lundi sauf férié. 50 IR£ [1,90 €]. ☎ (021) 774 855.

bbaye d'ASSAROE

'ater Wheels – Visite de mai à août tous les jours de 10 h 30 à 18 h 30 ; le reste de année le dimanche de 13 h 30 à 18 h 30. ☎ (072) 51580.

THENRY
🛈 Thor Ballylee, Gort – ☎ (091) 631 436 (avril-octobre, lundi au samedi)
🛈 Oranmore – ☎ (091) 790 811 (mai à septembre, lundi au samedi)
🛈 Ballinasloe – ☎ (0905) 42131 (juillet à août, lundi au samedi)

eritage Centre – & Ouvert d'avril à septembre de 10 h à 18 h. 2,50 IR£ [3,17 €]. résentation audiovisuelle (45 mn). ☒ au château. ☎ (091) 844 661 ; athenryheri- ge@oceanfree.net

hâteau – (Dúchas) (&) Visite de mi-avril à mai, mardi au dimanche de 10 h à 17 h ; e juin à septembre de 9 h 30 à 18 h 30. (Dernière entrée à 17 h 45). 2 IR£ [2,54 €]. ectacle audiovisuel (20 mn). Visite guidée (45 mn) sur rendez-vous. ☒. Rez-de- aussée accesible aux fauteuils roulants. ☎ (091) 844 797.

Monastère dominicain – (Dúchas). Aller chercher la clé chez Mrs Sheehan, Chur
Street (5 IR£ [6,35 €] de caution).

Cathédrale St-Brendan – &. Ouvert de 9 h à 21 h. Entrée libre. Visite audio : 2 IF
[2,54 €]. Guide et dépliants en vente. ☎ (091) 841 212 ; fax (091) 847 367.

Musée diocésain – &. Ouvert de juin à août ; s'il est fermé, on peut se procurer la c
au presbytère de la cathédrale. Visite guidée sur rendez-vous. ▣. ☎ (091) 841 21

ATHLONE
🇮 Athlone Castle Visitor Centre, St Peter's Square – ☎ (0902) 946

Excursions sur le Shannon – À partir de Jolly Mariner Marina, Coosan Point, de ju
à août à 11 h et 14 h 30 (horaires susceptibles de modifications). Durée : 1 h 30. 6 IF
[7,62 €]. Commentaire enregistré. Bar. Café. ▣. ☎ (0902) 72892 ou 72113
fax (0902) 74386 (Athlone Cruises).

Château – Ouvert d'avril à octobre de 10 h à 17 h 30. Présentation audiovisue
(40 mn, en français ; la dernière à 16 h 30). **Musée** : visite d'avril à début octobre
10 h à 17 h 30. Billet château et musée : 3,50 IR£ [4,45 €]. ▣. ☎ (0902) 929
(château) ou (0902) 72107 (district urbain).

ATHY
🇮 Portlaoise – ☎ (0502) 211

Heritage Centre – Ouvert de 10 h à 18 h. Dernière entrée 17 h. 2 IR£ [2,54 €
☎ (0507) 33075 ; fax (0507) 33076 ; athyheritage@eircom.net ; www.kildare.ie

AUGHRIM
🇮 (de mi-avril à fin septembre) – ☎ (0905) 739

Battle of Aughrim Interpretive Centre – Visite de Pâques à septembre de 10 h à 18 h
le reste de l'année, sur rendez-vous. 3 IR£ [3,81 €]. ▣. Buvette. ☎/fax (0905) 7393

AVOCA

Weavers Mill – Visite de 9 h 30 à 18 h (17 h 30 en hiver). Entrée libre. Visite cor
mentée des ateliers de tissage. ☎ (0402) 35105 et 35284 ; fax (0402) 35446.

AVONDALE

(&) **Domaine** : ouvert toute l'année. **Maison** : Visite de mi-mars à octobre de 11 h à 18
(dernière entrée 17 h). Fermé le Vendredi saint. Maison : 3 IR£ [3,81 €], domaine : 3 IF
[3,81 €] par voiture. Visite guidée possible. Présentation audiovisuelle (25 mn). Dépla
en français. ▣. Boutique. Café, restaurant, aires de pique-nique. ☎/fax (0404) 46111

B

BALLINA (Mayo)
🇮 (d'avril à septembre, lundi au samedi) – ☎ (096) 708

Cathédrale St-Muiredach – Ouvert tous les jours. Offices du lundi au vendredi à 8
et 10 h, le dimanche à 8 h, 9 h 30, 11 h, 12 h 30.

BALLINAKILL

Heywood Gardens – Visite toute l'année. En juillet et août, visite guidée le dimanch
☎ (0502) 33563.

BALLINASLOE
🇮 (du lundi au samedi en juillet et août) – ☎ (0905) 421

BALLINCOLLIG

Gunpowder Mills – &. Visite guidée (1 h) d'avril à septembre du dimanche au ve
dredi de 10 h à 17 h. 3 IR£ [3,31 €]. Présentation audiovisuelle (15 mn). Visite gu
dée en français. ▣. Café. Boutique d'artisanat. ☎ (021) 487 4430 ; fax (021) 48
4836 ; ballinco@indigo.ie ; indigo.ie/~ballinco

BALLINDRAIT

Cavanacor House – (&) Visite de Pâques à fin août de 12 ḥ (14 h le dimanche)
18 h. Fermé le lundi sauf férié. 2,50 IR£ [3,17 €]. Brochure en français. Galerie
ouverte du mardi au samedi de 12 h à 18 h, entrée libre. Accès seulement à la boutiqu
et au salon de thé pour les fauteuils roulants. ☎/fax (074) 41143
joannaok7@hotmail.com ; www.☎.parsons.edu/~eokane/cavanacorgallery

BALLINTUBBER

Abbaye – Visite de mai à septembre de 10 h 30 à 17 h. Offrande souhaitée. Visite gu
dée (1 h) possible. Brochure. ▣. Restaurant. ☎ (094) 30934 ou 30709 ; fax (09-
30018 ; btubabbey@tinet.ie

ALLITORE

aker Meeting House – Ouvert de juin à septembre du mercredi au dimanche de
h (14 h le dimanche) à 17 h (18 h le dimanche) ; d'octobre à mai du mardi au
nedi, 12 h à 17 h. ☎ (0507) 23344.

ritage Centre (moulin de Crookstown) – (&) Ouvert d'avril à septembre de 10 h
h ; d'octobre à mars de 11 h à 16 h ; fermé le Vendredi saint et le 25 décembre.
50 IR£ [3,17 €]. ⊡ Salon de thé. Boutique de souvenirs. Rez-de-chaussée acces-
le en fauteuil roulant. ☎ (0507) 23222.

ALLYDUFF

ttoo-North Kerry Museum – & Visite d'avril à septembre de 10 h (14 h le
nanche) à 18 h. 2 IR£ [2,54 €]. Visite guidée possible. ☎/fax (066) 713 1000.

ALLYFERRITER

rca Dhuibhne Regional Museum – Visite de mai à septembre de 10 h à 17 h ; le
te de l'année sur demande. Buvette en été. Bureau de change. Librairie. 1,50 IR£
90 €]. ☎ (066) 915 6100 et 915 6333 ; fax (066) 915 6348.

ALLYHACK

âteau – (Dúchas) Visite de juin à septembre de 10 h à 18 h 30. Dernière entrée
h 45. 1 IR£ [1,27 €]. Visite guidée possible sur demande. ⊡ public à proximité.
cès par un escalier en bois. ☎ (051) 389 468.

ALLYJAMESDUFF

van County Museum – Visite du mardi au samedi de 10 h à 17 h, ainsi que le
nanche, de juin à septembre, de 14 h à 18 h. 2 IR£ [2,54 €]. ☎ (049) 854 4070 ;
: (049) 854 4332 ; ccmuseum@tinet.ie

ALLYPOREEN

nald Reagan Centre – Sur rendez-vous uniquement. ☎ (052) 67105 (curé).

ALLYSHANNON

saroe Abbey Waterwheels – Ouvert la semaine de Pâques, de mai à août de 10 h 30
8 h 30, le reste de l'année le dimanche de 13 h 30 à 18 h 30. Entrée libre. ⊡ Café.
staurant. Boutique d'artisanat. ☎ (072) 51580.

ALLYVAUGHAN

rren Exposure – & Visite d'avril à octobre de 10 h à 18 h. 3,50 IR£ [4,45 €]. ⊡
(065) 7077 277 ; fax (065) 7077 278 ; douglasculligan@eircom.net

wtown Castle and Trail – Visite de Pâques à septembre de 10 h à 18 h (19 h en juillet
août). Dernière entrée 1 h avant la fermeture. Château et sentier : 3,50 IR£ [4,45 €] ;
âteau ou sentier seuls : 2 IR£ [2,54 €]. ⊡ ☎ (065) 77200 ; fax (065) 77201.

llwee Cave – Visite guidée (35 mn, en français) de la grotte de mi-mars à novembre
10 h à 18 h (19 h en juillet et août ; de novembre à mi-mars, 3 visites quotidiennes.
75 IR£ [6,03 €]. Brochure en français. Boutique de la ferme : fabrication de fro-
ages. ⊡ Restaurant. Accueil des handicapés sur rendez-vous. ☎ (065) 707 7036
7067 ; fax (065) 707 7107 ; aillwee@eircom.net; www.aillweecave.ie

ALTIMORE

cès par bac à Sherkin Island – Départs de Baltimore : (15 mn) de juin à septembre
fois par jour de 9 h à 20 h 30 ; 7 fois le dimanche. D'octobre à mai, 3 fois par jour
10 h 30 à 17 h 30. Service supplémentaire aux heures de pointe. Aller/retour : 5 IR£
,35 €]. ☎ (028) 20125 ou 20218 ; www.sherkinisland.ie

cès à Cape Clear Island – Départs de Baltimore (si le temps le permet) : service quo-
lien (horaire par téléphone). Aller/retour : 9 IR£ [11,43 €]. ☎ (028) 39135 (cap-
n O'Driscoll), (028) 39159 (bureau), (028) 20114 ; fax (028) 20442
éservations) ; ccteo@iol.ie

c Baltimore-Skull – Fonctionne de juin à août. Durée : 15 mn entre Baltimore et
re Island, 35 mn entre Hare Island et Skull. Départs de Baltimore à 10 h, 13 h 45 et
h 40 ; de Skull à 11 h 30, 15 h et 17 h 30. Passage simple : 6 IR£ [7,62 €]. Homo-
gué par le Board Fáilte et le ministère de la Marine. ☎ (028) 39153, (087) 268 0760
ortable) ; fax (028) 39164 (Ciaran O'Driscoll, North Harbour, Cape Clear Island).

ANAGHER

âteau de Cloghan – Visite guidée en juillet et août, du mardi au dimanche et les
rs fériés entre 14 h et 18 h ; le reste de l'année sur rendez-vous. Fermé le lundi,
uf férié. 4 IR£ [5,08 €]. ☎ (0509) 51650.

BANTRY

Bantry House – (♿) Ouvert de mars à octobre de 9 h à 18 h. 6 IR£ [7,62 €] (rédu
tions –accès au jardin compris). Brochure en français. 🅿. Salon de thé. Hébergeme
en B & B. Rez-de-chaussée accessible en fauteuil roulant. ☎ (027) 50047 ; fax (02
50795.

1796 Bantry French Armada – (♿) Visite de mars à octobre de 9 h à 18 h. 3,50 I
[4,45 €]. ☎ (027) 50047 ; fax (027) 50795.

BAREFIELD

Dromore Wood National Nature Reserve – (Dúchas) (♿) Parc forestier : ouvert to
les jours. Centre d'information : ouvert de mi-juin à mi-septembre de 10 h à 18 h (de
nière entrée 15 h 15). Entrée libre. Petits guides pour 2 sentiers (20 mn et 40 m
1 IR£ [1,27 €]. ☎ (065) 683 7166.

BELDERRIG

Ferme préhistorique – (♿) Visite de juin à septembre de 9 h 30 à 18 h 30 ; de n
mars à mai et en octobre et novembre de 10 h 30 à 17 h (16 h 30 en novembr
2,50 IR£ [3,17 €]. Présentation audiovisuelle (20 mn). Dépliant en français et guid
Salon de thé. Accès au Visitor Centre en fauteuil roulant.

BELVEDERE House (Lough Ennel)

Maison et jardins – Ouvert de 10 h 30 à 20 h, 18 h 30 en septembre-octobre, 1€
de novembre à mars. 3,50 IR£ [4,45 €]. 🅿. Restaurant. Boutique. ☎ (044) 4906
fax (044) 49002 ; info@belvedere-house.ie ; www.belvedere-house.ie

BERE Island

Accès par bac – ♿ En été, service 7 fois par jour (durée 10 mn si le temps le p
met). En hiver, 5 traversées par jour, 6 le vendredi. Service réduit le dimanche. Dép
de Castletownbere. Aller/retour : 15 IR£ [19,05 €] (voiture avec 2 passagers), 4 I
[5,08 €] (piéton). 🅿. Buvette. ☎ (027) 75009 (Bere Island Ferry) ; ☎ (086) 2
3140 (portable) ; fax (027) 75000 ; biferry@indigo.ie

BIRR

Croisières sur le Shannon – De juin à septembre le dimanche à 15 h 30 ; et le jeu
sur demande à 15 h 30 ; au départ de la marina de Banagher, descente du fleuve ju
qu'à l'écluse Victoria et Meelick, puis retour (durée 1 h 30). 4 IR£ [5,08 €
☎ (0509) 51112 (Silverline Cruisers).

Birr Castle Demesne – (♿) Visite toute l'année de 9 h à 18 h ou au coucher du sole
Galeries de découverte, de 9 h à 18 h (exposition annuelle). Démonstrations du téle
cope si le temps le permet, de mai à août à 14 h 30. 5 IR£ [6,35 €]. Brochure
français. Promenade en voiture à cheval dans le domaine. Concerts : mi-juin. 🅿. Ca
Aires de pique-nique. Rez-de-chaussée et galerie accesibles aux fauteuils roulan
☎ (0509) 20336 ; fax (0509) 21583 ; info@birrcastle.com

BLARNEY

Château et parc – (♿) Visite du lundi au samedi, de 9 h à 19 h (18 h 30 en mai
septembre, 18 h ou jusqu'au coucher du soleil d'octobre à avril), le dimanche de 9 h
à 17 h 30 ou jusqu'au coucher du soleil. Fermé les 24 et 25 décembre. 3,50 I
[4,45 €]. Brochure en français. 🅿. Buvette. ☎ (021) 438 5252 ; fax (021) 438 151
info@blarneyc.iol.ie

Blarney Woollen Mills – ♿ Visite de 9 h à 18 h (20 h de juin à août, 19 h en mai
le vendredi en décembre). Fermé les 25 et 26 décembre et le 1er janvier. Restaura
☎ (021) 385 280 ; fax (021) 381 547 ; info@blarney.ie ;www.blarney.com

BLENNERVILLE

Moulin – ♿ Visite d'avril à octobre, de 10 h à 18 h. 3 IR£ [3,81 €]. Présentati
audiovisuelle (8 mn). Visite guidée (30 mn) possible. Brochure. 🅿. Restaurant. A
liers d'artisanat. ☎ (066) 712 1064.

BLESSINGTON

Poulaphouca Reservoir Waterbus – Promenades en bateau sur le Poulaphouca Rese
voir de mai à septembre à 16 h au départ du Blessington Lakes Leisure Centre ;
mars-avril et octobre-décembre, sur rendez-vous. Durée : 1 h. Capacité : 78 sièg
6 IR£ [7,62 €]. Il est recommandé de réserver. Dépliant en français. ☎ (045) 8
092, fax (045) 865 024 ; blesflwf@tinet.ie

baye – (Dúchas) (&) Ouvert de début avril à octobre de 9 h 30 à 18 h 30 (dernière rée 17 h 45). 1 IR£ [1,27 €]. Visite guidée (40 mn) : 10 h à 17 h, toutes les heures. ochure en français. 🅿. ☎ (079) 62604.

g House – Ouvert d'avril à mi-octobre de 10 h à 18 h (dernière entrée 17 h). 3 IR£ 81 €]. 🅿 relié à la maison par une passerelle enjambant la rivière. Café. Boutique tisanat. ☎ (079) 63242 ; fax (079) 63243 ; kinghouseboyle@hotmail.com

brook House – Ouvert de juin à août du mercredi au dimanche de 14 h à 17 h 30, septembre à mai sur rendez-vous. 3 IR£ [3,81 €]. 🅿. ☎ (079) 63513.

ugh Key Forest Park – Visite tous les jours. 3 IR£ [3,81 €] de Pâques à septembre. ylurgh Tower : visite de Pâques à septembre de 8 h (11 h samedi-dimanche) à 16 h h samedi-19 h dimanche). 🅿. Café. ☎ (079) 62363 (Irish Forestry Board – Coillte ranta).

es funéraires de la vallée de la BOYNE

á na Bóinne Visitor Centre – (Dúchas) Ouvert de mai à septembre de 9 h 30 à h 30 (19 h de juin à mi-septembre) ; d'octobre à avril de 9 h 30 à 17 h 30 ; de embre à février de 9 h 30 à 17 h. Dernière entrée 45 mn avant la fermeture. Fermé 25 et 26 décembre. Présentation audiovisuelle (7 mn). Brochure en français. Visite dée du Visitor Centre (45 mn).

nbe à couloir de Newgrange – (&) Visite guidée (35 mn). Dernière visite 45 mn avant ermeture du centre d'accueil.

nbe à couloir de Knowth – Visite guidée (45 mn ; on n'accède pas à l'intérieur) de mai octobre. Dernière visite 1 h 30 avant la fermeture du centre d'accueil. Centre d'ac-eil (durée 1 h) : 2 IR£ [2,54 €] ; centre et Newgrange (2 h) : 4 IR£ [5,08 €] ; ntre et Knowth (2 h) : 3 IR£ [3,81 €] ; centre, Newgrange et Knowth (3 h) : 7 IR£ 90 €] . 🅿. Cafés. ☎ (041) 988 0300 ou 982 4488 ; fax (041) 982 4798.

ritage Centre – Visite du lundi au samedi de 10 h à 16 h (plus tard en été). Centre xposition. Audioguide. ☎ (01) 286 6796.

tional Sea Life Centre – & Visite d'avril à septembre de 11 h à 17 h ; le reste de nnée, horaires réduits. 5,50 IR£ [6,98 €]. ☎ (01) 286 6939.

lruddery – (&) Château : visite en mai, juin et septembre de 13 h à 17 h. **Jardins** : te d'avril à septembre de 13 h à 17 h. Château et jardins : 4,50 IR£ [5,71 €] ; jar-s seuls : 3 IR£ [3,81 €]. 🅿. ☎/fax (01) 286 2777.

Valera Museum et Bruree Heritage Centre – & Visite de 10 h (14 h le week-d) à 17 h. 3 IR£ [3,81 €]. Présentation audiovisuelle (20 mn. 🅿. Aire de pique-ue. ☎ (063) 90530 ou 90900.

c pour Tory Island – Fonctionne si le temps le permet. Durée : 1 h 30. Juin, juillet, ût et octobre : une traversée par jour. De novembre à mai, 5 par semaine. Retour Tory Island à Bunbeg : une traversée par jour en juillet-août. Tarif aller/retour : IR£ [19,05 €]. ☎ (074) 35502 et 35920 (hébergement sur Tory Island). (Voir aussi gheroarty.)

omenades en mer – Sur demande au bureau du port de Bunbeg (Bunbeg Pier fice – ☎ (075) 31991, 31320 et 31340 ; fax (075) 31665 (Donegal Coastal Cruise, rasmara Teo, Strand Road, Middletown, Derrybeg).

usée militaire de Dunree Fort – Visite de juin à septembre de 10 h 30 (12 h 30 le nanche) à 18 h. 3 IR£ [3,81 €]. Visite guidée (30 mn) possible. 🅿. Buvette. ☎ (077) 817.

aterworld – Visite semaine de Pâques et de juin à août tous les jours de 10 h à h et 15 h à 19 h ; en avril, mai et septembre uniquement le week-end aux mêmes ures. 5 IR£ [6,35 €], 3,50 IR£ [4,45 €] (moins de 16 ans), 1,50 IR£ [1,90 €] oins de 3 ans). Sauna/hammam. Restaurant. ☎ (072) 41172 et 41173 ; fax (072) 168.

BUNRATTY

Château et Folk Park – ♿ Visite de juin à août de 9 h à 18 h 30 (dernière entré
17 h 30) ; de septembre à mai de 9 h 30 à 17 h 30 (dernière entrée château à 16
Fermé le Vendredi saint et du 24 au 26 décembre. 6,50 IR£ [8,25 €] ; Folk Park s
(après 16 h) : 4,10 IR£ [5,20 €]. Visite guidée du château. Carte et brochure en fr
çais. **Banquets médiévaux** : tous les jours à 17 h 30 et 20 h 45. 32 IR£ [40,64 €]. **Soi**
irlandaises traditionnelles (Shannon Céile) : de mai à octobre du lundi au vendredi à 19
le week-end à 17 h 30 et 20 h 45. 27 IR£ [34,29 €]. ▣. Buvette. ☎ (061) 360 5
(061) 360 788 (Shannon Heritage) ; fax (061) 361 020 ;
reservations@shannon~dev.ie ; www.shannonheritage.com

BURNCOURT

Mitchelstown Caves – Visite guidée (35 mn, en français) de 10 h à 18 h, tous
1/4 h (1/2 h en hiver). 3,50 IR£ [4,45 €]. ▣. ☎ (052) 67246.

BURT

Grianàn Ailigh Centre – ♿ Visite de 10 h (12 h en hiver) à 18 h. 1,50 IR£ [1,90
Restaurant ouvert de 10 h (12 h en hiver) à 22 h. ☎ (077) 68000 ; fax (077) 680
www.griananailigh.com

BURTONPORT

Accès à Arranmore Island – Traversées quotidiennes du bac en juillet-août : 8
lundi au samedi, 7 dimanches et jours fériés. En juin : 7 traversées, 6 dimanche
jours fériés. Même chose pour la traversée retour d'Aranmore, mais 6 retours seu
ment en juin. Moins de traversées hors saison. Aller/retour : 7 IR£ [8,89 €] piéto
(réductions), 20 IR£ [25,40 €] voiture et chauffeur, 28 IR£ [35,56 €] voiture
famille. ☎ (075) 20532 ; fax (075) 20750.

C

CAHER

🛈 (de juin à septembre, du lundi au samedi, dimanche a
en juillet-août) – ☎ (052) 41

Château – (Dúchas) (♿) Visite de mi-juin à mi-septembre de 9 h à 19 h 30 ; de
mars à mi-juin et de mi-septembre à mi-octobre de 9 h 30 à 17 h 30 ; de mi-octo
à mi-mars de 9 h 30 à 16 h 30. Dernière entrée 45 mn avant la fermeture. Fermé
24 au 26 décembre. 2 IR£ [2,54 €]. Présentation audiovisuelle en français. ☎ (05
41011 ; fax (052) 42324.

Swiss Cottage – (Dúchas) Visite guidée (25 mn) de mai à septembre de 10 h à 18
de mi-mars à avril et en octobre et novembre, du mardi au dimanche et les lundis fér
de 10 h à 13 h et de 14 h à 18 h. Dernière entrée 45 mn avant la fermeture. 2
[2,54 €]. Brochure en français. ▣. Accès par un escalier de pierre. ☎ (052) 411

CAHERDANIEL

Derrynane House and Historic Park – (Dúchas) (♿) Visite de mai à septembre
lundi au samedi de 9 h à 18 h (11 h à 19 h le dimanche) ; en avril et octobre tous
jours sauf le lundi de 13 h à 17 h ; de novembre à mars les week-ends de 13 h à 17
Dernière entrée 45 mn avant la fermeture. 2 IR£ [2,54 €]. Présentation audiovisue
de 25 mn). Visite guidée (45 mn) sur rendez-vous. ▣. Café. Rez-de-chaussée acc
sible en fauteuil roulant. ☎ (066) 947 5113 ; fax (066) 947 5432.

CALLAN

Edmund Rice Centre – ♿ Visite de 10 h à 13 h et de 14 h à 18 h (17 h d'octob
à avril). Fermé le Vendredi saint et le 25 décembre. Entrée libre. Visite guidée (1
possible. ▣. ☎ (056) 25141.

CAMPILE

Dunbrody Abbey – Visite de mai à septembre de 10 h à 18 h (19 h en juillet et aoû
Abbaye : 1,50 IR£ [1,90 €]. **Labyrinthe** : 1,50 IR£ [1,90 €]. ☎ (051) 388 603 ou 3
104 (en dehors des heures d'ouverture).

Kilmokea Gardens – ♿ Visite de mars à novembre de 10 h à 17 h (18 h parc). 4
[5,08 €] thé compris. Entrée libre pour les enfants accompagnés. Visite guidée (1 h 3
sur rendez-vous. Vente de plantes. Thés et déjeuners dans une véranda georgien
☎ (051) 388 109 ; fax (051) 388 776 ; kilmokea@indigo.ie ; www.kilmokea.con

CAPE CLEAR Island

À partir de **Skull** : départs en juillet et août, tous les jours (si le temps le permet
10 h, 14 h 30, 16 h 30 ; en juin, tous les jours à 14 h 30. Aller/retour : 6 IR£ [7,62
☎ (028) 28138 (Kieran Molloy, Pier Road, Skull).

ARLINGFORD

eritage Centre – Visite de mars à octobre de 9 h à 17 h, appeler pour les détails. IR£ [1,27 €]. Vidéo (12 mn). ☎ (042) 937 3454 ; fax (042) 937 3882.

oisières sur le Carlinford Lough – Pêche et croisière sont proposées à bord du 'ire offshore rapide *MV Slieve Foy* (10,50 m). ☎ (042) 937 3239 (Peadar/Peter ore).

ARLOW
🚩 Kennedy Avenue – ☎ (0503) 31554 (lundi au vendredi, et le samedi d'avril à octobre)

sée – Ouvert du mardi au vendredi de 11 h à 16 h 45. 1 IR£ [1,27 €]. Visite gui-
 possible. ☎ (0503) 40730.

ARRAN

rren Perfumery – Visite de mars à juin et en septembre-octobre de 9 h 30 à 17 h ; 9 h à 17 h de juin à août ; sur rendez-vous l'hiver. Entrée libre. 🅿. ☎ (065) 89102 ; (065) 89200.

ARRICK-ON-SHANNON
🚩 Old Barrel Store, The Marina – ☎ (078) 20170

stello Chapel – Visite de mars à octobre. Entrée libre. Brochure en français. ☎ (078) 251.

ARRICK-ON-SUIR
🚩 Heritage Centre – ☎ (051) 640 2000

eritage Centre – (♿) Ouvert de 10 h à 17 h de mai à août, du lundi au vendredi de otembre à avril. 2 IR£ [2,54 €], 5 IR£ [6,35 €] (familles), 1,50 IR£ [1,90 €] fants, étudiants, retraités). 🅿. Aire de pique-nique. Boutique. ☎ (051) 640 200 ; da@iol.ie ; www.iol.ie/~cosda

mond Castle – (Dúchas) (♿) Visite guidée (40 mn) de mi-juin à septembre de 9 h 30 8 h 30. Dernière entrée 17 h 45. 2 IR£ [2,54 €]. Brochure en français. 🅿 public à oximité. ☎ (051) 640 787.

ARRICKMACROSS

ce Gallery – Visite de mi-avril à octobre lundis, mardis, jeudis et vendredis de 9 h 30 2 h 30 et de 13 h 30 à 17 h. ☎ (042) 966 2506 ou 2088.

ARRIGAHOLT

lphin Watching Cruise – Croisières quotidiennes. 10 IR£ [12,70 €]. Brochure. Pos-
ilité d'hébergement. ☎ (065) 905 8156 ou (088) 258 4711 ; dwatch@iol.ie ;
w.dolphinwatch.ie

ARRIGTOHILL

rryscourt Castle – (Dúchas) Visite de mai à octobre 10 h à 18 h, d'octobre à mai du ndredi au mercredi de 11 h à 17 h. Dernière entrée 45 mn avant la fermeture. 1,50 IR£ 90 €]. 🅿. Salon de thé. Boutique d'artisanat. ☎ (021) 882 218 ou 883 864.

ARROWMORE

egalithic Cemetery – (Dúchas) (♿) Site : ouvert toute l'année. Centre d'accueil : ite de mai à octobre de 9 h 30 à 18 h 30. 1,50 IR£ [1,90 €]. Visite guidée (45 mn, mai à septembre) possible. Présentation audiovisuelle (45 mn). 🅿. ☎ (071) 61534.

ASHEL
🚩 (d'avril à septembre, du lundi au samedi et le dimanche en juillet-août)
Town Hall, Main Street – ☎ (062) 61333

ck of Cashel (St Patrick's Rock) – (Dúchas) (♿) Ouvert de mi-juin à mi-septembre de h à 19 h 30 (17 h 30 de mi-mars à mi-juin, 17 h de mi-septembre à mi-mars). Der-
re entrée 45 mn avant la fermeture. Fermé les 25 et 26 décembre. 3,50 IR£ ,45 €]. Présentation audiovisuelle en français. 🅿 : 50 pence [64 cents]. ☎ (062) 437 ; fax (062) 62988 ; www.heritageireland.ie

ú Ború – ♿ Visite de mai à septembre de 9 h à 17 h ; boutique d'artisanat toute nnée. **Folk Theatre** (musique, chants, danses) : de juin à septembre, du mardi au medi, à 21 h. Spectacle de théâtre : 8 IR£ [10,16 €]. Théâtre et banquet : 25 IR£ 1,75 €]. Restaurant ☎ (062) 61122 ; fax (062) 62700 ; bruboru@comhaltas.com

lace Gardens – Visite toute l'année. La promenade « Bishop's Walk » est fermée de vembre au Vendredi saint. 🅿. Café. ☎ (062) 61437.

thédrale (anglicane) – Visite de mai à septembre de 9 h 30 à 17 h 30. En cas de fer-
eture, on peut obtenir la clé à la Bolton Library, domaine de la cathédrale. Entrée
re. 🅿. ☎ (062) 61232.

'A Bolton Library – Visite de mars à août du mardi au dimanche de 9 h 30 à 17 h 30 ;
êmes horaires de septembre à février du lundi au vendredi. 1,50 IR£ [1,90 €]. Visite
idée (30 mn) possible. ♿. ☎ (062) 61944 (bibliothèque) ou 62511 (Cashel Heri-
ge Centre).

CASHEL

Heritage Centre – Visite tous les jours de mars à septembre de 9 h 30 à 17 h 3
d'octobre à février, lundi au vendredi. Entrée libre. Commentaire (10 mn, en frança
Boutique. ☎ (062) 62511 ; fax (062) 62068 ; cashelhc@iol.ie ; www.iol.ie/tipp

Folk Village – &. Visite de mi-mars à mi-octobre de 10 h à 19 h 30 (plus tôt h
saison). 2 IR£ [2,54 €]. Brochure en français. Visite guidée (1 h) sur deman
▣. ☎ (062) 62525.

CASTLEBAR   🛈 (d'avril à août, lundi au samedi) Linenhall Street – ☎ (094) 21

CASTLEISLAND

Crag Cave – &. Visite guidée (30 mn, en français) de mi-mars à novembre de 10
18 h (18 h 30 en juillet et août). 4 IR£ [5,08 €]. Brochure en français. ▣. Café. B
tique d'artisanat. ☎ (066) 714 1244 ; fax (066) 714 2352 ; cragcave@eircom.n
www.cragcave.com

CASTLEPOLLARD

Tullynally – **Château** : visite guidée de mi-juin à fin juillet de 14 h à 18 h. **Parc** : vis
de mai à août de 14 h à 18 h. **Château et parc** : 4,50 IR£ [5,71 €], parc seul : 3
[3,81 €]. Salon de thé. ☎ (044) 61159 ou 61289 ; fax (044) 61856.

CASTLEREA

Clonalis House – (&.) Visite guidée (45 mn) de juin à mi-septembre, du lundi au sam
de 11 h à 17 h. 4 IR£ [5,08 €]. ▣. Buvette. Accès au rez-de-chaussée en fauteuil r
lant. ☎/fax (0907) 20014 ; clonalis@iol.ie

CASTLETOWNROCHE

Annes Grove Gardens – Visite de mi-mars à septembre de 10 h (13 h le dimanche
17 h (18 h le dimanche) ; le reste de l'année sur rendez-vous. Durée 45 mn. 3
[3,81 €]. Visite guidée en français. Dépliant en français. ▣. Aire de pique-niq
☎/fax (022) 26145.

CASTLETOWNSHEND

St Barrahane's Church – Ouvert tous les jours. Offices en été le dimanche à 9 h
en hiver le premier dimanche du mois à 9 h.

CAVAN   🛈 (avril à septembre, du lundi au samedi) 1 Farnham Street – ☎ (049) 433 19

Life Force Mill – Visite du lundi au samedi de 9 h à 17 h, visites sur rendez-vous. 4 l
[5,08 €]. ☎ (049) 436 2722 ; fax (049) 436 2923 ; lifeforce.mill@oceanfree.net

Cristallerie – &. Visite du lundi au vendredi de 9 h 30 à 18 h, les week-ends et jours
riés de 12 h (10 h le samedi) à 17 h. Visite guidée de l'usine (réservation nécessaire).
trée libre. Présentation audiovisuelle. ▣. Restaurant. ☎ (049) 433 1800 ; fax (04
433 1198 ; cavancrystal@eircom.net

Kilmore Cathedral – Visite sur rendez-vous. Prendre la clé au doyenné, Danesfort.
trée libre. ☎/fax (049) 433 1918.

CÉIDE Fields

Visitor Centre – (Dúchas) Visite de juin à septembre de 9 h 30 à 18 h 30 ; de mi-m
à mai et en octobre-novembre de 10 h à 17 h (16 h 30 en novembre). De décemb
à mi-mars, téléphoner pour les détails. Dernière entrée 1 h avant la fermeture. Ferm
les 25 et 26 décembre. 2,50 IR£ [3,17 €]. Présentation audiovisuelle (20 mn). Vis
guidée (45 mn) sur rendez-vous. Brochure sur l'exposition en français. ▣. Salon
thé. ☎ (096) 43325 ; fax (096) 43261.

CELBRIDGE

Castletown House – (Dúchas) (&.) Restauration en cours. Visite guidée de Pâque
septembre tous les jours de 10 h (13 h le samedi, dimanche et jours fériés) à 18
en octobre du dimanche au vendredi de 10 h (13 h les dimanches et jours fériés)
17 h ; en novembre le dimanche de 13 h à 17 h. Dernière entrée 1 h avant la ferm
ture. Fermé le Vendredi saint, Noël et 1er janvier. 3 IR£ [3,81 €]. Pas de photog
phies. ▣. Café. ☎ (01) 628 8252 ; fax (01) 627 1811.

CHURCH Hill

Colmcille Heritage Centre – &. Visite à Pâques et de mai à début octobre de 10 h
(13 h le dimanche) à 18 h 30 ; le reste de l'année sur rendez-vous. 1,50 IR£ [1,90 €
1 IR£ [1,27 €]. Visite guidée (15 mn) possible. Brochure et présentation audiovisue
en français. ▣. Salon de thé. ☎ (074) 37306 et 37044.

be House and Gallery –
(chas) (&) Visite à Pâques
Samedi saint au dimanche
vant Pâques) et de fin mai à
septembre (fermé le ven-
edi) de 11 h à 18 h 30.
rnière entrée 1 h avant la
rneture. 32 IR£ [40,64 €],
0 IR£ [1,90 €] (enfants/
diants), 7,50 IR£ [9,53 €]
milles). Visite guidée
mn) possible. Salon de thé
été. Rez-de-chaussée et ga-
ie accessibles en fauteuil
lant. ☎ (074) 37071 ; fax
4) 37072.

ARA

ra Fun Park – (&) Visite de
i à août de 10 h 30 à 18 h.
0 IR£ [5,71 €]. 🅿. Buvette.
(0404) 46161.

ARE Island

ssertes par bateau –
Traversées quotidiennes
mn) au départ de Roonagh
ay en juillet-août 8 fois par
r, en juin et septembre 4

C'est une grange, ex-tra-or-di-nai-re...
qu'aurait pu chanter Charles Trenet

s, en mai 3 fois. Aller/retour 10 IR£ [12,70 €]. Capacité du *Pirate Queen* 96 pas-
ers. Bar. Vidéo et commentaire. ☎ (098) 26307 ; fax (098) 28288 (Chris O'Grady,
re Island Ferry and Clew Bay Cruises Ltd) ; ☎ (087) 041 3783 (portable).

IFDEN   🛈 Galway Road (d'avril à septembre) – ☎ (095) 21163

ONAKILTY   🛈 (du lundi au samedi de mai à octobre, et le dimanche en
juillet-août) Ashe Street – ☎ (023) 33226

s na gCon – Visite en été de 10 h (11 h le week-end) à 17 h. 2 IR£ [2,54 €].
ite guidée. Brochure. 🅿. ☎ (023) 33302 (de 9 h 15 à 17 h) ou 33279 (après
h) ; fax (023) 34449.

st Cork Regional Museum – Visite de mai à octobre tous les jours de 10 h 30 à
h (14 h 30 à 17 h 30 le dimanche). 1,50 IR£ [1,90 €]. Visite guidée sur rendez-
us. ☎ (023) 33115.

st Cork Model Railway Village – Ouvert de février à octobre de 10 h à 17 h (18 h
été). 3,50 IR£ [4,45 €]. 🅿. Salon de thé. ☎/fax (023) 33224 (Clonakilty Enter-
se Board Ltd, Townhall, Kent Street, Clonakilty, co. Cork) ; fax (023) 34843 ; model-
age@tinet.ie; www.clon.ie/mvillage.html

ONES   🛈 Ulster Canal Stores – ☎ (047) 52125, 51178, fax (047) 51720

ter Canal Stores – Visite de juin à septembre de 10 h (14 h le dimanche) à 18 h.
0 IR£ [1,90 €]. Exposition-vente de dentelle. Buvette. Location de bicyclettes.
(047) 52125 ou 51718, fax (047) 51720 ; cloneslace@eircom.net ; clones deve-
ment@eircom.net ; www.cluaincois.demon.co.uk

ONFERT

thédrale – Visite de mai à septembre de 9 h au coucher du soleil. En cas de fer-
ture, la clé est disponible chez le gardien. ☎/fax (0509) 51269 ; clonfert@clon-
t-anglican.org

ONMACNOISE   🛈 (d'avril à septembre) – ☎ (0905) 74134

e et centre d'accueil – (Dúchas) & Visite de juin à début septembre de 9 h à
h ; le reste de l'année de 10 h à 18 h (17 h 30 de novembre à mi-mars). Dernière
rée 45 mn avant la fermeture. Fermé le 25 décembre. 3,50 IR£ [4,45 €]. Pré-
tation audiovisuelle (22 mn ; en français). 🅿. ☎ (0905) 74195 ; fax (0905)
273.

mple Connor (anglican) – Offices le dernier dimanche du mois de mai à août.

CLONMEL

Tipperary Crystal – (♿) Visite de mars à octobre de 9 h à 18 h (de 9 h 30 à 17 h samedi, de 11 h à 17 h le dimanche) ; de novembre à février tous les jours de 10 17 h 30. Visite guidée (30 mn) de mai à septembre à partir de 10 h 30. Entrée lit 🅿. Buvette. Accès handicapés, téléphoner ☎ (051) 641 188 ; fax (051) 641 19 tippcrys@iol.ie ; www.tipperary-crystal.com

County Museum – Visite du mardi au samedi de 10 h à 17 h. Fermé les jours fér ☎ (052) 25399 ; fax (052) 80390 ; museum@southtippcoco.ie

St Mary's Church (anglicane) – Offices le dimanche à 10 h 45. On peut obtenir la au magasin de H. J. Morgan, à la sortie du West Gate. ☎ (052) 26643 (Rev. Geo Knowd). ☎ (087) 284 2350 (portable).

Museum of Transport – Visite de 10 h à 18 h, fermé le dimanche sauf de juin à s tembre (14 h 30-18 h). Café. ☎ (052) 29727.

CLOYNE

Cathédrale – ♿ Visite de mai à septembre de 10 h à 18 h ; sinon, demander la clé cottage. Offrande souhaitée. Visite guidée sur rendez-vous. Offices le dimanche à 12 h.

COBH

Rade de Cork – **Ferry Carrigaloe-Glenbrook** : fonctionne de 7 h 15 à 0 h 15 (durée : 5 capacité : 28 voitures). Aller/retour : 3,50 IR£ [4,45 €] (voiture), 1 IR£ [1,27 €] (p ton). ☎ (021) 4811 223 ; fax (021) 4812 645. **Promenades en bateau au départ Kennedy Pier** : services quotidiens de début juin à début septembre (1 h – forts de rade, Spike Island, base navale et principales industries) à 12 h, 14 h, 15 h ou sur r dez-vous. 3 IR£ [3,81 €] (enfants : 2 IR£ [2,54 €]). 🅿 à 5/10 mn de marche. Buve sur le quai. ☎ (021) 4811 485 (Marine Transport Services Ltd).

St Colman's Cathedral (catholique) – Ouvert de 7 h 30 à 21 h (20 h en hiver). Ent libre. Brochure en français. 🅿. ☎ (021) 4813 222 ; fax (021) 4813 488.

Cobh Heritage Centre : the Queenstown Story – ♿ Visite de 10 h à 18 h. Derni entrée 1 h avant la fermeture. 3,50 IR£ [4,45 €], 10 IR£ [12,70 €] (2 adultes 2 enfants), 2 IR£ [2,54 €] (enfants). Présentation audiovisuelle (5 mn). Café. B chure en français. ☎ (021) 4813 591 ; fax (021) 4813 595 ; cobher@indig www.cobhheritage.com

Musée – Visite de Pâques à octobre du lundi au samedi de 11 h à 13 h et de 14 18 h (dernière entrée 17 h 30), de 15 h à 18 h le dimanche. 1 IR£ [1,27 €], 2,50 [3,17 €] (familles), 50 pence [63 cents] (enfants). Brochure en français. ☎ (02 4814 240 ; fax (021) 4811 018 ; cobhmuseum@hotmail.com

CONG

Abbaye – (Dúchas) Visite du lever au coucher du soleil ; en cas de fermeture, s'adr ser au gardien, Michael Collins, Abbey Street, Cong, co. Mayo. ☎ (092) 46068.

Ashford Castle – **Parc et domaine** : accès de 9 h à 18 h. 4 IR£ [5,58 €], 2 IR£ [2,54 (enfants). ☎ (092) 46003 ; fax (092) 46260 ; www.ashford.ie. **Promenades en bat sur le lac Corrib** : 10 IR£ [12,70 €] par personne (minimum 6 passagers) : ☎ (09 46029.

Quiet Man Heritage Centre – Ouvert tous les jours d'avril à septembre de 10 18 h. 2,75 IR£ [3,50 €], 1 IR£ [1,27 €] (enfants). Circuit sur les lieux de tourna de L'Homme tranquille : tous les jours à 12 h, 14 h et 15 h. ☎ (092) 46089 ; fax (09 46448.

COOLBANAGHER

St John the Evangelist – Matines le premier dimanche du mois à 9 h 30 ; offic 12 h les autres dimanches. ☎ (0502) 24143 (recteur).

COOLE Park

Centre d'accueil – (Dúchas). ♿ Parc : ouvert tous les jours. **Visitor Center** : de mi-a à mi-juin, mardi au dimanche, 10 h à 17 h ; tous les jours de mi-juin à août, 9 h 3 18 h 30 ; et en septembre de 10 h à 17 h. Dernière entrée 1 h avant la fermetu 2 IR£ [2,54 €]. Visite guidée (30 mn) de l'exposition, toutes les 1/2 h. Présentatio audiovisuelles (25 et 30 mn). Sentiers de nature. 🅿. Café. ☎ (091) 631 804 ; fax (09 631 653.

CORK

Triskel Arts Centre – ♿ Ouvert du lundi au samedi de 10 h à 17 h 30. Les por ouvrent à 19 h pour les spectacles. Entrée libre aux galeries. Café. Bar. ☎ (021) 4 2022 ; fax (021) 427 2592 ; triskel@iol.ie

awford Art Gallery – ♿ Ouvert du lundi au samedi de 10 h à 17 h. Entrée libre. ite guidée sur rendez-vous. Restaurant. ☎ (021) 427 3377 ; fax (021) 427 5680 ; /w.synergy.ie/crawford

chives Institute – Visite sur rendez-vous du mardi au vendredi de 10 h à 13 h et 14 h 30 à 17 h. Fermé les jours fériés. ☎ (021) 427 7809.

ion Centre – Visite du mardi au samedi de 10 h à 17 h. Entrée libre, mais les contri- tions sont bienvenues. ☎ (021) 427 9925 ; visioncentre@eircom.net ; www.home- je.tinet.ie/~visioncentre/

iversity College – Visite seulement pour groupes, sur rendez-vous. 15 IR£),05 €] par groupe. Visite à pied de Cork tous les jours. ☎ (021) 490 2371 ; fax ?1) 427 7004 ; information@ucc.ie ; www.ucc.ie

blic Museum – Visite du lundi au vendredi de 11 h à 13 h et de 14 h 15 à 18 h 7 h de septembre à mai), le dimanche de 15 h à 17 h. Fermé les jours fériés. Durée mn. 1 IR£ [1,27 €] le dimanche. 🅿. ☎ (021) 427 0679 ; fax (021) 427 0931 ; seum@corkcorp.ie

Fin Barre's Cathedral – ♿ Visite du lundi au samedi de 10 h à 17 h 30 (17 h d'oc- ore à avril). Offices le dimanche à 8 h, 11 h 15, 19 h. Fermé les jours fériés. Dona- n 2 IR£ [2,54 €]. Possibilité de visite guidée. Dépliant en français. 🅿. ☎ (021) 496 87 ou 4742 (Rev. Michael Jackson) ; sfb@iol.ie ; www.creativecom.net/stfinbarres

ritage Park – ♿ Visite de mai à septembre de 10 h 30 (12 h le week-end) à 17 h 30. 50 IR£ [4,45 €]. 🅿. Café, aires de pique-nique. Accès par les bus n° 2 et n° 10 à rtir du centre de Cork. ☎ (021) 435 7730 ; fax (021) 435 9395.

rillon de Shandon – Visite du lundi au samedi et les jours fériés de 9 h à 18 h h 30-16 h en hiver) ; le dimanche sur rendez-vous. 4 IR£ [5,08 €]. 🅿. ☎ (021) 0 5906 ; shandonbells@yahoo.com ; www.shandonsteeple.com

tter Museum – Ouvert de mai à septembre sauf le samedi de 10 h à 13 h et de h à 17 h. 2,50 IR£ [3,17 €]. ☎ (021) 430 0600 ; fax (021) 430 9966.

y Gaol – Visite de mars à octobre de 9 h 30 à 18 h ; de novembre à février de 10 h 7 h. Dernière entrée 1 h avant la fermeture. 3,50 IR£ [4,45 €]. Audioguide en fran- s. ☎ (021) 4305 022 ; fax (021) 4307 230.

omenades en bateau – Voir ci-dessus à Cobh.

ain jusqu'à Fota Island et Cobh – Le train dessert quotidiennement Cobh via l'île Fota et sa réserve de faune sauvage. ☎ (021) 4506 766 (gare de Cork) ; www.irish- .ie

virons

nkathel House – Visite de mai à mi-octobre du mercredi au dimanche, de 14 h à h. 2 IR£ [2,54 €]. Visite guidée (30 mn) possible. Brochure en français. 🅿. ☎ (021) 2 1014 ; fax (021) 482 1023.

ORLEA

rlea Trackway Visitor Centre – (Dúchas) ♿ Visite guidée d'avril à septembre de h à 18 h. Dernière entrée à 17 h 15. 2,50 IR£ [3,17 €]. Présentation audiovisuelle) mn). Exposition. 🅿. Salon de thé. Aire de pique-nique. ☎ (043) 22386, (0905) 195 (en hiver).

ORROFIN

are Heritage Centre – ♿ Visite de 9 h 30 à 17 h 30. Visite guidée (30 mn) possible. ochure en français. 🅿. Salon de thé. ☎ (065) 683 7955 ; fax (065) 683 7540.

RAGGAUNOWEN Centre

Visite de mi-avril à octobre de 10 h (9 h de mi-mai à août) à 18 h. Dernière entrée h (téléphoner pour vérifier). 4,40 IR£ [5,59 €]. Visite guidée possible. Brochure français. 🅿. Buvette. ☎ (061) 367 178 (site) ou (061) 360 788 (Shannon Heri- je) ; fax (061) 361 020.

RATLOE

oods House – (♿) Visite de juin à mi-septembre du lundi au samedi 14 h à 18 h ; trement sur rendez-vous. Visite guidée 3 IR£ [3,81 €]. Salon de thé. ☎ (061) 327 8 ; fax (061) 327 031.

REAGH

rdins – ♿ Visite de mars à octobre de 10 h à 18 h ; le reste de l'année sur rendez- us. 3 IR£ [3,81 €]. Interdit aux chiens. 🅿. ☎/fax (028) 22121.

CREESLOUGH

Doe Castle – (Dúchas) Fermé pour réaménagement, réouverture prévue en 2002. ☎ (074) 38124 (gardien) ou 38445 (château).

CROOM

Moulins – Visite de 9 h à 18 h ; horaires prolongés en été. Gratuit pour le moulin à eau. Exposition 3 IR£ [3,81 €]. Visite guidée possible. 🅿. Restaurant Mill Race, trot Corn Loft ; boutiques d'artisanat et de cadeaux. ☎ (061) 397 130 ; fax (061) 397 199 (Mary Hayes).

D

DINGLE

🚹 (de mars à novembre) The Quay – ☎ (066) 915 1

Craft Centre (Ceardlann na Coille) – Visite de 10 h à 18 h (ferme plus tôt en hiver). janvier-février, téléphoner pour les horaires. Entrée libre. 🅿. Café. ☎ (066) 915 20.

Oceanworld Aquarium – Ouvert tous les jours à 10 h. 4 IR£ [5,08 €]. ☎ (066) 9 2111 ; fax (066) 915 2155.

Library (bibliothèque)– Visite du mardi au samedi de 10 h 30 à 13 h 30 et de 14 h à 17 h. ☎ (066) 915 1499 ; library.dingle@eircom.net

Presentation Convent Chapel – Visite de juin à août du lundi au vendredi de 10 h 12 h et de 14 h à 16 h.

DONABATE

Newbridge House – Visite guidée (45 mn) d'avril à septembre du mardi au samedi 10 h à 13 h et de 14 h à 17 h. Dimanche et jours fériés de 14 h à 18 h. D'octobre mars, week-ends et jours fériés de 14 h à 17 h. La maison seule : 3 IR£ [3,81 €] ferme seule : 1 IR£ [1,27 €]. Billet combiné avec le château de Malahide : 4,95 [6,28 €]. 🅿. Aire de jeux. Café, boutique. ☎ (01) 843 6534 ; fax (01) 846 2537

DONEGAL

🚹 The Quay – ☎ (073) 21

Démonstrations de tissage – (♿) On peut y assister sur demande au Magee's sh du lundi au samedi de 9 h à 18 h. Brochure en français. ☎ (073) 22660 ; fax (07 23271 ; sales@mageeshop.com ; www.mageeshop.com

Château – (Dúchas) Visite de mi-mars à octobre de 9 h 30 à 18 h 30. Dernière entr 17 h 45. 3 IR£ [3,81 €], 7 IR£ [8,90 €] (familles), 1,25 IR£ [1,59 €] (enfants/é diants). Visite guidée (30 mn) toutes les heures. Brochure en français. ☎ (073) 224(

Donegal Railway Heritage Centre – Ouvert du lundi au samedi de 9 h à 17 h, dimanche de 14 h à 17 h, fermé le dimanche d'octobre à mai. 2 IR£ [2,54 €], 5 I [6,35 €] (2 adultes + 2 enfants), 1 IR£ [1,27 €] (enfants de 5 15 ans/étudiants/retraités). ☎ (073) 22655 ; www.cdrrs.future.easyspace.com

DONERAILE

Wildlife Park – (Dúchas) (♿) Visite de mi-avril à octobre du lundi au samedi de 8 (10 h le samedi) à 20 h 30 (de 11 h à 19 h les dimanches et jours fériés) ; de novemb à mi-avril de 8 h (10 h les week-ends et jours fériés) à 16 h 30. Fermé les 25 et décembre. 1 IR£ [1,27 €]. 🅿. Aire de pique-nique. Accès aux sentiers en fauteuil r lant. ☎ (022) 24244.

DROGHEDA

🚹 Gare routière ☎ (041) 983 7(

St Peter's Catholic Church – ♿ Ouvert de juin à août de 8 h 30 à 21 h (19 h 30 samedi), en septembre-octobre et de mars à mai de 8 h 30 à 19 h 30 ; de novembr février de 8 h 30 à 18 h (17 h 30 le samedi). Messes le dimanche à 8 h, 11 h, 12 h, samedi à 18 h 15. ☎ (041) 983 8537 ; fax (041) 984 1351 ; www.saintpetersdroghed

St Peter's Anglican Church – Visite sur demande. Offices le dimanche à 8 h 11 h 45. drogheda@armagh.anglican.org ; www.drogheda.armagh.anglican.org

Musée – (♿) Visite de 10 h à 18 h (de 14 h 30 à 17 h 30 le dimanche). Fermé lundi. Visite guidée (1 h) possible : dernière visite 1 h avant la fermeture. 3 I [3,81 €]. Possibilité de visite de Drogheda à pied. 🅿. Rez-de-chaussée accessible fauteuil roulant. ☎/fax (041) 983 3097 ; fax (041) 984 1599.

DROMCOLLIHER

Irish Dresden – **Magasin d'exposition** : ouvert du lundi au vendredi de 9 h à 13 h et 14 h à 17 h. **Atelier** : visite guidée (20 mn) sur rendez-vous du lundi au vendredi 11 h 15 à 12 h et de 15 h à 16 h. ☎ (063) 83030 ou 83236 (Irish Dresden L Dromcolliher, comté de Limerick) ; fax (063) 83192.

bh an Iarainn Visitor Centre – Visite d'avril à octobre de 10 h (14 h le dimanche)
8 h. Présentation audiovisuelle (30 mn). 1 IR£ [1,27 €]. ☎ (078) 41522.

blin Bus City Tour – Services de mai à septembre tous les jours de 9 h 30 à 17 h,
tes les 10 mn ; d'octobre à avril, de 9 h 30 à 16 h 30, toutes les 15 mn. Ne fonc-
ne pas les 17 mars, 30 octobre, 25 décembre. On monte et on descend à volonté
le circuit (13 arrêts, 1 h 15 minimum) au départ du 59 Upper O'Connell Street.
R£ [8,89 €] (enfants : 3,50 IR£ [4,45 €]). ☎ (01) 873 4222 ; fax (01) 703 3031
blin Bus).

y Line Bus Old Dublin Tour – Services de mars à octobre de 10 h à 17 h toutes
10/15 mn ; de novembre à février de 10 h à 16 h toutes les 30 mn. On monte et
descend à volonté sur le circuit (9 arrêts, 1 h minimum) au départ du 14 Upper
onnell Street, incluant Merrion Square, Fitzwilliam Square et Phoenix Park. Billet
able une journée. 8,50 IR£ [10,79 €] (enfants : 3 IR£ [3,81 €]). ☎ (01) 605 7705
ay Line Tours) ; www.guidefriday.com

de Friday Bus Tour – Du lundi au vendredi à partir de 9 h 30, tous les 1/4 h, le
ek-end toutes les 10 mn (20/30 mn en hiver). On monte et on descend à volonté
le circuit (20 arrêts, 1 h 30 minimum) au départ de O'Connell Street. Fermé du 21
27 décembre. 8,50 IR£ [10,79 €], 20 IR£ [25,40 €] (familles), 3 IR£ [3,81 €]
fants), 7,50 IR£ [9,52 €] (étudiants/retraités). Billet valable une journée.
(01) 676 5377 (Guide Friday (Ireland) Ltd) ou (01) 605 7705 (Grayline) ;
blin@guidefriday.com ; www.guidefriday.com

menade à bicyclette – Location 10 IR£ [12,70 €] par jour, 40 IR£ [50,8 €] par
naine. Promenade guidée (3 h) : tous les jours d'avril à octobre à 14 h, à 10 h aussi
veek-end (samedi 6 h sur réservation) ; se présenter 15 mn avant le départ. 15 IR£
,05 €], 12 IR£ [15,24 €] (étudiants) : le prix comprend la location de bicyclette,
surance et le guide. On peut réserver en se présentant à l'arrière du Kinlay House
stel, Lord Edward Street (à côté de Christ Church Cathedral), à l'Office de tourisme,
folk Street, ou par téléphone ou courrier électronique. Descriptions du parcours dis-
nibles, ainsi que vêtements de pluie, casques et sièges bébé. ☎ (01) 679 0899 ;
(01) 679 6504 ; dublinbiketours@connect.ie ; www.connect.ie/dublinbiketours

menade en voiture attelée – Services en été tous les jours au départ de St Ste-
en's Green (en haut de Grafton Street), le reste de l'année le week-end ou sur ren-
-vous. Prix par carriole (4 à 5 passagers) : grand circuit (1 h avec le château et les
athédrales) 40 IR£ [50,80 €], circuit intermédiaire (30 mn au Sud de la rivière)
IR£ [25,40 €], petit circuit 10 IR£ [12,40 €], circuit court 5 IR£ [6,35 €]. ☎ (01)
3 4619. Pour les promenades sur rendez-vous (40 IR£ [50,80 €] par heure),
ntacter ☎ (01) 453 3333 (Francis McCabe).

ilway Preservation Society of Ireland – Excursions en train à vapeur dans toute
ande, surtout au printemps et en automne. Réservation recommandée. Pour les pré-
ons sur les tarifs et horaires, contactez la Railway Preservation Society of Ireland,
ngrove House, Kill Avenue, Dún Laoghaire ; ☎ (01) 280 9147. Billets en vente à la
etterie du Iarnrod Eirann, Lower Abbey Street ; à la gare Pearse ; à Westland Row.

couverte à pied – Promenades à thème historique de mai à septembre à 11 h, 15 h
aussi 12 h le week-end) ; d'octobre à avril du vendredi au dimanche à 12 h. 6 IR£
62 €]. Circuits spéciaux hebdomadaires de juin à août. Départ du portail principal
Trinity College. ☎ (01) 878 0227 ; fax (01) 878 3787 ; tours@historicalinsights.ie ;
vw.historicalinsights.ie

16 Rebellion Tour – « Parcours du soulèvement de 1916 » : avril à fin septembre,
mardi au samedi à 11 h 30, le dimanche à 12 h 30. 6 IR£ [7,62 €].
(01) 676 2493 ; www.1916rising.com

erary Tour – Promenade littéraire à 19 h 30 au départ du Duke pub, Duke Street.

al Irish Pub Crawl – Tournée des pubs authentiques en juillet-août les lundis, mer-
dis et samedis à 19 h, le dimanche à 12 h 30, au départ du O'Brien's/Mercantile
r, 28 Dame Street, Dublin 2. 6 IR£ [7,62 €]. ☎ (01) 493 2676, (088) 510 299,
38) 212 2020.

tional Concert Hall – (Dúchas) Ouvert du lundi au samedi de 10 h à 19 h (23 h
soirs de concert), 2 h avant les concerts le dimanche. 3 IR£ [3,81 €] pour les
ncerts. Restaurant (10 h – 14 h 30 et à partir de 18 h les soirs de concert) ☎ (01)
5 1666 ; fax (01) 478 3797 ; info@nch.ie ; www.nch.ie

nk of Ireland Arts Centre – Location des billets : mardi au vendredi, 11 h à 16 h.
R£ [6,35 €]. ☎ (01) 671 1488.

blin Castle – (Dúchas) (♿) Visite guidée (45 mn, comprenant les appartements
pparat s'ils ne sont pas fermés pour raison officielle – et la crypte) tous les jours
10 h (14 h les week-ends et jours fériés) à 17 h. Dernière entrée 16 h 30. Fermé

le Vendredi saint, du 24 au 26 décembre. 3 IR£ [3,81 €], 1 IR£ [1,27 €] (enfan
Visite guidée et brochure en français (50 pence [63 cents]). **Church of the Holy Tri**
(entrée par la cour inférieure), mêmes horaires. Restaurant. Accessible en fauteuil r
lant (sauf crypte). ☎ (01) 677 7129 ; fax (01) 679 7831.

Chester Beatty Library – Ouvert du mardi au vendredi de 10 h à 17 h, le samedi de 1
à 17 h, le dimanche de 13 h à 17 h. Entrée libre. ☎ (01) 4070 750 ; fax (01) 40
760 ; info@cbl.ie ; www.cbl.ie

Christ Church Cathedral – Visite de 10 h à 17 h. Fermé le 26 décembre. Offra
souhaitée : 2 IR£ [2,54 €]. Visite autoguidée à l'aide de feuillets numérotés en fr
çais. ☎ (01) 677 8099 ; fax (01) 679 8991 ; cccdub@indigo.ie ; http://indigo.ie/~c
dub/

Dublinia – (♿) Visite d'avril à septembre de 10 h à 17 h ; d'octobre à mars de 1
(10 h les dimanches et jours fériés) à 16 h (16 h 30 les dimanches et jours férié
3,95 IR£ [5 €], 10 IR£ [12,70 €] (famille 2 adultes + 2 enfants). Audioguide en fr
çais. Pas d'accès fauteuils roulants à la tour ou à la passerelle pour la cathédrale (t
verser par la route). ☎ (01) 679 4611 ; fax (01) 679 7116 ; info@dublinia.i
www.dublinia.ie

St Patrick's Cathedral – ♿ Visite du lundi au samedi de 9 h à 18 h (le samedi 1
de novembre à février) ; le dimanche de 9 h à 11 h, de 12 h 45 à 15 h et de 16 h
à 18 h (de 10 h à 11 h et de 12 h 45 à 15 h de novembre à février). Fermé les 25
26 décembre, sauf pour les offices. Messes le dimanche à 8 h 30, 11 h 15 (chanté
15 h 15 (chantée) ; lundi au vendredi à 8 h 30, 9 h 40 (chantée, hors vacances s
laires), 17 h 35 (chantée) ; pas de messes chantées le mercredi en juillet-août. 2,70 I
[3,42 €], 6,50 IR£ [8,25 €] (2 adultes + 2 enfants). Dépliant en français. 🅿. ☎ (0
453 9472 (bureau), 475 4817 (église), 453 5312 ; fax (01) 454 6374 ; www.st
trickscathedral.ie

Marsh's Library – (♿) Visite le lundi et du mercredi au vendredi de 10 h à 12 h
et de 14 h à 17 h ; le samedi de 10 h 30 à 12 h 45. 2 IR£ [2,54 €], 1 IR£ [1,27 €
Visite guidée (30 mn) sur rendez-vous. Brochure en français. Accès possible a
chercheurs handicapés, prévenir. ☎/fax (01) 454 3511 ; marshlib@iol.ie
www.kst.dit.ie/marsh

Tailors' Hall – ♿ Visite sur rendez-vous uniquement. Réservation au centre de con
rences du château. ☎ (01) 679 3713 ; fax (01) 679 7831.

City Hall – Ouvert du lundi au samedi de 10 h à 17 h 15, le dimanche de 14 h à 17
Fermé le 25 décembre. Entrée libre. ☎ (01) 672 2204 ; www.dublincorp.ie/cityh

Église St-Werburgh – Visite sur demande du lundi au vendredi de 10 h à 16 h. S
vice le dimanche à 10 h. Aller chercher la clé au 8 Castle Street. ☎ (01) 478 371

Église St-Audoen – (Dúchas) Les horaires et tarifs sont disponibles par téléphone. S
vice (anglican) le dimanche à 10 h 15. ☎ (01) 661 3111 (Dúchas) ; fax (01) 6
6764.

Centre d'information de Temple Bar – ♿ Ouvert du lundi au vendredi de 9 h
17 h 30. ☎ (01) 671 5717 (24 h/24 information culturelle) ; (01) 677 2255 (adr
nistration) ; fax (01) 677 2525 ; info@temple-bar.ie ; www.temple-bar.ie

Viking Adventure – ♿ Ouvert du mardi au samedi de 10 h à 16 h 30. 4,95 I
[6,28 €], 13,50 IR£ [17,17 €] (2 adultes + 4 enfants), 2,95 IR£ [3,74 €] (enfant
Librairie et boutique d'artisanat. ☎ (01) 679 6040 ; fax (01) 679 6033
viking@dublintourisme.ie

Trinity College – ♿ Visite guidée de l'université, avec les Colonnades et le *Livre*
Kells, d'avril à septembre de 10 h à 16 h (dernier départ) toutes les 1/2 h au dép
de Front Square. 5,50 IR£ [6,98 €] ; possibilité de billet combiné avec le Dublin Exp
rience.

Old Library – ♿ Visite du lundi au samedi de 9 h 30 à 17 h ; les dimanches et jou
fériés (17 mars, Vendredi saint, lundi de Pâques et vacances d'octobre), de 12 h
16 h 30 (dimanche et juin à septembre de 9 h 30 à 16 h 30). Fermé du 22 décemb
au 2 janvier. 4,50 IR£ [5,71 €], 9 IR£ [11,43 €] (familles), 4 IR£ [5,08 €], entr
libre pour moins de 12 ans. Billet combiné avec le Dublin Experience : 6 IR£ [7,62 €
13 IR£ [16,51 €] (2 adultes + 4 enfants). ☎ (01) 608 2320 ; www.tcd.ie/libra

Dublin Experience – Fin mai à septembre de 10 h à 17 h (dernière présentation). P
sentation (3/4 h) toutes les heures. 3 IR£ [3,81 €] ; 6 IR£/7,62 € (famille). Billet co
biné avec l'Old Library : 6 IR£ [7,62 €], 13 IR£/16,51 € (famille). Audioguide
français. Buvette. ☎ (01) 608 1688.

Bank of Ireland et House of Lords – ♿ Visite du mardi au vendredi de 10 h à 16
Fermé les jours fériés. 1,50 IR£ [1,90 €]. ☎ (01) 671 1488 ; fax (01) 670 7556

Powerscourt Centre – Ouvert de 9 h à 18 h. Fermé les dimanches et jours féri
Entrée libre.

ic Museum – Visite (30 mn) du mardi au samedi de 10 h à 18 h, le dimanche de
h à 14 h. Fermé à Pâques, Noël et les jours fériés. Entrée libre. ☎ (01) 679 4260 ;
(01) 677 5954.

ise Ste-Anne – Visite du lundi au vendredi de 10 h à 16 h. Offices le dimanche à
, 10 h 45, 18 h 30 ; en semaine à 12 h 45. Concerts à l'heure du déjeuner et le
. Café (12 h-14 h 30) ; ☎ (01) 676 7727.

tional Museum (Kildare Street) – ₺ Visite du mardi au samedi de 10 h (14 h le
anche) à 17 h. Fermé le Vendredi saint et le 25 décembre. Entrée libre. Présenta-
 audiovisuelle (18 mn) en français. Visites guidées (30/45 mn). 1 IR£ [1,27 €].
utique, café. ☎ (01) 6777 444 ; fax (01) 6777 828 ; www.heritageireland.ie
ettes MUSEUMLINK toutes les 80 mn : 1 IR£ [1,27 €] aller simple (National
eum, Kildare Street – Natural History Museum, Merrion Street – National Museum
ins Barracks). Accès en bus : lignes 7, 7A, 8 (Burgh Quay) ; 10, 11, 13 (O'Con-
Street).

tional Gallery of Ireland – (Dúchas) ₺ Visite du lundi au samedi de 10 h à 17 h 30
) h 30 le mardi) ; le dimanche à 14 h 15, 15 h, 16 h. Librairie. Restaurant. Fermé
Vendredi saint, du 24 au 26 décembre. Entrée libre. Visite guidée le samedi à 15 h,
dimanche à 14 h ; ☎ (01) 661 5133 ; fax (01) 661 5372 ; artgall.@eircom.ie ;
 w.nationalgallery.ie

Stephen's Church – Visite de juin à août, horaires affichés ; offices le dimanche à
h, le mercredi à 11 h 30. ☎ (01) 288 0663 (presbytère).

zwilliam Street, n° 29 – Visite guidée du mardi au samedi de 10 h (14 h le
anche) à 17 h. Fermé Vendredi saint et les deux semaines avant Noël. 2,50 IR£
17 €], entrée libre –16 ans. Présentation audiovisuelle (10 mn) suivie de visite gui-
. Brochure en français. Salon de thé, boutique. ☎ (01) 702 6165 ; fax (01) 702
96.

tural History Museum – (₺) Visite du mardi au samedi de 10 h (14 h le dimanche)
7 h. Entrée libre. Visites guidées 1 IR£ [1,27 €] (30/45 mn). ☎ (01) 677 7444 ;
(01) 676 6116.
ettes MUSEUMLINK toutes les 80 mn : 1 IR£ [1,27 €] aller simple (Natural His-
y Museum, Merrion Street – National Museum Collins Barracks – National Museum,
dare Street). Accès en bus : lignes 7, 7A, 8 (Burgh Quay).

raldic Museum – ₺ Visite du lundi au vendredi de 10 h à 16 h 30, le samedi de
h à 12 h 30. Fermé les jours fériés et du 24 décembre au 2 janvier. Entrée libre.
(01) 603 0311 ; fax (01) 662 1062.

lement : Leinster House – **Public gallery** : visite sur rendez-vous durant les sessions
lementaires (du mardi au jeudi, et parfois le vendredi). Fermé en janvier, à Pâques
ux semaines), de mi-juillet à début octobre ainsi qu'à Noël. **Cabinet Rooms** : visite gui-
sur rendez-vous, le samedi en juillet. ☎ (01) 668 9333 (bureaux du Premier
istre) ; (01) 618 3296 (commandant de la garde) ; info@oireachtas.irlgov.ie ;
w.irlgov.ie/oireachtas

fices ministériels – Visite guidée (40 mn) le samedi de 10 h 30 à 15 h 30 (Taoi-
ch's Office, escalier d'honneur, chambre du conseil). Entrée libre. Les permis d'en-
 doivent être retirés le jour même au Musée national, 7-9 Merrion Row, ☎ (01)
9 4116 ; webmaster@taoiseach.irlgov.ie

Stephen's Green – (Dúchas) Visite de 8 h (10 h les dimanches et jours fériés) au
cher du soleil ; le 25 décembre de 10 h à 13 h. ☎ (01) 475 7816. Entrée libre.

agh Gardens – (Dúchas) Visite de 8 h (10 h le dimanche) à 18 h (17 h en février
novembre ; 16 h en décembre et janvier). Entrée libre. ☎ (01) 475 7816.

wman House – Visite en juillet et août du mardi au samedi de 12 h (14 h le samedi)
7 h, le dimanche de 11 h à 14 h ; le reste de l'année sur rendez-vous uniquement.
R£ [3,81 €], 2 IR£ [2,54 €]. Visite guidée (40 mn) possible. Brochure en français.
(01) 706 7422 ou 475 7255 ; fax (01) 706 7211.

iversity Church – ₺ Ouvert tous les jours. Offices le samedi à 17 h, le dimanche à
h, 12 h et 17 h 30. Les autres jours à 10 h et 13 h 05. Rampe d'accès pour les
teuils roulants. ☎ (01) 478 0616.

sh Music Hall of Fame – Ouvert de 10 h à 19 h (dernière entrée 18 h). 6 IR£
62 €]. ☎ (01) 878 3345 ; fax (01) 878 3225 ; www.irishmusichof.com

Mary's Pro-Cathedral – Ouvert de 8 h 30 à 18 h 30. Offices : le dimanche à 8 h
atoire St-Kevin au fond de la cathédrale), 10 h, 11 h (messe chantée en latin avec
œurs de Palestrina, sauf en juillet-août), 12 h (messe italienne, oratoire St-Kevin),
h 30, 18 h 30 ; le 1er dimanche du mois à 19 h (messe espagnole, oratoire St-Kevin).
lundi au samedi à 8 h 30, 10 h, 11 h, 12 h 45, 17 h 45 ; samedi seulement : 18 h,
f en août (messe de veillée le dimanche) ; 20 h (veillée pour jeunes adultes, ora-
re St-Kevin) ; 1er vendredi du mois seulement : 20 h (messe irlandaise). Guide.
liant. ☎ (01) 874 5441, fax (01) 874 2406 ; www.procathedral.ie

Custom House – Visite de mi-mars à octobre de 10 h à 12 h 30 (14 h le week-er
De novembre à mi-mars, ouvert du mercredi au vendredi de 10 h à 12 h 30 e
dimanche de 14 h à 17 h. 1 IR£ [1,27 €], 3 IR£ [3,81 €] (famille 2 adultes
2 enfants). ☎ (01) 8882 538.

Garden of Remembrance – (Dúchas) (&) Visite de mai à septembre de 9 h 30 à 20
en mars, avril et octobre de 11 h à 19 h ; de novembre à mars de 11 h à 16 h (1
le 25 décembre). Entrée libre. ☎ (01) 661 3111 (bureau Dúchas) et (01) 874 30
(jardin).

Hugh Lane Municipal Gallery of Modern Art – & Visite du mardi au dimanche
9 h 30 (11 h le dimanche) à 18 h (17 h du vendredi au dimanche). Fermé le Vendr
saint et à Noël. Entrée libre. Visite guidée possible (40 mn), 10 IR£ [12,70 €] (rés
ver). Librairie. Rampe d'accès handicapés. ☎ (01) 874 1903 ; fax (01) 872 218
info@hughlane.ie ; www.hughlane.ie

Dublin Writers' Museum – Visite de 10 h (11 h les dimanches et jours fériés) à 1
(18 h du lundi au vendredi en juillet et août). 3,10 IR£ [3,93 €], 1,45 IR£ [1,84
(enfants), 8,50 IR£ [10,79 €] (famille 2 adultes + 4 enfants). Billet combiné avec
James Joyce Tower ou la maison natale de G. B. Shaw. Audioguide et brochure
français. Visite guidée sur rendez-vous. Salon pour enfants (Seomra na Nog). Rest
rant, café, librairie. ☎ (01) 872 2077 ; fax (01) 872 2231.

Rotunda Hospital Chapel – Pour visiter, s'adresser à l'avance au bureau de l'in
mière en chef. ☎ (01) 873 0700.

James Joyce Centre – Visite de 9 h 30 (12 h 30 le dimanche) à 17 h. 3 IR£ [3,81
6 IR£ [7,62 €] (familles), 75 pence [95 cents] (enfants). Bibliothèque, café. ☎ (
878 8547 ; fax (01) 878 8488 ; joycecen@iol.ie ; www.jamesjoyce.ie

National Wax Museum – Visite de 10 h (12 h le dimanche) à 17 h 30. 3 IR£ [3,81
2 IR£ [2,54 €] (enfants), 2,50 IR£ [3,17 €] (étudiants). Café. ☎ (01) 872 6340

Église St-Michan – (&) Visite de mars à octobre du lundi au samedi de 10 h à 1
(13 h le samedi) ; de novembre à mars du lundi au samedi de 12 h 30 à 15 h 30. 2 l
[2,54 €], 1 IR£ [1,27 €] (enfants). Visite guidée avec la crypte (30/40 mn). Boutiq
Accès en fauteuil roulant à l'église, sauf la crypte. ☎ (01) 872 4154 (10 h à 13 l
fax (01) 878 2615 ; stmichan@iol.ie

Old Jameson Distillery – & Visite guidée (1 h – en français) de 9 h 30 à 17 h
(dernier départ). Fermé le Vendredi saint et le 25 décembre. 3,95 IR£ [5 €], 1,50
[1,90 €] (enfants). Boutique, restaurant, bar. ☎ (01) 807 2355 ; fax (01) 807 230

Tour d'observation de la cheminée Jameson – Ouvert du lundi au samedi de 1
à 18 h, le dimanche de 11 h à 19 h. 5 IR£ [6,35 €]. ☎ (01) 817 3838.

Ceol – Ouvert du lundi au samedi de 10 h à 18 h et le dimanche de 11 h à 19 h. 5
[6,35 €]. ☎ (01) 817 3820.

St Mary's Abbey – (Dúchas) Visite de mi-juin à mi-septembre le mercredi et
dimanche de 10 h à 17 h. Dernière entrée 3/4 h avant la fermeture. 1 IR£ [1,27
40 pence [50 cents] (enfants, étudiants), 3 IR£ [3,81 €] (familles). Visite guidée p
sible. Accès par escalier seulement. ☎ (01) 872 1490.

Les faubourgs Sud

Kilmainham Gaol Museum – (&) Visite guidée (30 mn, dernière visite 1 h avan
fermeture) d'avril à septembre de 9 h 30 à 18 h ; dernière entrée 16 h 45. Le re
de l'année du lundi au vendredi 9 h 30 à 17 h, dernière entrée 16 h 00. Le diman
de 10 h à 18 h (16 h 45 dernière entrée). Fermé du 24 au 26 décembre. 3,50
[4,45 €], 1,50 IR£ [1,90 €] (enfants, étudiants), 8,60 IR£ [10,92 €] (familles). P
sentation audiovisuelle de 26 mn en français. ◻. Restaurant. Rez-de-chaussée de
prison et exposition accessible aux fauteuils roulants. ☎ (01) 453 5984 ; fax (01) 4
2037.

Irish Museum of Modern Art – & Visite de 10 h (12 h les dimanches et jours féri
à 17 h 30. Fermé le lundi, le Vendredi saint, les 24, 25 et 26 décembre. Entrée lib
Visite guidée les mercredis et vendredis à 14 h 30, le dimanche à 12 h 15. Broch
en français sur l'histoire du bâtiment. ◻. Buvette. Librairie. ☎ (01) 612 9900 ; fax (
612 9999 ; info@modernart.ie ; www.modernart.ie

Royal Hospital Kilmainham – Fermé jusqu'à l'automne 2001. ☎ (01) 612 9900
info@modernart.ie ; www.modernart.ie

Guinness Hopstore – & Visite guidée (1 h, toutes les 30 mn) de 9 h 30 à 17 h (d
nière entrée), le dimanche et les jours fériés à 16 h 30. Fermé le 1er janvier, le V
dredi saint et du 24 au 26 décembre. 5 IR£ [6,35 €], 1 IR£ [1,27 €] (enfants). ☎ (
408 4800 ; fax (01) 408 4965 ; www.guinness.ie

Jewish Museum – Visite (1 h) de mai à septembre les mardis, jeudis et dimanches
11 h à 15 h 30 ; le reste de l'année le dimanche de 10 h 30 à 14 h 30 ou sur rend
vous. Offrande. ☎ (répondeur)/fax (01) 490 1857.

aw Birthplace – Visite de mai à octobre de 10 h à 13 h et de 14 h à 17 h, les
anches et jours fériés à partir de 11 h. 2,70 IR£ [3,42 €], 1,40 IR£ [1,77 €]
fants), 7,95 IR£ [10,09 €] (famille 2 adultes + 4 enfants), ticket combiné avec le
olin Writers' Museum possible. Audioguide (30 mn) et brochure en français. Librai-
☎ (01) 475 0854 ; fax (01) 872 2231.

mnagh Castle – (&) Visite guidée (dernière à 16 h 30) d'avril à septembre les mer-
dis et les week-ends de 12 h à 17 h ; le reste de l'année le dimanche de 14 h à
h. 2,50 IR£ [3,17 €], 1 IR£ [1,27 €] (enfants). Brochure en français. ☎ (01) 450
30 ; fax (01) 450 5401.

terways Visitor Centre – (Dúchas) (&) Visite de juin à septembre tous les jours
9 h 30 à 17 h 30 ; d'octobre à mai du mercredi au dimanche de 12 h 30 à 17 h 30.
nière entrée 45 mn avant la fermeture. Fermé le 1er janvier et les 25 et 26 décembre.
R£ [2,54 €], 1 IR£ [1,27 €] (enfants, étudiants), 5 IR£/6,35 € (familles). Accès
fauteuils roulants au rez-de-chaussée seulement. ☎ (01) 677 7510 ; fax (01) 677
4 ; www.heritageireland.ie

s faubourgs Nord

tional Museum (Collins Barracks) – Visite du mardi au samedi de 10 h (14 h le
anche) à 17 h. 1 IR£ [1,27 €]. Visites guidées (30/45 mn). ▣. Boutique, café.
(01) 677 7444 ; fax (01) 677 7828.
vettes MUSEUMLINK toutes les 80 mn : 1 IR£ [1,27 €] aller simple (National
seum, Collins Barracks – National Museum, Kildare Street – Natural History
seum, Merrion Street). Accès en bus : lignes 90 (Aston Quay), 25, 25A, 66, 67
ddle Abbey Street).

oenix Park Visitor Centre – (Dúchas) & Visite de juin à septembre de 10 h à 18 h ;
mi-mars à mai et en octobre de 9 h 30 à 17 h (17 h 30 en avril et mai) ; de novembre
ni-mars, le week-end de 9 h 30 à 16 h 30. Dernière entrée 45 mn avant la ferme-
e. Fermé les 25 et 26 décembre. 2 IR£ [2,54 €], 1 IR£ [1,27 €] (enfants, étu-
nts), 5 IR£ [6,35 €] (familles). **Ashtown Castle** : visite guidée seulement (20 mn).
sentation audiovisuelle (21 mn). Sentiers de nature. ▣. Restaurant, café. ☎ (01)
7 0095 ; fax (01) 820 5584.

sidence du Président (Aras an Uachtaráin) – Visite guidée (1 h) le samedi (sauf les 25
26 décembre) de 10 h 30 à 16 h 30 (15 h en hiver). Entrée libre. S'adresser pour
billets au centre d'accueil de Phoenix Park ☎ (01) 577 0095. ☎ (01) 670 9155.

ological Gardens – Visite de 9 h 30 (10 h 30 le dimanche) à 18 h (17 h ou coucher
soleil en hiver). 6,30 IR£ [8 €], 18,50 IR£ [23,49 €] (famille 2 adultes + 2 enfants),
50 IR£ [29,84 €] (famille 2 adultes + 4 enfants), 3,70 IR£ [4,70 €] (3-16 ans). Aire
jeux. Buvette. Boutiques. ☎ (01) 677 1425 ; fax (01) 677 1660 ; info@dublinzoo.ie ;
w.dublinzoo.ie

**tional Botanic Gar-
ns** – (&) **Jardins** : ouvert
é de 9 h (11 h le di-
nche) à 18 h, en hiver
uf le 25 décembre) de
h (11 h le dimanche) à
h 30. **Serres** : ouvert du
di au samedi de 9 h
) h en hiver) à 12 h 45
de 14 h à 17 h 15
5 h 15 le jeudi toute l'an-
e, 16 h 15 en hiver,
h 45 le samedi en été).
dimanche de 14 h à
h 45 (16 h 15 en hiver).
ntes de montagne : ouvert
lundi au vendredi de
h 45 à 12 h 15, et de
h 15 à 15 h 15 ; le di-
anche de 14 h à
h 45 ; les jours fériés de
à 12 h 45 et de 14 h à
h 45. Entrée libre. Vi-
e guidée (1 h) sur ren-
z-vous. ▣. Prêt de fau-
uils roulants. Accès à
% pour les fauteuils
ulants. ☎ (01) 837
96 ou 837 4388 ;
(01) 836 0080.

Marino Casino

Dúchas, Dublin

GAA Museum – Visite de mai à septembre de 9 h 30 à 17 h ; d'octobre à avril de 1
(12 h le dimanche) à 17 h. 3 IR£ [3,81 €]. ☎ (01) 855 8176 ; fax (01) 855 81C
museum@gaa.ie

Marino Casino – (Dúchas) Visite guidée de mai à octobre tous les jours de 10 h à 1
(17 h en mai et octobre) ; de février à avril et en novembre le dimanche et le jeudi
12 h à 16 h. Dernière entrée 45 mn avant la fermeture. Fermé en décembre et en j
vier. 2 IR£ [2,54 €], 1 IR£ [1,27 €] (enfants, étudiants), 5 IR£ [6,35 €] (famille
🅿. ☎ (01) 833 1618 ; accès en bus du centre-ville par les lignes 20A, 20B, 27, 2'
42, 123, Imp bus de O'Connell Street ; par DART, gare de Clontarf Road.

DÚN LAOGHAIRE
🖪 New Ferry Term

National Maritime Museum – (♿) Visite de mai à septembre du mardi au diman
de 13 h à 17 h ; en avril et octobre le dimanche aux mêmes heures. 1,50 IR£ [1,90 ⋅
80 pence [1,01 €] (enfants), 4 IR£ [5,08 €] (familles). Accès au rez-de-chaussée
fauteuil roulant. ☎ (01) 280 0969 (24 h/24).

James Joyce Museum – Visite d'avril à octobre de 10 h à 13 h et de 14 h à 1'
(18 h les dimanches et jours fériés) ; de novembre à mars sur rendez-vous. 2,70 ▪
[3,43 €], 7,95 IR£ [10,09 €] (2 adultes + 4 enfants), 1,40 IR£ [1,78 €] (enfan
Billet combiné possible avec le Dublin Writers' Museum. Brochure en français. ☎ (0
280 9265 ou 872 2077 ; fax (01) 280 9265 ; www.visitdublin.com/dliterary.htm

Dalkey Heritage Centre – Visite d'avril à novembre du lundi au vendredi de 9 h 3
17 h, les week-ends et jours fériés de 11 h à 17 h ; de novembre à mars uniquement
le week-end, mêmes heures, et pour les expositions. 2,50 IR£ [3,17 €], 8 ▪
[10,16 €] (2 adultes + 3 enfants), 1,50 IR£ [1,90 €] (enfants). ☎ (01) 285 83
ou 284 3141 ; diht@indigo.ie ; www.dalkeyhomepage.ie

DUNCANNON

Fort – (♿) Visite de juin à mi-septembre de 10 h à 17 h 30. 2 IR£ [2,54 €]. Boutic
d'artisanat. Café. Visite guidée possible. ☎/fax (051) 389 454.

DUNDALK
🖪 Jocelyn Street – ☎ (042) 933 5

Circuit historique – Le jeudi à 19 h. ☎ (087) 288 1191, (042) 932 8061 (Dund
TIC) ; dundalktouristoffice@eircom.net ; www.louthhholidays.com

Louth County Museum – Ouvert de mai à septembre du lundi au samedi de 10 h
à 17 h 30, les dimanches et jours fériés de 14 h à 18 h. 3 IR£ [3,81 €]. ☎ (042) 9
7056/7 ; fax (042) 932 7058.

DUNDRUM

Pearse Museum – (Dúchas) (♿) **Parc** : visite de 10 h à 19 h (20 h en août, 17 h
en février et mars, 16 h 30 de novembre à janvier). **Musée** : visite de 10 h à 13 h
de 14 h à 17 h (17 h 30 de mai à août, 16 h de novembre à janvier). Dernière ent
45 mn avant la fermeture. Fermé les 25 et 26 décembre. Entrée libre. Présentat
audiovisuelle (20 mn). Visite guidée (30 mn) sur rendez-vous. Concerts en plein
l'été. 🅿. Salon de thé (en été, les week-ends ☎ (01) 493 3053). Accès au rez-d
chaussée seulement en fauteuil roulant. ☎ (01) 493 4208 ; fax (01) 493 6120.

DUNFANAGHY

Workhouse – ♿ Ouvert de Pâques à septembre de 10 h (12 h le week-end) à 17'
Entrée payante. ☎ (074) 36540.

DUNGANSTOWN

Kennedy Arboretum – ♿ (Dúchas) Visite de 10 h à 20 h (18 h 30 en avril et s
tembre, 17 h d'octobre à mars). Dernière entrée 45 mn avant la fermeture. Ferm
Vendredi saint, le 25 décembre. 2 IR£ [2,54 €]. Présentation audiovisuelle (15 m
Visite guidée (21 h 15) sur rendez-vous. Sentier autoguidé. 🅿. Salon de thé en
(☎ (051) 388 195). Aires de pique-nique. ☎ (051) 388 171 ; fax (051) 388 1'

Kennedy Homestead – Ouvert de mai à septembre de 10 h à 17 h 30, d'octobr
avril sur rendez-vous. 2,50 IR£ [3,17 €]. ☎ (051) 388 264 ; fax (051) 388 76
info@kennedyhomestead.com ; www.kennedyhomestead.com

DUNGARVAN
🖪 – ☎ (058) 41

Musée – Visite du lundi au vendredi de 11 h à 13 h et de 14 h à 17 h. Entrée lib
☎ (058) 45960.

DUNGLOW
🖪 (de juin à août) – ☎ (075) 21'

DUNGUAIRE

Château – Ouvert mi-avril à octobre de 9 h 30 à 17 h 30 (dernière entrée 16 h 3
Banquets médiévaux : tous les jours à 17 h 30 et 20 h 45. Château 2,90 IR£ [3,68 €
banquet 30 IR£ [38,10 €]. 🅿. Magasin de souvenirs. ☎ (091) 37108 (château
☎ (061) 361 511 ou (061) 360 788 (Shannon Heritage) ; fax (061) 361 020.

hiteriver Mills – Visite d'avril à septembre de 10 h (14 h le dimanche) à 18 h. 2 IR£
54 €], 1 IR£ [1,27 €] (enfants). ☎ (041) 685 1141.

keside Centre – Visite de mi-avril à novembre de 10 h 30 à 18 h (11 h à 19 h le
manche). Entrée libre. Visite guidée du cottage : 3 IR£ [3,81 €]. Promenade com-
ntée en bateau : 3 IR£ [3,81 €]. Boutique d'artisanat. Restaurant ☎ (075) 31699 ;
: (075) 31968.

cursions – Voir Killarney.

rdins du château – Visite de mai à septembre sur demande. Catalogue : 1 IR£
27 €]. ☎ (064) 44111 ; fax (064) 44583 ; www.iol.ie/khl

te Kearney's Cottage – ♿ Visite de 9 h à 23 h 30 (23 h de décembre à avril).
trée libre. **Spectacle avec danses irlandaises** : en été, les mercredis, vendredis et week-
ds. Restaurant de 18 h 30 à 21 h 30. Snack-bar de 11 h à 20 h. Boutique d'artisa-
:. ♿. ☎ (064) 44146 ; fax (064) 44641.

eat Blasket Centre – (Dúchas) ♿ Visite d'avril à octobre de 10 h à 18 h (19 h en
let et août). Dernière entrée 45 mn avant la fermeture. 2,50 IR£ [3,17 €], 6 IR£
62 €] (familles), 1 IR£ [1,27 €] (enfants/étudiants). Présentation audiovisuelle en
nçais (22 mn). Visite guidée (45 mn) sur rendez-vous. ♿. Café. ☎ (066) 915 6444
915 6371.

cès aux Blasket Islands – Traversées et promenades à bord du *An t-Oilernach* ou
Oilerin na n-óg par temps calme. ☎ (066) 915 6422.

rt – Visite de juin à septembre de 10 h 30 (12 h 30 le dimanche) à 18 h. 1,50 IR£
90 €]. Visite guidée (30 mn) possible. ☎ (077) 61817.

cès par téléphérique – ♿ Fonctionne du lundi au samedi de 9 h à 10 h 30 et de
h 30 à 16 h 30, le dimanche de 9 h à 10 h 15 et de 12 h à 13 h. Un retour d'ex-
rsion est assuré chaque jour à 19 h. Aller/retour : 2,50 IR£ [3,17 €]. ♿ à la gare
la péninsule de Beara. ☎ (027) 73 017.

stle and Archeology Centre – Visite de mai à septembre de 10 h à 18 h. 3,50 IR£
45 €]. Présentation audiovisuelle. ♿. Buvette. ☎ (065) 685 7401 ou 683 7722
oir et hors saison).

no Court – **Maison** : visite guidée (30 mn) de mi-juin à mi-septembre de 10 h à 18 h.
rnière visite à 16 h 30. **Jardins** : ouverts toute l'année. Visite guidée (45 mn) en juillet
août et le dimanche à 15 h. 2 IR£ [2,54 €]. Concerts en hiver. ♿. ☎/fax (0502) 26573.

🄸 Arthur's Row – ☎ (065) 682 8366 (du lundi au vendredi, plus
le samedi d'avril à octobre et le dimanche de juin à septembre)

nis Friary – (Dúchas) (♿) Visite de fin mai à fin septembre de 9 h 30 à 18 h 30.
rnière entrée 17 h 45. 1 IR£ [1,27 €]. Visite guidée sur demande. Brochure en fran-
is. ♿. ☎ (065) 682 9100.

are Museum – ♿ Ouvert de juin à septembre de 9 h 30 à 17 h 30 ; d'octobre à
ars du lundi au samedi de 9 h 30 à 13 h et de 14 h à 17 h 30 (fermé le samedi en
vier-février). Dernière entrée une heure avant la fermeture. Entrée payante. ☎ (065)
:2 3382 ; fax (065) 684 2119 ; claremuseum@eircom.net

🄸 Château – ☎ (054) 34699
🄸 Main Street Gorey – ☎ (055) 21248

site guidée de la ville – D'une durée d'une demi-heure ou 1 h ; elle peut être faite
français sur inscription de juin à septembre (minimum 5 personnes). Départ en face
château. 2,50 IR£ [3,17 €]. ☎ (054) 36800 ; fax (054) 36628.

1798 Visitor Centre – ♿ Ouvert de 9 h 30 (11 h le dimanche) à 17 h (derni
entrée). 4 IR£ [5,08 €]. Présentation audiovisuelle (15 mn). Brochure en français. A
liers d'artisanat. Salon de thé. ▫. ☎ (054) 37 596 ; fax (054) 37198 ; 98com@iol.
www.wexford.ie

County Museum – (♿) Visite de juin à septembre du lundi au samedi de 10 h à 1
(le dimanche de 14 h à 17 h 30) ; en février, mars, octobre et novembre tous les jo
de 14 h à 17 h 30 ; en décembre et janvier, le dimanche de 14 h à 17 h. 3 IR£ [3,81
Visite guidée (1 h) sur inscription. Accès en fauteuil roulant au rez-de-chauss
b/fax (054) 35926 ; wexmus@iol.ie

Carley's Bridge Potteries – Visite du lundi au vendredi de 8 h 30 à 17 h 45 et
week-ends de 11 h (14 h 30 le dimanche) à 17 h. Fermé jours fériés. Entrée lik
Visite guidée (1 h) du lundi au vendredi seulement. Exposition. ▫. Marche à l'entr
☎ (054) 33512 et 33080 ; fax (054) 34360 ; jsutton@cbp.ie ; www.cbp.ie

F

FENIT

Sea World – ♿ Visite de mars à septembre de 10 h à 18 h (21 h en juillet août
octobre à décembre, le week-end. 4 IR£ [5,08 €]. ▫. ☎/fax (066) 713 6544 ou (06
712 1722 (Flattery's Travel Âgency) ; www.fenitseaworld. com

FERRYCARRIG

Irish National Heritage Park – ♿ Visite de mars à novembre de 9 h 30 à 18 h 3
Dernière entrée suivant la saison. 5 IR£ [6,35 €]. Visite guidée en français. Présen
tion audiovisuelle en français. ▫. Boutique d'artisanat. Restaurant. ☎ (053) 2073
fax (053) 20911 ; info@inhp.com ; www.inhp.com

FETHARD   🛈 Tierry Centre – ☎ (052) 31(

Musée – ♿ Visite les dimanches et jours fériés de 11 h 30 à 17 h ; les autres jo
sur rendez-vous. 1 IR£ [1,27 €] le dimanche, 2 IR£ [2,54 €] les autres jours. Vis
guidée (30 mn). Brochure en français. Foire aux collectionneurs et bric-à-brac
dimanches et lundis fériés. ▫. Aires de jeux et de pique-nique. ☎ (052) 31516.

FINTOWN

Railway (An Mhuc Dhubh) – ♿ Fonctionne de mai à septembre de 10 h à 17 h. 2 I
[2,54 €], 6 IR£ [7,62 €] (famille 2 adultes + 2 enfants), 1 IR£ [1,27 €] (enfant
☎ (075) 46280.

FOTA Island

Wildlife Park – ♿ Visite de mi-mars à fin septembre de 10 h (11 h le dimanche
18 h. Dernière entrée 17 h ; d'octobre à début mars, ouvert seulement le week-er
Visite 90 mn. 4,80 IR£ [6,09 €], 18 IR£ [22,86 €] pour une famille (2 adultes
2 enfants), 2,70 IR£ [3,43 €] (enfants de 3 à 16 ans et étudiants). Train : aller simp
50 pence [63 cents], aller-retour 1 IR£ [1,27 €]. ▫ : 1 IR£ [1,27 €]. Aire de je
Restaurant. Boutique. ☎ (021) 4812 678/736 ; fax (021) 4812 744 ; info@fo
wildlife.ie ; www.fotawldlife.ie

Arboretum – (Dúchas) (♿) © Visite d'avril à octobre tous les jours de 9 h à 18
(17 h de novembre à mars). Fermé le 25 décembre. ▫ : 1 IR£ [1,27 €]. Visite g
dée sur rendez-vous. Restaurant self-service, aire de pique-nique.☎/fax (021) 48
728 ; portable ☎ (087) 279 9508.

Fota House – Réouverture prévue en septembre 2001. ☎ (021) 481 2728.

FOXFORD

Woollen Mills – Visite guidée (1 h, en français) de 10 h (14 h le dimanche) à 18
toutes les 20 mn. 3,75 IR£ [4,76 €]. Brochure en français. Centre d'artisanat, bijo
▫. Restaurant. Boutique. Bureau de change. ☎ (094) 56756 ; fax (094) 56794 ; fo
fordwoollenmills@eircom.net

FOYNES

Flying Boat Museum – ♿ Visite de fin mars à octobre de 10 h à 18 h (dernière entr
17 h) ; novembre à avril sur rendez-vous. 3,50 IR£ [4,45 €]. Film et brochure en fra
çais. ▫. Buvette. ☎/fax (069) 65416 ; famm@eircom.net ;www.webforge.net

G

ALWAY

🅸 Victoria Place, Eyre Square – ☎ (091) 563 081
🅸 (d'avril à septembre) Salthill – ☎ (091) 520 500

uid Theatre – ☎ (091) 568 617 (billetterie), (091) 568 660 (administration) ; (091) 563 109 ; info@druidtheatre.com ; www.druidtheatre.com

sh Theatre (Taibhdearc Na Gaillimhe) – ☎ (091) 563 600 (billetterie) ; fax (091) 563 195.

Nicholas' Church – Visite de 9 h à 16 h 30. Offices le dimanche à 8 h 30 et 11 h 30, mercredi à 10 h 30. Brochure en français. ☎ (091) 564 648, 521 914 (recteur), 8 479 (réservations), 762 012 ou 567 985 (gardiens).

y Museum – Visite d'avril à octobre tous les jours de 10 h à 13 h et de 14 h à h ; de novembre à mars les lundis, jeudis et vendredis (mêmes horaires). 1 IR£ 27 €]. Visite guidée (20 mn) sur rendez-vous. b/fax (091) 567 641.

ra Barnacle House Museum – Visite de mi-mai à mi-septembre du lundi au samedi 10 h à 13 h et de 14 h à 17 h. 1 IR£ [1,27 €]. ☎ (091) 564 743.

nque d'Irlande (Sword and Mace) – Visite du lundi au vendredi de 10 h à 16 h. Fermé jours fériés ; boi19°yresquare@bionet.ie

omenades sur le lough Corrib – ♿ Au départ du Wood Quay de fin avril à octobre 4 h 30 et 16 h 30 (12 h 30 pour juillet-août). Durée : 1 h 1/2. 6 IR£ [7,62 €]. Com-ntaire en français. Bar. ☎ (091) 592 447 (Corrib Tours).

ASLOUGH

stle Leslie – Visite guidée (50 mn) du 6 juin au 10 septembre du lundi au jeudi de h à 17 h toutes les heures (minimum de visiteurs : 4). 3,50 IR£ [4,45 €]. ☎ (047) 109 ; fax (047) 88256.

ENCOLUMBKILLE

ncolmcille Folk Village – ♿ Visite guidée (20 mn) d'avril à septembre tous les jours, tes les 30 mn de 10 h (12 h le dimanche) à 18 h. 2 IR£ [2,54 €], 7 IR£ [8,89 €] milles), 1,50 IR£ [1,90 €] (enfants). Visite guidée. Sentier de nature. Boutique d'ar-nat. Salon de thé. Office de tourisme. Bureau de change. 🅿. ☎ (073) 30017 et 026 ; fax (073) 30334 ; folkmus@indigo.ie ; www.infowing.ie/donegal/ad/fr.htm

ster Cultural Institute – ♿ Visite du lundi au vendredi de 9 h 30 à 17 h, ainsi que week-end en été. Entrée libre. Restaurant. ☎ (073) 30248 ; fax (073) 30348 ; oid-el@iol.ie ; www.oideas-gael.com

ENDALOUGH

🅸 (de juin à septembre, mardi au dimanche) – ☎ (0404) 45688

rvice de bus – Départ de Dublin à 11 h 30 et 18 h, sur le côté Ouest de St Ste-en's Green, en face du Royal College of Surgeons. Itinéraire via Bray et Roundwood. er/retour 10 IR£ [12,70 €].

e – (Dúchas) ♿ Site ouvert toute l'année. **Centre d'accueil** : visite de mi-mars à mi-obre de 9 h 30 à 18 h (18 h 30 de juin à août) ; de fin octobre à mi-mars de 9 h 30 7 h. Dernière entrée 45 mn avant la fermeture. Fermé les 25 et 26 décembre. 2 IR£ 54 €]. Présentation audiovisuelle en français (réserver). Visite guidée en français inscription préalable. 🅿. Aire de pique-nique. ☎ (0404) 45325 ou 45352.

ntre d'information du parc national des monts Wicklow – (Dúchas) (♿) Upper e. Visite de mai à août de 10 h à 18 h ; en avril et septembre le week-end de 10 h 8 h. Promenades accompagnées hebdomadaires : se renseigner. ☎ (0404) 45425, 338 (en hiver) ; fax (0404) 45306 (Sean Casey).

ENGARRIFF

🅸 (de juin à septembre, du lundi au samedi) – ☎ (027) 63084

mboo garden – ♿ Ouvert de Pâques à octobre de 10 h à 18 h (21 h de juin à t). 3 IR£ [3,81 €]. 🅿. Boutique. ☎ (027) 63 570 ; fax (027) 63 255 ; bamboo-kltd@tinet.ie

ENTIES

Conall's Museum and Heritage Centre – Visite d'avril à fin septembre de 10 h à h 30. Fermé le week-end. 2 IR£ [2,54 €].

ENVEAGH National Park

rc et centre d'accueil – (Dúchas) (♿) Visite du week-end de Pâques à début vembre de 10 h à 18 h 30.

âteau – Visite guidée (3/4 h) mêmes horaires que ci-dessus. Parc ou château 2 IR£ 54 €], 1 IR£ [1,27 €] (enfants/étudiants), 5 IR£ [6,35 €] (familles). Présentation diovisuelle (25 mn) et dépliant en français. Photographies interdites dans le château. ibus gratuit entre le centre d'accueil et le château. Restaurant. Cafétéria ; salon de au château en haute saison. Centre d'accueil, rez-de-chaussée du château et jar-s accessibles en fauteuil roulant. ☎ (074) 37090 ; fax (074) 37072.

GLIN

Château – ♿ Visite guidée sur rendez-vous seulement. 3 IR£ [3,81 €]. ▣. ☎ (06…
34173 et 34112 ; fax (068) 34364 ; knight@iol.ie ; www.glincastle.com

Heritage Centre – Ouvert de mai à septembre, mardi au dimanche de 10 h à 18…
2 IR£ [2,54 €]. ☎ (068) 34001.

GOLEEN

The Ewe Art Centre – (♿) Visite de mai à septembre de 10 h à 18 h. 2 IR£ [2,54 ◄
▣. ☎/fax (028) 35492 ; courses@theewe.com ; www.theewe.com

GOREY
🅱 Town Centre – ☎ (055) 21…

GRAIGUENAMANAGH

Duiske Abbey – Visite de 8 h à 19 h 30. Messe du lundi au vendredi à 10 h 30 (1…
en juillet-août) ; le samedi à 11 h ; le dimanche à 8 h 30, 11 h et 19 h 30. **Abbey Cent**…
visite du lundi au vendredi de 10 h à 17 h et le week-end de juin à août de 14 h
17 h. ☎ (0503) 24238.

H – I – J

HEYWOOD

Jardins – Ouverts aux heures du jour. Visite guidée en juillet-août et le dimanch◄
15 h. ☎ (056) 5183 ou (0502) 33563.

HOLY CROSS

Église abbatiale – Visite de 10 h à 18 h. Visites guidées de juin à septembre. ☎ (05◄
43241 ou 43118.

HOLYCROSS (Limerick)

Lough Gur Interpretive Centre – ♿ Visite de mai à septembre de 10 h à 18 h (d◄
nière entrée 17 h 30). 2,20 IR£ [2,79 €]. Audioguide. ▣. Buvette. ☎ (061) 385 1…
(site), 361 511, 360 788 (Shannon Heritage) ; fax (061) 361 020.

HOOK (Péninsule de)

Hook Lighthouse – Ouvert de mars à octobre de 9 h 30 à 17 h 30. 3,50 IR£ [4,45 ◄
☎ (051) 397 055 ; fax (051) 397 056 ; thehook@eircom.net ; www.thehook-w◄
ford.com

En route pour Ireland's Eye

OWTH

bbaye Ste-Marie – Demander les clés chez Mrs O'Rourke, 13 Church Street.

ccès à Ireland's Eye – Passage tous les jours sur demande (par mer calme d'avril à :tobre) de 12 h à 18 h à partir de la jetée Est du port de Howth. Aller/retour : 4 IR£ ,08 €]. ☎ (01) 831 4200.

ational Transport Museum – Visite de juin à septembre tous les jours de 10 h (14 h samedi) à 18 h ; le reste de l'année, les week-ends et jours fériés de 14 h à 17 h 30. 50 IR£ [1,90 €]. ☎ (01) 848 0831.

owth Castle Gardens – Accessibles uniquement aux clients du Deer Park Hotel et du rrain de golf du lever au coucher du soleil. Fermé le 25 décembre. ☎ (01) 832 2624 ; x (01) 839 2405.

NACULLIN/GARINISH ISLAND

ccès – Services quotidiens au départ de Glengariff de juillet à août de 9 h 30 à 18 h 30 1 h à 19 h le dimanche). En avril, mai, juin et septembre, de 10 h à 18 h 30 (13 h 19 h le dimanche). En mars et octobre, 10 h à 16 h 30 (13 h à 17 h le dimanche). ernière traversée une heure avant la fermeture du site. Durée moyenne 10 mn (y mpris Seal Island). 2,50 IR£ [3,17 €]. ☎ (027) 63333 ou 63555 (Blue Pool Ferry) ; x (027) 63149.

rvices quotidiens au départ de Glengariff de mars à octobre. 6 IR£ [7,62 €]. ☎ (027) 3116 (Harbour Queen Ferry), (087) 234 5861 (portable) ; fax (027) 63298.

nacullin, Garinish Island – (Dúchas) ♿ Accès de juillet à août de 9 h 30 à 18 h 30 1 h à 19 h le dimanche). En avril, mai, juin et septembre, de 10 h à 18 h 30 (13 h 19 h le dimanche). En mars et octobre, 10 h à 16 h 30 (13 h à 17 h le dimanche). ernière arrivée une heure avant la fermeture. 2,50 IR£ [3,17 €], non compris le pas- ge en ferry. Sentiers autoguidés. Guide en français. Café. ☎ (027) 63040 ; fax (027) 3149.

NISHBOFIN

ccès à Inishbofin par bac – Quand le temps le permet, services quotidiens d'avril à :tobre (traversée : 40 mn) au départ de Cleggan à 11 h 30 et 18 h 45 (plus 10 h, 4 h, 17 h 45 en juillet-août) ; au départ d'Inishbofin à 9 h et 17 h (et 10 h 45, 13 h, 3 h 15 en juillet-août). ☎ (095) 44642 ou 21520 (Kings Ferries) ; namara@indigo.ie ; www.faillte.com/cleggan

n Aengus : d'avril à septembre au départ de Cleggan à 11 h 30 et 18 h 45 (et 14 h juin à août), au départ d'Inishbofin à 9 h 15 et 17 h (et 12 h 30 de juin à août). urée 40 mn. Aller/retour : 10 IR£ [12,70 €]. Brochure en français. ☎ (095) 45806 atrick O'Halloran).

NISHCRONE

aterpoint – Ouvert de 10 h (11 h le week-end) à 22 h (20 h le week-end). Piscine auffée, bassins de jeux, toboggans aquatiques, salle de loisirs. Centre de remise en rme (adultes) : hammam, sauna et jacuzzi. Snack-bar. ☎ (096) 36999 ; fax (096) 5988.

ins d'algues – Ouvert de mai à octobre de 10 h à 21 h (22 h en juillet-août) ; le ste de l'année, le week-end et les jours fériés de 10 h à 20 h. ☎ (096) 36238 ; fax 96) 36895.

NISHMURRAY

ccès par bateau – Services (15 passagers minimum) depuis Mullaghmore (☎ (071) 5124 – Rodney Lomax) ou Brendan Merrifield (☎ (072) 41874, (088) 277 3874) Rosses Point (☎ (071) 42391 – Tommy McCallion).

NISKEEN

atrick Kavanagh Centre – Ouvert du lundi au vendredi de 10 h (11 h d'octobre à ai) à 18 h (17 h d'octobre à mai) ; les week-ends et jours fériés, de 14 h à 18 h 7 h de mai à octobre). Fermé du 25 décembre au 1er janvier. 2 IR£ [2,54 €]. /fax (042) 937 8560 ; infoatpkc@tinet.ie ; www.patrickkavanaghcountry.com

OHNSTOWN Castle

sh Agricultural Museum – (♿) Visite de juin à août du lundi au vendredi de 9 h à h, les week-ends et jours fériés de 11 h à 17 h ; en avril-mai et de septembre au but novembre, du lundi au vendredi de 9 h à 22 h 30 et de 13 h 30 à 17 h, les ek-ends et jours fériés de 14 h à 17 h. Du début novembre à mars, mêmes horaires ais fermé les week-ends et jours fériés. 3 IR£ [3,81 €]. ▣. Buvette en été. ▣ pour visiteurs handicapés. Accès en fauteuil roulant au rez-de-chaussée. ☎ (053) 42888 n semaine) ; fax (053) 42213.

KEADEW

Festival de harpe O'Carolan – De fin juillet à début août. Renseignements : The Secretary of the O'Carolan Harp Festival, Keadew, Co. Roscommon. ☎ (078) 47204 ; f (078) 47511. **Festival O'Carolan de harpe et de musique traditionnelle, à Nobber** : premiers ve dredi-samedi-dimanche d'octobre. Adresse : voir ci-dessus ; ☎ (046) 52115 ou 5227

KELLS

Saint Columba's Anglican Church – Ouvert de juillet à août de 10 h à 13 h et 14 h à 17 h. Offrande.

KENMARE

🚹 (d'avril à octobre, lundi au samedi, et dimanche juillet-août) Heritage Centre – ☎ (064) 412

Heritage Centre – ﴾ Visite de Pâques à septembre de 9 h 15 à 13 h et de 14 h 17 h 30. 2 IR£ [2,54 €]. Audioguide en français. ☎ (064) 41233 ou 31633.

Lace and Design Centre – Visite de mi-juin à septembre, du lundi au samedi de 10 à 17 h 30. Entrée libre. **Démonstrations de fabrication de dentelle** : du Vendredi saint à la m juin et en septembre, 10 h 15 et 17 h 30 ; en hiver sur demande. ☎/fax (06 41491/42636 ; fax (064) 42636.

KILBEGGAN

Locke's Distillery Museum – (﴿) Visite d'avril à octobre de 9 h à 18 h ; le reste l'année de 10 h à 16 h. Fermé du 23 au 30 décembre. 3,25 IR£ [4,12 €]. Visite g dée (en été) et audioguide en français. 🅿. Restaurant/café. Accès très limité pour fauteuils roulants. ☎/fax (0506) 32134 ; www.iol.ie/wcmeathtc

KILDARE

🚹 (de mai à septembre) – ☎ (045) 522 6

Curragh Racecourse – Ouvert de mars à septembre. Pour le Derby : 30 IR£ [38,10 (tribune d'honneur), 12 IR£ [15,24 €] (gradins) ; grandes courses : 10 IR£ [12,70 €

autres courses : 7 IR£ [8,89 €] le samedi, 8 IR£ [10,16 €] le dimanche. ☎ (045) 441 205 ; fax (045) 441 442.

Cathédrale – Visite de 10 h à 13 h et de 14 h à 17 h. Le dimanche de 14 h à 17 h. Offices le dimanche à 12 h. ☎ (045) 441 654.

Irish National Stud et Irish Horse Museum – ﴾ Visite de mi-février à mi-novembre de 9 h 30 à 18 h. Billet combiné avec Japanese Gardens : 6 IR£ [7,62 €]. Brochure en français. 🅿. Buvette. Boutique. ☎ (045) 521 617 ou 522 963 ; fax (045) 522 964 ; stud@irish-national-stud.ie ; www.irishnational-stud.ie

Irish National Stud

Japanese Gardens – (﴿) Horaires : voir Irish National Stud.

KILFANE

Glen and Waterfall – Visite de juillet à août de 11 h à 18 h, d'avril à juin et en se tembre le dimanche de 14 18 h. 4 IR£ [5,08 €]. ☎ (05 24558 ; fax (056) 27491 ; san@irishgardens.com www.nicholasmosse.com

KILFENORA

Burren Centre – ﴾ **Centre d cueil** : ouvert de juin à se tembre de 9 h 30 à 18 h ; mars à mai et en octobre 10 h à 17 h. 2,50 IR [3,17 €]. Visite guid (30 mn) en français. 🅿. R taurant. Librairie. Office tourisme. Bureau de chan ☎ (065) 708 8030 ; fax (06 708 8102.

Poulnabrone, dans les Burren

Irish Picture Library

☑ Shee Alms House, Rose Inn Street – ☎ (056) 51500

site pédestre du Kilkenny médiéval – Départ de l'Office de tourisme, de mars à
tobre du lundi au samedi 6 fois par jour, le dimanche 4 fois. De novembre à février,
mardi au samedi 3 fois par jour. 3 IR£ [3,81 €]. ☎/fax (056) 65929 (Tynan Tours) ;
87) 265 1745 (portable).

esign Centre – ♿ Visite du lundi au samedi de 9 h à 18 h. Le dimanche, les jours
ʳiés et de janvier à mars, à partir de 10 h. Restaurant : ouvert de 9 h à 17 h, dimanche
jours fériés à partir de 10 . ☎ (056) 22118 ; fax (056) 65905 ; info@kilkennyde-
ɡncentre.iol.ie ; www.Kilkennydesign.com

ount Juliet – Réservation nécessaire pour les équipements sportifs. ☎ (056) 73000 ;
ⲭ (056) 73019 ; info@mountjuliet.ie ; www.mountjuliet.ie

âteau – (Dúchas) (♿) **Parc** : ouvert de 9 h 30 à 20 h 30 (18 h 30 en avril et sep-
ɱbre, 17 h 30 en mars et octobre, 16 h 30 en février et novembre, 16 h en janvier
décembre. Fermé le 25 décembre. **Château** : visite guidée seulement de juin à sep-
ɱbre tous les jours de 10 h à 19 h, avril et mai tous les jours de 10 h 30 à 17 h,
octobre à mars sauf le lundi de 10 h 30 (11 h le dimanche) à 12 h 45 et 14 h à 17 h.
ʳnière entrée 1 h avant la fermeture. Fermé le Vendredi saint et le 25 décembre.
ᵒ50 IR£ [4,45 €]. Film. **Butler Gallery of Contemporary Art** (sous-sol) : mêmes horaires
ᴇ le château. Entrée libre. Salon de thé de mai à septembre. Rez-de-chaussée acces-
ᴼle aux fauteuils roulants. ☎ (056) 21450 ; fax (056) 63488 ; ☎ (056) 61106
ᵘtler Gallery).

Canice's Cathedral – ♿ Visite du lundi au samedi de 9 h (10 h en octobre et à
ques) à 13 h et de 14 h à 18 h (16 h en octobre et à Pâques) ; le dimanche de 14 h
18 h (16 h en octobre et à Pâques). Fermé le mercredi et jours de fête entre 10 h
11 h. Fermé le Vendredi saint et du 25 décembre au 1ᵉʳ janvier. Offrande 1 IR£
,27 €] par adulte. Visite guidée (30 mn). Brochure en français et guide. Boutique.
ᵒcher rond : visite (si le temps le permet) de Pâques à mi-septembre. 1 IR£ [1,27 €].
(056) 64971 (cathédrale), 21516 (doyenné) ; stcanicescathedral@eircom.net

ꞓee Alms House (Office de tourisme) – Visite d'avril à septembre du lundi au samedi de
ʰ à 18 h (19 h en juillet et août). Fermé le dimanche sauf de mai à septembre (ouver-
ʳe de 11 h à 13 h et de 14 h à 17 h). Le reste de l'année du lundi au vendredi de
ʰ à 17 h. ☎ (056) 51500 ; fax (056) 63955 ; info@southeasttourism.ie

ꞓack Abbey – ♿ Visite de 7 h 30 (8 h 30 le week-end) à 19 h. Pas de visite pendant
offices. Offrande souhaitée. Brochure. ☎ (056) 21279.

ᵒthe House – Visite de 10 h 30 (14 h 30 le dimanche) à 17 h 30. Fermé le Vendredi
ɪnt. 2 IR£ [2,54 €]. Présentation audiovisuelle. Visite guidée (45 mn) possible. Bro-
ᵘre en français. ☎ (056) 22893.

ᴼolsel – Visite du lundi au vendredi de 9 h à 13 h et de 14 h à 17 h. Entrée libre.
(056) 21076.

ꞓvirons

ɪnmore Cave – (Dúchas) Visite guidée (40 mn) de mi-mars à octobre tous les jours
10 h à 17 h (19 h de mi-juin à mi-septembre) ; le reste de l'année les week-ends
jours fériés de 10 h à 17 h. Peut fermer à l'heure du déjeuner. Dernière entrée
ᵎ mn avant la fermeture. Fermé les 25 et 26 décembre. 2 IR£ [2,54 €]. ▣. Pas d'ac-
s aux fauteuils roulants. ☎ (056) 67726.

☑ Ballina (d'avril à septembre, lundi au samedi) – ☎ (096) 70848

Patrick's Cathedral – Ouvert entre le lever et le coucher du soleil. Offices le
ɱanche à 10 h 30. ☎ (096) 21654 ou 31384.

☑ (de mai à septembre) Heritage Centre, The Bridge – ☎ (061) 376 866

ᵗhédrale St-Flannan – Ouvert entre le lever et le coucher du soleil. Visite guidée du
ᵒcher quand la boutique est ouverte (d'habitude entre Pâques et septembre) de 11 h
16 h 30 : 1 IR£ [1,27 €] (et offrande pour la cathédrale). ☎/fax (061) 376 687.

ᵉritage Centre – Visite de mai à septembre de 10 h à 18 h. Dernière entrée 17 h.
ᵒ70 IR£ [2,15 €]. ☎ (061) 361 511 et 360 788 (Shannon Heritage), fax (061) 361
ᵎ0.

☑ Beach Road – ☎ (064) 31633
☑ Kerry County Airport, Farranfore, ☎ gratuit

Mary's Cathedral – ♿ Visite de 9 h à 21 h. En cas de fermeture, s'adresser au
ᵘreau de la cathédrale. Entrée libre. ☎ (064) 31014.

ᵃtional Museum of Irish Transport – Visite d'avril à octobre de 10 h à 18 h. Durée
ʰ. 3 IR£ [3,81 €]. ▣. ☎ (064) 34677 ; fax (064) 31582.

Mary's Church – Visite de 10 h à 17 h.

La rivière Long Range

Killarney National Park – Visite de 9 h à 17 h 30 (19 h en juillet et août). Entré libre. **Muckross Information Centre** : voir sous la rubrique Muckross House ci-dessous. Pr sentation audiovisuelle (20 mn). ☎ (064) 31440.

Ross Castle – (Dúchas) (&) Visite guidée (40 mn) de Pâques à octobre de 10 h (9 de juin à août) à 17 h ; 18 h 30 de juin à août. Dernière entrée 45 mn avant fermeture. 3 IR£ [3,81 €]. Pas de photographies. ☒. Rez-de-chaussée accessible s rendez-vous aux fauteuils roulants. ☎ (064) 35851/2.

Promenades en bateau sur le lac Leane – Durée : 1 h. Départs de Ross Castle tou l'année (si le temps le permet) : 5 fois par jour à bord du *Pride of the Lak* (☎/fax (064) 32638 – Destination Killarney) ; 6 fois par jour à bord du *Lily of Killa ney* (☎ (064) 31068, 31251 et 31567, fax (064) 34077 – Dero's Tours). 6 IF [7,62 €]. Navette organisée entre Scott's Gardens et Ross Castle. Killarney Watercoa Cruises Ltd. : ☎ (064) 31068 ; fax (064) 35001.

Muckross Friary – (Dúchas) Visite de mi-juin à début septembre de 10 h à 17 h. De nière entrée 16 h 15. Entrée libre. Visite guidée possible sur demande. ☎ (06 31440 ; fax (064) 33926.

Muckross House and Farms – (Dúchas) & **Maison** : visite de 9 h à 17 h 30 (19 h juillet et août). Fermé une semaine à Noël. **Fermes** : visite de mai à septembre de 10 à 19 h (18 h en mai) ; de mi-mars à avril et en octobre les week-ends et jours féri de 14 h à 18 h. Dernière entrée 1 h avant la fermeture. Maison et fermes : 6 IF [7,62 €]. Maison ou fermes : 4 IR£ [5,08 €]. Dépliant en français. ☒. Restaurant. Air de pique-nique. Boutique d'artisanat. **Promenades en carrioles** : 1 h autour du lac : 6 IF [7,62 €] : 10 km : 24 IR£ [30,48 €]. ☎ (064) 31440 ; fax (064) 33926 mucross@iol.ie

Excursions au Gap of Dunloe – D'avril à octobre, circuit complet de 10 h 30 à 17 (durée 6 h à 7 h) tous les jours (si le temps le permet). Départ de Killarney en bus ju qu'au Kate Kearney's Cottage ; de là, à dos de poney, en carriole ou à pied en trave sant le col jusqu'au Lord Brandon's Cottage ; retour en bateau sur les trois lacs montagne puis par bus jusqu'à Killarney. Bus et bateau : 13 IR£ [16,51 €], poney 12 IR£ [15,24 €], carriole : 10 IR£ [12,70 €].
Renseignements : Office de tourisme – ☎ (064) 31633 ; fax (064) 34506 ;
Gap of Dunloe Tours – ☎ (064) 30200, fax (064) 30201 ;
O'Connor – ☎ (064) 31052 ;
Deros Tours – ☎ (064) 31251 ou 31567, fax (064) 34077 ;
Corcoran's – ☎ (064) 36666, fax (064) 36555.

Knockreer Demesne – Ouvert tous les jours. Salon de thé à Deenagh Lodge. ☎ (06 36274.

KILLARONE

Aughnanure Castle – (Dúchas) Visite de juin à septembre de 9 h 30 à 18 h 30. De nière entrée 17 h 45. 2 IR£ [2,54 €]. Visite guidée possible. ☒. ☎ (091) 552 21

KILLIMER

Ferry de Killimer à Tarbert – Visitor Centre : ouvert 9 h-21 h (19 h d'octobre mars). ☒ gratuit. Bureau de change. Départs quotidiens (sauf Noël) de **Killimer** (ri Nord) toutes les heures d'heure en heure d'avril à septembre de 7 h (9 h le dimanch

21 h ; d'octobre à mars de 7 h (10 h le dimanche) à 19 h. Départs de **Tarbert** (rive d) toutes les heures (à la demi-heure) : d'avril à septembre de 7 h 30 (9 h 30 le nanche) à 21 h 30 ; d'octobre à mars de 7 h 30 (10 h 30 le dimanche) à 19 h 30. pacité : 44-60 véhicules. Passage : 9 IR£ [11,43 €] par voiture (13 IR£ [16,51 €] R) ; 2 IR£ [2,54 €] par piéton (3 IR£ [3,81 €] AR). ☎ (065) 905 3124 ; fax (065) 5 3125 (Shannon Ferry Ltd) ; enquiries@shannonferries.com ; wwww.shannonfer-s.com

LLORGLIN

rry Woollen Mills – ♿ **Boutique** : ouverte d'avril à octobre sauf le dimanche de 9 h 17 h. De novembre à mars, du lundi au vendredi, mêmes horaires. P. ☎ (064) 122 ; fax (064) 44556 ; sales@kerrywoollenmills.ie

ck Fair Exhibition – Visite de 12 h à 21 h. ☎ (066) 61353 (Patrick Houlihan).

LMACANOGUE

oca Handweavers – ♿ Visite de 9 h 30 à 18 h (17 h 30 en hiver). P. Restaurant, fé et terrasse-jardin. ☎ (01) 286 7466 et 286 7482 ; fax (01) 286 2367 et 276 58. **Avoca Mill** : visite de 9 h 30 à 18 h (17 h 30 en hiver). Visite guidée des ateliers tissage. P. Salon de thé. ☎ (0402) 35105 ou 35284, fax (0402) 35446 ; o@avoca.ie ; www.avoca.ie

LMACRENAN

rgy Vale Thatched Cottage – Visite la semaine de Pâques et de mi-mai à septembre 10 h à 18 h 30. 1 IR£ [1,27 €]. Possibilité de visite guidée en français. Musique ditionnelle le mardi de 21 h à 24 h. ☎ (074) 39216, 39024 ou 21160.

LMORE QUAY

omenades en bateau – D'avril à octobre pour groupes de 12 personnes au maxi-um. Pêche sur les récifs et les épaves. Circuits découverte du milieu naturel autour s îles Saltee. ☎ (053) 29704 ou (087) 2549111 (Dick Hayes).

aritime Museum – Visite de juin à septembre de 12 h à 18 h ; le reste de l'année r rendez-vous. 2 IR£ [2,54 €]. Audioguide en français. Visite guidée possible sur mande. Accès par passerelle. ☎ (053) 29655.

LRANE

i Kilrane ☎ (053) 33232 (de juin à septembre)

LRUSH

i (de juin à septembre) Town Hall, The Square – ☎ (065) 905 1577
i Kilkee, O'Connell Square (de juin à début septembre) – ☎ (065) 905 6112

lphin Watching (sur le Shannon) – Au départ de la marina de Kilrush Creek (2 h envi-n suivant la demande et le temps). De mai à septembre. 9 IR£ [11,43 €]. b/fax (065) 5 1327 (Griffins) ; www.shannondolphins.ie ; shannondolphins@eircom.net

ritage Centre – Visite de mai à septembre du lundi au samedi et les jours fériés de h à 17 h 30, le dimanche de 12 h à 16 h. 2 IR£ [2,54 €]. ☎ (065) 905 1047.

ndeleur Walled Garden – Ouvert en été de 10 h à 18 h. Dernière entrée à 17 h 30. Aire de pique-nique. 1 IR£ [1,27 €]. ☎ (065) 905 1047.

attery Island Visitor Centre – (Dúchas) ♿ Visite de mi-juin à mi-septembre de h 30 à 13 h et de 14 h à 18 h 30. Dernière entrée à 17 h 45. Fermé les 25 et décembre. Entrée libre. P. ☎ (065) 905 2139 ou 905 2144.

cès à Scattery Island – Traversée au départ de la marina de Kilrush Creek : 15 à mn, séjour sur l'île : 1 à 2 h. Service (en fonction du temps et de la marée) d'avril octobre ; se renseigner sur les horaires. 5 IR£ [6,34 €] aller/retour. ☎ (065) 905 27 (Griffins) ; shannondolphins@eircom.net ; www.shannondolphins.ie

LTARTAN

tional Museum – Ouvert de juin à août tous les jours de 10 h à 18 h ; de sep-nbre à mai : dimanche de 13 h à 17 h. 1,50 IR£ [1,90 €]. ☎ (091) 632 346 ou 91) 631 069 (après 18 h et de septembre à mai).

NNITTY

eve Bloom Display Centre – Ouvert d'avril à septembre. ☎ (0509) 37299 ou 272.

NSALE

i Pier Road – ☎ (021) 477 2234

lise St-Multose – Possibilité de visite de Pâques à septembre du lundi au samedi 10 h à 12 h et de 14 h à 16 h. Offrande. Brochure. Les offices ont lieu à 8 h et h 30 le dimanche, à 12 h le mercredi. ☎ (021) 4772 220 (recteur).

Regional Museum – Visite en été du lundi au samedi de 11 h à 13 h ; en hiver to
les jours de 14 h (15 h les dimanches et jours fériés) à 17 h 30. Fermé le 25 décemb
2 IR£ [2,54 €]. Visite guidée (20 mn). Brochure en français. ☎ (021) 4772 044.

Desmond Castle – (Dúchas). Visite de mi-avril à mi-juin du mardi au dimanche et
jours fériés de 10 h à 18 h ; tous les jours de mi-juin à début octobre de 10 h à 18
Dernière entrée 45 mn avant la fermeture. 2 IR£ [2,54 €]. Visite guidée sur deman
Brochure et dépliant. Accès par un escalier de pierre. ☎ (021) 4774 855.

Fort Charles – (Dúchas) (&) Visite de mi-mars à octobre de 10 h à 18 h. et
novembre à mi-mars le week-end de 10 h à 17 h. Dernière entrée 45 mn avant la f
meture. 2,50 IR£ [3,17 €]. Visite guidée (45 mn) possible. Guide en français. ☐. Sal
de thé. ☎ (021) 4772 263.

KINVARRA

Dunguaire Castle – Visite de mi-avril à octobre de 9 h 30 à 17 h 30. Dernière entr
1 h avant la fermeture. 2,75 IR£ [3,50 €]. ☎ (091) 37108 ou (061) 361 511 (Sha
non Heritage) ; fax (061) 361 020. **Banquets médiévaux (chants, poèmes)** : à 17 h 45
20 h 45. 30 IR£ [38,10 €] (enfants de 10 à 12 ans : 22,75 IR£ [28,90 €], de €
9 ans : 15,50 IR£ [19,68 €]). ☎ (061) 360 788 (Shannon Heritage).

KNAPPOGUE Castle

(&) Visite d'avril à octobre de 9 h 30 à 17 h 30. Dernière entrée 16 h 30. 2,90 I
[3,68 €]. **Banquets médiévaux** : d'avril à octobre tous les jours à 17 h 30 et 20 h 4
32 IR£ [40,64 €]. ☐. Accès au rez-de-chaussée en fauteuil roulant. ☎ (061) 368 1
(château), (061) 361 511, (061) 360 788 (Shannon Heritage) ; fax (061) 361 02

KNOCK

🛈 (de mai à septembre) – ☎ (094) 88
🛈 (de juin à septembre) Knock-Connaught Airport – ☎ (094) 67

Folk Museum – & Visite de mai à octobre de 10 h à 18 h (19 h en juillet et aoû
2,50 IR£ [3,17 €], 1,50 IR£ [1,90 €] (enfants), 9 IR£ [11,43 €] (familles). Vis
guidée (30 mn) sur rendez-vous. Guide en français. ☐. ☎ (094) 88100 ; fax (09
88295 ; info@knock-shrine.ie

L

LAURAGH

Derreen Gardens – Visite d'avril à septembre de 10 h à 18 h. Environ 1 h. 3 I
[3,81 €]. Plan du jardin 20 pence [25 cents]. ☐. ☎ (064) 83588.

LEAMANEH Castle

Demander l'autorisation de visiter à la maison moderne (à gauche du château).

LEENANE

Cultural Centre – Ouvert d'avril à octobre de 9 h à 18 h, le reste du temps uniq
ment pour les groupes. 2 IR£ [2,54 €], 5 IR£ [6,35 €] (familles). Présentation
visuelle (13 mn ; en français). Brochure. Boutique. Café. ☎ (095) 42323 ou 4223
fax (095) 42337 ; noeot@eircom.net ; www.leenane-connemara.com/shop.htm

LETTERFRACK

Connemara National Park – (Dúchas) Visite toute l'année. Centre d'accueil : ouv
d'avril à octobre de 10 h (9 h 30 en juillet-août) à 17 h 30 (18 h 30 en juillet-aoû
Dernière entrée 45 mn avant la fermeture. 2 IR£ [2,54 €], 5 IR£ [3,35 €] (famille
1 IR£ [1,27 €] (enfants/étudiants). Présentation audiovisuelle (15 mn). Brochure
français. Sentiers avec panneaux de commentaires. Promenades accompagnées da
la nature les lundis, mercredis et vendredis en juillet et août à 10 h 30 (2-3 h - vê
ment de pluie et bottes recommandés). Journées pour les enfants les mardis et jeu
à partir de 10 h 30. ☐. Salon de thé ; aires de pique-nique en intérieur et extérie
☎ (095) 41054 ou 41066 ; fax (095) 41005.

Kylemore Abbey – **Centre d'accueil** – (&) Exposition de l'abbaye, église gothique, p
menade du lac et vidéo : tous les jours de 9 h à 18 h. Fermé le Vendredi saint et
semaine de Noël. Jardin : de Pâques à octobre, de 10 h 30 à 16 h 30. Fermé le Ve
dredi saint. Billet combiné : 6 IR£ [7,62 €], 12 IR£ [15,24 €] (famille 2 adultes
2 enfants de moins de 16 ans) ; jardin seul ou exposition de l'abbaye, égl
gothique, promenade du lac et vidéo : 3,30 IR£ [4,19 €], 7 IR£ [8,89 €] (fam
2 adultes + 2 enfants de moins de 16 ans). Présentation audiovisuelle en français. B
chure en français. ☐. Restaurant. Accès possible en fauteuil roulant à la boutique d'
tisanat, au restaurant et à la présentation vidéo. Accès limité à l'abbaye. ☎ (09
41146 ; fax (095) 41145 ; enquiries@kylemoreabbey.ie ; www.kylemoreabbey.c

🅱 Derry Road – ☎ (074) 21160

ounty Museum – ♿ Visite du lundi au vendredi de 10 h à 12 h 30 et de 13 h à
5 h 30, le samedi de 13 h à 16 h 30. Entrée libre. ☎ (074) 24613 ; fax (074) 26522.

FFORD

eat of Power – ♿ Visite de 9 h (10 h samedi, 11 h 30 dimanche) à 17 h (22 h le
eek-end). 3 IR£ [3,81 €]. ☎ (074) 41733 ; fax (074) 41228 ; www.infowing.ie/sea-
fpower

🅱 Arthur's Quay – ☎ (061) 317 522
                                    🅱 Aéroport de Shannon, Hall des arrivées – ☎ (061) 471 664

istorical Walking Tours – Les promenades découverte ont lieu du lundi au vendredi
11 h (visite historique) et 14 h 30 (Les Cendres d'Angela), le week-end sur rendez-
us. Départ du St Mary's Action Centre, 44 Nicholas Street. 4 IR£ [5,08 €].
/fax (061) 318 106 ou 327 108 (guide du week-end).

Mary's Cathedral (anglicane) – Visite en été du lundi au samedi de 9 h 30 à 15 h ;
reste de l'année sur rendez-vous. 1,50 IR£ [1,90 €]. Dépliant en français. ☎ (061)
0 293 ; fax (061) 315 721.

useum – ♿ Visite du mardi au samedi de 10 h à 13 h et de 14 h 15 à 17 h. Fermé
s jours fériés. Entrée libre. 🅿. ☎ (061) 417 826 ; fax (061) 415 266.

ing John's Castle – (♿) Visite de juin à août de 9 h à 18 h ; en avril, mai, sep-
mbre et octobre de 9 h 30 à 17 h 30. Dernière entrée 1 h avant la fermeture. 4,40 IR£
,58 €]. Présentation audiovisuelle (20 mn). Audioguide et brochure en français.
. Café. Accès au rez-de-chaussée en fauteuil roulant. ☎ (061) 411 201 (château),
51 511 ou 360 788 (Shannon Heritage) ; fax (061) 361 020.

d Bishop's Palace – Visite du lundi au vendredi de 9 h à 17 h. ☎ (061) 313 399
imerick Civic Trust) ; fax (061) 315 513.

unt Museum – ♿ Visite de 10 h (14 h le dimanche) à 17 h. 4,20 IR£ [5,33 €].
site guidée (1 h) en français sur rendez-vous. Brochure en français. Boutique. Res-
urant. ☎ (061) 312 833 ; fax (061) 312 834 ; info@huntmuseum.com ;
ww.ul.ie/~hunt

aison georgienne (2 Pery Square) – Visite du lundi au vendredi de 10 h à 17 h ; le
eek-end de 14 h à 16 h 30. 2 IR£ [2,54 €]. ☎ (061) 314 130 ; fax (061) 310
0.

John's Cathedral (catholique) – ♿ Ouvert tous les jours de 9 h à 18 h (20 h le week-
d). Entrée libre. Brochure en français. Visite guidée possible. 🅿. ☎ (061) 414 624 ;
x (061) 316 570 ; stjohnsparishlk@tinet.ie

allery of Art – ♿ Visite de 10 h à 18 h (13 h le samedi, 19 h le jeudi). Fermé le
janvier et à Noël. ☎ (061) 310 633 ; fax (061) 311 345 ; lcgartzz@iol.ie ;
ww.limerickcorp.ie

Château de Lismore – Jardins

LISMORE

ℹ (en saison) Heritage centre – ☎ (058) 549

Jardins du château – Visite de début avril à mi-octobre de 13 h 45 à 16 h 45. 3 IR£ [3,81 €]. Brochure en français. ☎ (058) 54424 ; fax (058) 54896 ; lismoreestates@tinet.ie ; www.lismorecastle.com

St Carthage's Cathedral (anglicane) – Ouvert tous les jours de 9 h à 18 h (16 h d'octobre à mars). Entrée libre. Panneau d'information. 🅿. ☎ (058) 54137.

St Carthach's Church (catholique) – Ouvert de 9 h 30 à 20 h (17 h le week-end ☎ (058) 54246.

Heritage Centre – Ouvert de mars à octobre tous les jours de 9 h 30 à 17 h 30, novembre à février du lundi au vendredi (mêmes heures). 3 IR£ [3,81 €]. Présentation audiovisuelle (30 mn) et brochure en français. ☎ (058) 54975 ; fax (058) 530C

LISSADELL House

Visite guidée (40 mn) de juin à septembre de 10 h 30 à 13 h et de 14 h à 17 h. Dernière entrée 45 mn avant la fermeture. Fermé le dimanche. 3 IR£ [3,81 €]. ☎ (07 63150 ; fax (071) 66906.

LISTOWEL

ℹ (de juin à septembre, du lundi au same
St John's Church – ☎ (068) 225

St John's Art and Heritage Centre – ♿ Visite de 10 h à 18 h. Fermé le Vendredi saint et du 23 décembre au 2 janvier. Programmation mensuelle : théâtre, concer danse, films, expositions, ateliers jeunes. 🅿. Buvette. ☎ (068) 22566 ; fax (06 23485 ; www.local.ie

LONGFORD

ℹ (de mai à septembre, du lundi au vendredi et le same
de juin à septembre) Market Square – ☎ (043) 465

St Mel's Cathedral (catholique) – ♿ Ouvert de 7 h 45 à 20 h (21 h le samedi, 18 h dimanche). Entrée libre. 🅿. ☎ (043) 46465.

Diocesan Museum – Visite de juin à septembre. ☎ (043) 46465.

Carrigglas Manor – ♿ **Garden Museum** : visite de juin à août les lundis, mardis et vendredis de 10 h 30 à 17 h, le dimanche de 14 h à 18 h ; en mai et septembre le lun et le vendredi de 10 h 30 à 15 h. **Maison** : visite aux mêmes périodes. Jardins et musé 2,50 IR£ [3,17 €], maison : 2,50 IR£ [3,17 €]. Visite guidée de la maison en français (45 mn) de juin à août à 11 h, 12 h, 14 h, 15 h (dimanche 14 h, 15 h, 16 17 h) et en mai et septembre lundi et vendredi à 11 h, 12 h, 14 h. 🅿. Salon de th Boutique. ☎ (043) 45165 ; fax (043) 41026 ; greenrock@tinet.ie

LOUGHCREW

Passage Graves – (Dúchas) Visite guidée (1 h, dont 40 mn de marche pour gagner site et en revenir) de mi-juin à septembre de 10 h à 18 h. Dernière entrée 17 h 15 cairn T. Dernier moment pour remettre la clé au cairn L : 17 h 30. 1 IR£ [1,27 € Hors saison, demander la clé (laisser 50 IR£ [63,5 €] en dépôt) à Newgrange ☎ (04 982 4488 ; fax (041) 982 4798 ou à Loughcrew Gardens ☎ (049) 854 1356 2009 (🅿 de Loughcrew).

LOUGHREA

Cathédrale St-Brendan – Visite de 9 h 30 à 21 h 30. **Musée diocésain** : s'adresser presbytère. Visite guidée sur rendez-vous. ☎ (091) 841 212 ; fax (091) 847 367.

LOUISBURGH

Folk and Heritage Centre – Visite de juin à septembre de 11 h à 18 h ; le reste l'année sur rendez-vous. 2,50 IR£ [3,17 €]. 🅿. Buvette. ☎ (098) 66341.

LULLYMORE

Peatland World – (♿) Visite du lundi au vendredi de 9 h 30 à 18 h, le week-end 14 h à 18 h. 3,50 IR£ [4,45 €]. 🅿. Buvette. ☎ (045) 860 133 ; fax (045) 860 48

LUSK

Heritage Centre – (Dúchas) Visite de mi-juin à mi-septembre le vendredi de 10 h 17 h. Dernière entrée 16 h 15. 1 IR£ [1,27 €]. Visite guidée sur rendez-vous (30 m Brochure en français. ☎ (01) 843 7683.

M

MAGHEROARTY

Bac pour Tory Island – Fonctionne si le temps le permet. Durée : 3/4 h. 2 traversées quotidiennes en juin, 3 en juillet-août. Traversées retour : 3 en juin, 4 en juillet-août. Tarif aller/retour : 15 IR£ [19,05 €]. ☎ (074) 35061 et 35920 (hébergement sur Tory Island).

Promenades en mer – Au départ de Magheroarty (Meenlaragh). Sur demande au bureau du port de Magheroarty (Magheroarty Pier Office – ☎ (074) 35061).

MALAHIDE

Château – Visite d'avril à octobre du lundi au samedi de 10 h à 12 h 45 et de 14 h à 17 h, dimanche et jours fériés 11 h à 12 h 45 et 14 h à 18 h. De novembre à mars, du lundi au vendredi (mêmes horaires), week-ends et jours fériés de 14 h à 17 h. 3,15 IR£ [4 €]. Billet combiné avec Fry Model Railway Museum ou Newbridge House. Audioguide et brochure en français. **P.** Restaurant, café. Banquet sur demande. Boutique d'artisanat. ☎ (01) 846 2184 et 846 2516 ; fax (01) 846 2537 ; malahidecastle@dublintourism.ie ; www.visitdublin.com

Fry Model Railway Museum – Visite d'avril à septembre du lundi au jeudi et le samedi de 10 h à 13 h et de 14 h à 17 h, les dimanches et jours fériés de 14 h à 17 h ; d'octobre à mars les week-ends et jours fériés de 14 h à 17 h. 2,90 IR£ [3,68 €]. Billet combiné avec le château de Malahide ou Tara's Palace. **P.** ☎ (01) 846 3779 ; fax (01) 846 3723 ; fryrailway@dublintourism.ie ; www.visitdublin.com

Tara's Palace – Ouvert aux mêmes heures que le Fry Model Railway Museum.

MALLOW

St James' Church – Visite sur rendez-vous. Office le dimanche à 11 h 30. ☎ (022) 21473.

MAYNOOTH

College Visitor Centre – Visite de mai à septembre du lundi au vendredi de 11 h à 17 h, les week-ends de 14 h à 18 h. Entrée libre. Visite guidée 3 IR£ [3,81 €]. ☎ (01) 708 3576 ; fax (01) 628 9063.

MIDLETON

🛈 (de mars à octobre) Jameson Heritage Centre – ☎ (021) 461 3702

Old Midleton Distillery – ♿ Visite guidée (1 h) de 9 h à 18 h (dernière visite à 16 h 30) ; sinon sur rendez-vous. 3,95 IR£ [5 €]. Présentation audiovisuelle (15 mn). Visite guidée, audioguide et brochure en français. Dégustation guidée de whiskey au bar. **P.** Restaurant. Boutique. ☎ (021) 4613 594 ; fax (021) 4613 642 ; obyrne@idl.ie ; www.irish-whiskey-trail.com

cap MIZEN

Mizen Vision – Visite de juin à septembre tous les jours de 10 h à 18 h ; de mi-mars à mai et en octobre tous les jours de 10 h 30 à 17 h ; de novembre à mi-mars le week-end de 11 h à 16 h. 3 IR£ [3,81 €]. Présentations audiovisuelles : gardiens de phare (30 mn) ; phares d'Irlande (50 mn) ; Société des sauveteurs en mer (RNLI – 35 mn). **J.** ☎ (028) 35115 (en été seulement) ; (028) 35591 ou 35253 (le reste de l'année) ; fax (028) 35603 ; mizenvision@eircom.net ; www.westcorkweb.ie

Cliffs of MOHER

🛈 Liscannor (d'avril à octobre) – ☎ (065) 708 1171

Site : ouvert toute l'année. **Centre d'accueil** : ouvert de juin à août de 9 h à 20 h ; de septembre à mai de 9 h 30 à 17 h 30. **Tour O'Brien** : visite (si le temps le permet) de mai à septembre de 9 h 30 à 17 h 30. 1 IR£ [1,27 €]. Fermé Vendredi saint et du 24 au 26 décembre. **P.** Salon de thé. ☎ (065) 708 1565 (centre) ; ☎ (061) 361 511 ou 360 788 (Shannon Heritage) ; fax (061) 261 020.

MOHILL

Lough Rynn Demesne – Visite de mai à août de 10 h à 19 h. Parc : de 1,25 IR£ [1,59 €] à 3,50 IR£ [4,45 €] par véhicule. Visite guidée : 1 IR£ [1,27 €]. Restaurant. Boutique d'artisanat. Jardinerie. ☎ (078) 31427 ; fax (078) 31518.

MONAGHAN

🛈 (avril à octobre, du lundi au samedi) Market House – ☎ (047) 81122

St Macartan's Cathedral – ♿ Ouvert de 9 h à 18 h. Entrée libre. **P.** ☎ (047) 82300.

County Museum – (♿) Visite du mardi au samedi (sauf jours fériés) de 11 h à 13 h et de 14 h à 17 h. Entrée libre. ☎ (047) 82928 ; fax (047) 71189 ; moncomuseum@tinet.ie

St Louis Heritage Centre – Ouvert lundi, mardi, jeudi et vendredi de 10 h à 12 h et d
14 h 30 à 16 h 30. Le week-end de 14 h 30 à 16 h 30. 1 IR£ [1,27 €]. ☎ (047) 8352

Rossmore Forest Park – Portes ouvertes tous les jours. 🅿 : 2 IR£ [2,54 €]. Aires d
pique-nique. ☎ (047) 81 968.

MOUNT MELLERAY Abbey

Église abbatiale – Ouverte de 7 h 15 à 20 h 30. ☎ (058) 54404.

MOUNT NUGGENT

Carraig Craft Visitor Centre and Basketry Museum – Ouvert d'avril à octobre d
dimanche au vendredi de 10 h (14 h le dimanche) à 18 h ; de novembre à mars su
demande. 2 IR£ [2,54 €]. Boutique d'artisanat. Café. Office de tourisme. ☎ (049
854 0179.

MOUNTSHANNON

Accès à Holy Island – Service de juin à mi-septembre (si le temps le permet). 3 IR
[3,81 €] par personne. ☎ (061) 921 351.

MOYASTA

West Clare Railway – Fonctionne de mai à septembre de 10 h à 18 h. Visite guidé
de 30 mn toutes les 1/2 h. 5 IR£ [6,35 €]. Salon de thé. Aire de pique-nique. Bou
tique. ☎ (065) 905 1284.

MULLAGH

St Kilian's Heritage Centre – ♿ Visite de Pâques à octobre du mardi au dimanche
les lundis fériés de 10 h (14 h le week-end) à 18 h. 3 IR£ [3,81 €]. Vidéo de 15 m
🅿. Restaurant. Boutique d'artisanat. ☎/fax (046) 42433.

MULLINGAR
🄸 Market House – ☎ (044) 486

Mullingar Bronze and Pewter – Ouvert du lundi au vendredi de 9 h 30 à 18 h et
samedi de 10 h à 17 h 30 (vendredi : dernière visite 12 h 30). 🅿. ☎ (044) 4494
43078 et 48791.

Cathedral of Christ the King – ♿ Ouvert de 7 h 30 à 21 h. 🅿. ☎ (044) 4833
Musée : visite de mai à septembre les jeudis, samedis et dimanches de 15 h à 16
1 IR£ [1,27 €]. 🅿. ☎ (044) 48338.

MURROE

Église de Glenstal Abbey – Visite de 6 h 30 à 21 h 30. ☎ (061) 386 103 ; fax (06
386 328 ; monks@glenstal.ie ; www.glenstal.ie

N

NENAGH
🄸 (lundi au samedi de mi-mai à septembre) Conolly Street – ☎ (067) 316

District Heritage Centre – Visite de mai à septembre du dimanche au vendredi d
9 h 30 (14 h 30 le dimanche) à 17 h. Le reste de l'année du lundi au vendredi de 9 h 3
à 17 h. 2 IR£ [2,54 €]. Visite guidée (1 h 30) sur rendez-vous. Brochure en frança
Centre généalogique du Nord Tipperary : tous les jours sauf jours fériés de 9 h 30 à 17
☎ (067) 32633 ou 33850 (centre généalogique) ; fax (067) 33586.

NEWCASTLE WEST

Desmond Hall – (♿) Visite guidée (50 mn) de mi-juin à mi-septembre de 9 h 30
18 h 30. Dernière visite à 17 h 40. 1,50 IR£ [1,90 €]. ☎ (0691) 77408.

NEWMILLS

Corn and Flax Mills – (Dúchas) Visite de début juin à fin septembre de 10 h à 18 h 3
Dernière entrée 45 mn avant la fermeture. 2 IR£ [2,54 €], 1 IR£ [1,27 €] (enfants/étu
diants), 5 IR£ [6,35 €] (famille 2 adultes + 2 enfants). 🅿. ☎ (074) 25115.

NEWPORT
🄸 (de juin à août, du lundi au samedi – ☎ (098) 418

NEW ROSS
🄸 (de mai à septembre, du lundi au same
The Quay – ☎ (051) 421 8

Galley Cruising Restaurants – Départs de New Ross et Waterford ; d'avril à octob
à 12 h 30 : déjeuner (2 h), 14 IR£ [17,78 €] ; d'avril à septembre à 17 h 30 ou 19 h
dîner (2 à 3 h), 22 ou 26 IR£ [27,94 ou 33,02 €]. De juin à août à 15 h, *afternoo
teas* (2 h), 7 IR£ [8,89 €]. ☎ (051) 421723 de 10 h à 19 h ; fax (051) 421 95

: Mary's Church – Offices le dimanche à 11 h 45. ☎ (051) 425 004.

nolsel – Visite sur rendez-vous du lundi au vendredi de 9 h à 17 h. ☎ (051) 421 34 (New Ross Council).

unbrody Project – Ouvert de 10 h (12 h le week-end) à 17 h. 3 IR£ [3,81 €]. ☎ 051) 425 239 ; fax (051) 425 240.

IORTH BULL Island

terpretive Centre – Visite de 10 h 15 à 13 h et de 13 h 30 à 16 h (fermé le ven-edi après-midi). Audioguide en français. 🅿. ☎ (01) 833 8341.

) – P – Q

MEATH

arlingford Lough Ferry – Fonctionne de juin à septembre de 13 h à 18 h, toutes les) mn. Aller/retour : 1,50 IR£ [1,90 €]. ☎ (042) 937 3070, 937 2682 et 937 2598.

UGHTERARD
🅱 Community Office – ☎ (091) 552 808

engowla Silver and Lead Mine – Visite guidée de mars à novembre de 9 h 30 à 3 h 30 toutes les 20 mn. De décembre à février, la plupart des samedis et dimanches. 75 IR£ [4,76 €]. ☎ (091) 552 360/021, (087) 252 9850 (portable); www.iare-rdings.org/mineg.html

ARKE'S Castle

site de juin à septembre de 9 h 30 à 18 h 30 ; en avril, mai et octobre de 10 h à 7 h. Fermé les lundis non fériés en avril, mai et octobre. 2 IR£ [2,54 €]. Dépliant en ançais. ☎ (071) 64149.

ASSAGE EAST

ac entre Passage East et Ballyhack – Fonctionne de 7 h (9 h 30 les dimanches et urs fériés) à 22 h (20 h d'octobre à mars). Fermé les 25 et 26 décembre. Capacité) voitures. Aller/retour : voiture 6,50 IR£ [8,25 €], piéton 1,50 IR£ [1,90 €]. (051) 382 480 ou 382 488 ; fax (051) 382 598 (Passage East Ferry Co Ltd) ; ssageferry@eircom.net ; www.passageferry.com

ORTLAOISE
🅱 James Fintan Lawlor Avenue – ☎ (0502) 21178

ORTUMNA

ont levant – (Dúchas) Fermé aux véhicules routiers de 10 à 15 mn, 6 fois par jour lundi au vendredi de mi-mars au début novembre, 4 fois le dimanche ; du début vembre à mi-mars, du lundi au vendredi 3 fois par jour, 2 fois le dimanche.

âteau – (Dúchas) Ouvert en mai-juin du mardi au dimanche de 10 h à 17 h ; de n à début octobre de 9 h 30 à 18 h 30. Dernière entrée 45 mn avant la fermeture. 50 IR£ [1,90 €]. Visite guidée. 🅿. ☎ (0509) 41658.

OWERSCOURT

rdins – (H) Visite de 9 h 30 à 17 h 30. Fermé les 25 et 26 décembre. Jardins et sidence : 6 IR£ [7,62 €]. Résidence seule : 1,50 IR£ [1,90 €]. Brochure en fran-is. Sentier arboré. 🅿. Café-terrasse. Boutiques. Jardinerie. Accès en fauteuil roulant une partie des jardins. ☎ (01) 204 6000 ; fax (01) 204 6900 ; gardens@powers-urt.ie ; www.powerscourt.ie

scade – (♿) Visite de mars à octobre de 9 h 30 à 19 h ; le reste de l'année de) h 30 au coucher du soleil. Fermé le 1er janvier et de mi-décembre au 27 décembre. 50 IR£ [3,17 €]. Sentier de nature. Aire de jeux. 🅿. Buvette. ☎ (01) 204 6000 ; x (01) 204 6900 ; gardens@powerscourt.ie ; www.powerscourt.ie

UIN

onastère franciscain – (Dúchas) Ouvert de fin mai à fin septembre de 9 h 30 18 h 30, peut-être aussi le week-end de Pâques. 1 IR£ [1,27 €]. ☎ (01) 647 2453.

R

RAPHOE

Cathédrale – Services le dimanche à 8 h, 12 h 15, 18 h ; le mercredi à 10 h 30 ; Fête des saints à 20 h. ☎ (074) 45226 (Rev. S. White).

RATHFARNHAM

Château – (Dúchas) (♿) Visite guidée de mai à octobre tous les jours de 9 h 30 17 h 30 (dernière entrée 1 h avant la fermeture). Le reste de l'année, sur rendez-vou Restauration en cours : se renseigner en appelant le ☎ (01) 647 2466. 1,50 IR£ [1,90 €], 4 IR£ [5,08 €] (familles), 60 pence [76 cents] (enfants). Dépliant en angla' Salon de thé (10 h à 17 h). ☎ (01) 493 9461 et 661 3111 (hors saison : directio Dúchas) ; info@heritageireland.ie ; www.heritageireland.ie

RATHKEALE

Castle Matrix – (♿) Visite guidée tous les jours de mi-juin à septembre de 9 h 30 18 h 30. 2 IR£ [2,54 €]. Soirées musicales et poétiques sur demande. 🅿. Rez-d chaussée accessible aux fauteuils roulants. ☎ (069) 64284 ; castlematrix@tinet.ie

Irish Palatine Heritage Centre – ♿ Visite de mai à septembre du lundi au samedi c 10 h à 12 h et de 14 h à 17 h, le dimanche de 14 h à 18 h. 2 IR£ [2,54 €]. 🅿. Salo de thé. ☎/fax (069) 63511 ; ipass@tinet.ie

RATHMELTON

Donegal Ancestry – Ouvert du lundi au jeudi de 9 h à 16 h 30 (15 h 30 le vendredi) le week-end aussi de mars à octobre. ☎ (074) 51266 ; fax (074) 51702 donances@indigo.ie ; www.indigo.ie/donances

RATHMULLAN

« Flight of the Earls » Exhibition – Visite de Pâques à septembre de 10 h (12 h l week-ends et jours fériés) à 17 h. Fermé le Vendredi saint. 1,5 IR£ [1,90 €]. Vis guidée (45 mn) possible. 🅿. ☎ (074) 58178 ; fax (074) 58458 ; infotheflightc theearls.com

RIVERSTOWN

Riverstown House – Visite de mai à septembre du mercredi au samedi de 14 h à 18 l le reste de l'année sur rendez-vous. 3 IR£ [3,81 €]. Visite guidée possible. ☎ (02 821 1205.

ROBERTSTOWN

Old Canal Hotel – Ouvert du lundi au vendredi de 9 h à 17 h, les week-ends et jou fériés de 12 h 30 à 18 h. Centre du patrimoine, galerie d'art. Restaurant.
Promenades sur le canal d'avril à septembre. 3,50 IR£ [4,45 €] (1 h). 8 IR£ [10,16 • pour 3 h (minimum 20 personnes). 5 IR£ [6,35 €] (1 h avec thé et scones). 5,50 IR£ [6,98 €] (1 h avec thé et sandwiches), 23 IR£ [29,21 €] (3 h, vin chaud et repas • musique). b/fax (045) 870 005 ; robertstown@tinet.ie ou bargetour@tinet.ie www.kildare/community/robertstown/devel/bartour.htm

ROSCOMMON
🛈 (de mi-mai à mi-septembre) – ☎ (0903) 263

Roscommon County Museum – ♿ Ouvert du lundi au samedi à 11 h (10 h de n septembre à mi-mai) ; jusqu'à 15 h (17 h 30 de mi-septembre à mi-mai). 1 IF [1,27 €]. Rampe d'accès. ☎ (0903) 25613.

ROSCREA

Heritage Centre (Castle and Damer House) – (Dúchas) Ouvert de juin à septembre 9 h 30 à 18 h 30 (dernière entrée 17 h 45). 2,50 IR£ [3,17 €]. Visite guidée (45 m sur rendez-vous. 🅿 public à proximité. Accès à la maison par des marches de pier ☎ (0505) 21850.

ROSMUC

Patrick Pearse's Cottage – (Dúchas) (♿) Visite de mi-juin à mi-septembre de 9 h ; à 18 h 30. Dernière entrée 17 h 45. 1 IR£ [1,27 €], 3 IR£ [3,81 €] (familles), 40 pen [50 cents] (enfants). 🅿. ☎ (091) 574 292.

ROSSCARBERY

St Fachtna's Cathedral – (♿) Ouvert tous les jours. Offices le dimanche à 8 h 11 h 30 (Fêtes des saints et jours fériés 11 h). Brochure en français. Librairie (same de 14 h à 17 h). Accès aux fauteuils roulants sur demande. ☎ (023) 48166.

USSBOROUGH

isite guidée (dont film 5 mn) en avril et en octobre le dimanche et les jours fériés de
0 h 30 à 17 h 30 ; en mai et septembre tous les jours de 10 h 30 à 17 h 30. Bro-
nure en français. **Pièces principales** : 4 IR£ [5,08 €]. Restaurant. Boutique. Atelier d'ar-
sanat. Aire de jeux. ☎ (045) 865 239 ; fax (045) 865 054.

S

HANAGARRY

tephen Pearce Pottery – &. **Galerie** : visite de 10 h à 18 h. Fermé le 1er janvier et les
5 et 26 décembre. **Boutique** : ouverte du lundi au vendredi de 8 h 30 à 17 h (16 h le
endredi), le samedi de 10 h à 18 h, dimanche et jours fériés de 12 h à 18 h. Fermé
5 et 26 décembre. **Atelier** : ouvert du lundi au vendredi de 8 h 30 à 16 h 45 (15 h 45
vendredi) fermé le Vendredi saint, les jours fériés et 2 semaines à Noël. **Café** : 10 h
17 h. 🅿. ☎ (021) 646 807 ; fax (021) 646 706 ; spearce@indigo.ie

HANNONBRIDGE

Ionmacnoise and West Offaly Railway – &. Circuit en train (50 mn) d'avril à sep-
embre de 10 h à 17 h toutes les heures. 4 IR£ [5,08 €]. Musée des locomotives. Bou-
que d'artisanat. 🅿. Salon de thé. ☎ (0905) 74114 et 74121 ; fax (0905) 74210.

rdgillan Castle – Visite de juillet à août de 11 h à 18 h. Du mardi au dimanche et
urs fériés de 11 h à 18 h en avril-juin et en septembre, à 16 h 30 d'octobre à mars.
ermé du 23 décembre au 1er janvier. 3 IR£ [3,81 €]. ☎ (01) 849 2212 ; fax (01)
49 2786.

kerries Mills – Ouvert de 10 h 30 à 18 h, 16 h 30 d'octobre à mars. Fermé du 20
écembre au 1er janvier. ☎ (01) 849 5208 ; fax (01) 849 5213.

Vest Cork Arts Centre – Visite de 10 h à 18 h. Fermé le dimanche. ☎ (028) 22090 ;
x (028) 22084.

iss Ard Foundation – (&.) Visite de mai à octobre du lundi au vendredi de 10 h à
8 h, le week-end de 12 h à 18 h ; de novembre à mars sur rendez-vous. 3 IR£
3,81 €]. 🅿. ☎ (028) 22373 ; fax (028) 40187 ; lissardfoundation@eircom.net ;
ww.lissard.com

Voiles dans le port de Skull

SKULL

Bac Skull-Baltimore – Voir Baltimore.

Accès par bac à Cape Clear Island – Traversée : 1 h. Départs (si le temps le perme
en juillet et août 3 fois par jour de 10 h à 17 h 30 ; en mai-juin et septembre-octobr
à 14 h 30. Traversée pour **Sherkin Island** et **Baltimore** en juillet-août 3 fois par jour d
10 h 30 à 16 h 15. Aller/retour : 9 IR£ [11,43 €]. **Phare du Fastnet** : 2 fois par semair
à 19 h. ☏ (028) 28278.

Planetarium – (&) Visite en avril-mai et septembre le dimanche de 15 h à 17 h (spe
tacle Starshow de 45 mn à 16 h). En juin, mardi et samedi de 15 h à 17 h (Starsho
à 16 h) ; le jeudi de 19 h à 21 h (Starshow à 20 h). En juillet et août, le mardi et
samedi de 14 h à 17 h (Starshow à 16 h), le lundi et le jeudi de 19 h à 21 h (Sta
show à 20 h). De mi-juillet à mi-août, spectacles supplémentaires le mercredi et le ver
dredi. Accès à la projection : 3,50 IR£ [4,45 €]. ▣. ☏ (028) 28315 ou 28552 ; fa
(028) 28467.

SLANE

Château – Le château et le domaine sont fermés au public jusqu'à nouvel avis.

Ledwidge Cottage Museum – & Visite de 10 h à 13 h et de 14 h à 17 h 30. 2 IF
[2,54 €]. ▣. ☏ (041) 982 4544 ou 4244.

SLIGO

Promenades en batobus sur le lough Gill – **Wild Rose Waterbus** : fonctionne de mi-ju
à septembre à partir de Doorly Park, au Sud-Est du centre-ville. Tous les jours à 14 h 3
(le circuit du lac Gill dure 3 h, avec un arrêt à Parke's Castle) et à 17 h 30 (Parke
Castle seul) ; depuis Parke's Castle (au Nord-Est du lac Gill), à 12 h 30 (1 h pour Inni
free), à 13 h 30 pour Doorly Park, 15 h 30 (1 h pour Innisfree), à 16 h 30 pour Slig
et retour, à 18 h 30 (1 h pour Innisfree). Le vendredi à 21 h (bar et musique irlar
daise). En avril, mai et octobre, le dimanche seulement. Innisfree : 5 IR£ [6,35 €
Lough Gill : 6 IR£ [7,62 €]. Buvette. ☏ (071) 64266, (0882) 598 8869 (portable

Abbaye – (Dúchas) Visite de début juin à septembre de 9 h 30 à 18 h 30. Dernièi
entrée 17 h 45. 1,50 IR£ [1,90 €]. Visite guidée (45 mn) possible sur rendez-vou
▣ public à proximité. Accès par des marches de pierre. ☏ (071) 46 406.

Model Arts and Niland Gallery – Visite du mardi au samedi de 10 h à 12 h et 14
à 16 h 50. L'après-midi seulement d'octobre à mai. Entrée libre. ☏ (071) 41405 ; fa
(071) 43694 ; modelart@oil.ie ; www.iol.ie/~modelart/

County Museum – Ouvert de mi-juin à mi-septembre du lundi au samedi, de 10 h
12 h et 14 h à 16 h 50. En avril-mai et d'octobre à décembre, du mardi au samedi d
14 h à 16 h 50. Entrée libre. ☏ (071) 42212 (musée), (071) 47190 (bibliothèqu
centrale) ; fax (071) 46798 ; sligolib@iol.ie

St John's Cathedral (anglicane) – Ouvert le dimanche de 8 h à 12 h. Visite sur acco
préalable du lundi au samedi de 10 h à 18 h (16 h en hiver). ☏ (071) 62263 (doyenn
The Rectory, Strandhill Road, Sligo).

Cathedral of the Immaculate Conception (catholique) – & Ouvert de 7 h à 21 h. Entre
libre. ▣. ☏ (071) 62670.

Parke's Castle – (Dúchas) (&) Ouvert d'avril à octobre tous les jours de 9 h 30
18 h 30 ; en mars, tous les jours de 10 h à 17 h. 2 IR£ [2,54 €]. Visite guidée (40 m
sur rendez-vous. Présentation audiovisuelle (20 mn) et brochure en français. Salon d
thé. Accès au rez-de-chaussée en fauteuil roulant. ☏ (071) 64149.

Lissadel House – Visite guidée (40 mn) de juin à mi-septembre sauf le dimanche, d
10 h 30 à 13 h et de 14 h à 17 h. Dernière entrée à 16 h 15. 3 IR£ [3,81 €]. ▣
☏/fax (071) 63 150.

SNEEM

Église de la Transfiguration (anglicane) – Ouvert en été. En hiver, demander la clé a
café en face. Offices le dimanche à 10 h. ☏/fax (064) 41121, shawa@eircom.net

STRADBALLY

Steam Museum – & Fermé temporairement. Pour plus de précisions, appel
☏ (0502) 25114. **Chemin de fer à voie étroite** : fonctionne les jours de fête, dimanches
lundis de Pâques à octobre. **Rallye annuel des locomotives à vapeur** à Stradbally Hall : le lun
férié du mois d'août et le dimanche qui précède.

STRADE

Michael Davitt Memorial Museum – & Visite de mars à octobre de 10 h à 18 h ;
reste de l'année sur rendez-vous. 2 IR£ [2,54 €]. ▣.

ream Museum – (&) Visite de juin à août du mardi au dimanche et les jours fériés ≥ 14 h à 18 h ; en avril, mai et septembre les dimanches et jours fériés de 14 h 30 17 h 30 (dernière entrée). 3 IR£ [3,81 €]. Jardin seul 2 IR£ [2,54 €]. ▣ . Salon de é. Boutique et jardinerie. ☎ (01) 627 3155 ; fax (01) 627 3477.

TROKESTOWN

mine Museum – & Visite d'avril à octobre de 11 h à 17 h 30. 3,25 IR£ [4,12 €] nusée ou maison ou jardin) ; billet combiné : 8,50 IR£ [10,79 €]. Dépliant en fran-
is. Restaurant.

rokestown Park House – (&) Visite guidée (40 mn) d'avril à octobre de 11 h à 7 h 30. 3,25 IR£ [4,12 €] (musée ou maison ou jardin) ; billet combiné : 8,50 IR£ 0,79 €]. Dépliant en français. Restaurant. ☎ (078) 33013 ; fax (078) 33712 ; fo@strokestownpark.ie ; www.strokestownpark.ie

ounty Roscommon Heritage Centre – & Visite de mai à septembre du mardi au manche de 14 h 30 à 16 h 30. Fermé les jours fériés. Offrande souhaitée. ▣ . ☎ (078) 3380 ; fax (078) 33398.

WORDS

hâteau – & Visite le lundi, mercredi, jeudi et vendredi de 10 h à 12 h et de 14 h à 5 h (15 h le vendredi). Entrée libre. ☎ (01) 840 0891.

ACUMSHANE

Moulin à vent – (Dúchas) Demander la clé à Mr Gerry Meyler (pub à côté).

ARA

te – (Dúchas) Ouvert toute l'année. **Centre d'accueil** : visite de mi-juin à mi-septembre ≥ 9 h 30 à 18 h 30 ; de mai à mi-juin et de mi-septembre à octobre de 10 h à 17 h. ernière entrée 45 mn avant la fermeture. 1,50 IR£ [1,90 €]. Présentation audiovi-
uelle (22 mn ; en français). Visite guidée (40 mn) sur demande. ▣ . Buvette. Bou-
que de souvenirs. ☎ (046) 25903, de novembre à avril (041) 982 4488 ; fax (042) 32 4798.

ARBERT

ridewell – Visite d'avril à octobre de 10 h à 18 h. 3 IR£ [3,81 €]. Guides en fran-
is. ☎/fax (068) 36500.

arbert House – Visite de mai à mi-août de 10 h à 12 h et de 14 h à 16 h. 2,50 IR£ ,17 €]. ☎ (068) 36198 ou 36500.

ERMONFECKIN

Maison forte – (Dúchas) Demander la clé au cottage en face.

HOMASTOWN

adywell Water Garden – Visite de 10 h à 17 h, fermé le week-end en janvier-février. IR£ [1,27 €]. Café : mardi au vendredi de 10 h à 17 h et le dimanche de 12 h à 7 h 30. ☎ (056) 24690.

erpoint Abbey – (Dúchas) (&) Visite de juin à fin septembre de 9 h 30 à 18 h 30 ; ≥ mars à mai et de mi-septembre à novembre de 10 h à 17 h (16 h de mi-novembre fin novembre). 2 IR£ [2,54 €]. Visite guidée (45 mn) sur rendez-vous. Brochure en ançais. ▣ . ☎ (056) 24623 ; fax (056) 54003.

HOOR BALLYLEE
🖬 (avril à octobre, lundi au samedi) – ☎ (091) 631 436

site d'avril à septembre de 10 h à 18 h. 3,50 IR£ [4,45 €]. Visite guidée (30 mn) ossible. Présentation audiovisuelle (17 mn). Audioguide en français. ▣ . ☎ (091) 631 36 (de Pâques à septembre) ☎(091) 563 081 (d'octobre à Pâques) ; fax (091) 565)1 ou 631 436.

HURLES

ár na Páirce – Visite de mars à octobre de 10 h à 13 h et de 14 h à 17 h 15. 2,50 IR£ ,17 €]. ☎ (0504) 23579.

BOHINE

ouglas Hyde Centre – & Visite de mai à septembre du mardi au dimanche de 14 h 17 h (18 h le week-end), et parfois le matin (téléphoner pour les renseignements). ffrande souhaitée. ▣ . Aire de pique-nique. ☎ (0907) 70016.

TIMAHOE

Coolcarrigan Gardens – Visite sur rendez-vous uniquement d'avril à août. 3 IR£ [3,81 €]. ☎ (045) 863 512 et (01) 834 1141.

TIMOLIN

Irish Pewter Mill, Museum and Craft Centre – (&) Visite du lundi au vendredi de 9 h 30 à 16 h 30. Fermé du Vendredi saint au dimanche de Pâques et le 25 décembre. Entrée libre. 🅿. Rampe d'accès. ☎ (0507) 24162.

TINTERN Abbey

& Ouvert de 19 h 30 à 18 h 30. 1,50 IR£ [1,90 €]. Visite guidée possible sur demande. ☎ (051) 562 650.

TIPPERARY

Tipperary Excel Heritage Centre – Ouvert de 9 h à 18 h. Fermé le Vendredi saint et du 25 décembre au 2 janvier. 3,50 IR£ [4,45 €]. 🅿. Restaurant. Boutique. ☎ (062) 33466 ; fax (062) 31067 ; info@tipperary-excel.com ; www.tipperaru-excel.com

Old IRA Exhibition – Visite de 10 h à 22 h (19 h en hiver). 🅿.

TRALEE
🄴 Ashe Hall – ☎ (066) 712 128

Aqua Dome – Ouvert de 13 h (10 h de juin à août) à 22 h. 6 IR£ [7,62 €] en haute saison [7,62 €] ; autres périodes : 5 IR£ [6,35 €]. 🅿. ☎ (066) 712 8899 (réception), (066) 712 8755 (administration), (066) 712 9150 (renseignements 24 h/24), fax (066) 712 9130 ; www.discoverkerry.com/aquadome

Kerry – TheKingdom – & Visite de mi-mars à octobre de 10 h à 18 h. En novembre et décembre de 12 h à 17 h. Fermé du 24 au 27 décembre. 5,50 IR£ [6,98 €]. Audio guide, commentaire et brochure en français. Possibilité de visite guidée. 🅿. Boutique d'artisanat. Café. ☎ (066) 712 7777 ; fax (066) 712 7444 ; kcmuseum@indigo.

Tralee–Blennerville Light Railway – & Fonctionne de mai à début octobre de 11 à 17 h 30, à chaque heure ronde à Ballyard Station à Tralee, à chaque demi-heure à Blennerville. Fermé de juin à septembre les deuxièmes dimanches et lundis du mois pour travaux d'entretien. Aller (20 mn) : 3 IR£ [3,81 €]. Brochure et audioguide. 🅿. Restaurant à Blennerville. ☎ (066) 712 1064.

TRAMORE
🄴 (de juin à août, du lundi au samedi) – ☎ (051) 281 57

TRIM
🄴 (de mai à septembre, du lundi au samedi) – ☎ (046) 371

Château – Ouvert de mi-juin à mi-septembre de 10 h à 18 h (dernière entrée 17 h 15). Château et visite guidée du donjon 2,50 IR£ [3,17 €], 6 IR£ [7,62 €] (familles), 1 IR£ [1,27 €] (enfants). Château seul 1 IR£ [1,27 €], 3 IR£ [3,81 €] (familles), 40 pence [50 cents] (enfants). Visite 45 mn. Dépliant/guide. 🅿. ☎ (046) 38619, fax (046) 38618 et ☎ (041) 988 0300, fax (041) 982 3071.

TUAM
🄴 (de juin à août, du lundi au samedi) – ☎ (093) 24463 ou 2548

St Mary's Cathedral – (&) Horaires par téléphone. Offices le dimanche, fêtes de saints et jours fériés à 12 h. Visite guidée en juillet et août. Rampe d'accès sur demande. ☎ (093) 25598 (bureau), (090) 46017 (doyenné), (093) 24141 (gardien).

Mill Museum – & Visite de juin à septembre de 10 h à 18 h. Visite guidée possible en juillet et août. Présentation audiovisuelle. 🅿. ☎ (093) 24463 ou 24141.

Cathedral of the Assumption – (&) Ouvert de 8 h 30 à 21 h 30. Messes le dimanche à 8 h 30, 10 h, 11 h 15 et 12 h 30, et du lundi au vendredi à 9 h, 10 h et 19 h 30, le samedi à 19 h 30. Rampe d'accès. ☎ (093) 24388.

TUAMGRANEY

East Clare Heritage Centre – Visite de juillet octobre. Présentation audiovisuel (10 mn). Visite guidée en français possible sur demande. ☎ (061) 921 351 (renseignements sur croisières en bateau au départ de Mountshannon). eastclareheritage@eircom.net ; http://homepage.eircom.net/~eastclareheritage

TULLAMORE
🄴 Tullamore Dew Heritage Centre – ☎ (0506) 526

Tullamore Distillery Heritage Centre – & Ouvert de mai à septembre, du lundi au samedi, de 9 h à 18 h ; d'octobre à avril du lundi au samedi, de 10 h à 17 h. Toute l'année le dimanche de 12 h à 17 h. Fermé le 25 décembre. 3,50 IR£ [4,45 €]. Ascenseur. 🅿. ☎ (0506) 25015 ; fax (0506) 25016 ; tullamoredhc@eircom.net ; www.tullamore-dew.org

TULLAROAN

Bród Tullaroan – Visite de juin à août du lundi au vendredi de 10 h à 17 h, le dimanche de 14 h à 17 h ; de Pâques à mai et de septembre à novembre le dimanche uniquement de 14 h à 17 h. 3 IR£ [3,81 €]. ☎ (056) 67107 ; reid@tinet.ie

...ULLOW

...tamont Gardens – (Dúchas) (&) Visite du jeudi au dimanche et les jours fériés de ... h 30 à 18 h 30. 2 IR£ [2,54 €]. ☒. Jardinerie. ☏/fax (0503) 59444.

...ULLYALLEN

...cienne abbaye de Mellifont – (Dúchas) (&) Visite de mi-juin à mi-septembre de ...h 30 à 18 h 30 ; de mai à mi-juin et de mi-septembre à octobre de 10 h à 17 h. Der-...ère entrée 45 mn avant la fermeture. 1,50 IR£ [1,90 €]. Visite guidée (45 mn) sur ...mande. Centre d'exposition. ☒. Accès par un escalier de pierre. ☏ (041) 982 6459 ... 4488 (novembre à avril) ; fax (041) 982 4798.

...V – W – Y

...ALENCIA Island

...c – Une navette (5 mn) fonctionne entre Knight's Town et Renard Point d'avril à ...ptembre de 8 h 15 (9 h le dimanche) à 22 h. Voiture + passagers : 3 IR£ [3,81 €] ...ler simple), 4 IR£ [5,08 €] (aller/retour) ; piétons et cyclistes : 2 IR£ [2,54 €] (aller ...mple), 3 IR£ [3,81 €] (aller/retour). ☏ (066) 947 6141 ; fax (066) 947 6377.

...ellig Experience Visitor Centre – & Visite d'avril à mi-novembre de 10 h à 18 h 30 ...eptembre-octobre du samedi au mercredi de 10 h à 18 h). 3 IR£ [3,81 €]. Croisière ...x îles Skellig possible. ☒. Buvette. Boutique. ☏ (066) 947 6306, fax (066) 947 76351.

...cès aux Skellig – Quand le temps le permet. Se renseigner au ☏ (066) 947 3355 ...kellig Experience Centre). Sur Great Skellig, seuls les grimpeurs confirmés pourront envi-...ger d'aller au-delà des ruines du monastère pour atteindre la croix sculptée au sommet.

...VATERFORD

🛈 The Granary, Merchants Quay – ☏ (051) 875 823
🛈 Waterford Crystal Visitor Centre – ☏ (051) 358 397

...rter Lane Arts Centre – & Ouvert du lundi au samedi 10 h à 18 h. Entrée libre. ...léphoner pour le programme. ☏ (051) 855 038 ; fax (051) 871 570 ; admin@gar-...lane.iol.ie

...alking Tours – Départs de Treasures, The Granary, de mars à octobre à 11 h 45 et ... h 45, et du Granville Hotel, sur le quai, 15 mn plus tard. 4 IR£ [5,08 €]. ☏ (051) ...3 711 ; fax (051) 850 645 (Jack Burtchaell).

...aterford Crystal – & **Centre d'accueil** : visite d'avril à octobre tous les jours de 8 h 30 ... 18 h ; de novembre à mars du lundi au samedi de 9 h à 17 h. **Ateliers de fabrication** : ...site guidée (2 h) d'avril à octobre tous les jours de 8 h 30 à 17 h : de novembre à ...ars du lundi au vendredi de 9 h à 15 h 15. **Magasin d'exposition** : ouvert de mars à ...tobre tous les jours de 8 h 30 à 18 h ; de novembre à mars de 9 h à 17 h ; janvier-...rier du lundi au vendredi de 9 h à 17 h. Entrée payante. Brochure en français. Pré-...ntation audiovisuelle. ☒. Restaurant. ☏ (051) 373 311 ; fax (051) 378 539.

...y Hall – Visite sauf contraintes officielles du lundi au vendredi de 10 h à 17 h. Télé-...oner. Entrée libre. Visite guidée. ☏ (051) 309 900 (Waterford Corporation) ...:@waterfordcorp.ie

...eatre Royal – Ouvert pour les spectacles. Renseignements par téléphone. Café. ☏ (051) ...4 402 (réservations) ; theatreroyal@eircom.net ; www.theatreroyalwaterford.com

...ginald's Tower Museum – (Dúchas) Visite de Pâques à octobre de 10 h à 17 h ... h 30 à 18 h 30 en juillet-août). 1,50 IR£ [1,90 €]. Billet combiné avec Waterford ...easures : 4 IR£ [5,08 €]. Visite guidée (45 mn) sur rendez-vous. ☒ public à proxi-...té. ☏ (051) 304 220.

...aterford Treasures (Granary) – & Visite de 10 h à 17 h (9 h 30 à 21 h de juin à ...ût. 3 IR£ [3,81 €]. Billet combiné avec le Reginald's Tower Museum : 4 IR£ [5,08 €]. ... public à proximité. ☏ (051) 304 500 ; fax (051) 304 501 ; mail@waterfordtrea-...res.com ; www.waterfordtreasures.com

...ench Church – (Dúchas) Accès par le Reginald's Tower Museum ci-dessus.

...ristchurch Cathedral – Spectacle audiovisuel de juin à août du lundi au samedi à ... h 30, 14 h 15, 15 h 30 et 16 h ; le dimanche à 14 h 30 et 16 h. En avril-mai et ...ptembre-octobre, du lundi au vendredi à 10 h 30, 14 h 15 et 16 h. Offices le ...manche à 8 h et 10 h, le vendredi à 10 h 30. 2 IR£ [2,54 €]. ☏/fax (051) 858 958, ...36) 818 3165 (portable).

...amber of Commerce – Ouvert du lundi au vendredi de 9 h à 17 h. Dépliant en fran-...is. ☏ (051) 872 639 ; fax (051) 876 002 ; waterfordchamber@eircom.net

...aterford Harbour Ferry – (Voir Passage East).

...VESTPORT

🛈 – ☏ (098) 25711

...estport House – Visite de juillet à fin août de 11 h 30 (13 h 30 le week-end) à ... h 30 ; en juin et de fin août à mi-septembre de 14 h à 17 h. **Zoo et parc de loisirs** : ou-...rt en juillet-août, mêmes heures que Westport House. **Magasin d'antiquités** : ouvert de

Slide File, Dublin

juin à mi-septembre a
mêmes heures que Wes
port House. Maison et zoo
12 IR£ [15,24 €] ; maiso
seule : 6 IR£ [7,62 €]. Br
chure en français. ▯. B
vette. ☎ (098) 2543C
fax (098) 25206.

Holy Trinity Church – V
site en juillet et août. E
cas de fermeture, s'adre
ser au presbytère.

**Clew Bay Heritag
Centre** – Visite d'avril à c
tobre du lundi au vendre
de 10 h à 17 h, et le c
manche en juillet-août c
15 h à 17 h. 2 IF
[2,54 €]. ▯.

WEXFORD
🖪 Crescent Quay – ☎ (053) 231

**Wexford Festival Oper
Theatre Royal** – (&) ▮
mi-octobre au début n
vembre ☎ (053) 2240
fax (053) 24289 (bure
du festival) ; ☎ (05.
22144, fax (053) 47438 (billetterie) ; info@wexopera.com ; www.wexfordopera.cc

Wexford Arts Centre – (&) Visite de 10 h à 18 h. Fermé les jours fériés. Visite gu
dée (15 mn) possible. Entrée libre pour les expositions. Restaurant. Les visiteurs ha
dicapés doivent téléphoner à l'avance. ☎ (053) 23764 ; fax (053) 24544
wexfordartscentre@eircom.net

Promenades organisées – Contactez ☎ (053) 23111 (Office de tourisme).

Franciscan Friary – (&) Ouvert du lundi au samedi de 9 h 30 à 13 h 30 et de 14 h 3
à 18 h. Fermé dimanche et jours fériés. ▯ pour les handicapés. Accès en fauteuil ro
lant à l'église et au monastère. ☎ (053) 22758 ; fax (053) 21499.

St Iberius' Church – Visite du lundi au samedi, de 10 h à 17 h. Offrande 1 IF
[1,27 €]. En cas de fermeture, s'adresser au presbytère. Brochure en frança
☎/fax (053) 43013.

West Gate Heritage Centre – & Horaires indiqués sur la porte.

Wexford Wildfowl Reserve – (Dúchas) (&) Ouvert de 9 h à 18 h, de 10 h à 17
d'octobre à mi-mars. Fermé le 25 décembre. Entrée libre. Dernière entrée 45 mn ava
la fermeture. Présentation audiovisuelle. Conférences. Visite guidée sur demanc
Observation des oiseaux. Gardien à demeure. ▯. Aire de pique-nique. ☎ (053) 2312⁹
fax (053) 24785.

WHIDDY ISLAND

Bac – Départ toutes les heures tous les jours en été.

WICKLOW
🖪 – ☎ (0404) 691

Église – Ouvert de 9 h 30 au coucher du soleil. Renseignements historiques sur le pa
neau du fond.

Historic Gaol – (&) Visite de mi-mars à octobre de 10 h à 18 h (17 h en mars
octobre). Dernière entrée 1 h avant la fermeture. 4,20 IR£ [5,33 €]. Centre de géné
logie. Boutique. Café. ☎ (0404) 61599 ; fax (0404) 61612 ; wccgaol@eircom.ne
www.wicklow.ie/gaol

YOUGHAL
🖪 (de mai à septembre) Heritage Centre – ☎ (024) 923

Promenades guidées – De juin à août, du lundi au samedi à 11 h et sur rendez-vou
2,75 IR£ [3,50 €]. Guide francophone. Durée 90 mn. ☎ (024) 20170 ou 9244⁷
fax (024) 20170 ; youghal@eircom.ie ; www.homepage.tinet.ie/~youghal

St Mary's Collegiate Church – Visite de mi-mai à mi-septembre de 9 h 30 à 17 h 3
Brochure en français. ☎ (024) 92390 ; youghal@tinet.ie

Heritage Centre – Visite du lundi au samedi de 9 h 30 (10 h le samedi) à 13 h et c
14 h à 18 h (17 h 30 en hiver). 1 IR£ [1,27 €]. Brochure. ☎ (024) 20170 ou 9244⁷
fax (024) 20170 ; youghal@eircom.net

A

NNALONG

arine Park and Cornmill – (&) De février à novembre, du mercredi au dimanche, 11 h à 17 h. 1,30 £. ▣. Accès en fauteuil roulant seulement au Marine Park. (028) 4376 8736.

NTRIM
🛈 16 High Street, BT41 4AN – ☎ (028) 9442 8331, fax (028) 9448 7844

otworthy Arts Centre – Ouvert du lundi au vendredi de 9 h 30 à 21 h 30, le samedi 10 h à 17 h, en juillet-août aussi le dimanche de 14 h à 17 h. Entrée libre. ☎ (028) 442 8000.

gue's Entry – & Visite de mai à septembre le jeudi et le vendredi de 14 h à 17 h, samedi de 10 h à 13 h et de 14 h à 17 h. Entrée libre. Visite guidée (15 mn). (028) 9442 8996 (mai à septembre) et (028) 9442 8000 (Clotworty Arts Centre) ; x (028) 9446 0360.

rdins du château – Visite du lundi au vendredi de 9 h 30 à 21 h, le samedi de 10 h 17 h, le dimanche de 14 h à 17 h. Entrée libre. ☎ (028) 9442 8000 (Clotworthy ts Centre) ; fax (028) 9446 0360.

rc de Shane's Castle – Fermé jusqu'à nouvel avis. ☎ (028) 9442 8216 ; fax (028) 446 8457.

RDGLASS

rdan's Castle – (HM) Ouvert d'avril à septembre sauf le lundi, de 10 h (14 h le manche) à 18 h. 75 pence.

RMAGH
🛈 40 English Street BT61 7BA – ☎ (028) 3752 1800, fax (028) 3752 8329

Patrick's Cathedral (anglicane) – & Visite de 9 h 30 à 17 h (16 h le dimanche et en ver). Entrée libre. Visite guidée (20 mn) possible (payante). Dépliant en français. ▣. lerinage de saint Patrick le 17 mars. ☎ (028) 3752 3142 ; fax (028) 3752 4177.

Patrick's Cathedral (catholique) – Visite de 10 h 30 à 17 h. Offices le dimanche à h , 10 h 30 et 12 h. Entrée libre. ▣. Visite guidée sur rendez-vous auprès du sacris- in : ☎ (028) 3752 2638.

useum of the Royal Irish Fusiliers – Visite du lundi au vendredi et les jours fériés de h à 12 h 30 et de 13 h 30 à 16 h. 2 £. Visite guidée (30 mn). ☎ (028) 3752 2911.

unty Museum – & Visite du lundi au vendredi de 10 h à 17 h, le samedi de 10 h 13 h et de 14 h à 17 h. Fermé les 12 et 13 juillet, les 25 et 26 décembre. Entrée re. ☎ (028) 3752 3070 ; fax (028) 3752 2631.

Planétarium et observatoire d'Armagh

Palace Stables Heritage Centre – &. Visite en juillet et août de 10 h à 17 h 30
dimanche de 13 h à 18 h) ; le reste de l'année de 10 h (14 h le dimanche) à 17
Fermé la semaine de Noël. 3,50 £ (réductions). Visite guidée (1 h 30). Jardins des ser
Terrain d'aventures. Restaurant. ▣ et ▣ pour les visiteurs handicapés. ☎ (028) 37
9629 ; fax (028) 3752 9630 ; stables@armagh.gov.uk ; www.armagh.gov.uk

St Patrick's Trian – Visite du lundi au samedi de 10 h à 17 h (17 h 30 en juille
août) ; le dimanche de 14 h à 17 h (13 h à 18 h en juillet-août). Durée 1 h 15 m
Fermé les 25 et 26 décembre. 3,75 £. ☎ (028) 3752 1801 ; fax (028) 3751 018(
acdc@iol.ie ; www.armagh.gov.uk

Planetarium – &. Visite de 10 h (13 h 15 le week-end) à 16 h 45. Fermé le Vendr
saint, le 12 juillet et du 24 au 27 décembre. Spectacle 45 mn à 14 h, 15 h, 16
3,75 £ ; exposition seule (1 h) 1 £. Astropark : 20 mn de marche. ☎ (028) 37
3689 ; fax (028) 3752 6187 ; www.armagh-planetarium.co.uk. Observatoire (ferr
au public) : www.star.arm.ac.uk

Robinson Public Library – Visite du lundi au vendredi de 10 h à 13 h et de 14 h
16 h. Fermé les jours fériés. Entrée libre. Visite guidée payante. ▣. ☎ (028) 37
3142 ; fax (028) 3752 4177; armroblib@aol.com

Navan Fort – &. Site ouvert toute l'année. **Centre d'accueil** : visite de 10 h (11 h
samedi, 12 h le dimanche) à 19 h. Fermé une semaine à Noël. Dernière visite 1 h
avant la fermeture. 3,95 £ . Visite guidée du site : 30 mn, sur rendez-vous. Expo
tion interactive. ▣. Restaurant. ☎ (028) 3752 5550 ; fax (028) 3752 2323
navan@entreprise.net ; www.navan.com

B

BALLINTOY

Carrick-a-rede Rope Bridge – (NT) Accès (sauf par grand vent) d'avril à septemb
de 10 h à 18 h (20 h en juillet et août). Visite guidée sur rendez-vous. Salon de th
Point information. ▣. 3 £. ☎ (028) 2073 1582 (NT).

Falaises de Larry Bane

BALLYBOGY

Benvarden House – Visite de juin à août du mardi au dimanche et les lundis fériés
13 h 30 à 17 h. Les chiens ne sont pas admis. 2,50 £. ☎ (028) 2074 1331.

BALLYCASTLE

🛈 7 Mary Street, BT54 6Q▮
☎ (028) 2076 2024, fax (028) 2076 25

Accès à l'île de Rathlin – Service quotidien (si le temps le permet) de juin à septemb
(traversée 45 mn) à 9 h 30, 11 h 30, 16 h et 18 h, retour de Rathlin à 8 h 30, 10 h 3
15 h et 17 h ; le reste de l'année, faire préciser les horaires par téléphone. Aller/retou
7,80 £. ☎ (028) 2076 9299. En cas de mauvais temps, possibilité d'hébergement s
l'île : Rathlin guesthouse ☎ (028) 2076 3917) et The Manor House ☎ (028) 20
3964.

ccès à l'île de Rathlin par minibus – Fonctionne en général d'avril à août, départ
uotidien du port. Aller/retour au sanctuaire ornithologique du West Lighthouse : 4 £
2 £ enfants). Aller/retour au promontoire de Rue Point 2,50 £ (enfants 1 £). ☎ (028)
)26 3909 ; fax (028) 7026 3988 (Augustin MacCurdy).

oly Trinity Church – Ouvert de 9 h (8 h 30 le dimanche) au coucher du soleil. En
s de fermeture, frapper à la porte voisine (maison du bedeau). ☎ (028) 2076 2024
Ballycastle TIC).

ALLYMONEY

eslie Hill Open Farm – (&) Visite de Pâques à mai dimanches et jours fériés de 14 h
18 h ; en juin le week-end, de 14 h à 18 h ; en juillet-août, du lundi au samedi de
1 h à 18 h ; en septembre, le dimanche de 14 h à 18 h. 2,90 £. Salon de thé. Bou-
jue. ☎ (028) 2766 6803.

ANBRIDGE
🚹 TIC – ☎ (028) 4062 3322, fax (028) 4062 3114

ne Irish Linen Tour – De juin à septembre certains mercredis. Renseignements par
léphone. 10 £. Circuit de la journée comprenant un atelier traditionnel de teillage du
1, McConvilles à Dromore, le Linen Centre de Lisburn, deux ateliers locaux (Fergu-
n's Irish Linen, Ewart Lidell). Le déjeuner n'est pas compris. Réservation fortement
commandée. ☎ (028) 4062 3322, fax (028) 4062 3114.

ANGOR
🚹 34 Quay Street, BT20 5ED –
☎ (028) 9127 0069, fax (028) 9127 4466

romenades en bateau en baie de Bangor – Services en juillet et août à 14 h ; en
ai, juin, septembre et octobre, le week-end à 14 h. Durée : 20 à 30 mn. Croisières
ur l'observation des oiseaux, la pêche ou l'agrément. 2 £ (enfants : 1 £). ☎ (028)
145 5321 (Bangor Harbour Boats).

glise de l'abbaye de Bangor – Visite le lundi, le mercredi et le vendredi de 10 h à
2 h, ou bien sur rendez-vous. S'adresser au bureau de la paroisse, à côté de l'église.
 (028) 9145 1087.

orth Down Heritage Centre – & Visite de 10 h 30 (14 h le dimanche) à 17 h 30
6 h 30 de septembre à juin). Fermé le lundi sauf férié. Entrée libre. Visite guidée
45 mn) sur rendez-vous. Dépliant en français. 🅿. Buvette. ☎ (028) 9127 1200 ;
x (028) 9127 1370 ; bangor-heritage-centre@yahoo.com ; www.north-
wn.govc.uk/heritage/

ELFAST
🚹 St Anne's Court, 59 North Street, BT1 1NB,
☎ (028) 90244 6609, fax (028) 9031 2424
🚹 Belfast City Airport, BT3 9JH, ☎ (028) 9045 7745, fax (028) 9045 9198
🚹 Belfast International Airport, BT29 4AB, ☎ (028) 9442 2888, fax (028) 9445 2084

sites de la ville en bus – Sur demande, départ de Castle Place, de fin mai à début
ptembre. Belfast City Tour (3 h) du lundi au samedi à 13 h 30, 9 £ ; Belfast Living
story Tour (2 h 30 mn) : mardi, jeudi et dimanche à 13 h, 9 £ (réductions) ; Legan
xperience (2 h 30 mn) : mercredi à 13 h, 10 £ ; City Hopper Tour (55 mn) : du
ardi au samedi, toutes les heures de 10 h à 16 h, 5 £ ; commentaire, buvette.
 (028) 9045 8484 (circuits), 9024 6485 (renseignements) ; fax (028) 9064 1629 ;
edback@translink.co.uk ; www.translink.co.uk

lster Museum – & Visite de 10 h (13 h le samedi, 14 h le dimanche) à 17 h . Fermé
1er janvier et Noël. Entrée libre. Café. Boutique. ☎ (028) 9038 3000 ; www.ulster-
useum.org.uk

otanic Gardens – Visite de 7 h 30 au coucher du soleil. **Serre de palmiers et vallon
opical** : visite de 10 h à 12 h et de 13 h à 16 h (17 h d'avril à septembre). Entrée
bre. Visite guidée payante sur rendez-vous : ☎ (028) 9032 0202 (Reg Maxwell). 🅿.
 (028) 9032 4902 ; maxwells@belfastcity.gov.uk ; www.parks.belfastcity.gov.uk

ity Hall – & Visite guidée (1 h) de juin à septembre du lundi au vendredi à 10 h 30,
1 h 30 et 14 h 30, le samedi à 14 h 30 ; le reste de l'année du lundi au samedi à
4 h 30. Fermé le 1er janvier, 3 janvier, 17 mars, à Pâques, le lundi le plus proche du
er mai et le dernier lundi de mai, les 12 et 13 juillet, le dernier lundi d'août, les 25 et
6 décembre. Entrée libre. Brochure en français. ☎ (028) 9027 0456 et 9032 0202
(poste 2346), (028) 9027 0405 (minicom).

inen Hall Library – Visite du lundi au samedi de 9 h 30 à 17 h 30 (16 h le samedi).
ermé les dimanches et jours fériés. Entrée libre. Visite guidée (20 mn) sur demande.
uvette. ☎ (028) 9032 1707 ; fax (028) 9043 8586 ; info@linenhall.com

t Anne's Cathedral (anglicane) – (&) Ouvert du lundi au samedi, de 9 h à 17 h, le
imanche de 9 h 30 à 16 h 30. Visite guidée possible entre 10 h et 16 h. Entrée libre.
épliant en français. Le chœur chante aux offices du dimanche à 11 h et 15 h 30, le
ardi à 17 h 15. ☎ (028) 9032 8332 ; fax (028) 9023 8855 ;
elfast.cathedral@dial.pipex.com

BELFAST

Crown Liquor Saloon – (NT) ♿ Visite du lundi au samedi, de 11 h 30 à minuit, dimanche de 12 h 30 à 22 h. Fermé les 12 et 13 juillet, 25 et 26 décembre. Entr libre. Bar et restauration de bistrot. ☎ (028) 9024 9476.

Sinclair Seamen's Church – Visite le dimanche de 11 h à 13 h et de 18 h 30 à 20 h 30 et aussi de mars à octobre, le mercredi de 14 h à 16 h ; sinon, contacter Mrs Card Davis : ☎ (028) 9077 2429.

St Malachy's Church – Visite de 8 h à environ 17 h 30, ou sur rendez-vous. Mess à 8 h, 13 h et 17 h. ☎ (028) 9032 1713 ou 9023 3241 (gardien).

Oval Church – (♿) Visite le mercredi et le dimanche de 10 h 30 à 12 h 30 ; les autr jours sur rendez-vous. Récital de musique en juillet et août le mercredi à 13 h 1 ☎ (028) 9084 3592 (prêtre), 9042 2639 ; fax (028) 9059 4070.

Lagan Look-out – ♿ Visite d'avril à septembre de 11 h (12 h le samedi, 14 h dimanche) à 17 h ; d'octobre à mars du mardi au dimanche de 11 h (13 h le samed 14 h le dimanche) à 15 h 30 (16 h 30 le week-end). 1,50 £, 75 pence (enfants), 4 (familles). ☎ (028) 9031 5444 ; fax (028) 9031 1955.

Presbyterian Historical Society Museum – ♿ Visite guidée les lundis, mardis, jeu et vendredis de 10 h à 12 h 30 ; le mercredi de 13 h à 15 h 30. Fermé les jours férié Entrée libre. ☎ (028) 9032 2284.

Royal Ulster Rifles Museum – Visite du lundi au vendredi de 10 h à 16 h (15 h vendredi). Fermé les jours fériés. Visite guidée (30 mn). ☎ (028) 9023 2086 ; ru museum@yahoo.co.uk ; www.members.tripod.co.uk/rurmuseum/museum

Belfast Castle – ♿ Visite sauf exception de 9 h à 22 h (18 h le dimanche). Fermé 25 et 26 décembre. Une partie du château peut être fermée du fait de cérémonies of cielles. Entrée libre. Ascenseur. ☎ (028) 9077 6925.

Stormont – Parc ouvert au public aux heures du jour.

Glencairn People's Museum – ♿ Visite de 10 h (13 h le dimanche) à 16 h. Entr libre. Restaurant. ☎ (028) 9071 5599.

BELLAGHY

Bawn – (HM) Visite de juin à septembre du lundi au samedi de 10 h (12 h le samed à 17 h, le dimanche de 14 h à 18 h ; d'octobre à mars, du lundi au vendredi de 10 à 17 h. ☎ (028) 7938 6812 ; fax (028) 7938 6556.

BELLEEK

Pottery – Visite guidée (30 mn) du lundi au vendredi toutes les demi-heures ; dernie visite le vendredi à 15 h 30. 2,50 £. Audioguide et brochure en français. **Cen d'accueil** : visite en juillet et août de 9 h (10 h le samedi, 11 h le dimanche) à 20 (18 h le week-end) ; de mars à juin, en septembre et octobre de 9 h (10 h le same 14 h le dimanche) à 18 h (17 h 30 du lundi au samedi en octobre) ; de novembre février du lundi au vendredi de 9 h à 17 h 30. Musée. Magasin d'exposition. □. Re taurant. ☎ (028) 6865 8501 ; fax (028) 6865 8625.

ExplorErne – ♿ Visite du Vendredi saint à septembre de 10 h 30 à 18 h. Exposition 1 £. □. ☎ (028) 6865 8866 ; fax (028) 6865 8833.

BONEYBEFORE

Andrew Jackson et US Rangers Centres – Ouvert en avril-mai et octobre du lur au vendredi de 10 h à 13 h et de 14 h à 16 h (le week-end de 14 h à 16 h) ; de ju à septembre, du lundi au vendredi de 10 h à 13 h et de 14 h à 18 h (le week-e de 14 h à 18 h). 1,20 £. □. ☎ (028) 9336 6455 (Office de tourisme de Carrickf gus).

BRYANSFORD

Tollymore Forest Park – ♿ Visite toute l'année de 10 h au coucher du soleil. 2 (réductions), 3,80 £ par voiture. Visite guidée sur rendez-vous. □. Café. Aires de piqu nique. Pêche. ☎ (028) 4372 2428.

BUSHMILLS

Distillerie – (♿) Visite guidée (1 h) d'avril à octobre de 9 h 30 (12 h le dimanche) 17 h 30. Dernière visite à 16 h. De novembre à mars du lundi au vendredi à 10 h 3 11 h 30, 13 h 30, 14 h 30 et 15 h 30. 3,50 £. □. Accès au centre d'accueil, aux bo tiques et au restaurant en fauteuil roulant. ☎ (028) 2073 1521 ; fax (028) 20 1339 ; www.irish-whiskey-trail.com

ARNLOUGH   🟦 McKillops, Harbour Road – ☎ (028) 885 236

ARRICKFERGUS   🟦 Heritage Plaza, Antrim Street, BT38 7DG –
☎ (028) 9336 6455, fax (028) 9335 0350

hâteau – (HM) ♿ Visite d'avril à septembre du lundi au samedi de 10 h à 18 h (14 h
18 h le dimanche, 12 h à 18 h en juillet-août) ; d'octobre à mars du mardi au
manche et les lundis fériés de 10 h (14 h le dimanche) à 16 h. Dernière entrée 30 mn
ant la fermeture. Fermé les 25 et 26 décembre. 2,70 £ (réductions) ; billet combiné
ec le Knight Ride : 4,85 £. Visite guidée sur rendez-vous. Brochure en français. 🅿.
☎ (028) 9335 1273 ; fax (028) 9336 5190.

: Nicholas' Church – Appeler le presbytère : ☎ (028) 9336 3244.

night Ride – ♿ Visite de 10 h (12 h le dimanche) à 18 h (17 h d'octobre à mars).
70 £ ; billet combiné avec le château : 4,85 £. Dépliant en français. ☎ (028) 9336
455 ; fax (028) 9335 0350 ; touristinfo@carrickfergus.org ; www.carrickfergus.org

ASTLE CALDWELL Forest Park

arc forestier – ♿ Ouvert tous les jours. Entrée libre. 🅿. Café en été.

ASTLECAULFIELD

arkanaur Forest Park – ♿ Visite toute l'année de 8 h au crépuscule. Entrée libre.
arc des daims. Mare aux oiseaux. Visite guidée (1 h) sur rendez-vous. 🅿. ☎ (028)
775 9311.

ASTLEROCK

ezlett House – (NT) (♿) Visite guidée (40 mn, 15 personnes au maximum) de juin
août tous les jours sauf le mardi de 12 h à 17 h ; en avril, mai et septembre les
eek-ends et jours fériés de 12 h à 17 h ; du Vendredi saint au mardi de Pâques tous
s jours de 12 h à 17 h. Dernière visite 30 mn avant la fermeture. 1,80 £. 🅿. Accès
u rez-de-chaussée en fauteuil roulant. ☎/fax (028) 7084 8567.

ASTLEWELLAN

orest Park – ♿ Visite de 10 h au crépuscule. 3,80 £ par voiture. Visite guidée sur ren-
ez-vous. 🅿. Café. Aire de barbecue. Pêche. ☎ (028) 4377 8664, fax (028) 4377 1762.

LOGHER

athédrale St-Marcatan – Visite, libre ou guidée, sur demande exclusivement. Contac-
r Mr Jack Johnston, Clogher, ☎ (028) 8554 8288, Mr W. Taggart, 35 Main Street
Clogher, ☎ (028) 8554 8946, ou le révérend père R. Moore, doyenné, Augher Road
Clogher, ☎ (028) 8554 8235.

OALISLAND

ornmill Heritage Centre – ♿ Visite du lundi au vendredi de 10 h à 16 h, le week-
nd sur rendez-vous. Dernière entrée 1 h avant la fermeture. 1,50 £. 🅿. Ascenseur.
☎ (028) 8774 8532 ; fax (028) 8774 8695.

OLERAINE   🟦 Railway Road – ☎ (028) 7034 4723, fax (028) 7035 1756

avette pour la Chaussée des Géants – Voir à Portrush.

OMBER

astle Espie Centre – ♿ Visite de mars à octobre de 10 h 30 à 17 h (11 h 30 à 18 h
dimanche) ; de novembre à février de 11 h 30 à 16 h 15 (16 h 30 le samedi, 17 h
dimanche). Fermé les 24 et 25 décembre. 3,50 £. Postes d'observation des oiseaux.
entre éducatif. 🅿. Café. ☎ (028) 9187 4146, fax (028) 9187 3857.

ONLIG

omme Heritage Centre – Visite en juillet et août tous les jours de 10 h (12 h le week-
d) à 17 h ; d'avril à juin et en septembre du samedi au jeudi de 10 h (12 h le week-
d) à 16 h. 3,75 £. 🅿. ☎ (028) 9182 3202 ; www.irishsoldier.org

OOKSTOWN   🟦 The Burnavon, Burn Road, BT80 8TA –
☎ (028) 8676 6727, fax (028) 8676 5853

astle COOLE

hâteau – (NT) (♿) **Domaine** : ouvert aux promeneurs durant les heures du jour. 2 £
ar voiture. **Résidence** : ouvert de juin à août (sauf le jeudi) de 13 h à 18 h ; en avril,
ai et septembre les week-ends et jours fériés de 13 h à 18 h ; du Vendredi saint au
ardi de Pâques, de 14 h à 18 h. Dernière entrée 45 mn avant la fermeture. 3 £.
site guidée (45 mn). 🅿. Salon de thé. Aire de pique-nique. Boutique. ☎ (028) 6632
590 ; fax (028) 6632 5665 ; ncasco@smtp.ntrust.org.uk

COPELAND Islands

Accès – À partir de **Donaghadee** : services de mai à octobre sur rendez-vous, en juille
août tous les jours. ☎ (028) 9188 3403 (Nelson's Boats), (0378) 893 920 (bateau

CRANAGH

Sperrin Heritage Centre – Visite d'avril à octobre du lundi au samedi de 11 h 30
18 h, le dimanche de 14 h à 19 h. Dernière entrée 45 mn avant la fermeture. 2,15
Audioguide en français. ♿. Buvette. ☎ (028) 8164 8142.

CRAWFORDSBURN

Country Park – ♿ Visite de 9 h à 20 h (16 h 45 d'octobre à Pâques). **Centre d'accueil**
visite du lundi au vendredi de 10 h à 17 h (18 h le week-end, sauf d'octobre à Pâque
17 h). Fermé pendant une semaine à Noël. **Grey Point Fort** : visite de Pâques à octob
tous les jours sauf le mardi de 14 h à 17 h ; d'octobre à Pâques le dimanche seul
ment de 14 h à 17 h. ♿. Restaurant. Dépliant en braille. Audioguide. ☎ (028) 918
3621 ; fax (028) 9185 2580.

CULLYBACKEY

Arthur Cottage – ♿ Visite de mai à septembre du lundi au samedi de 10 h 30 à 17
(16 h le samedi). Fermé le dimanche. 1,80 £. Visite guidée (30 mn). Démonstrati
d'artisans de juin à août les mardis, vendredis et samedis à 13 h 30. ♿. ☎ (028) 258
0781 (en saison), (028) 2566 0300 ; fax (028) 2566 0400 ; devel.leisure@ball
mena.gov.uk ; www.ballymena.gov.uk

CULLYHANNA

Cardinal O'Fiaich Centre – (Aras An Chairdineil) Ouvert de 10 h (14 h le dimanch
à 17 h (18 h les jours fériés), le samedi uniquement sur rendez-vous. 2,50 £. Re
taurant. Boutique. ☎ (028) 3086 8757 ; info@ofiaichcentre-cullyhanna.co.uk
www.bluescreensolutions.co.uk/hugh

D

DERGENAGH

Simpson-Grant Homestead – ♿ Visite de Pâques à septembre du mardi au same
de 12 h à 17 h (de 14 h à 18 h le dimanche). Durée 1 h. 1,50 £. Visite guidée s
demande. ♿. Buvette. ☎ (028) 8555 7133.

DEVENISH Island

Accès à Devenish Island – Traversées quotidiennes d'avril à septembre à 10 h, 13
15 h, 17 h (fermé le mardi qui suit les lundis fériés) au départ de Trory Point. Cap
cité 26 passagers. 2,25 £. Visite guidée de 90 mn possible. ♿. ☎ (028) 9023 500
Île – Visite de 10 h (14 h le dimanche) à 19 h. Fermé le lundi. 2,25 £ (traversée co
prise).

DONAGHADEE

Promenades en bateau sur le Belfast Lough – Au départ de Donaghadee, servi
quotidien de juin à septembre (si le temps le permet). Durée : de 2 à 3 h. Matériel
pêche fourni. Bar. ☎ (028) 9188 3403 (Nelson's Boats), (0378) 893 920.

DONAGHMORE

Heritage Centre – Visite du lundi au vendredi de 9 h à 17 h. ☎ (028) 8776 703

DOWNHILL

Château et Mussenden Temple – **Domaine** : ouvert tous les jours du lever au couch
du soleil. **Mussenden Temple** : Visite en juillet et août tous les jours de 12 h à 18 h ; d'av
à juin et en septembre les week-ends et jours fériés de 12 h à 18 h ; du Vendredi sai
au mardi de Pâques de 12 h à 18 h. Entrée libre. ♿. Aires de pique-nique. ☎ (02
7084 8728.

DOWNPATRICK
🏛 74 Market Street, BT30 6L
☎ (028) 4461 2233, fax (028) 4461 23

Down Cathedral – ♿ Visite du lundi au vendredi et les jours fériés de 9 h 15 à 17
le week-end de 14 h à 17 h. Fermé le Vendredi saint et les 25 et 26 décembre. Offranc
Visite guidée possible. Brochure en français. ♿. Librairie. ☎ (028) 4461 4922.

Down County Museum – (♿) Visite de juin à août de 10 h (14 h le week-end) à 17
Mêmes heures mais du mardi au samedi de septembre à mai. Entrée libre. Visite gu
dée (1 h) sur accord préalable. Brochure en français. ☎ (028) 4461 5218.

nvirons

ch Abbey – (HM) Visite d'avril à septembre sauf le lundi de 10 h (14 h le dimanche)
19 h ; le reste de l'année le samedi seulement de 10 h à 13 h 30. 1 £ (50 pence
ductions). 🅿. ☎ (028) 9054 3037.

RAPERSTOWN

antation of Ulster Museum – Visite de Pâques à septembre du lundi au samedi de
) h à 17 h, le dimanche de 13 h à 17 h ; le reste du temps, du lundi au vendredi de
) h à 17 h. ☎ (028) 7962 7800, fax (028) 7962 7732 ; info@theflightoftheearl-
xperience ; www.theflightoftheearlsexperience

RUMBALLYRONEY

rontë Centre – (♿) Visite de mars à septembre, du mardi au vendredi, de 11 h à
7 h, les samedis et dimanches, de 14 h à 18 h. 2 £. Brochure en français. 🅿. Aires
 pique-nique. Accès en fauteuil roulant à l'église et à l'école. ☎ (028) 4063 1152.

RUMBEG

glise – Ouverte tous les jours de 8 h à 17 h.

UNDRUM

urlough National Nature Reserve – (NT) Visite du lever au coucher du soleil. **Centre
information** : visite (si le temps le permet) de juin à août et le 1er week-end de sep-
mbre de 10 h à 17 h. 🅿 : 2 £ par voiture. ☎ (028) 4375 1467 ou 4372 4362 ;
x (028) 4375 1467 ; umnnrw@smtp.ntrust.org.uk

hâteau – (HM) Visite d'avril à septembre sauf le lundi, de 10 h (14 h le dimanche)
19 h. 75 pence. Visite guidée (30 mn). 🅿. ☎ (028) 9054 3037 (HM Belfast).

UNGANNON
🚹 Killymaddy Centre, Ballygawley Road (le long de la A 4),
BT70 1TF – ☎ (028) 8776 7259, fax (028) 8776 7911

yrone Crystal – ♿ Visite guidée (45 mn) du lundi au vendredi de 9 h 30 à 15 h .
 £ (enfants de moins de 12 ans : gratuit). **Boutique et café** : ouvert du lundi au samedi
 9 h à 17 h. 🅿. Prêt de fauteuils roulants. Brochure en français. ☎ (028) 8772
335 ; fax (028) 8772 6260 ; tyrcrystal@aol.com ; www.tyronecrystal.com

eritage World – ♿ Visite du lundi au jeudi de 9 h à 13 h et de 14 h à 17 h, le ven-
redi de 9 h à 13 h. Droit de consultation des documents généalogiques : 10 £ mini-
um. Rampe d'accès. ☎ (028) 8767 039 ; fax (028) 8767 663.

UNGIVEN

rieuré – (HM) Ouvert tous les jours. Entrée libre. ☎ (028) 9054 3037.

E – F – G

NNISKILLEN
🚹 Wellington Road, BT74 7EF –
☎ (028) 6632 3110, fax (028) 6632 5511

ough Erne Waterbus – Au départ de la Round « O » Jetty (Brook Park, Belleek Road
 A46). En juillet et août, services quotidiens à 10 h 30, 14 h 15 et 16 h 15 et croi-
ère nocturne à Bellanaleck le mardi, le jeudi et le dimanche à 19 h 15 ; en mai et
in, les dimanches et jours fériés à 14 h 30 ; en septembre le mardi, le samedi et le
manche à 14 h 30. Durée : 1 h 45 (arrêt d'une demi-heure à Devenish Island). 6 £.
V Kestrel à pont couvert, capacité 56 passagers. Buvette. Bar. ☎ (028) 6632 2882
rne Tours Ltd) ; fax (028) 6638 7954.

ocation de bateaux à la journée – À Enniskillen, ☎ (028) 6632 2882, fax (028)
638 7954 (Erne Tours Ltd, Round « O » Jetty, Brook Park, Belleek Road) ; à Killa-
eas, ☎ (028) 6862 8100 (Manor House Marine) ; ☎ (028) 6862 1557 (B. Ternan,
ne Beeches, Killadeas) ; à Kesh, ☎ (028) 6863 2328, (028) 6632 2666 (G. Keown,
inona Boats à Boa Island Bridge) ; à Belleek, ☎ (028) 6865 8181 (Belleek Angling
entre, The Thatch, Main Street) ; à Newtownbutler, ☎ (028) 6773 8118 (Crom
state) ; à Teemore, ☎ (028) 6774 8893 (Shannon-Erne Country Cottages and Crui-
ers).

hâteau – (♿) Visite en juillet et août du mardi au vendredi et les lundis fériés de 10 h
 17 h. Les autres lundis et le week-end de 14 h à 17 h. En mai, juin et septembre,
êmes horaires mais fermé le dimanche. Les autres mois, fermé le week-end. Se ren-
eigner pour les fêtes de fin d'année. 2 £. Guide et renseignements en français. 🅿.
scenseur. ☎ (028) 6632 5000 (château) ; fax (028) 6632 7342 ; castle@ferma-
agh.gov.uk

Regimental Museum of the Royal Inniskilling Fusiliers – (&) Ouvert les jours féri
de 10 h à 17 h, de mai à septembre du mardi au vendredi de 10 h à 17 h ; le lund
le samedi (et aussi le dimanche en juillet-août) de 14 h à 17 h ; en octobre, du mar
au vendredi de 10 h à 17 h, le lundi de 14 h à 17 h. ☎ (028) 6632 3142.

Cole's Monument – Visite de mi-mai à mi-septembre de 11 h à 13 h et de 14 h
18 h. 70 pence (enfants 30 pence). Brochure en français.

FLORENCE Court

Château – (NT) (&) Visite guidée (45 mn) du Vendredi saint au mardi de Pâques (
13 h à 18 h. Mêmes horaires de juin à août mais fermé le mardi. En avril, mai et sep
tembre, ouvert le week-end et jours fériés seulement. Dernière visite guidée 45 m
avant la fermeture. 3 £. ☐. Restaurant. Salon de thé. Aire de pique-nique. Accès a
rez-de-chaussée et aux jardins en fauteuil roulant. ☎ (028) 6634 8249 ; fax (028
6634 8873 ; ufcest@smtp.ntrust.org.uk

Jardins – (NT) Visite toute l'année de 10 h à 19 h ou au coucher du soleil. Fermé
25 décembre. ☐ : 2 £.

Parc forestier – Promeneurs : à toute heure. Voitures : de 10 h à 19 h (16 h d'o
tobre à mars), fermé le 25 décembre. 2,50 £ par voiture (haute saison). ☐. ☎ (028
6634 8497.

GIANT'S CAUSEWAY

🖪 44 Causeway Ro
Bushmills, BT57 8FU – ☎ (028) 2073 1855, fax (028) 2073 25:

Site – (NT) (&) Accueil toute l'année. Boutique et salon de thé du National Trust : ☎
(028) 2073 2972. Bureau du NT : ☎ (028) 2073 1159, 1582, 2143 ; fax (028) 207
2962.

Navette d'accès à la Chaussée – (NT) Trajet 15 mn. &. Fonctionne toutes les 15 m
pendant la saison. Aller/retour 1 £. Minibus avec plate-forme handicapés.

Visitor Centre – (Moyle District Council) Ouvert tous les jours de 10 h à 19 h (18
en juin, 17 h de mars à mai et septembre-octobre, 16 h 30 en janvier-février
novembre-décembre). Présentation audiovisuelle (12 mn) en français : 1 £. Visite gu
dée de la Chaussée sur rendez-vous. ☐ : 3 £. Boutiques d'artisanat et de souvenir
Salon de thé. ☎ (028) 2073 1855 ; fax (028) 2073 2537.

GLENARIFF Forest Park

& Visite de 10 h à la tombée du jour. **Voiture** : 3 £, **bus** : 20 £, **piéton** : 1,50 £. ☐. Re
taurant. Aire de pique-nique. ☎ (028) 2175 8232 ; fax (028) 2175 8828.

GLENARM

🖪 Community Hall, 2 The Bridge – ☎ (028) 841 08

GLENAVY

Ballance House – (&) Visite d'avril à septembre du mardi au dimanche et les lund
fériés de 11 h (14 h le week-end) à 17 h. 2 £, 50 pence (enfants). ☐. Repas et buvett
Accès au rez-de-chaussée pour les fauteuils roulants. ☎ (028) 9264 8492 ; fax (028
9264 8098.

Glenariff Forest Park – Les chutes

Christopher Hill, Belfast

GORTIN

Ulster History Park – & Visi
d'avril à septembre de 10 h
17 h 30 (18 h 30 en juillet-août)
d'octobre à mars du lundi au ve
dredi de 10 h à 17 h. Derniè
entrée 1 h avant la fermetur
3,75 £. Visite guidée (2 h). Bro
chure en français. ☐. Buvette. Air
de pique-nique. Cafétéria. ☎ (028
8164 8188 ; fax (028) 816
8011 ; www.omagh.gov.uk/hist
rypark.htm

Gortin Glen Forest Park – Visi
de 10 h au crépuscule. 2,50 £ p
voiture. Visite guidée (1 h) sur ren
dez-vous. ☐. Aires de jeux et c
pique-nique. Possibilité de barb
cue sur demande. Terrain de can
ping : 1,70 £ par personne et p
nuit. ☎ (028) 8164 8217
fax (028) 8164 8070.

GREENCASTLE

Château – (HM) Visite d'avril à septembre tous les jours sauf le lundi de 10 h (14 h dimanche) à 18 h. 75 pence. 🅿. ☎ (028) 9054 3037.

GREYABBEY

Grey Abbey – (HM) Visite d'avril à septembre du lundi au samedi de 10 h à 19 h ; octobre à mars le week-end de 10 h (14 h le dimanche) à 16 h. 1 £. Visite guidée (30 mn). 🅿. ☎ (028) 4278 8585 (responsable), (028) 9054 3037 (HM Belfast).

H

HILDEN

Brewery Visitor Centre – Visite de 10 h à 17 h. Visite guidée de la brasserie (40 mn) 11 h 30 et 14 h 30. 4,50 £, dégustation comprise. Présentation audiovisuelle. Bar à bière-restaurant. 🅿. ☎ (028) 9266 3863.

HILLSBOROUGH

 The Court House – ☎ (028) 9268 9717, fax (028) 9268 9016.

Court House – (HM) Visite du lundi au samedi de 9 h à 17 h 30, et en juillet-août aussi le dimanche de 14 h à 18 h. Entrée libre. ☎ (028) 9054 3037.

Fort – (HM) Visite d'avril à septembre du mardi au samedi et les lundis fériés de 10 h (14 h le dimanche) à 19 h. Entrée libre. 🅿. ☎ (028) 9268 3285.

HOLYWOOD

Ulster Folk and Transport Museum – ♿ Visite en juillet et août tous les jours de 10 h 30 (12 h le dimanche) à 18 h ; d'avril à juin et en septembre du lundi au vendredi, de 9 h 30 à 17 h, le samedi de 10 h 30 à 18 h, le dimanche de 12 h à 18 h ; le reste de l'année du lundi au vendredi de 9 h 30 à 16 h, le week-end de 12 h 30 à 16 h 30. Durée 4 à 5 h. 4 £. Brochure en français. 🅿. Buvette. ☎ (028) 9042 8428 ; fax (028) 9042 8728.

K

KILCLIEF

Château – (HM) Visite d'avril à septembre du mardi au dimanche de 10 h (14 h le dimanche) à 18 h. 75 pence. ☎ (028) 9054 3037.

KILDRESS

Wellbrook Beetling Mill – (NT) Visite en juillet et août, sauf le mardi, de 14 h à 18 h ; d'avril à juin et en septembre les week-ends et jours fériés de 14 h à 18 h ; du Vendredi saint au mardi de Pâques, tous les jours de 14 h à 18 h. 2 £. Visite guidée (30 mn). Dépliant en français. 🅿. ☎ (028) 8675 1715 ; fax (028) 8675 1735.

Drum Manor Forest Park – ♿ Visite de 8 h à 22 h (16 h 30 en hiver). 1 £. 2,50 £ par voiture. Visite guidée sur rendez-vous. 🅿. Buvette. Terrain de camping-caravaning. ☎ (028) 8775 9311.

KILKEEL

 6 Newcastle Street – ☎ (028) 4176 2525, fax (028) 4176 9947

KILLYLEAGH

Delamont Country Park – Visite de 9 h au crépuscule. Terrain d'aventures. Tour de guet. Parcours d'orientation. Promenades en bateau. Randonnée à poney. Jardinerie. Salon de thé. Aire de pique-nique. Boutique. ☎/fax (028) 4482 8333 (gardien du parc).

KINTURK

Cultural Centre – ♿ Visite de juin à septembre du lundi au vendredi de 10 h à 20 h, le week-end de 11 h à 18 h ; d'octobre à mai sauf le samedi de 11 h (12 h 30 le dimanche) à 18 h. 1,50 £. Présentation audiovisuelle. Exposition sur le Lough Neagh. Promenades guidées. Excursions en bateau. Restaurant. 🅿. ☎ (028) 8673 6512.

L

LARNE

🛈 Narrow Gauge Road, BT40 1XB
☎ (028) 2826 0088, fax (028) 2826 06●

Bac pour Island Magee – Services quotidiens si le temps le permet d'heure en heu●
de 7 h 30 à 17 h 30 (17 h le week-end) ; services plus fréquents tôt le matin et ta●
dans l'après-midi. Aller simple : 60 pence, 30 pence (enfants). ☎ (028) 2827 408●

Carnfunnock Country Park – Visite de Pâques à septembre de 10 h à 18 h (20 h ●
juillet et août). Le labyrinthe est gratuit en juillet et août. Crazy ball, putting et g●
9 trous : se renseigner par téléphone sur les tarifs. 🅿. Train miniature. ☎ (028) 282●
0541 ; ☎/fax (028) 2826 0088 (Larne TIC).

LIMAVADY

🛈 Council Offices, 7 Connell Street, BT49 0 HA●
☎ (028) 7776 0307, fax (028) 7772 20●

Roe Valley Country Park – Visite toute l'année. **Centre d'accueil** : visite en été tous les jou●
de 10 h à 20 h ; en hiver du lundi au vendredi de 10 h à 17 h. Visite guidée accompa●
gnée par un spécialiste de l'environnement. ☎ (028) 7167 532, fax (028) 7772 207●

LISBURN

🛈 Irish Linen Centre and Lisburn Museu●
BT49 0 HA – ☎ (028) 9266 0038, fax (028) 9260 78●

The Irish Linen Tour – Voir à Banbridge.

Irish Linen Centre and Lisburn Museum – ♿ Visite du lundi au samedi de 9 h 30 ●
17 h 30. Dernière entrée 1 h avant la fermeture. Entrée libre (durée 2 h). Dépliant ●
français. Commentaire audio sur demande. Boutique d'articles en lin. Café. Office ●
tourisme. Aide aux malentendants. ☎ (028) 9266 3377 ; fax (028) 9267 2624.

Christchurch Cathedral – Offices le dimanche à 11 h et 18 h 30, et aussi à 9 h 30 ●
2e et 4e dimanche du mois. Prendre la clé chez le sacristain sur le domaine. ☎ (02●
9260 2400 (bureau), 9266 2865 (presbytère).

LISNAKEA

Upper Lough Erne Cruises – Horaires et prix, voir Share Holiday Village, ☎ (02●
6772 2122 ; fax (028) 7672 1893 ; share@dnet.co.uk ; www.sharevillage.org

LISNARRICK

Castle Archdale Country Park – Visite toute l'année. **Centre d'accueil** : visite en juill●
et août, sauf le lundi, de 11 h à 19 h ; le reste de l'année sur rendez-vous. Entr●
libre. 🅿. ☎ (028) 6862 1588 ; fax (028) 6862 1375.

Accès à White Island – Le bateau (12 passagers) assure le passage si le temps le pe●
met au départ de la marina de Castle Archdale. Services de Pâques à août ; en juill●
et août d'heure en heure de 11 h à 18 h ; le dimanche seulement de Pâques à juin ●
14 h à 18 h selon la même fréquence. 3 £ (enfants : 2 £). Visite guidée possible. ●
Vérifier horaires au ☎ (028) 6862 1333.

White Island – Ouvert de juin à septembre sauf le lundi de 10 h (14 h le dimanch●
à 19 h. 2,25 £ (enfants : 1,20 £).

Un regard adapté au rôle : Janus

2 44 Foyle Street, BT48 6AT –
☎ (028) 7126 7284, fax (028) 7137 7992, info@derryvisitor.com

ty Walls and Gates (remparts et portes) – (&) Accès gratuit tous les jours, panneau nformation. Promenade guidée possible. Accès en fauteuil roulant sauf Bishop's te. ☎ (028) 7126 7284 (TIC) ; info@derryvisitor.com ; www.derryvisitor.com

Columb's Cathedral (anglicane) – Visite en été de 9 h à 17 h ; en hiver de 9 h à h et 14 h à 16 h. 1 £. Présentation audiovisuelle : l'histoire et le rôle du monu-nt, le siège de Derry en 1689. Brochure en français. ☎ (028) 7126 7313 ; an@derry.anglican.org

wer Museum – Visite en juillet et août tous les jours de 10 h (14 h le dimanche) à h ; en juin du mardi au samedi et les lundis fériés de 10 h à 17 h ; Dernière entrée 16 h 30. 4 £, 8 £ (familles). ☎ (028) 7137 2411 ; fax (028) 7137 7633 ; wer.museum@derrycity.gov.uk

fth Province – & Séances du lundi au vendredi à 11 h 30 et 14 h 30. 3 £. ☐ public. (028) 7137 3177.

ng Tower Church – Ouvert du lundi au samedi de 7 h 30 à 21 h, et le dimanche 8 h à 16 h 30.

ildhall – & Visite du lundi au vendredi de 9 h à 17 h. Fermé les lundis fériés. Entrée re. ☎ (028) 7137 7335 ; fax (028) 7137 7964.

rbour Museum – Visite du lundi au vendredi de 10 h à 13 h et de 14 h à 16 h 30. trée libre. ☎ (028) 7137 7331 ; fax (028) 7137 7633.

Eugene's Cathedral (catholique) – Ouvert du lundi au samedi de 7 h 30 (8 h 30 samedi) à 21 h, et le dimanche de 6 h 30 à 19 h. ☎ (028) 7126 2894, 7126 5712 ; x (028) 7137 7494 ; steugenesderry@uk.online.uk

yle Valley Railway Centre – & Téléphoner pour les horaires. Excursion en train : 50 £. ☐. Buvette. ☎ (028) 7126 5234.

orkhouse Museum – Visite du lundi au jeudi de 10 h à 17 h et le samedi de 10 h 6 h. Entrée libre. ☎ (028) 7131 8328.

ange Order Museum – Visite du lundi au samedi de 10 h 30 à 17 h 30. S'adresser 15, Main Street, Loughal (gardien). ☎ (028) 3889 1524.

AGHERA

eille église – (HM) Aller chercher la clé à l'accueil du centre de loisirs (Recreation ntre), St Lurach's Road, à l'Est de Bank Square. ☎ (028) 9054 3037.

AGHERY

atlands Park – & **Parc** : ouvert de 9 h à 21 h ou jusqu'au coucher du soleil. Fermé 25 décembre. Entrée libre. **Centre d'accueil** : ouvert de juin à août de 14 h à 18 h ; aussi de Pâques à septembre les week-ends et jours fériés de 14 h à 18 h. **Chemin fer à voie étroite** : circule les jours d'ouverture du centre d'accueil. Visite guidée sur dez-vous. Aire de pique-nique. ☐. Salon de thé. ☎ (028) 3885 1102 ; fax (028) 85 1821.

AGILLIGAN

2 Benone Tourist Complex,
52 Benone Avenue – ☎ (015047) 50555

ALONE House

Visite du lundi au samedi de 9 h à 16 h 30. Fermé le 25 décembre. Entrée libre. Restaurant. ☎ (028) 9068 1246 ; fax (028) 9068 2197.

ARKETHILL

sford Forest Park – & Visite de 10 h au coucher du soleil. 1,50 £ (réductions) ou £ par voiture. Visite guidée (2 h) sur accord préalable. ☐. Café. Aire de barbecue. omenades à poney. ☎ (028) 3755 2169 (garde forestier) ou 1277.

LLISLE

llycopeland Windmill – (HM) Visite d'avril à septembre de 10 h (14 h le dimanche) 9 h. Fermé le lundi sauf férié. 1 £. ☎ (028) 9186 1413 (moulin), (028) 9023 00 (Monuments historiques).

MONEYMORE

Springhill – (NT) (&) Visite en juillet-août sauf le jeudi, de 14 h à 18 h ; d'avril à juin
en septembre les week-ends et jours fériés de 14 h à 18 h ; du Vendredi saint au ma
de Pâques tous les jours de 14 h à 18 h. 2,75 £. ⊞. Buvette. Accès au rez-de-chauss
en fauteuil roulant. Programme pour malentendants. ☎/fax (028) 8674 8210.

MOUNT STEWART

Jardins – & Visite d'avril à septembre tous les jours de 11 h à 18 h ; en octobre
week-end de 11 h à 18 h ; en mars le dimanche de 14 h à 17 h (y compris le 17 mar

Résidence – (NT) & Visite de mai à septembre de 13 h à 18 h (fermé le mardi) ;
avril et octobre seulement le week-end de 13 h à 18 h ; du Vendredi saint au dimanc
après Pâques, de 13 h à 18 h. Résidence, jardins et tour : 3,50 £. Visite guidée (45 m
⊞. Salon de thé. Boutique. Prêt de fauteuils roulants et voiturettes. Programme po
malentendants. ☎ (028) 4278 8387 ou 8487 ; fax (028) 4278 8569
umsest@smtp.ntrust.org.uk

Tour des Vents – Visite d'avril à octobre le week-end de 14 h à 17 h. Tour seul
1 £. Visite guidée (15 mn) possible.

MOUNTJOY

Ulster-American Folk Park – & Visite de Pâques à fin septembre du lundi au sam
de 10 h 30 à 18 h, les dimanches et jours fériés, de 11 h à 18 h 30 ; le reste de l'a
née du lundi au vendredi de 10 h 30 à 17 h. Dernière entrée 1 h 30 avant la ferm
ture. 4 £. Brochure en français. ⊞. Café. Aire de pique-nique. ☎ (028) 8224 329
fax (028) 8224 2241 ; uafp@iol.ie ; www.folkpark.com

N

Lough NAVAR

Forest Park – Visite toute l'année du lever au coucher du soleil. 2,50 £ (voitur
1,50 £ (moto), 5 £ (minibus) en saison. ⊞. Aire de pique-nique. Pêche. ☎ (028) 68
1256 ; fax (028) 6864 1743.

Lough NEAGH

Promenades en bateau sur le lac Neagh – Services si le temps le permet le wee
end toutes les 30 mn. Du lundi au vendredi à partir de **Kinnego Marina** (rive Sud), p
menades quotidiennes vers le lac Neagh Discovery Centre (1/2 h). Tarifs à partir
4 £ (réductions). Capacité 12 passagers. ☎ (028) 3832 7573.

Pêche sur le lac Neagh – Permis distribués par le Fisheries Conservancy Board, 1 Mah
Road, Portadown. Ouvert du lundi au vendredi de 9 h à 13 h et de 14 h à 17 h. To
permis : 21 £ par an, 10 £ pour 8 jours, 4 £ pour une journée. Permis pour pêche à
ligne (sauf saumon et truite) : 8 £ par an, 4 £ pour 8 jours, tarif pour 3 jours. ☎ (02

438

33 4666 ; fax (028) 3833 8912 ; tfearon@fcbni.force9.co.uk. **Lower Bann Fishing** : per- distribués par Bann System Ltd, 54 Castleroe Road, Coleraine, BT51 3RL. ☎ (028) 34 4796 ou 4035 6527 ; ed@irishsociety.freeserve.co.uk ; w.bannsystem.infm.ulst.ac.uk

covery Centre Oxford Island – ⴲ Visite d'avril à septembre tous les jours de 10 h 9 h ; le reste de l'année du mercredi au dimanche de 10 h à 17 h. 2 £ (réductions). tes d'observation des oiseaux. Dépliant sur l'exposition en français. ⯐. Café. (028) 3832 2205 ; oxford.island@craigavon.gov.uk ; www.craigavon.gov.uk/dis- ery.htm

ENDRUM Monastery

M) Visite d'avril à septembre, sauf le lundi, de 10 h (14 h le dimanche) à 19 h. pence. ⯐. ☎ (028) 9054 3037.

EWCASTLE

🛈 1014 The Promenade, BT33 OAA – ☎ (028) 4372 2222, fax (028) 4372 2400

urne Countryside Centre – Ouvert du lundi au vendredi de 9 h à 17 h, et aussi le ek-end de juin à septembre, mêmes horaires (on passe par les bureaux immédiate- nt voisins du Mourne Heritage Trust. Brochure. Promenades dans les monts Mourne. (028) 4372 4059 ; fax (028) 4372 6493 ; mht@mourne.co.uk

r Lady of the Assumption Church (catholique) – Ouvert tous les jours de 8 h à 20 h.

EWRY

thédrale – Ouvert de 8 h à 18 h. ☎ (02) 3026 2586 ; fax (028) 3026 7505.

useum – (ⴲ) Visite du lundi au vendredi de 10 h 30 à 16 h 30. Entrée libre. Café. ntre artistique accessible en fauteuil roulant (pas le musée). ☎ (028) 3026 6232.

EWTOWNABBEY

lfast Zoological Gardens – ⴲ Visite de 10 h à 17 h (15 h 30 d'octobre à mars). rmé le 25 décembre. Durée 2-3 h. En été : 5,50 £ (tarifs réduits en hiver). Dépliant français. ⯐. Café. ☎ (028) 9077 6277 ; fax (028) 9037 0578.

EWTOWNARDS

🛈 31 Regent Street – ☎ (028) 9182 6846, fax (028) 9182 6681

rabo Country Park – (ⴲ) Visite toute l'année. **Scrabo Tower** : visite à Pâques et de à septembre, sauf le vendredi, de 10 h 30 à 18 h. Entrée libre. ⯐. ☎ (028) 9181 91 ; fax (028) 9182 0695 (gardien).

EWTOWNBUTLER

om Estate Visitor Centre – (NT) ⴲ Visite d'avril à septembre de 10 h (12 h le manche) à 18 h. 3 £ par voiture ou par bateau. Promenade guidée sur rendez-vous. Salon de thé. Boutique. ☎ (028) 6773 8174 ; ☎/fax (028) 6773 8118.

Les monts Mourne vus de la plage de Newcastle

O – P – Q

OMAGH

1 Market Street, BT78 1█
☎ (028) 8224 7831, fax (028) 8224 0█

PORTAFERRY

The Stables, Castle Str█
☎ (028) 4272 9882, fax (028) 4272 9█

Exploris Aquarium – ♿ Visite de 10 h (11 h le samedi, 13 h le dimanche) à 1█ (17 h de septembre à mars). 3,95 £. Brochure et carte en français. 🅿. Café. Boutic█ Rampe d'accès et ascenseurs. ☎ (028) 4272 8062 ; fax (028) 4272 8396.

PORTRUSH

Dunluce Centre, Sandhill Drive, BT56 8█
☎ (028) 7082 3333, fax (028) 7082 2█

Causeway Coast Open-top Bus – La desserte de la Chaussée des Géants (bus déc█ vert à impériale quand le temps le permet) fonctionne en juillet et août (se renseig█ à la gare routière (bus dépôt) pour les 12-13 juillet). Départs de Coleraine à 9 h █ 11 h 30, 13 h 50, 16 h, 18 h 15. Retour à 10 h 20, 12 h 40, 14 h 55, 17 h 10, 18 h 5█ étapes possibles à Portstewart, Portrush, Portballintrae, Bushmills. Horaires des █ de la région Nord (ligne 177) : voir gares routières de l'Ulster et les TIC. Aller/ret█ 3,60 £. Aller simple 2 £. ☎ (028) 7034 3334.

Dunluce Centre – (♿) Visite à Pâques et en juillet et août tous les jours de 10 █ 19 h ; d'avril à juin et en septembre tous les jours de 12 h à 17 h (18 h le week-█ et en juin) ; en mars et octobre le week-end de 12 h à 17 h. 5 £. 🅿. Café. ☎ (0█ 7082 4444 ; fax (028) 7082 2256 ; dayout@dunlucecentre.freeserve.co.u█ www.touristnetuk.com/ni/dunluce

Countryside Centre – Visite de juin à août sauf le mardi, de 12 h à 18 h. En s█ tembre, téléphoner pour avoir les horaires. Entrée libre. 🅿. ☎ (028) 7082 36C█ www.nics.gov.uk/ehs/

Dunluce Castle – (HM) Visite d'avril à septembre sauf le lundi, de 10 h (12 h le diman█ de juin à août, 14 h le dimanche en avril-mai et septembre) à 18 h ; d'octobre à mars█ mardi au dimanche et les lundis fériés de 10 h (14 h le dimanche) à 16 h. Dernière ent█ 30 mn avant la fermeture. 1,50 £. Audioguide en français : 1 £. 🅿.

PORTSTEWART

Town Hall, The Crescent – ☎ (028) 832█

QUOILE

Countryside Centre – ♿ Visite d'avril à septembre tous les jours de 11 h à 17 h █ reste de l'année le week-end de 13 h à 17 h. Fermé les 1er janvier, 25 et 26 décemb█ Entrée libre. 🅿. Accès en fauteuil roulant au site d'observation des oiseaux. ☎ (0█ 4461 5520 ; fax (028) 4461 3280.

R – S

RATHFRILAND

Brontë Centre – Visite de mars à octobre du lundi au vendredi de 11 h à 17 h █ week-end de 14 h à 18 h. 1 £. Brochure en français. ☎ (028) 4063 1152.

SAINTFIELD

Rowallane Gardens – (NT) ♿ Visite d'avril à octobre de 10 h 30 (14 h le week-e█ à 18 h ; le reste de l'année du lundi au vendredi de 10 h 30 à 17 h. Fermé le 1er j█ vier, les 25 et 26 décembre. Durée 2 h. En saison : 2,50 £ ; en hiver : 1,40 £. Salon de thé. Prêt de fauteuils roulants. ☎ (028) 9751 0131.

SAUL

St Patrick's Memorial Church – Ouvert de 8 h au coucher du soleil. Office le diman█ à 10 h. ☎ (028) 4461 3101.

SEAFORDE

Jardin – Visite de Pâques à septembre du lundi au samedi de 10 h à 17 h, le diman█ de 13 h à 18 h. Entrée payante. 🅿. ☎ (028) 4481 1225.

SILENT VALLEY

Réservoir – ♿ Visite de 10 h à 18 h 30 (16 h d'octobre à avril). 3 £ (voiture). Ce█ d'information : ouvert de 10 h à 18 h 30. Entrée libre. 🅿. Navette en bus entre le p█ de stationnement et Ben Crom. **Réservoir** : en juillet et août, tous les jours ; en mai, j█ et en septembre, le week-end. 1,20 £ (réductions 90 pence). Buvette en été. ☎ (08█ 744 0088.

ON MILLS ⓘ 151 Melmount Road – ☎ (016626) 58027

EVE GULLION

rest Park – Visite de Pâques à septembre à partir de 8 h. 2,50 £ par voiture. (028) 4173 8284 ou 8226 ; fax (028) 4173 9413.

RABANE
ⓘ (en saison) Abercorn Square, BT82 8AE –
☎ (028) 7188 3735, fax (028) 7138 2264

ay's Printing Press – (NT) ♿ Visite d'avril à septembre du mardi au samedi de 14 h 7 h. Fermé les jours fériés. 2 £ (réductions). Présentation audiovisuelle. Visite gui-e (1 h) sur demande. ☎ (028) 7188 4094.

son Ancestral Home – Visite de 13 h à 18 h ; sonner et attendre.

RANGFORD

angford Narrows Car-Ferry – Services quotidiens (sauf le 25 décembre) toutes les mi-heures : à partir de **Strangford** à l'heure et la demi-heure du lundi au vendredi de 30 à 22 h 30, le samedi de 8 h 30 à 23 h, le dimanche de 9 h 30 à 22 h 30 ; à tir de **Portaferry** au quart et à moins le quart, du lundi au vendredi de 7 h 45 à h 45, le samedi de 8 h 15 à 23 h 15, le dimanche de 9 h 45 à 22 h 45. 85 pence, ture : 4,20 £, enfants : 45 pence, motos : 2,70 £. ☎ (028) 4488 1637 ; fax (028) 38 1249.

aison forte – (HM) Demander la clé à la maison d'en face. ☎ (028) 9054 3037.

M. Clark/National Trust Photographic Library

ANDRAGEE

yto Potato Crisp Factory – Visite guidée (1 h 30, 60 personnes au maximum) sur ndez-vous uniquement du lundi au jeudi à 10 h 30 et 13 h 30, le vendredi à 10 h 30. rmé à Pâques, les 12 et 13 juillet et la semaine de Noël. Entrée libre. Brochure en nçais. ⓟ. ☎ (028) 3884 0249, postes 256 à 248 ; fax (028) 3884 0085.

MPLEPATRICK

mpletown Mausoleum – (NT) Visite toute l'année pendant les heures du jour. trée libre. ☎ (028) 9751 0721 (bureau régional du National Trust).

tterson's Spade Mill – (NT) ♿ Ouvert de juin à août sauf le mardi, de 14 h à 18 h ; avril, mai et septembre, ouvert les week-ends et lundis fériés, mêmes horaires. Du ndredi saint au mardi de Pâques, de 14 h à 18 h. 3 £ (réductions). Rampes d'ac-. Prêt de fauteuils roulants. ☎ (028) 9443 3619.

LLY

âteau – (HM) Visite d'avril à septembre de 10 h à 18 h. 1,50 £ (réductions). (028) 9054 3037.

441

TULLYROAN

Ardress House – (NT) (&) **Maison et cour de ferme** : Visite de juin à août tous les jo
sauf le mardi de 14 h à 18 h ; en mai et septembre, les week-ends et jours fériés
14 h à 18 h ; en avril, les week-ends de 14 h à 18 h. Du Vendredi saint au mardi
Pâques, de 14 h à 18 h. 2,70 £ (réductions) ; ferme seulement 2,40 £. Visite guid
(30 mn). ▣. Aire de pique-nique. Accès en fauteuil roulant au rez-de-chaussée, à
partie de la ferme et aux aires de pique-nique. ☎/fax (028) 3885 123€
wagest@smtp.ntrust.org.uk

The Argory – (NT) (&) Visite de juin à août tous les jours sauf le mardi de 14 h (1
les jours fériés) à 18 h ; en avril, mai et septembre les week-ends et jours fériés
14 h (13 h les jours fériés) à 18 h. Du Vendredi saint au mardi de Pâques, de 14
18 h. Dernière entrée 45 mn avant la fermeture. 3 £ (réductions). Visite guidée (1
▣ : 1,50 £. Salon de thé. Aire de pique-nique. Prêt de fauteuils roulants : accès
rez-de-chaussée, aux promenades et au salon de thé. ☎ (028) 8778 4753 ; fax (0:
8778 9598.

W

Castle WARD

Festival d'opéra – Renseignements au ☎ (028) 66 1086.

Résidence – (NT) & Visite guidée (1 h) de juin à août, sauf le jeudi, de 13 h à 18
en avril à partir de Pâques, en mai et en septembre-octobre, le week-end et les jo
fériés de 13 h à 18 h. Du Vendredi saint au dimanche qui suit Pâques, de 13 h à 18
2,60 £ (réductions). ☎ (028) 4488 1204.

Jardins – Visite toute l'année du lever du jour à la tombée de la nuit. 3,50 £ par v
ture (1,75 £ hors saison). Terrain d'aventure. ▣. Salon de thé.

Strangford Lough Wildlife Centre – Ouvert comme la résidence de 13 h à 17 h (1
le week-end).

WARRENPOINT

Narrow Water Castle – (HM) Visite d'avril à septembre tous les jours sauf le lundi
10 h (14 h le dimanche) à 18 h. 75 pence (réductions). ▣. ☎ (028) 4271 1491 (c
teau) et (028) 9054 3037 (HM).

WHEATHILL

Marble Arch Caves and Nature Reserve – Réserve forestière : tous les jours. Grott
visite guidée (1 h 15) de Pâques à septembre de 10 h à 16 h 30 (dernière visite, m
17 h en juillet et août). 6 £ (réductions). Présentations audiovisuelles (20 mn). Vis
en français. Il est prudent de réserver à partir de 9 h. Circuit réduit en cas de for
pluies. Il est conseillé de porter de bonnes chaussures et un pull-over chaud.
Buvette. Accès aux fauteuils roulants possible du ▣ supérieur, téléphoner pour les r
seignements. ☎ (028) 6634 8855 ; fax (028) 6634 8928 ; mac@fermanagh.gov.u
www.fermanagh-online.com/tourism

WHITEHEAD

Railway Preservation Collection – Trains à vapeur et wagons anciens : visite le week-e
de 10 h à 17 h (de mi-juin à fin août, visite uniquement le dimanche de 14 h à 17
Excursions en train à vapeur à travers l'Irlande : surtout au printemps et en automne.
Réservation recommandée. Pour obtenir des détails sur les horaires et les tarifs : cent
d'information touristiques de Belfast, Carrickfergus, Bangor et Lisburn ou Railway P
servation Society of Ireland, Whitehead Excursion Station, Castleview Road, Whitehe
BT38 9NA, ☎/fax (028) 9335 3567 (message enregistré en dehors des horaires d'c
verture).

...dex

Notes